Open Source Jahrbuch 2006

Zwischen Softwareentwicklung und Gesellschaftsmodell

Herausgegeben von Bernd Lutterbeck, Matthias Bärwolff und Robert A. Gehring

Open Source Jahrbuch 2006

Zwischen Softwareentwicklung und Gesellschaftsmodell

Herausgegeben und bearbeitet von:

Bernd Lutterbeck
Professor für Informatik und
Gesellschaft an der TU Berlin,
Professor der Aktion Jean Monnet
für europäische Integration

Matthias Bärwolff
Wissenschaftlicher Mitarbeiter
und Doktorand am Fachgebiet
Informatik und Gesellschaft
an der TU Berlin

Robert A. Gehring
Doktorand am Fachgebiet
Informatik und Gesellschaft
an der TU Berlin

Maik Engelhardt
Student der Informatik und der
Philosophie, TU Berlin

Fabian Flägel
Student der Informatik, TU Berlin

Petra Gröber
Studentin der Kommunikationswissenschaft und der Informatik, TU Berlin

Enrico Hartung
Student der Informatik, TU Berlin

Matthias Liebig
Student der Informatik, TU Berlin

Florian Luft
Student der Informatik, TU Berlin

Wolfram Riedel
Student der Kommunikationswissenschaft und der Informatik, TU Berlin

Sebastian Stein
Student der Informatik, TU Berlin

Bastian Zimmermann
Student der Informatik, TU Berlin

2006

Lehmanns Media   LOB.de

> **Bibliografische Informationen der Deutschen Bibliothek:**
> Die Deutsche Bibliothek verzeichnet diese Publikation in der Deutschen Nationalbibliografie; detaillierte bibliografische Daten sind im Internet unter <http://dnb.ddb.de> abrufbar.

Open Source Jahrbuch 2006
Zwischen Softwareentwicklung und Gesellschaftsmodell
Lutterbeck, Bernd; Bärwolff, Matthias; Gehring, Robert A. (Hrsg.)

Berlin, 2006 – Lehmanns Media – LOB.de
ISBN: 3–86541–135–5

© für die einzelnen Beiträge bei den Autoren
© für das Gesamtwerk bei den Herausgebern
Das Werk steht elektronisch im Internet zur Verfügung:
<http://www.opensourcejahrbuch.de/>

Satz und Layout: Wolfram Riedel
unter Verwendung des Textsatzsystems LaTeX

Einbandgestaltung: Enrico Hartung, Matthias Bärwolff
unter Verwendung des Textes der *GNU General Public License*

Druck und Verarbeitung: TRIGGERagent, Berlin

Dieses Buch wurde in der Europäischen Union
und auf chlorfrei gebleichtem Recycling-Papier gedruckt.

Inhalt

Vorwort der Herausgeber IX
von Bernd Lutterbeck, Matthias Bärwolff und Robert A. Gehring

Teil I Open-Source-Business: Kleine und große Fische

Kapitel 1 Von Closed zu Open Source

Einleitung 3
von Enrico Hartung

Das Open Sourcing des Laszlo Presentation Server 5
von Raju Bitter

Novell goes Open Enterprise 19
von Volker Smid

Einblicke in das Microsoft-Linux-/Open-Source-Software-Lab 31
von Bill Hilf

Kapitel 2 Migration – Vom Wunsch zur Wirklichkeit

Einleitung 45
von Sebastian Stein und Bastian Zimmermann

Gartner: Kosten und Nutzen von Linux-Desktop-Migrationen 47
von Michael A. Silver

Das Projekt LiMux –
Freie Software für die Münchner Verwaltungsclients 59
von Wilhelm Hoegner

WIENUX und OpenOffice –
die freiwillige Migration im Magistrat der Stadt Wien 73
von Brigitte Lutz

MigOS – Migration mit Hindernissen 83
von Carsten Jürgens

Teil II Zwischen Firma und Community

Kapitel 3 Innovation oder ökonomische Illusion?

Einleitung 91
von Enrico Hartung

Führt Open-Source-Software zu ineffizienten Märkten? 93
von Markus Pasche und Sebastian von Engelhardt

Open Source als Produktion von Transformationsgütern 109
von Birger P. Priddat und Alihan Kabalak

Ist ein Open-Source-Projekt nur kooperativ? –
Die Koordination der Zusammenarbeit im KDE-Projekt 123
von Andreas Brand und Alfons Schmid

Open-Source-Marketing – ein schlafender Riese erwacht 139
von Klaus-Peter Wiedmann und Sascha Langner

Kapitel 4 Leitlinien: Open Source anwenden

Einleitung 153
von Petra Gröber

Erfolgreich mit Open Source – Das Red-Hat-Open-Source-Geschäftsmodell . 155
von Werner Knoblich

Open-Source-Lizenzen –
Wesentliche Punkte für Nutzer, Entwickler und Vertreiber 165
von Ursula Widmer und Konrad Bähler

Freie Datenbanken im Unternehmenseinsatz 181
von Jutta Horstmann

Kapitel 5 Softwareentwicklung in der Community

Einleitung 205
von Fabian Flägel

Mythen, Märchen, Missverständnisse 207
    von Matthias Finck und Wolf-Gideon Bleek

Open Source Community Building 219
    von Matthias Stürmer und Thomas Myrach

Frauen-freie Zone Open Source? 235
    von Patricia Jung

Software-Engineering und Softwarequalität in Open-Source-Projekten 251
    von Jan Tobias Mühlberg

GPL v3 – Die Diskussion ist eröffnet 263
    von Eben Moglen

Teil III Wissensgesellschaft – Macht der Netze

Kapitel 6 Freies Wissen und freie Inhalte im Internet

Einleitung 269
    von Matthias Liebig

Freiheit mit Fallstricken: Creative-Commons-NC-Lizenzen und ihre Folgen . . 271
    von Erik Möller

Ein Archiv für die ganze Welt 283
    von Steffan Heuer

Wikipedia als Lerngemeinschaft 297
    von Cormac Lawler

Kapitel 7 Wissenschaft^2: Open Access

Einleitung 317
    von Matthias Liebig

Auf dem Weg zu einem Open-Access-Geschäftsmodell 319
    von Jan Neumann

Open oder Close Access? 337
    von Oliver Passek

Wissenschaftliches Publizieren mit Wikis – möglich oder sogar wünschenswert?................ 351
von Lambert Heller

Kapitel 8 Grenzenlos

Einleitung.. 369
von Florian Luft

Fair Code – Freie/Open-Source-Software und der Digital Divide....... 371
von Meike Richter

Digitale Möglichkeiten für Afrika........................... 381
von Alastair Otter

Auf freien Wellenlängen: Funknetze als techno-soziale Entwürfe....... 389
von Armin Medosch

Kapitel 9 Gesellschaft im Wandel

Einleitung.. 407
von Maik Engelhardt

Die Heilung der Achillesferse............................... 409
von Peter Fleissner

Eine freie/befreite Kultur für den Remix..................... 427
von Lawrence Lessig

Die Zukunft der Wissensgesellschaft......................... 445
von Bernd Lutterbeck

Im Gespräch:
Joseph Weizenbaum über „Free Software" und „Open Source"......... 467

Glossar... 477

Stichwortverzeichnis.. 483

Mitwirkende... 493

Lizenzen.. 499

Vorwort der Herausgeber

BERND LUTTERBECK, MATTHIAS BÄRWOLFF
UND ROBERT A. GEHRING

(CC-Lizenz siehe Seite 499)

Vor Ihnen liegt die dritte Ausgabe eines bemerkenswerten Buches. Es kommt in Deutschland nicht alle Tage vor, dass ein fast ausschließlich studentisches Team unter der engagierten Leitung eines Universitätsprofessors ein 512 Seiten starkes Fachbuch produziert. Und natürlich ist ein solches unabhängiges Projekt auch ein finanzielles Wagnis. Noch im ersten Jahr ging die Kalkulation gründlich schief, die Auflage wurde zu hoch angesetzt, das Projekt musste quersubventioniert werden und seine Zukunft stand ernsthaft in Frage. Dennoch entschieden sich die Herausgeber dazu, nicht zuletzt aufgrund der überwältigenden positiven Resonanz von Lesern und Freunden, das Projekt weiterzuführen. Die Einnahmen aus dem Verkauf der 2005er Ausgabe des Open Source Jahrbuches decken immerhin schon fast die Kosten seiner Produktion: Druck, Lektorat und CeBIT-Beteiligung. Ohne das unentgeltliche Mitwirken der Autoren und die enorme Arbeit der Redaktion jedoch wäre dieses Projekt undenkbar.

Das Ziel des Open Source Jahrbuches ist geblieben: Es hat nicht nur einen fachlichen, sondern auch einen populärwissenschaftlichen Anspruch. Es will einen Ordnungsrahmen bieten, der die vielfältigen Stimmen eines sich immer weiter verzweigenden Kanons an Diskussionen und Ergebnissen im Bereich Open Source auffängt und einem breiten Publikum präsentiert. Den Praktikern möchten wir Anregungen für ihren Alltag geben. Den Wissenschaftlern hoffen wir, eine Plattform und Quelle zu bieten, die sie in ihren täglichen disziplinären Niederungen vermissen. Mit Freude haben wir zur Kenntnis genommen, dass das Buch sich nicht nur in Deutschland, sondern auch in der Schweiz und in Österreich steigender Beliebtheit erfreut. Aus diesen Ländern konnten wir in diesem Jahr auch eine Reihe von Autoren gewinnen.

Wir freuen uns außerordentlich, ein Buch präsentieren zu können, das die Facetten der aktuellen Diskussion um Open Source sehr präzise widerspiegelt: Die Eigenschaften des Entwicklungsmodells, die Anwendungsfelder von Open-Source-Software, kritische Erfolgsfaktoren für Migrationen, diverse Fallstudien, rechtliche Betrachtungen, ökonomische Diskussionen und nicht zuletzt die gesellschaftlichen Dimensionen von

Open Source. Aber auch angrenzende Themengebiete wie Open Access und Open Content werden umfassend beleuchtet. An Autoren konnten wir eine Reihe herausgehobener Persönlichkeiten gewinnen, etwa Joseph Weizenbaum (einer der Pioniere der modernen Informatik), Lawrence Lessig (Gründer der Creative-Commons-Initiative), Eben Moglen (maßgeblicher „Miterfinder" der GPL), Bill Hilf (Leiter der Open-Source-Aktivitäten von Microsoft), Werner Knoblich (Red Hat Vice President EMEA), Wilhelm Hoegner (Hauptverantwortlicher des LiMux-Projekts in München) und Volker Smid (Novell Area General Manager für Zentraleuropa).

Damit reiht sich das Open Source Jahrbuch in einen seinerseits immer größer werdenden Kanon von Publikationen, Forschungsprojekten und Konferenzen zum Thema Open Source ein. Sehr erwähnenswert ist sicherlich der Nachfolger der wegweisenden Artikelsammlung „Open Sources: Voices from the Open Source Revolution" aus dem O'Reilly Verlag „Open Sources 2.0 : The Continuing Evolution". Interessante Forschungsprojekte sind etwa die „Libre Software Engineering Group" in Madrid, das im Aufbau befindliche „Open Standards Lab" der Copenhagen Business School und das ambitionierte Vorhaben der Texas Tech University, ein „Open Source Handbook" auf den Weg zu bringen (St. Amant und Still 2007). Der Gedanke der Offenheit von Source Code ist aber auch jenseits der Softwarebranche für immer mehr Bereiche der Gesellschaft attraktiv geworden. Beispiele sind das voluminöse Werk von Wynants und Cornelis (2005) über die sozialen Aspekte von Open Source, die zahlreichen Projekte, wissenschaftliche Zeitschriften nach einem Modell der Offenheit zu publizieren (Rowlands und Nicholas 2005; Schirmbacher 2005) und nicht zuletzt die Attraktivität von Open Source für die moderne Kunst (Stocker und Schöpf 2005). Auch ein Kongress wie der kürzlich vom Heise Verlag angekündigte „Open Source meets Business" wäre noch vor einigen Jahren so nicht denkbar gewesen. Kurzum: „Open Source brummt" (Borchers 2005), und das Open Source Jahrbuch will diese Entwicklung aktiv begleiten und prägen.

Allergrößten Respekt verdient die Arbeit der studentischen Redaktion, die insbesondere in den letzten Wochen eine außerordentlich aufwendige Qualitätssicherung betrieben hat. Eine Auflistung aller Verdienste würde den Rahmen dieses Vorworts sprengen, dennoch möchten wir hier die Arbeit dreier Studenten besonders hervorheben: Bastian Zimmermann hat sich speziell im Bereich der Presse und des Marketings verdient gemacht. Matthias Liebig hat das Jahrbuch insbesondere durch seine Arbeit an den Kapiteln „Freies Wissen und freie Inhalte im Internet" und „Open Access" und darüber hinaus sehr bereichert, und Wolfram Riedel hat auch in diesem Jahr wieder maßgeblich für das erfrischende und professionelle Druckbild gesorgt. Unser besonderer Dank gilt außerdem all jenen, die uns ermutigt haben, dieses dritte Open Source Jahrbuch zu produzieren, Bernhard Böhnisch und Bernd Sommerfeld vom Verlag Lehmanns Media, die uns jederzeit mit hilfreichen Anregungen und Kommentaren zur Seite standen, den vielen Personen, die uns Tipps zu Marketing, Pressearbeit und Einbandgestaltung gegeben haben, wie etwa Christian Jacobs, Verleger und

Buchhändler des Buchladens Neusser Straße in Köln-Nippes, und nicht zuletzt der Presseabteilung der TU Berlin sowie der TU Servicegesellschaft mbH. Auch möchten wir uns an dieser Stelle für die freundliche Mithilfe von Eva Affandi vom Institut für Anglistik und Amerikanistik der HU Berlin bedanken, über die wir drei Studenten für die Übersetzung von englischsprachigen Artikel gewinnen konnten.

Zu guter Letzt dürfen wir Sie noch auf unsere Webseite opensourcejahrbuch.de hinweisen, auf der Sie ergänzende und weiterführende Informationen zum Jahrbuch finden. Dort haben Sie nicht nur die Möglichkeit, uns Ihre Wünsche und Anregungen mitzuteilen, sondern können sich über die weiteren Entwicklungen des Projektes und die Pläne für das kommende Jahrbuch informieren. Eines können wir Ihnen schon jetzt versichern: Auch im Jahr 2007 werden wir wieder ein Open Source Jahrbuch vorlegen, das sich den aktuellsten Entwicklungen des Themas widmet.

Januar 2006
Bernd Lutterbeck
Matthias Bärwolff
Robert A. Gehring

Literatur

Borchers, D. (2005), 'Open Source Software 2.0', *Neue Zürcher Zeitung* **5. 11. 2005**.

DiBona, C., Stone, M. und Cooper, D. (Hrsg.) (2005), *Open Sources 2.0: The Continuing Evolution*, O'Reilly.

González-Barahona, J. M. und Koch, S. (Hrsg.) (2005), *Libre Software as A Field of Study*, Vol. 6 of *UPGRADE European Journal for the Informatics Professional*. http://www.upgrade-cepis.org/issues/2005/3/upgrade-vol-VI-3.html [07. Feb 2006].

Heise News (2006), 'Open Source meets Business'. Ankündigung einer Konferenz im Januar 2006, http://www.heise.de/veranstaltungen/2006/ho_osb/ [07. Feb 2006].

Kipp, M. E. (2005), 'Software and seeds: Open source methods', *First Monday* **10**. http://www.firstmonday.org/issues/issue10_9/kipp/index.html [08. Feb 2006].

Krishnamurthy, S. (Hrsg.) (2005), *Special Issue #2: Open Source*, Vol. 10 of *Firstmonday*. http://www.firstmonday.org/issues/special10_10/ [07. Feb 2006].

Rowlands, I. und Nicholas, D. (2005), New Journal Publishing Models: An International Survey of Senior Researchers, A Ciber Report for the Publishers Association and the International Association of STM Publishers, Centre for Information Behaviour and the Evaluation of Research. http://www.slais.ucl.ac.uk/papers/dni-20050925.pdf, http://www.ucl.ac.uk/ciber/ciber_2005_survey_final.pdf [07. Feb 2006].

Schirmbacher, P. (2005), 'Open Access – die Zukunft des wissenschaftlichen Publizierens', *cms-Journal* **27**, S. 3–7. http://edoc.hu-berlin.de/cmsj/27/schirmbacher-peter-3/PDF/schirmbacher.pdf [07. Feb 2006].

Bernd Lutterbeck, Matthias Bärwolff und Robert A. Gehring

St. Amant, K. und Still, B. (Hrsg.) (2007), *CFP – Handbook of Research on Open Source Software: Technological, Economic, and Social Perspectives*, Texas Tech University. erscheint voraussichtlich im Frühjahr 2007.

Stocker, G. und Schöpf, C. (Hrsg.) (2005), *Hybrid – living in paradox. Katalog der Ars Electronica 2005. Festival für Kunst, Technologie und Gesellschaft*, Hatje Cantz, Ostfildern-Ruit, Österreich.

Wynants, M. und Cornelis, J. (Hrsg.) (2005), *How Open is the Future? Economic, Social & Cultural Scenarios inspired by Free & Open-Source Software*, VUB Brussels University Press. http://crosstalks.vub.ac.be/publications/Howopenisthefuture/howopenfuture_CROSSTALKSBOOK1.pdf [07. Feb 2006].

Kapitel 1

Von Closed zu Open Source

„Ehrlichkeit und Offenheit machen dich verwundbar. Sei trotzdem ehrlich und offen."

– Mutter Teresa

Kapitel 1

Von Closed zu Open Source

Einleitung

ENRICO HARTUNG

(CC-Lizenz siehe Seite 499)

Im Handwerk der Antike und des Mittelalters war das Geheimhalten von Erfindungen für ein Unternehmen überlebenswichtig. So wurde die Funktionsweise bzw. die Zusammensetzung von Erfindungen von Generation zu Generation weitergegeben, was dazu führte, dass Wissen aufgrund mangelnden Nachwuchses verloren gehen konnte. Erst als die europäische Oberschicht erkannte, wie wichtig ein florierendes Gewerbe und Handel für den Wohlstand eines Reiches sind, begann sie das Handwerk zu fördern. So vergab der englische König im 14. Jahrhundert Patente an ausländische Handwerker, um Wissen in sein Land zu holen und dieses dann auch zu erhalten. Den freien Handwerkern wurden damit Privilegien erteilt, die sie benötigten, um neben den einheimischen, streng geregelten Zünften bestehen zu können. Sie waren aber mit der Verpflichtung verbunden, ihre Fertigkeiten an Lehrlinge weiterzugeben. Ab dem 15. Jahrhundert konnten diese Patente Monopole enthalten. Ähnliche Entwicklungen gab es auch im Süden Europas, hier verlangte man zur Erteilung eines Patents vom Antragsteller eine Funktionsbeschreibung seiner Erfindung. Auch hier war das Ziel, dass Wissen nicht verloren geht – dass es der Allgemeinheit erhalten bleibt. So entwickelte sich in Europa und Amerika ein Patentsystem, das Patentinhabern ein zeitlich begrenztes Monopol zusicherte, um entstandene Investitionskosten zu decken und Mittel für neue Erfindungen zu erwirtschaften.[1]

Dieses Verfahren der Wissenssicherung versucht man heutzutage auch auf Software anzuwenden. Allerdings argumentieren die Gegner von Softwarepatenten, dass Patente nicht für die Bedürfnisse der schnelllebigen Softwarebranche geeignet sind. Sie halten den bestehenden Schutz durch das Urheberrecht für ausreichend.[2] Auch zeigt die Erfahrung, dass viele Funktionsbeschreibungen in Softwarepatenten kaum die ursprüngliche Funktion einer öffentlich verfügbaren Anleitung zum „Nachbau" erfüllen. Aber auch das Urheberrecht sieht keine Angabe einer Beschreibung der Funktionsweise einer Software vor.

---

1 Siehe hierzu „Entstehung des Patentwesens" von Wolfgang Pfaller unter http://wolfgang-pfaller.de.
2 Weiterführende Informationen hierzu gibt es unter http://www.nosoftwarepatents.com/de/m/basics/index.html.

Wie soll nun jedoch das Wissen der Allgemeinheit zur Verfügung gestellt und gleichzeitig der Erfinder angemessen entlohnt werden? Geschäftsmodelle, die auf Freigabe des Quellcodes beruhen, bieten eine gute Möglichkeit, diesen Spagat zu meistern. Sie stellen einerseits sicher, dass das Wissen frei zugänglich ist und ermöglichen es andererseits dem Erfinder, z. B. mit Dienstleistungen einen Gewinn zu erzielen.

Dass dies wirklich funktioniert, zeigen Unternehmen wie MySQL, Red Hat oder Zend, deren Geschäftsmodelle auf Open-Source-Software basieren. Sie haben die Wettbewerbsvorteile von Open Source genutzt und sich erfolgreich am Markt positioniert. Aber nicht nur für Unternehmensgründer ist diese Art von Geschäftsmodell interessant. Es ist durchaus sinnvoll, proprietäre Software (*closed source*) in Open-Source-Software umzuwandeln, wie das Beispiel OpenOffice zeigt: Nach der Übernahme des deutschen Unternehmens Star Division stellte Sun dessen Hauptprodukt StarOffice unter dem Namen OpenOffice als Open-Source-Software frei zur Verfügung. OpenOffice verbreitete sich rasant und stellt nun eine reale Konkurrenz zu Microsoft Office, dem Marktführer, dar.

Aber was muss man bei einer solch radikalen Änderung des Geschäftsmodells beachten? Und wie reagiert die Konkurrenz? Genau auf diesen beiden Fragen baut dieses Kapitel auf. Als Antwort erhält der Leser Einblicke in die Umstrukturierung zweier Softwareunternehmen und erfährt, wie ein Gigant der Branche auf den „Konkurrenten" Open Source reagiert.

Den Anfang macht Raju Bitter. Er stellt in seinem Artikel Laszlo Systems vor, eine kleine Softwarefirma aus Kalifornien, die den Sprung hin zu Open Source gewagt hat und sich so auf einem Markt, der von Marken wie Macromedia dominiert wird, behauptet.

Ein paar Nummern größer ist Novell. Doch auch Novell hat seine Strategie in Richtung Open Source neu ausgelegt. Das Softwareportfolio wurde mit Linux-Distributionen aufgestockt und das Dienstleistungsangebot in diese Richtung erweitert. Volker Smid, Novell-Geschäftsführer für Zentraleuropa, beschreibt in seinem Artikel, wie diese Umstellung vonstatten ging. Novell ist es mit diesem Strategiewechsel gelungen, seine Wettbewerbsposition gegenüber Firmen wie SUN und Microsoft zu stärken.

Aber sieht Microsoft in Linux wirklich eine Konkurrenz zu Windows? Lange Zeit galt Microsoft als „Gegner" von Open Source. Aber dass man sich in Redmond konstruktiv mit freier Software beschäftigt, zeigt das Microsoft-Linux-/Open-Source-Software-Lab, das von seinem Gründer und Leiter Bill Hilf im abschließenden Artikel dieses Kapitels vorgestellt wird.

Open-Source-Geschäftsmodelle stellen nicht nur Wissen der Allgemeinheit zur Verfügung, sondern führen auch zu konkurrenzfähigen Unternehmen. Dies dürfte aufgrund der vielen bereits existierenden Open-Source-Softwareunternehmen kein großes Geheimnis mehr sein. Dass aber eine Umstellung auf Open Source die Konkurrenzfähigkeit eines Unternehmens noch steigern kann, soll dieses Kapitel zeigen.

Das Open Sourcing des Laszlo Presentation Server

RAJU BITTER

(CC-Lizenz siehe Seite 499)

Im Jahr 2000 wurde die kalifornische Firma Laszlo Systems gegründet. Das Hauptprodukt von Laszlo Systems waren *Rich Internet Applications*. Der Laszlo Presentation Server (LPS), eine revolutionäre Software, ermöglichte die Entwicklung benutzerfreundlicher und multimedialer Benutzeroberflächen für den Internetbrowser. Im März 2004 kam Macromedia mit dem Konkurrenzprodukt Flex auf den Markt. Im Oktober 2004 stellte Laszlo Systems den LPS unter die Common Public License und machte ihn damit zur Open-Source-Software. Im Rahmen dieses Artikels werden die Gründe für das Open Sourcing des LPS sowie die damit verbundene Änderung für das Geschäftsmodell von Laszlo Systems beschrieben.

Schlüsselwörter: Open Sourcing · Laszlo Systems · OpenLaszlo-Server · Flash · Macromedia

1 Einleitung

In den letzten Jahren hat sich in der amerikanischen Open-Source-Landschaft eine leise Revolution vollzogen. Open-Source-Softwareprojekte erhalten wieder verstärkt Venture-Capital-Finanzierung (VC-Finanzierung). Dies ist die dritte Welle von Investitionen in Open-Source-Software. Waren es in der ersten Welle hauptsächlich Investitionen in Linux-Projekte, in der zweiten dann Datenbanken und Applikationsserver, wird die dritte Welle dominiert von Investitionen in Applikationen für Standardanwender (Dix 2005).

Die Entwicklung der meisten Open-Source-Projekte, die Venture-Capital-Finanzierung erhielten, verlief in etwa nach dem folgenden Schema:

Startphase Eine Open-Source-Software wird als Ersatz für eine existierende lizenzkostenpflichtige Software entwickelt und frei zur Verfügung gestellt.

Vergrößerung der Anwender- und Entwicklerbasis Dadurch, dass für die Software keine Lizenzkosten anfallen, laden Entwickler weltweit die Software herunter, beginnen damit zu arbeiten und nehmen am Entwicklungsprozess teil. Die Qualität der Software wird besser, sie etabliert sich, wird zum Quasi-Standard und damit zu einer ernsthaften Konkurrenz für kommerzielle Produkte.

Konsolidierungsphase Unternehmen erkennen den Wert des Open-Source-Projekts und beginnen mit der Unterstützung der Entwicklungsarbeit. Um das Open-Source–Projekt entwickelt sich ein Geschäftsmodell, das nicht auf der Verwertung der Software unter Lizenzgesichtspunkten beruht, sondern auf Dienstleistungen bzw. Erweiterungen der Software mit proprietären Komponenten, die dann kommerziell vermarktet werden.

Doch es gibt auch einen anderen Weg zu Open Source: Die Umwandlung einer proprietären Software in ein Open-Source-Projekt. Diesen Weg beschritt die kalifornische Softwareschmiede Laszlo Systems Inc. im Oktober 2004 (Canter 2004). Was veranlasste Laszlo Systems zu diesem riskanten Schritt? Was bedeutete dieser Entschluss für das gesamte Geschäftsmodell der Firma? War die Umwandlung des Hauptprodukts von der proprietären zur Open-Source-Software ein erfolgreicher Schritt für Laszlo Systems? Diesen Fragen wird im Rahmen dieses Artikels nachgegangen.

2 Der Laszlo Presentation Server

Im Jahr 2000 wurde in San José, Kalifornien, eine kleine Softwarefirma gegründet, die an der Entwicklung einer innovativen Serversoftware arbeitete, dem Laszlo Presentation Server (LPS). 2001 erhielt die Firma den Namen Laszlo Systems (Steele 2005). Der LPS macht es möglich, innerhalb von Webanwendungen im Internetbrowser die gleiche Benutzeroberfläche zu erzeugen, wie man sie von Desktopanwendungen kennt: Fensteroberflächen, Drag'n'Drop-Funktionalität sowie die nahtlose Integration von Sound und Video. Solche Webanwendungen mit verbesserter Funktionalität werden als *Rich Internet Applications (RIA)*[1] bezeichnet.

Der LPS ist eine Java-Webanwendung, die auf einem *Java Servlet Container* läuft. Der Server beinhaltet die Programmiersprache LZX, eine Mischung von XML-Tags und ECMA-Script-Anweisungen, angelehnt an die Syntax von HTML-Seiten und JavaScript-Programmierung. Der LPS wandelt die LZX-Programme in Flash-Filme für den Macromedia Flash-Player um. Der Flash-Player ist ein Plugin für Internetbrowser, das für die Darstellung animierter Grafiken und Filme entwickelt wurde. Durch die

---

[1] Rich Internet Applications sind eine Mischung zwischen Webanwendungen und Desktopanwendungen. RIAs laufen typischerweise im Internetbrowser, erfordern also keine Installation von Software und laufen in einer sicheren Umgebung (*Sandbox*). Der Begriff *Rich Internet Application* wurde in einem Whitepaper der Firma Macromedia im März 2002 eingeführt. Das Konzept ist aber älter, ähnliche Anwendungen waren früher unter dem Namen *X-Internet*, *Rich Clients* oder *Rich Media Apps* bekannt.

Das Open Sourcing des Laszlo Presentation Server

Abbildung 1: Multimediales Dashboard mit Sound- und Videointegration auf Basis der Open-Laszlo-Technologie

große Verbreitung dieses Plugins laufen Flash-Filme ohne Kompatibilitätsprobleme auf 97 Prozent aller am Internet angeschlossenen Computer.[2] Die vielfältigen Schwierigkeiten mit der Inkompatibilität der Browser bei der Darstellung von HTML-Seiten entfallen. Mit dem LPS erzeugte Applikationen sehen auf Windows-, Apple- und Linux-/Unix-Computern pixelgenau identisch aus.[3] Der LPS ermöglicht es Laszlo Systems, Anwendungen für die nächste Generation des Internets, auch unter dem Namen Web 2.0 bekannt, zu entwickeln. Web 2.0 steht dabei für die Integration aller digitaler Informationen (z. B. Kontaktdaten, E-Mails, Sprach- und Videonachrichten, Textdokumente, Fotos) unter einer einheitlichen Benutzeroberfläche. Diese Integration beinhaltet alle digitalen Geräte sowie Softwareoberflächen, die derzeit verwendet werden. Die Vision dabei ist, langfristig den Desktop (Windows, MacOS, Linux usw.) durch Webanwendungen zu ersetzen, die nicht mehr auf einzelnen Rechner installiert werden. Diese Webanwendungen müssen den Erwartungen und Erfahrungen von Anwendern heutiger Desktopanwendungen entsprechen.

---

2 Die Statistiken zur Verbreitung des Flash-Players wurden von NPD Research für die Firma Macromedia im September 2005 erstellt. Die Ergebnisse der Studie können unter http://www.macromedia.com/software/player_census/flashplayer/ eingesehen werden.
3 Dies gilt für den Fall, dass die Fonts (TTF) in die Applikation eingebettet werden. Sonst wird auf die systemeigenen Schriften zurückgegriffen, was zu Unterschieden in der Schriftdarstellung führen kann.

Raju Bitter

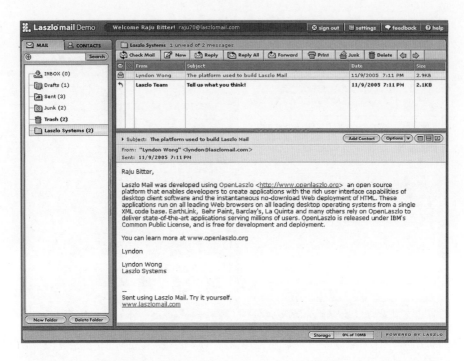

Abbildung 2: Laszlo-Mail-Applikation: Ein kommerzieller E-Mail-Client als Rich Internet Application von Laszlo Systems

2.1 Das Geschäftsmodell von Laszlo Systems vor dem Open Sourcing

Das Geschäftsmodell von Laszlo Systems vor dem Open Sourcing[4] des LPS bestand bis zum Jahr 2004 darin, Anwendungen in der Programmiersprache LZX zu entwickeln, die man in Kombination mit Lizenzen für den LPS verkaufte. Der Kunde bezahlte dann die Anwendungsentwicklung sowie die Lizenzen für den LPS. Die Preisspanne für die LPS-Lizenzen im Produktiveinsatz lag im Bereich von 20 000 $ bis zu 100 000 $. Ebenfalls angeboten wurden Schulungen für Softwareentwickler beim Kunden für die Entwicklung von Anwendungen in der Programmiersprache LZX. Als weitere Einnahmequelle existierten Partnerschaftsprogramme für andere Firmen, die Angebote auf Grundlage des LPS anboten.

2002 verkaufte Laszlo Systems seine erste Applikation: *Behr ColorSmart*, eine Applikation, die Kunden bei der Wahl zueinander passender Wandfarben für den Innen- und Außenbereich unterstützt. Im Jahre 2003 folgten dann der große Provider Earthlink sowie Yahoo als Kunden. Im selben Jahr wurde die Version 1.0 des Laszlo

---

4 Unter *Open Sourcing* versteht man das Veröffentlichen einer bestehenden, lizenzkostenpflichtigen Software unter einer Open-Source-Lizenz.

Presentation Server fertiggestellt. Trotz des erfolgreichen Starts für Laszlo Systems zeichneten sich einige Probleme ab. Für mögliche Kunden stellten sich, selbst wenn sie von der Technologie überzeugt waren, einige Fragen:

Investitionssicherheit Beim Kauf des LPS zu einem Preis ab 20 000 $ bestand die Sorge, dass eine so kleine Firma wie Laszlo Systems vom Markt verschwinden könnte. In den meisten Unternehmen gilt die IT-Abteilung als Kostenproduzent, gerade wenn es um die Lizenzkosten von Software geht. Teure Investitionen in Serversoftware sind daher heute erheblich schwieriger zu vermitteln als Dienstleistungen.

Proprietäre Technologie Viele Kunden hatten Interesse daran, eigene Software auf Basis des LPS zu entwickeln. Angesichts der Möglichkeiten, die Webanwendungen auf Basis des LPS bieten, war es nicht schwer, die Managementebene des Kunden davon zu überzeugen, dass sich eine Investition in eine von Laszlo Systems entwickelte Anwendung lohnt. Es zeigte sich aber, dass es ein größeres Hindernis war, die technischen Entscheider beim Kunden von der LPS-Technologie zu überzeugen. Die Softwareentwickler beim Kunden befürchteten, dass die Einarbeitung in die proprietäre Programmiersprache LZX für sie langfristig wertlos ist, da die dabei erworbenen Kenntnisse nur bei der Entwicklung von LZX-Anwendungen eingesetzt werden können. Die geringe Verbreitung der Programmiersprache LZX, die zwar auf Internetstandards wie ECMA-Script und XML aufbaut, spielte dabei eine gewichtige Rolle. Grundsätzlich ist die Einführung von neuen Technologien, die mit einem erheblichen Einarbeitungsaufwand verbunden ist, schwierig, wenn es sich bei diesen Technologien nicht um etablierte Standards handelt.

Die Kunden waren von den Anwendungen, die Laszlo Systems entwickelte, begeistert. Die Lizenzkosten für den LPS machten den Verkauf von Applikationen aber schwierig: Die Investition in Serverlizenzen stellte für die Kunden ein großes Risiko dar. Es war ihnen nur schwer zu vermitteln, dass die Anwendungen von Laszlo Systems die Installation des LPS erforderten und somit beide Investitionen (in Anwendungsentwicklung und Lizenzkosten) untrennbar miteinander verbunden waren (Mace 2005).

3 Laszlo Systems und Macromedia – David gegen Goliath?

Vergleicht man Laszlo Systems und Macromedia auf Basis der Unternehmensdaten, ergibt sich ein sehr einseitiges Bild. Macromedia wurde im Jahr 1984 gegründet, verfügt über 1 200 Mitarbeiter, einen Jahresumsatz von 370 Mio. $ (2004) sowie einen Forschungsetat von ca. 90 Mio. $. Laszlo Systems verfügte zur Zeit des Open Sourcing über ca. 30 Mitarbeiter. Umsatzzahlen liegen zwar nicht vor, aber bis zum Open

Sourcing erhielt Laszlo Systems Risikokapital in Höhe von ca. 12 Mio $. In Firmengröße, Marktanteil und Kapitalisierung war Macromedia weit überlegen.

3.1 Der Flash-Player – das Risiko der Bindung an eine proprietäre Technologie

Die Ausführung von Flash-Filmen, die vom Laszlo Presentation Server erzeugt werden, ist abhängig vom Flash-Plugin der Firma Macromedia.[5] Dieses Internetbrowser-Plugin ist in 97 Prozent aller Internetbrowser weltweit installiert. Die vom Laszlo Presentation Server erzeugten Dateien im Macromedia SWF-Format können nur über das im Internetbrowser installierte Flash-Plugin ausgeführt werden. Das SWF-Format ist zwar proprietär, Macromedia hat den internen Aufbau der Dateien, den Flash-Bytecode, aber gut dokumentiert und diese Dokumentation frei zugänglich gemacht.

Für viele Entwickler stellte sich dennoch die Frage, ob sich Laszlo Systems nicht in eine zu große Abhängigkeit zur Technologie von Macromedia begibt, indem man sich vom Flash-Plugin abhängig machte. Was wäre, wenn Macromedia auf Grund der Konkurrenzsituation das Flash-Plugin dahingehend verändert, dass vom LPS erzeugte Flash-Filme nicht mehr ausgeführt werden können. Sowohl der Chefentwickler von Laszlo Systems Oliver Steele als auch der Chief Technical Officer David Temkin sehen diese Gefahr nicht.[6] Flash genießt aber in der Open-Source-Community ebenso wie bei Anwendungsentwicklern keinen guten Ruf. Man verbindet die Technologie mit den verspielten Flash-Animationen, die auf diversen Internetseiten zu finden sind, und denkt bei der Technologie nicht an ernsthafte Anwendungsentwicklung.

3.2 Macromedias Flex Presentation Server – eine Konkurrenz für den LPS?

Macromedia wurde bald auf das Konzept des Laszlo Presentation Server aufmerksam und begann, eine eigene Lösung, den Flex Presentation Server, zu entwickeln. Die Entwicklung des Flex Presentation Server wurde im Frühjahr 2004 abgeschlossen: Im März kündigte Macromedia die Version 1.0 des Flex Presentation Server an.

Obwohl Flex eine Konkurrenztechnologie zum LPS ist, nahm Laszlo Systems Macromedia nicht als große Bedrohung wahr. Das liegt daran, dass Laszlo Systems' Kerngeschäft das Erstellen von *Rich Internet Applications* ist, das Geschäftsmodell von Macromedia aber auf dem Verkauf von Flex-Lizenzen beruht. Ohne die Flex–Lizenzen bricht das Geschäftsmodell von Macromedia zusammen, während Laszlo Systems gut mit dem Verkauf der eigenen Applikationen leben kann, ohne zusätzlich Lizenzkosten für den LPS zu berechnen.

---

[5] Dies gilt auch für die aktuelle Version 3.1 des OpenLaszlo-Server (früher LPS). Ab Mitte 2006 soll als zweites Ausgabeformat die DHTML-Technologie *AJAX* unterstützt werden. Langfristig ist an eine Ausgabe für *JAVA/SWT* und *.NET* gedacht sowie die direkte Interpretation von LZX durch Mozilla.

[6] Oliver Steele, Chief Software Architect bei Laszlo Systems, äußerte dazu, dass Entwickler beider Seiten auf inoffizieller Ebene gut zusammenarbeiten. David Temkin weist darauf hin, dass bei der Entwicklung des LPS schon frühzeitig an andere Ausgabeformate als Flash gedacht wurde (Mace 2005).

4 Das Open Sourcing des LPS

David Temkin brachte den Stein ins Rollen. Er schlug vor, den Laszlo Presentation Server, das Hauptprodukt von Laszlo Systems, mit folgenden Zielen zur Open-Source-Software zu machen:

1. Der Laszlo Presentation Server wird unter dem Namen OpenLaszlo Server (OLS) unter die Common Public License (CPL)[7] gestellt.
2. OpenLaszlo soll *der* Standard für *Rich Internet Applications* werden.
3. Open-Source-Softwareentwicklern weltweit wird die Gelegenheit zur Teilnahme an der Weiterentwicklung des Servers gegeben.

David Temkin war davon überzeugt, dass der Schlüssel zum Erfolg für Laszlo Systems darin liegt, den OLS zur führenden Plattform für *Rich Internet Applications* zu machen.

> „My belief is that you can't get a new platform adopted unless you're open source or unless you're Microsoft." (Festa 2004)

Ausführliche Beratungen wurden gemeinsam vom Management, Investoren, Juristen und Open-Source-Spezialisten[8] abgehalten, um die optimale Open-Source-Lizenz auszuwählen, unter der man den LPS veröffentlichen würde. Die Wahl fiel hierbei auf die CPL von IBM. Der Hauptgrund für die Wahl der CPL ist, dass es sich bei ihr nicht um eine *reziproke* Lizenz[9] handelt. Das ermöglicht es Unternehmen, Anwendungen auf OpenLaszlo-Basis zu entwickeln, die dann unter einer kommerziellen Lizenz vertrieben werden können. Die CPL gibt den Nutzern einer Software größte Flexibilität bei der kommerziellen Wiederverwendung von Quellcode. Alle Änderungen an der Software, die unter CPL steht, müssen wiederum in den Quellcode der Open-Source-Software zurückgeführt werden.[10]

---

7 Die Common Public License ist eine Open-Source-Lizenz, die von IBM entwickelt und 2002 in der Version 1.0 herausgegeben wurde. Wie andere Open-Source-Lizenzen auch, gibt die CPL jedem Nutzer das Recht, die lizenzierte Software kostenlos zu nutzen, zu vervielfältigen und zu verändern. Die Software steht im Quellcode zur Verfügung. Eine Besonderheit der CPL besteht darin, die kommerzielle Verwertung von Software zu erleichtern. Anders als die meisten Open-Source-Lizenzen gewährt die CPL auch eine Patentlizenz (http://www.opensource.org/licenses/cpl.php).

8 Bei den Spezialisten handelte es sich um Brian Bellendorf (Apache Foundation), Doc Searls (Linux Journal) sowie André Durand (Jabber, Digital ID World). Die Berater waren sich nicht sicher, ob Laszlo Systems das Open Sourcing erfolgreich durchführen kann, da sie den bestehenden Entwicklungsprozess für zu unbeweglich hielten.

9 Reziproke oder virale Lizenzen verlangen, dass jegliche Bearbeitung des Softwarequellcodes wieder unter dieselbe Lizenz gestellt werden muss, die für den ursprünglichen Code gültig ist. Durch diesen Ansatz soll verhindert werden, dass eine Open-Source-Software durch Modifikationen am Quellcode unter eine neue Lizenz gestellt und damit lizenzkostenpflichtig wird.

10 Die Begründung für die Auswahl der CPL hat Laszlo Systems unter folgender Adresse veröffentlicht: http://www.openlaszlo.org/faq/.

Zum Zeitpunkt, an dem über das Open Sourcing des LPS diskutiert wurde, hatte Laszlo Systems bereits Risikokapital erhalten (erste Runde VC 2002). Die Investoren mussten folglich dem Plan zum Open Sourcing zustimmen. Auch wenn Open-Source-Software in der Geschäftswelt und bei Investoren akzeptiert wird, da es viele wirtschaftlich erfolgreiche Open-Source-Projekte gibt, haben die Investoren bestimmte Vorbehalte gehabt: Dem Open Sourcing musste ein greifbares Geschäftsmodell zu Grunde liegen. Der Markt für den LPS sah anders aus als für die meisten Open-Source-Softwareprodukte: Der LPS war eine Neuentwicklung, kein Ersatz für ein existierendes kommerzielles System mit einer marktbeherrschenden Position. Es gab zu diesem Zeitpunkt keine Open-Source-Produkte, die ausschließlich auf die Erstellung der Präsentationsschicht, also der Benutzeroberfläche, abzielten. Der Markt war demnach frei für Laszlo Systems.

4.1 Die Umstellung des Softwareentwicklungsprozesses

Nachdem die Entscheidung gefallen war, den LPS in den OLS umzuwandeln, musste der gesamte Entwicklungsprozess bei Laszlo Systems reorganisiert werden. Folgende Aktionen wurden dazu durchgeführt:

openlaszlo.org Als zentrale Anlaufstelle für die OpenLaszlo-Community wurde die Domäne openlaszo.org eingerichtet.[11]

Quellcodearchiv Der gesamte Quellcode für den LPS musste online zur Verfügung gestellt werden. Dazu wurde das Versionierungssystem *Subversion* eingesetzt. Der Quellcode kann frei heruntergeladen werden sowie über eine Web-Oberfläche eingesehen werden.[12]

Fehlerverwaltungssystem Zur Fehlerverwaltung wird die Software *JIRA* verwendet. Jeder Interessierte kann sich über das Internet am System anmelden und Fehlermeldungen für den OLS einpflegen. Eine ausgesuchte Gruppe von Entwicklern bei Laszlo Systems sowie außerhalb besitzen die Rechte zur Administration der Fehlermeldungen.[13]

Mailinglisten Es wurden drei Mailinglisten für die Entwickler- und Anwendergemeinde eingerichtet. Auch hier ist der Zugang frei, jeder kann sich in die Mailinglisten ein- oder austragen. Eine Liste ist für Ankündigungen rund um OpenLaszlo, eine für Fragen von Anwendern, die in LZX programmieren, und eine für Entwickler, die an OLS arbeiten.[14]

---

11 Die Internetseite des OpenLaszlo-Projekts ist http://www.openlaszlo.org.
12 Die Web-Oberfläche des Quellcodearchivs befindet sich unter http://svn.openlaszlo.org/openlaszlo/.
13 Das Fehlerverwaltungssystem befindet sich unter http://jira.openlaszlo.org.
14 Links zu den Mailinglisten befinden sich unter: http://www.openlaszlo.org/development/lists/.

Das Open Sourcing des Laszlo Presentation Server

Wiki Allgemeine Informationen, Vorschläge zur Entwicklung sowie alle Informationen rund um das OpenLaszlo-Projekt findet man im Wiki.[15]

Richtlinien für das Beisteuern von Quellcode Für das Beisteuern von Code zum Projekt wurden Richlinien erstellt. Jeder Autor, der dem OpenLaszlo-Projekt Quellcode hinzufügt, muss das *Contributor Agreement*[16] unterzeichnen und an Laszlo Systems senden.

Öffnen des Designprozesses Der Designprozess bezeichnet hier die langfristige, strategische Planung der Softwarearchitektur. Dieser Prozess, der vor dem Open Sourcing innerhalb von Laszlo Systems ablief, musste transparent gemacht werden, und es musste für externe Entwickler möglich sein, daran teilzunehmen.

Diese Schritte waren mit einem enormen Arbeitsaufwand verbunden, der nach Bekenntnis von David Temkin innerhalb von Laszlo Systems gewaltig unterschätzt wurde. Gerade Aufbau und Pflege der Webauftritte kosten eine Menge Zeit. Für das Open Sourcing waren folgende Punkte von besonderer Bedeutung:

Reorganisation der Code-Basis Der gesamte Quellcode musste überarbeitet werden. Ein Zugriff auf die interne Dokumentation musste möglich sein. Für bestimmte Bereiche des Servers, die in einer eigenen Programmiersprache (eine Mischung von JavaScript und ActionScript) geschrieben sind, steht diese Dokumentation noch nicht zur Verfügung.

Nutzung der Entwickler als „Evangelisten"[17] Die Entwickler, die mit OpenLaszlo arbeiten, werden in ihren Unternehmen und in ihren Projekten aktiv für die Technologie werben. Die Motivation ist erheblich höher als bei der Verwendung kommerzieller Softwareprodukte. Für Laszlo Systems stellt sich die Frage, wie man mit diesem Enthusiasmus der Entwicklergemeinde umgeht und welche Auswirkung er auf die Entwicklung der Technologie haben wird.

Kommerzieller Support – Online-Präsenz mit Hilfe Die Entscheidung musste gefällt werden, inwieweit die Entwickler von Laszlo Systems über Foren und Mailinglisten den Entwicklern bei Problemen kostenfrei helfen oder ob der Support kommerzialisiert wird.

Es fehlten auch die Erfahrungen, wie hoch die Investitionen für die Vermarktung eines freien Produkts sind und welche Rolle die Community (*user groups*) dabei spielt.

---

[15] Das OpenLaszlo-Wiki wurde unter folgender Adresse eingerichtet: http://wiki.openlaszlo.org.
[16] Das *Contributor Agreement* finden Sie unter: http://www.openlaszlo.org/development/process/LZcontrib_2005.pdf.
[17] Der Begriff „Evangelist" bezeichnet im englischsprachigen Open-Source-Umfeld einen Verfechter von Open-Source-Technologien, der für diese wirbt und damit die Akzeptanz ihnen gegenüber erhöht.

Für die PR-Abteilung stand ein Wechsel von traditionellen Vermarktungskanälen hin zu inoffiziellen Kanälen, wie z. B. Blogs, an. Für die Verkaufsexperten war es neu, dass ein potentieller Kunde die Software ohne Support evaluieren kann. Es stellte sich die Frage, welche Auswirkungen das auf den Vertrieb haben würde. Dann musste die Entscheidung darüber gefällt werden, was kostenlos werden sollte und was nicht. Wo war die Grenze zwischen *open* und *closed* zu ziehen?

5 Auswirkungen und Erfolge des Open Sourcing

Die grundlegende Veränderung, die mit dem Open Sourcing einherging, stellte Laszlo Systems vor schwierige Aufgaben. Trotzdem war man sich sicher, einen guten Plan für die Umsetzung auf technischer Ebene zu besitzen.

5.1 Änderungen am Geschäftsumfeld

Mit dem Open Sourcing des OLS änderten sich die Rahmenbedingungen für das Geschäft von Laszlo Systems grundlegend. Steve Ciesinski, der CEO von Laszlo Systems, meinte dazu: „Our customers don't want to be held hostage by a particular vendor." (Jaffe 2005) Die wichtigsten Änderungen waren:

Keine Bindung an proprietäre Technologie Für den Kunden bedeutet der Entschluss, Open-Laszlo einzusetzen, nicht mehr, sich bei Verwendung dieser Technologie auf ewig an die Firma Laszlo Systems zu binden. Weltweit gibt es jetzt eine Vielzahl an Firmen und Entwicklern, die diese Technologie beherrschen.

Unschuldig bis zum Beweis des Gegenteils Für Open-Source-Software gilt die Unschuldsvermutung. Solange nicht nachgewiesen ist, dass es Fehler oder Sicherheitslücken gibt, genießt die Software einen großzügigen Vertrauensvorschuss der Entwickler. Als proprietäres Produkt galt das für den LPS nicht!

Entwicklerbasis verbreitern Durch die größere Zahl an Entwicklern werden Langzeitrisiken, wie die Beendigung des Supports durch den Hersteller oder das Einstellen der Weiterentwicklung der Software (Upgrades) und daraus resultierende mangelnde Kompatibilität mit zukünftigen Systemen (neuen Betriebssystemen usw.), minimiert. Grundsätzlich wird davon ausgegangen, dass die Langzeitrisiken mit der Größe und Finanzkraft der anbietenden Firma abnehmen. Aber auch eine Publizierung des Quellcodes und die Überführung in ein Open-Source-Projekt führen zu einer Minimierung dieser Risiken.

Bottom-Up-Evaluierung Es findet kein Top-Down-Verkauf statt, bei dem zuerst das Management des Kunden überzeugt wird und dann die Entwickler. Die Entwickler setzen sich in der Hierarchie von unten nach oben für die Einführung der Technologie ein.

Das Open Sourcing des Laszlo Presentation Server

Der Kreis potentieller Kunden wurde durch die viel größere Verbreitung der Technologie auf einen Schlag erweitert. Strategisch peilt Laszlo Systems eine Stärkung des internen Know-hows für die Erstellung von *Rich Internet Applications* an. Die Konkurrenz, die auf Basis der gleichen Plattform Produkte und Lösungen anbieten kann, ist gewachsen, aber keiner kennt die Technologie so gut wie Laszlo Systems.

5.2 Reorganisation der Firmenstruktur

Innerhalb von Laszlo Systems kam es zu Änderungen in den Strukturen. Das Entwicklungsbüro rund um Oliver Steele in Boston ist jetzt verantwortlich für den Open–Source-Entwicklungsprozess. Der Hauptsitz in San Mateo (Großraum San Francisco) ist für die Entwicklung von Produkten wie z. B. *Laszlo Mail* verantwortlich. Von dort werden auch Anforderungen für die Entwicklungen neuer Features des OpenLaszlo–Server geschickt, wenn diese Features für neue Produkte benötigt werden. Dazu gibt es die Laszlo Studios in San Francisco, die von Kunden für die Entwicklung von OpenLaszlo-Applikationen engagiert werden können. Im Rahmen der Leistungen des Studios können auch Entwickler des Kunden in der OpenLaszlo-Entwicklung geschult werden. Über das Forum, in dem Fragen rund um OpenLaszlo gestellt werden können, ist es jetzt möglich, die Beantwortung von Fragen zu beschleunigen.[18] Gegen eine Zahlung von 199 $ pro Frage wird dem Kunden garantiert, dass diese innerhalb von drei Arbeitstagen beantwortet wird.

5.3 Community und Kooperationen

In kürzester Zeit bildete sich eine weltweite Community von OpenLaszlo-Anwendern. *User groups* mit regelmäßigen Treffen entstanden in den USA, Japan und Europa. Neue Ideen wurden über Foren und Mailinglisten in das Unternehmen hineingetragen. Die Downloadzahlen explodierten. Wurde der OpenLaszlo-Server vor dem Open Sourcing etwa 200 Mal pro Monat zur Evaluierung heruntergeladen, änderte sich dieser Wert im Jahr 2005 auf ca. 9 000 Downloads pro Monat. Bis Mitte Dezember 2005 lag die Gesamtzahl der Downloads für das Jahr bei ca. 120 000.

Die wichtigste Unterstützung bis zu diesem Zeitpunkt erhielt Laszlo Systems von IBM (Scannell 2005). Bei der Bekanntgabe des Open Sourcing des LPS kündigte IBM an, eine integrierte Entwicklungsumgebung für OpenLaszlo als Eclipse-Plugin zu entwickeln (Achille und Campitelli 2005). Dieses Projekt ist jetzt der Eclipse Foundation übergeben worden und wird von ihr weiterentwickelt.[19] Einige kleinere Firmen haben Änderungen zum Quellcode beigetragen, die in neuen Serverversionen

---

18 Dieser Service läuft unter den Namen *Laszlo Forum Accelerator*. Mehr Informationen dazu findet man unter http://www.laszlosystems.com/services/support/forums/.
19 Der offizielle Name der Entwicklungsumgebung lautet *IDE4Laszlo* („IDE for Laszlo"). Das Eclipse-Plugin-Projekt kann heruntergeladen werden unter: http://www.eclipse.org/laszlo/.

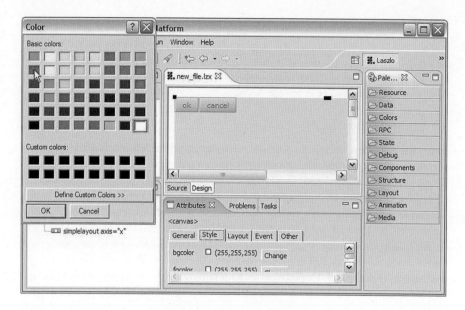

Abbildung 3: IDE4Lazlo – Entwicklungsumgebung für OpenLaszlo für die Eclipse Java IDE

übernommen wurden. Mit zunehmender Verbreitung der Technologie werden diese Effekte sich in den nächsten Jahren sicher verstärken.

5.4 Venture Capital und Open Source

Mitte Oktober 2004, unmittelbar nachdem der LPS unter die CPL gestellt wurde, erhielt Laszlo Systems von den VC-Spezialisten Mitsui & Co., General Catalyst Partners und Sofinnova Ventures weitere 5 Mio. $ als Risikokapital. Ein Zeichen dafür, dass die Risikokapitalgeber den Schritt von Laszlo Systems hin zu Open Source mitgetragen haben. Auch wenn bei vielen Risikokapitalgebern noch Vorbehalte gegen Open-Source-Software existieren, gibt es doch einige Investoren, die erkannt haben, dass Open-Source-Software die Regeln im Softwaregeschäft verändert. Die erfolgreichen Beispiele wie MySQL, JBoss, SugarCRM sowie Zend (PHP) haben gezeigt, dass man mit dem Open-Source-Ansatz sehr wohl erfolgreich sein kann. Der Unterschied zwischen den bisherigen Open-Source-Projekten und dem OLS ist sicherlich, dass der OLS nicht dem traditionellen Bild von Open-Source-Software (Bereich Betriebssysteme, Serversoftware im Backend, geringe Usability usw.) entspricht (Temkin 2005).

5.5 Wie verhält sich die Konkurrenz?

An dem Tag, als Laszlo Systems ankündigte, den LPS zu Open Source zu machen, kündigte Macromedia an, dass der Flex-Server 1.5 für nicht-kommerzielle Projekte kostenlos genutzt werden kann. Interessanterweise führte das Open Sourcing des LPS zu einer Preiserhöhung der Lizenzkosten für den Flex-Server. Der minimale Preis für eine Flex-Lizenz liegt jetzt bei 12 000 $.

Angesichts des Erfolgs der Kombination von OpenLaszlo und der *Eclipse IDE* bringt Macromedia für die Version Flex 2.0 ebenfalls eine Entwicklungsumgebung als Eclipse-Plugin heraus. Im Oktober 2005, ein Jahr nach dem Open Sourcing des LPS, zeichnete sich ab, dass Macromedia für die kommende Version Flex 2.0 die kostenlose nicht-kommerzielle Lizenz nicht mehr anbieten wird. Dafür werden die Flex-Lizenzkosten für Entwickler, die sich in die Technologie einarbeiten wollen, drastisch gesenkt, auf ca. 1 000 $ pro Entwicklerplatz. Der hohe Preis für kommerzielle Lizenzen hatte interessierte Entwickler davon abgehalten, sich in die Flex-Technologie einzuarbeiten.[20]

6 Übertragbarkeit der Vorgehensweise von Laszlo Systems auf andere Unternehmen

Angesichts des Erfolgs von Laszlo Systems stellt sich natürlich für viele Unternehmen die Frage, ob sie mit ihren Softwareprodukten einen ähnlichen Weg beschreiten können. Nach Einschätzung von David Temkin hängt die Möglichkeit eines erfolgreichen Open Sourcing von verschiedenen Faktoren ab (Temkin 2005):

1. Einer genauen Analyse und dem Verständnis des Marktumfelds,

2. Der Art der Software; nicht jede Art von Software ist gleich gut für die Weiterentwicklung im Open-Source-Umfeld geeignet,

3. Der Sicherheit, dass der Qualitätsstandard der Software garantiert ist, da an Open-Source-Software die gleichen Qualitätsansprüche gestellt werden, wie an kommerzielle Software.

Für Laszlo Systems hat sich der Schritt bewährt. Der Wechsel von Closed zu Open Source war sicher kein einfacher Schritt, hat die Firma aber wirtschaftlich vorangebracht. Im ersten Quartal 2005 meldete Laszlo Systems den gleichen Umsatz wie für das gesamte Jahr 2004. Etliche Neukunden konnten gewonnen werden, Altkunden

---

20 Auf der Macromedia-Website wird zur Entscheidung, die nicht-kommerzielle Flex-Lizenz in der neuen Version 2.0 nicht weiter anzubieten, nichts gesagt. In verschiedenen Blogs finden sich aber Informationen zur Lizenzpolitik, so z. B. unter http://www.sitepoint.com/blogs/2005/10/06/flex-20-announced-with-more-affordable-pricing/.

kehrten zurück und starteten neue Projekte. Mit einer Ausnahme hatten alle Kunden Verständnis für das Open Sourcing des LPS, obwohl die Kunden bereits die Lizenzgebühren für den Server bezahlt hatten.

Trotz dieser beeindruckenden Erfolge sollte man nicht vergessen, dass der LPS eine sehr spezielle Software ist. Der Beweis, dass man mit dem Open Sourcing eines kommerziellen Produkts erfolgreich sein kann, ist wohl erbracht. Wie die Rahmenbedingungen aussehen müssen, damit ein solches Vorhaben von technischer Seite aus gelingt und auch wirtschaftlichen Erfolg bringt, kann auf Basis der Erfahrungen von Laszlo Systems nicht allgemein beantwortet werden. Der Mut des Managements und der Investoren von Laszlo Systems bei diesem Schritt ist jedenfalls bewundernswert und es bleibt nur zu wünschen, dass Laszlo Systems mit dem OpenLaszlo-Projekt auf der Erfolgsspur verweilt.

Literatur

Achille, J. und Campitelli, A. (2005), Laszlo Systems and IBM Team to Contribute Open Source Code Aimed at Advancing Rich Internet Applications, Laszlo Systems Press Release 19. 7. 2005, Laszlo Systems.
http://laszlosystems.com/company/press/press_releases/pr_jul_05.php [09. Jan 2006].

Canter, M. (2004), 'Laszlo goes Open Source'.
http://marc.blogs.it/archives/2004/10/laszlo_goes_ope.html [09. Jan 2006].

Dix, J. (2005), 'Open source: The apps wave', *Network World* **14. 11. 2005**.
http://www.networkworld.com/columnists/2005/111405edit.html [09. Jan 2006].

Festa, P. (2004), 'David vs. Goliath vs. Goliath', *cnet News* **18. 11. 2004**. http://news.com.com/David+vs.+Goliath+vs.+Goliath/2008-7344_3-5457982.html [09. Jan 2006].

Jaffe, J. (2005), 'Unlocking the Enterprise for Open Source', *cnet News* **21. 8. 2005**.
http://news.com.com/Unlocking+the+enterprise+for+open+source/2100-7344_3-5840338.html [09. Jan 2006].

Mace, S. (2005), 'Opening Move', *IT Conversations* . Audiodatei,
http://www.itconversations.com/shows/detail703.html [09. Jan 2006], Interview mit David Temkin von Laszlo Systems.

Scannell, E. (2005), 'Big Blue's Bet Pays Off – IBM's open-source gamble creates opportunities for partners', *Var Business* **23. 11 2005**.
http://varbusiness.com/article/showArticle.jhtml?articleId=174401362 [09. Jan 2006].

Steele, O. (2005), The OpenLaszlo Platform for Declarative UI Development, Präsentationsfolien eines Vortrags auf der xtech2005-konferenz, Laszlo Systems.
http://idealliance.org/proceedings/xtech05/slides/steele/LaszloXTech05.ppt.pdf [09. Jan 2006].

Temkin, D. (2005), 'Going Open Source: A Case Study'. Vortrag auf der O'Reilly Open Source Convention 2005, 4. 8. 2005,
http://conferences.oreillynet.com/cs/os2005/view/e_sess/7053 [09. Jan 2006].

Novell goes Open Enterprise

VOLKER SMID*

(CC-Lizenz siehe Seite 499)

Novell, Inc. (Nasdaq: NOVL) ist Hersteller und Anbieter von Infrastruktur–Software und professionellen Dienstleistungen unter dem Motto „Software for the Open Enterprise". Das Unternehmen ist seit mehr als 20 Jahren im Markt, seit 1986 auch in Deutschland. Novell ist mit dem proprietären Betriebssystem *NetWare* sehr schnell gewachsen, hat allerdings frühzeitig die Zeichen der Zeit erkannt und mit den Akquisitionen des Linux-Anbieters Ximian in den USA und der deutschen SUSE Linux AG einen konsequenten Weg in Richtung Linux eingeschlagen. Nicht zuletzt durch die Migration auf Linux im eigenen Hause im Rechenzentrum sowie auf 12 000 Arbeitsplatzrechnern zeigt Novell, welche Vorteile der Einsatz von Linux bietet und gibt gleichzeitig einen Leitfaden für eine reibungslose Migration. Wie Novell haben bereits Ende der 90er Jahre die großen IT-Firmen im Markt erkannt, dass Linux und Open-Source-Lösungen zur Zukunft gehören. Sie alle unterstützen eine ständig wachsende Community. Das zieht Veränderungen mit sich. In der IT-Industrie geht es immer weniger um Basis-Technologien, immer mehr um Dienstleistungen, Dienstleistungen und Anwendungen. Beide Seiten, Anbieter wie Anwender, müssen umdenken. Die Zukunft gehört der optimalen Mischung aus proprietärer und Open-Source-Software.

Schlüsselwörter: Linux-Unternehmen · Migration Center · openSUSE

1 Open Source und die IT-Industrie

Das große Potenzial von Linux ist inzwischen weithin bekannt. Experten und Analysten der Branche erachten Linux einhellig als die nächste bahnbrechende Technologie. Viele Unternehmen planen die Verwendung von Linux und Open-Source-Technologie in unternehmenskritischen Umgebungen. Das rege Interesse an Linux ist berechtigt,

---

* Volker Smid ist Area General Manager für Zentraleuropa bei Novell und ist damit u. a. für das Geschäft in Deutschland, einem der wichtigsten europäischen Märkte für Informationstechnologie, verantwortlich.

denn Linux löst eine Reihe der entscheidenden Herausforderungen, die Kunden heute bewältigen müssen. Es bietet beispiellose Auswahl und Flexibilität und ermöglicht Unternehmen das Umgehen der Abhängigkeit von einem einzelnen proprietären Hersteller. Mit Linux können Unternehmen effizientere Dienstleistungen anbieten und schneller auf ihre Kunden eingehen. Gleichzeitig erschließen sie neue Möglichkeiten zur Kostensenkung, wie das Einsparen von Lizenzkosten. Open Source und offene Standards ermöglichen die problemlose Erweiterung bestehender Systeme um neue Dienstleistungen und Funktionen. Somit entfällt die Notwendigkeit zur Anschaffung neuer Systeme. Diese Vorteile sind überzeugend. Damit Linux jedoch eine echte Alternative für Unternehmen werden kann, muss es beweisen, dass es den proprietären Systemen in Service, Stabilität und Support ebenbürtig ist. Dies umfasst auch effektive Schulungs- und Zertifizierungsprozesse, ein wettbewerbsfähiges Consulting-Angebot und bewährte, auf Unternehmen zugeschnittene Dienstleistungen und Anwendungen. Die Industrie ist gefragt, wenn es um getestete Qualitätsprodukte, Kostensenkung durch effiziente Verwaltbarkeit sowie Haftungsfreistellung geht, so zum Beispiel Novell, die bereits seit einigen Jahren auf Open Source setzen.

Novell (gegründet 1979 als Novell Data Systems) war Anfang der 80er Jahre an der Erfindung des Unternehmensnetzwerkes beteiligt und treibt die Weiterentwicklung auch heute noch voran. Netzwerk-Software entstand aus der gemeinsamen Nutzung von Dokumenten und Druckern in lokalen Netzwerken (LANs). 1983 brachte Novell mit *NetWare* die erste LAN-Software-basierte File-Server-Technologie auf den Markt. 1996 erkannte das Unternehmen rechtzeitig die Zeichen der Zeit und die Bedeutung des Internets und machte die Novell-Produkte internetfähig. Kurz darauf kam mit *NetWare 5* ein Server-Betriebssystem auf den Markt. Einer zunehmenden Heterogenität in Unternehmensnetzwerken und dem Bedarf nach Interoperabilität begegnete Novell 1998 mit *Novell Directory Services*, über die verschiedene Plattformen verbunden werden können, u. a. der Verzeichnisdienst *eDirectory* bot von Anfang an plattformübergreifende Funktionalitäten.

1.1 Der Weg zum Linux-Unternehmen

Mit der Übernahme des IT-Beratungsunternehmens Cambridge Technology Partners 2001 und der Akquisition von SilverStream-Software im darauf folgenden Jahr konnte Novell zum einen die Service-Sparte stärken, zum anderen das eigene Portfolio ergänzen. Zudem übernahm Jack Messman, der Novell in den 80er Jahren gegründet hatte und zu dieser Zeit CEO von Cambridge war, wieder die Leitung des Unternehmens.

2003 erkannte man bei Novell, dass plattformübergreifende Lösungen zunehmend die Einbeziehung von Linux und Open-Source-Software erfordern – der Markt begann sich für die kostengünstige Alternative zu interessieren: Novell übernahm den amerikanischen Linux-Anbieter Ximian und damit einige der weltweit besten Linux–Entwickler sowie eine der führenden Lösungen für Linux auf dem Desktop und für das Management von Linux-Desktops und -Servern. Novell gelang damit der Einstieg in die Open-Source-Welt – und die Wahrnehmung als glaubwürdiger Anbieter von Linux-Lösungen, da zwei der bekanntesten Visionäre der Open-Source-Bewegung, Miguel de Icaza und Nat Frieman, seitdem zum Novell-Team gehören.

Knapp sechs Monate später ging Novell sogar noch einen großen Schritt weiter, übernahm den Linux-Distributor SUSE Linux und holte sich damit eine große Anzahl hervorragender Entwickler ins Haus. Die Entscheidung für SUSE Linux fiel bewusst, aufgrund der dahinter steckenden Technologie und der hohen Bedeutung, die diese Technologie im Markt hat. Novell bietet seitdem mit 5 200 Mitarbeitern und knapp 5 000 Partnern das komplette Angebot an Linux-Lösungen vom Server bis zum Desktop und entwickelt Lösungen, die offen, sicher und global sind. „Wer Linux einsetzen will, findet bei Novell, was er sucht – vom Rechenzentrum bis hin zum Desktop" so Jack Messman, Chairman und CEO von Novell.

Besondere Bedeutung wurde der Integration der Entwicklungsteams beigemessen, um so die Technologien aus beiden „Welten" zu verbinden. Der Open-Enterprise-Server mit NetWare auf einem Linux-Kernel ist eines der Beispiele, die diese Integration schon nach kürzester Zeit hervorgebracht hat. Novell hatte bereits einige Jahre vorher begonnen, Kernel und Dienste zu trennen, so dass die Dienste jetzt auf NetWare und Linux-Kernel gleichermaßen genutzt werden können. Das Entwicklerteam in Nürnberg arbeitet dabei eng mit den weltweiten Novell-Teams zusammen. Der Standort Nürnberg wird durch diese Zusammenarbeit weiter gestärkt. Unter anderem hat Novell das erste europäische „Porting & Migration Center" dort eingerichtet. „Wir haben uns der Open-Source-Idee verpflichtet", so Messman.

Zeitgleich mit der Übernahme von SUSE Linux gab Novell den Start eines Programms bekannt, mit dem Linux-Anwender vor Forderungen wegen Verletzung von Urheberrechten geschützt werden. Unternehmen, die strategische Investitionen in Linux erwägen, stellt sich die Frage des Urheberrechtsschutzes. Die Schadloshaltung ist in der Regel ein Bestandteil herkömmlicher proprietärer Softwareangebote, doch für Linux ist sie meist nicht erhältlich. Hier kommen die kommerziellen Anbieter wie Novell ins Spiel. Novell befreit Kunden durch die Bereitstellung der Lizenzierungen und des Rechtsschutzes, die in der heutigen Geschäftswelt benötigt werden, von dieser Sorge. Das „Novell Linux Indemnification Program" ist eine Lizenzierungsergänzung, durch die Unternehmen frei von Schaden gehalten werden, wenn Schadensersatz für eine Linux-Verletzung eingeklagt wird. Dieses einzigartige Programm geht weit über den simplen Garantieschutz anderer Linux-Anbieter hinaus, da es in Urheberrechtsverfahren zur Verteidigung eingesetzt werden kann. Es besteht also keine Gefahr, dass Implementierungen aufgrund von Rechtsstreitigkeiten unterbrochen werden müssten. Linux wird damit zur ernstzunehmenden Alternative mit den gleichen Absicherungen wie proprietäre Lösungen – mit nur einem kleinen Unterschied: Die Software selbst ist kostenlos.

Volker Smid

1.2 Open Source – Von offenen Standards profitieren

In frühen Zeiten der Informationstechnologie war Software schon einmal kostenlos. Hohe Kosten fielen für die Hardware an, die Software war quasi schon im Preis inbegriffen. Erst auf Druck der Wettbewerbshüter trennten die Konzerne die Preise für Computer und Programme. Der IT-Markt wurde in der Folge transparent und bot vielen neuen Unternehmen Platz und Marktnischen, Software war auf einmal ein rentables Geschäftsmodell. Jetzt soll wieder Software gratis angeboten werden. Lassen sich die frühen Anfänge also mit der Open-Source-Bewegung vergleichen? Kann das aus Sicht der kommerziellen Anbieter funktionieren? Oder im negativen Sinne: Ist nur am Anfang alles umsonst, solange noch niemand den tatsächlichen Mehrwert entdeckt hat? Keineswegs. Schon früher haben Standards die IT-Industrie vorangebracht. Das Open-Source-Modell kann nun mit der Forderung nach durchgängigen offenen Standards dafür sorgen, dass nicht nur ein Unternehmen davon profitiert und alle anderen den Kürzeren ziehen. Wenn alle in der einen oder anderen Weise auf z. B. Linux setzen, auf ein sicheres, leistungsfähiges und skalierbares Betriebssystem, das allen gehört, dann nutzt das am Ende auch allen. Open Source bietet enorme Chancen für Kreative und Visionäre – und mit guten Ideen lässt sich immer noch das meiste Geld machen, so Wirtschaftsjournalist Siegfried Grass (2003).

Und tatsächlich: Heute entwickelt sich der Open-Source-Markt ebenso schnell wie der PC-Markt in den 80er Jahren. Nicht ohne Grund: Raymond (1999) sagte einmal, dass durch Open Source die gesamte Welt als Talentpool genutzt werden kann. Und diesen Talentpool möchte sich natürlich auch die Industrie zu Nutze machen.

1998, im Jahr des ersten Open-Source-Gipfeltreffens, begann daher die Computerbranche, Linux als Alternative zu akzeptieren. Alle großen Marktteilnehmer sind seitdem mit von der Partie und bieten Rechner mit vorinstalliertem Linux-Betriebssystem an oder legen Codes ihrer Programme offen, um das kreative Potenzial der freien Softwareprogrammierer zu nutzen. So entstand z. B. das freie Anwendungsprogramm OpenOffice[1], bei dem hohe Lizenzgebühren wie für proprietäre Office-Pakete wegfallen. Die Weiterentwicklung dieses Programmes erfolgt sowohl durch die Community als auch durch Entwickler von Softwareunternehmen wie Novell. Innerhalb eines Jahres (1998) wuchs der Linux-Markt um 212 Prozent (vgl. Meyer 1998) – zugegebenermaßen von geringer Ausgangsbasis, aber der Anfang war gemacht. Inzwischen haben alle großen IT-Anbieter – egal ob von Software oder Hardware – den Trend erkannt und setzen in der einen oder anderen Weise auf Linux und Open Source. Den Open-Source-Entwicklungsplattformen wie SourceForge.net kommt dabei besondere Bedeutung zu. Sogar Microsoft integriert erste Open-Source-Bausteine in seine Produkte und beginnt, sich der Idee zu öffnen (vgl. Seemayer und Matusow 2005). Bei aller Euphorie wurde allerdings noch eine Zeit lang über die künftige Entwicklung und Bedeutung von Open Source spekuliert. Inzwischen hat sich der Hype

---

1 Die korrekte Bezeichnung lautet OpenOffice.org.

aber verfestigt und ist zum ernstzunehmenden Trend in der IT-Industrie geworden, denn: „Open-Source-Lösungen stehen für offene Standards mit sehr hoher Interoperabilität, Unabhängigkeit von proprietären Herstellerstandards sowie einer hohen Zukunftssicherheit", so Marek Chroust, Director Category Specialists bei Novell. „Linux-Distributionen bieten als entscheidenden Mehrwert den Support und machen den Einsatz von Linux und Open-Source-Lösungen reibungslos."

1.3 Linux für den kommunalen Einsatz

Inzwischen wird Linux standardmäßig in Überlegungen zur IT-Strategie einbezogen. Einziger Hemmschuh sind oftmals die fehlenden Anwendungen, gerade auch im kommunalen Bereich. Allein in einer kleinen Stadtverwaltung wie beispielsweise Schwäbisch Hall in Baden-Württemberg mit rund 400 IT-unterstützten Arbeitsplätzen und 600 Mitarbeitern sind 86 Softwareprodukte unterschiedlichster Hersteller, oftmals maßgeschneiderte Nischenlösungen, im Einsatz. Damit Schwäbisch Hall ohne Reibungsverluste auf Linux arbeiten kann, müssen diese oder vergleichbare Anwendungen auf Linux verfügbar sein. Aber es geht nicht alleine um 86 Anwendungen, insgesamt gibt es in Deutschland weit über 1 000 Hersteller von Fachverfahren für die Öffentliche Verwaltung, die auf Linux angeboten werden müssen, damit die Kommunen keinen Problemen bei einer Migration gegenüber stehen. Hier greifen Programme wie die „Linux Kommunale" von Hewlett Packard und Novell, die sich zum Ziel gesetzt hat, ein durchgängiges Linux-basierendes Lösungsportfolio für Kommunalverwaltungen zu schaffen. Die teilnehmenden Unternehmen der Initiative fördern und entwickeln günstige Linux-basierte Lösungen und unterstützen die – meist kleinen – Anbieter von Fachanwendungen.

„Den kommunalen Anwendern von Linux-basierten Lösungen soll der gleiche Service und Support sowie die gleiche Verfügbarkeit von Treibern und Software-Aktualisierungen geboten werden, wie sie es von herkömmlichen Plattformen gewohnt sind", erläutert Alfred Steinecker-Nehls, Business Manager NTL Deutschland bei Hewlett Packard die Zielsetzung. So wird der Einsatz von Linux einer breiten Zielgruppe ermöglicht, so der Experte. Nicht nur im kommunalen Bereich tut sich viel. Auch betriebskritische Anwendungen von beispielsweise Oracle, SAP, Bäurer etc. laufen bereits auf Linux.

2 Open Source – Vom Mythos zur Realität

Immer noch hält sich bei den anwendenden Unternehmen das Gerücht, Open-Source-Software würde von Unternehmen quasi verschenkt oder von ein paar Tüftlern „zusammengebastelt" – gerade die Gegenseite argumentiert oft in diese Richtung (siehe auch Abschnitt 2.2). Deshalb ist es umso wichtiger, sich damit auseinander zu setzen, wie Open-Source-Software entsteht, wer dahinter steckt und warum sich

IT-Unternehmen dafür entscheiden, ihren Kunden (auch) Open-Source-Software anzubieten. Open-Source-Software bindet Kunden nicht über Lizenzverträge langjährig an einen Hersteller, sie sind von dessen Preis- und Produktpolitik nicht abhängig, die Anwender profitieren so von erheblichen Kostenvorteilen. Die Offenheit des Quellcodes gestattet außerdem, die Software – entsprechende Fachkenntnis vorausgesetzt – selbst zu pflegen und weiterzuentwickeln oder auf Dienstleister ihrer freien Wahl zurückzugreifen. Somit muss zum Beispiel der Wechsel zu neuen Versionen nicht zwingend mitgemacht werden, und auch alte Versionen können zuverlässig weiter gepflegt werden. Basis ist der freie Zugriff auf den Quellcode, der bei proprietären Lösungen nicht gegeben ist.

2.1 Novell migriert auf Linux

Der Erfolg am Linux-Markt steht und fällt damit, die Open-Source-Welt in- und auswendig zu kennen: die Geschäftsmöglichkeiten, die technischen Herausforderungen, die kulturellen Vorbehalte, die *Best Practices* und vieles mehr. Um solch umfassende Kenntnisse erwerben zu können, die vielen Vorteile nutzen zu können und nicht zuletzt, um Kunden die besten Produkte und Beratungsleistungen für die Migration auf Linux zur Verfügung zu stellen, migriert Novell derzeit das gesamte Unternehmen vom Rechenzentrum bis hin zum Desktop, von den CEOs und den Strategiemachern bis hin zu den Mitarbeitern auf Linux. Ziel ist zum einen die Erhöhung der Produktivität und Effizienz, um den Kunden bestmögliche Produkte und Services anzubieten. Zum anderen spart Novell alleine zwei Millionen US-Dollar an Lizenzgebühren für Microsoft Windows und Office ein. Darüber hinaus sollen Schwachstellen ausgemerzt und eine insgesamt höhere Sicherheit erzielt werden. Gleichzeitig sollten die Stärken von *NetWare* und anderen Komponenten der Novell-Produktfamilie integriert werden. So hat Novell sich als führender Anbieter von Linux-basierten Lösungen und Dienstleistungen quasi selbst neu etabliert – als führender Benutzer von Linux im eigenen Unternehmen.

Der erste Schritt waren drei ROI-Analysen[2] zu den Themen Verwendung von Linux auf bestimmten Rechenzentrum-Servern, Ersatz von Microsoft Office durch OpenOffice und Desktop-Umstellung von Windows auf Linux. Die Analysen basierten auf den folgenden Annahmen: Es gibt mehr als 800 Datencenter-Server, 5 000 Mitarbeiter nutzen Linux Desktops und 90 Prozent der Mitarbeiter OpenOffice.

Im Rechenzentrum ergeben sich ganz klare Kostenvorteile durch die Nutzung von Linux und Open-Source-Lösungen im Vergleich zu Windows- oder UNIX-Servern,

---

2   *Return On Investment (ROI)* – auch *Accounting Rate of Return (ARR)* oder *Return on Capital Employed (ROCE)*, ist ein Werkzeug der Investitionsplanung, mit dem grob abgeschätzt wird, ob sich eine bestimmte Investition lohnt. Über einen bestimmten Zeitraum (etwa fünf Jahre) werden dabei die durchschnittlichen jährlichen Buchgewinne der Investition mit den durchschnittlichen Gesamtkosten der Investition ins Verhältnis gesetzt. Die Investitionsentscheidung hängt dann zumeist davon ab, ob dabei eine bestimmte Hürde genommen wird oder nicht. Als Werkzeug der Finanz- und Inverstitionsplanung ist es jedoch relativ ungenau, da die jährlichen Gewinne und Verluste nicht sinnvoll diskontiert werden.

insbesondere bei Web-, Anwendungs-, Edge- und Datenbankservern sowie bei verschiedenen Datei- und Druckservern. Die gesamten Kosteneinsparungen über drei Jahre belaufen sich in einer typischen Umgebung mit zehn Servern auf etwa 200 000 bis 250 000 US-Dollar im Vergleich zu Konkurrenzplattformen. Zudem sind die Kosten für Patch- und Servicemanagement zur Vorbeugung gegen Viren deutlich geringer. Für die Umstellung auf Linux sprechen also – nicht nur bei Novell – niedrigere Anschaffungs-, Support- und Wartungskosten, niedrigeres gebundenes Kapital (mehr Services auf weniger und kostengünstigeren Rechnern), höhere Daten- und Ausfallsicherheit, weniger Probleme mit der Abwärtskompatibilität und die starke Unterstützung der Open-Source-Community bei der Behebung von Problemen.

Die mehr als 5 000 Benutzer bei Novell besitzen etwa 12 000 Arbeitsstationen, von denen mehr als die Hälfte Laptops sind – eine durchaus komplexe Umgebung. Es wurde daher eine schrittweise Migration der Desktops gewählt. Zunächst wurde OpenOffice als Anwendungssuite eingeführt. Alle neuen internen Dokumente, Spreadsheets und Präsentationen wurden im entsprechenden OpenOffice-Format angelegt. Die zu erwartenden Kosten für die Migration auf OpenOffice waren minimal: Die Installation ist unkompliziert und erfordert keine Spezialkenntnisse, die bestehenden Dokumente wurden in vielen Fällen durch einfaches Öffnen mit OpenOffice aktualisiert. Mit geringem Ressourcen-Aufwand wurden auch Templates auf OpenOffice portiert. Da die Funktionen denen der Microsoft-Office-Tools sehr ähnlich sind, war der Schulungsbedarf minimal; Benutzer durchliefen lediglich eine kurze Lernphase. Mit einer Einschränkung: Die Portierung von umfangreichen, mit Makros programmierten Excel-Sheets ist aufwändiger und rechnet sich gegebenenfalls nicht immer.

Zunächst migrierte bis zu einem Stichtag die Hälfte der Novell-Nutzer auf den Novell-Linux-Desktop, bevor der Rest der Anwender Linux zunächst als *Dual Boot*, dann als einziges System nutzt. Die wichtigsten Anforderungen des Managements waren dabei die Lizenzkosten zu senken (größtenteils für Microsoft-Lizenzen) und keinen Unterbrechungen des laufenden Geschäftsbetriebs ausgesetzt zu sein. Veränderungen am Desktop machen sich bei jedem Benutzer in jedem Unternehmen auf einer Ebene bemerkbar, die von allergrößter Wichtigkeit ist: bei der Unternehmensproduktivität. Um dieser Herausforderung zu begegnen, bildete der Lenkungsausschuss ein Team für interne Kommunikation. Die Arbeit dieses Teams war für das Migrationsprojekt von entscheidender Bedeutung: Das Team leitete die Erwartungen weiter, ermittelte die Anforderungen der Benutzer, unterstützte die kulturellen Veränderungen, dokumentierte die Prozesse und sorgte für die Bereitstellung von Strukturen für Schulung und Support. Bei der großen Anzahl Desktops, die allesamt umgerüstet werden mussten, lag die Notwendigkeit, die Migrationsprozesse zu automatisieren, klar und deutlich auf der Hand. Novell entwickelte daher eine Kombination aus automatisierten Tools und Methoden, mit denen ein Windows-Desktop so schnell und so effektiv wie möglich auf Linux umgestellt werden konnte. So konnten IT-Mitarbeiter die Arbeitsstationen umstellen, ohne dass der Benutzer anwesend sein musste. Auch der Zeitaufwand für die Migration pro Desktop sank von acht Arbeitsstunden – vier Stunden für einen IT-Administrator, vier Stunden für den Benutzer – auf gerade mal eine Arbeitsstunde für einen IT-Administrator. In der ROI-Analyse macht sich dieser Aspekt als eine Ersparnis von 1,75 Millionen US-Dollar bemerkbar.

Zwei Initiativen, die den Umstieg auf den Linux-Desktop erleichterten, sind besonders erwähnenswert: „OpenZone" ist eine Webseite im Novell-Intranet, die Fortschrittsberichte, Schulungsunterlagen und Support bietet und die Benutzer zur aktiven Beteiligung an einem offenen Online-Forum ermutigt. Unter „OpenMike" werden Mitarbeiter belohnt, die Tipps zu Linux und OpenOffice veröffentlichen.

Im Rahmen dieser Umstellung hat Novell vollständig strukturierte und dokumentierte Methoden entwickelt, mit denen die Planer anderer Unternehmen ihren Fortschritt bei der Migration prüfen und ihre Vorgehensweise anpassen können. Alle in einer bestimmten Open-Source-Implementierung erworbenen Kenntnisse und Fertigkeiten können auch beim Planen einer zukünftigen Migration nutzbringend eingesetzt werden. Während des gesamten Migrationsvorgangs hat Novell zudem fortlaufend Benutzer befragt und Ergebnisse überprüft, um sicherzustellen, dass die Ziele für die Migration wirklich erfüllt werden. So können die Planer frühzeitig erkennen, wenn eine Linux-Anwendung nicht alle Anforderungen bestimmter Benutzergruppen erfüllt.

Das Fazit der Durchführenden ist einstimmig: Die umfassende Einführung von Linux ist möglich und lohnenswert, sollte aber wie jede andere IT-Umstellung sorgfältig geplant werden und auf die Geschäftsvorteile und Prioritäten abgestimmt sein. Ganz wichtig ist zudem die Unterstützung des Managements bei den kulturellen Veränderungen im Unternehmen. Der Umstieg auf Linux, ob nun auf dem Desktop oder im Rechenzentrum, setzt eine neue Denkweise voraus, damit alle Vorteile und Funktionen genutzt werden können. Die betroffenen Abteilungen müssen zudem so früh wie möglich involviert werden.

Die IT-Abteilung von Novell entwickelt für die nahe Zukunft einen Plan für die Umstellung anderer Anwendungen fürs Rechenzentrum auf Linux, beispielsweise Unternehmensanwendungen wie ERP, Gehaltsliste, Ressourcenplanung und Spesenabrechnung. Diese Migrationen sind komplexer und erfordern zusätzliche Planung und Koordinierung über mehrere Geschäftseinheiten und geografische Regionen hinweg.

2.2 Studien – glaubhaft oder nicht?

Bei der Entscheidungsfindung pro oder contra Linux werden oftmals auch Studien herangezogen. Allerdings darf diesen nicht bedingungslos Glauben geschenkt werden. Microsoft hat z. B. Ergebnisse aus einer Yankee-Studie veröffentlicht – verständlicherweise allerdings nur die Stellen, die gegen einen Einsatz von Linux sprechen. Alle weiteren Ergebnisse der Studie hat das Unternehmen ausgeblendet.[3]

---

[3] Die Microsoft-Webseite „Fakten zu Windows und Linux" fasst die Stärken von Windows zusammen, wie sie in den von ihnen vorgelegten Berichten und Studien angeführt werden und betont diese (siehe http://www.microsoft.com/germany/diefakten). Was Microsoft jedoch unerwähnt lässt, sind die

Novell goes Open Enterprise

Verständlich, dass Anbieter sich die Ergebnisse herauspicken, die ihrem Geschäftsmodell entsprechen. Aber dabei ist es für den Anwender schwer, sich im Studien-Dickicht auszukennen. Zu viele Studien beschäftigen sich mit der Wirtschaftlichkeit einer Migration auf Linux- und Open-Source-Software – die meist unterschiedlichen Ergebnisse werden noch dazu unterschiedlich interpretiert.

Eine „Metastudie zur Wirtschaftlichkeit der Linux- und OpenSourceSoftware-Migration" der Novell-Beratungssparte Cambridge Technology Partners (2005) in Zusammenarbeit mit dem Lehrstuhl für Wirtschaftsinformatik III der Universität Erlangen-Nürnberg schafft nun Transparenz, ordnet vorhandene Untersuchungen anhand eines Bewertungsmodells und ermöglicht eine vergleichende und objektive Beurteilung der Ergebnisse. 24 Studien wurden daraufhin untersucht, ob die relevanten Aspekte für eine Migration vollständig abgedeckt wurden. Das Ergebnis: Anerkannte Verfahren wie der TCO-Ansatz oder Nutzwertanalysen werden oftmals eingesetzt, entscheidende Aspekte wie die Sicherheit der Systeme oder die Migration von Fachanwendungen dagegen nur sehr eingeschränkt betrachtet. Selbst die beste Studie betrachtet nur ca. 80 Prozent der relevanten Kriterien. Bisweilen entsteht der Eindruck, dass Ausgangsszenarien gewählt bzw. Annahmen getroffen wurden, um ein bestimmtes Ergebnis zu provozieren.

Kern der Metastudie ist zudem ein analytischer Rahmen, der vorhandene Studien anhand eines Bewertungsmodells einordnet und eine vergleichende und objektive Beurteilung der Ergebnisse und Aussagen ermöglicht. Das Modell kann online[4] genutzt werden und gibt einen Überblick über bislang im Tool bewertete Studien sowie neue Studien, die sich gerade in der Bewertung befinden. Derzeit enthält die Anwendung 24 am Markt erhältliche Studien, die nach verschiedenen Kriterien bewertet wurden. Um einerseits ein möglichst breites Spektrum abzudecken und andererseits keine einseitige Analyse zu erhalten, wurden diese Studien nach Heraus- bzw. Auftraggeber, Zielgruppe, Analysefokus und Migrationsbereich selektiert. „Bei der Bewertung stehen nicht nur die Kosten oder der Nutzen im Vordergrund, sondern auch die Benutzerfreundlichkeit der Systeme, die technischen Eigenschaften, Marktbetrachtungen und Zukunftsprognosen", beschreibt Prof. Dr. Michael Amberg, Lehrstuhl für Betriebswirtschaftslehre an der Universität Erlangen-Nürnberg. Aus der Einschätzung von IT-Experten wird die Standardgewichtung der einzelnen Kriterien ermittelt, die dem Modell zugrunde liegt.

Stärken von Linux, die in denselben Berichten genannt werden. „Insgesamt gesehen hat die Studie der Yankee Group über die Gesamtbetriebskosten ergeben, dass Linux überzeugende Kosteneinsparungen, Größeneffekte und technische Vorteile bietet, so wie es auch viele zufriedene Anwender bestätigen werden. Die Kosteneinsparungen und Vorteile werden jedoch nicht automatisch realisiert. Eine gebührende Sorgfalt durch den Kunden ist unumgänglich, und nicht unbedingt in jedem Anwenderszenario können diese Ziele umgesetzt werden. Letztendlich hängt es von den individuellen Einsatzbedingungen des Unternehmens ab, ob die Gesamtbetriebskosten und die Rendite, die mit Linux einhergehen, im Vergleich zu UNIX oder Windows reduziert bzw. auf gleichem Niveau gehalten werden können oder steigen." (DiDio 2005)

4   Siehe http://migrationnavigator.org.

Der *MigrationNavigator* bietet dem Benutzer darüber hinaus die Möglichkeit, die Gewichtung nach individueller Einschätzung anzupassen und somit Studien bedarfsgerecht auszuwählen. Die einzelnen Studien werden dann anhand von insgesamt 29 Bewertungskriterien in sechs Bereichen analysiert. Der Nutzer des Tools kann so nicht nur schnell und bequem die für ihn relevanten Studien identifizieren, er erhält auch eine einordnende Bewertung der Studie hinsichtlich Qualität und abgedeckter Bereiche bzw. Problemfelder der Studie. Ähnlich wie Open-Source-Software lebt auch diese Initiative vom Gedankengut jedes einzelnen Teilnehmers, denn die Studienbewertungen jedes Nutzers fließen wiederum in die Gesamtbewertung ein. So erhöhen sich der Umfang der Bewertung und die Aussagefähigkeit der Ergebnisse. Anwender können so online die richtige Studie für die individuelle Ausgangssituation und das geplante Migrationsvorhaben wählen sowie die spezifische Bedeutung einzelner Bewertungskriterien identifizieren.

3 Ausblick: openSUSE macht Linux weltweit leichter verfügbar

Einen wichtigen Schritt in die Zukunft hat Novell mit der Initiative „openSUSE" getan, die im August 2005 ins Leben gerufen wurde. Im Internet[5] erhalten Interessenten freien und einfachen Zugriff auf die Endanwender-Version von SUSE Linux. Das Projekt macht den Entwicklungsprozess öffentlich und gibt Entwicklern in der Open–Source-Community Zugang zu Bewertungen, Testmöglichkeiten und Mitentwicklung der Distribution. Damit soll der Einsatz von Linux weltweit gefördert werden.

SUSE Linux kann dort direkt heruntergeladen werden. Den Anfang machte dabei die erste Beta von SUSE Linux 10.0. Das Projekt openSUSE fördert den breiteren Einsatz von Linux bei Anwendern und macht die Entwicklung und Freigabe dieser wichtigen Linux-Distribution transparenter. Die große Resonanz bestätigt diese Entscheidung: Alle 12 Sekunden erfolgt auf opensuse.org ein Download, pro Tag wird SUSE Linux 7 000 Mal installiert. Bereits in den ersten Wochen hatten sich mehrere tausend Mitglieder registriert, um an der Weiterentwicklung mitzuarbeiten, darunter Studenten, IT-Profis aus großen Unternehmen und Open-Source-Entwickler. Die Beta- und Vorab-Versionen von SUSE Linux 10.0 wurden 12 000 Mal installiert, was zu zahlreichen Verbesserungen des Produktes führte.

Die Initiative „Better Desktop" von Novell, eine weitere Komponente des openSUSE-Projekts, versorgt Open-Source-Entwickler zudem mit Testergebnissen und Informationen zur Verbesserung der Benutzerfreundlichkeit des Linux-Desktops. Online[6] finden sie Resultate aus der Forschung, Videomaterial und Analysen von Usability-Tests. Zusätzlich stellt Novell Informationen für den Aufbau und Betrieb eines Low-Cost-Usability-Labors bereit. Ziel der Initiative ist es, Open-Source-Entwickler in die Lage zu versetzen, Anforderungen und Erwartungen von Linux-Anwendern

---

5 Siehe http://opensuse.org.
6 Siehe http://betterdesktop.opensuse.org.

besser zu entsprechen und damit die Akzeptanz von Linux auf dem Desktop weiter zu erhöhen. Zudem wird so die Innovation gefördert.

4 Die Zukunft ist gemischt: Open Source und proprietäre Software – Koexistenz als Erfolgsfaktor

Eine Umfrage von Novell und IBM (2005) unter mehr als 400 Unternehmen aller Größen hat gezeigt, dass 85 Prozent Linux bereits in geschäftskritischen Bereichen nutzen. Bei der Mehrzahl der Unternehmen ist Linux also an der einen oder anderen Stelle bereits im Einsatz. Analysten, Presse und andere Meinungsbildner liefern sich allerdings nach wie vor heftige Diskussionen über Sinn und Nutzen von Open Source versus proprietäre Lösungen. IT-Verantwortliche könnten dabei manchmal den Eindruck gewinnen, dass es nur zwei Wege gibt, IT-Infrastrukturen aufzusetzen: aus fertigen proprietären Produkten (zu hohen Preisen und einengenden Lizenz-Konditionen) oder als Marke „Eigenbau" mit Unterstützung der Open-Source-Community.

In vielen Fällen scheitert der lohnenswerte Einsatz von Linux und Co. an diesem Ganz-oder-gar-nicht-Ansatz und an Kleinigkeiten, die durch die Verbindung mit proprietären Lösungen auf einfache Weise ausgemerzt werden könnten. Proprietäre Lösungen haben gerade, wenn es um spezifische Infrastrukturaufgaben, Sicherheit oder Anwendungen geht, durchaus noch ihre Berechtigung. Zudem ist nicht jede Software, die heute in Unternehmen erforderlich ist, als Open-Source-Software erhältlich.

Unternehmen realisieren daher immer mehr die Vorteile, die ihnen eine Integration der besten Produkte und Technologien sowohl aus der Open-Source-Welt als auch von Anbietern proprietärer Lösungen bietet. Sie suchen sich gezielt Lösungen und Technologiebausteine aus beiden Lagern aus und benötigen Partner, die diese Kombinationen umsetzen können oder im Idealfall komplette Mixed-Source-Stacks[7] ihrer Wunschkombinationen liefern.

Schließlich geht es Unternehmen in erster Linie darum, Kosten zu senken, Geschwindigkeit zu erhöhen und Prozesse zu verbessern. Innovation und offene Standards sind der Schlüssel, um diese Ziele zu erreichen. Der Anbieter beziehungsweise die Herkunft der Produkte sind dabei zweitrangig. Gleichzeitig entwickeln sich die Möglichkeiten von Open Source beständig weiter – und vergrößern so die Chancen für Anbieter beider Welten. Die Lücken, die derzeit noch bestehen, können von Open-Source- oder auch von proprietären Anbietern geschlossen werden.

Die Anwender schaffen also die Nachfrage, indem sie ganz konkrete Dienstleistungen und Produkte als „Mixed Source" einfordern, die das Beste aus beiden Welten

---

7 Software-Produkte können in der IT nur in Verbindung mit verschiedenen Lösungen – von der Infrastruktur, über Datenbanken bis hin zu Applikationen und Portalen – die Geschäftsprozesse eines Unternehmens unterstützen. Für diese Kombination von Software hat sich in der IT der Terminus „Software Stack" – zu Deutsch Software-Stapel – herausgebildet. So genannte Mixed-Source-Stacks integrieren Open-Source- und proprietäre Lösungen.

berücksichtigen. Und jetzt sind die Anbieter gefragt: So sind zum Beispiel offene Standards heute ein Muss, damit Software sich nahtlos in diese gemischten Stacks eingliedern kann. Auch die Produktentwicklung selbst verändert sich. Denn wo immer ein Open-Source-Projekt eine Alternative zum eigenen Produkt bietet, muss der Anbieter sich auf einen veränderten Wettbewerb einstellen. Software-Hersteller sollten diesen Wettbewerb eher als Chance denn als Gefahr verstehen. Zudem müssen kleine Software-Unternehmen, die auf die Entwicklung von Open-Source-Komponenten spezialisiert sind, von den großen Firmen im Markt unterstützt werden, z. B. bei der Vermarktung. So können ihre Produkte einen breiteren Markt adressieren.

Im Grunde vollzieht die IT-Branche heute das nach, was die Automobil-Industrie schon vor einem Jahrzehnt begonnen hat. Nämlich die Reduktion der eigenen Fertigungstiefe. Die Kernkompetenz der Software-Entwicklung besteht heute und in Zukunft nicht mehr nur darin, die beste Software alleine zu entwickeln und zu vermarkten, sondern darin, die besten Komponenten – aus offener und proprietärer Software – zum besten Produkt zu verbinden. Basis dafür ist eine offene und partnerschaftliche Zusammenarbeit mit der Open-Source-Community und mit Anbietern von Drittprodukten auf der einen und eine konsequente Kundenorientierung auf der anderen Seite, um die individuellen Wünsche und Anforderungen der Unternehmen zu erfüllen. Anbieter, die mit der Open-Source-Community eng verdrahtet sind, deren Innovationskraft nutzen und ausbauen und gleichzeitig proprietäre Lösungen anbieten und unterstützen, werden sich langfristig durchsetzen. Weiterhin auf nur eine Karte zu setzen, können sich weder Anwender noch Anbieter leisten.

Literatur

Cambridge Technology Partners (2005), 'Metastudie zur Wirtschaftlichkeit von Linux und Open Source Migrationen'.
http://www.cambridge-germany.com/de/publications/studies_details.php?id=16.

DiDio, L. (2005), 2005 North American Linux and Windows Total Cost of Ownership (TCO) Comparison, Part 1, The Yankee Goup Report. http://download.microsoft.com/download/2/8/7/287fda62-1479-48b7-808c-87333312b93e/Yankee_TCO.pdf.

Grass, S. (2003), 'Auf ein letztes Wort', *Novell NMagazin* **Nov**, S. 34. Kommentar.

IBM und Novell (2005), 'Linux im Mittelstand in Deutschland – eine Umfrage'.

Meyer, E. (1998), 'Studie: Linux erobert die Server'. heise online
http://www.heise.de/newsticker/meldung/3389.

Raymond, E. S. (1999), *The Cathedral & the Bazaar*, O'Reilly, Cambridge.

Seemayer, W. und Matusow, J. (2005), Das Microsoft-Shared-Source-Programm aus der Business-Perspektive, *in* B. Lutterbeck, R. A. Gehring und M. Bärwolff (Hrsg.), 'Open Source Jahrbuch 2005 – Zwischen Softwareentwicklung und Gesellschaftsmodell', Lehmanns Media, Berlin, S. 185–200.

Einblicke in das Microsoft-Linux-/Open-Source-Software-Lab

BILL HILF*

(CC-Lizenz siehe Seite 499)

Inmitten einer der wohl größten Umgebung von Microsoft-Produkten haben wir ein Open-Source-Software-Labor aufgebaut mit dem Ziel, Open Source Software besser zu verstehen und die Interoperabilität zwischen unserer Software und der der Open-Source-Community zu verbessern. Hierfür haben wir eine Reihe von Fachleuten und Entwicklern aus dem Open-Source-Bereich gewinnen können und eine umfangreiche Linux- und Unix-Umgebung geschaffen. Microsoft versucht, mit Hilfe dieses Labors das Wesen von Open Source sowie die Strukturen und Prozesse dahinter zu verstehen.

Schlüsselwörter: Microsoft · Wettbewerb · Kooperation · Interoperabilität · Linux-/Open-Source-Software-Labor

1 Einleitung

Microsofts Linux-/Open-Source-Software-Labor als ambitionierte Forschungseinrichtung zu bezeichnen, ist schlicht eine Untertreibung. Denn in dem Labor befinden sich über 300 Server der unterschiedlichsten Art und Größe, auf denen insgesamt über 15 Unix-Versionen und mehr als 48 unterschiedliche Linux-Distributionen laufen. Das Forschungsteam besteht aus führenden Linux- und Unix-Programmierern sowie Systemadministratoren. Darunter sind auch einige Entwickler von populären Linux-Distributionen sowie Autoren renommierter Bücher über Unix. Insgesamt ist das Microsoft-Labor weltweit eines der wenigen Labors, die über diese umfassende Ausstattung, Komplexität und das hohe fachliche Niveau verfügen – alles im Namen der Open-Source-Forschung.

---

* Bill Hilf leitet als *Platform Technology Strategy Director* die Technologieabteilung *Linux and Open Source* bei Microsoft und ist dort seit Dez. 2005 auch für die Shared-Source-Initiative verantwortlich.

Immer, wenn das Thema auf das Linux-/Open-Source-Software-Labor und meine Tätigkeit als Direktor kommt, werde ich gefragt: „Bei Microsoft? Warum beschäftigen Sie sich in einer gemischten Umgebung bei Microsoft mit Linux?" Theorien darüber gibt es im Überfluss – von „Microsoft arbeitet an einer eigenen Linux-Implementierung" bis zu „Microsoft erwägt die Portierung auf Linux". Die Wahrheit ist, dass das Linux-/Open-Source-Software-Labor dem Unternehmen einen tiefen Einblick in die Welt der Open-Source-Software (OSS) ermöglicht und darauf abzielt, dass Microsoft-Produkte besser mit Linux und anderen OSS-Anwendungen zusammenarbeiten.

Entgegen der gängigen Annahme ist Microsoft kein Gegner von OSS. Mit Sicherheit leben die meisten Kunden nicht in einer Entweder-oder-Welt. Vielmehr entscheiden sie sich für die Technologie – für ein Betriebssystem oder eine Anwendung –, die ein bestimmtes Problem löst oder eine spezielle Geschäftsanforderung erfüllt und entscheiden nicht auf Basis eines Entwicklungsmodells.

In unserem Labor laufen sowohl Linux als auch andere OSS in einer Microsoft– Umgebung. Dies ermöglicht uns, zu erforschen, wie diese Technologien besser mit Microsoft-Technologien zusammenarbeiten können, damit für Microsoft-Kunden eine größere Auswahl an interoperabler Software besteht.

Dabei untersuchen wir z. B. wie die Funktionalität der Management-Tools von Microsoft in heterogenen Umgebungen optimiert werden kann. Verwendet ein Kunde einen *Microsoft Systems Management Server (SMS)* oder einen *Microsoft Operations Manager (MOM)* und möchte einen Linux- oder Unix-Server einsetzen, können wir über Erkenntnisse aus den Tests informieren, die wir über verschiedene Technologien von Drittanbietern durchgeführt haben und die ein bestimmtes Szenario ermöglichen.

Ein weiteres Beispiel für unsere Forschungsaktivitäten besteht in der Arbeit an der Version „Release Candidate 2" (R2) des Microsoft Windows Server 2003. Die neue Version enthält verschiedene Technologien, die als Subsystem für Unix-basierte Anwendungen bezeichnet werden können und Services für die Interoperabilität mit Unix- und Linux-Systemen zur Verfügung stellen. Zu diesen Technologien gehören Unix-Network-Services wie *Network File Sharing (NFS)* und *Network Information Service (NIS)*. Wir haben umfangreiche Tests durchgeführt, um festzustellen, wie gut Windows Server 2003 R2 tatsächlich mit anderen Unix- und Linux-Systemen interagiert. So haben wir beispielsweise unterschiedliche Open-Source-Anwendungen, *NFS* und *NIS* in diesem Subsystem eingesetzt, um die Interoperabilität der Anwendungen und Services mit anderen Elementen in der Data-Center-Umgebung zu testen.

2 Die Kunst der „Coopetition"[1]

Das Testen der Interoperabilität von OSS mit Microsoft-Produkten ist eine der Hauptaktivitäten des Labors – aber nicht die einzige. Ein wichtiges Ziel ist unsere Wettbe-

---

[1] „Coopetition" setzt sich zusammen aus den Wörtern *cooperation* und *competition* und steht für „konkurrierende Zusammenarbeit".

werbsfähigkeit – die Microsoft-Produkte sollen mit Hilfe tief greifender Erkenntnisse über Linux und Open Source verbessert werden. Wir analysieren, testen und prüfen die Tauglichkeit von OSS mit Microsoft-Produkten und vergleichen unterschiedliche Server-Workloads, Desktop-Szenarien, Virtualisierungs- und Sicherheitstechnologien, Management-Tools oder einfach spezifische Anwendungen, die in vertikalen Industrien eingesetzt werden. Die Daten aus diesen Analysen geben wir an die Produktteams weiter, die unsere Erkenntnisse bei der Planung und Entwicklung berücksichtigen.

Ein aktuelles Beispiel für unsere Forschungsaktivitäten ist das Testen einer „Beta 2"-Version des *Microsoft Windows Compute Cluster Server 2003*, dessen Verfügbarkeit Microsoft im vergangenen Monat ankündigte und mit dem Microsoft in den High-Performance-Computing-Markt (HPC-Markt) einsteigt – einem Marktsegment, das größtenteils von Linux bedient wird. Vor der Entwicklung des Produkts informierte sich das Produktteam zunächst beim Linux-/Open-Source-Software-Labor über die bestmögliche HPC-Lösung aus dem Blickwinkel von Open Source.

Da unsere Labormitarbeiter über Expertenkenntnisse im HPC-Bereich verfügen, konnten wir ein umfassendes, geclustertes System entwickeln und die Anwendungen intensiv testen. Anschließend wurden Vergleichstests mit Linux durchgeführt, die Installation abgebaut und dieselben Tests auf einem *Windows Compute Cluster Server (CCS)* unter Einsatz identischer Hardware und Netzwerkeinrichtungen erneut durchgeführt. Die Ergebnisse aus unseren Tests wurden dem Produktteam weitergeleitet. Damit stehen dem Team Erkenntnisse über die Stärken und Schwächen der verschiedenen Linux-HPC-Lösungen zur Verfügung, die dazu beitragen, dass *Windows CCS* bis zur Auslieferung im nächsten Jahr optimiert wird.

Microsoft beherrscht die Kunst der „Coopetition", der „konkurrierenden Zusammenarbeit": Wettbewerb mit Open Source auf der einen und Erhöhung der Interoperabilität auf der anderen Seite. Da in den nächsten Jahren sowohl Microsoft- als auch OSS-Technologien existieren werden, ist es wichtig, dass Microsoft an der Umsetzung beider Ziele arbeitet. Entsprechend spiegeln sich die zentralen Ziele des Linux-/Open-Source-Software-Labors wider.

3 Ein Glasfaserkabel und ein Loch in der Wand

Natürlich gibt es unterschiedliche Wege, um Wissen über OSS zu sammeln. Beispielsweise wäre es einfacher, auf die Interpretation der Daten anderer Organisationen zuzugreifen. In vielerlei Hinsicht wäre dieser Ansatz aber mit dem Versuch gleichzusetzen, ein fremdes Land zu verstehen, ohne jemals dort gewesen zu sein. Der Erwerb einer Sprach-CD oder eines Reiseführers mag einem Touristen den Eindruck vermitteln, er sei Teil der Kultur des Landes, das er bereist. In Wahrheit bleibt man solange Tourist, bis man tatsächlich einige Zeit in dem Land gelebt hat.

Diese Philosophie verfolgen wir auch bei unserem Open-Source-Labor. Anstatt OSS „von außen" zu bewerten, ist es unser Ziel, uns in diese Welt zu vertiefen und

Experten zu beschäftigen, die auf Fakten basierte, vorurteilslose und wissenschaftliche Informationen sammeln. Aufgabe des Labors ist, wissenschaftliche Erkenntnisse zusammenzutragen, welche die Aussagen belegen, die über Linux gemacht werden. Auf diese Weise muss Microsoft nicht über Linux philosophieren oder Mutmaßungen über OSS anstellen. Da das Labor Kompetenzzentrum für das Thema Open Source ist, werden den Produktteams aussagekräftige Daten und Schlussfolgerungen unserer Open-Source-Experten zur Verfügung gestellt, wenn diese z. B. nach dem Status bei den Management-Tools für Linux oder beim Linux-Desktop fragen.

Als ich 2003 zu Microsoft kam, um das Linux-/Open-Source-Software-Labor aufzubauen und ein Team aus Linux- und Unix-Forschern zu leiten, damit das Unternehmen Kenntnisse über OSS gewinnen kann, war mir nicht ganz klar, dass man mich buchstäblich mit dem „Aufbau" des Labors beauftragt hatte.

Da die IT-Abteilung bei Microsoft praktisch nur Microsoft-Software nutzt, wurde mir die Aufgabe übertragen, ein Labor mit einer reinen Linux-/OSS-Umgebung aufzubauen. Das bedeutete: Mir stand ein Raum zur Verfügung. Die ersten Tage verbrachte ich in einem ziemlich leeren Raum und wartete, bis die IT-Leute über mir ein Netzwerkkabel durch ein frisch in die Deckenwand gebohrtes Loch gezogen hatten. Da stand ich nun und starrte auf das Stück Glasfaserkabel in meiner Hand, als die IT-Leute herunterkamen und sagten: „Das ist alles, was wir für dich tun können. Ab hier stehst du auf eigenen Füßen." Abgesehen von den Wänden, der Decke und einem Stückchen Kabel mussten wir das Labor von Grund auf aufbauen.

Die erste Phase bestand natürlich darin, Mitarbeiter einzustellen – das wichtigste Kapital in unserem Labor. Heute beschäftigen wir Vollzeitmitarbeiter und Subunternehmer, die alle Entwicklungsexperten oder Systemadministratoren im Bereich Open Source sind. Einige Teammitglieder, wie z. B. Daniel Robbins, Gründer von *Gentoo Linux*, der Anfang 2005 zu Microsoft kam, sind führende Architekten oder Entwickler von Linux-Distributionen. Andere verfügen über weitreichende Unix-Kenntnisse und sind Autoren populärer Bücher über Unix oder Tools. Einige sind Sicherheitsexperten für Linux/OSS, *Embedded Developers*, Experten für Virtualisierung und Clustering oder Entwickler mit Erfahrung in den Bereichen *GTK+*, *GNOME/KDE* und Lokalisierung. Dazu kommen Mitarbeiter, die sich mit dem Einsatz von Microsoft-Produkten in großen Data-Center-Umgebungen wie MSN auskennen. Die Breite unserer Expertise im Team ist sehr eindrucksvoll; fast alle Teammitglieder haben Erfahrungen mit komplexen und stark gemischten IT-Umgebungen.

In der zweiten Phase musste das Labor eingerichtet werden. Wir schafften es, das Labor in knapp zwei Jahren mit einer enormen Anzahl unterschiedlicher Technologien und verschiedensten Hardware- und Software-Elementen sowie Anwendungen auszustatten. Mit über 300 Servern von Anbietern wie Dell, Hewlett-Packard, IBM, Microtel, Penquin, Pogo und Sun sowie über 20 Unix- und 48 Linux-Versionen, zu denen auch weniger bekannte Distributionen wie *Asianux*, *CentOS* und *NetBSD* gehören, ist das Linux-/Open-Source-Labor eines der am besten ausgestatteten For-

Betriebssystem	Version/Distribution
Windows	Windows 2000 Server, Windows Server 2003 Enterprise, Windows Vista, Windows XP
Linux	Arch Linux, Ark Linux, Asianux, Crux Linux, Debian, Fedora Core, Foresight Linux, Freedows, Linux From Scratch, Gentoo, Libranet, Mandrake Linux, Mandriva, MEPIS, Novell Open Enterprise Server, Red Hat Enterprise Linux, Red Hat Linux, Rocks, Slackware, SuSE Linux Enterprise Server, SuSE Linux Standard Server, SuSE Pro, Tinysofa, TurboLinux, Vector Linux, Vida Linux, Ubuntu
Unix	AIX5L, FreeBSD, OpenBSD, NetBSD, Solaris, Java Desktop System
Andere	MacOS

Tabelle 1: Installierte Betriebssysteme im Open-Source-Software-Lab

schungslabors, die sich ganz auf Open Source konzentrieren.

Da Dutzende unterschiedliche Versionen verschiedenster Produkte permanent im Einsatz sind, können wir die Interoperabilität von Open Source in einer Vielzahl von Szenarien testen. Da wir unser eigenes Netzwerk und unsere eigenen Sicherheits-Services betreiben sowie unser *Patching* und *Updating* selbst durchführen, reproduziert unser Labor die tatsächlichen IT-Umgebungen bei unseren Kunden. Ich sage unseren Produktteams oft: „Wenn es euer Produkt durch dieses Labor schafft, dann wird es 90 Prozent der Linux-/Unix-/OSS-basierten Kundenumgebungen überleben."

4 Eine Open-Source-Blase in einem Microsoft-Meer

Interessant und unerwartet ist die Dynamik, die sich daraus ergibt, dass das Labor mit seiner umfassenden Linux- und Unix-Umgebung eingebettet ist in die weltweit größte, komplett aus Microsoft-Produkten bestehende Umgebung, mit der alle Microsoft–Mitarbeiter unterstützt werden. Dazu gehören Windows-basierte Security-Services, Internet-Proxies, Mail-Services, Human-Resource-Services und alle anderen Systeme, die im Unternehmen verwendet werden.

Wir mussten also Wege finden, um die Interoperabilität dieser unheimlich komplexen Umgebung nicht nur im Labor zu sichern, und uns dabei nicht auf die Microsoft–Umgebung wie *Exchange* oder *Active Directory* beschränken, sondern auch die Interoperabilität zwischen dem Labor und Microsoft gewährleisten.

Viele Kunden, die ihre Systeme in gemischten Umgebungen einsetzen, haben uns gefragt, wie wir Linux, Unices und andere OSS in einer Microsoft-zentrischen IT–

Hersteller	Hardware
Compaq	Proliant DL580, Proliant BL10e, nx5000
Dell	PowerEdge 2450, PowerEdge 4350, PowerEdge 1855, PowerEdge 1500SC, Optiplex GX280, Optiplex GX270, PowerEdge 1855, PowerVault 745N
HP	Proliant DL380, Proliant DL585
HP Compaq	nx5000, D530
IBM	xSeries x342, xSeries x340, xSeries x330, xSeries x350, pSeries 630
Microtel	Computer System SYSMAR715
Neoware	CA5
Pogo	PW 1464, PW 1180, Vorticon64
Sun	SunFire V240, SunFire V20Z, SunFire 280R
Toshiba	Tecra M2, Protégé

Tabelle 2: Verwendete Hardware im Open-Source-Software-Lab (ohne Spezialanfertigungen)

Umgebung verwenden: „Wie schaffen wir es, dass diese Systeme zusammenarbeiten? Wie sollte der Einsatz der Software erfolgen? Welche Tools verwendet Microsoft?"

Die vielen unterschiedlichen Management-Tools, die wir verwenden, entsprechen der Anzahl an Servern, Betriebssystemen und anderen Anwendungen, die in unserem Labor eingesetzt werden. Für das Software-Management und die Verteilung verwenden wir Tools wie *Microsoft Systems Management Server* mit *Vintela Management Extensions (VMX)*, *Kickstart*, *Red Carpet*, *Portage* und *Red Hat Network*. Um die Infrastruktur des Labors fernzuverwalten, nutzen wir *SSH*, *VNC*, *X-Windows Tunneling* und *Windows Terminal Services*. Auch hier ist sehr unwahrscheinlich, dass ein Kunde alle Tools verwendet. Wir versuchen aber, so viele verschiedene Szenarien wie möglich zu reproduzieren, die die unterschiedlichsten Kunden verwenden könnten. Auf diese Weise erhalten wir tief greifende Erkenntnisse zur Lösung von Problemen.

Durch diese unterschiedlichen Linux-orientierten Workloads, Server, Desktops, Laptops, Software- und Gerätekonfigurationen innerhalb einer komplexen Microsoft–Umgebung können wir täglich mit der Interoperabilität experimentieren und sie testen. Im Verlauf dieses Prozesses ergeben sich interessante Erkenntnisse: simple Problemlösungen, zum Beispiel, wie man mit Linux in einer Windows-Umgebung ins Internet gelangt, aber auch komplexere Fragestellungen, beispielsweise, wie man die Authentifizierung gegen *Active Directory* von Linux-Clients durchführt oder wie man OSS-Mail-Clients mit Microsoft Exchange Server verwendet.

Einblicke in das Microsoft-Linux-/Open-Source-Software-Lab

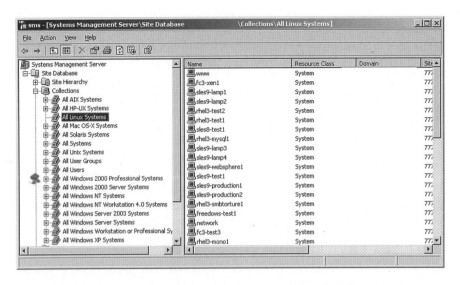

Abbildung 1: SMS-Interface zur Verwaltung der Linux-Server im Microsoft-Open-Source-Labor

5 Aufbau und Testen der Interoperabilität im Labor

Äußerst interessant beim Testen der Interoperabiliät der von uns verwendeten Management-Tools war ein Szenario, in dem der *Microsoft Systems Management Server* erweitert wurde. Ziel war die Verwaltung von Unix-, Linux- und sogar Apple-Systemen durch den *SMS*, der so aufgebaut wurde, dass ein offenes Protokoll mit der Bezeichnung *OpenWBEM* genutzt werden konnte, um mit anderen Software-Elementen zu kommunizieren, zum Beispiel mit *VMX*, die auf Nicht-Microsoft-Systemen laufen. Durch die Erweiterung des *SMS* unter Verwendung von *VMX* waren wir im Labor in der Lage, das *SMS-Framework* für die Verwaltung sämtlicher Server und Clients einzusetzen. Dieses Setup stellt denjenigen im Labor, die daran gewöhnt sind mit Windows zu arbeiten, ein bekanntes Tool zur Verwaltung von Nicht-Windows-Systemen zur Verfügung. Gleichzeitig stehen unseren Linux- und Unix-Forschern die Management-Tools zur Verfügung, mit denen sie vertraut sind: *SSH-Clients*, *X-Windows* und *Red Hat Config Tools*. Abbildung 1 zeigt das *SMS-Interface* zur Verwaltung unserer Linux-Server im Labor.

Darüber hinaus haben wir wichtige Informationen über den Einsatz von kommerzieller Software von Drittanbietern zur Erweiterung von Microsoft-Produkten erhalten, vor allem bei der Verwendung einer *Centrify-DirectControl-Lösung* zur Integration unserer Unix- und Linux-Plattformen mit den Identitäts-, Zugangs- und Policy-Management-Services von *Microsoft Active Directory*.

Vor dem Einsatz von *DirectControl* musste sich jeder Mitarbeiter mittels Benutzernamen und Passwort auf jedem Server anmelden, um sich auf einem unserer Server einzuloggen – lästig, wenn mehr als 300 Server und viele unterschiedliche Betriebssysteme installiert sind. Durch das Einrichten einer *Active-Directory-Domäne* wurden für jeden Mitarbeiter ein Domänen-Benutzername und ein Passwort erstellt, mit denen wir auf alle Server zugreifen können, nachdem wir uns durch einmaliges Anmelden in die Domäne eingeloggt haben. Damit steht uns eine leistungsstarke Authentifizierungslösung zur Verfügung. Vielen ist nicht bewusst, dass ein *Active-Directory-Server* die Authentifizierung von Linux-Rechnern durchführen kann – ich habe vor CIOs, die diese Lösungsmöglichkeit nicht kannten, entsprechende Vorträge gehalten.

Das Linux-/Open-Source-Labor spielte auch eine Rolle bei der Unterstützung des Test-Supports von Microsoft für Linux in *Microsoft Virtual Server 2005 SP1*, der die Betriebssysteme Linux und Sun Solaris auf Windows-Servern virtualisieren kann. Wir haben diesen Support intensiv unter Einsatz von *Virtual Server 2005* auf einem Single-Machine-Modell getestet und alle 48 Linux-Distributionen als Gastbetriebssystem verwendet. Mit diesem Setup konnten wir unterschiedliche Linux-Distributionen und alle Server, die auf einem Microsoft-Betriebssystem laufen, testen – ohne separate Server für jede Linux-Maschine einzusetzen.

6 Unix- und Linux-Experten sprechen mit Windows eine bekannte Sprache

Die Interoperabilität von Produkten ist ein wichtiger Aspekt. Eine größere Problematik entsteht allerdings dadurch, dass viele Unix- und Linux-Experten mit Windows nicht vertraut sind.

Als langjähriger Unix-Experte besteht für mich eine der größten Schwierigkeiten in einem *Windows Data Center* darin, dass keine Verbindung zwischen meiner Sprache, also meinen Kenntnissen und meinem Wissen über Unix, und der Sprache der Windows-Plattform vorhanden ist. Diese Inkongruenz lässt sich auf unterschiedliche Weise beheben, zum Beispiel durch Verwendung des Subsystems für Unix-Applikationen in R2, durch Einsatz eines Fremdproduktes wie *CygWin* oder sogar mit einem Virtualisierungsprodukt. Aber viele dieser Migrations-Tools dienen lediglich dazu, eine Anwendung von einer Plattform auf eine andere zu übertragen. Was ich eigentlich benötigte, war eine integrierte Technologie, die Teil von Windows war und die mir, dem langjährigen Unix-Experten, dabei helfen würde, auf einem Windows-Server eine vertraute Sprache zu sprechen.

Mit der Entwicklung einer solchen Technologie beschäftigt sich derzeit unser Windows-Server-Management-Produktteam. Unter der Bezeichnung *Monad* wird eine Befehlszeilen- und Shell-Umgebung der nächsten Generation für Windows erarbeitet, die unter .NET läuft. Im Rahmen des Projektes besteht Microsofts Vision darin, die einfache Automatisierung für die lokale und ferne Administration zu ermöglichen, indem wir eine konsistente, schnelle, umfassende und zusammensetzbare Befehlszeilen-

und Skripting-Umgebung zur Verfügung stellen, die die gesamte Windows-Plattform umfasst. Für einen Unix-Experten ist die Möglichkeit wichtig, eigene Befehlszeilen und eine eigene Skripting-Umgebung zu erstellen, die denen aus der Unix- und Linux-Welt ähneln, um die Windows-Umgebung besser kontrollieren und die Barriere zwischen Unix und Windows deutlich reduzieren zu können.

7 Meinungen wissenschaftlich testen

Wir kennen viele unterschiedliche Meinungen unserer Kunden über Linux, Open Source und Windows. Wir analysieren diese Meinungen in unserem Labor und stützen uns dabei auf die Wissenschaft – nicht auf Ideologien oder Meinungen.

Gängig ist zum Beispiel die Meinung, dass Linux auf jeder beliebigen Hardware eingesetzt werden kann. So haben wir die Unterstützung von Legacy-Hardware für Linux untersucht, um herauszufinden, ob sich diese Ansicht bestätigen würde.

Wir untersuchten acht aktuelle Linux-Distributionen, darunter *SuSE Pro 9.2*, *Xandros* und *Fedora Core 3*, in Kombination mit Windows XP und Windows Server 2003 und versuchten, jede einzelne Komponente auf Computern zu installieren, die den durchschnittlichen Computern, die 1995, 1997, 1999 und 2001 verfügbar waren, entsprachen. Dieser Test stellte nicht die Frage, ob man das Betriebssystem verändern kann. Wir verwendeten eine Out-of-the-Box-Installation auf CD-ROM. Sollten wir in der Lage sein, die Betriebssysteme erfolgreich zu installieren, würden wir die Leistung der Systeme untersuchen können. Es stellte sich heraus, dass es nicht viele Fälle gab, in denen eine moderne Linux-Distribution auf einem PC einsetzbar war, der älter war als die Computer, auf denen auch Windows läuft. Mit diesem Fallbeispiel haben wir eine weit verbreitete Ansicht wissenschaftlich widerlegt.

Darüber hinaus untersuchen wir auch andere Dynamiken von OSS. Dazu gehört die Frage, inwieweit sich kommerzielle und nicht-kommerzielle Linux-Distributionen von ihren ursprünglichen Open-Source-Projekten unterscheiden. Abbildung 2 stellt einige Unterschiede dar – die Anzahl der Dateiänderungen zwischen dem ursprünglichen Linux-Kernel (von kernel.org) und derselben Version dieses Kernels, der dann als Linux-Distribution kommerziell ausgeliefert wurde. Auf der Basis dieser Betrachtungen können wir die Dynamik „Community versus Commercial" besser verstehen.

Dies sind nur zwei Beispiele der vielfältigen Forschungsergebnisse des Labors, die uns dabei helfen, ein besseres Verständnis von Open Source zu entwickeln, aus dem wir wiederum für uns und unsere Kunden sinnvolle technische und strategische Zukunftsentscheidungen ableiten können.

8 Soziologische Aspekte von Open Source unter der Lupe

Zu den signifikantesten Aspekten von OSS, die wir im Labor ganz genau unter die Lupe nehmen, gehört das Phänomen des Community-Developments. In diesem

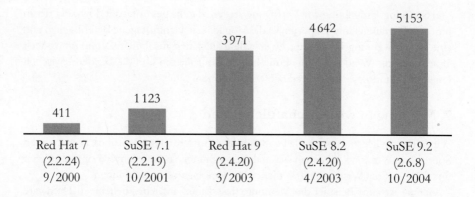

Abbildung 2: Anzahl der Dateiänderungen zwischen dem ursprünglichen Linux-Kernel (von kernel.org) und derselben Version dieses Kernels in der ausgelieferten Linux-Distribution

Bereich lernt Microsoft von der Open-Source-Community.

Rund 20 Prozent unserer Zeit verbringen wir damit, diesen Prozess zu verstehen. Wir unterstützen die Entwickler und Tester bei Microsoft dabei, mehr über die Open-Source-Entwicklung zu erfahren und unsere Microsoft-Produkte der Entwicklergemeinde zugänglicher zu machen. Als Ingenieure und Technologen sind sie von diesem Modell begeistert – sie möchten verstehen, wie das Testen in einer kollaborativen Gemeinschaft tatsächlich funktionieren kann, welche Tools dafür verwendet, wie Testfälle geschrieben, wie Programmfehler gemeldet, verfolgt und beseitigt und wie die Tester geschult werden. Wir versuchen, uns dem Community-Modell auf objektive Weise zu nähern, analysieren die positiven und negativen Aspekte und trennen Fakten von Fiktionen, so dass wir die technischen Vor- und Nachteile der Community-Entwicklung erfassen können, ohne uns dabei von philosophischen Gedanken oder künstlich erzeugtem Rummel ablenken zu lassen.

Das Community-Development-Modell hat Microsoft dabei geholfen, neue Denkansätze über eigene Entwicklungsprojekte wie *Microsoft Shared Source* zu verfolgen und darüber nachzudenken, wie der Prozess der gemeinsamen Entwicklung von Produkten aufgegriffen werden kann.[2] Ausbilder aus unserem Labor arbeiten mit den Produktteams zusammen, um sicherzustellen, dass sie alle Aspekte des Prozesses in ihre Überlegungen einbezogen und die wahrscheinlich auftretenden Problematiken erkannt haben. Die Tatsache, dass sich Microsoft mit der Open-Source-Community auseinander setzt, um herauszufinden, wie man dort Software entwickelt, hilft Microsoft dabei, die Ansichten über die Zusammenarbeit mit Software-Entwicklern, die mit unterschiedlichen Entwicklungsmodellen arbeiten, zu erweitern.

Im Gegenzug ist unser Labor in den vergangenen zwei Jahren zu einer techni-

---

[2] Informationen zu *Microsoft Shared Source* gibt es unter http://www.microsoft.com/sharedsource.

schen Anlaufstelle für Entwickler von OSS geworden, die mit Microsoft kommunizieren möchten. Wenn Entwickler beispielsweise an der Interoperabilität mit einem Microsoft-Produkt arbeiten und Fragen auftreten, setzen sie sich verstärkt mit uns in Kontakt. In unserem Labor treffen sie auf andere Entwickler und Forscher, die die Open-Source-Community, ihre Sprache und ihre Probleme kennen. Dieser Trend ist positiv – denn zu lange wurden Microsoft und die Open-Source-Community als zwei verschiedene Welten angesehen. Die Vorstellung, dass auf dieser Ebene eine Brücke geschlagen werden kann, ist sehr ermutigend und deshalb machen wir in diesem Bereich mit echten Ergebnissen weitere Fortschritte.

9 Ausblick: Die Zukunft von Open Source

Ein weiterer Bereich, den wir im Linux-/Open-Source-Software-Labor untersuchen, ist das historische *Trending* von OSS. Wir haben die letzten bedeutenden Versionen des Linux-Kernel analysiert, um Fragen über die Evolution des Kernels beantworten zu können. Wird der Code einfacher oder komplexer? Nehmen die Fehler im Jahresvergleich zu oder ab? Wird der Code größer oder kleiner? Wird er effizienter oder verliert er an Effizienz? Auf Basis dieser Forschungsergebnisse haben wir drei Trends ausgemacht:

Wenn man nur die Software-Eigenschaften und den Code betrachtet, wächst OSS ziemlich linear. Jedes Jahr nimmt die Anzahl der Codezeilen zu, die Komplexität erhöht sich entsprechend und dadurch treten häufiger Fehler auf. Das überrascht nicht und versetzt OSS auch keinen Tiefschlag – genau auf dieselbe Weise wird und wurde kommerzielle und nicht-kommerzielle Software entwickelt. Dieses Wachstum sollte aber nicht mit der Modularität von OSS verwechselt werden. Zu Unrecht verstehen viele unter Modularität, dass sich die Systeme nicht weiterentwickeln und die Wartung einfach ist. Das ist aber nicht der Fall – auch modulare Software muss weiter wachsen.

Bei der Entwicklung von OSS bleibt abzuwarten, ob das Community-Development-Modell adäquat auf die steigende Komplexität reagieren kann. Kann dieses lose zusammenhängende Modell, in dem Entwickler mit Linux arbeiten und das Betriebssystem weltweit mit sehr lose definierten Befugnissen, Planungen, Testverfahren oder Strukturen verbreiten, dem Wachstum der Software Rechnung tragen? Oder ist es möglich, dass gerade aufgrund der Struktur, auf der das Community-Development–Modell basiert, die Software nicht weiter wächst und auch nicht komplexer wird?

Auch mit dieser Frage konzentrieren wir uns auf die Erforschung von Software–Techniken – wir suchen dabei nicht nach einer positiven oder negativen Antwort. Wir beobachten diese Entwicklung sehr genau und erforschen diese Thematik auch bei anderen Applikationen außerhalb des Kernels.

Der zweite Trend, den wir beobachten, ist das Wachstum der kommerziellen und professionellen Firmen im Bereich OSS. Im Laufe der Zeit haben wir die Arbeit von Entwicklern an verschiedenen OSS-Projekten nachverfolgt und festgestellt, wer den Code bearbeitet. Durch die Analyse von Forschungsarbeiten in den Repositories, der wissenschaftlichen Forschung in diesem Bereich und unserer Kommunikation mit der Community wurde das Muster deutlich: In den vergangenen fünf Jahren stammten immer mehr Beiträge von Entwicklern, die in einer kommerziellen Organisation beschäftigt sind. Diese Organisationen schöpfen entweder direkt Geld aus dem OSS-Projekt (wie MySQL oder JBoss) oder indirekt durch Hardware, kommerzielle Software und Services (IBM, Novell, HP). Für alle in der OSS-Entwicklergemeinde tätigen Personen ist dies nicht erstaunlich. Jeden außerhalb dieses Marktes, der glaubt, dass Entwickler immer noch „in ihrer Freizeit" an Linux oder anderen OSS-Projekten arbeiten, mag es schon eher überraschen.

Der dritte Trend, den wir ausmachen können, besteht darin, dass man am Markt das OSS-Modell insgesamt deutlicher wahrnimmt – die eigentliche Quintessenz des Phänomens. Bei der Erhebung und Analyse der verfügbaren OSS stellt man fest, dass die meisten Projekte auf System-Software basieren, die für andere Entwickler oder Systemadministratoren erstellt wurde. Ich denke also, dass es angemessen ist, festzustellen, dass OSS in einem größeren, historischen Zusammenhang überwiegend ein Entwickler-Phänomen ist. Und hierin besteht der wesentliche Unterschied zwischen der Entwicklung von Software in kommerziellen Software-Unternehmen und der Entwicklung von OSS: Kommerzielle Software-Unternehmen bauen und konstruieren Software, um damit eine Kundenanforderung zu erfüllen, wohingegen OSS größtenteils von und für Entwickler und technische Benutzer entwickelt wird.

In einigen Bereichen hat dieses Phänomen kräftige Auswirkungen und führt zu starkem Wachstum. Natürlich gibt es einige Ausnahmen, aber dieses Unterscheidungsmerkmal schlägt sich in der modernen Denkweise über OSS nieder. Zudem verdeutlicht es, dass viele Entwicklungsmodelle im Software-Ökosystem nebeneinander existieren können und dies auch in Zukunft tun werden – tatsächlich haben wir festgestellt, dass viele populäre OSS-Server-Applikationen zu Wachstum bei Windows führen (wie JBoss und MySQL).

10 Mehrwert durch ausgewogene Betrachtung der OSS-Trends

Durch die objektive und unvoreingenommene Erforschung der Dynamik von OSS, die sich auf technische Daten stützt, ist das Linux-/Open-Source-Software-Labor in der Lage, Verbesserungen und Veränderungen bei Microsoft selbst und den Kunden zu realisieren, die uns gebeten haben, häufige Fragen und Probleme von Linux und OSS zu untersuchen. Wir sind sehr stolz auf die Ergebnisse aus unserer Forschungsarbeit und werden weiterhin das Gleichgewicht zwischen Kooperation und Wettbewerb mit OSS finden. Wir sind zuversichtlich, dass unsere zukünftigen Forschungsarbeiten für Microsoft, seine Kunden, Partner und die Open-Source-Community von großem Nutzen sein werden. Wir befinden uns in einer sehr spannenden Zeit!

Kapitel 2

Migration – Vom Wunsch zur Wirklichkeit

„Alle Veränderung erzeugt Angst. Und die bekämpft man am besten, indem man das Wissen verbessert."

– *Ihno Schneevoigt, Geschäftsführer IBM Deutschland a. D.*

Einleitung

SEBASTIAN STEIN UND BASTIAN ZIMMERMANN

(CC-Lizenz siehe Seite 499)

Die Artikel des vorangegangenen Kapitels zeigen es deutlich: Open-Source-Software (OSS) setzt sich in der Praxis bereits in vielen Bereichen durch. Teils hat sich OSS schon über Jahre hinweg bewährt. Häufig löst sie aber auch die bisher genutzte, proprietäre Software ab. Eine solche Open-Source-Migration stellt vor allem für die betreuenden IT-Mitarbeiter eine große Herausforderung dar und birgt betriebswirtschaftliche Risiken, die nicht unerheblich sind. Gerade Unternehmen aus der Privatwirtschaft zögern daher noch immer, OSS in größerem Stil einzusetzen. Es gibt durchaus nennenswerte Ausnahmen wie die Inhouse-Migration der Firma Novell,[1] doch die Mehrzahl der großen Migrationen findet nach wie vor im öffentlichen Sektor statt. Hier fallen strategische Überlegungen und das öffentliche Interesse stark ins Gewicht.

Dieses Kapitel vereint die Beiträge zu den drei bekanntesten Fallbeispielen im deutschsprachigen Raum: die Migrationen des Deutschen Bundestags sowie der Stadtverwaltungen in München und in Wien. Alle Autoren befinden sich in verantwortlichen Positionen. Ihre Betrachtungen bieten daher umfassende und wertvolle Einblicke in das Thema. Ein vierter Artikel von Michael A. Silver (*Gartner Inc.*) widmet sich der kritischen Wirtschaftlichkeitsbetrachtung von Open-Source-Migrationen.

Während sich die anderen Kapitel dieses Buches mit ökonomischen, rechtlichen oder gesellschaftlichen Aspekten beschäftigen, so liegt der Schwerpunkt dieses Kapitels klar auf den konkreten Fragestellungen aus der Praxis, wie sie sich im Unternehmenseinsatz stellen. Im Folgenden ein kurzer Abriss dessen, was es im Zusammenhang mit Migrationen zu beachten gilt.

Auf die Frage nach dem Grund für eine Migration zu OSS wird zunächst meist mit dem Argument der entfallenden Lizenzkosten geantwortet. Doch tatsächlich spielen eine Vielzahl von Gründen eine Rolle. Wie der Migrationsleitfaden des Bundesinnenministeriums[2] darlegt, sind neben rein *betriebswirtschaftlichen Überlegungen* auch langfristige, *strategische Ziele* wie „Softwarevielfalt, verbesserte Interoperabilität der Systeme,

---

1 Siehe den Artikel „Novell goes Open Enterprise" in Kapitel 1, Seite 19.
2 Die aktuelle, zweite Version gibt es zum kostenlosen Downloaden auf http://www.kbst.bund.de/Software/-,223/Migration.htm [20. Jan 2006].

Unabhängigkeit von Plattformen und Herstellern sowie Offenheit und Flexibilität in den Systemen" zu berücksichtigen. Dies belegt der Beitrag von Wilhelm Hoegner über das LiMux-Projekt. Ferner können *technische Gründe*, z. B. eine den eigenen Anforderungen besser entsprechende Funktionalität, und *interner Know-how-Aufbau* für OSS sprechen.

Bei der Vielzahl unterschiedlicher Gründe für oder gegen eine Open-Source-Migration ist es unmöglich, eine generelle Richtlinie zu entwerfen. Eine sinnvolle Strategie erfordert in jedem konkreten Fall zunächst eine wirtschaftliche und technische Analyse.[3] Wie eingangs erwähnt, bergen Migrationen durchaus Risiken, die aber mittels durchdachter Planung minimiert werden können. Dies legt Carsten Jürgens, Leiter des Projekts „MigOS" im Deutschen Bundestag, detailliert dar. Beispielsweise sollten im Vorfeld umfangreiche Tests und Konzeptbeweise durchgeführt werden. Die Übergangslösung einer zweigleisigen IT-Infrastruktur bietet eine gute Alternative, verursacht jedoch zusätzliche Kosten.[4]

Bei der Durchführung sollten die eigenen IT-Abteilungen und externen Dienstleister, die aufgrund eigener, positiver Erfahrungen oft die treibende Kraft in Richtung OSS sind, in ihrer Planung die Anwender nicht vernachlässigen. Diese müssen nach einer Migration mit den veränderten Softwareumgebungen ihre tägliche Arbeit verrichten und stoßen in der Praxis häufig auf unvorhergesehene Schwierigkeiten.[5] Auch wenn Anwenderakzeptanz vor allem wegen Schulungen höhere Kosten bedeutet,[6] ist sie doch der Schlüssel zum Erfolg. Das Projekt Wienux geht hier den interessanten Weg der freiwilligen Gewöhnung an die fremde Software, wie der Beitrag von Brigitte Lutz zeigt.

An eine typische Open-Source-Migration schließt sich meist eine sehr spezielle Herausforderung an: Die Support-Prozesse für OSS unterscheiden sich merklich von denen für proprietäre Software. Zwar kann man bei den größeren Distributoren auf ähnlichen Support zurückgreifen,[7] setzt sich dann aber doch wieder einem vom Hersteller initiierten Migrationsdruck aus.

Abschließend lässt sich sagen, dass der Einsatz von OSS in geschäftskritischen Bereichen durchaus sinnvoll ist, die Artikel in diesem Kapitel belegen dies eindrucksvoll. Eine gründliche Analyse der Ausgangssituation, darauf basierend eine durchdachte *individuelle* Strategie und gutes Management sind jedoch unerlässlich für den Erfolg einer Migration. Moderne IT-Infrastrukturen bestehen aus den besten Produkten für den jeweiligen Service. OSS gehört dazu.

---

3   Einen guten Überblick über vorhandene Migrationsstudien bietet der *MigrationNavigator* auf http://www.migrationnavigator.org/.
4   Siehe hierzu den Abschnitt zu den internen Kosten im Beitrag von Brigitte Lutz auf Seite 75.
5   Vgl. Kerstin Terhoevens Erfahrungsbericht aus der Deutschen Monopolkommission im Open Source Jahrbuch 2004.
6   Vgl. Schulungsanteil an der LiMux-Kostenstruktur in Wilhelm Hoegners Beitrag, Abb. 1, Seite 66.
7   Siehe hierzu auch den Artikel von Werner Knoblich (Red Hat) im Kapitel „Leitlinien" auf Seite 155.

Gartner: Kosten und Nutzen von Linux-Desktop-Migrationen*

MICHAEL A. SILVER

Copyright Gartner

(Alle Rechte vorbehalten.)

Durch die immer neuen Sicherheitspatches sind die Gesamtbetriebskosten (TCO) für die Nutzung von Windows gestiegen. Auch wenn die Umstellung auf Linux dadurch für einige Nutzer attraktiver geworden sein mag, werden die meisten doch von den hohen Kosten abgehalten, die eine Migration mit sich bringt.

Schlüsselwörter: ROI · TCO · „gesichertes" Linux · Desktopmigration

1 Schlüsselerkenntnisse

Unser Modell macht zwar deutlich, dass sich die Amortisationsdauer einer Umstellung auf Linux durch das Problem der Sicherheitslücken bei Microsoft verkürzt hat, jedoch zeigt es Linux nicht als rentabel für alle Anwenderunternehmen. Eine Firma sollte diejenigen Arbeitsplätze als die besten Kandidaten für die Umstellung auf Linux betrachten, bei denen es sich um einfache, isolierte Dateneingabe oder um Facharbeiter oder -angestellte mit stark strukturierten Aufgaben handelt. Eine Massenmigration für alle Nutzer wird kaum rentabel sein, besonders wenn eine große Zahl von Anwendungen umgestellt oder ersetzt werden muss. Unternehmen sollten unsere Modelle auf ihre firmenspezifischen Bedingungen übertragen, die von uns verwendeten Zahlen durch ihre eigenen ersetzen und die Migrationskosten, die Vorteile bezüglich der Gesamtbetriebskosten sowie das Risiko sorgfältig abwägen. Entscheidend für die ROI-Berechnung[1] wird sein, auf welchem Entwicklungsstand sich das

---

* Aus dem Englischen übersetzt von Barbara Eichenauer.
1 *Return On Investment (ROI)*, auch *Accounting Rate of Return (ARR)* oder *Return on Capital Employed (ROCE)*, ist ein Werkzeug der Investitionsplanung, mit dem grob abgeschätzt wird, ob sich eine bestimmte Investition lohnt. Über einen bestimmten Zeitraum (etwa fünf Jahre) werden dabei die durchschnittlichen jährlichen Buchgewinne der Investition mit den durchschnittlichen Gesamtkosten der Investition ins Verhältnis gesetzt. Die Investitionsentscheidung hängt dann zumeist davon ab, ob dabei

bislang verwendete Windows befindet und wie breit die genutzten Anwendungen gefächert sind. Sowohl Windows als auch Linux werden sich mit der Zeit weiterentwickeln und Windows 2000 oder XP werden voll unterstützt, weshalb Nutzer dieser Software nicht überstürzt zu Maßnahmen greifen sollten, die ungerechtfertigte Kosten mit sich bringen.

2 Analyse

Die Desktopmigration zu Linux birgt das größte Potenzial für sogenannte „Structured Task Worker"[2], die Windows 95 nutzen, kein Microsoft Office einsetzen und die zu einer geschlossenen Linuxumgebung wechseln (d.h., in der der User keine Root-Berechtigung hat) - für sie kann sich die Investition nach etwas mehr als einem Jahr auszahlen. Die mögliche Amortisationsdauer für Structured-Task-Mitarbeiter mit Windows XP, die kein Office einsetzen und die zu einer geschlossenen Linuxumgebung wechseln, wird auf ca. 1,5 Jahre geschätzt, wobei die Berechnung auf aktualisierten Zahlen beruht. Für einen „Knowledge Worker"[3]-Arbeitsplatz mit Windows XP und MS Office hingegen, beträgt die Amortisationsdauer 5,1 Jahre, vorausgesetzt der Zugang zu den PCs kann eingeschränkt werden, sobald Linux zum Einsatz kommt. (Alle genannten Zahlen beruhen auf unserem Idealfall-Kostenmodell (Best-Cost Model) zuzüglich 20 %.) Wir stellen zwar ein Kostenmodell für die Migration von Knowledge-Arbeitsplätzen vor, empfehlen dies jedoch nicht als günstige Lösung.

2.1 Vorausgegangene Studien

Im Juni 2003 veröffentlichten wir eine Reihe von Studien, die sich mit den Gesamtbetriebskosten (TCO[4]) für Linux auf dem Desktop beschäftigten, die Kosten für die Umstellung von Structured-Task und Knowledge-Mitarbeitern auf Linux untersuchten und, durch Kombination von beidem, einen ROI-Zeitrahmen für die Migration ausarbeiteten (Silver 2003a,b,c,d,e). Wir kamen zu dem Ergebnis, dass die Umstellung auf Linux sich nach einer Zeit von zwei oder drei Jahren noch nicht auszahlt,

---

eine bestimmte Hürde genommen wird oder nicht. Als Werkzeug der Finanz- und Investitionsplanung ist es jedoch relativ ungenau, da die jährlichen Gewinne und Verluste nicht sinnvoll diskontiert werden.

2   Structured Task Worker sind Facharbeiter und -angestellte mit stark strukturiertem Aufgabengebiet. Beispiele für Aufgabenbereiche sind: Reklamationsbearbeitung, Kreditorenbuchhaltung, Debitorenbuchhaltung, Kundendienst, Highendfertigung, Highendwartung und -reparatur.

3   Knowledge Worker sind Mitarbeiter, die Informationen sammeln, beurteilen und an einen Entscheidungshilfeprozess weitergeben. Beispiele für Aufgabenbereiche sind Marketing, Projektmanagement, Vertrieb, Desktop Publishing, Entscheidungshilfe, Datamining, Finanzanalyse, oberes Management und Aufsichtsmanagement, Entwicklung und Dokumentationserstellung.

4   *Total Cost of Ownership (TCO)* ist ein Berechnungsverfahren, das seit Mitte der 80er Jahre von *Consultants* der Unternehmensberatung Gartner entwickelt wurde.

Gartner: Kosten und Nutzen von Linux-Desktop-Migrationen

ausgenommen bei der Migration von Structured-Task-Mitarbeitern von einer nicht gesicherten Windows 95- zu einer gesicherten Linuxumgebung.

Im September 2004 aktualisierten wir unser Betriebskostenmodell für den Windows-Desktop (Silver und Pescatore 2004). Unsere Kunden hatten durchgehend berichtet, die immer neuen Sicherheitspatches, die für Windows nötig wären, sowie die Notwendigkeit, diese zu testen und einzusetzen, hätten zu einem Anstieg der Betriebskosten um ca. 15 Prozent geführt (siehe Tabelle 1). Wir weisen unsere Kunden wiederholt darauf hin, dass auch Linux nicht vollständig gegen Sicherheitslücken gefeit ist, doch viele Firmen gehen davon aus, dass Patches hier weniger dringend installiert werden müssen und bis zur nächsten vorgesehenen Aktualisierung ihrer Software aufgeschoben werden können. Bei Firmen, die Patches für Linuxdesktops den gleichen Stellenwert einräumen wie denen für Windows, wird dies nicht zutreffen. Dies ist beispielsweise der Fall in Branchen wie dem Finanzdienstleistungssektor, wo für Linux aufgrund notwendiger Patches ähnlich hohe Kosten entstehen wie für Windows. Doch der Bedarf an zusätzlicher Sicherheitssoftware sowie die Kosten der Systemwiederherstellung nach der Schädigung von Windows-Desktops durch einen Wurm veranlassen uns dazu, die Kosten für Sicherheitssoftware und Patch-Installation bei Windows weiterhin höher anzusetzen als für Linux.

Der Anstieg der Total-Cost-of-Ownership (TCO) für Windows wirft eine Frage bezüglich Linux-Desktops auf: Führen die steigenden Kosten für den Betrieb eines Windows-Desktops zu einer so stark verkürzten Amortisationsdauer für Linux, dass dies bei höherer Anwenderzahl eine bessere Investition darstellt?

Unsere primäre Feststellung in der Studie aus dem Jahr 2003 war, dass Structured–Task-Arbeitsplätze, an denen alte Versionen von Windows wie z. B. Windows 95 verwendet wurden, sich am ehesten für eine Umstellung auf Linux anbieten (sie weisen die kürzeste Amortisationsdauer auf), besonders dann, wenn es sich um einen gesicherten Linux-Desktop handelte. An dieser Feststellung hat sich nichts geändert.

2.2 Aktualisierte ROI-Berechnungen

Bei der Errechnung des Break-even-Point für die Umstellung von Desktop-PCs auf Linux, spielen mehrere Faktoren eine Rolle. Die grundlegende Formel, mit der wir dabei arbeiten, lautet: Amortisationsdauer (in Jahren) = (Kosten für die Umstellung des Desktops auf Linux + Kosten für die Umstellung von Microsoft Office auf OpenOffice[5]) / jährliche Einsparungen bei den Gesamtbetriebskosten durch Linux. Verwenden Sie unser Rahmenmodell und ersetzen Sie die darin verwendeten Annahmen und Zahlen durch solche, die auf Ihr eigenes Umfeld zutreffen.

Tabelle 2 zeigt eine kurze Zusammenfassung der Idealfallszenarien für die Linuxmigration von Windows 95 und Windows XP SP2-Nutzern zusammen. Unter „gesichertem Linux" verstehen wir, dass der Nutzer nicht über das Root-Passwort

---

5   Die korrekte Bezeichnung lautet OpenOffice.org.

	unkontrolliert				kontrolliert			
	Windows 2000		Windows XP		Windows 2000		Windows XP	
	ursprünglich	aktualisiert	ursprünglich	aktualisiert	ursprünglich	aktualisiert	ursprünglich	aktualisiert
Hard-/Software	1 406 $	1 406 $	1 406 $	1 406 $	1 264 $	1 264 $	1 264 $	1 264 $
Betrieb	626	735	626	734	349	402	349	401
Administration	428	428	428	428	408	408	408	408
Σ direkte Kosten	2 461 $	2 569 $	2 461 $	2 568 $	2 021 $	2 074 $	2 021 $	2 073 $
Anstieg		4,4 %		4,4 %		2,6 %		2,6 %
Endanwender Arbeitsvorgänge	2 706 $	2 813 $	2 706 $	2 809 $	1 283 $	1 310 $	1 282 $	1 308 $
Ausfallzeiten	142	154	142	143	35	35	33	33
Σ indirekte Kosten	2 848 $	2 967 $	2 848 $	2 952 $	1 318 $	1 345 $	1 315 $	1 341 $
Anstieg		4,2 %		3,6 %		2,0 %		2,0 %
TCO/Gesamtbetriebskosten	5 309 $	5 536 $	5 309 $	5 520 $	3 340 $	3 419 $	3 335 $	3 414 $
Anstieg		4,3 %		4,0 %		2,4 %		2,4 %

Tabelle 1: Ursprüngliche und aktualisierte TCO-Werte bei typischem Anwender-Mix (Hochleistungsanwender, Knowledge-Mitarbeiter, Sachbearbeiter mit strukturierten Aufgaben und Dateneingabe)

verfügt und nicht die Möglichkeit hat, bestimmte Anwendungen zu installieren oder bestimmte Systemeinstellungen zu ändern. Es verlangt einen bedeutenden Wandel in der Kultur eines Unternehmens, Nutzerrechte einzuschränken, besonders wenn davon Knowledge-Mitarbeiter betroffen sind, und Firmen sollten bei diesem Vorgang große Sorgfalt walten lassen. Wenn es in einem Unternehmen aufgrund der internen Gepflogenheiten nicht gelungen ist, die Zugangsrechte der Windowsnutzer einzuschränken, besteht auch kein Grund für die Annahme, dass eine Umstellung auf Linux einen solchen „Lock-Down" erfolgreicher machen wird. Nach unserem Modell ist eine positive ROI-Perspektive nur durch eingeschränkten Zugang zum Desktop zu erreichen. Firmen, in denen es nicht möglich ist, den Zugang zu den Linux-PCs stärker einzuschränken oder zu kontrollieren als sie es gegenwärtig mit den Windows-PCs tun, müssen mit einer bedeutend längeren Amortisationsdauer rechnen. Die Umstellungskosten, mit denen in den Modellen gearbeitet wurde, beruhen auf unseren Idealfall-Kostenmodellen, zzgl. 20 %. Durch höher angesetzte Umstellungskosten bei schlechtem Verlauf sinken die Chancen für eine positive ROI-Perspektive stark.

Gartner: Kosten und Nutzen von Linux-Desktop-Migrationen

Art der Mitarbeiter	Structured-Task	Knowledge
von nicht gesichertem Windows 95 zu gesichertem Linux		
inklusive Kosten für Office-Migration	1,6	3,2
exklusive Kosten für Office-Migration	1,1	2
von nicht gesichertem Windows XP zu gesichertem Linux		
inklusive Kosten für Office-Migration	2,4	5,2
exklusive Kosten für Office-Migration	1,5	3,2

Tabelle 2: ROI bei der Umstellung auf Linux im besten Fall, Idealfallszenarien (Angabe in Jahren)

2.3 Das Modell im Einzelnen

Kosten für die Desktopmigration

Wir haben die Kosten für die Migration aus zweierlei Blickwinkeln dargestellt: Zum einen werden die Kosten für die Migration von Structured-Task-Mitarbeitern betrachtet, zum anderen die Kosten für die Migration von Knowledge-Mitarbeitern. Structured-Task-Mitarbeiter sind in der Regel ein Glied in einer Kette von Arbeitsabläufen oder in einem Prozess und führen die wiederholte Bearbeitung einer gleich bleibenden Aufgabe aus. Die betreffenden Mitarbeiter bewegen sich bei ihrer täglichen Arbeit innerhalb eines vorgegebenen Rahmens und führen in der Regel keine außerplanmäßigen Tätigkeiten oder ad-hoc-Projekte durch. Knowledge Mitarbeiter dagegen sammeln Informationen, messen ihnen Wert bei und leiten sie weiter, wobei die Mitarbeiter in einen Prozess der Entscheidungsunterstützung eingegliedert sind. Es handelt sich hierbei um Projektarbeit mit ständig neuen Aufgaben, die zu ständig neuen Anforderungen führen. Hier haben wir es mit Nutzern zu tun, welche über Aufgaben und Lösungswege entscheiden.

In unserem Modell gehen wir davon aus, dass Structured-Task-Mitarbeiter weniger Anwendungen einsetzen als Knowledge-Mitarbeiter, wodurch die Kosten für die Umstellung sinken. Außerdem kann es sein, dass sie Anwendungen anders nutzen als Knowledge-Mitarbeiter, was ebenfalls niedrigere Migrationskosten zur Folge hat. Die Annahmen in diesem Modell, gehen von einer eher weniger anspruchsvollen Population von 2 500 Structured-Task-Mitarbeitern aus, die jeweils nur drei von insgesamt 30 Standardanwendungen sowie von einer Gesamtzahl von 30 kundenspezifischen Anwendungen nutzen (siehe Tabelle 3). Auch wenn auf die Arbeit der Dateneingabe in dieser Studie nicht speziell eingegangen wird, sind diese Arbeitsplätze doch am klarsten strukturiert und kommen in der Regel mit der geringsten Zahl an Anwendungen aus. Hier geht es meist um die Eingabe von Daten, nicht um deren Analyse, und die Kosten für die Umstellung sind hierbei in der Regel am niedrigsten. Insgesamt gehen wir davon aus, dass die Zahl der Applikationen im Anwendungsportfolio eines durchschnittlichen Großunternehmens etwa der Anzahl der Anwender multipliziert

Art der Mitarbeiter	Structured-Task	Knowledge
Anzahl der kundenspezifischen Desktop-Anwendungen		
die geringfügige Aktualisierungen erfordern	2	4
die aufwendigere Aktualisierungen erfordern	15	30
gesamt	30	60
Anzahl von Standardanwendungen		
pro Desktop (Durchschnitt)	3	6*
die unter Linux zu aktualisieren sind	10 %	20 %
die nicht aktualisierbar sind und ersetzt werden müssen	30 %	50 %
im Unternehmen gesamt	30	150
Nutzer gesamt	2 500	2 500
verschiedene Arten zu testender Hardware	10	10
Nutzer, für die ein neuer PC erforderlich ist	20 %	20 %
Nutzer, für die aktualisierte Hardware erforderlich ist	0 %	0 %
Anzahl der Abteilungen oder Gruppen	15	15

(* zzgl. StarOffice)

Tabelle 3: Annahmen für das Kostenmodell der Migration von Windows zu Linux

mit 10 Prozent entspricht. Unternehmen sollten die Zahlen in unseren Modellen mit Werten ersetzen, die ihre tatsächliche Situation wiedergeben.

Wir sind bei unserer Studie davon ausgegangen, dass 20 Prozent der Windows 95 PCs die Installation aktueller Linux-Versionen nicht zulassen und daher ersetzt werden müssen. Weiterhin sind wir von der Annahme ausgegangen, dass sämtliche PC-Hardware, die mit Windows XP funktioniert, auch die Installation von Linux zulässt.

In Tabelle 4 sind die Migrationskosten zusammengefasst dargestellt, wobei die Auswahl der zu ersetzenden Anwendungen sowie die Anwendungsentwicklung nicht berücksichtigt sind. Tabelle 5 zeigt diese Zusammenfassung unter Berücksichtigung der Kosten für die Auswahl der zu ersetzenden Anwendungen sowie für die Anwendungsentwicklung. Auf Anfrage bei Gartner sind diese Modelle in detaillierter Form erhältlich. Wir zeigen sowohl Berechnungen mit als auch ohne die Kosten für die Auswahl neuer Standardanwendungen und für die Anwendungsentwicklung, da die enorme Variabilität es für uns schwierig macht, in unserem Modell Zahlen vorzustellen, die für eine große Bandbreite an Firmen von Nutzen sind. Unternehmen sollten diese Kosten jedoch in ihre Überlegungen mit einbeziehen.

Die Anwendung des Kostenmodells für die Migration

Unsere Grundmodelle gehen von einer Umgebung mit 2 500 Nutzern aus. Interessierte Unternehmen sollten unsere Modelle entsprechend abändern, um sie an ihre Bedingungen anzupassen. Unsere Annahmen für die anfallenden Kosten für An-

	Structured-Task-Mitarbeiter		Knowledge-Mitarbeiter	
	bester Fall	ungünstigster Fall	bester Fall	ungünstigster Fall
Hardware	224	224	224	224
Software und Schulung	239	244	710	715
Summe Hardware und Software	463	468	934	939
IT-Personalkosten	299	859	473	1 169
Individuelle Arbeitsvorgänge	168	498	392	840
Summe Arbeitskosten	467	1 357	865	2 009
Direkte Kosten (Hardware, Software, IT-Personalkosten)	762	1 327	1 407	2 108
Indirekte Kosten (Endanwender-Arbeitsvorgänge)	168	498	392	840
Gesamtkosten pro Nutzer	930	1 825	1 799	2 948

Tabelle 4: Migrationskosten exklusive der Anwendungsentwicklung (Nominalkosten in Dollar)

	Structured-Task-Mitarbeiter		Knowledge-Mitarbeiter	
	bester Fall	ungünstigster Fall	bester Fall	ungünstigster Fall
Hardware	224	224	224	224
Software und Schulung	239	244	710	715
Summe Hardware und Software	463	468	934	939
IT-Personalkosten	744	2 662	1 617	5 924
Endanwender-Arbeitsvorgänge	168	498	392	840
Summe Arbeitskosten	912	3 160	2 009	6 764
Direkte Kosten (Hardware, Software, IT-Personalkosten)	1 207	3 130	2 551	6 864
Indirekte Kosten (Endanwender-Arbeitsvorgänge)	168	498	392	840
Gesamtkosten pro Nutzer	1 375	3 629	2 943	7 704

Tabelle 5: Migrationskosten inklusive der Anwendungsentwicklung (Nominalkosten in Dollar)

wendungsentwicklung und Migration sowie für Fixkosten des Unternehmens (feste Projektkosten) stellen etwa ein Drittel der geschätzten Kosten für die Migration dar. Je höher die Zahl der Nutzer, auf die sich die Kosten umlegen lassen, desto geringer werden die Migrationskosten pro Nutzer ausfallen. Große Anwenderzahlen mit einer relativ geringen Anzahl an Anwendungen, die es umzustellen gilt, oder mit Anwendungen, die nur geringfügig auf die Linux-Plattform angepasst werden müssen, werden geeignetere Kandidaten sein als kleine Nutzerzahlen, die mit vielfältigen Anwendungen arbeiten. Entscheidend ist die Umlegung der Kosten. Kann die Migration nicht auf viele Nutzer verteilt werden, wird sich die Frage des ROI schwierig gestalten.

Art der Mitarbeiter	Structured-Task	Knowledge
Zahl der Anwender	2 500	2 500
Zahl der Abteilungen oder Gruppen	15	15
Makros pro Anwender (Durchschnitt)	0,05	0,10
Makros pro Abteilung (Durchschnitt)	2	2
unternehmensweite Makros (Durchschnitt)	4	4
anzupassende Dokumente pro Anwender (Durchschnitt)	25	100
anzupassende Dokumente pro Abteilung (Durchschnitt)	400	750
anzupassende Dokumente im Unternehmen (Durchschnitt)	2 000	5 000

Tabelle 6: Berechnungsgrundlagen für die Migration

Die Office-Migration

Zu den Zahlen, die mit der Linux-Migration zusammenhängen, müssen wir die Kosten für die Umstellung von Microsoft Office auf Staroffice oder OpenOffice hinzurechnen, zumindest im Fall von Knowledge-Mitarbeitern. Das vollständige Migrationsmodell für die Office-Automation ist auf Nachfrage erhältlich (Silver 2002). Wir gehen bei unserer Studie davon aus, dass die Migration gemeinsam mit der Umstellung auf Linux erfolgt, weswegen wir den Faktor der Installationskosten ausgeklammert haben. Unser ursprüngliches Migrationsmodell für Structured-Task-Mitarbeiter (wenngleich die Structured-Task-Mitarbeiter in unserer Studie zu Linuxmigration und Gesamtbetriebskosten nicht mit Office arbeiteten) impliziert, dass Nutzer mit höhren Anforderungen bezüglich der Funktionen und der Kompatibilität keine geeigneten Kandidaten für eine Umstellung weg von Microsoft Office sind. Wir verwenden die Basiszahlen jener Studie hier für die Structured-Task-Mitarbeiter und haben einige Veränderungen an den Berechnungsgrundlagen vorgenommen, um die Migrationskosten für einen Knowledge-Mitarbeiter abzubilden. Dennoch sollten Sie diese Zahlen vorsichtig betrachten, da dies impliziert, dass Open-Source-Office-Anwendungen für Ihre Knowledge-Mitarbeiter geeignet sind, was nicht in jedem Fall stimmen muss. Knowledge-Mitarbeiter die mit Open-Source-Office arbeiten und die mit Anwendern von MS Office Dokumente austauschen, können höhere Gesamtbetriebskosten aufweisen, welche im vorliegenden Modell unter Umständen nicht in vollem Maße berücksichtigt sind. Dies würde zu einer längeren Amortisationsdauer führen.

Tabelle 6 stellt die Berechnungsgrundlagen für die Migration der Office-Automation dar, Tabelle 7 ist eine Aufstellung der vorkommenden Dokumentenarten und Tabelle 8 zeigt die zusammengefassten Kosten auf. Wir betrachten mit den genannten Zahlen ausschließlich Office-Standardanwendungen (keine Access-Datenbanken). Sollten Access-Datenbanken vorhanden sein (was bei Knowledge-Mitarbeitern häufig der Fall ist), müsste Microsoft Access ersetzt und die Anwendungen und Daten übertragen werden, was zusätzliche Kosten mit sich brächte. Für StarOffice müssten pro

	Structured-Task-Mitarbeiter			Knowledge-Mitarbeiter		
	Textver-arbeitung	Tabellen-kalkulation	Präsen-tationen	Textver-arbeitung	Tabellen-kalkulation	Präsen-tationen
	85 %	10 %	5 %	85 %	10 %	5 %
Anwender	21,3	2,5	1,3	21,3	2,5	1,3
Abteilung	340,0	40,0	20,0	340,0	40,0	20,0
Unternehmen	1700,0	200,0	100,0	1700,0	200,0	100,0
Komplexität der Dokumente						
Niedrig	90 %	80 %	85 %	80 %	75 %	85 %
Mittel	7 %	15 %	10 %	12 %	18 %	10 %
Hoch	3 %	5 %	5 %	8 %	7 %	5 %
Zeit/Dokument (herstellerübergreifend)						
Niedrig	0,10	0,25	0,25	0,10	0,25	0,25
Mittel	1,00	2,00	2,00	1,00	2,00	2,00
Hoch	2,00	8,00	4,00	2,00	8,00	4,00

Tabelle 7: Vorkommende Dokumentenarten

Nutzer ca. 30 Dollar zusätzlich aufgewendet werden, im Vergleich zu OpenOffice. Die betreffenden Unternehmen sollten dies gegen die Vorteile von StarOffice (wie zusätzliche Sprachtools und größere Supportverfügbarkeit) abwägen.

Tabelle 9 zeigt eine Zusammenfassung der wichtigsten TCO-Profile. Wir zeigen einerseits eine Aufstellung von Zahlen bezogen auf Structured-Task-Mitarbeiter, andererseits Zahlen bezogen auf Knowledge-Mitarbeiter (im Gegensatz zu den Zahlen in Tabelle 1, die auf einem typischen Anwendermix beruhen). Die Aufstellungen der Gesamtbetriebskosten basieren auf einer Lebensdauer der Hardware von drei Jahren. Unternehmen, die eine längere Hardwarelebensdauer berücksichtigen wollen, sollten ihre eigenen Zahlen verwenden und dabei zwei Dinge bedenken: Zum einen muss Hardware, die nach der Garantiezeit repariert werden muss, unter Umständen vor

	Structured-Task-Mitarbeiter		Knowledge-Mitarbeiter	
	bester Fall	ungünstigster Fall	bester Fall	ungünstigster Fall
Hardware und Software	0	0	0	0
IT-Personalkosten	534	1 471	1 564	3 762
Endanwender-Arbeitsvorgänge (Produktivitätskosten)	140	243	182	321
Migrationskosten pro Anwender	674	1 714	1 745	4 083

Tabelle 8: Gesamtdarstellung der Migrationskosten für Office-Automation-Produkte, von Microsoft Office zu StarOffice/OpenOffice (Nominalkosten in Dollar)

	nicht kontrollierte Structured-Task-Mitarbeiter				kontrollierte Knowledge-Mitarbeiter			
	Windows 95	Windows XP (SP2)	Linux	Linux ohne Rootrechte	Windows 95	Windows XP (SP2)	Linux	Linux ohne Rootrechte
Direkte Kosten (budgetiert)								
Hardware und Software	1 313	1 313	1 206	1 191	1 497	1 497	1 369	1 353
Betrieb	653	712	617	537	702	768	663	575
Administration	386	384	384	379	405	403	403	398
Summe direkter Kosten	2 352	2 409	2 206	2 108	2 604	2 668	2 435	2 326
Indirekte Kosten (nicht budgetiert)								
Endanwender-Arbeitsvorgänge	3 194	2 688	2 897	2 135	3 781	3 201	3 456	2 570
Ausfallzeiten	339	142	134	91	350	147	139	94
Summe indirekter Kosten	3 532	2 830	3 031	2 226	4 131	3 348	3 594	2 664
Jährliche Gesamtbetriebskosten	5 884	5 239	5 237	4 334	6 735	6 016	6 029	4 990

Tabelle 9: Analyse der Gesamtbetriebskosten: Übersicht pro Anwender (Angaben in Dollar)

Ablauf ihrer vorgesehenen Lebensdauer ersetzt werden. Zum anderen gehen mit einem höheren Alter von PCs eine größere Häufigkeit von Zwischenfällen und eine größere Hardwarevielfalt einher. Es ist unter Umständen möglich, den „Lock-Down" für Windows im selben Umfang zu vollziehen, wie bei Linux (wie bereits beschrieben). Hierfür können sowohl Veränderungen in der Unternehmenskultur nötig sein als auch auch die Installation zusätzlicher Anwendungen, da Zugriffsrechte für Nicht-Administratoren das Funktionieren mancher Anwendungen unmöglich machen.

Wie immer führen wir fünf Kostenarten in zwei Kategorien auf. Direkte Kosten, welche Hardware, Software und Arbeitskosten beinhalten, repräsentieren den Abfluss von monetären Mitteln. Indirekte Kosten, welche den Endbenutzeroperationen und Ausfallzeiten der Anwender beinhalten, repräsentieren die versteckten Kosten der verlorenen Produktivität.

Tabelle 10 stellt eine Verbindung zwischen den Migrationskosten und den Gesamtbetriebskosten her. Für die Migrationskosten verwenden wir die Zahlen in den Tabellen 4 und 5, wobei alle Kosten um 20 Prozent über unseren Nominalkosten für den besten Fall angesetzt werden. Diese Tabelle enthält nicht die Nominalkosten im ungünstigsten Fall. Bei Annahme des ungünstigsten Falles wäre eine Migration für diese Nutzer nicht sinnvoll. Daher gilt, je höher die Migrationskosten, desto weniger sinnvoll ist eine Migration.

Vor- und Nachteile

Die Umstellung auf neuere Versionen von Windows ist stets mit geringeren Kosten verbunden als die Umstellung auf eine neue Plattform. Organisationen, die mit nicht

Gartner: Kosten und Nutzen von Linux-Desktop-Migrationen

	Structured-Task-Mitarbeiter		Knowledge-Mitarbeiter	
	Win95*	WinXP(SP2)*	Win95*	WinXP(SP2)*
Direkte Kosten für Migration zu Linux	1 448	1 179	3 062	2 793
Indirekte Kosten für Migration zu Linux	202	202	470	470
Gesamtkosten für Migration zu Linux	1 650	1 381	3 532	3 263
Direkte Kosten für Office-Migration	641	641	1 876	1 876
Indirekte Kosten für Office-Migration	140	140	182	182
Summe der direkten Kosten	2 089	1 820	4 938	4 669
Summe der indirekten Kosten	341	341	652	652
Gesamtkosten	2 430	2 161	5 590	5 321
ROI für nicht gesperrtes Linux				
Direkte Kosteneinsparung	146	203	169	233
Indirekte Kosteneinsparung	501	-201	537	-246
Summe der Kosteneinsparung	647	2	706	-13
Amortisation unter Berücksichtigung der Kosten für Office-Migration (in Jahren)				
Amortisationsdauer, nur direkte Kosten	14,3	9,0	29,2	20,0
Amortisationsdauer, Gesamtkosten	3,8	1 089,0	7,9	NA
Amortisation ohne Berücksichtigung der Kosten für Office-Migration (in Jahren)				
Amortisationsdauer, nur direkte Kosten	9,9	5,8	18,1	12,0
Amortisationsdauer, Gesamtkosten	2,5	695,6	5,0	NA
ROI für „gesperrtes" Linux				
Direkte Kosteneinsparung	244	301	279	343
Indirekte Kosteneinsparung	1 306	604	1 466	683
Summe der Kosteneinsparung	1 550	905	1 745	1 026
Amortisation unter Berücksichtigung der Kosten für Office-Migration (in Jahren)				
Amortisationsdauer, nur direkte Kosten	8,6	6,0	17,7	13,6
Amortisationsdauer, Gesamtkosten	1,6	2,4	3,2	5,2
Amortisation ohne Berücksichtigung der Kosten für Office-Migration (in Jahren)				
Amortisationsdauer, nur direkte Kosten	5,9	3,9	11,0	8,1
Amortisationsdauer, Gesamtkosten	1,1	1,5	2,0	3,2

(NA = nicht anwendbar; * = jeweils basierend auf Nominalkosten im besten Fall + 20 %)

Tabelle 10: Amortisationsmodell für die Desktop-Migration von Windows zu Linux inklusive Anwendungsentwicklung (Angaben in Dollar)

unterstützten Versionen von Windows arbeiten, z. B. Windows 9X und Windows NT Workstation 4.0, werden sich umorientieren müssen. Doch diejenigen, die Linux in Betracht ziehen, sollten ebenfalls Kosten und Nutzen einer Umstellung auf Windows XP abwägen. Während die ROI-Ergebnisse für Nutzer aktueller Windowsversionen sich durch Updates gegenüber diesem Modell verbessern, wird Windows 2000 noch bis zum Jahr 2010 und Windows XP bis zum Jahr 2013 von Microsoft unterstützt, es besteht also kein Anlass schnell zu handeln, es sei denn, die Vorteile überwiegen stark. Auf Knowledge-Mitarbeiter scheint dies nicht zuzutreffen. Hinzu kommt, dass eine Umstellung auf Linux besonders für Knowledge-Mitarbeiter oder für Anwender, deren Arbeit mit zahlreichen Windows-Anwendungen verbunden ist, ein erhebliches Risiko birgt.

Diese Studie ist Teil einer Reihe ähnlicher Forschungsarbeiten. Für einen Überblick, siehe Silver (2005).

Literatur

Silver, M. A. (2002), 'Office Automation Migration Cost Model'. http://gartner.com; Dokument-ID: DF-16-3470.

Silver, M. A. (2003*a*), 'Linux Desktop Migration Cost Model'. http://gartner.com; Dokument-ID: COM-19-4628.

Silver, M. A. (2003*b*), 'Linux Desktop Migration: Finding the Break-Even Point'. http://gartner.com; Dokument-ID: COM-19-9068.

Silver, M. A. (2003*c*), 'Linux Desktop TCO: An Overview'. http://gartner.com; Dokument-ID: COM-19-8811.

Silver, M. A. (2003*d*), 'Linux Desktop TCO: Hardware and Software Details'. http://gartner.com; Dokument-ID: COM-19-4567.

Silver, M. A. (2003*e*), 'Linux Desktop TCO: Labor Details'. http://gartner.com; Dokument-ID: COM-19-4568.

Silver, M. A. (2005), 'Examining Where Desktop Linux and Open-Source Office Products Make Sense'. http://gartner.com; Dokument-ID: G00129106.

Silver, M. A. und Pescatore, J. (2004), 'Security Holes Increase Windows Client TCO'. http://gartner.com; Dokument-ID: G00123511.

Das Projekt LiMux –
Freie Software für die Münchner Verwaltungsclients

WILHELM HOEGNER*

(CC-Lizenz siehe Seite 499)

Das Projekt „LiMux" (Linux in München) hat wie kein anderes IT-Projekt der Münchner Stadtverwaltung zu einem lebhaften weltweiten Echo und den damit verbundenen Diskussionen geführt. Der nachstehende Artikel beschreibt die Ausgangslage, die Entstehung des Projekts LiMux und die einzelnen Projektphasen und Entscheidungen auf politischer Ebene bis heute. Ebenso wird auf die bestehenden Rahmenbedingungen einer gewachsenen IT-Landschaft der Verwaltung einer Millionenstadt mit ihren vielfältigen und komplexen Abhängigkeiten sowie den darauf aufbauenden Lösungsansätzen für eine Migration zu freier Software eingegangen. Abschließend wird neben dem Ausblick auf die verbleibenden Arbeiten ein vorläufiges Fazit über das Projekt gezogen.

Schlüsselwörter: LiMux · Client-Migration · Softwarepatente · Verwaltung

1 Einführung

Vor 1995 war die Informationstechnologie (IT) der Landeshauptstadt München geprägt von der Terminal-basierten Großrechnertechnologie. Der Schwerpunkt beim Einsatz lag bei der Eigenprogrammierung und dem zur Verfügung Stellen der klassischen großen Verwaltungsverfahren wie beispielsweise Einwohnermeldewesen, Kraftfahrzeugzulassung und Sozialhilfeverwaltung für die Unterstützung des Arbeitsablaufs insbesondere im Bereich des Schalterdienstes für die Bürgerinnen und Bürger. Daneben wurden verwaltungsinterne Fachverfahren wie etwa das kameralistische Finanzwesen[1] und die Lohn- und Gehaltsabrechnung betrieben. Im Bereich der Büroau-

---

* Wilhelm Hoegner ist Leiter der Hauptabteilung Informationstechnologie der Landeshauptstadt München. Das Projekt LiMux begleitete er von den ersten Anfängen bis heute in verantwortlicher Rolle.
1 Das kameralistische Finanzwesen ist eine Art der Buchhaltung, die in der öffentlichen Verwaltung, z. B. in Behörden deutscher Gemeinden und Städte, eingesetzt wird.

tomatisierung war man bis zu diesem Zeitpunkt auf mechanische und elektrische Schreibmaschinen und ab Mitte der 80er Jahre auf Speicherschreibmaschinen – teilweise mit Zusatzbildschirm und Diskettenlaufwerk – angewiesen.

Mit dem Einzug der preisgünstigen PC-Technik ab Anfang der 90er Jahre änderten sich die Möglichkeiten im Bereich der Büroautomation drastisch. Zunächst wurden die Speicherschreibmaschinen durch wesentlich günstigere Einzelplatz-PCs mit Druckern ersetzt. Sehr schnell erkannte man, dass der PC auch wesentlich mehr Möglichkeiten bot als die früheren Speicherschreibmaschinen.

Nachdem auf dem Softwaremarkt zunehmend lokale und Client-Server-Anwendungen angeboten wurden, die eine maschinelle Unterstützung auch von bisher nicht automatisierbaren Arbeitsabläufen insbesondere in technischen Bereichen gewährleisteten, erwies sich die damalige Konzeption zur Ausstattung von Arbeitsplätzen mit unvernetzten PCs als nicht mehr tragfähig.

Diese Aspekte führten 1995 zur Entwicklung und Beschlussfassung eines EDV-Gesamtkonzepts für die Landeshauptstadt München mit folgenden Eckpunkten:

– Ausstattung aller Büroarbeitsplätze mit vernetzten PCs unter dem Betriebssystem Windows NT 4 als universelle Drehscheibe für Bürokommunikation und als Endgerät für alle Fachanwendungen

– Aufbau eines stadtweiten Backbones und der gebäudeinternen Vernetzungen auf der Basis des Übertragungsprotokolls TCP/IP

– Bereitstellung von Datei- und Druckdiensten in den Gebäudenetzen auf der Basis von *Novell Netware*

– Aufbau von zentralen und dezentralen Applikations- und Datenbankservern unter Unix als Plattform für Client-Server-Applikationen unter Verwendung des Datenbankprodukts Oracle

– Einbindung der vorhandenen Großrechnerverfahren über eine TCP/IP-Emulation auf dem PC

In der Folge wurde dieses Konzept mit einer Anschubfinanzierung von rund 90 Mio. € bis zum Jahr 2001 realisiert. Zu diesem Zeitpunkt stellte sich die Situation der städtischen IT folgendermaßen dar:

– ca. 14 000 PCs an 12 000 Büroarbeitsplätzen mit 16 000 Benutzerinnen und Benutzern

– Clients unter Windows NT 4, MS Office 97/2000

– ca. 170 Client-Server-Fachverfahren

– ca. 170 Großrechner-basierte Fachverfahren

– ca. 300 Standardsoftwareprodukte

– Server auf der Basis von Unix und *Novell Netware*

Das Projekt LiMux

- File- und Printservice unter *PC-Netlink*, *ASX/Novell Netware*
- zentrales X.500 und E-Mail von Critical Path, zentrales Intranet und Firewall-geschützter Zugang zum Internet
- Datenbanksysteme Oracle (Unix-Server) und *Adabas* (Großrechner)

Organisatorisch war und ist die IT der Landeshauptstadt München bis heute gekennzeichnet durch eine verteilte EDV-Zuständigkeit. IT-Strategie, Beschaffung und stadtweite Dienste wie Internet-Zugang, Verzeichnisdienst, E-Mail, Terminkalender und Betrieb der Rechenzentren werden zentral von der Hauptabteilung Informationstechnologie des Direktoriums wahrgenommen. Für die gesamte Vernetzung ist das Baureferat Telekommunikation verantwortlich. Dezentral gibt es 17 IT-Sachgebiete (in zwölf Referaten und fünf Eigenbetrieben), die für Planung und Betrieb von Fachapplikationen, Datei- und Druckdienste sowie für Anwendersupport zuständig sind.

Insofern haben sich auch durchaus in Abhängigkeit von Aufgaben und Größe der Referate ganz unterschiedliche Betriebs- und Supportkonzepte entwickelt, die sich auch teilweise unterschiedlicher IT-Unterstützung bedienen.

2 Historie des Projektes LiMux

Um die Entscheidung der Landeshauptstadt München, auf den PC-Arbeitsplätzen auf Open-Source-Produkte umzusteigen, besser nachvollziehen zu können, ist ein Blick auf die Vorgeschichte des LiMux-Projekts hilfreich.

2.1 Ausgangspunkt

Anlass für das Projekt LiMux war ein Antrag von Herrn Stadtrat Gerd Baumann (SPD) zur Prüfung von Alternativen zum damals eingesetzten Office-Produkt Microsoft Office 97. Im Hintergrund stand die Tatsache, dass ein Konkurrenzprodukt mit ähnlichem Funktionsumfang, nämlich *StarOffice* von Sun Microsystems, zu wesentlich günstigeren Preisen auf dem Markt verfügbar war.

Zur Behandlung dieses Antrags wurde von der Stadtverwaltung ein Vergleich der Funktionen und Kosten durchgeführt mit dem Ergebnis, dass der Funktionsumfang von *StarOffice* insbesondere auch in der Verarbeitung von unter MS Office erstellten Dokumenten nicht für einen Einsatz ausreichend ist. Dieses Ergebnis wurde bei der Stadtratsbehandlung am 14. November 2001 vorgetragen und führte zu einer kontroversen Diskussion. Die Mehrheit des Münchner Stadtrats forderte eine weitergehende Untersuchung der technischen und wirtschaftlichen Auswirkungen bei einem Einsatz eines alternativen Produkts zu MS Office und bezog auch die generelle Frage des PC-Betriebssystems mit ein. Dies war auch deshalb aktuell geworden, weil Microsoft eine Beendigung des Supports von Windows NT 4 und gleichzeitig die Umstellung der bisherigen für den öffentlichen Bereich gültigen Lizenzstruktur angekündigt hatte.

Das damals für die formale und inhaltliche Bearbeitung zuständige Amt für Informations- und Datenverarbeitung sah sich aufgrund der beschränkten personellen Kapazitäten nicht in der Lage, eine derartige umfassende stadtweite Untersuchung alleine durchzuführen. Deshalb wurde dem Stadtrat in einer weiteren Beschlussvorlage vorgeschlagen, für die gewünschten Arbeiten eine Studie auszuschreiben und zu vergeben. Diesem Vorgehen stimmte der Stadtrat mit Beschluss vom 17. April 2002 zu und beauftragte die Verwaltung, eine entsprechende Studie auszuschreiben und das Ergebnis dem Stadtrat wieder vorzulegen.

Im Rahmen der unmittelbar darauf folgenden europaweiten Ausschreibung erhielt als wirtschaftlichster Anbieter die Firma Unilog den Zuschlag für die Durchführung einer Studie zur Prüfung von Alternativen für die zukünftige Ausstattung der PC-Arbeitsplätze in Bezug auf Betriebssystem und Office-Komponenten. Der Serverbereich war ausdrücklich nicht Gegenstand der Untersuchung.

2.2 Die Unilog-Studie (Client-Studie)

Auf der Basis der Ist-Aufnahme der 2002 aktuellen Situation des Informationstechnik–Einsatzes insbesondere im Client-Bereich sollten kommerzielle sowie Open-Source–Software als Produktalternativen hinsichtlich ihrer Eignung und des Migrationsaufwandes analysiert und bewertet werden. Dabei sollten die Gesichtspunkte technische Machbarkeit, wirtschaftliche Auswirkungen und qualitativ-strategische Konsequenzen Berücksichtigung finden.

Die Client-Studie wurde von August bis Dezember 2002 erarbeitet. Nach einer stadtweiten Ist-Aufnahme der IT-Infrastruktur und deren Bewertung wurden folgende fünf unterschiedliche Lösungsvarianten untersucht:[2]

MS Windows XP + MS Office XP (XP/XP)

- Client-Betriebssystem Microsoft Windows XP
- als Bürokommunikationsprodukte Microsoft Office, Outlook und Internet Explorer
- Herstellung der Ablauffähigkeit der Clientkomponenten von Fachapplikationen unter Windows XP

MS Windows XP + OpenOffice (XP/OSS)

- Client-Betriebssystem Microsoft Windows XP
- als Bürokommunikationsprodukte OpenOffice[3] und Mozilla
- Herstellung der Ablauffähigkeit der Clientkomponenten von Fachapplikationen unter Windows XP

---

2 Siehe auch Kurzfassung der Studie: UNILOG Integrata Unternehmensberatung GmbH (2003).
3 Der offizielle Name der Suite lautet OpenOffice.org.

Das Projekt LiMux

Linux + OpenOffice (LX/OSS)

- Client-Betriebssystem Linux
- als Bürokommunikationsprodukte OpenOffice und Mozilla
- Herstellung der Ablauffähigkeit der Clientkomponenten von Fachapplikationen unter Linux als native Anwendungen (C++ oder Java) oder als Webanwendungen

Linux + OpenOffice + PC-Emulation (LX/OSS/VM)

- Client-Betriebssystem Linux
- als Bürokommunikationsprodukte OpenOffice und Mozilla
- Herstellung der Ablauffähigkeit der Clientkomponenten von Fachapplikationen unter einer „virtuellen Oberfläche" (Softwareprodukte von VM-Ware) mit einer im Hintergrund laufenden zusätzlichen Windows NT–Umgebung exklusiv für die nicht auf Linux umstellbaren Komponenten

Linux + OpenOffice + Terminalserver (LX/OSS/TS)

- Client-Betriebssystem Linux
- als Bürokommunikationsprodukte OpenOffice und Mozilla
- Herstellung der Ablauffähigkeit der Clientkomponenten von Fachapplikationen über Terminalserver, d. h. Installation der Clientkomponenten auf zentralen Windows-Servern und Aufruf vom Linux-Client als Terminalemulation

Diese fünf Alternativen wurden auf ihre technische Machbarkeit, ihre monetäre Wirtschaftlichkeit sowie ihre qualitativ-strategischen Auswirkungen hin bewertet. Die Firma Unilog kam in ihrer Studie zu den folgenden Ergebnissen: Alle untersuchten Handlungsalternativen lassen sich bei der Landeshauptstadt München technisch umsetzen. Sie unterscheiden sich jedoch erheblich im Umschulungs- und Einarbeitungsaufwand, im Migrationsaufwand und in der Betriebssicherheit.

Die wirtschaftlichen und qualitativ-strategischen Ergebnisse der Varianten sind in Tabelle 1 dargestellt. Danach ist aus rein betriebswirtschaftlicher Sicht die Variante XP/XP am günstigsten. Aus qualitativ-strategischer Sicht schneidet allerdings die Variante LX/OSS am besten ab. In Kombination der beiden Gesichtspunkte im Rahmen der Kosten-Nutzen-Relation ist jedoch LX/OSS/VM die beste Variante.

Bis zu diesem Zeitpunkt waren die Überlegungen und Diskussionen über ein alternatives Betriebssystem auf den Clients der Stadt München in der Öffentlichkeit eher unbeachtet geblieben. Dies änderte sich jedoch schlagartig durch die Tatsache, dass der Vorstandsvorsitzende der Firma Microsoft, Steve Ballmer, aufgeschreckt durch die Ergebnisse der Client-Studie seinen Skiurlaub in der Schweiz unterbrach und dem Oberbürgermeister der Landeshauptstadt München, Christian Ude, einen Besuch

Alternative	XP/XP	XP/OSS	LX/OSS	LX/OSS/VM	LX/OSS/TS
Kapitalwert in €	31 303 370	37 045 780	43 167 498	33 762 122	46 560 401
Nutzwert	5 293	5 073	6 218	5 960	5 780
Kapitalwert pro Nutzwertpunkt in €	5 914	7 303	6 942	5 665	8 055

Tabelle 1: Kosten-Nutzen-Relation der fünf Varianten

abstattete. Bei diesem Gesprächstermin bot Steve Ballmer der Stadt weitreichende kostenlose personelle Unterstützung für die Betriebssystemumstellung der städtischen Clients an, wenn sich die Stadt für eine Microsoft-Lösung entscheiden würde.

Faszinierend für die Weltpresse war wohl, dass der mächtige Microsoft-Boss Ballmer höchstpersönlich beim Oberbürgermeister einer Stadt intervenierte, die in der Welt eher für das Oktoberfest als für seine IT-Planungen bekannt war. Jedenfalls gingen die Meldungen über diesen Besuch Tage später um die ganze Welt und rückten die Konkurrenzsituation in München zwischen Microsoft und den Open-Source-Produkten in den Mittelpunkt.

Dies veranlasste wiederum die Firmen IBM und Novell/SuSE, der Stadt ebenfalls kostenlose Unterstützung im Falle einer Umstellung auf Linux und Open Source anzubieten. Die monetären Auswirkungen der jeweiligen Unterstützungsangebote wurden kurzfristig von Unilog in die Client-Studie miteinbezogen, änderten jedoch am ungefähren Gleichstand der Alternativen nichts Wesentliches. Letztlich stand nun der Münchner Stadtrat vor der schweren Entscheidung, ob er den Schwerpunkt auf die reine betriebswirtschaftliche Betrachtung oder auf die mittel- und langfristigen strategischen Gesichtspunkte setzen sollte.

2.3 Grundsatzbeschluss des Münchner Stadtrates vom 28. Mai 2003

Nachdem das Ergebnis der Client-Studie einen ungefähren Gleichstand der Alternativen Microsoft und Open Source in Bezug auf die strategisch-wirtschaftliche Bewertung ergab, entschied sich der Münchner Stadtrat am 28. Mai 2003 mit großer Mehrheit, zukünftig freie Software auf den Arbeitsplatzrechnern einzusetzen und neue Client-Server-Anwendungen nur noch als Webanwendungen zu entwickeln oder auszuschreiben. Vor allem der zweite Teil sollte in Zukunft anstehende Migrationen wesentlich wirtschaftlicher und effizienter gestalten.

Von dieser grundsätzlichen Weichenstellung erwartete sich der Stadtrat eine größere Herstellerunabhängigkeit, mehr Wettbewerb im Softwaremarkt sowie eine bessere Erreichbarkeit der strategischen Ziele[4] der Landeshauptstadt München. Letztlich sollte

---

4 Die strategischen Ziele sind Erhöhung der Systemsicherheit und -verfügbarkeit, Eigenbestimmung der Releasezyklen, Erfüllung der sicherheitstechnischen Anforderungen bei der Verarbeitung personenbe-

Das Projekt LiMux

die Realisierung dieser Ziele langfristig zu einer besseren Wirtschaftlichkeit der IT und zu einer Kostenentlastung des Stadthaushalts führen.

Weiterhin enthielt der Beschluss den Auftrag an die Verwaltung, die detaillierten technischen, wirtschaftlichen und zeitlichen Eckpunkte der Migration im Rahmen eines Feinkonzepts zu erarbeiten und nach Ablauf eines Jahres dem Stadtrat zur Entscheidung vorzulegen.

2.4 Die Feinkonzeptphase

Der Grundsatzbeschluss bildete den Rahmen und setzte Vorgaben für die anstehende Migration, allerdings mussten im Rahmen eines Feinkonzeptes die Bedingungen und der Ablauf der konkreten Umsetzung detaillierter beschrieben werden. Mit Unterstützung der Firmen IBM und Novell/SuSE wurde von Juni 2003 bis Mai 2004 ein Feinkonzept zur Migration entwickelt, das folgende Ergebnisse beinhaltete:

- Definition und Umsetzung eines Prototypen für einen stadtweit einheitlichen Linux-basierten Basis-Client unter Verwendung eines angepassten Suse Linux Desktop (SLD)
- Einrichtung eines zentralen Testlabors zur Prüfung der Integration der Software in die IT-Umgebung der Stadtverwaltung als Nachweis der technischen Machbarkeit
- Erstellung eines Rahmenkonzeptes für die Migration, Ermittlung der damit verbundenen Kosten und Festlegung eines Zeitrahmens als Grundlage für die Migrationspläne der Referate
- Erarbeitung eines Schulungs- und Einführungskonzeptes
- Definition von Migrationsszenarien für Fachverfahren

Die Migrationsszenarien wurden in die drei Kategorien Migrations-, Zwischen- und Übergangslösungen eingeteilt. Die Migration einer Anwendung als native Linux- oder als Web-basierte Lösung stellt für LiMux eine vollwertige Migrationslösung dar, während die Nutzung der Umgebungsemulatoren *Wine* oder *Crossover* sowie die Nutzung von Terminalservices als Zwischenlösungen betrachtet werden. Der Verbleib einer Anwendung bei Microsoft-Betriebssystemen oder die Notwendigkeit einer VMWare-Lösung werden als Übergangsszenarien bezeichnet. Für alle Migrationsszenarien identisch ist die Verwendung von OpenOffice als Büropaket und von Mozilla als Browser und E-Mail-Client. Ebenso ist eine einheitliche und transparente Anbindung an die vorhandene Serverwelt obligatorisch.

Die geplanten Gesamtkosten der Migration inklusive der internen monetär bewerteten Personalaufwände belaufen sich auf ca. 35 Mio. €. Aus Abbildung 1 ergeben sich die voraussichtlichen Kostenblöcke der Migration. Es zeigt sich, dass die wesentlichen

---

zogener Daten und geringere Anfälligkeit gegenüber Virenangriffen.

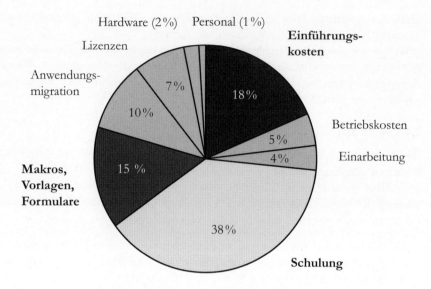

Abbildung 1: Kostenstruktur der Migration

Kostenfaktoren mit zusammen 71 % die Einführungskosten, Schulung der Anwender und Umstellung der Makros, Vorlagen und Formulare sind.

Im Bereich der Schulung wurde auf der Basis einer detaillierten Bedarfsumfrage bei den Referaten ein modulares Konzept erarbeitet, das sehr granular auf den individuellen Kenntnissen der Mitarbeiterinnen und Mitarbeiter aufbaut und entsprechende gezielte Fortbildungsmaßnahmen erlaubt. Ergänzt wird die praxisnahe Schulung im Schulungszentrum der Landeshauptstadt München durch den Einsatz von E-Learning am Arbeitsplatz, das entsprechende Lektionen sowohl vor der Schulung als auch als Nachbereitung der bereits besuchten Schulungsblöcke bieten wird.

In zeitlicher Hinsicht war ein Beginn der Migration ab Anfang 2005 mit einem voraussichtlichen Abschluss Ende 2008 vorgesehen.

2.5 Der Migrationsbeschluss des Stadtrates vom 16. Juni 2004

Im Frühsommer 2004 wurden die Ergebnisse des Feinkonzeptes und der konkrete Umsetzungsplan vom Münchner Stadtrat beschlossen und dadurch der Startschuss für die konkrete Migration gegeben. Folgende Projektziele wurden formuliert:

– Migration auf Basis-Client ohne Gefährdung des Dienstbetriebes

– Aufbau von Hersteller-, Betriebssystem- und Office-unabhängigen Lösungen

– Migration der Fachverfahren

- Konsolidierung und geeigneter Ersatz der PC-Standardanwendungen
- Konsolidierung und Migration von Makros, Vorlagen, Formularen
- Einführung eines Systemmanagements für den Basis-Client

Als Rahmenbedingungen für die Migration wurden folgende Forderungen festgelegt:

- Umstellung überwiegend durch eigenes Personal
- weiche Migration (Ausnutzung des Produktlebenszyklus, Parallelbetrieb) mit dezentraler Zuständigkeit
- Umstellung der unproblematischen Bereiche zuerst
- Eigenverantwortung jedes Referates für sein Migrationskonzept und dessen Umsetzung innerhalb eines vorgegebenen Migrationspfades durch das Projekt LiMux

3 Die Umsetzung (Migrationsphase)

Nachdem der Münchner Stadtrat grünes Licht für die Migration gegeben hatte, ging es darum, die einzelnen Phasen der Umsetzung zu planen und zu realisieren.

3.1 Projektvorbereitung

Im Sommer 2004 begann die Vorbereitungsphase für das Migrationsprojekt. Nachdem die Umstellung gemäß dem Stadtratsauftrag überwiegend durch eigenes Personal durchgeführt werden sollte, wurde beim damaligen Amt für Informations- und Datenverarbeitung eine eigene Gruppe mit Stellen für den Aufbau des Basis-Clients und dessen spätere systemtechnische Betreuung eingerichtet. Durch eine externe Stellenausschreibung wurden Mitarbeiterinnen und Mitarbeiter gewonnen, die Fachkenntnisse in den Bereichen Linux, OpenOffice und Integration von Linux-Clients in heterogene Landschaften mitbrachten. Die Stellenbesetzungen zogen sich allerdings bis zum Jahresende 2004 hin.

Daneben musste in weiteren Stadtratsbeschlüssen das im Migrationsbeschluss vorgegebene Budget formal finanziell abgesichert werden; für das laufende Jahr erfolgte eine Anmeldung zum Nachtragshaushalt, für 2005 mussten die Mittel als Nachtrag in die offizielle Haushaltsplanung aufgenommen werden und für die Folgejahre war im Finanzausschuss eine Mittelbindung zu beschließen. Die abgesicherte Finanzierung war wiederum zwingende Voraussetzung für den Start der erforderlichen Ausschreibungen zum E-Learning und zur externen Projekt- und Supportunterstützung.

Parallel dazu wurden die für die Ausschreibung erforderlichen Anforderungskataloge erstellt und die Projektorganisation erarbeitet. Für das Basis-Client-Team mussten neue Räume angemietet und die erforderliche IT-Infrastruktur nachgerüstet werden. Auch diese Arbeiten zogen sich bis Jahresende 2004 hin, so dass die Arbeitsfähigkeit des Client-Teams erst zu diesem Zeitpunkt gegeben war.

3.2 Projektorganisation

Das Migrationsprojekt besteht organisatorisch aus dem Gesamtprojektleiter mit Projektbüro und angegliedertem Kommunikationsteam sowie den fünf Teilprojekten Basis-Client, Migration der Fachverfahren, begleitende Infrastrukturunterstützung, Schulung und Koordinierung, Pilotierung und *Roll-Out*. Die Referate sind in den Teilprojekten durch Migrations-, Schulungs-, Kommunikations- und Technikmanager vertreten.

Unterstützt wird die Projektarbeit durch eine im Direktorium angesiedelte und monatlich tagende Steuerungsgruppe, die zum einen die Linienfunktionen im zentralen IT-Bereich synchronisiert, zum anderen notwendig werdende aktuelle Einzelentscheidungen für das Projekt trifft. Zum stadtweiten Abgleich der Meilensteinergebnisse ist eine Lenkungsgruppe eingerichtet, die aus Vertreterinnen und Vertretern der Referate und der zentralen IT-Einheiten besteht. Begleitet werden die Projektaktivitäten durch ein externes Controlling und eine interne Qualitätssicherung.

3.3 Externe Unterstützung

Für die erforderliche externe Unterstützung sollte bereits Ende Juli 2004 ein europaweiter Teilnehmerwettbewerb gestartet werden. Es kam jedoch zu einer Verzögerung von ca. einem Monat, weil just zum selben Zeitpunkt, verursacht durch einen Prüfungsantrag der Grünen im Münchner Stadtrat, die Auswirkungen der damals umstrittenen Vorschläge zum Erlass einer europäischen Richtlinie zur „Patentierbarkeit computerimplementierter Erfindungen" (Softwarepatent-Richtlinie) auf das LiMux–Projekt geprüft werden mussten. Zu diesem Zweck wurde von der Kanzlei Frohwitter (2004) ein patentrechtliches Gutachten eingeholt. Ergebnis war, dass bezogen auf die von der EU geplante Richtlinie das Risiko einer möglichen Patentrechtsverletzung von Open-Source-Software im Vergleich zu proprietärer Software im Wesentlichen gleich einzustufen ist.

Angesichts der damit kalkulierbaren Risiken wurde der europaweite Teilnehmerwettbewerb mit anschließendem Verhandlungsverfahren ab Ende August 2004 durchgeführt. An die Bewerber wurden folgende Anforderungen gestellt:

– Dienstleister für den Aufbau einer stadtspezifischen Konfiguration („LiMux-Client")

– Support- und Pflegedienstleister für diesen LiMux-Client

– Referenzen im Bereich der Öffentlichen Verwaltung bei vergleichbaren Linux-Projekten

– Zusicherung eines Know-how-Transfers für eine später mögliche Eigenpflege des LiMux-Clients durch Personal der Landeshauptstadt München

Insofern ging es um die Ausschreibung eines Konzeptes, nicht einer fertigen Software oder Distribution, sowie um spätere Supportleistungen des gemeinsam aufzubauenden LiMux-Clients. Ziel einer Ausschreibung ist generell, den wirtschaftlichsten Anbieter zu ermitteln, der das günstigste Verhältnis von angebotener Leistung zu Angebotspreis aufweist. Um diese Bewertung durchführen zu können, müssen die Angebote inhaltlich und strukturell vergleichbar gemacht werden, um zu einer eindeutigen und nachvollziehbaren Vergabeentscheidung zu kommen.

Aufgrund der zunächst recht unterschiedlichen Lösungsansätze der Bieter waren zwei umfangreiche Verhandlungsrunden notwendig, um diese Vergleichbarkeit herzustellen und eine abgesicherte Zuschlagserteilung zu erreichen. Insofern zog sich das Vergabeverfahren bis in das Frühjahr 2005 hin. Als wirtschaftlichster Anbieter ergab sich die Bietergemeinschaft Softcon/Gonikus mit ihrem Lösungskonzept auf der Basis der freien Linux-Distribution Debian.

3.4 Projektauftrag

Im Frühjahr 2005 wurde der offizielle Projektauftrag für die Migrationsphase erteilt. Er beinhaltet die Projektziele, die Projektorganisation, die einzelnen Zuständigkeiten und Rollendefinitionen, die Zeit- und Budgetfestlegungen sowie Eskalationsregelungen. Grob umrissen gibt es sechs Ziele dieser Projektphase:

- Durchführung der Migration der weit überwiegenden Anzahl der PC-Arbeitsplätze auf den stadtweit einheitlichen Linux-Basis-Client ohne Gefährdung des Dienstbetriebes.

- Bevorzugt werden dabei herstellerunabhängige und von einem bestimmten Betriebssystem und Office-Produkt unabhängige Lösungen.

- Migration der Fachverfahren auf Web-basierte Lösungen oder auf native Linux-Lösungen, um für zukünftige Migrationen gerüstet zu sein.

- Konsolidierung und ggf. Migration der PC-Standard-Anwendungen auf ein vernünftiges Maß, d. h. ein einziges Softwareprodukt für gleiche fachliche Anforderungen.

- Konsolidierung und Migration von MS-Office-Makros, -Formularen und -Vorlagen, die in einer Vielzahl unkoordiniert und unkontrolliert in den vergangenen Jahren entstanden sind.

- Einführung von Systemmanagement-Lösungen für den Basis-Client, wie z. B. einer stadtweiten Softwareverteilung und eines einheitlichen Anmeldedienstes.

3.5 Aktueller Stand

Der derzeitige Stand der Arbeiten (November 2005) stellt sich in den einzelnen Teilprojekten folgendermaßen dar:

Basis-Client Der endgültige fachliche Anforderungskatalog wurde zusammen mit den Technikmanagern der Referate und den externen Dienstleistern Softcon/Gonikus von Mai bis September 2005 erarbeitet und befindet sich derzeit in der Meilensteinabnahme. Der Katalog dient als Grundlage der technischen Umsetzung und wurde parallel durch Praxistests begleitet. Systemtechnisch wurden die sicherheitstechnischen Anforderungen gemäß den Sicherheitsvorschriften der Landeshauptstadt München bereits realisiert. Insbesondere sind folgende Bereiche fachlich definiert und in der Grundfunktionalität nachgewiesen:

- Lokale Softwarekomponenten[5] unter KDE 3.x
- System- und Konfigurationsmanagement
- Hardware-Unterstützung
- Netzanbindung
- Sicherheit
- Drucker/Druckdienste
- Qualitätssicherung im Testlabor
- Service- und Supportprozesse

Ein lauffähiger Prototyp wurde bereits auf der *Systems 2005* in München der Öffentlichkeit vorgestellt.

Migration der Fachverfahren, Konsolidierung von Makros und Formularen Im Herbst 2005 wurde in Bezug auf alle Fachverfahren eine detaillierte Herstellerumfrage zur Portierbarkeit bzw. Bereitstellung als Webapplikation oder als native Linux–Anwendung durchgeführt. Das Ergebnis dieser Umfrage ist aus heutiger Sicht nicht befriedigend; lediglich 20 % der befragten Firmen stellten eine Lauffähigkeit unter Linux in Aussicht oder haben bereits entsprechende Produkte. Derzeit wird eine Strukturierung aller im Einsatz befindlichen Applikationen nach Geschäftskritikalität, Nutzungsanzahl und geplantem Einsatztermin vorgenommen, um in gezielten Einzelverhandlungen mit den Herstellern eine Lauffähigkeit unter Linux herzustellen oder entsprechende Ausschreibungen für Neuprodukte in die Wege zu leiten.

Erfreulich ist allerdings, dass die überwiegende Anzahl der stadtweiten, zentral betriebenen Verfahren ohne oder nur mit geringen Einschränkungen mit einem Linux-Basis-Client betrieben werden können. Die aktuell eingesetzten Makros und Formulare werden momentan katalogisiert und für die einzelnen Verwendungszwecke vereinheitlicht. Erst anschließend ist eine Umsetzung auf kleine Webapplikationen und OpenOffice-Makros vorgesehen. Im Bereich stadtweiter Formulare wurde ein Briefkopfsystem unter Verwendung von OpenOffice

---

5 Lokale Softwarekomponenten sind z. B. Browser (Firefox), E-Mail-Client (Thunderbird) und Office–Paket (OpenOffice).

mit Anbindung an LDAP entwickelt, das den Großteil der heute individuellen Briefkopfformulare ersetzen wird.

Infrastruktur Für den zentralen Anmeldedienst und die entsprechenden Nutzerprofile wurde ein neues LDAP-Directory aufgebaut und in Betrieb genommen. Derzeit werden erweiterte Schema-Anforderungen der Referate diskutiert und abgeglichen. Für die Möglichkeit der dezentralen Anmeldung und Profilierung gibt es Überlegungen zum mittelfristigen Aufbau eines zusätzlichen Meta-Directory, um eine nahtlose Integration der vielfältigen bestehenden Novell-NDS-Schemata und -Funktionen zu erreichen.

Im Bereich der Softwareverteilung für den LiMux-Basis-Client wird zunächst für die im ersten Quartal 2006 vorgesehene Pilotierung das Open-Source-Tool *FAI* [6] verwendet, nachdem die Anforderung der Referate, mit einem einheitlichen integrierten Produkt parallel die noch bestehenden Windows-Arbeitsplätze und den neuen Basis-Client zu verteilen, derzeit von keinem Produkt auf dem Markt erfüllt werden kann. Für die Übergangslösung Terminalserver sind derzeit mehrere Testinstallationen aufgebaut und werden auf Einsatzfähigkeit getestet.

Schulung Das Schulungskonzept ist erarbeitet und abgestimmt. Die Ausschreibung für das E-Learning ist abgeschlossen, derzeit werden bereits die ersten Schulungsblöcke inhaltlich erarbeitet.

Koordinierung, Pilotierung und Roll-Out Die Zeitpläne der Referate für die Migration wurden gemäß den geänderten Rahmenbedingungen (Fertigstellungszeitpunkt Basis-Client) überarbeitet und befinden sich derzeit in der Abstimmungsphase. Zur Unterstützung der Migrationsphase wurde begonnen, generelle Standardisierungen von Softwareprodukten auf dem Client unabhängig vom jeweiligen Betriebssystem vorzunehmen. Dies bedeutet, dass auf allen Arbeitsplätzen (auch Windows-basierten) einheitliche lokale Anwendungen zum Einsatz kommen.[7]

3.6 Nächste Schritte

Im ersten Quartal 2006 wird eine Pilotierung des Basis-Clients im Zusammenspiel mit Softwareverteilung, Anmeldedienst, zentral abgelegter, individueller Profilierung und den bestehenden Serverdiensten durchgeführt und letzte Vorbereitungen für den *Roll-Out* vorgenommen. Im zweiten Quartal 2006 ist dann der Produktiveinsatz des Basis-Clients flächendeckend in zwei Referaten vorgesehen. Bis Ende 2008 sollen dann die restlichen Referate umgestellt werden.

---

6 *Fully Automatic Installation,* http://www.informatik.uni-koeln.de/fai/
7 Beispiele dafür sind Firefox 1.x, Thunderbird 1.x, OpenOffice 2 und als grafischer HTML-Editor der weiterentwickelte Mozilla Composer (NVU).

4 Fazit

Das Projekt LiMux ist einerseits gekennzeichnet durch eine hohe Komplexität der bestehenden heterogenen IT-Landschaft, die sich trotz einheitlicher Rahmenbedingungen in der Vergangenheit entwickelt hat. Andererseits macht sich auch die Größe und Differenziertheit der Verwaltung einer Millionenstadt bemerkbar, die durch die extrem starke Arbeitsteilung zu einer Vielzahl von individuellen Softwarelösungen zur IT-Unterstützung der Arbeitsabläufe geführt hat. Nur durch eine verstärkte Standardisierung der Arbeitsprozesse und Softwareprodukte sowie einer Infrastrukturbereinigung lassen sich Komplexität und Aufwand für die in Zukunft immer wieder notwendigen Änderungsprozesse im IT-Bereich in vertretbaren Grenzen halten.

Ebenso wichtig ist die verstärkte Anlehnung an herstellerunabhängige Standards und Dateiformate und deren Durchsetzung bei den Softwareherstellern, um die erforderlichen Freiheitsgrade zur Auswahl der fachlich und wirtschaftlich günstigsten IT-Lösungen zu ermöglichen. Insofern ist die Entscheidung der Landeshauptstadt München, auf den Arbeitsplatz-PCs im Verwaltungsbereich auf Open-Source-Produkte zu setzen, nur logisch und konsequent, nachdem im Serverbereich mit entsprechenden Open-Source-Produkten (Linux, Apache, Tomcat) bereits seit Jahren gute Erfahrungen gemacht wurden.

Es muss aber auch festgestellt werden, dass diese eigentlich streng fachlich und wirtschaftlich fundierte Weichenstellung im Projektverlauf zu teilweise emotionellen Differenzen innerhalb der Stadtverwaltung führte. Deshalb ist eine politische Unterstützung und Rückendeckung eines derartigen Veränderungsprozesses unabdingbar. Ebenso gilt es, die verständlichen Vorbehalte der Nutzer durch intensive Aufklärungs- und Informationstätigkeit im Rahmen des Projekts abzubauen und in eine gewisse Begeisterung für einen neuen Weg zu wandeln.

Literatur

Kanzlei Frohwitter (2004), 'Kurzgutachten – Rechtliche Bedingungen und Risiken der Landeshauptstadt München für den Einsatz von Open-Source Software'. http://www.ris-muenchen.de/RII/RII/DOK/SITZUNGSVORLAGE/517379.pdf [15. Jan 2006].

UNILOG Integrata Unternehmensberatung GmbH (2003), 'Client Studie der Landeshauptstadt München – Kurzfassung des Abschlussberichts inklusive Nachtrag'. http://www.muenchen.de/vip8/prod2/mde/_de/rubriken/Rathaus/40_dir/limux/altauftritt/publikationen/clientstudie_kurz.pdf [15. Jan 2006].

WIENUX und OpenOffice –
die freiwillige Migration im Magistrat der Stadt Wien

BRIGITTE LUTZ

(CC-Lizenz siehe Seite 499)

Die Stadt Wien setzt im Serverbereich bereits seit vielen Jahren Open-Source–Software-Produkte ein. Auf Grund der positiven Erfahrungen im Serverbereich wurde im Rahmen einer Studie eine umfassende Erhebung der auf jedem einzelnen Arbeitsplatz-PC eingesetzten Software-Produkte durchgeführt und eruiert, ob und in welchem Umfang der Einsatz von Open-Source-Software auch am Arbeitsplatz möglich ist. Als Folge der Studie bietet die Abteilung für Informations- und Kommunikationstechnologie der Stadt Wien seit Juli 2005 OpenOffice und das für die Stadt Wien maßgeschneiderte Linux-Betriebssystem „WIENUX" für alle Arbeitsplatz-PCs an. Wichtigste Überlegung bei der Einführung von Open-Source-Software ist die Freiwilligkeit. Dieser Artikel erläutert, wie die Stadt Wien mit dem Thema Open-Source-Software für Arbeitsplätze umgeht. Dabei wird auf die hierbei verwendete Open-Source–Software und die damit verbundenen Dienstleistungen eingegangen.

Schlüsselwörter: WIENUX · Freiwilligkeit · Distribution · Client · Migration

1 Einleitung

Die Stadt Wien setzt im Serverbereich bereits seit 1989 Open-Source-Software (OSS) ein. Auf Grund der dabei gewonnenen positiven Erfahrungen wurde bereits seit längerem die Entwicklung der OSS-Standardkomponenten für Arbeitsplätze beobachtet und der Einsatz im Rahmen einer Studie untersucht. Die Abteilung für Informations- und Kommunikationstechnologie der Stadt Wien (Magistratsabteilung 14) verwaltet eines der größten Computernetze Europas, auf das täglich rund um die Uhr 35 000 Magistratsbedienstete in 140 Dienststellen zugreifen können. 18 000 PCs, 8 200 Drucker und 560 Server werden von der Magistratsabteilung 14 (MA 14) installiert, gewartet und betrieben. Als Betriebssystem ist auf den meisten Desktops MS-Windows 2000 im Einsatz. Dessen Support reicht von Seiten Microsofts noch bis 2010. „Alle fünf bis sieben Jahre entsteht ein derartiger Migrationsdruck, auch wenn man ein bis zwei Versionen überspringt", bringt es Abteilungsleiter Dipl.-Ing. SR Erwin Gillich[1] auf den Punkt. Eine Migration der IT-Landschaft stünde auf Grund der fehlenden Funktionalitäten und der ausbaufähigen Performance daher drei Jahre früher, spätestens jedoch 2008 an, ganz anders als bei der Linux-Migration in München, wo der Zeitdruck auf Grund veralteter Hard- und Software viel größer war.[2]

2 Open-Source-Studie

Im Rahmen einer Studie wurde eine umfassende Erhebung der auf jedem einzelnen PC eingesetzten Software-Produkte durchgeführt und als Grundlage für die Ermittlung des Migrationspotenzials herangezogen. Ziel der Studie „Open-Source-Software im Magistrat Wien" (Lutz et al. 2005) war zu erheben, ob und in welchem Umfang der Einsatz von Open-Source-Software am PC-Arbeitsplatz technisch und funktional möglich sowie strategisch und wirtschaftlich sinnvoll ist.

2.1 Ist-Analyse

Zu Beginn der Studie waren die Standard-PC-Arbeitsplätze mit dem Betriebssystem MS-Windows 2000 in Kombination mit MS-Office 2000 ausgestattet. Die dafür nötigen Software-Lizenzen erlauben die zeitlich unbefristete Nutzung. Die Erhebung der auf jedem einzelnen PC eingesetzten Software-Produkte zeigte ein komplexes und heterogenes Bild. Für diese Software-Produkte wurde einerseits die Plattformunabhängigkeit der Anwendungen verifiziert und andererseits die funktionale Eignung von Alternativprodukten ermittelt. Dabei galten die in Tabelle 1 aufgeführten unterschiedlichen Klassifizierungen.

Die daraus ermittelte Anzahl der potenziell migrierbaren PC-Arbeitsplätze stellt sich in folgender Weise dar: 7 500 Arbeitsplätze verwenden keine Produkte, die MS–Office bedingen und können daher „relativ leicht" auf OpenOffice[3] migriert werden. 4 800 Arbeitsplätze verwenden nur plattformunabhängige oder durch Alternativen ersetzbare Software-Produkte oder nur maximal ein als weniger betriebskritisch beurteiltes plattformabhängiges Produkt und können daher „relativ leicht" zusätzlich auf Linux migriert werden. Für die restlichen 8 500 PC-Arbeitsplätze, auf denen nicht ausschließlich gut migrierbare Software eingesetzt wird, wurde im Rahmen dieser

---

[1] Dipl.Ing. Erwin Gillich wurde im Juni 2004 zum Leiter der städtischen Abteilung für Informations- und Kommunikationstechnologie (MA 14) bestellt. Erwin Gillich studierte an der Technischen Universität Wien Informatik und ist seit 1978 u. a. in den Bereichen Systemprogrammierung, Standardsoftware und Softwareentwicklung und Systementwicklung bei der Stadt Wien tätig.

[2] Siehe http://www.muenchen.de/Rathaus/dir/limux/ueberblick/147195/ausgangssituation.html.

[3] Der offizielle Name der Suite lautet OpenOffice.org für die Stadt. Sie besteht aus den Programmen Writer, Calc, Impress, Draw und Math. Sie wurde zusammen mit Entwicklern des StarOffice-Teams von SUN erstellt.

Das Projekt WIENUX

Software-Kategorie	Anzahl Produkte	Relativ
Plattformunabhängig	90	8 %
Alternative verfügbar	175	16 %
Neu zu entwickeln	500	46 %
Keine sinnvolle Alternative	100	9 %
Unbestimmter Status	235	21 %
Summe	1 100	100 %

Tabelle 1: Klassifizierung der eingesetzten Software

Studie aus funktionalen und wirtschaftlichen Gründen die Migrierbarkeit nicht weiter evaluiert.

2.2 Wirtschaftlichkeit & technische Machbarkeit

Zweiter zentraler Punkt der Analyse war eine Wirtschaftlichkeitsbetrachtung. Dabei war wesentlich, dass sich eine solche Studie nicht auf kurzfristige Auswirkungen beschränken darf. Für einen Beobachtungszeitraum von fünf Jahren wurde die Wirtschaftlichkeit der im Folgenden beschriebenen drei Szenarien verglichen. Die dabei betrachteten Gesamtkosten setzten sich aus den ausgabenwirksamen Kosten[4] sowie den internen Kosten in der MA 14 und in den Dienststellen[5] zusammen.

Die technische Untersuchung zeigte, dass auf Linux und OpenOffice basierende PC-Arbeitsplätze die gewohnte Funktionalität bieten und sich in die Systemlandschaft des Magistrats der Stadt Wien integrieren lassen. Da auf mehr als der Hälfte der PC-Arbeitsplätze S-Produkte verwendet werden, für die keine unter Linux lauffähigen Alternativen verfügbar sind, ergibt sich die Notwendigkeit einer langfristigen Koexistenz von MS-Windows und Linux. Selbst bei vollständiger Verfügbarkeit aller Einzelkomponenten unter Linux muss auf Basis der Erfahrungen bisheriger magistratsweiter Systemumstellungen eine mehrjährige Koexistenz beider Plattformen eingeplant werden. Nicht die Charakteristik und Qualität der verfügbaren Open-Source-Produkte sondern diese Koexistenz zieht besondere technische und organisatorische Anforderungen nach sich.

Aufgrund der festgestellten technischen Herausforderungen durch die Koexistenz der beiden Plattformen wurde die Aufnahme der Produkte OpenOffice und Linux in den Leistungs- und Produktkatalog der MA 14 wirtschaftlich untersucht (siehe Tabelle 2).

Die internen Kosten über fünf Jahre entsprechen ungefähr dem Aufwand von einem

---

[4] Das sind unmittelbar erforderliche Investitionsmittel.
[5] Bei den internen Kostenfaktoren dominieren die je nach Migrationsvariante anfallenden Personalaufwände für Infrastrukturmaßnahmen, Projektabwicklung und Schulung.

Produktkosten in €	Ausgabenwirksam	Interne Kosten	Gesamt
Produkt OpenOffice	2 500	517 500	520 000
Produkt Linux	1 000	593 000	594 000
Summe			1 114 000

Tabelle 2: Produktkosten von Linux und OpenOffice

Personenjahr für den Betrieb des jeweiligen Produktes. Für die Produkterstellung und den Aufbau der Infrastruktur wurden im ersten Jahr ca. 1,5 Personenjahre für WIENUX und ca. 1 Personenjahr für OpenOffice aufgewendet (Lutz et al. 2005). Die Berechnungen der Studie haben sich in der Praxis bewiesen. Mit den Daten der Studie wird für das Jahr 2006 geplant.

2.3 Drei Migrationsszenarien

Im Rahmen der Studie wurden drei Szenarien mit unterschiedlichen Einführungsvarianten evaluiert. Betrachtet wurden dabei die potenziell auf OpenOffice migrierbaren 7 500 PC-Arbeitsplätze:

MS-Windows und MS-Office Es werden weiterhin die entsprechend aktuellen Versionen von MS-Windows und MS-Office auf allen PC-Arbeitsplätzen eingesetzt.

MS-Windows und OpenOffice Auf 7 500 PC-Arbeitsplätzen unter MS-Windows wird OpenOffice statt MS-Office eingesetzt.

Linux und OpenOffice Auf 7 500 PC-Arbeitsplätzen wird OpenOffice statt MS-Office eingesetzt. Auf 4 800 Arbeitsplätzen wird, soweit aufgrund der eingesetzten Software-Produkte möglich, an Stelle von MS-Windows Linux als Betriebssystem verwendet.

Für die beiden Szenarien „MS-Windows und OpenOffice" sowie „Linux und OpenOffice", die eine Änderung der bestehenden Softwarelandschaft bedingen, wurden zusätzlich zwei Einführungsvarianten ausgearbeitet. Angedacht wurde einerseits eine Produkteinführung mit begleitenden Maßnahmen, bei der OpenOffice und Linux als Produkte freigegeben und von der MA 14 unterstützt werden. Die Einführung an den einzelnen Arbeitsplätzen erfolgt in diesem Migrationsszenario ohne Zwang und in Kooperation mit den jeweiligen Fachabteilungen. Das zweite Szenario sah ein umfassendes Migrationsprojekt vor, bei dem zusätzlich zur Produkteinführung von OpenOffice und Linux die entsprechend klassifizierten PC-Arbeitsplätze obligatorisch und in einem zeitlich begrenzten Migrationsprojekt umzustellen sind.

2.4 Empfehlung

Als Ergebnis der Studie wurde 2005 die Aufnahme zweier neuer Produkte in den jährlich neu aufgelegten Leistungs- und Produktkatalog der MA 14 empfohlen: OpenOffice und WIENUX. Die Einführung von OpenOffice und Linux durch Aufnahme in den Katalog wird den individuellen, funktionalen und stellenbezogenen Anforderungen aus zwei Gründen wesentlich besser gerecht: Einerseits kann die bereits bestehende Nachfrage ungeachtet der organisatorischen Zuordnung der PC-Arbeitsplätze erfüllt werden, andererseits bietet diese kooperative Form der Einführung gute Voraussetzungen für die Akzeptanz bei den BenutzerInnen und einen effizienten Umgang mit Fragen der Koexistenz beider Plattformen. Der Stadtrat der Gemeinde Wien folgte in seiner Entscheidung den Empfehlungen der Studie und beauftragte die MA 14 mit der kooperativen und sanften Einführung von OpenOffice und WIENUX.

3 Sanfte Migration

So wurde im Oktober 2004 eine Arbeitsgruppe gegründet, die sich mit dem Einsatz von Open-Source-Software auf den Arbeitsplätzen des Magistrats befasste. Die Anforderung bestand darin, eine Open-Source-Plattform zu entwickeln, die mit der bestehenden Microsoft-Infrastruktur kommunizieren kann. Die Resultate sind das auf die Bedürfnisse des Magistrats der Stadt Wien maßgeschneiderte Betriebssystem WIENUX und die Entscheidung, OpenOffice auf den PC-Arbeitsplätzen einzusetzen. Beide Produkte, sowohl Betriebssystem als auch Office-Lösung, werden im Rahmen einer sanften Produkteinführung seit Juli 2005 von der MA 14 angeboten.

3.1 Produkteinführung

In der Studie „Open-Source-Software im Magistrat Wien" (Lutz et al. 2005) wurde der Aufwand für die Einführung und Unterstützung eines neuen Produktes mit ca. einem Personenjahr geschätzt. Die Aufnahme der beiden Produkte WIENUX und OpenOffice in den Leistungs- und Produktkatalog wird dabei genauso wie die Einführung anderer Produkte in den Katalog gehandhabt, d. h. die beiden neuen Open-Source-Produkte reihen sich einfach zu den rund 130 bereits angebotenen und unterstützten Produkten ein. Der Mehraufwand hält sich daher in Grenzen. Die Schätzung von einem Personenjahr ist auch sicher nur für ein Unternehmen wie die MA 14 realistisch, in dem die dafür nötige Infrastruktur wie Produktverantwortung und -betreuung, Hotline und Betriebsführung bereits vorhanden ist.

Aufgrund der bisher mit den beiden neuen Produkten gesammelten Erfahrungen ist die MA 14 zuversichtlich, die Schätzung von einem Personenjahr halten zu können. Die Produkteinführung umfasst folgende Hauptaufgaben:

Marketing und Informationen Der Startschuss der magistratsinternen Informationskampagne wurde am 5. Juli 2005 mit dem sogenannten „WIENUX-Tag" gesetzt. Dabei konnten sich alle Magistratsbediensteten über WIENUX und OpenOffice informieren und die neue Software an eigens dafür installierten WIENUX-PCs ausprobieren. Monatliche Informationsveranstaltungen und -mappen sowie Beiträge in „ADV aktuell", der vierteljährlich erscheinenden Zeitschrift der MA 14, bieten weitere Einblicke. Erstmals wurde begleitend zu einer Produkteinführung im Intranet der Stadt Wien auch ein Online-Forum eingerichtet.

Richtlinien Durch die Koexistenz von MS-Office und OpenOffice stehen im Magistrat nun einige Dokumentenformate zur Auswahl. Ein im Intranet der Stadt Wien publizierter Leitfaden, soll als Entscheidungsgrundlage bei der Wahl des Dokumentenformats dienen. Die OASIS-Formate werden auch in die Kommunikationsrichtlinien der Stadt Wien, die den Bürgern Hinweise zum Mailverkehr mit der Stadt Wien geben, aufgenommen.[6] Das bedeutet, dass Anträge von Bürgern zukünftig auch in OpenOffice-Formaten entgegengenommen und bearbeitet werden können.

Produktverantwortung Für WIENUX und OpenOffice wurde – so wie für alle anderen Produkte des Leistungs- und Produktkataloges der MA 14 – eine Produktverantwortung eingerichtet. Der Verantwortliche ist u. a. auch für die Analyse der Zielgruppen und des Marktpotenzials, die Planung, Kalkulation, das Controlling und die Veranlassung von Weiterentwicklung und Wartung verantwortlich.

Schulung In Zusammenarbeit mit der Verwaltungsakademie des Magistrats Wien wurden Trainer ausgebildet und E-Learning-Grundkurse entwickelt.

Entscheidungsgrundlagen für den Kunden Bei Arbeitsplätzen, die als „migrierbar" klassifiziert sind, wird empfohlen, die Wirtschaftlichkeit des Einsatzes von OSS-Produkten anhand einer von der MA 14 erstellten Checkliste zu prüfen. Diese Checkliste testet im Wesentlichen, ob auf dem betreffenden Arbeitsplatz alle benötigten Applikationen unter WIENUX lauffähig sind.

Privatnutzung Damit alle Magistratsbediensteten Open-Source-Software auch privat nutzen können, bietet die Magistratsabteilung CDs mit KNOPPIX[7] und OpenOffice für den Privatgebrauch an. Zusätzlich wird die aktuelle WIENUX-Distribution zum Download angeboten.[8]

Support Die EDV-Hotline der MA 14 gewährleistet Support und individuelle Beratung (First und Second Level Support) sowie die Produktbetreuung, die kompetente

---

6 Siehe http://www.wien.gv.at/ma14/mails.htm.
7 Siehe http://www.knoppix.org.
8 Siehe http://www.wien.gv.at/ma14/wienux-download.html.

Das Projekt WIENUX

Auskunft zu PC-Standardprodukten des Leistungs- und Produktkataloges inklusive WIENUX und OpenOffice geben kann. Auf Wunsch der Fachabteilung wird zusätzlich auch Vor-Ort-Support geleistet.

Um im Magistrat alle möglichen Dateiformate übernehmen und bearbeiten zu können, soll OpenOffice bis Mitte 2006 auf allen MS-Windows-Arbeitsplätzen zusätzlich zu MS-Office parallel installierbar sein. Der jeweiligen Fachabteilung obliegt die Entscheidung, ob OpenOffice den eigenen Ansprüchen genügt und MS-Office deinstalliert werden kann. Um die Koexistenz beider Office-Suiten zu unterstützen und der dadurch auftretenden Schnittstellenproblematik vorzubeugen, wurden magistratsinterne begleitende Maßnahmen eingeleitet. Für die Neuanschaffung und -entwicklung von Software sowie für die Verwendung bestehender Anwendungen (z. B. neuer Makros und MS-Access-Anwendungen) wurden Richtlinien erarbeitet, die die plattformübergreifende Koexistenz von Anwendungen sichern. Neue Produkte sind für beide Plattformen zu testen. Die Umstellung auf offene Dokumentenformate im XML-Format wird auf Basis der Vorschläge der EU in Angriff genommen. Bei der Neuausstattung von Arbeitsplätzen, die als „migrierbar" klassifiziert sind, wird empfohlen, die Wirtschaftlichkeit des Einsatzes von OSS-Produkten anhand der von der MA 14 erstellten Checkliste zu prüfen.

3.2 Freiwilliger Umstieg

Wichtigste Überlegung bei der Einführung von WIENUX und OpenOffice ist die Freiwilligkeit: Wer will, kann sich für den Open-Source-Weg entscheiden; wer an den bisherigen Produkten hängt, möge dort verbleiben. Um viele andere im Hinblick auf den Geschäftsverkehr mit Bürgern alle möglichen Dateiformate übernehmen und bearbeiten zu können, wurde entschieden, OpenOffice auf allen MS-Windows–Arbeitsplätzen des Magistrats zumindest parallel zu MS-Office zu installieren. Der Einsatz von WIENUX und der Verzicht auf MS-Office erfolgen auf den dazu geeigneten Arbeitsplätzen nach Ermessen jeder Fachabteilung. Die Verantwortlichen können selbst entscheiden, ob die gesamte Abteilung oder nur ein Teil (wie z. B. Arbeitsteams oder Organisationseinheiten) mit OpenOffice das Auslangen findet und MS-Office deinstalliert beziehungsweise ob auf WIENUX migriert werden soll.

Abteilungsleiter Gillich, meint zur gewählten Strategie: „Offene Software ist für die MA 14 aber keine Glaubensfrage, wir handeln unserem wirtschaftlichen Auftrag gemäß." Dieser Weg garantiert einerseits größtmögliche Autonomie und Flexibilität und damit eine hohe Akzeptanz bei den BenutzerInnen. Andererseits lässt er durch die Strategie der Plattformunabhängigkeit alle Chancen für die Zukunft offen. Diese Entscheidung für den freiwilligen Umstieg und gegen eine Zwangsmigration wird auch international hoch geachtet.[9]

---

[9] Siehe Artikel „Vienna takes the boldest step of all—asking the user" unter http://comment.zdnet.co.uk/other/0,39020682,39185491,00.htm[20. Jan 2005].

Marketingmaßnahmen mit umfassendem Informationsangebot über die neuen Produkte, Einsatzberatung und ein klar definierter Leistungskatalog geben eine Entscheidungshilfe zum Einsatz von OSS-Produkten. Erstmals wurde begleitend zu einer Produkteinführung im Magistrat der Stadt Wien ein Online-Forum eingerichtet, in dem alle Magistratsbediensteten eingeladen sind, zu den einzelnen Programmen ihre Kommentare in Form von Meinungen und Erfahrungen wiederzugeben.

3.3 Schulung

Gemeinsam mit der Verwaltungsakademie des Magistrats Wien, die für Schulungen der MagistratsmitarbeiterInnen zuständig ist, wurde ein E-Learning-Programm entworfen, das von jedem Client-PC jederzeit abgerufen werden kann. Broschüren für den ersten Einstieg und eine gedruckte Kurzanleitung werden ebenfalls angeboten.

Darüber hinaus sollen die MitarbeiterInnen des Magistrats der Stadt Wien zur privaten Nutzung der in der Stadt Wien verwendeten OSS-Produkte ermutigt werden. Durch die Bereitstellung und Verteilung spezieller Zusammenstellungen sollen Schulungseffekte erzielt und Berührungsängste abgebaut werden.

„Jemand, der Microsoft Word benutzen kann, den muss man für OpenOffice nicht schulen", so Gillich. „Der kann das einfach, wenn er es will."

4 Die Produkte WIENUX und OpenOffice

Um die genauen Bedürfnisse und Anforderungen an die neuen Produkte zu erheben, wurde auch eine eigene Nutzergruppe ins Leben gerufen, die sich in regelmäßigen Abständen traf und Erfahrungen über Änderungen und Neuerungen austauschte.

4.1 WIENUX – Open Source am Desktop

Das lizenzkostenfreie Betriebssystem WIENUX wurde auf Basis von Debian-Linux mit einem KDE (K-Desktop-Environment) entwickelt. Als Webbrowser wird Mozilla Firefox eingesetzt, auf die E-Mails kann via MS-Outlook-WebAccess zugegriffen werden, auch ein SAP-Zugriff und diverse Zusatzprogramme sind vorhanden. WIENUX steht unter der so genannten GPL (GNU General Public Licence). Zu der auf Debian-Linux basierenden Distribution[10] der Stadt Wien gehören: XFree86, KDE, OpenOffice, SAP Java GUI, Mozilla Firefox, k3b als Brennsoftware und GIMP als Bildbearbeitungsprogramm. Die User-Authentifizierung erfolgt per Kerberos 5/ OpenLDAP gegen ein Active Directory.

Zusätzlich zum Produkt WIENUX für den Magistrat wird von der MA 14 ein eigener professioneller Behörden-Desktop namens WIENUX für alle Interessierten außerhalb des Magistrats zum Download[11] angeboten. Diese eigens für den Einsatz in

---

10 Siehe http://www.wien.gv.at/ma14/wienux.html.
11 Siehe http://www.wien.gv.at/ma14/wienux-download.html.

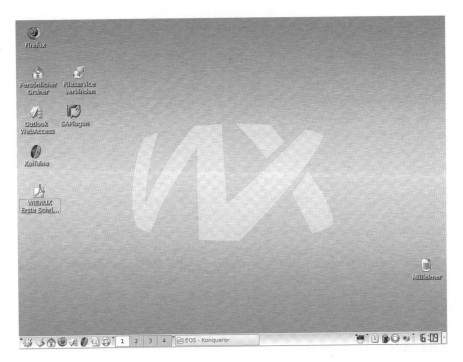

Abbildung 1: Bildschirmfoto des WIENUX-Desktops

professionellen Umgebungen erstellte Linux-Distribution ist für Behörden aber auch für Unternehmen geeignet. Durch die bewusste Reduktion des Funktionsumfangs ist es für den Büroeinsatz optimiert.

4.2 OpenOffice

Das ebenfalls lizenzkostenfreie OpenOffice ist das Pendant zu dem derzeit im Magistrat verwendeten MS-Office. Es kann plattformunabhängig sowohl auf WIENUX- als auch MS-Windows-PCs installiert und unter MS-Windows 2000 auch parallel zu MS-Office betrieben werden. MS-Office muss daher nicht deinstalliert werden. Um im Magistrat alle möglichen Dateiformate übernehmen und bearbeiten zu können, wurde im September 2005 mit der parallelen Einführung von OpenOffice auf allen Magistrats-PCs gestartet. Die MA 14 empfiehlt darüber hinaus, Dokumente, die weitergegeben werden sollen, wenn möglich in einem finalen Dokumentenformat, wie zum Beispiel PDF, zu erstellen.

OpenOffice verwendet ein offenes XML-Format, das dem OASIS-Standard entspricht. Für die OpenOffice-fremden Bediensteten wird ein E-Learning-Grundkurs an der Verwaltungskademie des Magistrats Wien angeboten.

5 Erste Erfahrungen und Ausblick

Die bisherigen Erfahrungen zeigten, dass anfänglich bestehende Skepsis bei den AnwenderInnen durchwegs in positive Überzeugung umschlägt. Die Akzeptanz und Bereitschaft zum Einsatz und zur Verbesserung der Produkte steigt mit der Anzahl der positiv überzeugten BenutzerInnen: Mundpropaganda ist die beste Werbung. Daher ist die MA 14 zuversichtlich, dass die freiwillige, sanfte Migration auf WIENUX und OpenOffice positiv verlaufen wird. „Wir gehen davon aus, dass die Zahl der Migrationswilligen im ersten Jahr einige Hundert nicht überschreiten wird. Viele schauen bestimmt erst einmal zu, wie gut das funktioniert", meint Gillich.

Bis die Migration auf Microsoft-Ebene im Rahmen des üblichen Releasewechsel-Zyklus ca. im Jahr 2008 ansteht, wird es zum Einsatz von Open-Source-Software am Desktop schon einige Erfahrungen geben. Darüber hinaus ist spätestens 2007 eine erneute Evaluierung der PC-Betriebssysteme und Office-Pakete geplant, um auf Basis der dann eingesetzten Software Entscheidungen in Bezug auf zukünftige Standardprodukte treffen zu können. Vom Ausmaß der bis dahin erfolgten Migration als auch vom Ergebnis dieser neuerlichen Evaluierung wird es abhängen, ob Microsoft-Produkte im Jahr 2010 noch im Leistungs- und Produktkatalog der MA 14 vertreten sein werden.

Literatur

Lutz, B., Potakowskyj, J., Richter, K., Starnberger, K. und Weissenberger, R. (2005), 'Studie OSS: Open Source Software am Arbeitsplatz im Magistrat Wien'. http://www.wien.gv.at/ma14/oss.htm [07. Feb 2006].

MigOS – Migration mit Hindernissen

CARSTEN JÜRGENS

(CC-Lizenz siehe Seite 499)

Im Juli 2005 stellte der Deutsche Bundestag seine Domänencontroller und Dateiserver erfolgreich von Microsoft Windows NT 4.0 auf Linux, Samba und OpenLDAP um. Damit fand ein viel beachtetes Projekt nach diversen Problemen, die beinahe den vorzeitigen Abbruch des Projektes bedeutet hätten, sein erfolgreiches Ende. Der vorliegende Beitrag schildert aus Sicht des Auftragnehmers den Verlauf dieses Projektes und berichtet über die gesammelten Erfahrungen mit dieser hochkomplexen Migration.

Schlüsselwörter: MigOS · Bundestag · Samba · OpenLDAP

1 Einleitung

Die Ankündigung der Firma Microsoft, ihr Betriebssystem Windows NT 4.0 ab dem Jahr 2003 nicht mehr zu unterstützen, zwang den Bundestag, für seine ca. 5 000 Arbeitsplatz- und über 100 Serversysteme (Datei- und Druckserver sowie diverse Diensteserver) eine Migration zu einem Nachfolgesystem vorzunehmen. Auf Grundlage von Tests, den Ergebnissen einer bei der Firma Infora in Auftrag gegebenen Migrationsstudie und letztendlich strategischen Überlegungen hat im März 2002 der Ältestenrat des Deutschen Bundestages beschlossen, die Server (Dateiserver und Domänencontroller) auf Linux umzustellen, einen zentralen Verzeichnisdienst unter OpenLDAP einzuführen und die Clients auf Microsoft Windows XP zu migrieren.[1]

Für das Festhalten am Hersteller Microsoft bei dem Clientbetriebssystem sprachen die als besser beurteilte Nutzerergonomie und die geringeren Kompatibilitätsprobleme in der Kommunikation nach außen. Serverseitig standen vor allem die Unabhängigkeit, Transparenz und Flexibilität von Open-Source-Software (OSS) im Vordergrund. Bei dieser Entscheidung wurde in Kauf genommen, dass die geplanten Migrationskosten für die Linux-Migration 5 % höher angesetzt waren als für eine Migration auf Windows

---

1 Siehe http://www.bundestag.de/bic/presse/2002/pz_0202285.html.

Server 2003 mit *Active Directory*. Im Rahmen einer europaweiten Ausschreibung konnte Computacenter den Auftrag als Generalunternehmer für dieses anspruchsvolle Projekt gewinnen, welches im März 2003 begann.

2 MigOS – Ablauf des Projekts

Das Projekt – vom Auftraggeber „MigOS" getauft – unterteilte sich in fünf Teilprojekte, wovon zwei sich mit der Linux-Umstellung befassten. Inhaltliche Schwerpunkte des ersten dieser beiden Teilprojekte waren der Aufbau eines zentralen Verzeichnisdienstes, die Entwicklung von Administrationswerkzeugen für die Benutzer- und Ressourcenverwaltung inklusive einer Gruppen- und Berechtigungsstruktur, die Migration des Anmeldedienstes sowie die Integration von Diensten und Anwendungen in die Verzeichnisdienststruktur. Ursprünglich sollte in diesem Teilprojekt auch noch ein *Single-Sign-On* umgesetzt werden, was sich aber nach einer ersten Anforderungsanalyse als so umfangreich herausstellte, dass dieses Thema komplett aus dem Projekt ausgegliedert wurde.

Das zweite Linux-Teilprojekt war maßgeblich für die Erstellung einer Servergrundkonfiguration (größtenteils auf der Basis von SuSE 9 Professional) verantwortlich und kümmerte sich um die Infrastrukturdienste wie DHCP und DNS und deren Integration in den Verzeichnisdienst; die Einführung einer neuen Datensicherungssoftware; die Migration des Systemmonitorings und -managements von *BMC Patrol* auf *Nagios*; die automatisierte Systeminstallation und Softwareverteilung; die Dateidienste mit Samba 3 und die Migration sämtlicher Daten der Dateiserver.

Nachdem die Clientmigration gemäß Projektplan Anfang 2004 weitestgehend abgeschlossen war, waren im Herbst 2004 auch die umfangreichen Vorbereitungen für die Umstellung der NT-Domäne abgeschlossen, so dass an einem Wochenende Mitte Oktober 2004 die Umstellung erfolgte und die NT-Domäne abgeschaltet wurde. Am darauf folgenden Montag passierte allerdings dann das für alle Projektbeteiligten Unerwartete: Mit steigender Zahl von Anmeldungen am neuen System, das nunmehr auf Samba und OpenLDAP basierte, stieg die Last exponentiell, so dass schnell eine Überlastung des Systems eintrat mit der Folge, dass überhaupt keine Anmeldungen mehr möglich waren. Die Projektleitung sah sich deshalb gezwungen, den für den Notfall bereits berücksichtigten Fallback auf die alte NT-Domäne durchzuführen.

Eine umgehend nach dem gescheiterten Migrationsversuch eingeleitete Analyse der Fehler ergab, dass die vorab durchgeführten Lasttests die Realität nicht hinreichend nachgebildet hatten. Dabei wurden zwar die Domänenanmeldung von XP-Clients und die Zugriffe auf die Dateiserver überprüft, allerdings fehlte die Ausführung der noch in Produktion befindlichen Login-Skripte und Richtlinien. In diesen verbargen sich Anfragen an die Domänencontroller, die in der eingesetzten Version 3.0.7 vollständige LDAP-Auflistungen aller im Bundestag definierten Benutzer und deren Zugehörigkeiten zu Benutzergruppen anstießen. Dies führte schnell zu einer Überlastung.

Das Projekt MigOS

Somit war klar, dass einfache Optimierungen am System nicht ausreichen würden, um die Performanceprobleme zu beheben, sondern dass Codeänderungen an Samba notwendig sind, um den Anforderungen des Bundestages gerecht zu werden. Aus diesem Grund beauftragte Computacenter die Firma SerNet, diese Änderungen durchzuführen und die Lasttests zum Nachweis der Verbesserungen entsprechend zu überarbeiten und erneut durchzuführen. Eine wichtige Rahmenbedingung war, dass alle Codeänderungen in zukünftige Releasestände einfließen müssen, um keine Sonderlösung für den Kunden zu schaffen, die nur mit erhöhtem Aufwand zu supporten wäre. Des Weiteren wurde eine mittlerweile verfügbare neuere Version des Verzeichnisdienstes OpenLDAP eingesetzt, welche zusätzliche Leistungsoptimierungen ermöglichte. So kam es, dass als Ergebnis der Optimierungen für Samba die neue Releaseversion 3.0.13 und als Verzeichnisdienst OpenLDAP 2.2.17 eingesetzt wurde.

Mit diesem überarbeiteten System zeigten aufwendige Tests, die im Auftrag der Bundestagsverwaltung von einem anderen externen Dienstleister (PSI) durchgeführt wurden, dass das System in der Lage ist, 1 800 Anmeldungen in einem Zeitraum von 1 800 Sekunden zu bewältigen. Ein zusätzlich mit Hilfe von SerNet entwickelter „smbtorture"-Lasttest zeigte, dass das neue Anmeldesystem des Bundestages bis zu 7 500 Anmeldungen verteilt über 500 Sekunden ohne inakzeptable Lastspitzen durchführen kann. Im Juli 2005 wurde dann mit diesem System die Migration im zweiten Anlauf erfolgreich und weitestgehend reibungslos durchgeführt.

3 Lehren aus MigOS

Rückblickend stellt sich die Frage, welche allgemeingültigen Schlüsse man aus dem Projekt bzw. dem Projektverlauf für andere Migrationsprojekte in diesem Umfeld ziehen kann. Aus meiner Sicht sind es die folgenden:

Projektmanagement Bei einem Projekt dieser Größenordnung und fachlichen Komplexität (insbesondere auch unter der Berücksichtigung, dass neben der Linux–Migration auch noch die Umstellung der Clients auf MS Windows XP und die Betriebsunterstützung Bestandteil dieses Projektes waren) sollte die Leitung des Projektes auf Auftragnehmerseite auf zwei Schultern lasten – einem technischen Projektleiter und einem Gesamtprojektleiter. Ersterer hat die fachliche Klammer über alle Teilprojekte zu bilden und ist die zentrale Informationsdrehscheibe in allen technischen Belangen. Die wichtigsten Aufgaben des Gesamtprojektleiters hingegen sind die Vertretung des Projektes in Richtung Auftraggeber und die allgemeinen, nicht-fachspezifischen Aufgaben des Projektmanagements, wie beispielsweise die Projektplanung, das Projektcontrolling und das Risikomanagement. Darüber hinaus werden für die einzelnen Teilprojekte Teilprojektleiter benötigt. In der Summe ergibt sich ein nicht unerheblicher Aufwand für Projektmanagement, aber die Erfahrung aus vielen Großprojekten hat gezeigt, dass Erfolg bzw. Misserfolg maßgeblich vom Projektmanagement abhängig ist. Als Faustregel kann gelten, dass ca. 10 % des Projektvolumens für Projektmanagement vorzusehen sind.

Definition des Leistungsumfangs Je höher die Komplexität eines Migrationsprojektes, desto wichtiger ist eine scharfe Abgrenzung des Leistungsumfanges. Gerade beim Einsatz von OSS ist davon auszugehen, dass Lösungsentwicklungen – auch sinnvoll – weit über das ursprünglich angedachte Ziel hinaus ausgedehnt werden können. Das kann seine Ursache sowohl in fehlendem Bedienungskomfort als auch in notwendigen „Workarounds" haben. In diesem konkreten Projekt wurden z. B. die Aufwände für die Erstellung von Administrationswerkzeugen mit grafischen Benutzeroberflächen deutlich unterschätzt. Fälschlicherweise wurde davon ausgegangen, dass große Teile vorhandener Routinen automatisiert übernommen werden können. Es ist deshalb empfehlenswert, entweder die gewünschten Funktionalitäten in einem Pflichtenheft vorab detailliert festzulegen oder – was vermutlich in der Regel der Fall sein wird – diese Entwicklungen in enger Abstimmung mit dem Auftraggeber nach Aufwand abzurechnen.

Schnittstellen bei Teilprojekten Große Projekte werden sinnvollerweise in überschaubare Teilprojekte gegliedert. Mangelnde Erfahrung mit einer neuen Technologie birgt aber die Gefahr, dass technologisch zusammengehörende Themen auseinander gerissen werden. Im Falle der Kombination von Linux, Samba und OpenLDAP ist von einer Trennung in Teilprojekte ausdrücklich abzuraten, da Samba zum einen als Fileservice genutzt wird, zum anderen aber auch Teil des Anmeldedienstes ist. Hinzu kommt, dass sowohl im Bereich des Betriebssystems als auch in den Bereichen Samba und OpenLDAP keine anerkannten Standard-Konfigurationen existieren. Hier müssen sich die beteiligten Bereiche sehr intensiv abstimmen, ob eine in einem Bereich getroffene Entscheidung unerwünschte Auswirkungen auf die anderen Bereiche zur Folge hat. So kann zwar Samba losgelöst von OpenLDAP betrachtet werden – schließlich handelt es sich hierbei auch um eigenständige OSS-Projekte –, aber die Erfahrung zeigt, dass es an den Schnittstellen zu Problemen kommen kann. Das ist sicherlich der Hauptgrund, weshalb in Samba 4 ein eigener LDAP-basierter Verzeichnisdienst integriert ist, um unabhängig vom OpenLDAP-Projekt zu sein.

Personalwechsel vermeiden Eine hohe Kontinuität in der Personalplanung fördert einen zügigen Projektverlauf. Häufige Übergaben aufgrund von Personalwechsel erzeugen zusätzliche Aufwände und führen zu Informationsverlust. Open-Source-Projekte gehen in der Regel mit einem hohen Maß an Programmierung, Konfiguration und individueller Anpassung einher, weshalb sich Personalwechsel bei ihnen besonders negativ auswirken.

Partnernetzwerk Sieht man sich den Markt der Anbieter von Linux-Dienstleistungen an, so findet man einerseits kleinere Systemhäuser, die sich auf Linux bzw. bestimmte Open-Source-Anwendungen spezialisiert haben und über exzellente Programmierer verfügen, die den jeweiligen Programmcode bestens kennen oder sogar selber geschrieben haben. Auf der anderen Seite stehen die etablierten Systemhäuser und Integratoren sowie die großen Hardwarehersteller, für die Linux-Dienstleistungen ein mehr oder weniger kleiner Teil des Gesamtportfolios sind. Nicht zu vergessen sind die Anbieter, die mit eigenen Linux-Distributionen im Markt vertreten sind. Fakt ist aus meiner Sicht, dass in der Regel keiner in der Lage ist, ein vergleichbares Großprojekt alleine umzusetzen. Den Kleinen fehlen die Größe und Erfahrung für große Rollout-Projekte und den Großen fehlt an der einen oder anderen Stelle das spezifische Fachwissen. Wichtig ist also, dass der Anbieter über ein geeignetes Partnernetzwerk verfügt, das sowohl Größe und finanzielle Stärke sicherstellt als auch über schnellen Zugriff auf Programmierer verfügt, die die im Projekt verwendeten Open-Source-Anwendungen kennen.

Neuentwicklungen Die Migration auf ein komplett neues System erfordert einen hohen Anteil an Neuentwicklungen, da selten auf vorhandene Werkzeuge zurückgegriffen werden kann. Werkzeuge, die eine Migration von Microsoft auf Linux unterstützen, sind ebenfalls nicht existent. Allerdings hat dieser Umstand durchaus auch positive Folgen für den Kunden. Auf diese Weise erhält er ein System, das auf der einen Seite (quell-)offen ist, andererseits aber auch genau auf seine Bedürfnisse zugeschnitten werden kann. Wichtig ist dabei allerdings, dass bei der Programmierung Standards berücksichtigt werden und alles peinlich genau dokumentiert ist, da sich der Auftraggeber sonst von der Abhängigkeit eines Softwarekonzerns in die Abhängigkeit einzelner Softwareentwickler begibt. Im Gegenzug kann die Open-Source-Gemeinde von Weiterentwicklungen, die sich durch die spezifischen Erfordernisse eines OSS-Projektes ergeben, profitieren, wenn gesichert ist, dass diese Weiterentwicklungen Einzug in neue Releases halten. Für den Kunden ist dann wiederum sichergestellt, dass bei zukünftigen Updates die Weiterentwicklungen aus seinem Projekt enthalten sind.

Kurze Releasezeiten OSS unterliegt einer sehr dynamischen Entwicklung. Lange Genehmigungszyklen auf Kundenseite können ein Konzept zum Zeitpunkt der Freigabe möglicherweise bereits als veraltet erscheinen lassen. Um eine so begründete Revision zu vermeiden, müssen entsprechende Vorkehrungen bereits im Vorfeld eines Projektes getroffen werden. Besonders wichtig ist, dass man möglichst eng mit der Entwicklergemeinde zusammenarbeitet, um den aktuellen Entwicklungsstand zu kennen und Probleme schnell lösen zu können.

Hohe Testaufwände Mangelnde Erfahrung mit einem neuen System impliziert erhöhten Testaufwand. Auf die Existenz von Standardfunktionen oder GUIs sollte man sich nicht verlassen. Die Erfahrungen mit proprietärer Software lassen sich –

wenn überhaupt – nur bedingt auf OSS übertragen. Deshalb sollte auf keinen Fall an der Testumgebung gespart werden, um so realitätsnah wie möglich die Wirklichkeit zu simulieren. Die Testumgebung sollte sowohl hardware- als auch softwareseitig dem produktiven System möglichst ähnlich sein. Zusätzlich wird die Testumgebung über den gesamten Projektverlauf benötigt und sollte auch Bestandteil des Betriebskonzeptes sein. Da gerade in der Implementierungsphase noch umfangreiche und häufige Änderungen erforderlich sind, ist der Aufbau einer zusätzlichen Entwicklungsumgebung zu empfehlen. Diese Entwicklungsumgebung kann auch virtualisiert betrieben werden. Funktionstests sollten sowohl modular und begleitend zur Implementierung als auch als Integrationstest des gesamten Systems mit allen Beteiligten durchgeführt werden. Neben den Funktionstests sind Performance- und Belastungstests zwingend erforderlich. Hier besteht die Auswahl zwischen der Multiplikation von realen Anwendungsfällen und Simulationen. Reale Belastungstests erfordern hohen Hardwareeinsatz, bieten aber hohe Sicherheit bezüglich der Vollständigkeit des Lasttest-Szenarios. Simulationen können mit erheblich geringerem Hardwareeinsatz ein Vielfaches der Belastung erzeugen. Hier ist sehr große Sorgfalt bezüglich der Modellierung des Belastungsfalls erforderlich. So macht eine Lastsimulation in der Regel eine genaue Analyse des Netzwerkverkehrs erforderlich. Als zusätzliches Testmodul wird die Durchführung von Stabilitäts- bzw. Störungstests empfohlen. Diese helfen, das Gesamtsystem zu verstehen, seine Schwachpunkte zu identifizieren und Fehlerursachen zu erkennen. Als Ergebnis dieser Tests können Maßnahmen zur Fehlerbehebung definiert werden.

Blick fürs Ganze Viele inhaltlich unterschiedliche Konzepte erfordern viele verschiedene Köche. Damit sie den Brei nicht verderben, muss ein sehr erfahrener technischer „Supervisor" eingesetzt werden, der die Plausibilität und Kompatibilität der einzelnen Teile überprüft.

4 Zusammenfassung

Zusammenfassend lässt sich festhalten, dass es aufgrund der hohen Komplexität des Gesamtsystems auch eine Vielzahl von Fehlerquellen gab. Dem konnte man nur durch eine hohe Sorgfalt bei Design und Implementierung sowie äußerst umfangreiche Tests entgegenwirken. Letztendlich ist Samba eben nur ein, zugegebenermaßen recht gut gelungener, Nachbau eines Windows Datei- und Anmeldeservers. Es ist deshalb nicht weiter verwunderlich, dass man immer wieder an der einen oder anderen Ecke auf Unterschiede bzw. unterschiedliches Verhalten beider Systeme stößt. Von der ursprünglich geplanten 1:1-Migration musste somit in einigen Details abgewichen werden. Es ist letztendlich aber gelungen, die durchaus sehr hohen Kundenanforderungen mit Samba und OpenLDAP erfolgreich umzusetzen, und erste Betriebserfahrungen zeigen auch, dass das System sehr stabil läuft.

Kapitel 3

Innovation oder ökonomische Illusion?

„Die Erfahrung zeigt, dass da, wo Märkte funktionieren, jeder kriegt, was er will."

— *Wernhard Möschel, dt. Hochschullehrer u. Wirtschaftsrechtler*

Einleitung

ENRICO HARTUNG

(CC-Lizenz siehe Seite 499)

Als Joseph Weizenbaum eines Abends am Massachusetts Institute of Technology einen Kollegen dabei beobachtete, wie er seine Unterlagen in seinem Schreibtisch einschloss, war ihm sofort klar, dass dieser an etwas arbeitete, das er nicht mit anderen teilen wollte. Denn zu dieser Zeit – der Zeit der ersten Computer, der Zeit von Lochkarten und Lochstreifen – war es Gang und Gebe, dass man seine Erfahrungen an andere weitergab. Man kannte sich untereinander, zu jeder Gelegenheit wurde über Projekte, an denen man gerade arbeitete, gesprochen und wurden Programme ausgetauscht, damit andere sie einsetzen oder weiterentwickeln konnten.[1]

Jahre später hat sich um das Gut Software ein riesiger Markt entwickelt. Software ist zum Massenprodukt geworden. Die meisten Geschäftsmodelle dieses Marktes basieren derzeitig auf dem Verkauf von Nutzungslizenzen in Kombination mit Support-Angeboten, wobei der Support normalerweise optional dazu gekauft werden kann. Für kleine Unternehmen wird es jedoch immer schwieriger, ihre Softwareprodukte am Markt zu platzieren. Sie stehen vor dem Problem, dass Softwarenutzer die Produkte der dominierenden Unternehmen in ihren Alltag integriert und sich an sie gewöhnt haben. Um die Macht der Gewohnheit zu bekämpfen, bedarf es eines gewaltigen Wettbewerbsvorteils. Diesen Vorteil sehen immer mehr Unternehmen in Open Source. Sie hoffen, von der Community zu profitieren und durch die Freigabe des Quellcodes Vertrauen bei potentiellen Kunden zu gewinnen.

Normalerweise ist für Ökonomen der Gedanke, dass jemand etwas aus rein altruistischen Gründen tut, gänzlich unvorstellbar. So bemerkte schon Adam Smith im Jahre 1776 sehr treffend, dass Egoismus eine weitaus bessere Motivation darstellt als Altruismus:

> „Wir erwarten, unser Essen nicht wegen des Wohlwollens des Metzgers, Brauers oder Bäckers zu erhalten, sondern weil sie auf ihr eigenes Interesse achten. Wir richten uns nicht an ihre Menschlichkeit, sondern

---

1 Siehe hierzu das Interview mit Joseph Weizenbaum auf Seite 467.

an ihre Selbstliebe und sprechen sie niemals auf unsere Bedürfnisse an, sondern auf deren Vorteile."

Dieses Kapitel geht der Frage nach, ob freie Software tatsächlich eine Innovation ist – also markttauglich – oder ob sich ein solches Modell nur in einer Non-Profit-Welt, wie sie etwa Weizenbaum schildert, etablieren kann. Ökonomen, die sich auf das Thema Open Source spezialisiert haben, werden in diesem Kapitel Antworten geben.

Markus Pasche und Sebastian von Engelhardt beleuchten im ersten Artikel dieses Kapitels den Einfluss von Open-Source-Software auf den Softwaremarkt. Sie diskutieren die immer wieder geäußerte Behauptung, dass Open-Source-Geschäftsmodelle die Effizienz von Märkten negativ beeinflussen.

Birger P. Priddat beschäftigt sich zusammen mit Alihan Kabalak im zweiten Beitrag des Kapitels mit der Motivation von Entwicklern, an Open-Source-Projekten teilzunehmen. Sie decken auf, dass Entwickler keineswegs uneigennützig ihr Wissen zur Verfügung stellen, sondern – volkswirtschaftlich gesehen – sehr wohl einen Gewinn aus ihrer Teilnahme ziehen. Sie organisieren sich in Communitys, die man zum Teil mit gut organisierten Unternehmen vergleichen kann. Wie genau sich solche Gruppen koordinieren, zeigen Andreas Brand und Alfons Schmid im folgenden Artikel am Beispiel des KDE-Projekts. Besonderes Augenmerk legen sie dabei auf das Auftreten und den Einfluss von Kooperation, Hierarchie und Wettbewerb als Koordinationsformen der Aktivitäten.

Doch was können Ökonomen von Open Source lernen? Klaus-Peter Wiedmann und Sascha Langner denken den Open-Source-Gedanken weiter und wenden ihn auf den Bereich Marketing an. Sie zeigen zum Abschluss dieses Kapitels, wie man mit Open-Source-Marketing die Nähe zum Kunden (zurück-)gewinnt. Dies tun sie anhand von prominenten Beispielen, etwa dem Open-Source-Projekt Firefox, aber auch kommerziellen Firmen wie VW und Budweiser.

Die Beiträge in diesem Kapitel zeigen es deutlich: Open Source ist markttauglich, es widerspricht keineswegs den marktwirtschaftlichen Prinzipien, jeder wird für seinen Aufwand entschädigt und die Koordination innerhalb von Projekten verläuft alles andere als chaotisch. Die Autoren dieses Kapitels gehen sogar noch weiter und zeigen, dass Open Source das Potential hat, die Ökonomie zu verändern. Open Source ist innovativ.

Führt Open-Source-Software zu ineffizienten Märkten?

MARKUS PASCHE UND SEBASTIAN VON ENGELHARDT

(CC-Lizenz siehe Seite 499)

Der Artikel beschäftigt sich mit dem Argument, Open-Source-Software führe zu ineffizienten Märkten, da die geringen Lizenzpreise von freier bzw. Open-Source-Software (F/OSS) (ggf. in Höhe von Null) den Preismechanismus wettbewerblicher Märkte außer Kraft setzen: Weil diese Preise nicht den volkswirtschaftlichen Ressourcenverzehr widerspiegelten, würden falsche Anreizsignale gesetzt und die Ressourcenallokation fehlgesteuert. Dies betreffe auch F/OSS-Geschäftsmodelle, bei denen die Softwareentwicklung durch überhöhte Preise für Komplementärgüter quersubventioniert werden müsse. Effizienz- und Wohlfahrtsverluste seien die Folge. Der Artikel entwickelt einige theoretische Gegenargumente. Es wird gezeigt, dass die Preisstruktur bei F/OSS keineswegs eine Verzerrung darstellt und entsprechende Geschäftsmodelle positive Wohlfahrtseffekte erzeugen können. Anschließend wird diskutiert, weshalb es einem angeblich ineffizienten Produktionsmodell gelingen kann, in wettbewerblichen Märkten zu überleben. Schließlich wird argumentiert, dass aus theoretischer Sicht weder kommerzielle noch freiwillige Leistungen für F/OSS-Projekte Effizienzverluste begründen können, sofern keine negativen externen Effekte bestehen. Abschließend wird darauf verwiesen, dass F/OSS für Wettbewerb und Funktionsfähigkeit der Märkte sogar förderlich ist.

Schlüsselwörter: Volkswirtschaft · Märkte · Wettbewerb · Geschäftsmodelle

1 Einleitung

Dieser Artikel beschäftigt sich mit einem unter anderen von Kooths et al. (2003) vorgetragenen Argument, nach welchem die geringen Lizenzpreise von freier bzw. Open-Source-Software (F/OSS) und vor allem die Möglichkeit des kostenlosen Zugangs zu den meisten F/OSS-Produkten den Preismechanismus wettbewerblicher

Märkte außer Kraft setzen. Flexible Marktpreise, welche die Knappheitsverhältnisse, also die volkswirtschaftlichen Kosten des Ressourceneinsatzes zur Softwareproduktion und die Zahlungsbereitschaft (Präferenzen) der Kunden, widerspiegeln sollen, würden dadurch massiv verzerrt. Ein Preis von (nahe) Null würde nicht den volkswirtschaftlichen Ressourcenverzehr reflektieren und daher falsche Anreizsignale setzen. Eine Steuerung der Softwareentwicklung gemäß der durch Preissignale vermittelten Kundenpräferenzen sei nicht gewährleistet. Auch kommerzielle F/OSS-Geschäftsmodelle werden nach dieser Argumentation als sehr problematisch angesehen, weil überhöhte Preise für die angebotenen Komplementärgüter Teile der Softwareentwicklung quersubventionieren müssten, und somit die relativen Preise verzerrt würden. Die Open-Source-Idee, so wohlwollend man die Motive der freiwilligen Entwickler auch bewerten mag, würde die Steuerungslogik der Märkte unterlaufen. Wettbewerbsverzerrungen, Fehlallokation von Ressourcen und Effizienzverluste seien die Folge, wovon letztlich auch die konkurrierenden proprietären Anbieter betroffen seien.

Da Software und die damit verbundenen Komplementärleistungen nicht nur ein sehr bedeutender Wirtschaftsfaktor sind, sondern Software in nahezu allen Zweigen der Volkswirtschaft eine zentrale Produktionsvoraussetzung ist, muss dieses volkswirtschaftstheoretisch tiefgreifende Argument ernst genommen werden. In diesem Artikel werden überwiegend theoretische, teils auch empirische Gegenargumente entwickelt. In Abschnitt 2 wird begründet, weshalb ein geringer Lizenzpreis oder sogar der kostenlose Zugang zu F/OSS sehr wohl den volkswirtschaftlichen Ressourceneinsatz widerspiegelt. Dabei wird auch erläutert, weshalb die zu proprietären Lösungen deutlich verschiedene Preisstruktur bei F/OSS-Geschäftsmodellen keine Verzerrung darstellt. In Abschnitt 3 wird ausgeführt, weshalb selbst dann, wenn man F/OSS-Geschäftsmodelle als eine Form der „Quersubventionierung" begreift, diese Preisstruktur wohlfahrtsökonomisch überlegen ist. Schließlich wird in Abschnitt 4 die Gegenfrage gestellt, wie sich denn der (zunehmende) Markterfolg von F/OSS erklären lässt, wenn doch diese Produktionsweise angeblich ökonomisch ineffizient ist. Wettbewerbliche Märkte müssten ja eigentlich dafür sorgen, dass ineffiziente Anbieter verdrängt werden. Abschnitt 5 beschäftigt sich mit einem abstrakt-theoretischen Argument, nämlich der Unmöglichkeit, Ineffizienzen aus freiwilligen Tätigkeiten abzuleiten, die zu keinen negativen externen Effekten führen. Schließlich wird in Abschnitt 6 die Fragestellung genau umgekehrt, indem einige Argumente skizziert werden, nach denen F/OSS das effiziente Funktionieren der Märkte für Software nicht nur nicht behindert, sondern sogar fördert.

2 Werden für F/OSS keine kostendeckenden Preise bezahlt?

Freie Software (FS) zeichnet sich dadurch aus, dass dem Nutzer zusätzliche Freiheiten und damit Verfügungsrechte eingeräumt werden: Die Software für beliebige Zwecke zu nutzen sowie den Code einzusehen, zu modifizieren und ohne Beschränkungen weitergeben zu können. Damit ist nicht gesagt, dass FS zwingend kostenlos ist. Vertreter der Freie-Software-Community legen viel Wert auf die Feststellung, dass die Idee freier Software nicht anti-kommerziell ist.[1] Der Begriff der Open-Source-Software (OSS) besagt zunächst nur, dass der Quellcode offengelegt wird; die genannten Freiheiten im Umgang mit dem Quellcode sind damit noch nicht gewährleistet. Allerdings gibt es auch Definitionen von OSS, die der von FS sehr ähnlich sind,[2] so dass im Folgenden zusammenfassend von F/OSS gesprochen wird.

Nun ist die Feststellung, dass „frei" oder „offen" nicht unbedingt „kostenlos" bedeutet, für einen großen Teil von F/OSS nur sehr bedingt relevant. Die Rechte, die dem Nutzer eingeräumt werden, führen dazu, dass jeder, der eine F/OSS-Kopie kommerziell erworben hat, weitgehende Verfügungsrechte an dem Code hat und zu einem *Reseller* werden könnte, um zumindest einen Teil seiner Lizenzkosten wieder hereinzuholen. Das liegt daran, dass auf die Anwendung des Ausschlussprinzips bewusst verzichtet wird. Da sich der Code aber nahezu kostenlos replizieren lässt und die Kopien vollkommen identisch sind, würde dies bei Preiswettbewerb zu einem „race to the bottom" führen: Der Preis für eine F/OSS-Lizenz würde schnell in Richtung der Grenzkosten[3], nämlich nahezu Null konvergieren. In der Tat ist es so, dass der Quellcode und häufig auch vorkompilierte Pakete bestehender F/OSS im Internet frei und dadurch tatsächlich kostenlos zur Verfügung stehen. Die *öffentliche* Zugänglichkeit des Codes ist sogar für das Funktionieren vieler F/OSS-Projekte von essentieller Bedeutung, weil sich auf diese Weise eine breite Community an dem Entwicklungsprozess beteiligen kann.

Der Erfolg kommerzieller F/OSS-Geschäftsmodelle beruht darauf, dass es eine Zahlungsbereitschaft der Kunden für „Problemlösungen", d. h. für Güterbündel gibt, die aus der Software und weiteren Leistungen wie z. B. Beratung, Support, kundenspezifische Anpassungen usw., d. h. den sogenannten Komplementärgütern bestehen (vgl. Leiteritz 2004). Auf diesem Weg ist es möglich, F/OSS-Lizenzen *im Paket* mit den Komplementärgütern kommerziell zu vertreiben. Die Zahlungsbereitschaft der Kunden, die über die Kosten der Komplementärgutherstellung hinausgeht, trägt zur Finanzierung möglicher Beiträge des Anbieters zu F/OSS-Projekten bei. Sofern solche Geschäftsmodelle Gewinn abwerfen, sind offenbar auch die F/OSS-Beiträge voll finanziert. Der Preis, den der Kunde für das Güterbündel zahlt, spiegelt daher sehr wohl den Ressourcenverzehr wider, den der Anbieter finanzieren muss. Nach Schätzungen der *Boston Consulting Group* werden F/OSS-Projekte etwa zur Hälfte auf dieser kommerziellen Basis erstellt (vgl. Boston Consulting Group und Open Source Technology Group 2002). Obwohl die Kunden prinzipiell die Möglichkeit hätten, die Software als quasi-öffentliches Gut kostenlos aus dem Internet zu beziehen, werden

---

1 Siehe http://www.fsf.org.
2 Vgl. http://www.opensource.org.
3 Unter Grenzkosten versteht man diejenigen zusätzlichen Kosten, welche durch die Herstellung der letzten Gütereinheit entstehen.

sie durch die Bündelung mit den für sie notwendigen Komplementärgütern faktisch gezwungen, ihre positive Zahlungsbereitschaft auch für die Softwarekomponente offenzulegen und sich so an den Entwicklungskosten zu beteiligen. Im Resultat besteht hierbei kein wesentlicher Unterschied zu Geschäftsmodellen mit proprietärer Software. Man kann also feststellen, dass bei F/OSS-Geschäftsmodellen der Preis die volkswirtschaftlichen Kosten deckt. Noch offensichtlicher ist dies der Fall, wenn es sich um kundenspezifische Aufträge zur Entwicklung von F/OSS handelt, die ein einzelner Kunde selbst voll finanziert.

Wie sieht es aber mit dem immer noch erheblichen Anteil der von einer verstreuten Community in der Freizeit, also nicht in kommerzieller Absicht, erstellten F/OSS aus? Diese Programmierer werden nicht über den Preismechanismus für ihre Faktorleistung entlohnt. Auf den ersten Blick scheint das eingangs zitierte Argument wenigstens für diese F/OSS-Produktionsform zuzutreffen. Dagegen lässt sich Folgendes einwenden: Freiwillige Entwickler haben unterschiedliche Motive, z. B. Spaß am Programmieren, Reputationserwerb oder schlicht das Motiv, ein Problem zu lösen, für das es am Markt keine adäquate Lösung gibt. Freiwilligen Entwicklern muss Rationalität unterstellt werden. Sie werden daher nur dann ohne Entgelt einen Entwicklungsbeitrag leisten und dafür Opportunitätskosten[4] auf sich nehmen, wenn sie sich davon einen positiven Nettonutzen versprechen. Wenn sie folglich einen Beitrag zu einem F/OSS-Projekt leisten, so ist der volkswirtschaftliche Ressourcenverzehr bereits entschädigt. Die Entwicklungskosten sind bereits internalisiert, die Grenzkosten sind mit einem Preis von Null ebenfalls abgegolten. Insofern ist auch die kostenlose Distribution von F/OSS vollständig kompatibel mit den volkswirtschaftlichen Effizienzbedingungen (siehe dazu Abschnitt 5).

Aus der empirischen Beobachtung, dass einerseits für F/OSS-Lizenzen keine oder im Vergleich zu proprietären Produkten sehr moderate Lizenzgebühren bezahlt werden, andererseits mit F/OSS-Komplementärleistungen gutes Geld verdient werden kann, wird oft gefolgert, dass hier eine Preisverzerrung vorliege. Proprietäre Softwarehersteller argumentieren gerne mit TCO-Studien („Total Cost of Ownership"), nach denen den niedrigen Lizenzkosten für F/OSS deutlich höhere Kosten für Komplementärleistungen gegenüberstehen (etwa Giera 2004). Dies wird als Indiz gesehen, dass die Ressourcenallokation verzerrt würde, weil die Anreize zur professionellen Softwareentwicklung zu gering seien und die Ressourcen zu sehr in den Komplementärgütermarkt umgelenkt würden. Als Beleg für die dadurch erzeugten Ineffizienzen wird dann darauf verwiesen, dass auf längere Sicht die TCO bei F/OSS höher seien als bei proprietärer Software. Aus der oben angeführten Argumentation ist aber deutlich geworden, dass der geringe Marktpreis für F/OSS-Lizenzen volkswirtschaftlich völlig

---

4   Unter Opportunitätskosten versteht man die *entgangenen* Alternativen, wenn man sich für eine Alternative entschieden hat. Der freiwillige Programmierer *verzichtet* z. B. auf Zeit, die er auch anderweitig nutzen könnte bzw. auf Einkommen, wenn er die Möglichkeit hätte, in der Zeit entgeltlich zu arbeiten. Ein rationaler Ressourceneinsatz erfordert eine Minimierung der Opportunitätskosten.

Führt Open-Source-Software zu ineffizienten Märkten?

korrekt ist. Er ist vor allem aus drei Gründen deutlich niedriger als der proprietärer Produkte:

- In F/OSS stecken immer noch erhebliche Anteile freiwillig erbrachter Leistungen, die keine Beteiligung des Kunden an den Opportunitätskosten der Produktion erfordern.
- Kommerzielle F/OSS-Unternehmen profitieren zum (großen) Teil von der Community. Dadurch werden die Entwicklungskosten breiter gestreut, d. h. der auf einen einzelnen Anbieter entfallende und zu finanzierende Fixkostenblock ist deutlich geringer.
- Die Märkte für F/OSS sind aufgrund der Eigenschaften von F/OSS kompetitiver als Märkte für proprietäre Software (vgl. Mundhenke 2005 und Abschnitt 6).

Als Gründe für die zum Teil in TCO-Studien behaupteten höheren Kosten für Komplementärleistungen können u. a. aufgeführt werden:

- Teile der Kosten sind oft Migrationskosten, die sich z. B. in einem erhöhten Schulungsbedarf niederschlagen (vgl. z. B. Wild und Herges 2000, S. 18). Solche Kosten entstehen aber nicht durch die *Verwendung* von F/OSS, sondern durch den *Umstieg*, weil dadurch im Umgang mit proprietärer Software erworbenes Humankapital teilweise entwertet wird. Wechselkosten, die teilweise strategisch erhöht werden können, könnten ebenso gut als Folgekosten der bisherigen proprietären Lösung aufgefasst werden.
- Durch die zusätzlichen Verfügungsrechte (Freiheit, den Code einzusehen, zu modifizieren und nach Belieben zu verwenden) entsteht für viele Kunden ein Zusatznutzen, der eine höhere Zahlungsbereitschaft rechtfertigt („Total Cost of Benefits", Wild und Herges vgl. 2000, S. 25 ff.). Dies wird dadurch belegt, dass proprietäre Hersteller z. B. durch Shared-Source-Programme diese Aspekte nachzuahmen versuchen (vgl. Seemayer und Matusow 2005).

3 Volkswirtschaftlich schädliche Quersubventionierung?

Es sei nochmal das Argument aufgegriffen, dass bei F/OSS-Geschäftsmodellen die Kunden mit ihrer Zahlungsbereitschaft für ein Güterbündel die Erstellung eines (auch) kostenlos zugänglichen Softwareproduktes „quersubventionieren". Aus Sicht dieser Kunden ist es irrelevant, wie sich der Gesamtpreis auf die Komponenten verteilt, weil sie nur eine Gesamtzahlungsbereitschaft für die Problemlösung insgesamt haben. Da es aber auch solche Nutzer gibt, die keine Komplementärleistungen benötigen bzw. diese selbst erstellen und daher keinen Preis für F/OSS bezahlen, besteht nun doch ein Unterschied zu proprietärer Software, wo auch „software only" in der Regel nur gegen Zahlung eines Marktpreises zu haben ist. Da F/OSS an sich kostenlos verfügbar ist, könnte man die Interpretation der „Quersubventionierung" gelten lassen, weil nur die

Nachfrager nach Komplementärgütern die Kosten der Softwareentwicklung tragen müssen. In diesem Abschnitt wird jedoch gezeigt, dass eine Querfinanzierung via Komplementärgüter keineswegs eine negativ zu beurteilende Verzerrung der Preisstruktur, sondern unter recht allgemeinen Bedingungen ein raffinierter Mechanismus zur wohlfahrtsoptimalen Regulierung ist (für technische Details vgl. Pasche 2005).

Die Nachfrager nach Softwarelizenzen können in zwei Gruppen aufgeteilt werden: Nachfrager, die Komplementärgüter benötigen (Gruppe I) und Nachfrager, die diese nicht benötigen bzw. selbst erstellen und nicht am Markt nachfragen (Gruppe II). Von den Kunden der Gruppe I hat jeder eine Zahlungsbereitschaft für die Problemlösung, bestehend aus Software und Komplementärgut. Aus diesen Zahlungsbereitschaften erhält man für Software und das Komplementärgut jeweils eine Nachfragekurve, die negativ von *beiden* Marktpreisen abhängt. Unterstellt man vereinfachend strikte Komplementarität, so werden beide Güter stets in einem bestimmten Verhältnis nachgefragt. Erhöht sich nun *einer* der Preise, so geht wegen der Komplementarität die Marktnachfrage nach *beiden* Gütern (im selben Verhältnis) zurück. Nun gibt es aber noch die Kunden der Gruppe II, welche ausschließlich Softwarelizenzen nachfragen. Steigt nun der Preis für Lizenzen, so geht die nachgefragte Menge von Gruppe I *und* Gruppe II nach Lizenzen zurück, bei den Komplementärgütern geht aber nur die Nachfrage der Gruppe I zurück. Umgekehrt reagiert bei einer Erhöhung des Komplementärgutpreises zwar die Gruppe I, aber nicht die Gruppe II in ihrer Lizenznachfrage. Man kann also festhalten, dass die Gesamtnachfrage nach Softwarelizenzen stärker auf den Lizenzpreis als auf den Komplementärgüterpreis reagiert. Unter dieser (hinreichenden) Annahme lässt sich nun analytisch herleiten, dass die „Quersubventionierungslösung" bzw. das F/OSS-Geschäftsmodell wohlfahrtsökonomisch einer strikt getrennten Bepreisung von proprietären Softwarelizenzen und Komplementärgütern überlegen ist.

Die Begründung liegt darin, dass bei hohen Entwicklungsfixkosten und Grenzkosten nahe Null ein proprietärer Softwareanbieter ein sog. „natürliches Monopol" hat: Jede weitere abgesetzte Lizenz senkt die Durchschnittskosten, weshalb es kosteneffizient ist, wenn es nur einen Anbieter gibt. Dieser hat dann aber eine problematische monopolähnliche Stellung. Diese Marktstellung ist nur in gewissem Maß durch Wettbewerber angreifbar, die ein ähnliches, aber eben nicht gleiches Gut anbieten (vgl. Abschnitt 4). Die damit verbundene Marktmacht[5] wird ein rationaler Anbieter ausnutzen und einen relativ hohen Lizenzpreis verlangen. Entsprechend gering wird die Nachfrage nach Lizenzen *und* Komplementärleistungen sein. Eine (fiktive) Regulierungsbehörde, die an einer volkswirtschaftlichen Wohlfahrtsmaximierung interessiert ist, würde den Monopolpreis regulieren. Die ideale, den Effizienzbedingungen genügende Regulierung auf einen Preis in Höhe der Grenzkosten[6] nahe Null hätte

---

5 Die Marktmacht lässt sich auch durch weitere Eigenschaften von Software, vor allem durch nachfrageseitige Netzwerkeffekte begründen (vgl. Gröhn 1999).

6 Jeder Nachfrager kommt dann für die volkswirtschaftlichen Kosten auf, die die letzte, von ihm selbst

allerdings zur Folge, dass der Softwareanbieter seine Entwicklungsfixkosten nicht decken kann. Der Regulierer müsste also die Wohlfahrt maximieren unter der Nebenbedingung, dass die Fixkosten gedeckt werden. Als Gedankenexperiment kann man sich vorstellen, dass dies mit einer Steuer geschieht, die auf das Gut Software und/oder auf das Komplementärgut erhoben wird. Das erzielte Steueraufkommen soll dabei den Entwicklungsfixkosten entsprechen und dem regulierten Softwareanbieter zufließen. Es zeigt sich, dass die Lösung dieses Maximierungskalküls unter den genannten Bedingungen eine *Randlösung* ist: Die optimale Steuer würde ausschließlich auf das Komplementärgut erhoben werden. Dies ist aber im Resultat nichts anderes als ein F/OSS-Geschäftsmodell: Die Software selbst kann (von Nachfragern der Gruppe II) zu Grenzkosten, d. h. fast kostenlos bezogen werden. Die Kunden der Gruppe I finanzieren mit ihrer Komplementärgutnachfrage die Softwareentwicklung mit. Ob nun auf ihrer Rechnung steht, dass sie ein „übertreuertes" Komplementärgut und dazu kostenlose Softwarelizenzen erhalten haben oder ob für beides ein positiver Preis ausgewiesen wurde, ist dabei völlig unerheblich.

Man könnte einwenden, dass Kunden der Gruppe II wesentlich stärker von diesem Geschäftsmodell profitieren als Gruppe I. Das ist richtig. Dennoch profitiert auch Gruppe I, da die Preissenkung auf dem Softwarelizenzmarkt stärker ausfällt als die Preiserhöhung auf dem Komplementärgütermarkt. Der Grund liegt zum einen darin, dass der monopolistische Preissetzungsspielraum nicht mehr ausgenutzt wird und zum anderen, dass sich die Nachfrage aufgrund der Regulierung insgesamt erhöht, was zu einem „Verdünnungseffekt" für die umzulegenden Fixkosten führt.

4 Markterfolg für ein ineffizientes Produktionsmodell?

Unabhängig von den unterschiedlichen Theorien darüber, *ob* bzw. *wie* und *warum* das „Produktionsmodell F/OSS" (in)effizient funktioniert, lässt sich feststellen, *dass* F/OSS im Softwaremarkt existiert: In direkter Konkurrenz zu proprietärer Software behauptet sich F/OSS nicht nur, sondern gewinnt teilweise auch Marktanteile hinzu (vgl. z. B. Evans Data Corporation 2005; Netcraft 2005; OneStat 2005). Zeigt diese empirisch feststellbare Konkurrenzfähigkeit von F/OSS, dass es sich hierbei um ein effizientes Produktionsmodell handeln muss, weil es sonst nicht erfolgreich am Markt bestehen könnte? Oder ist es auf Softwaremärkten möglich, dass auch ineffiziente Formen der Softwareproduktion im Wettbewerb bestehen?

Bei der Beantwortung dieser Fragen soll nicht auf der Ebene des Verstehens oder Bewertens des Phänomens F/OSS argumentiert werden. Daher wird folgende Blackbox-Betrachtungsweise gewählt: Alle, die im Rahmen des „Produktionsmodells F/OSS" an der Entwicklung einer Software beteiligt sind, werden gedanklich zu einer Organisation zusammengefasst und als Unternehmen *A* bezeichnet. Daneben befindet sich im betrachteten Markt noch ein weiteres Unternehmen, welches der

---

nachgefragte Gütereinheit verursacht hat.

Einfachheit halber mit *B* bezeichnet wird. Beide Unternehmen bieten jeweils eine Software und dazu passende, komplementäre IT-Dienstleistungen an. Es handelt sich dabei um inkompatible Systeme, d. h. die Software des Unternehmens *A* ist nicht sinnvoll mit der IT-Dienstleistung von *B* kombinierbar und umgekehrt. Welche internen Entlohnungs- und Organisationsstrukturen die Unternehmen aufweisen, ist unbekannt und für die folgenden Überlegungen auch völlig unerheblich. Wichtig ist, *dass* die Unternehmen je zwei Produkte anbieten, unwichtig dagegen, *wie* diese beiden Produkte konkret hergestellt werden.

Die Konsumenten einer Software fragen jeweils unterschiedliche Mengen IT–Dienstleistungen nach. Zur Vereinfachung wird im Folgenden erneut nur zwischen solchen Konsumenten unterschieden, die eine Software und *keine* IT-Dienstleistungen kaufen (Gruppe II) und solchen, die Software *und* IT-Dienstleistungen erwerben (Gruppe I). Auf dem Teilmarkt der Gruppe I bieten *beide* Unternehmen letztlich jeweils ein Komplementärgüter-Paket aus *Software und IT-Dienstleistung* an, und zwar offensichtlich zu Konditionen, die aus Sicht der Konsumenten konkurrenzfähig sind. Das heißt, es gelingt dem Unternehmen *A*, das Komplementärgüter-Paket so zu produzieren, dass es mit Unternehmen *B* bezüglich des angebotenen Preis-Leistungsverhältnisses konkurrieren kann. Dies ist insofern erstaunlich, als dass *A* sein Softwareprodukt *auch* unentgeltlich zur Verfügung stellt, die Software-Entwicklungskosten bei *A* also allein von den Nachfragern der Gruppe I getragen werden (Stichwort „Quersubventionierung", vgl. Abschnitt 3). Sofern man davon ausgeht, dass die Konsumenten der Gruppe II, welche die Software vom Unternehmen *A* kostenlos erhalten, generell bereit wären, für diese Software auch einen Preis zu bezahlen, verzichtet *A* hier also auf eine Einnahmequelle. Die Vermutung liegt daher nahe, dass das Unternehmen *A* – das Produktionsmodell F/OSS – aus der Freigabe der Software irgendeinen Vorteil zieht, der z. B. die Produktionskosten mindert und so den Einnahmeverlust kompensiert. Dies kann erklären, weshalb sich das Komplementärgüter-Paket von *A* am Markt halten kann, also nicht auf Grund der fehlenden Einnahmen „überteuert" angeboten werden muss. Aber auch unabhängig davon, wie man die unterschiedliche Preispolitik der beiden Unternehmen interpretiert, gilt, dass *beide* konkurrierende Unternehmen dem Wettbewerbsdruck standhalten, dass also keines der beiden als ineffizient vom Markt aussortiert wird.

Geht man zunächst einmal davon aus, dass der Wettbewerb auf Softwaremärkten nicht in irgendeiner Weise eingeschränkt wird, dann können Unternehmen – egal welchen „Typs" – langfristig keine wesentliche Marktmacht ausüben, und ineffiziente Unternehmen werden über kurz oder lang vom Marktmechanismus aussortiert. Der Markterfolg des Unternehmens *A* ist in diesem Fall ein „Effizienzbeweis", da der Konkurrenzdruck dafür sorgt, dass die Unternehmen ständig bestrebt sein *müssen*, möglichst günstig zu produzieren, die Kundenwünsche zu erfüllen und neue, verbesserte Produkte bzw. Produktvarianten zu entwickeln. Warum es unterschiedliche Produktionsmodelle gibt, wie sie funktionieren und welche mutmaßlichen Effizienzeigenschaften theoretisch begründet werden können, ist dabei völlig unerheblich. Der Vorteil eines marktwirtschaftlichen Systems und des „Wettbewerbs als Entdeckungsverfahren" (von Hayek 1969) ist es ja gerade, dass keine zentrale Institution über die Vor- und Nachteile bestimmter Güter und Produktionsformen entscheidet, sondern der Wettbewerbsprozess selbst die unvorteilhaften Güter und Verfahren „entdeckt" und aussortiert. Ein dauerhafter Erfolg eines ineffizienten Produktionsmodells bzw. eines ineffizienten Unternehmens in einem letztlich voll funktionsfähigen Markt ist nicht denkbar.

Ineffizienzen bei F/OSS lassen sich *trotz* funktionierender Märkte und effizienter Unternehmen nur dann postulieren, wenn die Ressourcenverschwendung in einem Bereich erfolgt, der dem Marktmechanismus entzogen ist. Die Ineffizienzen wären dann sozusagen „unsichtbar", weil sie sich nicht in monetären Größen niederschlagen. Da Unternehmen A die auftretenden Ineffizienzen also nicht als Kosten tragen muss, sind die Preise verzerrt und dies verzerrt den Wettbewerb. Es besteht sogar die Gefahr, dass die nur *scheinbar* wettbewerbsfähige F/OSS die effizient arbeitenden proprietären Anbieter verdrängt. Die Ressourcenverschwendung findet dann also im Bereich der freiwilligen F/OSS-Entwicklung statt. Dabei ist es unerheblich, dass Software unentgeltlich programmiert oder weitergegeben wird, es kommt allein darauf an, dass mehr (Opportunitäts-)Kosten als nötig verursacht werden. Auf die Plausibilität der Annahme von Ineffizienz durch „freiwillige" Tätigkeiten wird im Abschnitt 5 gesondert eingegangen.

Verwirft man die Annahme von Ineffizienz durch „freiwillige" Tätigkeiten und will dennoch die These des ineffizienten F/OSS-Produktionsmodells aufrechterhalten, so lässt sich die Existenz von F/OSS nur damit erklären, dass der Wettbewerb auf Softwaremärkten systematisch eingeschränkt ist. Aus ökonomischer Sicht weist Software durchaus einige Eigenschaften auf, die die These eines beschränkt funktionsfähigen Wettbewerbs stützen können (vgl. Gröhn 1999; Fichert 2002; Kooths et al. 2003; Quah 2003; Pasche und von Engelhardt 2004; Mundhenke 2005). Zu diesen Eigenschaften gehören u. a.:

1. Software ist ein *Erfahrungsgut im herkömmlichen Sinne*, weil sich einige Eigenschaften typischerweise erst im Verlauf der Nutzung herausstellen, Kaufentscheidungen also immer Entscheidungen unter Unsicherheit sind. Dadurch werden in gewissem Maße suboptimale Entscheidungen getroffen, so dass z. B. eine Lösung gewählt wird, die zunächst günstiger *erscheint*, sich aber langfristig als die teurere Variante herausstellt. Softwareanbieter haben hier die Möglichkeit durch gezielte Informationspolitik die Erfahrungsguteigenschaft strategisch auszunutzen. Einmal getroffene Entscheidungen für eine Software werden zudem ein gewisses Beharrungsvermögen aufweisen, d. h. es werden lieber neue Versionen der bereits bekannten Software gekauft, als noch nicht bekannte Alternativen ausprobiert. Neuere Softwareprodukte, die keiner etablierten Produktlinie angehören, haben dann einen systematischen Nachteil im

Wettbewerb um die Konsumenten. Testberichte, TCO-Studien usw. können einerseits als (erfolgreiche) Versuche interpretiert werden, die Unsicherheit und damit die Fehlentscheidungen auf ein Minimum zu reduzieren. Andererseits sind sie deswegen ein geeignetes Medium strategischer Informationspolitik.

2. Die Wechselbereitschaft der Nutzer wird auch durch die *Erfahrungsgut-Eigenschaft* im einem weiteren, *zweiten Sinne* gemindert: Durch den täglichen Gebrauch der Software wird – neben allgemeinen Fähigkeiten – ganz spezielles, (produkt-)spezifisches Humankapital aufgebaut. Je unterschiedlicher die konkurrierenden Softwareprodukte hinsichtlich GUI, Programm- und Steuerungslogik, Befehlssystematik usw. sind, umso mehr Humankapital wird bei einem Wechsel der Software entwertet und muss neu aufgebaut (d. h. neu erlernt) werden. Dies mindert die Wechselbereitschaft bzw. aus Nutzersicht die Austauschbarkeit von zwei Softwareprodukten und damit die Intensität der direkten Konkurrenz dieser beiden Produkte.

3. Auch die Tatsache, dass viele Softwareprodukte *Netzwerkgüter* sind, mindert die Austauschbarkeit aus Nutzersicht: Häufig steigt der Nutzen einer Software, je mehr installierte Einheiten es gibt, da dies z. B. den Erfahrungsaustausch erleichtert, Vorteile der Datenkompatibilität zum Tragen kommen, sich die Wahrscheinlichkeit erhöht, dass Komplementärprodukte entwickelt werden usw. Bei inkompatiblen Netzwerken verursacht ein Wechsel Kosten in Form entgangener Netzwerkvorteile. Dies mindert die Wettbewerbsintensität und gibt dem Inhaber des dominierenden Netzwerkes/Standards eine gewisse Marktmacht. Netzwerkeffekte führen ggf. zu *Pfadabhängigkeiten* und *Lock-In-Effekten*. So kann es zu einer dauerhaften Dominanz der inferioren (d. h. der vergleichbar schlechteren) Technologie kommen: Auch wenn sich alle Nutzer mit einem Wechsel zum neuen Softwarestandard besser stellen würden, so ist der Umstieg für den einzelnen Nutzer nachteilig, wenn lediglich ein kleiner Teil der Nutzer den Wechsel vollzieht, da dann der Vorteil der besseren Software vom Nachteil des viel kleineren Netzwerkes überkompensiert wird. Kann ein kollektiver Wechsel nicht verbindlich „verabredet" werden, hat jeder Nutzer den Anreiz abzuwarten, bis genügend andere Nutzer den neuen Standard übernommen haben. Wenn aber alle (oder der überwiegende Teil der) Nutzer abwarten, dann kommt es nie zu einer hinreichend großen Nutzerzahl im neuen System und ein System-Wechsel findet nicht statt (sog. *Pinguin-Effekt*[7]). Erwartungen über die zukünftige Entwicklung von Netzwerken spielen also eine große Rolle, und Unternehmen könnten versuchen, durch geschickte Informationspolitik

---

7 Dieser Begriff leitet sich ab von hungrigen Pinguinen, die anstatt zu fischen auf einer Eisscholle ausharren, weil aus Angst vor möglichen Raubtieren keiner als Erster ins Wasser springen möchte (vgl. Farrell und Saloner 1987, S. 13 f.).

sowie mit geeigneten PR-/Werbemaßnahmen die Erwartungen der Nutzer zu beeinflussen und damit selbsterfüllende Prophezeiungen zu generieren.

Wenn Softwaremärkte also typischerweise ganz bestimmte Funktionsdefizite aufweisen,[8] kann damit das Überleben eines ineffizienten Unternehmens *A* im Markt erklärt werden. Ist dies der Fall, so haben allerdings auch Produzenten von proprietärer Software (Unternehmen *B*) die Möglichkeit, sich Ineffizienzen zu leisten: Lassen sich auf Softwaremärkten systematisch gravierende Funktionsdefizite erkennen, so profitieren *alle* am Markt vertretenen Unternehmen von diesem geminderten Wettbewerbsdruck und werden diesen Spielraum auch ausnutzen. Ob sich dies dann in Monopolgewinnen, nicht-optimaler Produktionsorganisation oder sonstigen Ineffizienzen äußert, mag vom „Typus" des Unternehmens abhängen, ist jedoch für die Bewertung des Ergebnisses letztlich unerheblich. Es gilt also erneut, dass der „Wettbewerb als Entdeckungsverfahren" neben der proprietären Variante mit F/OSS ein Produktionsmodell entwickelt hat, das sich unter den Bedingungen, die auf Softwaremärkten herrschen, zu behaupten vermag. Wer systematisch Funktionsdefizite auf Softwaremärkten erkennt, kann dies also nicht als Argument gegen F/OSS benutzen, sondern ist vielmehr angehalten, aus dieser Erkenntnis Handlungsempfehlungen für die Wirtschaftspolitik abzuleiten, mit der Maßgabe, den Wettbewerb im Softwaremarkt insgesamt zu intensivieren, wie beispielsweise Fichert (2002) vorschlägt.

5 Lassen sich Ineffizienzen durch „freiwillige" Tätigkeiten begründen?

Jeder – durch welche Motive auch immer begründete – Beitrag zu einem F/OSS–Projekt wird aufgrund rationaler Entscheidungen geleistet (vgl. Luthiger 2004). Im Rahmen kommerzieller Geschäftsmodelle ist dies unmittelbar einsichtig, denn der Programmierer bezieht ein Faktoreinkommen und der Unternehmer erzielt Einnahmen, welche die Kosten mindestens decken. Aber auch bei freiwilligen Beiträgen, die in der Freizeit geleistet werden, liegen letztlich rationale Entscheidungen vor. Ist der Programmierer intrinsisch motiviert, weil er Spaß am Programmieren hat, seine Fähigkeiten und Kenntnisse erweitern will, von der Open-Source-Idee überzeugt ist oder Reputation erwerben will, so reflektiert die Entscheidung, ohne Entgelt einen F/OSS-Beitrag zu erbringen, dass er dennoch einen positiven Nettonutzen aus dieser Tätigkeit zieht. Ansonsten ist sein Verhalten (zumindest im traditionellen Sinn) ökonomisch nicht erklärbar. Dieser Nettonutzen ergibt sich aus dem Nutzen der

---

8 Die Frage, wie wahrscheinlich bzw. wann und in welchem Ausmaß der Wettbewerb auf Softwaremärkten tatsächlich eingeschränkt ist, soll an dieser Stelle nicht beantwortet werden. Es sei zum einen auf die oben genannten Quellen verwiesen. Zum anderen sehen die Autoren hier noch weiteren Forschungsbedarf und die Notwendigkeit der Entwicklung einer empirisch robusten, differenzierten Theorie der Ökonomik von Softwaremärkten.

Programmiertätigkeit abzüglich der (volkswirtschaftlichen) Kosten, die der Programmierer trägt. Dazu gehören z. B. die Opportunitätskosten der entgangenen Zeit oder das entgangene Einkommen, das er im Rahmen kommerzieller Softwareentwicklung (oder auch durch andere Tätigkeiten) in dieser Zeit hätte erzielen können. All diese Nutzen und Kosten sind bereits abgewogen und in seine Entscheidung „eingepreist". Trägt er freiwillig und unentgeltlich zu dem F/OSS-Projekt bei, so existieren keine weiteren volkswirtschaftlichen Kosten, die erst über einen Preismechanismus kompensiert werden müssten. Eine Weitergabe des Gutes in Höhe der Grenzkosten von Null entspricht daher den volkswirtschaftlichen Effizienzbedingungen.

Eine Verzerrung des Systems relativer Preise durch freiwillige Tätigkeiten kann man nur dann begründen, wenn diese Tätigkeiten negative externe Effekte hätten. Dazu müsste Dritten irgendeine Form von Kosten aufgebürdet werden, für die sie nicht über das Preissystem kompensiert werden (vgl. Lancaster 1996). Ein bekanntes Beispiel für negative externe Effekte sind etwa Umweltbelastungen, die durch die Produktion oder den Konsum bestimmter Güter entstehen und dadurch die Nutzung der Umwelt durch Dritte beeinträchtigen. Es ist nicht ersichtlich, dass es bei der Programmierung von F/OSS zu negativen Externalitäten kommt. Im Gegenteil, der Erwerb von Fähigkeiten und Kenntnissen (Humankapital) könnte die Produktivität des freien Programmierers auch bei seiner Erwerbsarbeit erhöhen. Daduch würde der kommerzielle Sektor von Humankapitalinvestitionen profitieren, für die er selbst nicht aufkommen musste. Viel wichtiger ist aber, dass durch die Wiederverwendbarkeit von offen gelegtem Code in verschiedenen Kontexten und somit die Offenlegung bestimmter Problemlösungstechniken *positive* externe Effekte (sog. *Wissensspillovereffekte*) entstehen. Den F/OSS-Produktionsmodellen gelingt es, auf die Durchsetzung des Ausschlussprinzips zu verzichten und dennoch den Anreiz aufrechtzuerhalten, F/OSS zu entwickeln. Dadurch wird ein quasi-öffentliches Gut erstellt, nämlich der in F/OSS verkörperte, öffentlich zugängliche Wissenskapitalstock. Dies ist bei proprietärer Produktionsweise nicht in diesem Maße möglich, denn selbst bei Varianten, wie z. B. Shared-Source-Software, ist der Zugang zu und die Nutzung des Wissens stark eingeschränkt.

6 Kann Open-Source-Software die Effizienz der Märkte erhöhen?

Die Funktionsfähigkeit und Effizienz kommerzieller Märkte wird durch das Eindringen von F/OSS in den Markt nicht bedroht. Dafür gibt es keinerlei empirische Hinweise, und auch die genannten theoretischen Argumente sprechen dagegen. Im Gegenteil: Sowohl die qualitativen Eigenschaften von F/OSS als auch die damit verbundenen veränderten Preisstrukturen üben einen Wettbewerbsdruck aus, der aufgrund der besonderen Charakteristika des Gutes Software in kommerziellen Märkten eher unterentwickelt ist. Es gibt eine Reihe von Anhaltspunkten, die für eine *Verbesse-*

rung der Funktionsfähigkeit des Wettbewerbs durch F/OSS sprechen:

- Die Produktionsweise von F/OSS ist ressourcenschonend. Zum einen werden freiwillige Entwicklungsleistungen und somit verstreut vorhandenes und vom Markt nicht voll erschließbares Humankapital genutzt. Zum anderen betreiben kommerzielle F/OSS-Unternehmen durch ihre begrenzten, aber öffentlich zugänglichen Entwicklungsbeiträge ein *cost sharing*, welches in gewisser Hinsicht mit Forschungskooperationen vergleichbar ist. Dies alles schlägt sich in niedrigen Lizenzkosten nieder.

- F/OSS bringt zahlreiche neue Produkte auf den Markt, die aufgrund der zusätzlichen Freiheiten (Verfügungsrechte) dem Kunden einen Zusatznutzen bieten. Die stärkere Differenzierung der Produkte und die größeren Wahlfreiheiten ermöglichen eine engere Anpassung an die Kundenpräferenzen.

- Durch Senkung der Markteintrittsbarrieren, nicht an einzelne Hersteller gebundene Netzwerkexternalitäten und offene Standards wird der Wettbewerb intensiviert. Dieser erhöhte Wettbewerbsdruck diszipliniert zudem auch Hersteller proprietärer Software.

Der Umstand, dass im Zuge des verschärften Wettbewerbs auch zahlreiche Geschäftsmodelle kleiner und mittlerer Unternehmen, welche auf proprietärer Software aufbauen, unter Druck geraten und somit vielleicht Umsatz- und Arbeitsplatzrückgänge möglich sind, kann nicht als Folge einer zerstörerischen Wettbewerbsverzerrung durch F/OSS interpretiert werden. Das ist der normale Gang der Dinge in einer durch Produkt- und Prozessinnovationen gekennzeichneten wettbewerblichen Marktwirtschaft, wie ihn bereits Schumpeter (1942) als „Prozess der schöpferischen Zerstörung" beschrieben hat.

7 Zusammenfassung

Obwohl F/OSS in der Regel kostenfrei zugänglich ist, führt die Bündelung mit notwendigen Komplementärprodukten dazu, dass die Kunden ihre Zahlungsbereitschaft am Markt offenbaren und an den Softwareentwicklungskosten beteiligt werden. Im Fall freiwilliger F/OSS-Beiträge sind die volkswirtschaftlichen Kosten bereits gedeckt, weil es ohne einen positiven Nettonutzen nicht zu diesen freiwilligen Leistungen gekommen wäre. Die Preisstruktur, die sich deutlich von der Preisstruktur proprietärer Lösungen unterscheidet, spiegelt sehr wohl den volkswirtschaftlichen Ressourceneinsatz wider und stellt auch keine Verzerrung dar. Sie ist lediglich Ausdruck einer völlig anderen Produktionsform.

Selbst die Interpretation der Preisstruktur bei F/OSS-Geschäftsmodellen als „Quersubventionierung" ist kein Argument für eine schädliche Verzerrung der relativen Preise. Es lässt sich im Gegenteil zeigen, dass Geschäftsmodelle, die durch

Institutionen wie F/OSS-Lizenzmodelle abgesichert sind, die Wohlfahrt erhöhen. Oder verkürzt gesagt: Die GPL und andere Lizenzen erfüllen eine ähnliche Funktion wie eine wohlfahrtsmaximierende Regulierungsbehörde.

Wenn das auf F/OSS aufbauende Güterbündel ineffizient hergestellt werden würde, dann ließe sich der zunehmende Markterfolg nur durch Funktionsdefizite von Softwaremärkten erklären. Der Markterfolg von F/OSS bedeutet also entweder, dass die Produktion des Güterbündels durchaus effizient und somit wettbewerbsfähig ist oder aber, dass Softwaremärkte – bedingt durch die besonderen Eigenschaften des Gutes Software – ohnehin an Ineffizienzen leiden, so dass sich mit dem F/OSS– Modell lediglich die Gründe für Ineffizienzen ändern, aber nicht deren Ausmaß. Die These, dass am Markt erfolgreiche F/OSS im Vergleich zur proprietären Variante signifikant ineffizienter produziert wird, lässt sich nur dann begründen, wenn die Ineffizienz im Bereich der nicht monetär entlohnten F/OSS-Entwicklung auftritt. Ineffizienzen aufgrund freiwilliger, nicht über das Preissystem entgoltener Leistungen sind allerdings nur dann theoretisch begründbar, wenn sie mit negativen externen Effekten verbunden sind. Dies ist bei F/OSS nicht der Fall, es bestehen im Gegenteil sogar positive Externalitäten (*Wissensspillovereffekte*).

Zudem gilt, dass bei F/OSS zusätzliche Ressourcen aktiviert werden und durch die spezielle Produktionsweise *cost sharing* ermöglicht wird, diesem Produktionsmodell also in Teilbereichen sogar Effizienzvorteile zugesprochen werden können. Hinzu kommt, dass bei F/OSS z. B. die Markteintrittsbarrieren geringer sind. Ganz allgemein gilt, dass in einem Markt jedes neue Produkt bzw. jeder neuer Anbieter das Produktangebot erhöht bzw. weiter ausdifferenziert, so dass der Wettbewerb – hier am Softwaremarkt – insgesamt intensiviert wird.

Literatur

Berends, P. und van Wegberg, M. (2000), Competing Communities of Users and Developers of Computer Software. Competition Between Open Source Software and Commercial Software, NIBOR Working Paper 1, Netherlands Institute of Business Organization and Strategy Research, Maastricht.

Bitzer, J. (2000), Erosion of Monopoly Power due to the Emergence of Linux, DIW Diskussionspapiere 231, Deutsches Institut für Wirtschaftsforschung, Berlin.

Blankart, C. B. und Knieps, G. (1992), Netzökonomik, *in* E. Böttcher (Hrsg.), 'Ökonomische Systeme und ihre Dynamik', Jahrbuch für neue politische Ökonomie, J.C.B. Mohr (Paul Siebeck), Tübingen.

Boston Consulting Group und Open Source Technology Group (2002), 'The Boston Consulting Group Hacker Survey, Release 0.73', http://www.osdn.com/bcg/ [28. Jan 2006]. Präsentation auf der O'Reilly Open Source Conference.

Evans Data Corporation (2005), 'Database Developers Embrace Open Source Database

Solutions, New Evans Data Survey'.
http://www.evansdata.com/n2/pr/releases/EDCDB05_02.shtml [28. Jan 2006].

Farrell, J. und Saloner, G. (1987), Competition, Compatibility and Standards. The Economics of Horses, Penguins and Lemmings, *in* H. L. Gabel (Hrsg.), 'Product Standardization and Competitive Strategy', North Holland, Amsterdam, S. 1–21.

Fichert, F. (2002), 'Wettbewerbspolitik im digitalen Zeitalter. Öffnung vermachteter Märkte virtueller Netzwerkgüter', Beitrag zum 3. Workshop 'Ordnungsökonomik und Recht' des Walter Eucken Instituts.
http://www.walter-eucken-institut.de/veranstaltungen/workshop2002/Fichert-Paper.pdf [28. Jan 2006].

Giera, J. (2004), The Costs and Risks of Open Source, Report, Forrester Research.

Gröhn, A. (1999), *Netzwerkeffekte und Wettbewerbspolitik – Eine ökonomische Analyse des Softwaremarktes*, J.C.B. Mohr (Paul Siebeck), Tübingen.

Kooths, S., Langenfurth, M. und Kalwey, N. (2003), *Open-Source-Software – Eine volkswirtschaftliche Bewertung*, Vol. 4 of *MICE Economic Research Studies*, Muenster Institute for Computational Economics, Münster.

Lancaster, K. J. (1996), *Trade, markets and welfare*, Edward Elgar, Cheltenham.

Leiteritz, R. (2004), Open Source-Geschäftsmodelle, *in* B. Lutterbeck und R. A. Gehring (Hrsg.), 'Open Source Jahrbuch 2004. Zwischen Softwareentwicklung und Gesellschaftsmodell', Lehmanns Media, Berlin, S. 153–186.
http://www.opensourcejahrbuch.de/2004/ [10. Feb 2006].

Luthiger, B. (2004), Alles nur Spaß? Zur Motivation von Open-Source-Entwicklern, *in* B. Lutterbeck und R. A. Gehring (Hrsg.), 'Open Source Jahrbuch 2004. Zwischen Softwareentwicklung und Gesellschaftsmodell', Lehmanns Media, Berlin, S. 107–120.
http://www.opensourcejahrbuch.de/2004/ [10. Feb 2006].

Mundhenke, J. (2005), Ökonomische Eigenschaften von Software – Die Bedeutung von Open-Source-Software für den Wettbewerb auf Softwaremärkten, *in* B. Lutterbeck, R. A. Gehring und M. Bärwolff (Hrsg.), 'Open Source Jahrbuch 2005 – Zwischen Softwareentwicklung und Gesellschaftsmodell', Lehmanns Media, Berlin, S. 143–160.
http://www.opensourcejahrbuch.de/2005/ [10. Feb 2006].

Netcraft (2005), 'December 2005 Web Server Survey'. http://news.netcraft.com/archives/2005/12/02/december_2005_web_server_survey.html [28. Jan 2006].

OneStat (2005), 'Mozilla's browsers global usage share is still growing according to OneStat.com'. http://www.onestat.com/html/aboutus_pressbox40_browser_market_firefox_growing.html [28. Jan 2006].

Pasche, M. (2005), (Self-)Regulation of a Natural Monopoly via Complementary Goods – The Case of F/OSS Business Models, Diskussionspapier 18/2005, Friedrich-Schiller-Universität, Wirtschaftswissenschaftliche Fakultät, Jena.

Pasche, M. und von Engelhardt, S. (2004), Volkswirtschaftliche Aspekte der Open-Source-Softwareentwicklung, Diskussionspapier 18/2004, Friedrich-Schiller-Universität, Wirtschaftswissenschaftliche Fakultät, Jena.

Quah, D. (2003), Digital Goods and the New Economy, CEP Discussion Papers 563, London School of Economics, London.

Schumpeter, J. A. (1942), *Capitalism, Socialism and Democracy*, Harper & Brothers, New York.

Seemayer, W. und Matusow, J. (2005), Das Microsoft-Shared-Source-Programm aus der Business-Perspektive, *in* B. Lutterbeck, R. A. Gehring und M. Bärwolff (Hrsg.), 'Open Source Jahrbuch 2005 – Zwischen Softwareentwicklung und Gesellschaftsmodell', Lehmanns Media, Berlin, S. 185–200. http://www.opensourcejahrbuch.de/2005/ [10. Feb 2006].

Shapiro, C. und Varian, H. R. (1999), *Information Rules. A Strategic Guide to the Network Economy*, Harvard Business School Press, Boston.

Wild, M. und Herges, S. (2000), Total Cost of Ownership (TCO) – Ein Überblick, techn. Bericht 1/2000, Universität Mainz.

von Hayek, F. A. (1969), Der Wettbewerb als Entdeckungsverfahren, *in* F. A. von Hayek (Hrsg.), 'Freiburger Studien', J.C.B. Mohr (Paul Siebeck), Tübingen, S. 249–265.

Open Source als Produktion von Transformationsgütern

BIRGER P. PRIDDAT UND ALIHAN KABALAK

(CC-Lizenz siehe Seite 499)

Die „Offenheit" des Open-Source-Prinzips steht für eine ökonomisch ungewöhnliche Produktions- und Konsumweise, indem sie sich – als Produktion – für beliebige neue Mitarbeiter öffnet und – als Konsumgut – auch nichtzahlende Konsumenten bedient. Das scheint gleich zwei wesentlichen ökonomischen Steuerungseinrichtungen zuwiderzulaufen: der von Managern organisierten Produktion und dem Handel mit eigentums-, bzw. nutzungsrechtlich gesicherten Gütern. Dass sich Open-Source-Projekte dennoch – und nicht bloß aus Liebhaberei – in der Wirtschaft halten können, verlangt nach einer Klärung der besonderen Eigenschaften ihrer selbstorganisierten Netzwerkbeziehungen, ihres Ausbildungsmechanismus von Humankapital, ihrer sozialen Rollenstruktur, ihres Zusammenspiels mit nachgelagerten Märkten und ihrer hybriden Prinzipien kooperativen Wettbewerbs und produktiven Konsums.

Schlüsselwörter: Transformationsgut · Ausbildung · Open-Source-Netzwerk · Humankapital

Open Source[1] ist eine aufladbare Metapher. Der romantische Gestus einer Kooperation in einer arbeitsteiligen Globalisierungsdynamik überragt alle anderen, parallelen Bedeutungen. Deshalb soll das bis in eine Utopie einer neuen Arbeitsgesellschaft hineinragende Thema besonders behandelt werden. Doch zuvor lohnt es sich zu fragen, was Open Source unabhängig von seiner romantischen Auflade leistet. Es gibt bzw. gab einige erfolgreiche Open-Source-Netzwerke: *Linux, Apache, Sendmail.*

---

1 Zur Entwicklung von Open-Source-Projekten vgl. Müller et al. (1999); Behlendorf (1999); Franck (2003); Lakhani und von Hippel (2003).

Birger P. Priddat und Alihan Kabalak

1 Open Source als Ausbildungsnetzwerk

Wenn es heißt, hier würde Arbeit geleistet, ohne sich deren Produkt aneignen zu wollen, müssen Ökonomen der Sache erst einmal skeptisch gegenüberstehen. Dann geht es hier wohl um Verschwendung oder Ausbeutung oder bestenfalls Schenkung von Arbeitskraft? Ein weiterer Einwand drängt sich auf, wenn die Ordnungsökonomie ins Spiel kommt: Wenn Entwickler auf die Eigentumsrechte an ihren Produkten – und also auf die damit erzielbaren Gewinne – verzichten, wird ihnen das Kapital für Investitionen in weitere Innovationen fehlen. Folglich leidet die Innovationsdynamik (dagegen: Osterloh et al. 2004).

Der erste Einwand – unbezahlte Arbeit – weist auf „intrinsische Motivation" hin, auf Programmieren als Hobby. Wenn es eines der wichtigsten Merkmale von Open Source ist, dass bei der freiwilligen Mitarbeit von Entwicklern nicht nur Mehrwert in Form von ökonomischen Gütern geschaffen wird, sondern die Mitarbeit an Open Source selbst für die Entwickler einen Nutzen stiftet (Osterloh et al. 2004), dann ist das erst einmal nicht etwas Besonderes, das sich nur und ausschließlich in der Open-Source-Arena verwirklichen ließe, sondern etwas, das von vielen Tätigkeiten, insbesondere von hochwertigen Tätigkeiten (*high level jobs*) verlangt wird: Projektrealisation als optimale Zweckerfüllung bei gleichzeitiger Arbeitszufriedenheit.

Doch auch die besondere Form der Arbeitszufriedenheit, dem Entwickler selbst einen Nutzen zu stiften, wird von vielen *high level jobs* verlangt. Man will nicht nur gut arbeiten und Geld verdienen, sondern zugleich in solchen Projekten arbeiten, die einen selber für bessere spätere Jobs qualifizieren. Die Jobs werden unter anderem danach ausgesucht, welches *training on the job* sie ermöglichen. Dafür nimmt man sogar Einkommensminderungen in Kauf: Weil man, wegen der Qualifikation, später höhere Einkommen realisieren kann. Die Ausbildung *on the job* wird als Investition in das eigene *human capital* gesehen (vgl. Priddat 2000, 2002*b*). *Human capital* verstanden als die Fähigkeiten und Kompetenzen, die den eigenen Marktwert[2] definieren und deren Ausbildung den Marktwert erhöht (vgl. dazu Lerner und Tirole 2002).

Open Source ist – unter diesem Gesichtspunkt – nichts anderes als eine freiwillige Einübung in jobrelevante Fähigkeiten nach dem Prinzip der Maximierung des individuellen Humankapitals.[3] Was dabei eingeübt wird, ist das höchste Vermögen in einer Wissensgesellschaft: Kompetenz. Das liest sich glatt, ist aber ein Prozess, der zwar vielfältig angespielt wird in den modernen Arbeitswelten, aber selten realisiert wird: Der Prozess läuft über *Transformation von Kompetenzen*.

In der eigenen Arbeit – gleichgültig erst einmal, ob angestellt oder selbständig – sich so zu transformieren, dass man anders herausgeht als man hineingegangen ist, bedeutet – um ein älteres Wort zu wählen – *Bildung* (vgl. generell Mintzberg 2005).

---

2 Marktwert ist das Einkommen, das das *human capital* auf dem Arbeitsmarkt generiert.
3 Vergleiche hierzu auch die Ausführungen von Lakhani und von Hippel (2003) zum Thema „user-to-user assistance".

Eine Tätigkeit, die von einem eine ständige, mitlaufende Entwicklung nicht nur fordert, sondern durch die Art ihrer Anforderungen diese Entwicklung auch anbietet und fördert, ist mehr als Arbeit, in der Routinen abgewickelt werden. Es ist die Transformation des Arbeitenden in einen höheren Entwicklungszustand seiner Kompetenz (Erhöhung der eigenen Chancen am Arbeitsmarkt: *employability*, vgl. Boltanski und Chiapello 2003, S. 158 ff., aber auch bereits Lerner und Tirole 2002).

Ökonomisch betrachtet sind das *Leistungen der Tätigkeit an den Arbeitenden* (für die sie eigentlich zu zahlen haben, gleichsam „Lehrgeld"). Deshalb ist Open Source eine ideale Arena für diese Transformationsprozesse, weil es sich um einkommenslose Arbeitszusammenhänge handelt, die die Frage nach den Zahlungen der Arbeitenden an ihre „Aus-Bilder" nicht stellen.

Dass diese Art der Ausbildung überhaupt möglich ist, nämlich, dass Lehrlinge sich außerhalb von Unternehmen gegenseitig ausbilden (Lakhani und von Hippel 2003), liegt an der relativ geringen Kapitalintensität der Softwareproduktion. Wer seinen eigenen PC als Kapital einbringt, kann mitmachen. Der Großteil der Investitionen ist Humankapital; mit der systematischen Eigenschaft positiver externer Effekte zwischen allen Investoren. Wer (und nur wer) mitinvestiert, profitiert vom investierten Wissen der anderen.

Aber nicht nur individuelle Entwickler beteiligen sich an Open-Source-Projekten, sondern zunehmend auch Firmen, die Entwickler eigens zur Mitarbeit an solchen offenen Projekten abstellen. Open Source ist also auch ein Übungsfeld für Firmen, die aus ihrer Entwicklungsarbeit Expertise beziehen, die sie auf nachgelagerten Märkten profitabel einsetzen können.[4] So werden auf der Basis von Open Source immer mehr Geschäftsmodelle entwickelt, die die Non-Profit-Basis in ein profitables Geschäft verwandeln – oft mit geringen Profitraten, aber erfolgreich, insbesondere in der Anpassung von Open-Source-Software an vorhandene Strukturen, um die Umrüst- und Adaptationskosten zu minimieren (Krishnamurthy 2005; Nichols und Twidale 2003; Osterloh et al. 2004; Bärwolff 2005). Die Open-Source-Welt ist kein Gegenmarkt, sondern selber bereits ein, wenn auch differentes, Medium für Märkte (Behlendorf 1999; Henkel 2004).

Was romantisch als Kooperation und Gegenseitigkeit (Reziprozität) hervorgehoben wird, ist tatsächlich eine Form der Wechselseitigkeit, die aber als Investition in das Humankapital aller Beteiligten besser erklärt wird als durch handwerkerschaftliche Gesellung von uneigennützigen Workaholics.

Die Kooperationsdimension ist richtig gesehen: Open Source ist ein *joint project*, das nur durch *arbeitsteilige Arbeitszusammenlegung*, um es paradox und angemessen zu formulieren, sich so entwickeln konnte, wie es sich entwickelt. Doch ist das altruistisch-kooperative Moment natürlich auf Nutzendimensionen zu befragen: Nur wenn

---

[4] In der Tat spielen Firmen eine zunehmend entscheidende Rolle in vielen Open-Source-Projekten. So leisten etwa IBM und Sun signifikante Beiträge zu Open-Source-Projekten wie dem Linux-Kernel oder OpenOffice.org.

nachhaltige Interessen einfließen, kann ein solcher Prozess stabil gehalten werden über die Zeit. Reiner Altruismus lässt sich über längere Zeit nicht stabil halten (vgl. dazu Franck 2003, S. 3 ff.).

2 Open-Source-Elite

Joint project heißt: Open Source ist eine Art von Kollektivgut. So wie niemand von der Mitarbeit auszuschließen ist, und so wie es keine Rivalität zwischen den Entwicklern gibt, so kann jeder auch, wiederum wettbewerbsfrei, die Open Source nutzen. Anders als in klassisch organisierten Märkten, ist nicht vorgesehen, künstlich Konsumrivalität zu erzeugen. Die dafür notwendigen Barrieren haben sich im Softwaremarkt ohnehin als allzu schwach – und nie als dauerhaft – erwiesen. Rechtlich bestehen also keine Zugangsbeschränkungen zu Konsum oder Produktion. Doch stimmt diese Zuschreibung nur in gewissem Maße: Ohne Kompetenz, das System zu verstehen und es deshalb nutzen zu können, ist der Zugang verwehrt. Der Schlüssel heißt: Softwarekompetenz.

Open Source ist folglich ein Elite-Projekt: Es selegiert den Zutritt über Kompetenz-Codes. Kompetenz wird durch Wissensangebote und effektive Wissensnutzungen definiert (vgl. Priddat 2002*a*).

Das wird von den Entwicklern von Open Source nicht so gesehen, weil potentiell jeder mitarbeiten kann: Aber die Zutrittsbarriere ist hoch – was die Entwicklern nicht so sehen, weil ihr Wissen ihnen so selbstverständlich ist, dass sie Nicht-Wissens-Zustände kaum ermessen können. Das Ausmaß an Unwissenheit von normalen PC-Usern wird schlicht ignoriert.

Dass Open Source ein Elite-Projekt ist, das die Kompetenz voraussetzt, die es zugleich ausbildet, ist erstens ein spezifisches Wissens-Netzwerk-Zeichen und zweitens ein Hinweis auf ein sich selektiv selbst-reproduzierendes System. Open Source ist eine Netzwerk-Community, die über spezifische Zugangskompetenzen Mitglieder selegiert. Zwar ist es gewünscht, über größere Netzwerke eine höhere gemeinsame Kompetenz (*Joint-Project*-Dimension) zu erreichen, aber die notwendige Voraussetzung für diese Expansion ist: Kompetenz. Nur kompetente Networkers können sinnvoll mitarbeiten. Der Selektor „Kompetenz" sichert die Ressourcen und ihre Entwicklung. Selektion wird hier zur Qualitätssicherungsinstanz.

Das Netzwerk ist offen; jeder kann sich anschließen (Public-Good-Dimension), aber faktisch anschlussfähig sind nur Experten (Club-Good-Dimension). Öffentliche Güter (*public goods*) stehen allen Bürgern zur freien Verfügung. Klubgüter (*club goods*) sind spezifische öffentliche Güter, die den Eintritt nach spezifischen Zutrittskriterien filtern: Man kann letztlich nur kooptiert werden durch die Bestätigung derer, die bereits im Netzwerk arbeiten. Der Inklusionseffekt des Open-Source-Netzwerkes ist sein Erfolgsgeheimnis: Man ist Klubmitglied, gehört zur Community, gleichgültig, wo man herkommt, aus welcher Klasse, Ethnie etc.

Die Selektionskompetenz von Open Source ist ein wichtiger Faktor: Man beobachtet Open-Source-Teilnehmer auf Signale ihrer Kompetenz, um daraus Nutzen für die Personaleinstellung zu beziehen (Lerner und Tirole 2002; über die nötigen Beobachtungsarenen vgl. Franck 2003, S. 8 f.).

3 Open Source als Geschäft

Bevor wir weiter über die interne Struktur von Open Source reden, wenden wir uns der externen Struktur zu. Open Source ist als öffentliches Gut angelegt, das Rivalität (Wettbewerb) ausschließen soll. Dennoch ist Open Source offen für Wettbewerb. Hier kommt die Kompetenz-Differenzierung wieder zum Tragen. Natürlich können alle Nutzer – die Open-Source-Community unterscheidet gewöhnlich nicht zwischen privaten und Firmennutzern – auf die Software zugreifen, ohne einen Preis zu zahlen. Aber alle, die das nicht oder nicht ohne weiteres können, holen sich Experten, die das können. Somit kann jedes Mitglied der Open-Source-Community anderen, d. h. vor allem Nichtmitgliedern, Open-Source-Dienstleistungen anbieten (erklären, implementieren, insbesondere in vorhandene Strukturen einbauen etc.).

Alle, die keinen „natürlichen" Zugriff auf Open Source haben, sind auf technische Intelligenz angewiesen, die ihnen den Zugang und die Anwendung besorgt, installiert und pflegt. Damit entstehen, auf fast selbstverständliche Weise, auch um das öffentliche Gut herum, Märkte. Meist sind es sehr unprofitable Märkte, aber jede Wissensdifferenz ist ausbeutbar in Bezug auf Einkommen und Gewinnen. Es sind typische „Hayek-Märkte"[5], in denen die Mitglieder Nischen entdecken, die sie in profitable Ereignisse transformieren. Viele scheuen sich oder bleiben ideologisch beim *free good*; andere aber entdecken über die Anwendungspotentiale ihre Marktchancen.

Das öffentliche Gut bzw. Klubgut, das gleichsam als Nebenprodukt sich formierender Kompetenznetzwerke entsteht, bereitet den Boden für Sekundärmärkte, etwa für Nutzerberatung (Osterloh et al. 2004). Da hier die Inklusionsbedingungen für Non-Profit-Produktion[6] und profitable Beratung die gleichen sind, löst sich das vermeintliche Ordnungsproblem von selbst: Am Sekundärmarkt internalisieren die Mitglieder des produktiven Netzwerks selbst ihre eigenen externen Effekte[7].

Die Potentiale sind größer, als man bei einem freien oder öffentlichen Gut erwartet. Was für private PC-Besitzer noch ein Lernspiel sein kann, ist für Unternehmen und andere professionelle Nutzer eine Investition: Denn kostenfreie Open-Source-Software muss ja in Systeme eingebaut werden, die sich meistens noch nicht in Entwicklung befinden. Für die Open-Source-Software ist es deshalb – paradoxerweise gerade am Beginn einer Open-Source-Entwicklung – notwendig, sich von Experten auf das

---

5 F. A. von Hayek hat den *Markt als Entdeckungsverfahren* definiert.
6 Non-Profit = der Wert der Leistungen wird nur nach den Kosten/Aufwendungen bemessen; ohne Profite.
7 Externe Effekte sind Wirkungen von Transaktionen auf Dritte (positiv wie negativ); Internalisierung externer Effekte ist die mit den betroffenen Dritten verhandelte Aufhebung solcher Wirkungen.

eigene, schon vorhandene System einstellen zu lassen. Sobald alle benötigten Open-Source-Applikationen entwickelt worden sind, ist der Umsetzungsbedarf nicht mehr so hoch. Dann gibt es auch hier Standardisierungen.

Ökonomisch betrachtet sind Open-Source-Produkte zwar im Kern freie Güter, aber ihre Umgebung kostet, und zwar umso mehr, als sie vorhandene Investitionen nicht entwerten darf, sondern in sie hineinsynthetisiert werden soll. Nur für die Klubmitglieder im engeren Sinne, die internen Experten, ist Open Source „gratis". Alle anderen müssen zahlen: entweder direkt an Experten, die ihnen die Implementationen bewerkstelligen oder indirekt, indem sie hohe Transaktionskosten durch das Risiko des Scheiterns der Parallelführung haben. Wenn man sich Krishnamurtys Listen von Business-Beispielen ansieht (Krishnamurthy 2005, S. 6 ff.), wird die markterschließende Funktion von Open Source evident.

4 Zur Soziologie von Open Source

Soziologisch betrachtet ist der Open-Source-Klub sozial offen, aber nicht demokratisch offen (über politische virtuelle Netzwerke vgl. Priddat 2002c), sondern experten-selektiv. Das macht seine besondere Attraktion aus: Man ist gleich, aber um gleich zu werden, muss man sich durch Expertise vor anderen auszeichnen. Man erweist sich ihnen gegenüber als ungleich: *Statusgewinn* durch Zulassung zum Klub.

Der Klubbeitrag wird nicht monetär gezahlt, sondern durch die Bereitschaft, sein Wissen unentgeltlich einzugeben. Man zahlt mit Kompetenz (ohne Kompetenz kann man das Netzwerk gar nicht nutzen). Erst wenn man Modifikationen einführt und tatsächlich – sichtbar für andere – an der Entwicklung beteiligt ist, beginnt die Adelung: der Sprung in das nächste Level des Netzwerkes, heraus aus der Anonymität.

In diesem Sinn ist ein Open-Source-Netzwerk doppelt elitär: Man grenzt sich gegenüber den Inkompetenten „draußen" ab und innerhalb kann man sich gegenüber den Anonymen abgrenzen, indem man Leistungen zeigt, die andere akzeptieren. Der erste Statusgewinn ist die Anerkennung als Experte im Open-Source-Netzwerk. Damit wird die Mitgliedschaft ausgerufen. Aber erst, wenn man als produktiver Autor am Open-Source-Projekt hervortritt und andere das als ein besonderes Ereignis bestätigen, beginnt die Statushierarchie zu arbeiten: die Hochwertung gegenüber Nur-Mitgliedern.[8] Der 3-Klassen-Klub ist etabliert:

- *outsiders*,
- *insiders* (a) (a für *average*) und
- *insiders* (t) (t für *top*).

---

8 Bei Linux lautet die aktive Hierarchie von oben bis zu den „bug fixers" an der Basis: oben Linus Torvalds als Gründer, dann „trusted lieutenants", zuletzt „credited maintainers". „Maintainers" kümmern sich um ein Modul des Programms und bewerten dafür Beiträge und bewirtschaften die Schnittstellen (Franck 2003, S. 8, Fn. 14).

Insiders (a) und *insiders (t)* unterscheiden sich im Status: Der kreative Mitarbeiter am Open-Source-Projekt erhält mehr Anerkennung als das einfache Mitglied. Beide beziehen über die Mitgliedschaft im Open-Source-Netzwerk Identität. Aber die Identität ist different valent. Im Schatten der Einbildung eines Gemeinschaftsprojektes differenzieren sich Statushierarchie, Anerkenntnisprozeduren und Qualitätszuschreibungen aus, die eine kleine Klassengesellschaft etablieren, in der man durch Arbeit nach oben kommt.

Das ist die Quelle der Gemeinschaftlichkeitsvermutung: Man kann sich hocharbeiten – eine klassische Arbeiterbewegungsstrategie des 19. Jahrhunderts, mit Ausläufern im 20. Jahrhundert. Anstrengung lohnt sich und wird im Open-Source-Netzwerk sofort kommunikativ belohnt.

5 Open Source als Organisationserfahrung

Netzwerke sind hochkommunikativ und beobachtungsintensiv. Sie merken alles, weil alle beobachten und allen sofort Mitteilung machen. Die Identität wird kontrolliert bzw. erst über die Kontrolle wird die Anerkennung kommunizierbar (vgl. White 1992). Wer Einsatz zeigt und Kreativität, wird mit kommunikativ positiver Zuschreibung belohnt. Insofern zeigt das Open-Source-Network die Qualität einer guten Organisation (oder simuliert sie). Gute Organisationen beobachten ihre Mitarbeiter und belohnen deren Leistungen, durchaus subtil differenziert zu anderen, die weniger leisten. Und sie stellen eine positive Atmosphäre her, in der Motivation und Leistung prämiert werden: bei grundsätzlich positiven Erwartungen (Nichtleistungen werden einfach nicht kommuniziert).

Insofern ist Open Source eine Art von Organisation, in der zum Teil härter, ausdauernder und erfolgreicher gearbeitet wird als in den Organisationen, in denen die meisten Netzwerkmitglieder ihre Einkommen verdienen. So wird Open Source zu einer alternativen Organisationserfahrung. Die Qualität der Entwicklung entsteht aus der Zusammenarbeit. Jeder, der etwas entwickelt, hat gleichsam eine Heerschaar von Mit-Entwicklern zur Verfügung, wenn es ihm gelingt, ein interessantes Problem vorzulegen. Und alle sind erst einmal positiv gesonnen, kooperativ. Das Bild für diesen Prozess nennt H. Bahrami einen „Vogelschwarm":

> „Mehr denn je komme heute darauf an, eine Fähigkeit zur Selbststeuerung zu entwickeln. Denken Sie an einen Vogelschwarm, in dem sich unzählige Individuen mit Leichtigkeit durch die Lüfte bewegen und irgendwie von einer unsichtbaren Hand geleitet zu sein scheinen." (Bahrami 2005, S. 53)

Open Source ist ein geeignetes Beispiel für diese Schwarmorganisation.

Hier wirkt sich die Non-Profit-Haltung der Open-Source-Netzwerke aus: Es gibt keine Konkurrenz untereinander, außer dass man besser sein will als andere. Aber man weiß, dass es immer auf die Akzeptanz durch die anderen ankommt. Also kann es keine egoistischen Durchmärsche geben, sondern man arbeitet in einem Kooperationsfeld.

Darin lernt man Selbstorganisation. Es geht nicht um moralische Diskurse, wie man Mensch zu Mensch fügt, sondern um Kompetenzeinübungen für dynamische Welten. Homa Bahrami, Senior Lecturer der *Haas School of Business* der *University of California*, definiert drei Thesen:

> "1. Die Wirtschaft entwickelt sich zu einem Ökosystem, in dem Menschen, Informationen und Ideen auch über Unternehmensgrenzen hinweg zirkulieren.
> 2. Zur Existenzfrage wird die Herausforderung, die zunehmende Komplexität in diesem Ökosystem weitgehend durch Selbstorganisation zu bewältigen.
> 3. Dem Management kommt die Aufgabe zu, Wandlungsprozesse systematisch ins Rollen zu bringen und Unternehmen zur 'Superflexibilität' zu führen." (Bahrami 2005, S. 53)

Zu 1: Open-Source-Netzwerke sind die praktische Einübung in Zirkulationen von Kommunikationen über die Unternehmensgrenzen hinweg. Alle Netzwerkmitglieder können die Ressource des Netzwerkes nutzen, um sich in ihren differenten Unternehmenskarrieren zu stützen, auszutauschen, zu substituieren, zu kooperieren etc. Der Mehrwert der Teilnahme an Open-Source-Netzwerken ist erheblich: weit über das jeweilige Open-Source-Projekt hinaus. Open Source ist selber eine Re-Source: eine Netzwerkressource.

Zu 2: Einübung in die Selbstorganisation: Wo anders lernt man das besser als in Open-Source-Netzwerken? Vor allem die Erfahrung changierender *governance*[9]: mal ist der, mal ist ein anderer „führend" in einem Projekt. Mal wechselt das Projekt, mal die Kompetenz, mal die Person, mal die Führung. *Who governs?* ist nicht eindeutig beantwortbar, je nach dem Stand des Projektes oft anders.

Zu 3: Einübung in Superflexibilität gehört zur Netzwerkrealität. Es ändert sich zum Teil alles, manchmal manches sehr schnell, manchmal gar nichts. Disponiert zu sein, immer wieder Neues aufzunehmen, gehört zu den hervorragendsten Kompetenzmerkmalen im Netzwerkzusammenhang.

Boltanski/Chiapello sprechen von einer „projektbasierten Polis" (Boltanski und Chiapello 2003, S. 154 ff.), wenn sie moderne Netzwerke analysieren. Open Source passt in dieses Schema. Die Grenze zwischen angestellter Lohnarbeit und selbständiger

---

[9] *Governance* ist eine Form von Führung: eher indirekt als direkt, von mehreren, die sich untereinander koordinieren etc.

Tätigkeit verschwindet und transformiert sich in *Aktivität*. Man zeigt Initiative und Engagement, d. h. Flexibilität und Projektwechselfähigkeit. Solange das Netz attraktiv ist, entwickelt es sich, d. h. zieht neue Mitspieler an.

> "Die Polis zerfällt, wenn sich das Netz nicht mehr ausdehnt, wenn es sich nach außen abschottet, so dass nur noch wenige davon profitieren und es nicht länger dem Allgemeinwohl dient" (Boltanski und Chiapello 2003, S. 167).

Open Source ist ein offenes Netz. Aber so wie UNIX zerfiel (vgl. Müller et al. 1999), ist auch Linux potentiell fragmentiert oder fragmentierbar. Die Offenheit von Open Source ist ein aktiver Prozess, der sonst Zerfallserscheinungen unterliegt, die immer dann eintreten, wenn das öffentliche Gut privatisierbar ist (oder klubartig kollektivierbar). Monopolisierung von Wissen führt zu Submärkten, die alle bisherigen Mitglieder ausschließen (wenn sie nicht mehr zahlen). Das hat die paradoxe Folge, dass Open-Source-Netze nur dann aktiv und nachhaltig arbeiten, wenn sie Mehrwerte produzieren, die nicht privatisierbar sind. Mit der Nebenfolge, immer auch Nutzen für Private zu schaffen.

Der Modus ihrer Wertschöpfung muss an die Public-Good-Charakteristik gebunden bleiben. Alle Spezialisierungen, die den vielen Mitgliedern keinen Nutzen versprechen, lassen sich auf Spezialmärkten vermarkten und damit der allgemeinen Nutzung entziehen. Nicht ihre Kollektivdimension, sondern ihre Form arbeitsteiliger Kooperation ist wertschöpfend, und zwar in einem Massenmarktmaßstab. Hier greifen natürlich die üblichen Netzwerkeffekte: Je mehr sich beteiligen, umso wertvoller wird das Produkt.

E. Franck verweist deshalb auf eine spezifische Qualität von Open Source: Weil Open Source keine zuschreibbaren Eigentumsrechte (*property rights*) aufweist, ist es scheinbar nicht überlebensfähig. Doch was ein Nachteil zu sein scheint, ist möglicherweise ein Vorteil: „Gerade durch die 'Blockierungen' zukünftiger *property rights* an der Software wurden die Voraussetzungen geschaffen, Entwickler mit ganz unterschiedlichen Motivationsstrukturen – Rentensucher und Spender – in demselben Projekt zusammenzuspannen. Diese Symbiose ist bemerkenswert, denn meist verdrängen institutionalisierte Regelungen, die Spender anziehen sollen, die Rentensucher und umgekehrt" (Franck 2003, S. 3).

Die Unterscheidung in zwei unterschiedliche Grundtypen der beteiligten Akteure ist sinnvoll:

- Rentensucher sind solche Open-Source-Teilnehmer, die Reputation und Status suchen und erwerben wollen in Konkurrenz zu anderen.

- Spender sind solche Open-Source-Teilnehmer, die ihren Beitrag als Geschenk sehen, der anderen vollgültig zur Verfügung stehen soll. Sie wollen keinen privaten Nutzen generieren, sondern öffentliche Güter für jeden.

Open Source integriert beide schad- und konkurrenzlos. Die Rentensucher tolerieren die Spender, weil sie eine Kommerzialisierung fürchten: Sie kämen nicht mehr „hinter die Bühne" der Softwareerstellung, könnten keine Reputation erwerben, weil die For-Profit-Unternehmen sie aus der Entwicklung ausschlössen. Deshalb sind die „Spender" für sie willkommene Agenten der Nicht-Kommerzialisierung. Die Spender hingegen tolerieren die Rentensucher, weil ihre quasi-professionelle Kompetenz die Qualität und Dimension des öffentlichen Gutes, das sie fördern wollen, stärkt und hebt. So kooperieren beide Typen im einem Projekt, das erhebliche Synergien verwerten und nutzen kann: mehr als viele kommerzielle Projekte. Zudem arbeiten hochmotivierte Akteure am Prozess – eine Ausnahme der Leistungserstellung in Organisationen. Dabei fällt auf: Open Source ist keine Organisation, obwohl Open Source als Netz organisationale Züge (Hierarchie, Arbeitsteilung etc.) entwickelt hat. Sie ist ein organisiertes Netzwerk.

6 Open Source als Transformationsgut

Das Geheimnis von Open Source allerdings ist die Transformationsgütereigenschaft. Open Source, hatten wir zu Anfang behauptet, generiert Transformationsgüter. Transformationsgüter sind duplexe (oder multiplexe) Güter mit diversem Nutzen. Im Open-Source-Netzwerkprojekt mitzuarbeiten, generiert keinen unmittelbaren Nutzen, aber bildet die Akteure in ihrer Kompetenz aus, die sie im Open-Source-Projekt oder anderswo verwenden können. Transformationsgüter ändern den Akteur: der Nutzen dieser Güter ist nicht vordringlich konsumtiv, sondern produktiv, d. h. eine Investition in späteren Konsum (*investment in human capital*)[10].

Diese duplexe Struktur, zum einen aktuell bereits konsumieren zu können und zum anderen zugleich strategisch zu investieren (und zwar in sich selbst, damit sich die eigene aktuelle Konsumstruktur fortlaufend ändert), ist das Besondere der Transformationsgüterökonomie. Netzwerke, die ihre Mitglieder bzw. Akteure transformieren, sind Bildungsorganisationen *sui generis*.

Hier wird nichts Neues gefordert, sondern nur eine Struktur neu verwendet, die bereits existiert: moderne Güter sind, insbesondere dann, wenn sie Marken darstellen, Duplexe d. h. Güter + X (vgl. Priddat 2004).

X ist ein Zeichen für die Bedeutung, die dem Gut zugeschrieben wird: durch die Marke, die Story, die Legende, durch Diskurse etc.

Transformationsgüter sind Güter, deren X keine Zuschreibung darstellt, sondern Zuschreibungen produziert. Das gelingt nur in Kooperation mit dem Konsumenten. Wir haben es mit einer spezifischen Variante der Toflerschen „Prosumtion"[11] zu tun: *Die Konsumtion gelingt nur vollständig, wenn der Konsument das Produkt mit produziert.*

---

10 *Investment in human capital* sind die Kosten/Aufwendungen für Bildung, die sich später in höherem (oder gehaltenem) Einkommen auszahlen (als *return on investment*).

11 Tofler hat in den 80er Jahren diesen Begriff aufgebracht: zusammengesetzt aus *production* und *consumtion* = *pro-sumption*. Es bezeichnet einen Konsum, der wesentlich die Leistung selber mitproduziert

Open Source als Produktion von Transformationsgütern

Prosumtion heißt erst einmal nur: Mitarbeit in der Herstellung des Gutes bzw. in der finalen Montage (z. B. bei Ikea). Transformation unterscheidet sich von Prosumtion durch die Verwandlung des Konsumenten: Er wird nicht notwendigerweise zum Produzenten (des zu konsumierenden Gutes), sondern er wird neu produziert. Es wird nicht für den Konsum produziert; Transformation ist keine Mit-Arbeit, sondern die Veränderung des Konsumenten. Er produziert danach anders, vor allem sich selbst.

Transformation ist eine neue Variante der Prosumtion: die Ko-Produktion, die die Prosumtion ausmacht im Sinne einer neuen Arbeitsteilung von Produzent und Konsument in der Herstellung des Gutes, wird erweitert auf den Umstand, dass das Produkt/Gut, das ko-produktiv erstellt wird, der Konsument selbst ist. *Transformationsgüter* sind Bildungsgüter (im klassischen Sinne: sich bilden = sich entwickeln, verändern, entfalten).

7 Konsequenzen

Open Source ist solange erfolgreich, solange die Mitglieder des Netzwerkes ihre Transformation betreiben können oder an Transformationen beteiligt sind. Darin gewinnen sie Bedeutung und Sinn, die sie in ihren gewöhnlichen Aktivitäten nicht bekommen. In diesem Sinne ist Open Source ein Sozialisationsprojekt: eine moderne Form der Herausbildung von *civil society* durch Einübung von arbeitsteiliger Kooperation. Das ist die sozialromantische Dimension, deren Berechtigung nicht abzustreiten ist. Aber für alle, für die dies nicht ausreicht, bietet Open Source an seinen Rändern Marktchancen, die zu *businesses* ausgebaut werden können.

In individualisierteren Welten suchen die Akteure Kooperationen. *Kooperationen (bzw. Kooperationschancen) werden zu knappen Gütern.* Wir brauchen nicht mehr davon zu sprechen, dass Moral verfällt oder Werte entwerten. Das sind tatsächlich laufende Prozesse, aber sie beschreiben ältere Formen von Moral bzw. Werten, nicht den Wegfall von Moral und Wertbezug. Kooperation wird nicht mehr normativ bereitgestellt, sondern ist durch Beziehungsarbeit (neben der einkommensgenerierenden Arbeit) zu leisten. Open-Source-Netzwerke leisten diese Beziehungsarbeit. Alle Organisationen und Institutionen, die Kooperationschancen erhöhen, werden Attraktoren der modernen Gesellschaften und Märkte.

Netzwerke – auch Open Source – sind Flexibilisierungsarenen. Dabei gewinnen die einen, die anderen verlieren.

> "In einer vernetzten Welt, in der ein hoher Wertigkeitsstatus Beweglichkeit voraussetzt, beziehen die hohen Wertigkeitsträger einen Teil ihrer Stärke aus der Immobilität der geringen Wertigkeitsträger, deren Elend

(z. B. selber tanken, Möbel selber zusammenbauen, Bankautomaten bedienen etc.).

gerade auf die Immobilität zurückzuführen ist. Die weniger mobilen Akteure sind jedoch ein wichtiger Faktor für die Bildung der Profite, die die mobilen Akteure aus ihren Ortswechseln ziehen." (Boltanski und Chiapello 2003, S. 401)

Was hier für die räumliche Mobilität der Netzwerkakteure behauptet wird, gilt für Open-Source-Netzwerke für deren Kreativität: Die Klasse der Innovateure, der Entwickler des Projektes, unterscheidet sich von der – großen – Klasse der Nutzer des Projektes. Aber nur, weil die Nutzungen zunehmen, beschleunigen sich auch die Innovationen. Der Kernprozess im Inneren der Netzwerksonne bleibt hochaktiv, weil die Nutzungsausbreitung läuft; bricht sie ab, suchen sich die kreativen Akteure andere Projekte, andere Netzwerke. Die Kreativität der Open-Source-Projekte braucht Resonanz und Aufmerksamkeit (die wiederum die Reputationsprämien generiert).

In diesem Sinne benötigen Open-Source-Projekte ständige Kommunikation und Wertschätzungszuschreibung, um sich und allen Beteiligten zu sagen, welche bedeutsame Aktivität hier vonstatten geht. Es läuft ein Prozess der Veröffentlichung von privater Arbeitsleistung, der neu ist gegenüber den gewöhnlichen Arbeitsprozessen: Im Kontrast zur Eventkultur der Medien, die Aufmerksamkeit *sui generis* erzeugen, erzeugen Open-Source-Netzwerkkommunikationen Aufmerksamkeit durch Arbeitsleistung und Innovation – die industriegesellschaftliche Variante von *virtual worlds* der Netzwerke. Deshalb sind Open-Source-Prozesse anerkannt: Sie tragen klassische Anerkennungsprämien mit sich, die die Industriegesellschaft der Gesellschaft längst eingewöhnt hatte.

In diesem Sinne ist Open Source einerseits ein Auslaufmodell industriegesellschaftlicher Normen, andererseits ein Modell arbeitsteiliger Kooperation, in der Netzwerkrelationen geübt werden. Das ist nicht nur für die Flexibilitätskarrieren nötig, sondern auch für die demokratischen Verfahren, die wir mit *electronic government* direktdemokratisch unaufwendig einführen können (vgl. Priddat 2002*c*).

Wo das nicht gelingt, gelingen immerhin Märkte. Es ist dieses doppelte Potential, das Open Source zu einer Metapher für alle Möglichkeiten moderner Kapitalismen macht; Solidarität und Wettbewerb in einer Wurzel: Open Source als komplexe mögliche Welt, in der Dinge gekreuzt werden können, die anderswo noch weit auseinander liegen.

Literatur

Bahrami, H. (2005), 'Wie im Regenwald', *think:act. Das Executive-Magazin von Roland Berger Strategy Consultancy* **2**(2), S. 53–55. Interview.

Behlendorf, B. (1999), Open Source as a Business Strategy, *in* C. D. Bona, S. Ockman und M. Stone (Hrsg.), 'Open Sources – Voices from the Open Source Revolution', O'Reilly, Cambridge, MA, S. 149–170.

Boltanski, L. und Chiapello, E. (2003), *Der neue Geist des Kapitalismus*, UVK Universitätsverlag, Konstanz.

Bärwolff, M. (2005), Coases Pinguin beginnt zu fliegen, *in* B. Lutterbeck, R. A. Gehring und M. Bärwolff (Hrsg.), 'Open Source Jahrbuch 2005. Zwischen Softwareentwicklung und Gesellschaftsmodell', Lehmanns Media, Berlin, S. 201–210. http://www.opensourcejahrbuch.de/2005/ [10. Feb 2006].

Franck, E. (2003), 'Open Source aus ökonomischer Sicht – Zu den institutionellen Rahmenbedingungen einer spenderkompatiblen Rentensuche', *Wirtschaftsinformatik* **5**(45), S. 527–532.

Henkel, J. (2004), 'Open Source Software from Commercial Firms – Tools, Complements, and Collective Invention', *Zeitschrift für Betriebswirtschaft* **4**.

Krishnamurthy, S. (2005), An Analysis of Open Source Business Models, *in* 'Making Sense of the Bazaar: Perspectives on Open Source and Free Software', MIT Press, Boston, MA.

Lakhani, K. und von Hippel, E. (2003), 'How Open Software works: „Free" user-to-user assistance', *Research Policy* **32**, S. 923–943.

Lerner, J. und Tirole, J. (2002), 'Some simple economics of open source', *Journal of Industrial Economics* **50**(2), S. 197–234.

Mintzberg, H. (2005), *Manager statt MBAs. Eine kritische Analyse*, Campus, Frankfurt und New York.

Müller, M., Yamagata, H., Wall, L. und Dougherty, D. (1999), *Open Source kurz & gut*, O'Reilly. http://www.oreilly.de/german/freebooks/os_tb/ [28. Jan 2006].

Nichols, D. M. und Twidale, M. B. (2003), 'The Usability of Open Source Software', *First Monday* **8**(1). http://www.firstmonday.org/issues/issue8_1/nichols/ [31. Jan 2006].

Osterloh, M., Rota, S. und Kuster, B. (2004), Open-Source-Softwareproduktion: Ein neues Innovationsmodell?, *in* B. Lutterbeck und R. A. Gehring (Hrsg.), 'Open Source Jahrbuch 2004. Zwischen Softwareentwicklung und Gesellschaftsmodell', Lehmanns Media, Berlin, S. 121–137. http://www.opensourcejahrbuch.de/2004/ [10. Feb 2006].

Priddat, B. P. (2000), Menschen in Kooperationen – Organisationen als Identitätslandschaften, *in* B. Hentschel, M. Müller und H. J. Sottong (Hrsg.), 'Verborgene Potenziale. Was Unternehmen wirklich wert sind', Hanser Fachbuch, München und Wien.

Priddat, B. P. (2002*a*), Netzwerkkommunikation: Vertrauen, Wissen und Kommunikation, *in* P. Fischer, C. Hubig und P. Koslowski (Hrsg.), 'Wirtschaftsethische Fragen der E-Economy', Physica-Verlag, Heidelberg, S. 86–111.

Priddat, B. P. (2002*b*), New work as net work. Netzwerke als Wissensdistributionsarenen, *in* J. Hentrich und D. Hoß (Hrsg.), 'Arbeiten und Lernen in Netzwerken', Berlin-Brandenburgische Akademie der Wissenschaften, RKW, Eschborn, S. 41–68.

Priddat, B. P. (2002*c*), Über die Modernisierung des Gemeinwohls. Temporäre Netzwerke und virtual communities, *in* H. Münkler (Hrsg.), 'Gemeinwohl und Gemeinsinn. Akademievorlesungen', Berlin-Brandenburgische Akademie der Wissenschaften, Akademie Verlag, Berlin, S. 137–150.

Priddat, B. P. (2004), Kommunikative Steuerung von Märkten. Das Kulturprogramm der Ökonomik, *in* G. Blümle, N. Goldschmidt, R. Klump, B. Schauenberg und H. von Senger (Hrsg.), 'Perspektiven einer kulturellen Ökonomik', LIT, Münster, S. 343–361.

White, H. C. (1992), *Identity and Control: A Structural Theory of Social Action*, Princeton University Press.

Ist ein Open-Source-Projekt nur kooperativ? – Die Koordination der Zusammenarbeit im KDE-Projekt

ANDREAS BRAND UND ALFONS SCHMID

(CC-Lizenz siehe Seite 499)

Die Koordination der freiwilligen Zusammenarbeit in Open-Source-Projekten als virtuellen Organisationen wird bisher überwiegend als kooperativ gesehen. In diesem Beitrag wird am Beispiel des KDE-Projekts untersucht, welchen Stellenwert die Kooperation, aber auch Hierarchie und Wettbewerb bei der projektinternen Allokation der Arbeit in einem Open-Source-Projekt haben. Dabei unterteilen wir die projektinterne Allokation der Arbeit in Arbeitsaufteilung, Arbeitsleistungserstellung und Arbeitszusammenführung. Als wesentliches Ergebnis stellt sich heraus, dass zwar die Kooperation dominiert, Hierarchie aber ebenfalls eine hohe Bedeutung bei der Koordination hat. Wettbewerb ist vorhanden, spielt aber eine untergeordnete Rolle. Kooperation ist eher bei der Arbeitsverteilung und der Arbeitsleistungserstellung zentral, Hierarchie ein wichtiges Steuerungsmedium bei der Arbeitszusammenführung. Wettbewerb besteht in Teilbereichen, wie z. B. bei der Erlangung von Reputation zur Besetzung von Positionen.

Schlüsselwörter: Open-Source-Projekt · virtuelle Zusammenarbeit · Hierarchie · Koordination · Kooperation · Wettbewerb

1 Einleitung – Der Begriff „Open-Source-Projekt"

Open-Source-Projekte[1] haben als innovative Art der Softwareerstellung seit den neunziger Jahren eine starke Verbreitung gefunden. So gilt Linux inzwischen als ernstzunehmender Konkurrent von Microsoft Windows. Damit hat aber nicht nur das

---

1 Es wird hier die Verwendung von Open Source als Kennzeichnung aller Free-Software-/Open-Source–Projekte verwendet, da sich diese Umschreibung als Oberbegriff für die zwei Richtungen „Open Source" und „Free Software" durchgesetzt hat.

öffentliche, sondern auch das wissenschaftliche Interesse an Open-Source-Projekten zugenommen.

Open-Source-Projekte sind virtuell-textbasierte, vorwiegend informale Gruppen, bei denen mehrere freiwillige Akteure zusammen über das Internet Software entwickeln. Sie unterscheiden sich von anderen virtuellen Gruppen mit Geselligkeitszielen und Kommunikation über ein einziges Medium wie Foren, Usenet oder Mailinglisten durch ihren Arbeitsbezug und ihre Nutzung verschiedener Kommunikationsmedien (vgl. Götzenbrucker und Löger 2000; Lerner und Tirole 2000).

Die Koordination der Arbeit in Open-Source-Projekten wurde aber bisher theoretisch und empirisch wenig thematisiert und auch nicht systematisch untersucht (vgl. z. B. Jørgensen 2001; Mockus et al. 2002). Zwar wird in der sozialen Open-Source–Bewegung Kooperation als vorherrschende Koordinationsform angeführt (vgl. Raymond 1998, 1999), es finden sich aber auch hierarchische und wettbewerbliche Elemente in Open-Source-Projekten (vgl. Rossi 2004; Ghosh 1998; Lerner und Tirole 2000). Zumeist werden dabei altruistische Motive der Beteiligten betont, aber auch die Idee eines wettbewerblichen Tauschmarkts von Ideen gegen Reputation hat sich in der Debatte weitgehend etabliert. Zusätzlich stellt sich Hierarchie als Rangordnung von „Leadern" dar, die verschiedene Verantwortlichkeiten in Projekten übernehmen.

Hier knüpft der vorliegende Beitrag an, wobei wir einen neuen Weg einschlagen. Im Rahmen einer Fallstudie über das Open-Source-Projekt „K Desktop Environment" (KDE) wird empirisch für die projektinterne Allokation der Softwareerstellung eruiert, inwieweit neben der Kooperation auch Hierarchie und Wettbewerb als Koordinationsformen vorhanden sind, welche Bedeutung Hierarchie und Wettbewerb neben der Kooperation haben und welche Kombination der drei Koordinationsformen besteht (vgl. Brand und Schmid 2004). Wir untersuchen hier die Koordination der projektinternen Allokation der Arbeit. Dabei unterteilen wir die Betrachtung in drei Unterkategorien:

– Projektinterne Zuordnung von Arbeitsaufgaben und Arbeitskräften

– Transformation von Arbeitsvermögen in Arbeitsleistung (Leistungserstellung)

– Zusammenführung der Arbeitsleistungen zu einem stabilen Release

Die projektexterne Allokation, also den Ein- und Austritt in das bzw. aus dem Projekt, untersuchen wir nicht. Zunächst skizzieren wir im nachfolgenden Abschnitt kurz die konzeptionelle Grundlage für unsere empirische Untersuchung mit der Unterscheidung der Koordinationsformen Wettbewerb, Hierarchie, Kooperation. Im Abschnitt 3 referieren wir die Ergebnisse aus der Fallstudie bezüglich der Bedeutung der drei Koordinationsformen bei der projektinternen Allokation in dem untersuchten Open-Source-Projekt. Der Abschnitt 4 schließt den Beitrag mit einem Resümee.

Ist ein Open-Source-Projekt nur kooperativ?

2 Kooperation, Hierarchie und Wettbewerb als Koordinationsformen

Ausgangspunkt unserer Überlegungen ist, dass die Arbeit in einem Softwareprojekt entweder durch Kooperation, Hierarchie oder Wettbewerb koordiniert wird. Diese Koordinationsformen werden als gleichwertig betrachtet und sind von der Organisationsform Open-Source-Projekt zu trennen. Dabei entfernen wir uns von den gängigen Vorstellungen in der ökonomischen und soziologischen Literatur.[2] Eine weitgehend akzeptierte Begriffsdefinition von Kooperation, Hierarchie und Wettbewerb liegt u. W. bisher nicht vor, weswegen wir diese jeweils im Folgenden definieren.

2.1 Kooperation

Koordinationsmechanismus bei der Kooperation ist die Verhandlung. Das Verhandlungsergebnis besteht in einem Konsens bez. eines gemeinsamen Ziels. Das angestrebte Ziel ist eine Win-Win-Situation bzw. Besserstellung mindestens einer Person. Eine opportunistische Schädigung ist zwar möglich, wenn sie festgestellt wird, wird die Kooperation jedoch abgebrochen.

Drei Kooperationsarten bestimmen die Zielerreichung, wobei sie sich in der Dimension Entfernung im sozialen Raum, d. h. Äquivalenz der Gaben, Zeit, Raum und Person, unterscheiden:[3] strategische Kooperation, reziproke Kooperation und gruppenbezogene Kooperation.

Erfolgt die strategische Kooperation z. B. von Preisverhandlungen zeitpunkt- und raumbezogen, d. h. einmalig und direkt zwischen zwei Akteuren z. B. auf zwei Marktseiten (vgl. Mahnkopf 1994, S. 71 f.), so wird bei der reziproken Kooperation die genaue Gleichwertigkeit sowie Zeit und Raum des Tauschs aufgelöst (vgl. Stegbauer 2002, S. 46, 54 ff.; Bourdieu 1998; Blau 1964). Die gruppenbezogene Kooperation bezieht sich auf eine generalisierte Reziprozität mit „impliziten" Verhandlungen bzw. Kommunikation von z. B. Hilfsbedürftigkeit innerhalb der Gruppe (wie Familie oder Sportverein) zwischen gleichberechtigten Gruppenmitgliedern, wobei zusätzlich von der Person abstrahiert wird, d. h. eine direkte Zuordnung der Gaben ist nicht möglich (vgl. Stegbauer 2002, S. 79).[4]

---

2 Für eine genauere Darstellung der Diskussion zu Koordinationsformen und Organisationsformen siehe Brand und Schmid (2005) bzw. Kavai und Schmid (2004, S. 250 ff.).
3 Vgl. hierzu Noteboom (2002, S. 63 ff.) und Blau (1964).
4 Altruistische Kooperation als spezieller Fall der gruppenbezogenen Kooperation basiert auf einem diffusen Zugehörigkeitsgefühl zu sehr großen Gruppen mit besonders großer sozialer Distanz, der Kooperationsnorm und Emotionen wie Mitleid bzw. Empathie. Es wird keine Gegenleistung für z. B. anonyme Kleinspenden erwartet, weswegen es weder eine Äquivalenz noch einen zeitlichen und räumlichen Bezug zu einer Gegengabe gibt (vgl. Stegbauer 2002, S. 98 ff.).

2.2 Hierarchie

Das übliche Verständnis von Hierarchie ist besonders auf Unternehmen bzw. bürokratische Organisationen über abgeleitete Verfügungsrechte über Produktionsmittel ausgerichtet und lässt sich nicht ohne weiteres auf ein Open-Source-Projekt übertragen, da nach der GPL-Lizenz[5] kein Projektbeteiligter als Eigentümer angesehen werden kann. Wir subsumieren daher Hierarchie unter die soziale Grundkategorie der Macht, die über den Zugriff auf Ressourcen die Dynamik in einem Open-Source-Projekt adäquat beschreibt.

Voraussetzung für Hierarchie ist die Abhängigkeit von den persönlichen oder organisatorischen Ressourcen einer oder mehrerer Personen (vgl. Hradil 1980). Der Mechanismus der Hierarchie bzw. Macht bei der Entscheidungsfindung besteht nach Max Weber innerhalb einer sozialen Beziehung darin, den eigenen Willen auch gegen das Widerstreben einer oder mehrerer Personen durchzusetzen (Weber 1956, S. 157 ff.).[6]

Die Zielerreichung wird durch mehrere Machtarten entweder bestrafender, belohnender oder manipulierender Art bestimmt, wobei Ressourcen gewährt oder zurückgehalten/entzogen werden können. Dabei sind mit positiven Sanktionen Belohnungen wie monetäre Anreize und mit negativen Sanktionen Bestrafungen verbunden. Die manipulierende Macht dagegen steht mit der Beeinflussung der Kommunikation in Verbindung, worunter Drohungen, aber auch die argumentative Beeinflussung der (öffentlichen) Meinung verstanden werden können. Die manipulative Macht setzt sich dabei aus Expertenmacht (formales Bildungskapital oder informales symbolisches Kapital bzw. Reputationsmacht), Informationsmacht („Gatekeeper"-Funktion in einem Kommunikationsnetzwerk bzw. soziales Kapital), Positionsmacht (legitimierte Posten bzw. „'objektiv' zurechenbare soziale Merkmale") und Identifikationsmacht (besonderes Charisma einer Persönlichkeit oder Identifikation mit einer Gruppe) zusammen (vgl. Raven 1992; Bourdieu 1987; Bourdieu 1998, S. 108; Hradil 1980).

2.3 Wettbewerb

Wettbewerb wird oft mit Marktwettbewerb gleichgesetzt. Wir verstehen Wettbewerb umfassender. Wettbewerb ist ein friedlicher Kampf um ein Ziel, Gut oder eine Ressource, das/die nur von einer Person oder Personengruppe vereinnahmt wird bzw. werden kann. Eine Person oder Personengruppe bekommt alles, die andere(n) nichts

---

5 Die *General Public Licence (GPL)* schützt den offenen Zugang zum Quellcode. Diese Lizenz legt durch eine geschickte Definition der Verfügungsrechte fest, dass ein veränderter Quellcode bei der Weitergabe wieder dem Projekt zugeführt wird. Damit soll eine proprietäre Aneignung des freiwillig geschriebenen Quellcodes mit nachfolgendem Einfordern von Lizenzgebühren ausgeschlossen werden (vgl. Jaeger und Metzger 2002).

6 Eng verwandt mit der Macht ist die Herrschaft (Weber 1956), die als institutionalisierte Macht breite Zustimmung erfährt und als legitim angesehen wird. Die Herrschaft spiegelt sich in der Legitimität der institutionalisierten Positionen wider, wird hier aber nicht untersucht.

oder das, was ihrer Leistung entspricht. Wettbewerb erfolgt durch einen Vergleich von Qualitäten oder Quantitäten, von Ziel und Zielerreichung. Die Zielerreichung kann mit oder ohne Zutun der zu Vergleichenden erfolgen. Entweder kann ein Ranking über die Bewerteten erstellt werden oder diese müssen an einem Bietprozess mit verschiedenen Versteigerungsarten teilnehmen (vgl. Arentzen und Lörcher 1997; Brand und Schmid 2005).

3 Projektinterne Allokation von Arbeiten im KDE-Projekt

Das untersuchte Open-Source-Projekt KDE[7] entwickelt einen Desktop für Linux-Betriebssysteme. Es besteht aus einer weltweit verteilten Gruppe von ca. 1000–1200 Menschen, die ihren räumlichen Schwerpunkt in Europa, besonders in Deutschland haben. Diese Gruppe ist demografisch homogen, der überwiegende Teil der Projektmitarbeiter ist männlich, zwischen 20 und 30 Jahre alt und hat oder absolviert eine IT-Ausbildung. Neben dem in diesem Artikel untersuchten, dominierenden Bereich der Softwareentwicklung gibt es noch andere nachrangige Tätigkeitsbereiche, in denen z. B. technische Dokumentare/Übersetzer arbeiten. Das Open-Source-Projekt besteht einerseits aus wenigen wichtigen und zentralen Unterprojekten mit hoher Mitarbeiterzahl zwischen 20 und 50 Personen, andererseits aus vielen kleinen Ein-Personen-Unterprojekten. Die Softwareerstellung findet aber normalerweise in kleinen und kleinsten Gruppen von im Durchschnitt vier Personen statt. Die wichtigsten Werkzeuge stellen die Mailinglisten für die Kommunikation und das Dateiablage-/Versionsmanagementsystem, in dem der Quellcode lagert, für die Produktion dar (vgl. Brand und Schmid 2004).

Das Vorgehen bei der Untersuchung des KDE-Projekts stützte sich auf verschiedene Methoden. Nicht nur die Homepage an sich, sondern auch dortige Selbstauskünfte von 62 Personen und 55 beantwortete Fragebögen von Open-Source-Projektmitgliedern wurden dabei zum Einstieg analysiert. Auch die Mitglieder kamen in elf halbstandardisierten Interviews zu Wort, wobei weitere informelle Gespräche auf Konferenzen im Zuge teilnehmender Beobachtungen erfolgten (vgl. Brand und Schmid 2004, 2005; Becher et al. 2005).

Wir haben uns bei der Untersuchung auf die Koordination bei der projektinternen Allokation in dem Projekt konzentriert. Darunter wird hier erstens die Arbeitsverteilung, d. h. die Zuordnung der Arbeitsaufgaben auf die jeweilige Arbeitskraft verstanden. Es werden aber nicht nur Arbeitsaufgaben/-bereiche an die Projektbeteiligten, sondern auch Posten verteilt. Zweitens subsumieren wir darunter die Leistungserstellung, d. h. die konkrete Transformation der Arbeitskraft in Arbeitsleistung, also

---

7 Wir wählten das KDE-Projekt wegen seiner durch Vorrecherchen bekannten ausgeprägten kooperativen Ausrichtung und des einfachen Zugangs zu den Programmierern. Dabei basiert dieser Artikel auf der Fallstudie von Brand und Schmid (2004) und einem Arbeitspapier (Brand und Schmid 2005). Diese können bei den Autoren angefordert werden oder sind auf der Homepage (http://www.soz.uni-frankfurt.de/arbeitslehre/pelm.html) zu finden.

den Prozess der Umwandlung in eine individuelle Arbeitsleistung in Form eines Arbeitspakets. Schließlich umfasst sie drittens die Arbeitszusammenführung, d. h., wie die einzelnen Arbeitsleistungen der einzelnen Open-Source-Mitarbeiter zu einem gemeinsamen Produkt zusammengefügt werden.

Leistungserstellung und Arbeitszusammenführung erfolgen im Allgemeinen jederzeit in einem Open-Source-Projekt (vgl. Jørgensen 2001, 328 ff.; Mockus et al. 2002), d. h. auch im KDE-Projekt. Verschiedene parallel ablaufende Tätigkeiten, wie Programmieren, Testen, Releaseerstellung etc., können jeweils eher der Leistungserstellung oder der Arbeitszusammenführung zugeordnet werden. Zur Vereinfachung der Diskussion setzen wir die Leistungserstellung mit der dynamischen, freien Phase und die Arbeitszusammenführung mit der Phase der Erstellung eines stabilen, offiziellen Releases gleich.

In der Leistungserstellung entsteht zunächst ein sich ständig in Veränderung befindliches dynamisches und somit unfertiges Entwicklungsrelease mit uneingeschränkten und großen Quellcodeveränderungen. Diese Phase beinhaltet die Leistungserstellung, d. h. das freie und iterative Programmieren an einer lokalen Kopie von Teilen des Quellcodes in einem Versuchs- und Irrtumsprozess. Aus dem Entwicklungsrelease wird in der Arbeitszusammenführung eine abgeschlossene statische, möglichst fehlerfreie offizielle Endversion erstellt, wobei das gemeinsame Softwareprodukt in lauffähiger Maschinensprache mit Dokumentationen und Übersetzungen für die Öffentlichkeit zum Herunterladen freigegeben wird (vgl. Brand und Schmid 2004, 2005; Becher et al. 2005).

Im Folgenden referieren wir die zusammengefassten Untersuchungsergebnisse für die Koordination der Arbeit in dem Open-Source-Projekt. Die Aufteilung in die drei Phasen Arbeitsaufteilung, Leistungserstellung und Arbeitszusammenführung erfolgt aus analytischen Gründen, um eine primäre Zuordnung der Ausprägungen zu erreichen. Allerdings ist die Trennung nicht immer eindeutig möglich, was bei der Gleichzeitigkeit der drei Funktionen in diesem Open-Source-Projekt auch nicht anders zu erwarten ist. Bei der Arbeitsverteilung werden dabei nicht nur Aufgaben, sondern auch Posten mit spezifischen Aufgaben von den Mitarbeitern übernommen.

3.1 Arbeitsverteilung

Kooperation ist eine wesentliche Koordinationsform bei der Arbeitsverteilung von Aufgaben im KDE-Projekt, da ein gemeinsames Ziel angestrebt wird: die Entwicklung einer Software. Bei der Arbeitsverteilung der Postenbesetzung ist dagegen die Hierarchie zentral (s. u.). Von den Kooperationsarten überwiegt bei der Aufgabenverteilung die reziproke Kooperation, da vor allem die Entwicklungsrichtungen und -bereiche diskutiert werden. Bei den Abstimmungen wird über das Vorgehen und die verschiedenen individuellen Ziele bei der Arbeit gleichberechtigt verhandelt bzw. mittels besserem technischen Argument überzeugt, schreibt auch Ettrich (2004) als zentraler KDE-Entwickler. Dabei streben die „KDEler" Konsens an; es gibt keine formalen (Abstimmungs-)Regeln. Bei den Absprachen legen die KDE-Projektbeteiligten ihre Arbeitsbereiche fest und/oder übernehmen Arbeitsbereiche freiwillig, wobei eine konsensuelle Zustimmung vorausgesetzt wird. Schnittstellen bzw. Interdependenzen zwischen Softwareteilen, z. B. mit den zentralen Bibliotheken, unterstützen dies durch eine gegenseitige Abhängigkeit. Die Wahrscheinlichkeit von Absprachen z. B. bei gemeinsamem Vorgehen steigt, wenn die Projektbeteiligten Reputation aufgebaut haben und somit von vornherein Vertrauen in die zukünftige Durchführung vorhanden ist (Interview 7).[8]

In vielen Fällen werden nur wenige oder gar keine Absprachen benötigt, etwa wenn KDE-Beteiligte im Rahmen der gruppenbezogenen Kooperation vernachlässigte Aufgaben,[9] die normalerweise von anderen Projektbeteiligten bearbeitet wurden,[10] oder Arbeitsaufgaben allgemeiner Unterstützungsanfragen in Mailinglisten oder Chats als Aushilfen übernehmen.

Entstehen Konflikte, versuchen die Kontrahenten zunächst, eine Einigung mittels überzeugender Argumente zu finden, erklärte ein zentraler KDE-Entwickler (Interview 6). Bei einem größeren Konflikt über längere Zeit, d. h. mehrere Tage, wird ein Konsens durch einen freiwilligen unparteiischen Schlichter aus dem KDE-Projekt herbeigeführt. Nach der überwiegend konsensuellen Einigung über die Arbeitsverteilung erfolgt die Handlungsdurchführung selbstverantwortlich.

Unterstützend wirkt die häufige altruistische Kooperation der projektexternen Endnutzer, die zwar nicht an der Arbeit in dem untersuchten Projekt beteiligt sind, aber einmalig Fehlerberichte, Wünsche oder programmierte Fehlerkorrekturen einsenden. Die hohe Anzahl von einmaligen Berichten führt zu einer sehr hohen Gesamtzahl aller Beiträge, auch während der Leistungserstellung (Interview 10).

Die hierarchische Koordination ist der Kooperation nachgelagert, da nur die manipulative Macht auftritt, die von Personen mit hoher Reputation ausgeht.[11] KDE–Mitarbeiter können über Sanktionen aufgrund der Virtualität und des Verlusts an intrinsischer Motivation die Übernahme von Aufgaben nicht erzwingen. Belohnungen in Form von Loben für die fortwährende Softwareerstellung und kommunikative Beteiligung durch Personen aus dem inneren Kreis der Reputationshierarchie kommen in der Kommunikation kaum vor, da die Belohnung durch Reputation erfolgt. Als zusätzliche Belohnungen können dabei die Vergabe einer E-Mail-Adresse der Domain kde.org oder die Aufnahme in Mailinglisten mit begrenzter Teilnehmerschaft

---

8   Die Autoren haben Interviews mit KDE-Mitgliedern geführt und verwenden im weiteren Verlauf des Artikels auch Selbstaussagen von der KDE-Homepage.
9   „I tend to look for things that no-one else is doing but are really in need of being done and just start working on it" (Selbstaussage 29).
10 Der übliche Bearbeiter kann dies z. B. wegen Austritt, zeitlicher Abwesenheit, fehlender Kompetenzen etc. nicht ausführen (Interview 5).
11 Mit Arbeit kann Reputation erlangt werden, wie bei der Befragung festgestellt werden konnte: Die Antwortenden des inneren Kreises/Kernbereichs investieren mehr Arbeitszeit als die Mitarbeiter des äußeren Kreises.

gewertet werden (Interview 5).

Die manipulative Macht zeigt sich gerade bei KDElern mit hoher Reputation und/oder in Posten. Formales Bildungskapital wie Zeugnisse spielt dabei keine Rolle. Den höheren Einfluss auf die Entscheidungen haben sie einerseits durch die mit Reputation als symbolisches Kapital bzw. Reputationsmacht einhergehenden Erfahrungen bzw. das Wissen über das Projekt (Expertenmacht). Sie erkennen durch ihr Wissen Aufgabengebiete schneller und können diese besetzen bzw. darauf aufmerksam machen. Andererseits besteht der Einfluss der Posteninhaber durch die Verantwortung, die sie mit Postenübernahme eingehen. Dabei stehen die Posteninhaber auch in einer absteigenden hierarchischen Beziehung zueinander, die sich proportional zur Verantwortlichkeit über einen bestimmten Projektbereich, vom gesamtprojektbezogenen Posten (Releasekoordinatoren) bis hin zu (Unter-)Projektleitern, verhält. Oft übernehmen sie wichtige, aber unbeliebte Aufgaben. Es können aber Aufgaben nur vorgeschlagen und Mitarbeiter nur überzeugt werden (Interview 5/2). Die Aktionen müssen letztendlich vor den anderen Mitarbeitern argumentativ bestehen.

Institutionelle Unterstützung der manipulativen Macht bestehen durch die technische Infrastruktur, d. h., dass in wenigen Mailinglisten nur bestimmte KDEler mit hoher Reputation schreiben dürfen, wie in der „KDE core devel"-Mailingliste. Dadurch können bestimmte Problemsichten vordiskutiert und „vorentschieden" werden (Interview 7). Eine Begrenzung ist, dass eine konsensuale Entscheidung oft nicht genau definiert ist und ein Freiwilliger den Spielraum nutzen und das Problem eher in seinem Sinne lösen kann.

Eine Koordination erfolgt auch durch die Steuerung der Aufmerksamkeit und strategische Kommunikation (Informationsmacht). Die KDE-Mitarbeiter mit hoher Reputation und Posteninhaber können Themen auf die Diskursagenda setzen, durch entsprechende Argumente verhindern oder wichtige Informationen aus sozialen Netzwerkkontakten bzw. aus ihrem Wissen weiterleiten oder auch nicht (Interview 5).

Die Identifikationsmacht des Projektleiters ist mit besonders freundlicher und konstruktiver E-Mail-Kommunikation verbunden, wobei die Aufgaben in KDE mit allgemein geteilten Werten verknüpft und manchmal ideologische Ziele definiert werden. Dabei stellt der Projektleiter ein Vorbild für die anderen dar, das Mitarbeiter anzieht. In Unterprojekten mit charismatischen Projektleitern besteht eine höhere intrinsische Motivation und Konflikte sind eher selten (Interview 4).

Bei der Arbeitsverteilung von Aufgaben spielt Wettbewerb eine geringe, wenngleich auch signifikante Rolle, die sich aber eher auf die Motivation auswirkt. Die KDE-Projektbeteiligten wählen u. U. schwierigere und komplexe Arbeitspakete aus, um Reputation zu akkumulieren und einen zukünftigen Wettbewerbsvorsprung zu erhalten (Interview 8). Einen Wettbewerb bei der Übernahme eines Arbeitspakets aufgrund der Reaktionsgeschwindigkeit eines Projektbeteiligten gibt es nicht, da eine parallele Bearbeitung durch den offen zugänglichen Quellcode prinzipiell möglich ist.

Bei Diskussionen über größere Veränderungen treten manchmal zwei Parteien in

Ist ein Open-Source-Projekt nur kooperativ?

kleinem Rahmen auf, die um die Zustimmung der anderen Mitarbeiter zu einer der vorgeschlagenen Alternativen werben. Dabei vergleichen die Diskussionsbeteiligten die Argumente und wählen eine der Alternativen aus (Interview 3/9). Schweigen gilt dabei als Zustimmung, da davon ausgegangen wird, dass sich die Personen beteiligen, deren Interessen betroffen sind.

Bei der Besetzung von Posten mit spezifischen Aufgaben wie Projektleiter, Releasekoordinator etc. bestimmt der bisherige Posteninhaber seinen Nachfolger (Interview 3). Dabei spielt Wettbewerb um Reputation eine Rolle. Der Posteninhaber vergleicht den Grad der Reputation und wählt einen KDE-Mitarbeiter mit hoher Reputation aus. Beim Releasekoordinator z. B. wird mit Reputation Erfahrung erwartet, da er die Schwere eines Problems und die Wichtigkeit einer Software einschätzen muss. Sein soziales Kapital kann der Posteninhaber aber ausnutzen, um durch geschickte Wahl des Nachfolgers die weitere Entwicklung des (Unter-)Projekts zu beeinflussen. „Manipulativ" ist dabei auch die freundlich-werbende charismatische Kommunikation zur Überzeugung eines adäquaten Nachfolgers. Die Wahl wird aber als allgemeiner Konsens betrachtet, wenn keiner etwas gegen den Nachfolger einzuwenden hat (Interview 8/10). Andere Projektbeteiligte aus dem inneren Kreis helfen dem bisherigen Posteninhaber bei der Suche nach Personen für diesen Posten durch eigene, unterstützende Suche, Erkundigungen oder Vorschläge, da die Besetzung wegen des hohen Arbeitsaufwands und hohen Erwartungsdrucks mögliche Nachfolger abschreckt (reziproke Kooperation).

Die bisherigen Positionsinhaber haben oft die Positionen als Gründer dieser Posten übernommen. Bisher gaben sie diese Posten wegen der erworbenen Reputation nicht auf, obwohl sie weniger für das Projekt arbeiteten. Ein Wettbewerb zwischen den Personen aus dem inneren Kreis scheidet aber wegen der überwiegend freundschaftlichen Verhältnisse und wiederholten persönlichen Treffen auf Konferenzen aus. Die nachfolgende Generation hat hohe Reputation akkumuliert und möchte diese Positionen übernehmen, weswegen z. T. neue, unwichtigere Posten als Ausweichmöglichkeiten geschaffen wurden (Interview 7). Der Wettbewerb zwischen den Generationen wirkt sich auf die alltägliche Softwareentwicklung nicht aus.

3.2 Leistungserstellung

Bei der Leistungserstellung überwiegt die gruppenbezogene Kooperation, da unaufgeforderte Hilfen bei der Softwareentwicklung häufiger auftreten als direkte Absprachen: „When it comes to KDE, the nicest thing is when somebody fixes bugs for me I introduced. However I really don't expect that, please don't get me wrong" (Selbstaussage 52). Es kann außerdem jeder Fehlerberichte schreiben oder bei der Zusammenarbeit, bei Softwaretests und Softwareproblemen helfen, da das Fehlerberichtsystem und die meisten Mailinglisten für alle zugänglich sind (Interview 4).[12]

---

12 Siehe http://developer.kde.org/source/anonsvn.html bzw. http://kde.org/mailinglists/

Einerseits kontrollieren die KDE-Softwareentwickler sich selbst und andere durch die Nutzung der neuesten Quellcodeveränderungen im Versionsmanagementsystem (Peer-Review) und melden Fehler freiwillig über das standardisierende Fehlerberichtsystem. Dabei wird kein Fehler einer Person zugeschrieben. Andererseits beantworten Projektbeteiligte mit dem nötigen Wissen unaufgefordert Anfragen in Mailinglisten oder Chaträumen zu Problemen mit dem Softwareprodukt, Werkzeugen etc. Außerdem bekommen sie erledigte Arbeiten zu ihrem Arbeitsbereich, wie Fehlerberichte oder -korrekturen, aus freien Stücken, da die andere Person auch zum Großprojekt gehört (Interview 3/9). Die reziproke Kooperation bezieht sich auf das gegenseitige Aushelfen bei kleinen Aufgaben und die temporäre Übernahme von kleinen Arbeitspaketen nach persönlicher Anfrage. Projektbeteiligte z. B. bitten andere (oft beim Chatten), ihre Software zu kontrollieren bzw. zu testen.

Außerdem gibt es Nachverhandlungen von gemeinsamen Absprachen bei der Arbeitsverteilung. Selten, bei Verständnisproblemen von Fehlerberichten seitens des KDE-Softwareentwicklers, wird versucht, über Rückfragen bez. des gemeldeten Fehlers das Problem gemeinsam mit dem Fehlerberichtsendenden, z. T. externen Endnutzern, zu lösen (Brand und Schmid 2004).

Als Hierarchieelement steht die „bestrafende" Macht im Vordergrund, ist aber seltener vorzufinden als die Kooperation. Belohnungen wie monetäre Anreize spielen keine Rolle. Die Bestrafung kann nicht bez. der Softwareerstellung erfolgen, da Projektbeteiligte aufgrund der GPL-Lizenz rechtlich nicht von der Veränderung der Software ausgeschlossen werden können. Dagegen kann ein Ausschluss aus dem Open-Source-Projekt durch Entzug des Schreibzugriffs zum Dateiablagesystem von zentralen Posteninhabern vorgenommen werden, wenn die Normen des Großprojekts verletzt wurden bzw. Quellcode gegen die gruppenspezifischen Interessen verändert wird.[13] Ein Entzug des Schreibzugriffs bei einer Mailingliste wird nicht vorgenommen, da gegen die Norm der frei fließenden Informationen verstoßen wird. Daher dominieren textbasierte gegenüber technischen Sanktionen. Personen mit hoher Reputation ahnden hin und wieder auftretende irrelevante, beleidigende und themenunspezifische Aussagen oder schlechten Quellcode durch textbasierte soziale Sanktionen. Ignorieren ist oftmals die Sanktion der Wahl, vor allem bei Verstößen gegen die „Netiquette". Ignorieren hat aber seine Grenze, wenn Einzelmeinungen als Aussagen des Gesamtprojekts missverstanden werden können und damit die Außendarstellung des Projekts beeinflussen (Interview 3/10).

Posteninhaber haben eine Verhinderungsmacht von seltenen gravierenden, nicht–normenkonformen Handlungen wie dem Einbau ungewünschten Quellcodes. Neben den seltenen Fällen des Entzugs der Schreibberechtigung für das Dateiablagesystem, kann gegebenenfalls die Entfernung von Quellcodeveränderungen und das Zurückspielen der alten Softwareversion aus dem gemeinsamen Dateiablagesystem durch

---

13 Siehe zur genaueren Darstellung des Konflikts um „moralische" Autorenrechte Brand und Holtgrewe (2005).

den Projektleiter (oder Projektbeteiligte als Posteninhaber) als weitere bestrafende Sanktion gesehen werden. Der Projektleiter kontrolliert stichprobenartig den eingestellten Quellcode, wenn z. B. die beschreibenden Kommentare (Logs) der Veränderungen Verdacht erregen.[14] Der Projektleiter hat durch Androhung der Löschung einen verstärkten Einfluss und kann dadurch z. B. eine höhere Qualität erzwingen. Motivationsverlust und Abwanderung von Projektbeteiligten begrenzen den Einsatz von bestrafenden Sanktionen, weswegen diese Sanktionen eher selten verwendet werden (Interview 2/11). Posteninhaber nehmen zusätzlichen Einfluss auf die konkrete Programmierung durch ihre ständige Erreichbarkeit, Hilfsbereitschaft und Erfahrung (Expertenmacht).

Ein verhaltener, verdeckter Wettbewerb besteht durch den Vergleich des eigenen Arbeitsfortschritts mit dem Fortschritt der anderen Unterprojektbeteiligten bzw. deren Reputation, was sich auf die Motivation auswirkt. Ein Aufstieg in der Reputationshierarchie ist durch eine ständig hohe Qualität der Arbeit (z. B. Fehlerfreiheit des Quellcodes) bei ständiger Mitarbeit möglich (Interview 5). Die Offenheit des Versionsmanagementsystems erhöht zwar die Vergleichbarkeit, ein gezielter Vergleich wird aber nicht verfolgt. Die Komplexität der Software macht es zusätzlich schwierig, einen direkten Vergleich mit Mitarbeitern von anderen Unterprojekten anzustellen. Ein sehr seltener direkter Vergleich des eingeschickten Quellcodes nach der Qualität findet statt, wenn ein Unterprojektinterner und ein Unterprojektexterner zu einem Fehler je eine Korrektur einsenden (Interview 1).

3.3 Arbeitszusammenführung

Bei der Arbeitszusammenführung zu einem offiziellen Softwareprodukt spielt die legitimierte Position des Releasekoordinators mit seiner Verhinderungsmacht bei der Erstellung des Releases eine große Rolle. Damit ist die Hierarchie bei der Arbeitszusammenführung am wichtigsten. Der Koordinator stellt den Releaseplan mit gestuften Einschränkungen der Veränderungsmöglichkeiten im Versionsmanagementsystem auf, überwacht dessen Einhaltung und testet die Software auf Fehlerfreiheit. Bei Übertretung des Plans als sozialer Norm oder bei mangelnder Fehlerfreiheit kann er Quellcodeteile löschen oder ganze Programmblöcke aus dem Release ausschließen. Bei einem Ausschluss von Quellcode spielt die Wichtigkeit bzw. Zentralität der Programme eine Rolle. So wird der Releasetermin für zentrale Software, die wichtig für die Funktionsfähigkeit des Endprodukts ist, (um einige Wochen) nach hinten gerückt und nur fehlerhafte Teile der Software werden entfernt. Bisher wurden nur periphe-

---

14 Dieser Normalzustand gilt für Langzeitmitglieder des (Unter-)Projekts. Für neue Mitglieder gilt eine stufenweise Annäherung an diesen Zustand. Der Projektleiter kontrolliert bei Eintritt eines neuen Mitglieds in sein (Unter-)Projekt erst jede Quellcodezeile. Einige Zeit nachdem das Neumitglied qualitativ hochwertigen Quellcode geliefert hat, werden nur noch die Veränderungskommentare (Logs) auf Verdächtiges hin kontrolliert. Nach einem weiteren Zeitraum ohne Probleme kontrolliert der Projektleiter nur noch sporadisch. Es hat sich Vertrauen zu der Person eingestellt.

re und stark fehlerbehaftete Programme komplett aus den Releases ausgeschlossen (Interview 3/9).[15] In ganz seltenen Fällen wird die Zugangsberechtigung für das Dateiablagesystem entzogen, wenn unabgesprochene Änderungen oder ungetestete Software kurz vor dem Releasetermin eingespielt werden.

Normalerweise werden Probleme und Konflikte zwischen Releasekoordinator, den Unterprojektleitern und anderen Mitarbeitern diskutiert und es wird eine pragmatische Lösung gesucht. Das gemeinsame Interesse, ein stabiles, fehlerfreies, offizielles Produkt zu erstellen, steht dabei im Mittelpunkt. Es drückt sich auch in der Identifikation mit der Gruppe aus, was sich z. B. in Marken und Logos für das Gesamtprojekt bzw. -produkt und bestimmte Software oder in dem Stolz bei der Vorführung auf Konferenzen widerspiegelt (Interview 11).

Bei der Lösungssuche nutzt der Releasekoordinator seine Expertenmacht und seine starke Informationsmacht, da bei ihm alle Informationen zusammenlaufen. Bei einigen Personen erhöht sein Charisma zusätzlich die Legitimität von Entscheidungen. Oft muss er als Schlichter bei Konflikten über die Qualität von Software zwischen zwei Unterprojektbeteiligten fungieren. In seltenen Fällen, wenn keine Lösung gefunden wird, entscheidet der Releasekoordinator als letzte Instanz über Problem- und Konfliktlösungen (Interview 11).

Kooperation tritt vor allem als reziproke Kooperation zwischen Projektbeteiligten sowie zwischen Releasekoordinator und Projektbeteiligten auf. Letztere z. B. helfen sich gegenseitig bei der Fehlerbeseitigung. Zusätzlich ergibt sich ein Wettbewerb der Beteiligten um die begrenzte Aufmerksamkeit des Releasekoordinators in Form von Hilfe bei Entscheidungen, Problemlösung und aktiver Mitarbeit bei der Fehlerbeseitigung (Interview 9/11). Dieser Wettbewerb wird durch die gruppenbezogene Kooperation einer Gruppe von Personen mit hoher Reputation gemildert, die ein hohes Verantwortungsgefühl für das Gesamtprojekt haben und dem Releasekoordinator Arbeit abnehmen. Die Unterprojektleiter nehmen dem Releasekoordinator auch Arbeit ab, da sie für das Unterprojekt und die Fehlerfreiheit der Software verantwortlich und ihm daher untergeordnet sind. Sie haben dadurch eine abgeleitete „Macht" über die anderen Projektbeteiligten und kontrollieren, testen und lehnen Softwareveränderungen gegebenenfalls ab. Dies geschieht besonders in einem Zeitraum kurz vor dem Veröffentlichungstermin, um unbedachte Fehlerentstehung zu vermeiden.

4 Zusammenfassung

Im untersuchten Open-Source-Projekt KDE erfolgt die projektinterne Arbeitsallokation nicht nur kooperativ, sondern durch eine Kombination von Wettbewerb, Hierarchie und Kooperation; die Kombination ist dabei unterschiedlich ausgeprägt. Insgesamt dominiert zwar die Kooperation, Hierarchie hat aber ebenfalls Bedeutung

---

15 Das Ausschlusskriterium ist das Auftreten kritischer Fehler bei der Nutzung (z. B. Systemabstürze).

Koordinations-formen	Arbeits-verteilung von Aufgaben	Arbeits-verteilung von Posten	Leistungs-erstellung	Arbeits-zusammen-führung
Kooperation	+++	++	+++	++
Hierarchie	++	+++	++	+++
Wettbewerb	+	+	+	+

Tabelle 1: Bedeutung der Koordinationsformen bei der projektinternen Allokation, +++ „sehr hohe Bedeutung"; ++ „hohe Bedeutung"; + „kaum Bedeutung"

bei der Koordination. Wettbewerb ist vorhanden, spielt aber eine untergeordnete Rolle. Es ist anzunehmen, dass diese Elemente auch in anderen Open-Source-Projekten auftreten.[16]

Die Untersuchungsergebnisse verweisen auch auf ein komplementäres Verhältnis der drei Koordinationsformen (Tabelle 1). Als vorsichtige allgemeine Schlussfolgerung lässt sich aus der Fallstudie festhalten, dass bei der Arbeitsverteilung Kooperation dominiert, die Hierarchie eine eher geringe Rolle spielt. Bei der Leistungserstellung überwiegt zwar die Kooperation, doch bestehen auch hierarchische Elemente. Bei der Arbeitszusammenführung aufgrund der Kontrollnotwendigkeiten der Vereinheitlichung der Software und des Projektzusammenhalts spielt die Hierarchie eine wesentliche Rolle, bei etwas geringerer, aber vorhandener Bedeutung auch der Kooperation. Wettbewerb hat hier eine geringe Bedeutung und wirkt sich eher auf die Motivation der Beteiligten aus.

Kooperative, aber auch hierarchische Elemente der Koordination finden sich eher in der Organisationsstruktur bei der Besetzung von Stellen und der damit verbundenen Handlungsmöglichkeiten. Wettbewerb hat auch hier einen geringen Stellenwert.

Literatur

Arentzen, U. und Lörcher, U. (Hrsg.) (1997), *Gabler-Wirtschafts-Lexikon*, 14. Aufl., Gabler, Wiesbaden.

Becher, C., Brand, A., Kavai, A. und Schmid, A. (2005), *Elektronische Arbeitsmärkte. Empirie der Struktur und Funktionsweise elektronischer Arbeitsmarktplätze in Teilarbeitsmärkten*, Rainer Hampp Verlag, München und Mering.

Blau, P. M. (1964), *Exchange and Power in Social Life*, Wiley, New York, USA.

---

16 Hinzuweisen ist hierbei noch darauf, dass sich vor allem beim Wettbewerb und bei der Hierarchie die Instrumente der Koordination von den herkömmlichen wie dem „Marktwettbewerb" und der „Unternehmenshierarchie" unterscheiden.

Bourdieu, P. (1987), *Die feinen Unterschiede. Kritik der gesellschaftlichen Urteilskraft*, Suhrkamp, Frankfurt.

Bourdieu, P. (1998), *Praktische Vernunft. Zur Theorie des Handelns*, Suhrkamp, Frankfurt. Original von 1985.

Brand, A. und Holtgrewe, U. (2005), Open Source Software Entwicklung und öffentliche Güter, *in* M. Moldaschl und N. Stehr (Hrsg.), 'Knowledge Economy. Beiträge zur Ökonomie der Wissensgesellschaft', Metropolis, Marburg.

Brand, A. und Schmid, A. (2004), 'Fallstudie eines Open Source-Projekts als Arbeitsnetz'. http://www.soz.uni-frankfurt.de/arbeitslehre/pelm/docs/FALLSTUDIE%20Open%20Source%20V1.pdf [28. Jan 2006].

Brand, A. und Schmid, A. (2005), 'Koordination in einem Open Source-Projekt. Arbeitspapier aus dem DFG-Projekt Struktur und Funktionsweise elektronischer Arbeitsmärkte'. http://www.soz.uni-frankfurt.de/arbeitslehre/pelm/docs/ KOORDINATION_IN_OPEN_SOURCE-PROJEKT_Brand-Schmid.pdf [10. Jan. 2006].

Ettrich, M. (2004), Koordination und Kommunikation in Open Source-Projekten, *in* B. Lutterbeck und R. A. Gehring (Hrsg.), 'Open Source Jahrbuch 2004 – Zwischen Softwareentwicklung und Gesellschaftsmodell', Lehmanns Media, Berlin, S. 179–192. http://www.opensourcejahrbuch.de/2004/ [10. Feb 2006].

Ghosh, R. A. (1998), 'Cooking-Pot-Markets: An Economic Model for the Trade in Free Goods and Services over the Internet', *First Monday* **3**(3). http://firstmonday.org/issues/issue3_3/ghosh/ [10. Jan 2006].

Götzenbrucker, G. und Löger, B. (2000), Online Communities. Struktur sozialer Beziehungen und Spielermotivationen am Beispiel von Multi User Dungeons, *in* U. Thiedecke (Hrsg.), 'Virtuelle Gruppen. Charakteristika und Problemdimensionen', Springer, Wiesbaden.

Hradil, S. (1980), *Die Erforschung der Macht: Eine Übersicht über die empirische Ermittlung von Machtverteilungen durch die Sozialwissenschaften*, Kohlhammer, Stuttgart.

Jaeger, T. und Metzger, A. (2002), *Open Source Software. Rechtliche Rahmenbedingungen der Freien Software*, Beck, München.

Jørgensen, N. (2001), 'Putting it all in the Trunk: Incremental Software Development in the FreeBSD Open Source Project', *Information Systems Journal* **11**(4), S. 321–336. [10. Jan 2006].

Kavai, A. und Schmid, A. (2004), Beschäftigungsflexibilität durch interne Jobbörsen. Wettbewerb und Hierarchie auf unternehmensinternen elektronischen Arbeitsmärkten, *in* O. Struck und C. Köhler (Hrsg.), 'Beschäftigungsstabilität im Wandel? Empirische Befunde und theoretische Erklärungen für West- und Ostdeutschland', Rainer Hampp, München und Mering, S. 247–265.

Lerner, J. und Tirole, J. (2000), The Simple Economics of the Open Source Software, Working Paper 7600, NBER. http://www.nber.org/papers/w7600 [10. Jan 2006].

Mahnkopf, B. (1994), Markt, Hierarchie und soziale Beziehungen. Zur Bedeutung reziproker Beziehungsnetzwerke in modernen Marktgesellschaften, *in* N. Beckenbach und W. van Treeck (Hrsg.), 'Umbrüche gesellschaftlicher Arbeit', Schwartz, Göttingen. Soziale Welt Sonderband 9.

Mockus, A., Fielding, R. und Herbsleb, J. (2002), 'Two Case Studies of Open Source Software Development: Apache and Mozilla', *ACM Trans. Software Engineering and Methodology* **11**(3), S. 309–346.
http://www.research.avayalabs.com/techreport/ALR-2002-003-paper.pdf [10. Jan 2006].

Noteboom, B. (2002), *Trust. Forms, Foundations, Functions, Failures and Figures*, Edward Elgar, Cheltenham.

Raven, B. (1992), 'A Power/Interaction Model of Interpersonal Influence: French and Raven thirty Years later', *Journal of Social Behavior and Personality* **7**, S. 217–244.

Raymond, E. S. (1998), 'Homesteading the Noosphere', *First Monday* **3**(10).
http://firstmonday.org/issues/issue3_10/raymond [10. Jan 2006].

Raymond, E. S. (1999), 'The Magic Cauldron'.
http://www.catb.org/~esr/writings/magic-cauldron/magic-cauldron.html [10. Jan 2006].

Rossi, M. A. (2004), Decoding the „Free/Open Source (F/OSS) Software Puzzle" - A Survey of Theoretical and Empirical Contributions, Working Paper 424, Universita di Siena, dipertimento di economia politica. http://opensource.mit.edu/papers/rossi.pdf [10. Jan 2006].

Stegbauer, C. (2002), *Reziprozität. Einführung in soziale Formen der Gegenseitigkeit*, Westdeutscher Verlag, Wiesbaden.

Weber, M. (1956), *Wirtschaft und Gesellschaft*, J.C.B. Mohr (Paul Siebeck), Tübingen.

Open-Source-Marketing –
ein schlafender Riese erwacht

KLAUS-PETER WIEDMANN UND SASCHA LANGNER

(CC-Lizenz siehe Seite 499)

Die klassische Massenkommunikation ist an einem Wendepunkt: Die traditionell einseitige Konsumentenansprache (Unternehmen → potentieller Kunde) funktioniert immer seltener. Immer mehr Konsumenten schalten ab, wenn sie ungewollt mit Werbung konfrontiert werden oder sehen die klassischen Kommunikationsmaßnahmen der Unternehmen sogar generell als Belästigung an. Dabei hat das Interesse an Produkten und Dienstleistungen im Allgemeinen natürlich nicht nachgelassen. Die klassischen Kommunikationsstrategien und -aktivitäten scheinen einfach nicht mehr im Einklang mit dem Lebensstil vieler Konsumenten zu sein. Der nachfolgende Beitrag zeigt Mittel und Wege auf, das Spannungsverhältnis zwischen Konsumenten und klassischen Marketingmaßnahmen mit Hilfe des Open-Source-Gedanken zu lösen. Hierzu wird zunächst am Beispiel des Browsers Firefox gezeigt, dass die komplexen Mechanismen strategischer Marketingplanung und operativer Maßnahmenumsetzung im Sinne eines Open-Source-Projektes gemeinschaftlich, parallel und relativ unstrukturiert durchgeführt werden können. Darauf aufbauend wird das Konzept eines Open-Source-Marketings vorgestellt. In diesem Zusammenhang werden Bedingungen für die effektive Umsetzung von Marketingprozessen im Sinne des Open-Source-Gedankens vorgestellt und anhand vieler praktischer Beispiele – unter anderem Apple, VW oder Budweiser – werden motivationsbedingte Erfordernisse für eine effiziente Integration von Konsumenten in die Planung und Umsetzung der Vermarktungs- und Absatzprozesse von Produkten und Dienstleistungen untersucht.

Schlüsselwörter: Open-Source-Marketing · Marketing · Spread Firefox

1 Marketing im Wandel

„Nicht die Zeiten ändern sich, sondern die Menschen." (Werner Braun)

Die klassische Massenkommunikation wird immer ineffizienter. Anzeigen werden einfach überblättert, Plakate ignoriert und in der Fernsehwerbepause wechseln viele Konsumenten den Sender oder gehen einfach in die Küche. Neue Freizeitaktivitäten und Medien, darunter das immer wichtiger werdende Pull-Medium Internet, tun dem Effizienzverlust dabei sein Übriges. Eine der Kernzielgruppen von Fernsehwerbern, Männer zwischen 18 und 34 Jahren, hat ihren Fernsehkonsum beispielsweise allein im Jahr 2003 um 12 % eingeschränkt (vgl. Nielsen Media Research 2003). The „Lost Boys", wie das Magazin „Wired" die immer schwieriger zu erreichende Generation nennt (vgl. Rose 2004, S. 34), verbringt ihre Zeit lieber damit, Computer- und Videospiele zu zocken, DVDs zu schauen oder im Internet zu surfen.

Obwohl immer mehr Studien einen Wandel in der Werbewahrnehmung und im Umgang mit Werbung signalisieren (vgl. Yankelovich Partners 2004 sowie Schadler 2004, S. 1-7)[1], setzen viele Unternehmen weiterhin auf Strategien und Maßnahmen, die in den 50er und 60er Jahren des letzten Jahrhunderts ihren Ursprung haben (wie beispielsweise auf den 30-Sekunden-Spot). Dabei haben sich die Gewohnheiten und das Verhalten der Menschen in vielen Lebensbereichen geändert. Freizeit ist zu einem wertvollen Gut geworden. Sie wird hart erarbeitet, gut durchorganisiert und vor allem nicht verschenkt. Auf der anderen Seite steht eine immer größer werdende Flut von neuen Produkten und Marken, die sich über klassische – meiste unterbrechende und aufdringliche – Werbemaßnahmen ins Kundenbewusstsein „einbrennen" sollen. Die Folge: Immer mehr Konsumenten filtern, wo immer sie können, ungewollte Werbung aus ihrer Wahrnehmung.

Dabei ist das generelle Interesse an Produkten, Dienstleistungen oder Marken natürlich nicht erloschen. Ganz im Gegenteil: Mehr als 50 Prozent der Konsumenten setzen sich sogar gern mit werbenden Inhalten auseinander (vgl. Yankelovich Partners 2005). Die klassischen Kommunikationsstrategien und -aktivitäten scheinen jedoch nicht mehr im Einklang mit dem Lebensstil vieler Konsumenten zu sein. Eine zentrale Herausforderung für Unternehmen ist daher die folgende: „break through the clutter and make consumers aware of brand's existence" (Wilke 1993, S. RC-9).

---

1 Das amerikanische Marktforschungsunternehmen *Yankelovich Partners* hat zum Thema Reaktanz und Werbung mittlerweile konkrete Zahlen vorgelegt. Über die Hälfte der Befragten, so ein Ergebnis der *Consumer Resistance Study 2004*, kauft ein aufdringlich beworbenes Produkt lieber nicht. Mehr als 60 % fühlen sich von zu viel Werbung belästigt. Und knapp 70 % der Befragten sind an Möglichkeiten (Techniken oder Dienstleistungen) interessiert, Werbung auszublenden. Zu ähnlichen Ergebnissen kommt auch *Forrester Research* (vgl. Schadler 2004, S. 1-7). Wurden digitale Videorekorder von der Werbeindustrie lange Zeit belächelt, so können diese Technologien heute nicht mehr einfach ignoriert werden. Bis 2009 werden nach Prognosen der Marktforscher von *Forrester* allein in den Haushalten der USA ca. 30 Millionen digitale Videorekorder stehen.

Angesichts ineffizienter werdender Werbebestrebungen einerseits und stärker werdendem Reaktanzverhalten gegenüber herkömmlicher Werbung andererseits stellt sich die Frage, ob es alternative Wege der Kundenansprache gibt; solche, die den Konsumenten aktiv integrieren und so helfen, die Kommunikationseffektivität zu erhöhen und gleichzeitig das Potenzial in sich bergen, das Spannungsverhältnis zwischen Konsumenten und klassischen Werbemaßnahmen zu lösen. Ein solcher Weg könnte die Integration des Open-Source-Gedankens in die Planung, Entwicklung und Umsetzung von Marketingprozessen sein.

2 Open Source meets Marketing

Wer von der Open-Source-Bewegung (*open source movement*, OSM) hört, denkt in der Regel zuallererst an Software. Linux, Open Office, Mozilla, Apache und viele andere Open-Source-Projekte haben die Softwarelandschaft in den letzten Jahren nachhaltig geprägt.[2] Und die Open-Source-Bewegung ist wohl nicht mehr aufzuhalten. Dies zeigt sich auch darin, dass sie schon längst nicht mehr auf Software limitiert ist. Immer mehr Menschen stellen ihr kreatives Schaffen der Allgemeinheit zur Verfügung. Sie veröffentlichen Bilder, Videos oder Musik im Netz, und alles, ohne Lizenzgebühren für ihr geistiges und kreatives Schaffen zu verlangen.[3]

Es war also nur eine Frage der Zeit, bis die ersten Open-Source-Anhänger auf die Idee kommen würden, die Vermarktung ihrer Projekte gemeinschaftlich zu planen und durchzuführen.

Ein bekannter Anwender von Open Source orientiertem Marketing ist die Mozilla Foundation. Das Non-Profit-Unternehmen organisiert, koordiniert und verwaltet die Entwicklung des Webbrowsers Firefox. Mit einem Marktanteil von mittlerweile 8,5 % weltweit (Schröder 2005) und über 20 % in Deutschland (dpa Hamburg 2005) ist Firefox die erste ernstzunehmende Herausforderung für Microsofts Internet Explorer seit Jahren – nicht zuletzt auch durch seine Open Source orientierte Vermarktung.

Im Mittelpunkt von Mozillas innovativem Konzept steht die Website „spreadfirefox.com". Diese zählt mittlerweile 50 000 – 75 000 Besucher pro Tag[4] und ist quasi das Internet-Hauptquartier vieler weltweit durchgeführter Marketingmaßnahmen zur Erhöhung der Nutzerzahlen des Browsers.

Um das Marketing für Firefox gemeinschaftlich planen und koordinieren zu können, setzt Mozilla konsequent auf die Erfolgsregeln von Open-Source-Entwicklungen (vertiefend hierzu Weber 2004, S. 128 ff.). Das Non-Profit-Unternehmen gründete eine Community, schaffte die Grundlagen für einen konstruktiven Ideenaustausch unter den Mitgliedern und integrierte Mechanismen zur Motivation und Auswahl

---

2 Für eine ausführliche Einführung in das Open-Source-Phänomen siehe Feller und Fitzgerald (2002) oder Weber (2004, S. 54-93).
3 Siehe beispielsweise http://www.creativecommons.org.
4 Quelle: http://www.spreadfirefox.com.

Licensing
Email response team that responds and dispatches trademark and MPL licensing inquiries as necessary.

Partners
Email response team that responds and dispatches business partnership inquiries as necessary.

Press
Email response team that responds and dispatches press inquiries as necessary.

Press Team
Volunteer team that drafts press releases.

Visual Identity Team
The team responsible for the Firefox and Thunderbird logos, default themes and other core visual identity.

Web Apps
SWAT team of web programmers.

Wordsmiths
SWAT team of editors available to wordsmith all marketing materials.

Abbildung 1: Ausgewählte Marketingarbeitsgruppen auf spreadfirefox.com

der schließlich umzusetzenden Vorschläge. Mozilla erreichte dies hauptsächlich über Foren, Weblogs und Chats auf spreadfirefox.com.

In einem nächsten Schritt wurden Arbeitskreise aus Freiwilligen gebildet, deren Aufgabe es war, themenspezifisch Ideen zu bewerten, inhaltliche Details zu erarbeiten und die praktische Umsetzung mit den Mitgliedern der Community zu koordinieren (vgl. Mucha 2004). Vieles, was Mozilla an strategischer Rahmenplanung und *Artwork* für Marketingmaßnahmen benötigt, wird in den Arbeitsgruppen erdacht und auf intelligente Art passenden Community-Mitgliedern als Arbeitspaket zugeteilt.

Was sich auf den ersten Blick ein wenig bürokratisch anhört, ist bei näherem Hinschauen ein lebendiger Evolutionsprozess. 15 unterschiedliche Arbeitsgruppen mit spezifischen Marketingschwerpunkten hat das Projekt bis Oktober 2005 bereits hervorgebracht.

Die Arbeitsgruppen organisieren in sich umfangreiche Marketingmaßnahmen wie etwa Mittel und Wege der Verbreitung des Browsers auf CD-ROM und DVD-Medien von Computermagazinen, Promotion auf Messen etc. Sie entwerfen aber auch Strategien und Taktiken, die jeder Webmaster nutzen kann, um die Bekanntheit und

Open-Source-Marketing – ein schlafender Riese erwacht

```
Weekly Roll Call
Top 5 Climbers
   TorrentBox... 186 slots   [SFX]
   Carcarlo 131 slots        [SFX]
   hayde 129 slots           [SFX]
   ivanii 127 slots          [SFX]
   CDRWXP 111 slots          [SFX]

Top 5 Affiliates
   DSL-Tarife 23,880         [SFX]
   screen cap... 7,789       [SFX]
   craigslist 7,212          [SFX]
   biltec.org 3,925          [SFX]
   broadbandr... 3,818       [SFX]
        view top 250 | report abuse
```

Abbildung 2: Die Top-5-Mitglieder der Community, angezeigt auf jeder Seite von spreadfirefox.com

Verbreitung von Firefox zu steigern, beispielsweise über Banner, Buttons, E-Mail–Signaturen etc.

Die Ergebnisse sind substanziell: Mittlerweile zählt der Server von Mozilla über 132 Millionen Downloads (Stand: Januar 2006).

Motivation als Erfolgsfaktor von Open-Source-Marketing

Um die einzelnen Mitglieder der Gemeinschaft langfristig zu motivieren, setzt spreadfirefox.com auf ein simples Belohnungssystem. So erhält jedes Mitglied der Community eine einzigartige ID zugewiesen. Wer nun beispielsweise auf seiner Website einen Button (mit seiner ID) zur Downloadseite des Browsers setzt, erhält für jeden über ihn ausgelösten Download einen Punkt. Auch für die Gewinnung neuer Community-Mitglieder gibt es Punkte, wie auch für besondere Leistungen für die Gemeinschaft.

Anhand der Punktzahl wird wiederum ein Ranking aller Teilnehmer gebildet. Die Websites der 250 engagiertesten Mitglieder werden gut sichtbar auf den Seiten von spreadfirefox.com (Google PageRank 8) genannt und verlinkt. Damit auch neue Mitglieder eine Chance haben, wird für das Ranking nicht die Gesamtzahl der Punkte herangezogen, sondern nur die Entwicklung der letzten sieben Tage. Zudem gibt es ein zweites Ranking, das nur engagierte, neue Mitglieder listet.

Um auch kleinen Webmastern zu danken, werden bei jedem Seitenaufruf von spreadfirefox.com zufällig Websites aus dem Fundus aller Community-Mitglieder am oberen Seitenrand dankend erwähnt.

Neben den Vorteilen der PageRank-8-Verlinkung für das Suchmaschinenmarketing lohnt sich eine hohe Punktzahl natürlich auch zur Kundengewinnung. Die Seitenabrufe der Website spreadfirefox.com sichern einen kontinuierlich hohen Besucherstrom auf die eigene Seite.

Wem solche Belohnungen nur wenig bringen, für den bietet die Community ab einer bestimmten Punktzahl auch kostenlose Merchandising Artikel (wie T-Shirts, Plüschtiere etc.), eine exklusive Firefox-E-Mail-Adresse sowie die Chance, Sachpreise, wie z. B. einen iPod, zu gewinnen.

3 Open-Source-Marketing – Grundlagen, Voraussetzungen und Praxisbeispiele

3.1 Konzeptualisierung

Das Konzept des Open-Source-Marketings verknüpft die Ideen, Ideale und Erfolgsfaktoren der Open-Source-Bewegung mit den klassischen Zielen, Strategien und Maßnahmen des Marketings. Durch die aktive Integration der Konsumenten in die Planungs- und Umsetzungsprozesse der Vermarktung von Produkten und/oder Dienstleistungen soll zum einen das Reaktanzverhalten gegenüber Marketing im Allgemeinen (und Werbung im Speziellen) abgemildert werden und zum anderen das kreative Humankapital der Konsumenten im Sinne einer Win-Win-Situation[5] produktiv von Unternehmensseite nutzbar gemacht werden.

Open-Source-Marketing beinhaltet eine strategische, eine operative und eine normative Ebene. Strategisch betrachtet, umfasst Open-Source-Marketing die kooperative Planung und Festlegung von Marketingzielen, -strategien und -maßnahmen. Auf operativer Ebene beinhaltet Open-Source-Marketing wiederum die gemeinschaftlich organisierte, kreative Ausgestaltung und praktische Umsetzung von Marketingmaßnahmen unter flexiblen Nutzungsrechten wie etwa einer Creative-Commons-Lizenz[6].

---

5 Grundvoraussetzung für eine effiziente Zusammenarbeit von Unternehmen und Konsumenten im Rahmen des Open-Source-Marketings ist der wahrgenommene Nutzen dieser Kooperation. Nur wenn beide Seiten gleichermaßen profitieren, ist ein vertrauensvoller, gemeinsamer Entwicklungs- und Umsetzungsprozess von Marketingmaßnahmen möglich. Die Betonung liegt hierbei auf wahrgenommen, denn die Praxis zeigt (vor allem bei profitorientierten Unternehmen), dass kooperative Marketingprozesse sehr unterschiedlich bewertet werden können. So verbot beispielsweise T-Mobile unter Androhung von Strafe einem „Fan" die Verwendung des Namens Chad Kroski – ein fiktiver Buchautor, der in einem Werbespot des Mobilfunkunternehmens vorgestellt wurde. Kurz bevor der Name und die Werke des erfundenen Autors im Internet durch Fanhilfe zu Kult hätten avancieren können, erstickte T-Mobile die Beteiligung der Konsumenten im Keim (Borchers und Wilkens 2005, zur konsumentenseitigen Motivation siehe Abschnitt 3.2).

6 Unter dem Begriff Creative Commons werden verschiedene Standard-Lizenzverträge zusammengefasst, mittels welcher Urheber an ihren Werken, wie zum Beispiel Texten, Bildern, Musikstücken usw. der Öffentlichkeit Nutzungsrechte einräumen können. Anders als etwa die *General Public License* (*GPL*) sind diese Lizenzen jedoch nicht auf einen einzelnen Werkstypen zugeschnitten, sondern für beliebige Werke einsetzbar. Ferner gibt es eine starke Abstufung der Freiheitsgrade: von Lizenzen, die sich

Zentrale Bedeutung kommt der normativen Ebene zu: Open-Source-Marketing konstituiert einen fundamentalen Einstellungswandel im Umgang mit Produkten und Dienstleistungen und ihrer Vermarktung (vgl. Brøndmo 2004) – weniger Beschränkungen zu Gunsten von freiem Ideenaustausch und geringere Planungssicherheit zu Gunsten einer stärkeren Kundennähe. Open-Source-Marketing heißt:

- Marketingmaterialien sind nicht mehr restriktiv vom Urheberrecht geschützt, sondern weitestgehend frei für Konsumenten unter einer flexiblen Nutzungslizenz zugänglich (vgl. Dreier et al. 2004).
- Derivate oder Weiterentwicklungen von Anzeigen, Texten, Logos etc. sind vom Unternehmen nicht nur erlaubt, sie werden sogar von ihm gefördert.
- Kostenlos stehen auf der Unternehmens-Website nicht nur fertige Spots oder Banner zum Download bereit, sondern auch alle Vorprodukte dieser, wie etwa Storyboards, Basisanimationen, Texte oder Audiodateien.
- In Foren, Chats und Blogs können alle relevanten Bestandteile des Marketings diskutiert und kritisiert werden.

Open-Source-Marketing heißt also vor allem „loslassen können". Die Zielgruppe *darf* nicht nur, sie *soll* das eigene Marketing mit Ergänzungen, Weiterentwicklungen, Parodien oder Kritik verbessern können.

3.2 Voraussetzungen für effektives Open-Source-Marketing

Das Projekt „Spread Firefox" von Mozilla ist ein gutes Beispiel dafür, dass und wie Open-Source-Marketing funktionieren kann. Nun hat ein Non-Profit-Unternehmen einen großen Vorteil: Es folgt keinem Gewinnmaximierungstrieb wie fast jedes privatwirtschaftliche Unternehmen. Niemand außer der Gemeinschaft selbst profitiert von der Weiterentwicklung und Vermarktung des Browsers. Ist es unter diesen Voraussetzungen überhaupt denkbar, dass Unternehmen, wie beispielsweise Siemens, Microsoft oder Procter & Gamble, den Open-Source-Gedanken sinnvoll in ihr Marketing integrieren können?

Eines ist klar: Kein Kunde lässt sich wohl freiwillig vor den Karren eines privatwirtschaftlichen Unternehmens spannen, dessen einziges Anliegen es ist, dadurch geschickt Kosten zu sparen. Es stellt sich deshalb die Frage, ob und wenn ja, unter welchen Voraussetzungen sich Konsumenten überhaupt im Rahmen der Vermarktung von Produkten und Dienstleistungen beteiligen würden. Um dies zu beantworten, ist ein Blick in die motivierenden Gründe für Individuen, sich an einem Open-Source–Projekt zu beteiligen, sowie ein kurzer Überblick über die derzeitigen technischen Kommunikations- und Beteiligungsmöglichkeiten sinnvoll.

---

kaum vom völligen Vorbehalt der Rechte unterscheiden, bis hin zu Lizenzen, die das Werk in die Public Domain stellen, das heißt, bei denen auf das Copyright ganz verzichtet wird (vgl. http://creativecommons.org; Wikipedia 2005).

Mittlerweile sind eine ganze Reihe von ökonomischen und nichtökonomischen Ansätzen zur Erklärung der Motive für eine Beteiligung an einem Open-Source-Projekt entwickelt worden (vertiefend hierzu siehe Weber 2004, S. 135–149; Lerner und Tirole 2001, 2002; Gosh et al. 2002; Lakhani und Wolf 2005). Die wichtigsten ökonomischen Anreize für ein Individuum sind, einerseits das Zielobjekt verändern und so an die eigenen Bedürfnisse anpassen zu können und andererseits seine eigenen Fähigkeiten anderen (einflussreichen) Nutzern oder zukünftigen Arbeitgebern beweisen zu können.

Zu den häufig genannten nichtökonomischen Motiven zählen zum einen ideologische Gründe wie die Überzeugung, dass kreatives Schaffen weitestgehend frei sein sollte, und zum anderen intrinsische bzw. psychologische Motive wie z. B. Kompetenzerlebnisse, Teil von etwas Großem zu sein, Befriedigung, Zufriedenheit, Spaß oder Selbstlosigkeit.

Natürlich kann keine direkte Ableitung von analogen Ursache-Wirkungszusammenhängen stattfinden – bei der Anpassung eines Werbespots an die eigenen Vorlieben besteht beispielsweise kein wirklicher ökonomischer Nutzen aus gesunkenen Opportunitätskosten[7], wie etwa bei der Anpassung einer Software –, dennoch zeigt sich, dass manche Motive durchaus auch im Rahmen des Open-Source-Marketings eine Beteiligung verursachen könnten. Hierzu zählt die Möglichkeit, die eigenen Fähigkeiten, beispielsweise in Form eines selbst erstellten Werbespots oder einer eigens entwickelten Anzeigenidee, zukünftigen Arbeitgebern unter Beweis stellen zu können. Dieser Aspekt sollte angesichts tausender, Job suchender Nachwuchstexter, -PR-Strategen oder -Designer nicht unterschätzt werden. So versuchten beispielsweise Anfang 2005 zwei freie Filmemacher durch einen selbst erstellten Spot für den VW Polo, den Volkswagenkonzern auf sich aufmerksam zu machen. Im Film versucht ein Selbstmordattentäter, in einer belebten Fußgängerzone eine Bombe zu zünden. Seine Bluttat wird jedoch durch die Solidität des Kleinwagens vereitelt, der „small but tough" alle Menschen, außer dem Terroristen, vor der Explosion schützt. Der makabere Spot verfehlte sein Ziel nicht: Nach der Veröffentlichung sahen Millionen von Menschen den Clip (vgl. Bleh 2005).

Auch intrinsische bzw. psychologische Gründe können Anreize zur Beteiligung liefern. Viele Konsumenten fühlen sich mit bestimmten Marken (*Lovemarks*) so stark verbunden, dass sie regelrecht als Fans dieser angesehen werden können (vgl. Förster und Kreuz 2003, S. 74-83). Der amerikanische Lehrer George Masters erstellte beispielsweise Ende 2004 vollkommen eigenständig einen Werbespot zu Ehren von Apples iPod. Mit dem Wunsch, als Urheber des Clips genannt zu werden, stellte er den Film dann einer Community von Apple-Fans zur Verfügung. Über die Wege des

---

7 Unter Opportunitätskosten wird der entgangene Nutzen bezeichnet, der bei zwei Alternativen durch die Entscheidung für die eine und gegen die andere Möglichkeit entsteht. Bei der Entscheidung zwischen beispielsweise einer proprietären und nicht-proprietären Textverarbeitungssoftware sinkt der Nutzenverlust durch Wahl der freien Softwarevariante wegen deren Anpassbarkeit seitens des Nutzers.

Internets verbreitete sich der Spot daraufhin mit einer exponentiellen Rate. Innerhalb von wenigen Tagen hatten über 40 000 Nutzer den Clip angesehen. Die Qualität des Spots war dabei so gut, dass viele Abrufende ihn für das Ergebnis einer großen Werbeagentur hielten (vgl. Graham 2005).

Ein wichtiges Motiv ist nicht zuletzt auch Spaß. Als der amerikanische Bierhersteller Budweiser seine „Whassup!"-Kampagne startete, dauerte es nicht lange, bis die ersten von Fans erstellten Derivate des Werbespots ihren Weg ins Netz fanden; Spots, in denen beispielsweise Rabbies, englische Adlige, Superhelden oder South-Park-Charaktere den Ursprungsspot nachspielten. Obwohl die Kreativarbeiten der Werbekampagne durch das Urheberrecht geschützt waren, unterband Budweiser die illegitimen Spots nicht. Die Derivate der „Whassup!"-Kampagne erfreuen sich noch heute großer Beliebtheit im Netz (vgl. AdCritic.com 2005).

Dass die Einbindung der Konsumenten schon bei der Marketingplanung funktionieren kann, zeigt das australische Unternehmen Blowfly. Über Abstimmungen im Internet integrierte der Bierhersteller potenzielle Käufer schon kurz nach Unternehmensgründung in die Planungsprozesse. Angefangen bei dem Logo über die Form der Flasche bis hin zur Gestaltung von Werbematerialien konnten alle interessierten Konsumenten entscheiden, welche Richtung Blowfly einschlagen sollte. Selbst die Geschmacksrichtung konnte von den Konsumenten beeinflusst werden. Zum Ende der 13-wöchigen kooperativen Entwicklungsphase nahmen regelmäßig mehrere Tausend Nutzer an den Abstimmungen teil – über 10 000 verfolgten den Ausgang der Wahlgänge als Newsletter-Abonnenten (vgl. Langner 2005, S. 148-156).

Wie das Beispiel Firefox zeigt (siehe Abschnitt 2), können auch Prämien oder Belohnungen motivierende Wirkung entfalten. Dies beweist auch George Lucas, der es geschickt versteht, die Fans seiner Star-Wars-Serie über einen Wettbewerb in die Marketingprozesse einzubinden. Jedes Jahr schreibt der Schöpfer von Darth Vader und Luke Skywalker zusammen mit dem Portal atomfilms.com einen Filmwettbewerb aus – den *Star Wars Fan Film Award*. In mittlerweile sieben Kategorien treten jährlich Tausende von Amateurfilmemachern in Wettbewerb zueinander, um die begehrte Auszeichnung zu erhalten, dadurch das Ansehen in der Fan-Gemeinde zu steigern und über das Portal atomfilms.com weltweite Bekanntheit zu erlangen (vgl. AtomFilms 2005).[8]

Technische Voraussetzungen

Dass sich Konsumenten im Rahmen des Open-Source-Marketings überhaupt kreativ beteiligen und sich effektiv über ihre Arbeit austauschen können, wird dadurch begünstigt, dass technisches Wissen für die kreativen Schaffensprozesse sowie für die Online-Kommunikation immer weniger benötigt wird. Sowohl bei der Erstellung eines Videos als auch bei der Verbreitung dieses Clips über das World Wide Web sind

---

8 Für mehr praktische Anwendungsbeispiele des Open-Source-Marketings siehe Cherkoff (2005).

kaum noch Spezialkenntnisse beispielsweise in Programmiersprachen oder Übertragungsprotokollen notwendig. Über Tools und leicht verständliche Programme ist es fast jedem möglich, zumindest semi-professionelle Werke zu erstellen und sie effektiv zu verbreiten.

Die gesunkenen technischen Einstiegsbarrieren für Nutzer zeigen sich vor allem im Online-Dialog. Eine besondere Rolle spielen in diesem Zusammenhang Weblogs. Schaut man sich die Zahlen zum Thema Online-Tagebücher an, bekommt man einen Eindruck davon, wie einflussreich das Format mittlerweile geworden ist:[9]

- 11 % der Online-Bevölkerung haben bereits einmal ein Blog gelesen.
- Allein in Nordamerika bloggen mittlerweile über 11 Millionen Menschen regelmäßig.
- Weltweit schätzen Marktforscher die Anzahl an Blogs auf 36 Millionen.
- Knapp 100 000 neue Blogs (im Text-, Foto- oder Videoformat) kommen täglich hinzu.

Aber nicht nur Weblogs erleichtern die Austauschprozesse über das Internet. Es gibt auch eine Vielzahl anderer leicht zugänglicher Programme und Dienste, wie beispielsweise *Bittorrent, RSS, Podcasting* oder *LiveJournal*, die es den Konsumenten ermöglichen, ihre Ideen intelligent und effizient auszutauschen.

4 Fazit und Ausblick

Open-Source-Marketing hat das Potenzial dazu, das klassische Marketing zu revolutionieren. Doch wo Licht ist, da ist auch Schatten. Und so gibt es auch Stimmen, die sich gegen Open-Source-Marketing erheben. Dabei sind die Argumente gegen das kooperative Marketing fast die gleichen wie gegen Open-Source-Software. Hauptstreitpunkt ist auch hier die Zukunftsfähigkeit: Gegner meinen, Open-Source-Marketing schaffe Durchschnittlichkeit auf Kosten von Innovation. Kein Unternehmen würde das Risiko eingehen, kostenintensiv Marketingideen und -materialien zu entwickeln, wenn jeder – inklusive der Konkurrenten – diese einfach kopieren, gebrauchen und sicherlich auch missbrauchen dürfte. Nur der rechtlich gesicherte Wettbewerb zwischen Unternehmen habe die Fähigkeit, langfristig Innovationen hervorzubringen.

Befürworter von Open Source argumentieren hingegen damit, dass Menschen geschlossene Systeme und Lösungen hassen. Wann immer möglich, möchten sie die Freiheit der Wahl haben. Sie wollen beispielsweise kein Betriebssystem, das bestimmte Funktionen und Anbieter kategorisch ausschließt. Sie wollen einfach nicht das letzte Glied in einer Kette sein und das akzeptieren müssen, was sie vorgesetzt bekommen.

9 Aktuelle Daten und Fakten zum „Bloggeschehen" bieten Studien und Monitore wie „New data on blogs and blogging" und „The State of Blogging" der Marktforschungsunternehmen *Pew Internet & American Life Project* und *Perseus* oder der Weblog-Verzeichnisdienst *Technorati.com*.

Übertragen aufs Marketing lehnen Kunden also Werbung auch deshalb ab, weil sie keinen Einfluss auf sie haben – weder in der Gestaltung noch in ihrer Verbreitung. Selbst wenn Marketingmaßnahmen an den Erwartungen der Zielgruppe orientiert sind, fehlt ihnen durch die mangelnden Beteiligungsmöglichkeiten dennoch ein entscheidender Erfolgsfaktor: Authentizität. Dieser Nachteil kann auch nicht durch noch so große Marktforschungsanstrengungen wettgemacht werden.

Welche Auffassung im Sinne des Open-Source-Marketings eher die Realität trifft, ist abschließend nicht zu sagen. Fest steht nur, dass das traditionelle Marketing im Wandel begriffen ist. Letztlich muss sich jedes Unternehmen vor Augen führen, dass im digitalen Zeitalter die Kopie, Verfremdung und Parodie von Marketingmaterialen sowieso nicht zu verhindern sein wird. Open-Source-Marketing bedeutet schließlich auch nicht, auf Urheberrechte zu verzichten, sondern vielmehr, unter flexiblen Lizenzen Ideen, kreative Fähigkeiten und Meinungen der Konsumenten bewusst und konsequent in das eigene Marketing einzubinden. Open Source heißt, den Community-Gedanken zu leben. Und seien wir mal ehrlich: Der Kunde entscheidet schon seit jeher, was funktioniert und was nicht. Ist es deshalb nicht an der Zeit, ihn auch in die planerischen und kreativen Marketingprozesse einzubeziehen? Viele Experten predigen seit Jahren mehr Interaktivität und Kundennähe. Doch die Umsetzungsergebnisse sind mehr als dürftig. Es ist langsam an der Zeit, eine neue Ära des Austauschs mit dem Kunden einzuläuten.

Literatur

AdCritic.com (2005), 'AdCritic offers subscribers a growing database of the best creative work in the industry'. http://www.adcritic.com [20. Sep 2005].

AtomFilms (2005), 'Star Wars Fan Film Award'. http://www.atomfilms.com/af/spotlight/collections/starwars/ [20. Sep 2005].

Bleh, W. (2005), 'Bis zur Grenze des guten Geschmacks und weiter ...'. http://www.intern.de/news/6368.html [20. Sep 2005].

Borchers, D. und Wilkens, A. (2005), 'T-Mobile stoppt Online-Rummel um eigene Werbefigur'. http://www.heise.de/mobil/newsticker/meldung/63081 [20. Sep 2005].

Brøndmo, H.-P. (2004), 'Open-Source Marketing'. http://www.clickz.com/experts/brand/sense/article.php/3397411 [20. Sep 2005].

Cherkoff, J. (2005), 'End of the Love Affair – The love affair between big brands and mass media is over. But where do marketeers go next?'. http://www.collaboratemarketing.com/open_source_marketing/ [20. Sep 2005].

Dreier, T., Euler, E. und Meyer, O. (2004), 'Urhebernennung – Nicht-kommerziell – Gegenseitigkeit 1.0'. http://creativecommons.org/worldwide/de/ [20. Sep 2005].

Feller, J. und Fitzgerald, B. (2002), *Understanding Open Source Software Development*, Addison-Wesley Professional, London.

Förster, A. und Kreuz, P. (2003), *Marketing-Trends – Ideen und Konzepte für Ihren Markterfolg*, Betriebswirtschaftlicher Verlag Dr. Th. Gabler/GWV Fachverlage GmbH, Wiesbaden.

Gosh, R., B.Krieger, Glott, R. und Robles, G. (2002), *Free/libre and open source software: Survey and study, Final report*, International Institute of Infonomics, University of Maastricht und Berlecon Research GmbH, Maastricht und Berlin. www.infonomics.nl/FLOSS/report/ [10. Feb 2006].

Graham, R. (2005), 'Consumer-Created Ads: Power to the People'. http://www.clickz.com/experts/ad/rich_media/article.php/3498951 [20. Sep 2005].

Lakhani, K. und Wolf, R. (2005), Why hackers do what they do: Understanding motivation and effort in free/open source software projects, *in* J. Feller, B. Fitzgerald, S. Hissam und K. Lakhani (Hrsg.), 'Perspectives on free and open source software', MIT Press, Cambridge, MA. http://opensource.mit.edu/papers/lakhaniwolf.pdf, http://freesoftware.mit.edu/papers/lakhaniwolf.pdf [10. Feb 2006].

Langner, S. (2005), *Viral Marketing*, Gabler Verlag, Wiesbaden.

Lerner, J. und Tirole, J. (2001), 'The open source movement: Key research questions', *European Economic Review* **45**(4-6), S. 819–826.

Lerner, J. und Tirole, J. (2002), 'Some simple economics of open source', *Journal of Industrial Economics* **50**(2), S. 197–234.

Mucha, T. (2004), 'Firefox: Marketing's Borg – The new browser taps the power of the collective'. http://www.business2.com/b2/web/articles/0,17863,845562,00.html [20. Sep 2005].

Nielsen Media Research (2003), 'Nielsen Monitor-Plus and TV-Ratings 2003'.

Rose, F. (2004), 'The Lost Boys', *Wired* **12.08**, S. 34–38.

Schadler, T. (2004), 'How To Forecast Consumer Technology Adoption', Cambridge, MA.

Schröder, M. (2005), 'Firefox nimmt dem Internet Explorer Marktanteile ab'. http://www.chip.de/news/c1_news_14233361.html [20. Sep 2005].

Weber, S. (2004), *The Success of Open Source*, Harvard University Press, London.

Wikipedia (2005), 'Creative Commons – Begriffsdefinition in der Wikipedia'. http://de.wikipedia.org/wiki/Creative_Commons [20. Sep 2005].

Wilke, J. (1993), 'What new-product marketers should know about related recall', *Journal of Advertsing Research* **33**(2), S. RC7–RC12.

Yankelovich Partners, I. (2004), 'Consumer Resistance Study 2004', Chapel Hill, NC.

Yankelovich Partners, I. (2005), '2005 Marketing Receptivity Survey', Chapel Hill, NC.

dpa Hamburg (2005), 'Firefox ringt Microsoft weiter Marktanteil ab'. http://www.handelsblatt.com/pshb?fn=tt&sfn=go&id=1035524 [20. Sep 2005].

Kapitel 4

Leitlinien: Open Source anwenden

„Gib mir Gelassenheit, Dinge hinzunehmen, die ich nicht ändern kann; gib mir den Mut, Dinge zu ändern, die ich zu ändern vermag, und gib mir die Weisheit, das eine vom andern zu unterscheiden. "

– *Friedrich Oetinger (1702-82), dt. luth. Theologe*

Einleitung

Petra Gröber

(CC-Lizenz siehe Seite 499)

Was ist und kann Open Source? Viele verbinden mit dem Begriff Open-Source-Software (OSS) immer noch ein ganz bestimmtes Bild – Computerfreaks, die Tag und Nacht vor ihren Rechnern sitzen und obskure Programme für sich und ihresgleichen schreiben. Doch OSS ist mehr als das – es hat sich zu einer echten Alternative zu proprietärer Software entwickelt. Der Erfolg verschiedener Firmen wie Red Hat und der zunehmende Einsatz von OSS in Unternehmen und Verwaltung zeigen, dass Open Source durchaus salonfähig geworden ist. Immerhin verspricht der Einsatz von OSS im Unternehmen eine Einsparung von Kosten hinsichtlich der Lizenzen, die bei proprietärer Software zwangsläufig anfallen. Wer mit dem Gedanken spielt, OSS einzusetzen, ob als Unternehmer[1] oder als interessierter Anwender, dem soll dieses Kapitel als praktische Hilfestellung dienen. Es werden rechtliche, technische und ökonomische Aspekte angesprochen, die eine Entscheidung für oder gegen eine Open-Source-Anwendung leichter machen sollen, indem ausgewählte Open-Source-Tools und -Lizenzen sowie ein repräsentatives Geschäftsmodell vorgestellt und unter bestimmten Gesichtspunkten genauer betrachtet werden.

Im ersten Artikel kommt der weltweit führende Anbieter von Open-Source- und Linux-Produkten zu Wort – Red Hat. Das Unternehmen belegt in der Studie „CIO Insight"[2] in der Liste globaler Anbieter den ersten Platz. Von den befragten IT-Verantwortlichen bewerteten 84,2 % die Open-Source-Lösungen von Red Hat als „exzellent" oder „gut". Auch die Rubriken „Erfüllung der Erwartungen und Senkung der Kosten" sowie „Einhaltung des erwarteten Return on Investment" konnte das Unternehmen für sich entscheiden. Wir freuen uns daher außerordentlich, Werner Knoblich, Red Hat Vice President Europe, Middle East and Africa (EMEA), für einen Artikel gewinnen zu können. Er beschreibt in seinem Beitrag die Suche und

---

1 Das BerliOS-Projekt hat einen Leitfaden für kleine und mittlere Unternehmen herausgebracht, der über Vorteile und Chancen aber auch über Nachteile und Risiken beim Einsatz von OSS aufklären soll. Zu finden ist der Leitfaden auf: http://oss-broschuere.berlios.de/.
2 Die komplette Studie kann unter http://www.redhat.com/f/pdf/sec/CIO_research5_1205.pdf heruntergeladen werden.

Entwicklung eines profitablen Open-Source-Geschäftsmodells und zeigt, dass man mit Open Source durchaus erfolgreich und konkurrenzfähig sein kann.

Insbesondere seitdem Firmen wie IBM, HP und Novell Open-Source-Projekte mitentwickeln und unterstützen, gewinnt OSS immer mehr an Bedeutung. Doch viele Unternehmer fühlen sich schlecht über OSS informiert.[3] Allein die Fülle an Open–Source-Lizenzen wirkt meist abschreckend. Versucht man sich durch den „Dschungel" dieser Lizenzen zu schlagen, verliert man nicht selten den Überblick. Hier setzt der zweite Artikel dieses Kapitels an: Ursula Widmer und Konrad Bähler gehen auf die gängigsten Open-Source-Lizenzen ein und klären über Rechte und Pflichten auf, die sich aus dem Erwerb, der (Weiter-)Entwicklung und dem Vertrieb von OSS ergeben.[4]

Im dritten und letzten Beitrag stellt Jutta Horstmann fünf Open-Source-Datenbanken vor, weist auf jeweilige Stärken und Schwächen hin und untersucht ihre Anwendbarkeit in großen Unternehmen. Gerade Open-Source-Lösungen im Bereich Datenbanksysteme kommen gemäß einer Studie des Marktforschungsunternehmens Evans Data immer häufiger zum Einsatz. Im letzten Jahr (2005) hat der Einsatz von quelloffenen Datenbanken um mehr als ein Fünftel zugenommen, dabei ist MySQL auf dem Weg, das meist benutzte Datenbanksystem zu werden – 44 Prozent der befragten Entwickler setzen auf MySQL. Als Grund für den höheren Marktanteil von Open-Source-Systemen geben Evans Data Sicherheitsaspekte an – die Wahrscheinlichkeit, in proprietäre Datenbanksysteme einbrechen zu können, liegt 50 % höher als bei Open-Source-Lösungen.[5]

Natürlich kann dieses Kapitel nicht alle eventuellen Fragen abdecken, die auftreten, will man OSS anwenden. In diesem Zusammenhang sei auch auf die Kapitel „Von Closed zu Open Source" und „Migration – Vom Wunsch zur Wirklichkeit" in diesem Buch verwiesen. Trotzdem hoffen wir natürlich, eine wertvolle Hilfestellung zur objektiven Analyse einiger Potenziale von Open Source geliefert zu haben.

---

3 Vgl. hierzu „Informationsdefizite bezüglich Open Source Software" unter http://www.golem.de/0508/39645.html [13. Feb 2006].
4 Für weitere Informationen empfiehlt sich die Auflistung sämtlicher Open-Source-Lizenzen durch das *Institut für Rechtsfragen der Freien und Open Source Software (ifrOSS)* unter http://www.ifrOSS.de. Dort finden sich auch viele weitere Materialien zu rechtlichen Fragen über Open Source.
5 Siehe hierzu „Studie: Open-Source-Datenbanken sicherer als proprietäre" unter http://www.pcwelt.de/news/sicherheit/122641/ [13. Feb 2006].

Erfolgreich mit Open Source – Das Red-Hat-Open-Source-Geschäftsmodell

WERNER KNOBLICH*

(CC-Lizenz siehe Seite 499)

Der folgende Text stellt das Red-Hat-Geschäftsmodell vor dem Hintergrund der Entstehung von Open-Source-Geschäftsmodellen in den späten 90er Jahren vor. Red Hat ist heute der einzige unabhängige Open-Source-Anbieter, der durch das Angebot eines Standardproduktes in Form eines Abonnements – der Subskription – profitabel ist. Unternehmen schenken Red Hat ihr Vertrauen aufgrund der Zuverlässigkeit und Stabilität des Produkts, nicht wegen technischer Features.

Schlüsselwörter: Open-Source-Geschäftsmodell · Subskription · OSS-Lizenz

1 Open Source als Lizenzentscheidung von Red Hat

Abgegrenzt wird Open-Source-Software (OSS) von proprietärer Software – Software, deren Lizenzbedingungen dem Anwender nicht die genannten Rechte einräumen: Während das immer noch vorherrschende Modell proprietärer Software im Allgemeinen darauf abzielt, die Freiheiten des Anwenders im Umgang mit der Software auf ein Minimum zu beschränken, erweitert OSS den Handlungsspielraum der Nutzer durch seine spezifische Lizenzierung erheblich.

Innerhalb des durchaus heterogenen Spektrums der OSS-Lizenzen sind drei wesentliche Lizenzfamilien zu unterscheiden:

- So genannte „Copyleft"-Lizenzen, welche die OSS-Rechte mit der Verpflichtung verbinden, bei der Weitergabe der Software stets auch dieselben Rechte weiterzugeben. Diese Lizenzen garantieren die freie Verfügbarkeit der Software

---

* Werner Knoblich ist *Red Hat Vice President Europe, Middle East and Africa (EMEA),* verantwortlich für Koordinierung und Ausbau des Red-Hat-Geschäfts in Europa, dem mittleren Osten und Afrika.

und schützen vor einer Vereinnahmung in proprietären Produkten. Die wichtigste Lizenz dieser Kategorie – und insgesamt die meistgenutzte OSS-Lizenz – ist die *GNU General Public License (GPL)*[1].

- Liberale Lizenzen wie die (modifizierte) BSD-Lizenz, die MIT- oder Apache–Lizenz, die über die Rechte der GPL hinausgehen, und es erlauben, den Code in proprietären Produkten zu verwenden.
- GPL-inkompatible, limitierte Lizenzen, die eine Mischung des Codes mit Copyleft-lizenziertem Code verbieten. Diese Lizenzen werden meist von einzelnen Herstellern verwendet, welche zwar Programmcode als OSS freigeben, dabei jedoch die Exklusivität wahren und verhindern wollen, dass andere OSS-Projekte von dem Code profitieren. Aktuell die bekanntesten Beispiele dürften hier die Protected-BSD-Lizenz oder SUNs CDDL sein.

Zwischen kommerzieller Software und OSS gibt es keinen immanenten Widerspruch per se. Ganz im Gegenteil: OSS kann kommerziell entwickelt, kommerziell vertrieben und kommerziell eingesetzt werden. OSS ist lediglich im Allgemeinen frei von Lizenzgebühren, da insbesondere aufgrund des Rechts der Weiterverbreitung jede Bemessungsgrundlage fehlt. Dies steht jedoch nicht anderen kommerziellen Verwertungsmodellen entgegen. Nicht zuletzt ist die GPL die favorisierte Lizenz von Red Hat. Das heißt alle Produkte von Red Hat, auch Red Hat Enterprise Linux (RHEL), werden unter einer GPL vertrieben.

2 Die Vorteile des Open-Source-Entwicklungsmodells

Ein entscheidender Aspekt von OSS ist das kooperative Entwicklungsmodell, gestützt durch die insbesondere mit GPL- und BSD-artigen Lizenzmodellen verbundenen Freiheiten und die Kommunikationsmöglichkeiten des Internets. Nicht mehr nur einzelne Unternehmen oder Entwickler arbeiten an Programmcode für einen einzelnen, klar definierten Zweck. Vielmehr findet ein aktiver Austausch innerhalb einzelner Projekte oder zwischen Projekten statt. Daraus folgen diverse strukturelle Vorteile gegenüber dem proprietären Entwicklungsmodell:

Innovationsgeschwindigkeit Das kollaborative Entwicklungsmodell, in dem zehntausende von Ingenieuren und Entwicklern rund um den Globus in der Open–Source-Entwicklungsgemeinschaft arbeiten, gewährleistet kürzeste Entwicklungszyklen (siehe hierzu auch von Hippel 2005).

Qualität und Sicherheit Durch die große Gemeinschaft wird der Quellcode von Open–Source-Software von viel mehr Entwicklern untersucht und getestet, als dies bei proprietärer Software der Fall sein kann. Bugs und Sicherheitslücken werden frühzeitig aufgedeckt und behoben.

---

1 http://www.gnu.org/copyleft/gpl.html

Flexibilität Höhere Flexibilität und Anbieterunabhängigeit sind zwei der Hauptargumente, die für den Einsatz von Open-Source-Software sprechen.[2] So war beispielsweise die Möglichkeit, herstellerunabhängige Hardware und Anwendungssoftware einsetzen zu können, in den vergangenen Jahren die Triebfeder für den Erfolg von Linux.

Wahlfreiheit Unabhängigkeit von proprietären Hardware- und Softwarelösungen eines Herstellers bietet signifikantes Einsparungspotential und Zukunftsicherheit.

Nachhaltigkeit Da Open-Source-Software unabhängig von einem bestimmten Hersteller, und durch seine Offenheit für jeden einsehbar und modifizierbar ist, ist eine langfristige Nutzbarkeit gewährleistet.

Insbesondere die Wahlfreiheit des Kunden hat eine entscheidende strategische Dimension. Nicht nur die Kombination von Hardware, System- und Anwendungssoftware kann durch den Kunden kontrolliert werden, er kann sich in letzter Konsequenz auch von einzelnen Anbietern trennen, etwa wenn er mit deren Service nicht mehr zufrieden ist. Aber auch Sicherheit und Kosten sind bei der konkreten Produktentscheidung von großer Bedeutung, wobei die langfristigen Betriebskosten im Vordergrund stehen.

OSS wird heute auf breiter Basis eingesetzt. Am meisten verbreitet ist der Apache Webserver mit einem aktuellen Marktanteil von rund 70 Prozent.[3] Stark verbreitet ist Open Source jedoch auch in der Softwareentwicklung, insbesondere im Java-Umfeld, bei Hilfs-Bibliotheken und Toolkits sowie im wissenschaftlich-technischen Bereich. Ökonomisch am interessantesten ist derzeit jedoch der Bereich der Betriebssysteme, und hierbei insbesondere Linux, da es sich als vollständiges System im Markt etablieren konnte und zum Katalysator für die Entstehung verschiedener Open-Source-Geschäftsmodelle wurde.

3 Wie lässt sich Geld mit Freier Software verdienen?

Die Frage, wie sich auf Basis von OSS tragfähige Geschäftsmodelle etablieren lassen, wird spätestens seit dem Internet- und „New Economy"-Boom in der zweiten Hälfte der 90er Jahre intensiv diskutiert – und erprobt. Das erste klar kommerzielle Unternehmen mit einem vollständigen Open-Source-Geschäftsmodell war vermutlich Cygnus Solutions, gegründet 1989, seit Ende 1999 Teil von Red Hat.

In der Folge entwickelten sich verschiedene Ansätze, die sich trotz einiger Überschneidungen in eine Reihe von Kategorien[4] einteilen lassen:

---

[2] Siehe etwa eine Studie von Actuate: „Finanzdienstleister sind Open Source-freundlich", http://www.actuate.com/ger/unternehmen/presse/PressRelease.asp?ArticleId=9398.
[3] Siehe hierzu die Statistiken unter http://news.netcraft.com/archives/web_server_survey.html.
[4] Eine interessante Übersicht der klassischen Modelle mit einer etwas anderen Einteilung findet sich auch in Leiteritz (2004).

Distributoren Das ursprüngliche Kerngeschäft der Distributoren bestand im Vertrieb von installierbaren Linux-Distributionen auf Datenträgern inklusive Dokumentation und zeitlich befristeten Support-Leistungen gegen eine einmalige Gebühr. In der Distribution werden dabei Komponenten aus einer Vielzahl unterschiedlicher Upstream-Projekte zusammengefasst.

Appliances Manche Anbieter entwickeln „Appliances", die eine Kombination von Hardware, Betriebssystem und Software bilden. Das können neben Server-Appliances z. B. auch Set-Top-Geräte oder DVD-Player sein, bei denen der Kunde z. B. Linux als das eigentliche Betriebssystem nicht mehr wahrnimmt.

Dienstleister Consulting-Firmen, die sich auf Support und Services rund um Open-Source-Software spezialisiert haben, selbst aber kein eigenes Produkt, wie z. B. eine eigene Linux Distribution, anbieten.

Hybridmodelle Anbieter, die verschiedene der oben aufgeführten Modelle vereinen, z. B. eine eigene Distribution anbieten, aber auch Services und Support für diese Distribution und andere Open-Source-Produkte.

Sekundärmärkte Bei dieser Variante des Geschäftsmodells wird die Open-Source-Software komplett kostenlos abgegeben. Das heißt somit, dass sich der Anbieter einen alternativen Markt für seinen finanziellen Erfolg kreieren muss.

Hardware-Enablement Dieses Geschäftsmodell fokussiert sich primär auf den Vertrieb von PC-Hardware, die direkt zum Verkauf mit einem Open-Source-Betriebssystem als so genannter „Preload" ausgestattet wird. Weitere OSS-Applikationen können dem Angebot beigefügt sein.

Loss-Leader Hierbei wird das Open-Source-Produkt als sehr günstiges Lockangebot verwendet, um potentielle Käufer anzuziehen und im Zuge dessen ein anderes, meist hochpreisiges Produkt mitzuverkaufen.

Hybrid-Lizenzen bieten nur einige der Vorteile des OSS-Modells – vor allem verweigern sie dem Kunden die Wahlfreiheit. Sekundärmärkte, Loss-Leader und Hardware-Enablement folgen naturgemäß eigenen Gesetzmäßigkeiten. Vor allem die Distributoren, Appliances und Dienstleister sind hier also von Interesse, da es sich dabei um originäre OSS-Geschäftsmodelle handelt. Diese erfuhren in der Hochphase des „New Economy"-Booms die besondere Aufmerksamkeit von Risikokapitalgebern.

4 Erfolg und Misserfolg von Open-Source-Firmen vor und nach dem Internet-Boom

Als erstes Open-Source-Unternehmen ging Red Hat im Jahre 1999 erfolgreich an die Börse. Es folgte VA Linux Systems, die einen der erfolgreichsten Börsengänge aller

Zeiten durchführte. Hier ist allerdings anzumerken, dass es sich bei VAs Geschäftsmodell eigentlich um ein Hardware-Enablement-Modell handelte. Linux und Open Source waren streng genommen nur ein Marketinginstrument und Abgrenzungskriterium. Auch Dienstleister wie LinuxCare oder Mission Critical Linux wurden massiv mit Risikokapital ausgestattet. In Europa wurde in Unternehmen wie die Distributoren SuSE und Mandrake oder beispielsweise die Service-Unternehmen ID-Pro, Innominate, Alcove oder Idealix investiert.

Allerdings zeigte sich mit dem Ende des New-Economy-Booms in den Jahren 2000 und 2001, dass die Geschäftsmodelle und Strategien vieler Open-Source-Unternehmen nicht ausgereift waren. VA Linux scheiterte an dem Versuch, sich als weltweiter Hardwarehersteller neben Dell, Sun, IBM, HP und damals noch Compaq zu positionieren.[5] SuSE gelang es nie, schwarze Zahlen zu schreiben, rettete sich von VC-Runde zu VC-Runde, verbunden mit entsprechenden Management-Wechseln und wurde schließlich 2003 von Novell übernommen. Mandrake – nach Fusion mit dem brasilianischen Distributor Connectiva unter dem Namen Mandriva firmierend – überstand zwei Insolvenzen und mehrere grundlegende Strategieänderungen, scheint jedoch inzwischen stabilisiert. LinuxCare, ID-Pro, Innominate und zahllose weitere VC-finanzierte Linux-Dienstleister scheiterten an zu optimistischen Marktprognosen. Sie machten den Weg frei für kleinere, ökonomisch flexiblere OSS-Dienstleister. Von den „großen" OSS-Anbietern blieb ausschließlich Red Hat unabhängig.

5 Auf der Suche nach einem profitablen Geschäftsmodell

Für die Distributoren, die traditionell einen durchaus nennenswerten Anteil der OSS–Entwicklung tragen, stellte sich das Problem, dass in Zeiten von Breitband-Internet der Mehrwert eines Linux auf einem Datenträger relativ gering ist. Aufgrund der schnellen Entwicklung in den vorgelagerten Projekten veralten Produkte relativ schnell und Umsätze sind nur über häufige Releases mit möglichst vielen Features möglich. Durch diese Strategie trat jedoch schnell ein gewisser Sättigungseffekt ein, begleitet von der Tendenz, schlicht online die neuen Paketversionen herunterzuladen. Zudem erfordert der Vertrieb im „Boxen"-Geschäft einen nicht unerheblichen Aufwand. Ein echtes tragfähiges Geschäftsmodell ließ sich daraus nicht entwickeln – so waren Red Hats profitable Geschäftsbereiche zu dieser Zeit vor allem Consulting und Training.

Eine Gemeinsamkeit von Distributoren, Dienstleistern und Appliance-Anbietern ist die starke Dienstleistungsorientierung. So waren die Distributoren in aller Regel auch Dienstleister und viele Dienstleister hatten (und haben) eigene Appliance–Angebote. Ein auffälliges Charakteristikum der Dienstleistungs-Angebote war stets ein hohes Maß an projektspezifischer Individualisierung: angepasste Linux-Stacks, individuelle Supportverträge etc. Typisch für die Appliance-Angebote – ob inklusi-

---

5 Heute betreibt die Firma noch das berühmte Web-Portal Slashdot.org.

ve Hardware oder reine Software-Appliances – war das vollständige Angebot eines durchgängigen, individuellen Software-Stacks inklusive des Basisbetriebssystems.

Ein zentrales Problem dieser Ansätze ist vor allem fehlende Skalierbarkeit des Geschäftsmodells. Eine individualisierte Dienstleistung auf Basis von Linux unterscheidet sich letztlich nicht maßgeblich von anderen Dienstleistungsangeboten im IT-Bereich. Umsätze skalieren direkt über die Anzahl der Mitarbeiter. Damit unterliegen diese Firmen letztlich den gleichen Marktbedingungen wie Dienstleister im proprietären Markt, die sich jedoch auf einem standardisierten Software-Stack bewegen können.

Der OSS-Dienstleister muss sich einem weiteren Problem stellen: Die Möglichkeit, aus dem kommerziellen Geschäft heraus aktiv die Weiterentwicklung der OSS-Basis voranzutreiben, ist stark limitiert. Letztendlich lassen sich stets nur die konkreten Projektziele implementieren. Ein strategischer Einfluss ist relativ begrenzt und gelingt höchstens in klar abgegrenzten Kernkompetenz-Bereichen. So beschränken sich diese Dienstleister in der Breite meist auf reines Customizing der Software aus der Community. Und auch Appliance-Anbieter, welche über das individualisierte Direktgeschäft hinaus einen Vertrieb etablieren, sind durch die Pflege eines eigenen, durchgängigen Software-Stacks belastet. Eine echte, strategische Weiterentwicklung der Open-Source-Basis findet nach unserer Erfahrung kaum statt.

Auch auf der Kundenseite kommen mit wachsender Komplexität der eingesetzten OSS-Systeme im professionellen Einsatz weitere Herausforderungen hinzu. So ist ein Nachteil der hohen Innovationsgeschwindigkeit von OSS, dass Bugs und Sicherheitsprobleme vor allem in kleineren, vorgelagerten Projekten ausschließlich in der jeweils neuesten Version behoben werden. Neue Versionen bedeuten jedoch meist auch neue Features und damit neue Fehler. Zudem sind sie oft mit Änderungen in der Laufzeitumgebung und der Konfiguration verbunden, was den Aufwand ihrer Installation in die Höhe treibt. In unternehmenskritischen Umgebungen können Änderungen oder Upgrades daher teuer, kostenintensiv und vor allem relativ schwer abschätzbar sein. Dies kann dazu führen, dass die entsprechenden Entscheider es im Zweifel vorziehen, Sicherheitslücken in Kauf zu nehmen und auf Einspielung von Updates zu verzichten.

Verstärkt wurden diese Probleme noch durch das Geschäftsmodell der Distributoren. Da der Verkauf neuer CDs ihre primäre Einnahmequelle darstellte, versuchten sie, möglichst häufig neue Versionen der Distributionen zu platzieren, die möglichst viele neue Funktionalitäten enthielten. In der Folge gab es zeitweise allein von den vier oder fünf größeren Distributoren bis zu 16 unterschiedliche Kombinationen von Linux-Betriebssystem, Laufzeitumgebung und Applikations-Stack pro Jahr. Nicht zuletzt wegen der Zertifizierung unterschiedlicher Distributionen und Versionen seitens verschiedener Softwarehersteller hatten Kunden damit je nach Zeitpunkt der Inbetriebnahme ihrer Systeme eine ansehnliche Anzahl unterschiedlicher Linux-Varianten in Betrieb, was wiederum zu erhöhten Betriebskosten führte. Diese Vielfalt von Installationen konnte dazu führen, dass Kunden in die Situation gerieten, Sicherheitsupdates aus vorgelagerten OSS-Projekten nicht installieren zu können, weil verschiedene Distributoren unterschiedliche Versionen zertifizierten.

Aufgrund der inneren Abhängigkeiten der verschiedenen aufeinander aufbauenden Komponenten eines Software-Stacks, auch unter Linux, wird dieses Problem noch weiter verstärkt. Wegen der schnellen Entwicklung erfordern einzelne Versionen von Anwendungen und Bibliotheken ihrerseits bestimmte Versionen der darunter liegenden Bibliotheken. Erfordert nun ein Bugfix in einer Komponente des Stacks die Installation einer neuen Version, kann dies im ungünstigsten Fall die Installation eines vollständig neuen Software-Stacks nach sich ziehen.

Aufgrund der Fokussierung des Dienstleistungsmarktes auf individualisierte Lösungen schließlich waren viele Installationen beim Kunden echte „Einzelkunstwerke", bei denen der Linux-Kernel individuell übersetzt wurde, einzelne Pakete aus verschiedenen Quellen stammen und durch Patches modifiziert wurden. Solche Nicht-Standard-Umgebungen sind nur mit entsprechendem Personalaufwand und Know-how wartbar. Bereits die Relevanzprüfung für Sicherheitsupdates aus der vorgelagerten Community ist dabei eine nicht-triviale Problemstellung, da zu deren Beurteilung intime Kenntnisse der einzelnen installierten Pakete und Patches erforderlich sind.

Die Probleme traditioneller OSS-Geschäftsmodelle auf Kundenseite lassen sich wie folgt zusammenfassen:

- Häufige Änderungen der Programmierschnittstellen (API) und der binären Laufzeitumgebung (ABI) in der vorgelagerten Entwicklung,[6]
- Bugfixes nur in neuen Versionen,
- Zu schneller und häufiger Versionswechsel vieler OSS-Projekte für sinnvolle Zertifizierungen,
- Fehlendes durchgängiges Design und daher Redundanzen,
- Fehlen einer klar definierten Plattform,
- Eine zu große Anzahl an Individuallösungen.

Diese Probleme behinderten lange Zeit die Adaption von Linux im Bereich der professionellen IT und gefährdeten nicht zuletzt den langfristigen Erfolg. Während der IT-Betrieb kommerzieller Anwender im Allgemeinen langfristige Stabilität erfordert, war das Linux-Angebot geprägt von häufigen Änderungen und einer unsicheren ökonomischen Basis der Anbieter.

6 Neue Wege – das erfolgreiche Red-Hat-Geschäftsmodell

Mit einem neuen Geschäftsmodell griff Red Hat diese Herausforderung im Jahre 2002 auf. Red Hat verstand, dass sowohl Anbieter von Software (Independent Software Ven-

---

6 Eine Änderung des *Application Binary Interfaces (ABI)* hat zur Folge, dass Programme neu kompiliert werden müssen. Eine Änderung des *Application Programming Interfaces (API)* bedeutet, dass zudem der Quelltext des Programms verändert werden muss.

dors) als auch professionelle Anwender nicht einfach nur immer neue Linux-Versionen wollten, sondern eine langfristige Pflege ihrer bestehenden Umgebung.

Mit dem Red Hat Advanced Server, wenig später ausdifferenziert und umbenannt in Red Hat Enterprise Linux (RHEL), brachte Red Hat im Jahre 2002 ein Angebot auf den Markt, das diese Herausforderungen löste und gleichzeitig dem Kunden alle Vorteile des Open-Source-Modells zugänglich machte.

Im Kern besteht das Modell Red Hats aus einer definierten und qualitätsgesicherten Linux-Plattform in Verbindung mit einem Abonnement für die Bereitstellung von Sicherheitskorrekturen, Bugfixes und Feature-Aktualisierungen (Updates). Außerdem hat der Kunde Zugang zu neuen Major-Releases (Upgrades). Hinzu kommen interaktiver Support und eine juristische Absicherung gegen etwaige Urheberrechtsansprüche Dritter. Diese Plattform hat also effektiv den Charakter eines klassischen Standardproduktes und kann daher Hardware- und Software-Herstellern als Zertifizierungsreferenz dienen. Der entscheidende Punkt des Enterprise-Linux-Modells ist jedoch, dass jedes Major-Release für insgesamt sieben Jahre gepflegt wird und dass Red Hat sowohl die APIs als auch die Laufzeitumgebung, das ABI, stabil hält.

Red Hat erreicht diese ABI-Stabilität durch das Zurück-Portieren von Bugfixes und Sicherheitsupdates aus den vorgelagerten OSS-Projekten in die ursprünglich ausgelieferten Programmversionen. Das Einspielen neuer Versionen gefährdet damit nicht mehr die Funktionsfähigkeit der Produktivsysteme. Softwarehersteller können also schlicht eine Red-Hat-Enterprise-Linux-Version, wie z. B. das aktuelle RHEL4, zertifizieren, statt wie bisher bestimmte Kernel-Releases oder Bibliotheksversionen.

Neue Hardware wird mittels regelmäßiger Updates unterstützt. Neue Major-Releases werden ca. alle 18 bis 24 Monate veröffentlicht, wobei jeder Kunde im Rahmen seines Abonnements Zugang zu allen aktuell unterstützten Versionen hat. Daher ist jederzeit ein Upgrade auf eine neuere Version möglich – ohne zusätzliche Gebühren –, jedoch dank des siebenjährigen Produktlebenszyklus nur in sehr langen Abständen erforderlich. Neben dem Basisbetriebssystem bietet Red Hat noch eine Reihe von sogenannten „Layered Products" an, die auf RHEL aufbauen und nach demselben Prinzip angeboten werden: Red Hat Cluster Suite[7], Red Hat Global Filesystem[8], Red Hat Directory Server[9] und Red Hat Application Server[10].

---

7 Die Red Hat Cluster Suite bietet den Cluster-Manager, der durch Failover-Technologie eine hohe Verfügbarkeit der Anwendungen gewährleistet und die IP-Lastausgleichs-Technologie, die eine Lastverteilung ankommender IP-Netzwerkanforderungen auf Server in einer Serverfarm durchführt.

8 Das Red Hat Global File System (GFS) ist ein POSIX-fähiges Archivierungs- und Festplattenmanagementsystem für Cluster mit Storage Area Networks (SAN).

9 Der Red Hat Directory Server ist ein LDAP-basierter Server, der Funktionen wie Anwendungseinstellungen, Benutzerprofile, Gruppendaten, Regeln und Zugriffskontrollinformationen in einem zentralisierten, betriebssystemunabhängigen, netzwerkbasierenden Register zusammenfasst.

10 Der Red Hat Application Server ist eine Open-Source-Middleware-Plattform zwischen Betriebssystem und Applikationen und bietet die Grundlage zur Verbindung von Systemen und im Netzwerk verteilten Ressourcen. Er beinhaltet ein Runtime-System und dazugehörige Entwicklungs-Libraries, um Java-basierte Web-Anwendungen mit dynamischen Inhalten kreieren und implementieren zu können.

7 Das Entwicklungsmodell von Red Hat Enterprise Linux

Eine entscheidende Säule des Enterprise-Linux-Modells ist die klare Orientierung an der Open-Source-Community. RHEL und die übrigen Red-Hat-Produkte haben die positiven Eigenschaften eines Standardproduktes, bleiben dabei jedoch vollständig Open Source. Red Hat entwickelt neue Software konsequent in den einzelnen vorgelagerten Projekten. Auch eigene Initiativen werden so umgesetzt, dass sich eine eigenständige Entwicklergemeinde bilden kann. Damit hat Red Hat zwar keine Exklusivität auf Programmcode, kann jedoch einige der unbestrittenen Vorteile des Open-Source-Entwicklungsmodells für sich nutzen. Die Red-Hat-Produkte ihrerseits heben sich jedoch durch Stabilität und langfristige Vertrauenswürdigkeit vom Wettbewerb ab, nicht durch technische Features.

Innerhalb des von Red Hat initiierten Open-Source-Projekts Fedora erhalten die verschiedenen Softwarekomponenten aus dem Open-Source-Pool eine erste Form. So ist die Fedora-Core-Linux-Distribution die Entwicklungsplattform für RHEL. Fedora Core wird von Red Hat als Community-Distribution entwickelt, ist also gekennzeichnet durch relativ kurze Veröffentlichungszyklen, keine langfristige Maintenance und keine kommerziellen Dienstleistungen, sondern dafür durch neueste Technologie in einer grundlegend getesteten Distribution. Alle maßgeblichen Features eines RHEL–Release werden vorher innerhalb des Fedora-Projektes getestet. Fedora insgesamt beinhaltet neben der Basisdistribution weitere Projekte, wie z. B. den Directory-Server, und ist als von Red Hat finanzierte, jedoch unabhängige Stiftung organisiert.

Aufbauend auf Fedora Core entsteht RHEL, wobei die letzte Fedora Release als Alpha-Version dient. Damit ist bereits vor dem eigentlichen Produktentwicklungszyklus ein breiter Test sichergestellt. RHEL selbst ist ebenso wie alle anderen Kernprodukte von Red Hat Open Source. Die favorisierte Lizenz ist die GPL. Da es sich um ein Standardprodukt handelt, ist der Pflegeaufwand für den Kunden jedoch relativ gering. Die Bereitstellung von Sicherheits-Updates erfolgt über das Red Hat Network (RHN), eine zentrale Softwareverteilungsinfrastruktur, die – sofern der Kunde dieses Feature nutzt – eine automatische Relevanzprüfung durchführt und die für die Systeme des Kunden relevanten Updates direkt über einen gesicherten Kanal zur Verfügung stellt.

Eine wichtige Rolle innerhalb des Entwicklungsmodells von Red Hat nimmt das „Upstream-Commitment" ein, also Zusammenarbeit mit den vorgelagerten Communitys bei der Softwareentwicklung. Red Hat verteilt keinen Programmcode in seinen Produkten, der nicht von der jeweiligen vorgelagerten Community zumindest in einer späteren Version der Software akzeptiert wurde. Dadurch werden die oben angesprochenen Kompatibilitätsprobleme vermieden. Kunden bleiben in jedem Falle unabhängig in ihren IT-Entscheidungen, da es nicht zu einem herstellerspezifischen „Technologie Lock-In" kommen kann. Zudem wird die teure Wartung von exklusivem Code vermieden, da durch die Rückgabe von Code-Änderungen in die vorgelagerten Projekte die Konsistenz der Software gewahrt wird.

8 Fazit

Der Vorteil des Red-Hat-Enterprise-Linux-Modells für den Kunden ist vor dem Hintergrund der weiter oben dargelegten Open-Source-Herausforderungen die Einführung von architektonischer Stabilität in den Open-Source-Markt. Damit schafft es die Voraussetzung für einen breiten kommerziellen Erfolg von Linux und Open Source in unternehmenskritischen Anwendungen.

Dabei löst das Red-Hat-Enterprise-Linux-Modell auch die eingangs dargelegten ökonomischen Probleme. RHEL, ebenso wie die übrigen Red-Hat-Produkte, ist ein Standardprodukt. Es wird einmal entwickelt und kann prinzipiell beliebig oft verkauft werden. Es skaliert in seinen Kernkomponenten – Software und langfristige Maintenance – weitgehend unabhängig von der Mitarbeiterzahl und eignet sich dadurch, wie proprietäre Softwareprodukte, für den indirekten Vertrieb, ohne dabei die Vorteile des Open-Source-Entwicklungsmodells zu verlieren. Damit verschafft es Red Hat ein profitables Geschäftsmodell und wahrt die Unabhängigkeit, die für eine strategische Softwareentwicklung erforderlich ist.

Die Zahlen von Red Hat sprechen hier für sich. Entgegen dem Branchentrend hat Red Hat seit der Einführung von Enterprise Linux seine Umsätze drastisch gesteigert, operative Profitabilität erreicht und gleichzeitig die Mitarbeiterzahl verdoppelt. Im vierten Quartal 2005 konnte Red Hat den Umsatz um 44 % im Vergleich zum Vorjahresquartal auf 73,1 Mio. US-Dollar steigern. Der Umsatz mit RHEL-Subskriptionen stieg dabei um 54 % verglichen mit dem Vorjahresquartal.[11] Investoren konnten sich im Jahr 2005 über eine Kurssteigerung um 107 % und die Aufnahme der Aktie in den Nasdaq-100-Index freuen.

Mit den „Layered Products"[12] beweist Red Hat zudem, dass dieses „Enterprise Linux"-Modell nicht nur auf Betriebssysteme begrenzt ist. Es lässt sich als generelles Modell für kommerzielle und dennoch freie Software ausbauen.

Literatur

Leiteritz, R. (2004), Open-Source-Geschäftsmodelle, *in* B. Lutterbeck und R. A. Gehring (Hrsg.), 'Open Source Jahrbuch 2004 – Zwischen Softwareentwicklung und Gesellschaftsmodell', Lehmanns Media, Berlin, S. 139–170. http://www.opensourcejahrbuch.de/2004/ [02. Feb 2006].

von Hippel, E. (2005), „Anwender-Innovationsnetzwerke": Hersteller entbehrlich, *in* B. Lutterbeck, R. A. Gehring und M. Bärwolff (Hrsg.), 'Open Source Jahrbuch 2005 – Zwischen Softwareentwicklung und Gesellschaftsmodell', Lehmanns Media, Berlin, S. 449–461. http://www.opensourcejahrbuch.de/2005/ [02. Feb 2006].

---

11 http://www.redhat.com/en_us/USA/home/company/news/prarchive/2005/press_3q_2006.html
12 Siehe Fußnoten 7 ff.

Open-Source-Lizenzen – Wesentliche Punkte für Nutzer, Entwickler und Vertreiber

URSULA WIDMER UND KONRAD BÄHLER

(CC-Lizenz siehe Seite 499)

Open-Source-Lizenzen gewähren den Nutzern das Recht zur freien Nutzung, Weitergabe und Abänderung von Software. Gleichzeitig formulieren sie aber auch gewisse Pflichten betreffend Urheberrechtsvermerken, Vertriebsmodalitäten etc. Diese Rechte und Pflichten unterscheiden sich je nach Typ der Lizenz. Für die Nutzer sind diese Unterschiede in der Regel kaum von Bedeutung, wohl aber für Entwickler und Vertreiber. Dieser Beitrag zeigt die maßgeblichen Gesichtspunkte auf und bietet einen Überblick über Open–Source-Lizenzen aus rechtlicher Sicht.

Schlüsselwörter: Lizenzrecht · OSS-Lizenzen · GPL · Copyleft · Risiken

1 Einführung

Dieser Abschnitt gibt einen Überblick über die wesentlichen Merkmale von Open–Source-Software (OSS) aus rechtlicher Sicht, dies auch im Vergleich zur Closed–Source-Software (CSS), auch proprietäre Software genannt.

1.1 Definitionen

Die aktuelle Open-Source-Bewegung geht zurück auf das vom amerikanischen Softwarespezialisten Richard Stallman lancierte und von der *Free Software Foundation (FSF)*[1] unterstützte GNU-Projekt zur Entwicklung eines offenen und freien Betriebssystems (siehe auch Jaeger und Metzger 2002). Von Stallman stammt die *Free Software Definition (FSD)*[2], welche sich durch die folgenden vier kumulativen Freiheiten auszeichnet:

---

1 http://www.fsf.org
2 http://www.fsf.org/licensing/essays/free-sw.html

1. Freiheit zur *Nutzung* eines Programms zu beliebigen Zwecken;

2. Freiheit zum *Studium* der Funktionsweise eines Programms und zur *Anpassung* an die eigenen Bedürfnisse;

3. Freiheit zum *Weitervertrieb* von Programmen;

4. Freiheit zur *Modifikation* und *Verbesserung* von Programmen und zur Veröffentlichung solcher Modifikationen und Verbesserungen, um diese allgemein nutzbar zu machen.

Ausgehend von der Idee der freien Software kam es 1998 zur Gründung der *Open Source Initiative (OSI)*[3] und zur *Open Source Definition (OSD)*[4].

Die *OSD* stimmt mit der *FSD* in Bezug auf die vier Freiheiten im Grundsatz überein. Sie formuliert jedoch die sich daraus im Zusammenhang mit dem Vertrieb von OSS ergebenden Konsequenzen präziser.

1.2 Rechte der Erwerber von OSS

Charakteristisch für OSS ist der Zugang der Benutzer zum Quellcode. Dieser ist den Nutzern beim Erwerb der Software zur Verfügung zu stellen. Wenn OSS nicht im Quellcode vertrieben wird, z. B. bei *Embedded Software*, so ist dem Erwerber die Möglichkeit zu eröffnen, sich den Quellcode beschaffen zu können.[5]

Aufgrund der in der *FSD* und *OSD* definierten Grundsätze darf der Erwerber von OSS diese zu beliebigen Zwecken nutzen. Er darf die Programme in unbeschränkter Zahl kopieren. Er hat ferner die Berechtigung, die Programme zu ändern, zu modifizieren, weiterzuentwickeln, mit anderer Software zu verbinden etc. Schließlich ist er berechtigt, Kopien der Software an Dritte weiterzugeben, sei es in unveränderter Form, wie er sie selbst erhalten hat, oder aber mit von ihm vorgenommenen Änderungen, Modifikationen, Weiterentwicklungen etc.

Diese Rechte gehen weit über das hinaus, was üblicherweise den Erwerbern und Nutzern von CSS in Lizenzverträgen gestattet wird. Es geht auch weit über die Rechte hinaus, welche dem Erwerber von Software von Gesetzes wegen zustehen.[6] Die gesetzlichen Befugnisse beschränken sich im Wesentlichen auf das Installieren und Ablaufenlassen der Software, die Vornahme von Fehlerkorrekturen sowie die

---

3 http://www.opensource.org
4 http://www.opensource.org/docs/definition.php
5 Vgl. *OSD* Nr. 2: „The program must include source code, and must allow distribution in source code as well as compiled form. Where some form of a product is not distributed with source code, there must be a well-publicized means of obtaining the source code for no more than a reasonable reproduction cost preferably, downloading via the Internet without charge."
6 Vgl. z. B. die Bestimmungen von §§ 69d und 69e des deutschen UrhG, mit welchen die Art. 5 und 6 der EU-Richtlinie über den Rechtsschutz von Computerprogrammen umgesetzt werden sowie Art. 12 Abs. 2 des schweizerischen URG und die Ausführungsbestimmung dazu in Art. 17 der Verordnung zum URG.

Entschlüsselung von Schnittstelleninformationen zur Entwicklung kompatibler Programme.

1.3 Kosten

OSS bedeutet nicht kostenlose Software. OSS ist nicht mit so genannter „Freeware" zu verwechseln.[7]

Der Grundsatz der Kostenlosigkeit gilt nur für die Einräumung der Nutzungsrechte an der Software. Für die Überlassung der physischen Kopie der Software, sei es auf einem Datenträger oder via Download von einem Internet-Server, kann eine Vergütung verlangt werden.

Zulässig ist es auch, für zusätzliche Leistungen eine Vergütung zu verlangen; so wenn z. B. vom Veräußerer einer Softwarekopie dem Erwerber Ansprüche auf Garantieleistungen oder auf Softwarepflege eingeräumt oder wenn ergänzend zur OSS proprietäre Hilfsprogramme, z. B. zur Installation, angeboten werden.

1.4 OSS und Urheberrecht

OSS ist nicht zu verwechseln mit Public-Domain-Software, bei welcher der oder die Entwickler auf ihre Rechte an der Software verzichten und diese Dritten bedingungslos zur freien Nutzung und sonstigen Verwendung überlassen. Die Nutzung von OSS beruht demgegenüber auf einer bestimmten Ausübung der Urheberrechte durch die Berechtigten. Wie die Berechtigten ihre an der OSS bestehenden Urheberrechte ausüben, ergibt sich aus der jeweiligen OSS-Lizenz.

Im Unterschied zu CSS wird bei OSS das Urheberrecht nicht dazu verwendet, die wirtschaftliche Verwertung der Software, insbesondere den Vertrieb und die Weiterentwicklung der Software, möglichst den Inhabern der Urheberrechte vorzuenthalten. Im Zusammenhang mit OSS wird das Urheberrecht dafür eingesetzt, um das Konzept der OSS umzusetzen und für die Erwerber der Software die weitgehenden Nutzungsrechte gemäß den vier Freiheiten sicherzustellen.

2 OSS-Lizenzen

Es bestehen zahlreiche verschiedene Lizenzen für OSS, welche inhaltlich insbesondere in Bezug auf die den Nutzern der Software auferlegten Pflichten voneinander zum Teil stark abweichen. Nachfolgend werden die generellen Inhalte dargestellt, insbesondere auf das Copyleft hingewiesen und die Lizenzen in Gruppen eingeteilt, um einen rascheren Überblick über die Vielzahl von Lizenzmodellen zu geben.

---

[7] Für Freeware können die oben erwähnten vier Freiheiten ebenfalls gegeben sein; dies ist jedoch nicht zwingend. Freeware wird kostenlos abgegeben, doch muss der Quellcode nicht zugänglich gemacht werden, so dass die erwähnten Freiheiten von Freeware-Nutzern nicht immer wahrgenommen werden können.

2.1 Genereller Inhalt: Rechte und Pflichten der Nutzer

Hinsichtlich der Gewährung der den oben erwähnten vier Freiheiten entsprechenden Rechte an die Nutzer stimmen die OSS-Lizenzen inhaltlich im Wesentlichen überein. Erhebliche Unterschiede bestehen jedoch in Bezug auf die Bedingungen, welche den Nutzern im Zusammenhang mit der Ausübung der ihnen gewährten Rechte auferlegt werden. Solche Pflichten betreffen typischerweise die Beibehaltung von Urheberrechtsvermerken in Kopien der Software, die Modalitäten, wie beim Vertrieb der Software der Quellcode den Nutzern zur Verfügung zu stellen ist, die eindeutige Kennzeichnung und Beschreibung von Modifikationen, wenn die Software in veränderter Form weiter vertrieben wird, die Weitergabe von Haftungs- und Gewährleistungsausschlüssen an Nacherwerber etc.

Es ist jeweils genau zu prüfen, unter welcher Lizenz die betreffende Software angeboten wird. Es ist wichtig, die in der jeweiligen OSS-Lizenz im Zusammenhang mit der Ausübung der gewährten Rechte verbundenen Pflichten, auch wenn diese teilweise etwas formalistisch erscheinen mögen, genau zu beachten. Mit diesen Pflichten werden die Bedingungen definiert, unter denen insbesondere die Änderung und Weiterentwicklung sowie der Vertrieb von OSS zulässig sind. Werden diese Bedingungen nicht eingehalten, erweist sich die betreffende Nutzungshandlung als lizenzwidrig und damit als eine Verletzung der Urheberrechte der an der betreffenden OSS Berechtigten. Dies gilt umso mehr, wenn in der betreffenden Lizenz, wie dies zum Beispiel für die *General Public License (GPL)* zutrifft,[8] eine Regelung enthalten ist, welche besagt, dass die mit der Lizenz eingeräumten Rechte vollständig dahinfallen, wenn der Nutzer gegen die Lizenzbedingungen verstößt.

Ein illustratives Beispiel für die Folgen der Missachtung von Lizenzbedingungen beim Vertrieb von OSS stellt ein vom Landgericht München entschiedener Fall dar.[9] Das Gericht hat einem Händler untersagt, eine der *GPL* unterstellte Software weiterhin zu vertreiben, weil er diese entgegen den Bestimmungen der *GPL* nur im Objekt-Code zum Download angeboten hatte, ohne den Quellcode den Erwerbern verfügbar zu machen.

Sowohl die *FSF* als auch die *OSI* führen auf ihren jeweiligen Websites[10] Listen von Lizenzen und geben an, inwieweit diese mit der *FSD* und der *GPL* bzw. der *OSD* kompatibel sind. Eine Übersicht über die große Zahl von Lizenzen gibt auch die Webseite des *Instituts für Rechtsfragen der Freien und Open Source Software (ifrOSS)*[11], wo über 100 verschiedene Lizenzen aufgeführt sind.

Über die Vielzahl der verschiedenen Lizenzen lässt sich dadurch eine Übersicht gewinnen, dass die Lizenzen einerseits gewissen Typen zugeordnet werden und andererseits berücksichtigt wird, dass der Grad der Verbreitung der verschiedenen Lizenzen

---

8   Vgl. dazu Ziff. 4 der *GPL*. Näheres zur *GPL* befindet sich im Abschnitt 2.3.
9   Siehe dazu http://www.jbb.de/urteil_lg_muenchen_gpl.pdf und vgl. Ebinger (2005).
10 http://www.fsf.org/licensing/licenses/index_html und http://www.opensource.org/licenses/
11 Siehe dazu http://www.ifross.de unter der Rubrik „Lizenzen".

Open-Source-Lizenzen – Wesentliche Punkte für Nutzer, Entwickler und Vertreiber

höchst unterschiedlich ist. Weitaus am stärksten verbreitet und damit am wichtigsten sind die *GPL* und die GNU *Lesser General Public License (LGPL)*.

2.2 Konzept des Copyleft

Das wichtigste Kriterium zur Beurteilung der verschiedenen OSS-Lizenzen ist, ob diese ein Copyleft enthalten oder nicht.

> „Copyleft is a general method for making a program free software and requiring all modified and extended versions of the program to be free software as well."[12]

Lizenzen, die ein Copyleft beinhalten, verlangen, dass Software, die durch Modifikation der unter der Lizenz erworbenen OSS oder durch die Übernahme von Teilen der OSS erstellt wurde, ebenfalls wieder unter der gleichen Lizenz als OSS zur Verfügung gestellt wird. Das Konzept des Copyleft ist für OSS nicht zwingend. Es liegt jedoch vielen der für OSS verwendeten Lizenzen zugrunde, insbesondere der am meisten verbreiteten *GPL*.

2.3 Typen von Lizenzen

Eine Typisierung der Lizenzen lässt sich wie folgt vornehmen:

- Lizenzen ohne Copyleft-Effekt
- Lizenzen mit strengem Copyleft-Effekt
- Lizenzen mit beschränktem Copyleft-Effekt
- Lizenzen mit Wahlmöglichkeiten
- Lizenzen mit Sonderrechten

Lizenzen ohne Copyleft: BSD-Lizenz und ähnliche

Charakteristisch für die *BSD-Lizenz*[13] und ähnliche Lizenzen, z. B. die *Apache Software License 1.1*, ist ihr geringer Umfang. Neben der Einräumung des Rechts an die Nutzer, die Software zu nutzen, zu verändern und unverändert oder verändert zu vertreiben, beinhalten diese Lizenzen lediglich einige wenige Verpflichtungen im Zusammenhang mit dem Vertrieb der Software. So muss der Quellcode den Urhebervermerk, die Lizenzbestimmungen sowie den Gewährleistungsausschluss enthalten.

---

[12] Vgl. „What is Copyleft?" auf der Website der *Free Software Foundation* unter http://www.fsf.org/licensing/essays/copyleft.html.
[13] Diese existiert in der Originalversion (http://www.xfree86.org/3.3.6/COPYRIGHT2.html#6 unter Ziff. 2.2.2 „UCB/LBL") und in der modifizierten Version (http://www.xfree86.org/3.3.6/COPYRIGHT2.html#5 unter Ziff. 2.2.2 „General").

Beim Vertrieb in Binärform sind die entsprechenden Angaben in der Dokumentation oder anderem Begleitmaterial aufzunehmen. In der ursprünglichen Form enthielt die *BSD-Lizenz* noch eine Verpflichtung, in allen Werbematerialien, welche im Zusammenhang mit lizenzierter Software verwendet wurden, einen Hinweis auf die Universität Berkeley aufzunehmen.

Wird die Software in veränderter Form vertrieben, ist die Erwähnung des Namens des/der Urheber der ursprünglichen Software untersagt.

Da dieser Lizenztyp kein Copyleft beinhaltet, ist es zulässig, Modifikationen und Weiterentwicklungen auch als proprietäre Software zu vertreiben und Code der BSD-lizenzierten Software in proprietäre Software zu übernehmen.

Lizenzen mit Copyleft

Die wichtigste Copyleft-Lizenz ist die *General Public License (GPL)*.[14] Diese stellt zudem das Vorbild für weitere Lizenzen dar.[15]

Die *GPL* bestimmt, dass Software, welche unter der *GPL* erworbene OSS vollständig oder teilweise beinhaltet oder von unter der *GPL* erworbener OSS abgeleitet ist, wiederum nur unter der *GPL* vertrieben werden darf. Im Einzelnen stellt die Anwendung der entsprechenden GPL-Regelungen einige noch nicht definitiv gelöste Abgrenzungsprobleme.[16]

Klar ist der Fall, dass der Source-Code der ursprünglich erworbenen Software abgeändert oder weiterentwickelt wird. Dann ist auch die modifizierte Fassung der Software für den Vertrieb der *GPL* zu unterstellen. Schwierigkeiten ergeben sich jedoch, wenn Bestandteile der erworbenen OSS in andere Software übernommen oder mit dieser verbunden werden oder wenn die OSS um neue Bestandteile ergänzt wird. Sofern das Resultat jeweils als ein Ganzes anzusehen ist, verlangt die *GPL*, dass dieses Ganze wieder der *GPL* untersteht. Die *GPL* definiert jedoch nicht, unter welchen Voraussetzungen eine aus verschiedenen Teilen (Modulen) bestehende Software als ein Ganzes zu betrachten ist. Die *GPL* stellt einerseits lediglich klar, dass die Speicherung von Software zusammen mit der *GPL* unterstellter OSS auf dem gleichen Datenträger für sich allein noch nicht bedeutet, dass die übrige Software ebenfalls der *GPL* unterstellt werden muss. Andererseits bestimmt sie, dass selbstständig entwickelte Softwareteile, die vernünftigerweise als unabhängig zu betrachten sind, dann nicht der *GPL* unterstehen, wenn sie auch formell getrennt von der *GPL*-Software selbstständig vertrieben werden.

Zu den Lizenzen gehört auch die von der EU-Kommission im Entwurf vorgestellte *European Union Public License (EUPL)*.[17]

---

14 http://www.gnu.org/licenses/gpl.html
15 Z. B. für die *Affero Public License* sowie weitere auf der Website des *ifrOSS* (http://www.ifross.de) unter der Rubrik „Lizenzen" aufgeführte Lizenzen.
16 Vgl. dazu Jaeger et al. (2005).
17 Vgl. Art. 5 der *EUPL*, zu finden unter http://europa.eu.int/idabc/servlets/Doc?id=21203.

Open-Source-Lizenzen – Wesentliche Punkte für Nutzer, Entwickler und Vertreiber

Lizenzen mit abgeschwächtem Copyleft

Ein Beispiel für eine Lizenz mit gegenüber der *GPL* abgeschwächtem Copyleft ist die *Mozilla Public License (MPL)*,[18] die wie die *GPL* ebenfalls als Vorbild für weitere Lizenzen dient.[19]

Die *MPL* enthält für Änderungen und Weiterentwicklungen („Modifications") des Quellcodes ebenfalls ein Copyleft. Die *MPL* definiert jedoch präziser als die *GPL*, was als „Modification" zu verstehen und dementsprechend für den Vertrieb wieder der *MPL* zu unterstellen ist bzw. was nicht.[20] Nach der *MPL* sind Änderungen, Streichungen oder Ergänzungen im Quellcode bestehender Dateien der unter der *MPL* erworbenen Software vom Copyleft erfasst. Werden jedoch dem ursprünglichen Quellcode neue Dateien hinzugefügt, müssen diese nicht der *MPL* unterstellt werden und können auch als proprietäre Software lizenziert werden. Insbesondere erlaubt die *MPL* im Vergleich mit der *GPL* eine einfachere Kombination der unter der *MPL* stehenden Software (*covered code*) mit anderer Software, ohne dass diese Software ihrerseits der *MPL* unterstellt werden müsste, vorausgesetzt, für den *covered code* werden die Bedingungen der *MPL* vollumfänglich eingehalten.[21]

Eine abgeschwächte Form des Copyleft beinhaltet auch die *GNU Lesser Public License (LGPL)*.[22] Diese ist insbesondere für die Lizenzierung von Programmbibliotheken gedacht. Änderungen einer unter der *LGPL* erworbenen Programmbibliothek müssen beim Vertrieb wieder der *LGPL* unterstellt werden. Insofern gilt das Copyleft.[23] Um die Verbreitung von OSS-Programmbibliotheken zu fördern, stellt die *LGPL* hingegen einerseits klar, dass Programme, die auf eine LPGL-Programmbibliothek zugreifen, selbstständig unter proprietären Lizenzen vertrieben werden dürfen, und andererseits sieht sie vor, dass auch ein Vertrieb von LGPL-Bibliotheken in Kombination mit proprietärer Software, welche auf die Bibliotheken zugreift, möglich ist, wenn den Erwerbern bestimmte Rechte eingeräumt werden.[24]

Lizenzen mit Wahlmöglichkeiten

Hauptbeispiel dieses Lizenztyps ist die *Artistic License*.[25] Diese stellt bezüglich der Modalitäten für den Vertrieb von Modifikationen der Software verschiedene Varianten zur Wahl. Im Einzelnen sind die maßgeblichen Bestimmungen wenig präzise gefasst und lassen zahlreiche Abgrenzungsfragen offen.

---

18 http://www.opensource.org/licenses/mozilla1.1.php
19 Z. B. für die *Sun Public License Version 1.0* oder die *Netizen Open Source License Version 1.0* sowie weitere auf der Website des *ifrOSS* (http://www.ifross.de) und Rubrik „Lizenzen" aufgeführte Lizenzen.
20 Vgl. *MPL* Ziff. 1.9 und 2.2.
21 Vgl. *MPL* Ziff. 3.7.
22 Vgl. *LGPL* Art. 5 und Art. 6.
23 Vgl. *LGPL* Ziff. 2.
24 Vgl. *LGPL* Ziff. 5 und 6.
25 http://www.opensource.org/licenses/artistic-license.php

Lizenzen mit Sonderrechten

Beispiele für diese Art von Lizenzen sind die *Netscape Public License 1.1 (NPL)*[26] und die *Apple Public Source License Version 1.2*.[27]

Die *NPL* sieht eine Privilegierung von Netscape in dem Sinn vor, dass diese sich das Recht vorbehält, den ursprünglichen Code des *Netscape Navigator*, einschließlich der von Dritten dazu vorgenommenen Veränderungen, auch unter anderen Lizenzbedingungen als der *NPL*, insbesondere auch als proprietäre Software zu vertreiben.

Auch die *Apple Public Source License* gibt Apple eine bevorzugte Stellung, indem Apple das Recht hat, Weiterentwicklungen Dritter auch als proprietäre Software zu vertreiben und zu vermarkten. Ferner behält sich Apple das Recht vor, von ihr erstellte Modifikationen des ursprünglichen Codes nicht der Lizenz zu unterstellen, sondern zu anderen Bedingungen zu lizenzieren und zu vertreiben.

3 Maßgebliche Gesichtspunkte beim Erwerb von OSS aus Nutzersicht

Im Folgenden wird dargelegt, welche Gesichtspunkte beim Erwerb von OSS für die Nutzer wesentlich sind. Denn für die reinen Nutzer von OSS, welche die Software weder weiterentwickeln noch weitervertreiben, sondern ausschließlich für den Eigengebrauch einsetzen, spielen die Unterschiede zwischen den verschiedenen OSS–Lizenzen kaum eine Rolle.

Aus Nutzersicht relevant sind von den vier Freiheiten insbesondere die Freiheit zur Nutzung der Software zu beliebigen Zwecken sowie die Freiheit zur Herstellung einer beliebigen Anzahl Kopien der Software. Hinsichtlich der Bedingungen zur Ausübung dieser Rechte stimmen die OSS-Lizenzen jedoch im Wesentlichen überein.

Aus Sicht der Nutzer ist vielmehr die Frage relevant, ob der Erwerb von OSS nicht mit höheren Risiken verbunden ist als der Erwerb von CSS. In den OSS-Lizenzen wird nämlich regelmäßig die Haftung und Gewährleistung der Lizenzgeber ausgeschlossen. Weiter ist es nicht möglich, mit den Entwicklern der OSS oder deren autorisierten Vertriebspartnern Verträge über die Softwarepflege abzuschließen, wie es für CSS üblich und im Hinblick auf die Sicherstellung der längerfristigen Nutzung der Software regelmäßig auch notwendig ist.

3.1 Unterscheidung zwischen Lizenz und Erwerb der Softwarekopie

Für das Verständnis der Rechtsposition des Nutzers von OSS müssen zwei verschiedene Vertragsverhältnisse unterschieden werden: der Vertrag über den Erwerb der Softwarekopie einerseits und die Lizenz betreffend die Nutzungsrechte an der Software andererseits.

---

26 http://www.mozilla.org/MPL/NPL-1.1.html
27 http://www.opensource.org/licenses/apsl.php

Open-Source-Lizenzen – Wesentliche Punkte für Nutzer, Entwickler und Vertreiber

Aus Nutzersicht steht der Vertrag über den Erwerb der Softwarekopie im Vordergrund. Es handelt sich dabei entweder um einen Kauf, falls für die Softwarekopie eine Vergütung zu bezahlen ist, oder um eine Schenkung oder einen schenkungsähnlichen Vertrag, wenn die Softwarekopie kostenlos abgegeben wird. Aus diesem Vertrag stehen dem Nutzer bei Mängeln der Software Haftungs- und Gewährleistungsansprüche gegenüber dem Veräußerer der Softwarekopie zu. Eine Beschränkung oder Wegbedingung der Haftung und Gewährleistung durch den Veräußerer ist nur soweit möglich, als dies gemäß dem anwendbaren Recht zulässig ist.

Sofern allerdings die Softwarekopie kostenlos abgegeben wird und damit Schenkungsrecht zur Anwendung gelangt, besteht bereits von Gesetzes wegen nur eine beschränkte Haftung und Gewährleistung des Veräußerers (Schenkers) der Softwarekopie. Nach schweizerischem Recht[28] haftet der Schenker nur insoweit für allfällige Schäden, als er diese absichtlich oder grob fahrlässig verursacht hat und er unterliegt nur insoweit einer Gewährleistungspflicht, als er eine solche gegenüber dem Erwerber der Software vertraglich übernommen hat. Nach deutschem Recht[29] besteht lediglich eine Haftung des Schenkers für Schäden aus arglistigem Verschweigen von Mängeln.

Der Lizenzvertrag über OSS kommt nicht mit dem Veräußerer der Softwarekopie zustande. Die Lizenzerteilung erfolgt jeweils direkt durch die verschiedenen Entwickler, welche ihre Beiträge an ein OSS-Produkt geleistet haben. Dabei wird in den OSS-Lizenzen regelmäßig die Haftung der Lizenzgeber sowie deren Gewährleistung für Mängel der Software so weit rechtlich möglich ausgeschlossen und ebenso die Garantie, dass die Software keine Urheberrechte und Patentrechte von Dritten verletzt (Ausschluss der so genannten Rechtsgewährleistung).

Auch für den Lizenzvertrag betreffend die Einräumung der Nutzungsrechte an der OSS handelt es sich um eine Schenkung. Selbst wenn daher die in den OSS-Lizenzen vorgesehenen Haftungs- und Gewährleistungsausschlüsse ungültig sein sollten, hat der Erwerber gegenüber den Lizenzgebern von Gesetzes wegen nur beschränkte Haftungs- und Gewährleistungsansprüche.[30]

Oft kommt aber auch gar kein Lizenzvertrag zustande, weil der Nutzer die zusammen mit der Software gelieferte Lizenz[31] gar nicht zur Kenntnis nimmt. Da der rechtmäßige Erwerber einer Softwarekopie von Gesetzes wegen zu bestimmten Nutzungshandlungen befugt ist,[32] benötigt der Nutzer von OSS grundsätzlich auch gar keinen Lizenzvertrag, um die Software in zulässiger Weise zu nutzen. Die Lizenz spielt erst eine Rolle, wenn der Bereich der gesetzlich zulässigen Nutzungshandlungen überschritten wird.

---

28 Vgl. Art. 248 des Bundesgesetzes über das Obligationenrecht (OR).
29 Vgl. § 524 Abs. 1 des Bürgerlichen Gesetzbuches (BGB).
30 § 523 Abs. 1 BGB; Art. 99 schweizOR
31 Es gehört regelmäßig zu den Bedingungen der OSS-Lizenzen, dass beim Vertrieb der Software die Lizenz zusammen mit der Software mitzuliefern ist, sei es integriert in den Quellcode oder, falls die Software in binärer Form vertrieben wird, in der Dokumentation.
32 Vgl. oben Anm. 7.

Um den Inhalt der OSS-Lizenz muss sich daher nur derjenige kümmern, der die OSS nicht nur nutzen, sondern weiterentwickeln und/oder vertreiben will. Die Weiterentwicklung und der Vertrieb von OSS sind nur unter den in der OSS-Lizenz definierten Bedingungen zulässig.

3.2 Risiken des Nutzers

Der Nutzer von OSS trägt somit insbesondere dann ein im Vergleich zu CSS erhöhtes Risiko im Zusammenhang mit Haftung und Gewährleistung, wenn er die OSS kostenlos erworben hat.

Ein weiteres Risiko besteht darin, dass die Entwickler der Software keine Verpflichtung zur Pflege der Software übernehmen, das heißt zu deren laufender Verbesserung und Weiterentwicklung, wie dies sonst mit den Anbietern von CSS in entsprechenden Softwarepflegeverträgen vereinbart werden kann. Damit stellt sich jedoch für den Erwerber von OSS die Frage, wie die Nutzung über den Lauf der Zeit sichergestellt werden kann, wenn keine Vereinbarung über die Softwarepflege möglich ist.

Die erwähnten Risiken spielen insbesondere dann eine Rolle, wenn OSS in einem professionellen Umfeld in Unternehmen oder der öffentlichen Verwaltung eingesetzt werden soll. Mangelhafte Software oder ungenügende Softwarepflege können hier zu Schäden mit entsprechenden Haftungsfolgen führen. Insbesondere stellt sich in diesem Zusammenhang auch die Frage nach der Verantwortlichkeit der für den Beschaffungsentscheid zuständigen Personen, sollte sich die beschaffte OSS als ein nicht zu verantwortendes Risiko herausstellen.

3.3 Risikominimierung durch den Nutzer

Durch eine entsprechende Berücksichtigung von Qualitäts- und Sicherheitsaspekten bei der Evaluation der Software kann der fehlenden oder reduzierten Haftung und Gewährleistung begegnet werden. Dieser rechtliche Nachteil fällt dann weniger ins Gewicht, wenn die in Frage stehende OSS als qualitativ gut zu beurteilen ist, etwa nach folgenden Kriterien:

- Wie und von wem ist das Entwicklungsprojekt organisiert?
- Welche Qualifikationen sind erforderlich, um als Entwickler zugelassen zu werden?
- Nach welchen Standards wird entwickelt?
- Wie werden die einzelnen Entwicklungsbeiträge dokumentiert?
- Welche Testdurchläufe werden durchgeführt und wie sind diese dokumentiert?
- Wie weit ist die in Frage stehende OSS verbreitet und wie sind die Erfahrungen der bisherigen Nutzer?

Dass die Risiken bezüglich der Qualität und Sicherheit von OSS durch eine sorgfältige Evaluation wirksam minimiert werden können, wird dadurch bestätigt, dass OSS-Produkte unter Qualitäts- und Sicherheitsaspekten gegenüber vergleichbaren CSS-Produkten durch Fachkreise oft als besser beurteilt werden. Führt eine Evaluation zum gleichen Ergebnis, so ist es aus haftungsrechtlicher Sicht – je nach Verwendungszweck – durchaus vertretbar, dass ein OSS-Produkt ausgewählt wird.

Im Zusammenhang mit der fehlenden Softwarepflege ist zu prüfen, ob das jeweilige OSS-Entwicklungsprojekt über die Anfangsphase hinaus auf Kontinuität ausgerichtet ist und über genügend große Beachtung bei den Entwicklern verfügt, damit es auf längere Zeit weitergeführt werden kann. Erscheint dies sichergestellt, kann trotz fehlender vertraglicher Verpflichtung davon ausgegangen werden, dass Softwaremängel innerhalb einer kurzen Frist behoben werden und die Software kontinuierlich verbessert und weiterentwickelt wird. Im Übrigen ist zu berücksichtigen, dass auch bei CSS die Lieferanten oft nicht bereit sind, hinsichtlich der Pflege und Weiterentwicklung ihrer Software konkrete Zusagen zu machen, in welcher Zeitspanne aufgetauchte Fehler behoben und neue Funktionen oder Anpassungen an neue Betriebssystemversionen etc. realisiert werden. Weiter ist zu berücksichtigen, dass für OSS bereits zahlreiche professionelle Anbieter bestehen, die Support bei Einführung und Nutzung der Software anbieten und damit die nutzerseitigen Risiken ebenfalls vermindert werden.

4 Maßgebliche Gesichtspunkte für Entwickler

Nachfolgend wird für die Entwickler festgehalten, auf was sie bei der Entwicklung im OSS-Umfeld zu achten haben.

Wird OSS als Basis für Weiterentwicklungen verwendet oder vollständig oder teilweise in andere Software übernommen, so ist in erster Linie zu prüfen, ob für die betreffende OSS ein Copyleft besteht oder nicht. Sofern die Lizenz ein Copyleft vorsieht, ist dessen genauer Umfang festzustellen. Dies ist unerlässlich, um sich Klarheit darüber zu verschaffen, ob die Ergebnisse der eigenen Entwicklungsarbeiten nur unter der Lizenz vertrieben werden dürfen, unter welcher die als Basis der Entwicklung dienende OSS erworben worden ist. Will ein Entwickler seine Arbeitsergebnisse nicht als OSS offen legen, darf er für seine Arbeiten keine OSS verwenden, welche mit einem strengen Copyleft lizenziert wird. Falls er OSS mit einem eingeschränkten Copyleft verwendet, muss er die in der Lizenz definierten Bedingungen, unter denen die Software vom Copyleft ausgenommen ist, genau beachten.

Wesentlich ist ferner der Zeitpunkt, ab welchem ein allfälliges Copyleft greift. Als Grundregel kann gelten, dass Entwicklungsergebnisse, welche das enge Entwicklungsumfeld (Entwicklungsteam) nicht verlassen, vom Copyleft noch nicht erfasst werden. Erst wenn die Entwicklungen einem breiteren Kreis von Personen bekannt gegeben werden, entfaltet das Copyleft seine Wirkung.

Insbesondere die *GPL* bestimmt, dass das Copyleft greift, wenn die Weiterentwicklungen „veröffentlicht" werden. Was unter „Veröffentlichung" zu verstehen ist, wird in der *GPL* nicht definiert. Nach deutschem und schweizerischem Urheberrecht gilt als Veröffentlichung eines Werkes, wenn dieses Personen zugänglich gemacht wird, die nicht durch „persönliche Beziehungen verbunden"[33] bzw. nicht einem „Kreis von Personen, die unter sich eng verbunden sind"[34] angehören.

Daraus ergibt sich für Entwickler die Empfehlung, Entwicklungsergebnisse, von denen sie nicht wollen, dass sie unter das Copyleft fallen, im engen Kreis der unmittelbar an der Entwicklung beteiligten Personen zu behalten. Werden z. B. Entwicklungen innerhalb eines Unternehmens über den Kreis der unmittelbar beteiligten Entwickler hinaus für andere Mitarbeiter zugänglich gemacht, ist dies als „Veröffentlichung" anzusehen, da, ausgenommen in Kleinunternehmen, die Mitarbeiter eines Unternehmens nicht mehr als untereinander „durch persönliche Beziehungen verbunden" gelten.

Neben den Bedingungen eines Copyleft sind von den Entwicklern weitere Pflichten zu beachten, welche in OSS-Lizenzen enthalten sein können, wie insbesondere Pflichten betreffend die Kennzeichnung, Beschreibung und Datierung der vorgenommenen Modifikationen oder betreffend die Implementierung von Hinweisen auf die Lizenzbedingungen, welche am Bildschirm oder auf Ausdrucken anzuzeigen sind.

Wird im Rahmen von Entwicklungsarbeiten OSS, die unter verschiedenen Lizenzen erworben worden ist, miteinander verbunden, so ist darauf zu achten, dass die betreffenden Lizenzen untereinander kompatibel sind, das heißt keine sich widersprechenden oder sich gegenseitig ausschließenden Bedingungen enthalten. So ist es z. B. möglich, Software, welche unter der *BSD-Lizenz* erworben wurde, mit Software, welche unter der *GPL* steht, zu kombinieren und zu den Bedingungen der *GPL* weiterzuvertreiben.[35] Das Umgekehrte – Vertrieb von GPL-Software unter der *BSD-Lizenz* – ist jedoch nicht möglich, insbesondere weil die *BSD-Lizenz* kein Copyleft beinhaltet.

Sollen für Entwicklungsarbeiten neben der OSS auch vorbestehende proprietäre Softwarebestandteile verwendet werden, so ist sicherzustellen, dass die Berechtigung zur Verwendung dieser Bestandteile besteht und keine Rechte Dritter verletzt werden. Wurden solche Softwarebestandteile von Dritten erworben, sind die entsprechenden Verträge zu überprüfen, ob darin diese Berechtigungen gewährt werden.

Bei Entwicklungsarbeiten in Unternehmen ist, wie bei jeder Softwareentwicklung, darauf zu achten, dass mit den Entwicklern, handle es sich um eigene Mitarbeiter oder um externe Dritte (Freelancer), die Rechte an den von diesen erstellten Arbeitsergebnissen klar geregelt sind und dem Unternehmen alle notwendigen Rechte an den Entwicklungsergebnissen zustehen. Es muss sichergestellt sein, dass den Erwerbern der Software die Rechte gemäß den vier Freiheiten ungehindert eingeräumt

---

33 Vgl. § 15 Abs. 3 dt. UrhG.
34 Vgl. Art. 9 Abs. 3 und Art. 19 Abs. 1 lit. a schweizURG.
35 Auf der Website der *Free Software Foundation* findet sich unter http://www.fsf.org/licensing/licenses/index_html#GPLIncompatibleLicenses eine Liste von mit der *GPL* kompatiblen OSS-Lizenzen.

werden können. Das Unternehmen muss somit insbesondere über die Rechte zur unbeschränkten Vervielfältigung, zum Vertrieb, sei es auf Datenträger oder online, sowie zur Veränderung und Weiterentwicklung der Entwicklungsergebnisse verfügen.

Es empfiehlt sich dabei, nicht nur mit externen Dritten entsprechende ausdrückliche Vereinbarungen abzuschließen, sondern auch mit den an der Entwicklung beteiligten Mitarbeitern. Für diese bestehen zwar bereits von Gesetzes wegen Regelungen, welche dem Arbeitgeber Rechte an den Arbeitsergebnissen einräumen. Diese sind jedoch teilweise, wie z. B. für Art. 17 des schweizerischen URG, unpräzise oder lückenhaft formuliert. Durch eine ausdrückliche und klar formulierte vertragliche Vereinbarung lassen sich solche Unklarheiten vermeiden.

5 Maßgebliche Gesichtspunkte beim Vertrieb von OSS

Als letzter Punkt wird analysiert, was für den Vertrieb von OSS lizenzmäßig relevant ist.

Beim reinen Weitervertrieb von OSS sind die entsprechenden Bedingungen der Lizenz, unter welcher die betreffende OSS vom Vertreiber erworben worden ist, zu beachten. Diese Bedingungen sind in den verschiedenen Lizenzen jeweils unterschiedlich formuliert. Sie betreffen insbesondere Fragen wie die Weitergabe einer Kopie der Lizenz zusammen mit der Software, die Beibehaltung oder Beifügung von Urheberrechts- und Lizenzvermerken sowie von Hinweisen auf die Gewährleistung in jeder Softwarekopie.

Besonders zu beachten sind die Bestimmungen betreffend den Vertrieb des Quellcodes oder, falls die Software im Objektcode vertrieben wird, betreffend die den Erwerbern der Software zu gewährende Möglichkeit, sich den Quellcode beschaffen zu können. Die einzelnen Lizenzen weichen hier hinsichtlich der Modalitäten, insbesondere bezüglich der Fristen, während welcher der Quellcode zur Verfügung zu halten ist, voneinander ab.

Wer von ihm weiterentwickelte OSS oder vollständig neu entwickelte Software vertreiben will, muss entscheiden, welche Lizenz er hierfür verwenden will. Bei Weiterentwicklungen ist zu beachten, dass eine selbstständige Wahl der Lizenz nur möglich ist, wenn die Weiterentwicklungen nicht von einem Copyleft erfasst werden. Im Falle eines bestehenden Copylefts, so muss die weiterentwickelte Software unter der gleichen Lizenz vertrieben werden, unter welcher die modifizierte Software ursprünglich erworben worden ist.

Falls hingegen keine Bindung durch ein Copyleft besteht, können die Lizenzbedingungen für die Software frei bestimmt werden. Es kann zwischen einer der bereits zahlreich vorhandenen Lizenzen gewählt werden oder aber auch eine eigene neue Lizenz definiert werden.

Um die Verbreitung der Software bei den Nutzern zu fördern, erscheint es sinnvoll, eine bereits möglichst bekannte Lizenz zu wählen, um so Unsicherheiten und Vorbehalten in Bezug auf die Lizenzkonditionen vorzubeugen. Unter diesem Aspekt bieten sich daher insbesondere Lizenzen wie die *BSD-Lizenz*, die *Mozilla Public License* und natürlich die *GPL* und *LGPL* an.

Zu vermeiden ist die Wahl von Lizenzen, welche z. B. wegen ihrer inhaltlichen Unklarheiten als problematisch gelten, wie dies z. B. für die *Artistic License* der Fall ist.[36]

Die grundlegende Entscheidung, die bei der Wahl einer OSS-Lizenz zu treffen ist, betrifft die Frage des Copylefts. Soll die Verwendung der Software zur Erstellung von Weiterentwicklungen oder zur Übernahme in andere Software, die ihrerseits nicht wieder als OSS vertrieben werden, verhindert werden, so ist ein strenges Copyleft erforderlich. Die Verwendung der *GPL* erscheint dann sinnvoll.

Für Software, welche von ihrem Zweck her dazu bestimmt ist, in Kombination mit anderer Software genutzt zu werden, wie z. B. Programmbibliotheken, kann es für eine möglichst weite Verbreitung von Nutzen sein, lediglich ein limitiertes Copyleft vorzusehen, welches zwar die unmittelbare Weiterentwicklung des Quellcodes erfasst, jedoch in Bezug auf die Kombination mit anderer Software mehr Spielraum gewährt als die *GPL*, wie dies z. B. für die *MPL* oder die *LGPL* zutrifft.

Wenn in Bezug auf die für Weiterentwicklungen der Software maßgeblichen Bedingungen gar keine Vorgaben gemacht werden sollen, so kann hingegen eine Lizenz ohne Copyleft, wie die *BSD-Lizenz*, verwendet werden.

Welche der genannten Varianten zu wählen ist oder ob eine eigene Lizenz erstellt werden soll, ist jeweils im Einzelfall zu prüfen, in Abhängigkeit der mit dem Vertrieb verfolgten Ziele und der Art der vertriebenen Software.

6 Fazit

Es bestehen zahlreiche verschiedene Lizenzen für OSS, die sich in Bezug auf die den Nutzern auferlegten Pflichten unterscheiden. Das wichtigste Unterscheidungsmerkmal besteht darin, ob eine Lizenz ein Copyleft beinhaltet oder nicht. Bei den Copyleft-Lizenzen kann zudem zwischen solchen mit einem strengen und mit einem abgeschwächten Copyleft unterschieden werden.

Für die reinen Nutzer von OSS, das heißt solche, welche die Software weder weiterentwickeln noch vertreiben wollen, spielen die Unterschiede der verschiedenen OSS-Lizenzen jedoch kaum eine Rolle. Denn der rechtmäßige Erwerber von Software kann diese bereits von Gesetzes wegen nutzen und bedarf hierzu keiner Lizenz.

Für die Vertreiber von OSS ist der Inhalt der OSS-Lizenzen wesentlich, da der Vertrieb nur unter Beachtung der in der jeweiligen Lizenz definierten Bedingungen zulässig ist. Werden diese Bedingungen nicht beachtet, stellt dies eine Verletzung der Urheberrechte der an der Software Berechtigten dar. In häufig verwendeten Lizenzen,

---

36 Vgl. dazu z. B. Jaeger und Metzger (2002).

wie z. B. der *GPL* und *LGPL*, ist zudem für den Fall des Verstoßes gegen eine Lizenzbedingung der automatische Verlust der Lizenz ausdrücklich vorgesehen.

Was die Entwickler von Software anbelangt, so gilt, dass wer OSS weiterentwickelt oder selbst entwickelte Software mit OSS verbindet, darauf achten muss, ob die Lizenz der von ihm genutzten OSS ein Copyleft beinhaltet oder nicht. Bei Lizenzen mit einem Copyleft dürfen Weiterentwicklungen der OSS wieder nur unter der OSS-Lizenz vertrieben werden. In Bezug auf selbst entwickelte Software, welche mit bereits bestehender OSS verbunden wird, hängt die Frage, ob neu entwickelte Software ebenfalls der Lizenz der verbundenen OSS zu unterstellen ist, wesentlich davon ab, ob die Lizenz ein strenges oder ein abgeschwächtes Copyleft beinhaltet. Bei einem strengen Coypleft ist es nur unter sehr engen Voraussetzungen zulässig, mit der OSS verbundene Software unter anderen Bedingungen zu vertreiben als der für die verbundene OSS gültigen Lizenz. Bei Lizenzen mit abgeschwächtem Copyleft besteht demgegenüber wesentlich mehr Spielraum.

Literatur

Ebinger, T. (2005), Tragen die Juristen Open-Source-Software zu Grabe? – Die GNU GPL vor Gericht, *in* B. Lutterbeck, R. A. Gehring und M. Bärwolff (Hrsg.), 'Open Source Jahrbuch 2005 – Zwischen Softwareentwicklung und Gesellschaftsmodell', Lehmanns Media, Berlin, S. 249–269. http://www.opensourcejahrbuch.de/2005/ [02. Feb 2006].

Jaeger, T., Koglin, O., Kreutzer, T., Metzger, A. und Schulz, C. (2005), *Die GPL kommentiert und erklärt – Rechtliche Erläuterungen zur GNU General Public License*, O'Reilly, Köln. http://www.oreilly.de/catalog/gplger/ [02. Feb 2006].

Jaeger, T. und Metzger, A. (2002), *Open Source Software*, C. H. Beck, München.

Freie Datenbanken im Unternehmenseinsatz: Analyse und Vergleich der wichtigsten Open-Source-Datenbanken

JUTTA HORSTMANN

(CC-Lizenz siehe Seite 499)

Immer mehr Serverdienste werden durch Open-Source-Software abgedeckt. Nach dem Betriebssystem Linux und dem Webserver Apache kamen schnell weitere Komponenten hinzu, wie Mailserver oder Verzeichnisdienste. Der Bereich der Datenbank-Server hingegen ist weiterhin in proprietärer Hand und dominiert von den großen Anbietern Oracle, Microsoft und IBM. Doch mittlerweile entsteht ein Trend hin zur Open-Source-Datenbank, der sich aus drei Quellen speist: den guten Erfahrungen mit MySQL im Rahmen des LAMP-Stacks, der Reifung und Konsolidierung von Open-Source-Datenbanken in Bezug auf Features, Benutzerfreundlichkeit und Support sowie nicht zuletzt dem Wunsch der Anwender nach Einsparungen im Softwarebereich. Dieser Artikel führt in die Welt der Open-Source-Datenbanken ein, stellt fünf Kandidaten vor (Firebird, Ingres, MaxDB, MySQL, PostgreSQL) und vergleicht deren Features mit Blick auf den Einsatz im Rahmen großer Unternehmensanwendungen.

Schlüsselwörter: Open-Source-Datenbanken · Feature-Übersicht · Migration · Marktübersicht · Unternehmenseinsatz

1 Einführung

Das Jahr 2005 war ein aufregendes im Land der Open-Source-Datenbanken.[1] Neue Versionen von MySQL (5.0) und PostgreSQL (8.0, 8.1) warteten mit wesentlichen

---

1 Im Folgenden wird aus Gründen der Lesbarkeit häufig der Ausdruck „Datenbank" oder „Datenbanksystem" verwendet, wenn „Datenbankmanagementsystem" die korrekte Bezeichnung wäre. Ein Datenbanksystem ist der Oberbegriff für ein System bestehend aus einer Datenbank (der physische Ort der Datenspeicherung), einem Datenbankmanagementsystem (Software zum Aufbau, zur Kontrolle und

Funktionserweiterungen auf. Oracle gelang mit dem Kauf von Innobase Oy der Zugriff auf eine wichtige Komponente von MySQL: den InnoDB-Tabellentyp. SUN startete kommerziellen Support für PostgreSQL. Mit Bizgres steht seit diesem Jahr ein vollständiger Open-Source-Business-Intelligence-Stack zur Verfügung. Und schließlich wurde im November in Frankfurt das erste Mal eine internationale Konferenz veranstaltet, die sich alleine dem Thema Open-Source- Datenbanken widmete.[2] Grund genug also, sich auch in diesem Buch des Themas anzunehmen.

Wie die meisten Bereiche der Open-Source-Software-Welt bietet auch der Datenbanksektor eine bunte Vielfalt an Auswahlmöglichkeiten. Da gibt es Software mit langjähriger Open-Source-Vergangenheit wie MySQL und PostgreSQL und Neueinsteiger wie Firebird, Ingres und MaxDB.

Und neben den genannten „großen" Datenbank-Servern, die den Vergleich mit bekannten Namen wie Oracle oder MS SQL nicht scheuen müssen, stehen viele weitere Systeme, die in speziellen Anwendungsbereichen vorzügliche Dienste leisten, indem sie es ProgrammiererInnen ermöglichen, Datenbanken direkt in ihre Anwendung einzubetten. Beispiele sind die C-Bibliotheken SQLite und Berkeley DB[3] oder die Java-Datenbanken HSQLDB[4] und Derby.[5]

Dieser Artikel wird die „Big 5" (Firebird, Ingres, MaxDB, MySQL, PostgreSQL) mit Blick auf ihren Einsatz im Rahmen großer Unternehmensanwendungen vorstellen und vergleichen. Dabei soll es nicht darum gehen, eine „Rangliste" zu produzieren. Der Ansatz ist vielmehr, dass für jede Aufgabe das passende Werkzeug verwendet werden sollte. Das heißt die Entscheidung für ein bestimmtes Datenbankmanagementsystem (DBMS) muss sich an den Anforderungen des jeweiligen Einsatzszenarios orientieren.

Im Falle einer Migration von einem vorhandenen proprietären Datenbanksystem zu einer Open-Source-Lösung wird die Entscheidung für ein Ziel-System von den Funktionen und Features abhängen, welche die vorhandene Datenbank zur Verfügung stellt. Das heißt eine detaillierte Analyse des vorhandenen Systems ist unumgänglich. Dieser Artikel wird nicht speziell auf Migrationen eingehen, da die Evaluation der vorhandenen Open-Source-Datenbanken sowohl im Rahmen einer Migration als auch bei der Neuentwicklung eines Systems eine Rolle spielt und die selben Fragen aufwirft. Eine detaillierte Analyse des Migrations-Workflows für Open-Source-Datenbanken findet sich in Horstmann (2005a).

Der Aufbau des Artikels orientiert sich an einem realen Szenario: Ein Unternehmen sucht ein Datenbanksystem, welches bestimmte Anforderungen erfüllt und möchte dabei auch Open-Source-Datenbanken berücksichtigen. Der Entscheidungsfindungsprozess wird dabei von den folgenden Fragen und Überlegungen geleitet sein:

---

zur Manipulation von Datenbanken) und einer Datenkommunikationsschnittstelle (Kommunikation zwischen Datenbank und Anwendungsprogrammen).
2 http://www.opendbcon.net
3 http://www.sqlite.org, http://www.sleepycat.com
4 http://hsqldb.org
5 http://db.apache.org/derby

Freie Datenbanken im Unternehmenseinsatz

1. Können wir uns Open-Source-Software im Datenbankbereich vorstellen? Was sind Vor- und Nachteile?
2. Welche Open-Source-Datenbanken stehen überhaupt zur Verfügung?
3. Welche Anforderungen stellen wir an das zukünftige Datenbanksystem?
4. Evaluation des Datenbank-Angebots im Open-Source-Bereich
   a) Sammeln und Strukturieren von Vergleichskriterien
   b) Vergleich von interessanten Kandidaten
5. Auswahl derjenigen Open-Source-Datenbank, welche am besten zu unseren Anforderungen passt

Diese Schritte sollen im Folgenden nachvollzogen werden.

2 Lieber nicht das Orakel fragen: Was spricht für Open-Source-Datenbanken, was dagegen?

Vor der Entscheidung für eine Open-Source-Datenbank muss man die Vor- und Nachteile eines solchen Schrittes abwägen. Während einige Befürchtungen gegenüber Open-Source-Datenbanken im nächsten Abschnitt entkräftet werden können, lassen sich andere nicht wegdiskutieren. Sie stehen den Vorteilen von Open-Source-Datenbanken gegenüber, die im Weiteren auch analysiert werden.

2.1 Contra Open-Source-Datenbanken

Gerade wenn im Unternehmen bisher wenig Erfahrung mit Open-Source-Software gemacht wurde, stehen viele Entscheider diesem Softwareentwicklungsmodell skeptisch gegenüber. Man befürchtet informellen Support, mangelnde langfristige Planung, ein kompliziertes Wirrwarr unterschiedlicher Lizenz-Modelle, unklare Haftbarkeiten und erhöhten administrativen Aufwand. Speziell Open-Source-*Datenbanken* wird ein Mangel an Features im Vergleich zu den proprietären Pendants wie Oracle oder MS SQL Server unterstellt. Und nicht zuletzt stellt sich die Frage nach der Verfügbarkeit von Applikationen, die in der Lage sind, mit Open-Source-Datenbanken zusammenzuarbeiten.

Einige dieser Befürchtungen sind leicht zu entkräften. So gibt es für alle fünf großen Open-Source-Datenbanken Anbieter kommerziellen Supports: Zum Beispiel MySQL AB für MySQL, Computer Associates und Ingres Corp. für Ingres, IB-Phoenix (international) und HK-Software (Deutschland) für Firebird, SAP AG und MySQL AB für MaxDB und eine große Auswahl internationaler Firmen (u. a. Fujitsu und SUN) für PostgreSQL (Support im deutschsprachigen Raum bieten u. a. credativ und Cybertec). Hinzu kommt, dass informeller Support oft besser ist als sein Ruf. Wer die Community-Blogs und -Mailinglisten verfolgt, lernt dabei mehr als durch das Studium einiger Regalmeter Handbücher. Und die Entwickler der jeweiligen Software direkt per IRC, Mail, Foren oder Bug-Tracker ansprechen zu können, ist für viele AnwenderInnen hilfreicher als die Nutzung einer Telefon-Hotline.

In eine ähnliche Richtung gehen Fragen der Gewährleistung und Haftbarkeit. Bei den drei Datenbanken, die Firmen gehören (MySQL, Ingres, MaxDB), ist auf jeden Fall genauso viel (oder wenig) Haftung wie im Closed-Source-Software-Bereich zu erwarten. Hinzu kommt, dass durch offenen Code und offene Bugtracking-Systeme eine Transparenz hergestellt wird, die Zurechenbarkeit und schnelles Ausmerzen von Fehlern erlaubt.

Was die langfristige Planung anbelangt, so befinden sich auf den Webseiten fast aller Open-Source-Datenbanken ausführliche Roadmaps.[6]

Das Thema Lizenzierung ist schon etwas komplizierter.[7] Die fünf großen Open–Source-Datenbanken lizenzieren alle auf unterschiedliche Weise: Firebird verwendet die IPL,[8] Ingres die CATOSL,[9] MySQL und MaxDB duale Lizenzierung[10] (GPL und kommerziell) und PostgreSQL steht unter der BSD-Lizenz.[11]

Dass der Einsatz von Open-Source-Software erhöhten administrativen Aufwand, eine steile Lernkurve und geringe Benutzerfreundlichkeit[12] mit sich bringt, ist ein Vorurteil, das sich im Datenbankbereich nicht bestätigt. Neben sehr ausgereiften Kommandozeilen-Werkzeugen bringen alle fünf Datenbanken selbstverständlich auch Tools mit grafischen Oberflächen mit. Hinzu kommt, dass sie auch meist einfacher zu administrieren sind als ihre proprietären Gegenparts – mit ein Grund für den enormen Erfolg MySQLs im Bereich der Web-Anwendungen.

Zwei Argumente gegen den Einsatz von Open-Source-Datenbanken wiegen jedoch schwer. Zum einen ist dies die Frage nach der Unterstützung von Open-Source-Datenbanken durch Software-Hersteller. Also: Kann ich das Datenbankdesign-Tool oder die *Business Intelligence Suite*, die ich bisher mit proprietären Datenbanken genutzt habe, weiter einsetzen? Die Antwort lautet immer noch oft: Nein, das geht leider nicht.

Und zweitens muss man den Umfang an unterstützten Features erwähnen. Obwohl alle fünf Open-Source-Datenbanken einen sehr großen Funktionsumfang mitbringen,

---

6 MySQL: http://dev.mysql.com/doc/mysql/en/roadmap.html,
 PostgreSQL: http://www.postgresql.org/developer/roadmap,
 Firebird: http://www.firebirdsql.org
7 Verschiedene Internet-Quellen (z. B. http://www.opensource.org, http://openfacts.berlios.de/index.phtml?title=Open-Source-Lizenzen) sowie der Artikel von Ursula Widmer und Konrad Bähler auf Seite 165 in diesem Buch bieten aber Unterstützung bei der Navigation durch den Lizenzen-Dschungel.
8 http://info.borland.com/devsupport/interbase/opensource/IPL.html
9 http://ca.com/opensource/catosl
10 http://www.mysql.com/company/legal/licensing
11 http://www.opensource.org/licenses/bsd-license.php
12 Zum Thema Open-Source-Usability siehe http://www.openusability.org.

gibt es doch immer wieder Anforderungen, bei denen einzelne oder sogar alle passen müssen. *Materialized Views* – eine Technik, die im Data-Warehouse-Bereich genutzt wird, um die Bereitstellung von Daten auf komplexe Abfragen zu beschleunigen – stellt zum Beispiel keines der Projekte zur Verfügung. Abschnitt 4.2 geht im Detail auf die vorhandenen und fehlenden Features der fünf Datenbanken ein.

2.2 Pro Open-Source-Datenbanken

Zwei Argumente stehen im Vordergrund, wenn es darum geht, den Einsatz von Open-Source-Datenbanken zu begründen. Um genau zu sein, sind es hier die selben Argumente, die für Open-Source-Software im Allgemeinen meist ins Feld geführt werden: die niedrigen Kosten sowie die Vorteile des Open-Source-Softwareentwicklungsmodells.

Kostenberechnungen sind kompliziert, weil man nicht nur die Lizenzkosten, sondern auch die mit dem Einsatz und der Administration der Software verbundenen Arbeitskosten mit berücksichtigen muss. Wheeler (2005) stellt eine Liste von Studien zusammen, die die TCO (Total Cost of Ownership, die gesamten mit Erwerb und Betrieb einer Software verbundenen Kosten) von Open-Source- und Closed-Source-Software vergleichen, wobei meist die Open-Source-Szenarien besser abschneiden.

MySQL (2003) zum Beispiel nimmt für sich in Anspruch, weniger als halb so viel Kosten zu verursachen wie der Einsatz einer Closed-Source-Datenbank:

- Lizenzkosten reduziert um über 90 %
- Ausfallzeiten des Systems reduziert um 60 %
- Hardware-Ausgaben reduziert um 70 %
- Kosten für Administration, Entwicklung und Support reduziert um fast 50 %

Aber neben niedrigeren Kosten hat Open-Source-Software einen weiteren ganz entscheidenden Vorteil, und der ist – ganz simpel – der offene Quellcode. Der Einsatz von Open-Source-Datenbanken in einem Unternehmen bringt die folgenden Vorteile mit sich:

- Teilhabe an einer weltweiten Community inklusive dem direkten Zugang zu den Datenbank-EntwicklerInnen, zu umfassender Dokumentation und Support.
- Unabhängigkeit von einzelnen Anbietern und Produkt-Lebenszyklen. So besteht z. B. die Möglichkeit, dass IBM ab 2009 das Datenbank-Produkt Informix aufgibt (Flannery 2005). Demgegenüber bleibt Open-Source-Code zugänglich und kann von jedem weiterentwickelt werden, der das Projekt weiterführen möchte (vgl. z. B. die Weiterentwicklung des Mozilla Browsers trotz Beendigung des Projekts durch die Mozilla Foundation[13]).

---

[13] http://www.mozilla.org/projects/seamonkey

- Ein hohes Sicherheits-Niveau aufgrund von ständiger Überprüfung des Codes durch eine internationale Entwicklergemeinschaft und schnelle Fehlerbeseitigung. So wird beispielsweise PostgreSQL im „Database Hacker's Handbook" im Vergleich mit verschiedenen Closed-Source-Datenbanken als auf der Grundlage der Standardeinstellungen sicherste Datenbank bezeichnet („by default [...] possibly the most security-aware database available", Litchfield et al. 2005, S. 5).
- Flexible Anpassungen und Erweiterungen der Software entsprechend der eigenen Anforderungen, indem fehlende Funktionalitäten selbst (oder von beauftragten EntwicklerInnen) hinzugefügt werden.

Dass außerdem Open-Source-Software-Entwicklung zu besserem Code führt, ist nicht nur ein Mythos, der auf dem berühmten Zitat Eric S. Raymonds (2000) basiert: „Given enough eyeballs, all bugs are shallow."[14] Kürzlich analysierte Coverity, ein bekannter Produzent von Software-Analyse-Programmen, verschiedene Open-Source-Projekte. Der Linux Kernel (2.6.9) enthielt weniger als zwei Mängel auf 10 000 Zeilen Code.[15] MySQL hatte weniger als drei Fehler in 10 000 Zeilen (Lemos 2005), während in PostgreSQLs Code sogar nur 0,25 Bugs auf 10 000 Zeilen gefunden wurden.[16] Software mit geschlossenem Quellcode enthält hingegen nach Studien der Carnegie-Mellon-University zwischen 10 bis 300 Fehler pro 10 000 Zeilen (O'Neill 2003; Lemos 2004; Delio 2004).[17]

2.3 Zusammenfassung

Für den Einsatz von Open-Source-Datenbanken sprechen niedrigere Kosten sowie die Vorteile des Zugangs zum offenen Code, zu einer internationalen Community sowie zu den Entwicklern selbst. Die meisten Befürchtungen gegenüber ihrer Verwendung, wie z. B. mangelnder kommerzieller Support oder erhöhter administrativer Aufwand, können ausgeräumt werden.

Offen bleibt die Frage, ob die fünf Open-Source-Datenbanken einen Funktionsumfang mitbringen, der sich mit den proprietären Marktführern messen kann und die Produkte damit reif für den Einsatz in Unternehmensanwendungen macht. Dieses Thema soll im Folgenden beleuchtet werden.

---

14 Wenn nur genug Leute auf den Code schauen, haben Bugs keine Chance mehr.
15 http://www.coverity.com/datasheets/linux_report.pdf
16 http://archives.postgresql.org/pgsql-www/2005-07/msg00067.php,
   http://www.enterprisedb.com/news_events/press_releases/07_12_05.do
17 http://www.cyberpartnership.org/SDLCFULL.pdf

3 Von Elefanten, Delphinen, müden Katzen und feurigen Vögeln: Ein Spaziergang durch den Datenbank-Zoo

Man kann die Datenbank-Welt in zwei Gruppen unterteilen, die sich nach ihrer Architektur unterscheiden. Auf der einen Seite stehen die klassischen Client-Server–Systeme wie z. B. PostgreSQL oder MaxDB, auf der anderen Seite die eingebetteten Datenbanken. (Hinzu kommen hybride Systeme wie Firebird, die beide Architekturen unterstützen.) Dieser Artikel konzentriert sich auf die fünf Datenbank-Server Firebird, Ingres, MaxDB, MySQL und PostgreSQL. Bevor diese Systeme jedoch im Detail vorgestellt und verglichen werden, soll ein kurzer Blick auf die eingebetteten Datenbanken geworfen werden, die auf Open-Source-Lösungen auch in diesem Bereich hinweisen.[18]

3.1 Die „Kleinen"

Eine eingebettete Datenbank wird von der Applikation nicht über Inter-Prozess–Kommunikation angesprochen (z. B. TCP/IP oder UNIX Sockets), sondern läuft im selben Prozessraum wie die Anwendung selbst. Dies ermöglicht erhebliche Performanz-Gewinne. Die Datenbank wird dabei als Bibliothek gelinkt oder ist direkt ein Teil des Anwendungs-Codes. Sie zeichnet sich durch geringe Größe und Speicherbedarf aus und erfordert meist keine Administration oder Konfiguration. Beliebte Open-Source-Datenbanken im Embedded-Bereich sind Berkeley DB, Derby, HSQLDB, Mckoi, SQLite und One$DB.[19] Tabelle 1 bietet einen Überblick über einige Charakteristika dieser Systeme.

Nach den eingebetteten Datenbanken sollen nun im Folgenden die fünf großen Open-Source-Datenbankserver vorgestellt werden.[20]

3.2 Firebird

Firebird basiert auf InterBase, dem Datenbankmanagementsystem der Firma Borland.[21] Dadurch reichen seine Wurzeln zurück bis 1984. Im Jahr 2000 entschied sich Borland, den Quellcode von InterBase v6.0 freizugeben, da das Datenbanksystem über keinen nennenswerten Marktanteil mehr verfügte. Die Hoffnung bestand,

---

18 Die „tierische" Überschrift dieses Abschnitts bezieht sich auf die Maskottchen und Namen einiger Open-Source-Datenbanken: Der Elefant ziert das PostgreSQL-, der Delphin das MySQL-Logo und der Feuervogel das von Firebird. Sleepycat vermarktet die Berkeley DB.
19 http://www.sleepycat.com, http://db.apache.org/derby, http://hsqldb.org, http://www.mckoi.com, http://www.sqlite.org und http://www.daffodildb.com/one-dollar-db.html
20 Neben verschiedenen im Text genannten, haben auch folgende Quellen wesentliche Informationen geliefert: Fallmann et al. (2005), Manhart (2004), Arvin (2005) sowie die Websites http://en.wikipedia.org/wiki/Comparison_of_relational_database_management_systems und http://www.geocities.com/mailsoftware42/db.
21 Siehe http://firebird.sourceforge.net und http://www.firebird-datenbank.de sowie Farooqi (2004).

	Berkeley DB	Derby	HSQLDB	Mckoi	SQLite	One$DB
Firma	Sleepycat	IBM/ Apache Software Foundation	Keine	Keine	Keine	Daffodil
Lizenz	dual (Sleepycat Public/ Commercial Licence)	Apache License	Hypersonic License „BSD-style"	GPL	Public Domain	LGPL
Sprache	C oder Java	Java	Java	Java	C	Java
Bekannte Anwendungen	Subversion, OpenLDAP, MySQL Storage Engine, Google Accounts	–	OpenOffice Base	–	Amarok (KDE), Aperture (Apple)	–
Relational	nein	ja	ja	ja	ja	ja

Tabelle 1: Eingebettete Open-Source-Datenbanken

durch kommerziellen Support für ein durch „frisches Blut" aus der Open-Source–Community wiederbelebtes Produkt höhere Einnahmen zu erzielen als bisher über Lizenzkosten. Diese Rechnung ging offensichtlich nicht auf, denn wenig später (in Version 7.1) schloss Borland den Code wieder.

In der Zwischenzeit hatte sich jedoch eine aktive Community um die Codebasis gebildet, welche die Software seitdem unter dem Namen Firebird eigenständig weiterentwickelt. Bisher ist Firebird in Westeuropa und den USA wesentlich weniger bekannt als zum Beispiel MySQL oder PostgreSQL. Nichtsdestotrotz ist es vor allem in Brasilien, Russland und der Ukraine weit verbreitet[22] und verfügt über eine aktive Fangemeinde.[23] Ein großer Teil der Anwender rekrutiert sich aus vormaligen Inter-Base-Kunden, von denen einer der hierzulande bekanntesten Nutzer die Deutsche Presse Agentur (dpa) ist.[24]

3.3 Ingres

Die Entwicklung an Ingres begann im Jahr 1974 als Forschungsprojekt der University of California in Berkeley. 1982 wurde Ingres unter dem Dach der Firma Ingres

---

22 http://ibdeveloper.com/2005/10/27/firebird-global-survey-results
23 Firebird wurde in der Newsforge-Abstimmung (2004) zur „Favorite Open Source Database" gewählt, „Preferred Database" in der Umfrage von O'Reilly (2004), knapp hinter MySQL in LinuxQuestions „Database Of The Year"-Umfrage (2004), ebenso in der Abstimmung von Evans Data Corp. (2005) über „Open Source Databases Currently Used".
24 http://www.ibphoenix.com/main.nfs?a=ibphoenix&s=1131278527:192093&page=ibp_users_firebird

Corporation kommerzialisiert. Das Unternehmen wurde dann zwölf Jahre später von Computer Associates (CA) gekauft.[25] Der selben Logik wie Borland folgend, veröffentlichte CA im Jahre 2004 den Quellcode von Ingres, bot aber weiterhin kommerziellen und Community-Support an. Im Herbst 2005 gliederte CA Ingres aus und verkaufte das Datenbanksystem an die Investment-Firma Garnett & Helfrich Capital, die es nun wiederum unter dem Namen Ingres Corporation weiterhin als Open Source anbietet.[26]

3.4 MaxDB

Die Wurzeln von MaxDB liegen in Deutschland, wo das System zunächst als Forschungsprojekt namens „Distributed Databases on Mini-Computers" an der TU Berlin entwickelt wurde.[27] 1981 wurde es von Nixdorf unter dem Namen DDB/4 kommerzialisiert und 1993 von der Software AG übernommen, welche die Datenbank zunächst in „Entire SQL DB Server", später in „Adabas D" umbenannte. SAP übernahm die Software im Jahr 1997 und änderte erneut den Namen, diesmal in „SAP DB". 2000 stellte SAP die Datenbank als Open Source unter die GPL. Drei Jahre später gingen SAP und MySQL AB eine Technologie-Partnerschaft ein, die MySQL sowohl den Vertrieb und die Weiterentwicklung als auch eine erneute Umbenennung des Datenbanksystems erlaubte.[28] MaxDB wird jedoch auch weiterhin nahezu ausschließlich von SAP entwickelt, was auch die SAP-Zertifizierung mit einschließt.

MySQL AB offeriert seine Produkte unter einer so genannten dualen Lizenzierung: Wird die Software im Rahmen einer Applikation genutzt, welche selbst unter der GPL steht, so ist das Produkt kostenfrei. Ist dies nicht der Fall – zum Beispiel dient die Datenbank als Backend einer kommerziellen Closed-Source-Applikation –, so bietet MySQL AB eine kommerzielle Lizenzierung (d. h. verbunden mit Lizenzkosten) an.

SAP nutzte das Datenbanksystem als Backend der hauseigenen Großanwendungen wie z. B. SAP R/3. Es ist daher weltweit in SAP-Systemen so bekannter Firmen wie Toyota, Intel, DaimlerChrysler, Bayer, Yamaha und der Deutschen Post zu finden.

3.5 MySQL

MySQL wurde im Jahr 1995 von der schwedischen Firma MySQL AB veröffentlicht.[29] Open-Source-Software von Anfang an, entwickelte sich schnell eine sehr große Fange-

---

25 http://opensource.ca.com/projects/ingres
26 Weiterführende Informationen über den Ausgliederungsprozess bieten Loftus (2005), Vaas (2005a) sowie die neue Webseite http://www.ingres.com.
27 http://dev.mysql.com/doc/refman/5.0/en/maxdb.html, http://www.sapdb.org/history.htm, http://www.mysql.com/products/maxdb
28 Es ist kein Zufall, dass die zwei Kinder von einem der MySQL-Gründer die Namen My und Max tragen.
29 http://www.mysql.com

meinde rund um das Datenbanksystem, welches eine der vier Säulen des so genannten LAMP-Stacks bildet (Linux, Apache, MySQL, PHP/Python/Perl).

Wie MaxDB wird auch MySQL unter dualer Lizenzierung angeboten. Bekannte Nutzer sind Associated Press, Yahoo, Slashdot, SourceForge, die NASA, Lycos und T-Systems.[30] In einer Reihe von Open-Source-Projekten arbeitet MySQL als Backend, z. B. Typo3 und Drupal (CMS), Nucleus und Wordpress (Blog), Wikipedia/MediaWiki, PHProjekt und eGroupware (Projekt Management/Groupware). MySQL AB bietet kommerziellen und Community-Support.

3.6 PostgreSQL

Das 1986 auf Ingres folgende Datenbank-Forschungsprojekt der Universität Berkeley wurde Postgres getauft.[31] Als das Projekt im Jahr 1994 auslief, wurde noch ein SQL-Interpreter zum Code hinzugefügt und die Software umbenannt in Postgres95. Das Ganze wurde dann im Internet unter der BSD-Lizenz als Open-Source-Software veröffentlicht. 1996 einigte man sich schließlich auf den Namen PostgreSQL.

PostgreSQL ist ein Objekt-relationales Datenbanksystem mit einer großen Nutzer- und Entwickler-Community. Verschiedene Unternehmen bieten kommerziellen Support an, z. B. Pervasive Software in den USA, Cybertec in Österreich, Credativ in Deutschland, SRA in Japan und Fujitsu in Australien. Zuletzt kündigte SUN Microsystems an, PostgreSQL als Datenbank in ihr Portfolio zu integrieren und zu unterstützen.

Bekannte Nutzer von PostgreSQL sind Afilias (Domain-Namen-Registrar), BASF und Fujitsu. Die ZEIT nutzt PostgreSQL zur Speicherung der Metadaten ihres Content-Management-Servers.[32] In verschiedenen Open-Source-Projekten kommt PostgreSQL als Backend zum Einsatz, z. B. in der Kollaborationsplattform GForge, ERP-/CRM-/Groupware-Systemen wie EGS, FISTERRA und FacturaLUX sowie in verschiedenen Projekten, die sich der GIS-Implementation von PostgreSQL bedienen.

Spezifisch für PostgreSQL sind die so genannten Distributionen: Unternehmen können selbstentwickelte Features zum Datenbank-Code hinzufügen und dann selbst verteilen oder verkaufen – die BSD-Lizenz erlaubt das Schließen des Codes. Beispiele sind Greenplum mit Bizgres und EnterpriseDB.[33]

4 Ans Eingemachte: Der Vergleich von fünf Open-Source-Datenbanken

Ein reines Nebeneinanderstellen von Datenbank-Features greift zu kurz und ist beim nächsten Release schon wieder obsolet. Daher wird im Folgenden zunächst ein Kri-

---

30 http://www.mysql.com/customers
31 http://www.postgresql.org
32 http://www.zeit.de/software/index?page=all
33 http://www.greenplum.com, http://www.enterprisedb.com

Freie Datenbanken im Unternehmenseinsatz

terienschema vorgestellt. Ein Unternehmen, das vor der Entscheidung steht, eine Open-Source-Datenbank einzusetzen, kann anhand dessen auch zukünftige Versionen umfassend analysieren und vergleichen.

Im Anschluss daran werden die aktuellen Versionen der fünf Open-Source-Datenbanken auf der Grundlage der vorgestellten Kriterien verglichen. Ein kurzer Überblick über die Fähigkeiten der Datenbanken im Data-Warehouse-Bereich rundet das Bild ab.

4.1 Äpfel und Birnen: Nach welchen Kriterien wird verglichen?

Ob der Einsatz einer Open-Source-Datenbank möglich und sinnvoll ist, hängt von den Anforderungen ab, die an den Funktionsumfang des Systems gerichtet werden. Dieser Abschnitt bietet einen Überblick über die Features der fünf vorgestellten Open–Source-Datenbanken unter dem Gesichtspunkt, ob sie für den Einsatz in anspruchsvollen Unternehmensanwendungen geeignet sind. Diese Szenarien unterscheiden sich vom Endnutzer- oder Hobby-Einsatz durch Größe, Ressourcenverbrauch und Funktionsumfang und in ihren Anprüchen hinsichtlich Mehrbenutzerfähigkeit, Sicherheit, Datenintegrität und Hochverfügbarkeit.

Ein Datenbanksystem sollte daher möglichst die unten aufgelisteten Features bieten, um in großen Unternehmensanwendungen eingesetzt werden zu können (Bloor 2004; Gilfillian 2005; Conrad 2004; Vaas 2005*b*; Richter 2004; Strandell 2003). Zur besseren Übersichtlichkeit werden die Funktionalitäten vier Kategorien zugeordnet:

1. Datenintegrität: ACID-Transaktionen, Savepoints, zweiphasiges Commit, Locking auf Zeilenebene oder Multiversion Concurrency Control (MVCC)

2. Datenorganisation: Komplexe Datenbank-Objekte wie Sichten, Schemata und temporäre Tabellen

3. Datenzugriff:

   – Umfangreiche SQL-Features: Vererbung, nutzerdefinierte Datentypen, Operatoren und Funktionen, Sub-Selects, komplexe Abfragen, fortschrittliche Indexierungs-Strategien und Unterstützung von verteilten Datenbankabfragen

   – Möglichkeiten der Integration von Geschäftslogik in die Datenbank: Triggers, Events, Sequenzen, Stored Procedures

   – Eine große Auswahl an Schnittstellen, Treibern und APIs

4. Betrieb:

   – Performanz und Skalierbarkeit: Multi-Threading, Multi-Prozessor-Unterstützung, Caching, Partitionierung, Tablespaces, Clustering, Parallelisierung von Abfragen

- (Hoch-)Verfügbarkeit: Replikation, umfangreiche unterbrechungsfreie Datensicherungs- und Wiederherstellungs-Mechanismen
- Sicherheit: Verschlüsselung, Gruppen- und Rollenkonzept, feingranulare Rechteverwaltung und Logging

Die Tabelle 2 bietet einen Vergleich der Features der fünf Open-Source-Datenbankmanagementsysteme.[34]

Die Fähigkeiten der einzelnen Datenbanken werden im Folgenden kurz diskutiert. Dabei muss beachtet werden, dass es wesentlich einfacher ist, SQL-Features und Standard-Konformität zu vergleichen oder die verfügbaren Stored-Procedure–Sprachen aufzuzählen, als Features aus den Bereichen Hochverfügbarkeit, Sicherheit oder Skalierbarkeit zu vergleichen. Diese sind nicht einfach abzählbar und es gibt im Allgemeinen auch keinen Standard, dessen Einhaltung man überprüfen kann. Implementationen desselben Features können sich grundlegend unterscheiden und oft steckt der Teufel im Detail. Auf jeden Fall aber können die jeweiligen Funktionalitäten benannt und klassifiziert werden.[35]

4.2 Open-Source-Datenbanken: Features

Firebird

Firebird bringt zwar einen soliden Grundstock an Funktionalitäten mit, jedoch nur wenige anspruchsvollere Features.[36] Es bietet immerhin zweiphasiges Commit (aber ohne Unterstützung des XA-Standards) und die Multi-Generational-Architecture (ein Locking-Mechanismus, welcher der Multi Versioning Concurrency Control (MVCC) entspricht).

Hingegen fehlen Firebird die folgenden Funktionen, die die meisten anderen Datenbanken bieten:

- Geographischer/räumlicher Datentyp
- Schemas
- Temporären Tabellen
- Volltext-Suche
- Indexierungsalgorithmen außer B-Tree
- Replikation
- Load Balancing

---

34 Eine detailliertere Version dieser Feature-Matrix sowie Links zu Quellen, die zur Bestückung der Matrix dienten, finden sich unter http://www.osdbmigration.org:8080/osdb/osdb-features.
35 Erklärungen der einzelnen Konzepte, Akronyme und Techniken sind im Glossar am Ende dieses Buches zu finden.
36 http://www.firebirdsql.org/index.php?op=doc,
http://www.ibphoenix.com/main.nfs?a=ibphoenix&page=ibp_download_15

Freie Datenbanken im Unternehmenseinsatz

	Firebird	Ingres	MaxDB	MySQL	PostgreSQL
Version	1.5	3.0	7.6	5.0	8.1
Datenintegrität					
ACID-Transaktionen	Ja	Ja	Ja	Ja *	Ja
2-phasiges Commit	Ja	Ja	Nein	Ja *	Ja
Fremdschlüssel	Ja	Ja	Ja	Ja *	Ja
CHECK-Bedingung	Ja	Nein	Ja	Nein	Ja
Savepoints	Ja	Ja	Ja	Ja *	Ja
Locking	MVCC	zeilenweise	zeilenweise, MVCC ab 7.7	MVCC und zeilenweise *	MVCC und zeilenweise
Datenbankobjekte					
Schema	Nein	Ja	Ja	Ja	Ja
Temporäre Tabellen	Nein	Ja	Ja	Ja	Ja
Stored Procedures	Ja	Ja	Ja	Ja	Ja
Trigger	Before/After	After	After	Before/After	Before/After
View	Ja	Ja	Ja	Ja	Ja
Materialized View	Nein	Nein	Nein	Nein	Nein
Updatable View	Ja	Nein	Ja	Ja	Ja
Expression Index	Nein	Nein	Nein	Nein	Ja
Partial Index	Nein	Nein	Nein	Nein	Ja
Bitmap Index	Nein	Nein	Nein	Nein	Ja
Volltext-Index	Nein	Nein	Nein	Ja (MyISAM)	Ja (TSearch2)
SQL, Datentypen					
Standard	92, 99	92, 99	92	92, 99	92, 99, 03
Nutzerdef. Typen	Nein	Ja	Nein	Nein	Ja
Nutzerdef. Funktionen	Ja	Ja	Ja	Ja	Ja
GIS	Nein	Ja	Nein	Ja	Ja
Boolean	Nein	Nein	Ja	Nein	Ja
Sub-Select	Ja	Ja	Ja	Ja	Ja
Full Outer Join	Ja	Ja	Ja	Nein	Ja
Betrieb					
Multi-Threading	Ja (Super)	Ja (Bs)	Ja (Db)	Ja (Bs)	Nein
Multi-Processing	Ja (Classic)	Ja	Ja	Ja	Ja
Abfrage-Parallelisierung	Nein	Ja	Ja	Ja (Cluster)	Nein
Replikation	Ja	Ja	Ja	Ja	Ja (Slony)
Multimaster Repl.	Ja	Ja	Nein	Nein	Nein
Clustering	Nein	Ja	Ja	Ja	Nein
Load Balancing	Nein	Ja	Nein	Ja	Nein
Tablespaces	Nein	Nein	Nein	Ja	Ja
Partitionierung	Nein	Ja	Nein	Nein (v.5.1)	Ja (CE)
Point-In-Time Recovery	Nein	Ja	Ja	Ja *	Ja

(Bs = Betriebssystem, Db = Datenbank, CE = Constraint Exclusion, * = InnoDB)

Tabelle 2: Vergleich von Open-Source-Datenbanken: Feature Matrix

- Clustering
- Tabellen-Partitionierung
- SSL-Verschlüsselung der Kommunikation zwischen Client und Server

Parallele Verarbeitung wird nur eingeschränkt unterstützt. Je nachdem, welche Datenbankserver-Variante gewählt wird. Der „Super Server" bietet Multi-Threading, aber keinen Multi-Prozessor-Support. Beim „Classic Server" ist es genau umgekehrt.

Ingres

Als ältestes der fünf Open-Source-Datenbankmanagementsysteme verfügt Ingres selbstverständlich über ein großes Arsenal von Funktionalitäten (Computer Associates 2004a,b,c,d; Vanthienen 2005). Besonders herauszuheben sind dabei der volle XML–Support, die GIS-Funktionalität, nutzerdefinierte Datentypen, Multi-Master-Replikation und Tabellen-Partitionierung. Ingres unterstützt Multi-Threading genauso wie Multi-Processing und bietet außerdem Abfrage-Parallelisierung, d. h. die Bearbeitung eines SQL-Statements kann durch mehrere Prozessoren gleichzeitig erfolgen.

Nichtsdestotrotz fehlen so wichtige Features wie „BEFORE"-Trigger, Updatable Views, Volltext-Indexierung, MVCC (nur Locking auf Zeilen-Ebene), CHECK-Bedingungen, Tablespaces und SSL-Verschlüsselung.

MaxDB

Die Stärken von MaxDB liegen vor allem in der parallelen Verarbeitung: Neben Ingres ist es das einzige System, das sowohl Multi-Threading als auch Multi-Processing und außerdem die parallele Abfrage-Bearbeitung bietet.[37] Auch im Bereich von Backup und Recovery kann MaxDB punkten: Komplette Backups im laufenden Betrieb werden genauso unterstützt wie Point-in-Time Recovery und Savepoints. Daneben werden Replikation und Clustering unterstützt, jedoch fehlt die Möglichkeit, Lasten im Cluster zu verteilen: Load-Balancing funktioniert nur zwischen den Prozessoren einer Maschine. Die Liste der fehlenden Features wird noch länger: Man vermisst einen räumlichen Datentyp, „BEFORE"-Trigger (geplant für Version 7.7), sämtliche Indexierungs-Algorithmen außer B*-Tree, zweiphasiges Commit, MVCC (geplant für Version 7.7), nutzerdefinierte Datentypen, kaskadierendes UPDATE, Tablespaces und Tabellen-Partitionierung.

Der Wechsel von Version 7.5 auf 7.6 brachte einige interessante neue Features, zum Beispiel bietet MaxDB nun Replikation per „Synchronisation Manager" sowie nutzerdefinierte Funktionen.[38]

---

37 http://dev.mysql.com/doc/maxdb
38 http://dev.mysql.com/doc/maxdb/features76.html

Freie Datenbanken im Unternehmenseinsatz

MySQL

Mit der Version 5.0 hat sich MySQL zu einer Datenbank gemausert, die auch für komplexe Unternehmens-Anwendungen einsetzbar ist.[39] Die neue Version bietet folgende Neuerungen: [40]

- Stored Procedures (nach SQL:2003 Standard)
- Triggers
- (Updatable) Views
- Serverseitige Cursors
- Unterstützung des XA-Standards und zweiphasigen Commits
- Nutzer-definierte Funktionen
- Abfrage der Datenbank-Metadaten über das INFORMATION_SCHEMA
- „Strikter" SQL-Modus[41]

Spezifisch für MySQL ist, dass es elf verschiedene Tabellentypen zur Auswahl gibt: MyISAM, MERGE, MEMORY (HEAP), BDB (BerkeleyDB), EXAMPLE, FEDERATED, ARCHIVE, CSV, BLACKHOLE, InnoDB und MySQL Cluster (NDB).[42] Eine Datenbank kann Tabellen verschiedenen Typs enthalten. Die Wahl eines Typs ist abhängig von dem Einsatzzweck der Tabelle. Jeder Tabellentyp hat bestimmte Charakteristika, zum Beispiel:

- Nur der InnoDB-Typ bietet Fremdschlüssel, MVCC, Savepoints, Tablespaces und XA-konforme verteilte Transaktionen mit zweiphasigem Commit.[43]
- Nur InnoDB und Berkeley DB bieten ACID-Transaktionen.
- Nur InnoDB und NDB bieten Locking auf Zeilenebene (BDB: Locking auf Seiten-Ebene).
- Nur MyISAM-Tabellen unterstützen Volltext- und R-Tree-Indexierung.
- Für Clustering und Load Balancing verwendet man NDB-Cluster-Tabellen. Diese bieten auch die parallele Bearbeitung von Abfragen, von mehreren Cluster-Knoten gleichzeitig.

---

39 http://dev.mysql.com/doc
40 Für eine vollständige Liste aller Neuerungen in Version 5.0 siehe z. B. http://dev.mysql.com/doc/refman/5.0/en/mysql-5-0-nutshell.html
41 Normalerweise akzeptiert MySQL ungültige Werte, z. B. 31.02.2005 in einem Datumsfeld, Text in einem Zahlenfeld, und gibt nur eine Warnung aus. „strict" unterbindet das Einfügen falscher Daten und erzeugt eine Fehlermeldung.
42 http://dev.mysql.com/doc/mysql/en/storage-engines.html
43 Dabei ist zu bemerken, dass MySQL-Fremdschlüssel nicht aufschiebbar („deferrable") sind.

Neben den genannten Features unterstützt MySQL Replikation (Single-Master, Multi-Slaves), Multi-Threading und Multi-Prozessor-Support.

Nur eingeschränkt zur Verfügung stehen Sequenzen (eingeschränkte Implementierung über AUTO_INCREMENT) und Constraints (MySQL bietet nur UNIQUE und NOT NULL). Partitionierung (geplant für Version 5.1) und Rollen- oder Gruppenkonzepte für das Rechtemanagement fehlen vollständig.

PostgreSQL

PostgreSQL zeichnet sich durch eine enorme Funktionsvielfalt aus.[44] Zu den anspruchsvolleren Features gehören MVCC, CHECK Constraints, nutzerdefinierte Funktionen, Datentypen und Operatoren sowie räumliche, boole'sche und Netzwerkadress-Datentypen (IPv4, IPv6, MAC). Als einzige der Open-Source-Datenbanken stellt PostgreSQL die spezialisierten Indexierungs-Algorithmen Expression Index, Bitmap Index und Partial Index zur Verfügung. Daneben gibt es natürlich auch R-Tree, Heap- und Volltext-Indexierung. PostgreSQL bietet anspruchsvolle Replikation mittels der Slony-Software. Zweiphasiges Commit für verteilte Transaktionen steht ebenfalls zur Verfügung, jedoch bisher ohne Unterstützung des XA-Standards.

Schwächen zeigt PostgreSQL außerdem beim Thema Parallelisierung. Zwar stellt es Multi-Prozessor-Unterstützung zur Verfügung, jedoch kein Multi-Threading. Ebenfalls muss man auf eingebaute Clustering- und Load-Balancing-Lösungen verzichten.[45]

PostgreSQL erlaubt, Stored Procedures in fast jeder Programmiersprache zu schreiben. Neben der Standard-Stored-Procedure-Sprache PL/pgSQL stehen C, Java, PL/perl, PL/PHP, PL/python, PL/Ruby, PL/sh, PL/TCL und PL/R zur Verfügung.

Im letzten Jahr veröffentlichte die PostgreSQL-Community mit Version 8.0 und 8.1 zwei Updates, die sich vor allem auf die Einführung von Features für große Unternehmens-Anwendungen konzentrierten: Point-in-Time Recovery, Savepoints, Tablespaces (Version 8.0), Bitmap Scan, zweiphasiges Commit, Rollenkonzept für die Rechteverwaltung und Tabellen-Partitionierung (Version 8.1). Außerdem läuft PostgreSQL seit 8.0 auch nativ auf Windows-Plattformen.

4.3 Open-Source-Datenbanken für das Data Warehouse

Die oben diskutierten Features sind vor allem in der klassischen Datenverarbeitung interessant, dem „Online Transactional Processing" (OLTP). Mit immer besseren Möglichkeiten zur Datenerfassung und -speicherung steigt jedoch auch der Bedarf an Lösungen zur Analyse dieser Daten („Online Analytical Processing", OLAP). Dies geschieht mittels so genannter „Business Intelligence"-Software, die auf Daten in

---

44 http://www.postgresql.org/about, http://www.postgresql.org/docs/current/interactive/index.html
45 Es gibt aber an PostgreSQL angegliederte Projekte, die die fehlenden Tools entwickeln und zur Verfügung stellen. Diese finden sich auf PgFoundry (http://pgfoundry.org) und GBorg (http://gborg.postgresql.org).

Freie Datenbanken im Unternehmenseinsatz

einem Data Warehouse zugreift. Dabei handelt es sich um eine Datenbank, deren Schema speziell für diesen Einsatz optimiert wird.

Eine ausführliche Auseinandersetzung mit dem Thema Open-Source-Business–Intelligence und Data Warehousing findet sich bei Horstmann (2005*b*). Hier sollen nur kurz ein paar Hinweise auf die Fähigkeiten der besprochenen fünf Open-Source–Datenbanken im Data-Warehouse-Bereich gegeben werden.

Es gibt keine bekannte Fallstudie für den Einsatz von MaxDB oder Firebird im Rahmen eines Data Warehouses. Dasselbe gilt für Ingres, jedoch wird diese Datenbank im Rahmen der DATAllegro Data Warehouse Appliance eingesetzt (Howard 2005).

MySQL hingegen ist in dem Markt präsent. So nutzt beispielsweise der O'Reilly-Verlag das System im Rahmen einer selbstentwickelten Data-Warehouse-Lösung.[46] Die Business-Intelligence-Anbieter *Business Objects* und *Hyperion* (Essbase) unterstützen den Einsatz von MySQL mit ihren Produkten.[47]

Besonders interessant ist jedoch, dass im letzten Jahr komplette „Open Source Business Intelligence Software Stacks" entstanden sind, also Projekte, die mehrere Open-Source-Anwendungen zusammenfassen, um komplette Business-Intelligence–Lösungen anzubieten. Eines dieser Projekte ist Bizgres. Es enthält die Bizgres-Datenbank (ein PostgreSQL, das um OLAP-Funktionalitäten erweitert wurde), das Bizgres Toolkit (KETL für den Extraction-Transformation-Load-Prozess, Mondrian/JPivot für multidimensionale Analyse, JasperReports für Reporting und OpenI als Framework) und Bizgres Clickstream, eine komplette Beispielapplikation zur Analyse von Log-Daten.[48]

4.4 And the Winner is... oder: Für jede Aufgabe das richtige Werkzeug

Es gelingt nicht, im Rahmen eines allgemeinen Vergleichs der Datenbanken eine eindeutige „Siegerin" zu benennen. Alle fünf vorgestellten Open-Source-Datenbanken bieten einen Funktionsumfang, der ihren Einsatz in großen Unternehmens-Anwendungen rechtfertigt. Dabei hat jedoch jedes System seine Stärken und Schwächen, und welche Datenbank die richtige für einen konkreten Anwendungsfall ist, hängt in erster Linie von den Anforderungen des jeweiligen Szenarios ab. Wie immer gilt auch hier: Für jede Aufgabe das richtige Werkzeug.

5 Zusammenfassung

Die Welt der Open-Source-Datenbankserver ist in Bewegung. MySQL und PostgreSQL haben in den letzten Versionen Funktionserweiterungen erhalten, welche den Einsatz in großen Unternehmens-Anwendungen ermöglichen. Damit verwischen sich

---

46 http://www.mysqluc.com/presentations/mysql05/magoulas_roger.pdf
47 http://businessobjects.com/news/press/press2005/20050418_mysql_part.asp,
   http://dev.hyperion.com/products/hub/hub_721_matrix.pdf
48 http://pgfoundry.org/docman/view.php/1000107/106/oss_bi_opendbcon2005_exp.pdf

auch die Unterschiede zwischen diesen beiden Datenbanken: Lange hielten sich die Vorurteile, MySQL sei zwar schnell, aber mangele an Funktionalitäten, während PostgreSQL über anspruchsvolle Features verfüge, aber langsam sei. Nun hat MySQL mit der Version 5.0 im Bereich der anspruchsvollen Features entscheidend aufgeholt, während PostgreSQL schon lange wesentliche Performanz-Gewinne zu verzeichnen hat.

Zu diesen beiden „klassischen" Open-Source-Datenbanken gesellten sich in den letzten Jahren drei weitere: Firebird, Ingres und MaxDB. Alle verfügen über eine lange Geschichte im kommerziellen Bereich und versuchen sich nun mit wechselndem Erfolg daran, in die Open-Source-Softwareentwicklung und -Vermarktung einzusteigen.

So ist es *Firebird* gelungen, sich als Open-Source-Projekt eigenständig weiterzuentwickeln, nachdem Borland den InterBase-Code nach einem kurzen Ausflug in die Open-Source-Welt wieder schloss. Die Community wächst, die Datenbank verfügt über eine loyale Nutzerbasis und die Weiterentwicklung des Codes wird vorangetrieben. Als Schwachstellen sind derzeit noch die geringe Dokumentation zu nennen sowie die unzureichenden Fähigkeiten des Systems in Bezug auf Hochverfügbarkeit und Skalierbarkeit. Aber das Projekt hat Schwung und eine klare Roadmap, so dass die kommenden Versionen diese Probleme auf jeden Fall angehen werden.

Ingres lässt kaum Wünsche offen, was Funktionen, Skalierbarkeit und Stabilität anbelangt. Leider wurde die Software lange Jahre vom Anbieter Computer Associates (CA) vernachlässigt, kaum weiterentwickelt und schlecht vermarktet. Der Verkauf an die Investoren von Garnett & Helfrich Capital sowie der Versuch, seit letztem Jahr eine Open-Source-Community um das System aufzubauen, könnten dies ändern und Ingres wieder zu einer ernst zu nehmenden Größe im Datenbank-Markt machen.[49]

SAP DB ist zwar schon seit 2000 Open Source, zog aber dennoch wenig Aufmerksamkeit auf sich. Erst als MySQL 2003 begann, das System als *MaxDB* anzubieten und zu vermarkten, wuchs das öffentliche Interesse. Die Weiterentwicklung der Datenbank geschieht jedoch weiterhin ausschließlich innerhalb der SAP AG, die nur geringes Interesse für eine Anbindung an die Open-Source-Community zeigt. Da auch keine öffentliche Roadmap vorliegt, ist unklar, ob und wann die fehlenden Funktionalitäten angegangen werden.

MySQL verbindet eine aktive Community und eine riesige Nutzer-Basis mit der Unterstützung und dem Marketing eines kommerziellen Unternehmens. Während der bisherige Erfolg sich hauptsächlich aus dem Einsatz in Web-Anwendungen speiste, bringt Version 5 Funktionalitäten mit, die MySQL auch für anspruchsvollere Szenarien

---

49 Speziell ist dabei die „Ingres Million Dollar Challenge" zu erwähnen: Um Open-Source-Entwickler auf das freie Datenbanksystem aufmerksam zu machen, schrieb Ingres im Sommer 2004 einen Preis in Höhe von einer Million USD für die Programmierung von Software aus, welche die Migration von verschiedenen Closed-Source-Datenbanken sowie MySQL hin zu Ingres unterstützen soll: http://www3.ca.com/Press/PressRelease.aspx?CID=61619, http://www3.ca.com/Press/PressRelease.aspx?CID=69484.

qualifiziert. Unklar ist bisher, welche Auswirkungen sich aus dem Kauf von Innobase Oy (und damit des InnoDB-Tabellentyps) durch Oracle ergeben.

Die Herkunft aus dem universitären Bereich ist *PostgreSQL* anzusehen. Das Datenbankmanagementsystem verfügt über einen enormen Funktionsumfang und legt großen Wert auf Standardkonformität. Der Entwicklungsprozess vollzieht sich ausschließlich im Rahmen der Open-Source-Community. Nichtsdestotrotz gibt es eine Reihe von Unternehmen, die professionellen kommerziellen Support für PostgreSQL anbieten. Auch hier fehlen einige Features im Bereich der Skalierbarkeit und Hochverfügbarkeit – die Roadmap weist diesen aber hohe Priorität zu. Daneben ist zu bemerken, dass PostgreSQL im Rahmen der Bizgres-Distribution die einzige Open-Source-Datenbank ist, die einen *Business Intelligence Stack* für den Einsatz im Data-Warehouse-Bereich anbietet.

Für die nächsten Jahre ist bei MySQL und PostgreSQL eine Konsolidierung auf hohem Niveau zu erwarten, während die Entwicklung der Open-Source-Newcomer Ingres, Firebird und MaxDB spannend bleibt. Die kommenden Themen im Datenbank-Bereich sind OLAP-Fähigkeiten, XML-Unterstützung und die performante Verarbeitung sehr großer Datenmengen (*Very Large Databases*). Die Zukunft der Open-Source-Datenbanken wird davon abhängen, inwiefern sie innovative Lösungen in diesen Bereichen anbieten können.

Literatur

Arvin, T. (2005), 'Comparison of different SQL implementations'.
http://troels.arvin.dk/db/rdbms/ [27. Jan 2006].

Bloor, R. (2004), Ingres and Open Source: The Relaunching of an Enterprise RDBMS, Studie für Computer Associates, Baroudi Bloor, Arlington, MA, USA.
http://www3.ca.com/Files/IndustryAnalystReports/bb_ingres.pdf [22. Jan 2006].

Computer Associates (2004*a*), 'Ingres r3 Data Sheet'.
http://opensource.ca.com/projects/ingres/documents/product/ingresr3/A001811E.pdf [22. Jan 2006].

Computer Associates (2004*b*), *Ingres r3 Database Administrator Guide*, Computer Associates.
http://opensource.ca.com/projects/ingres/documents/product/ingresr3/A001841E.pdf [22. Jan 2006].

Computer Associates (2004*c*), 'Ingres r3 Release Summary'.
http://opensource.ca.com/projects/ingres/documents/product/ingresr3/A001811E.pdf [22. Jan 2006].

Computer Associates (2004*d*), *Ingres r3 SQL Reference Guide*, Computer Associates.
http://opensource.ca.com/projects/ingres/documents/product/ingresr3/A001851E.pdf [22. Jan 2006].

Conrad, T. (2004), 'PostgreSQL vs. MySQL vs. Commercial Databases: It's All About What You Need', *DevX* . http://www.devx.com/dbzone/Article/20743 [22. Jan 2006].

Delio, M. (2004), 'Linux: Fewer Bugs Than Rivals', *Wired News*.
http://www.wired.com/news/linux/0,1411,66022,00.html [27. Jan 2006].

Evans Data Corp. (2005), 'Open Source Databases Currently Used'.
http://www.evansdata.com/n2/surveys/database/2005_1/db_05_1_xmp1.shtml
[22. Jan 2006].

Fallmann, D., Fallmann, H., Pramböck, A., Reiterer, H., Schumacher, M., Steinmaurer, T. und Wagner, R. (2005), Comparison of the Enterprise Functionalities of Open Source Database Management Systems, Forschungsarbeit, Fabalabs Software GmbH, Honauerst. 4, 4020 Linz, Österreich.
http://www.fabalabs.org/research/papers/FabalabsResearchPaper-OSDBMS-Eval.pdf
[27. Jan 2006].

Farooqi, M. (2004), 'Introduction to the Firebird Database', *Linux Journal*.
http://www.linuxjournal.com/article/7010 [27. Jan 2006].

Flannery, R. (2005), 'The 6 Biggest Questions About the Future of Informix'.
http://www.iiug.org/news/articles/Flannery_Weed_16jul05.html [27. Jan 2006].

Gilfillian, I. (2005), 'Open Source Databases: A brief look at the Berkeley DB, Derby, Firebird, Ingres, MySQL and PostgreSQL DBMS", *Database Journal*.
http://www.databasejournal.com/features/mysql/article.php/3486596 [22. Jan 2006].

Horstmann, J. (2005*a*), Migration to Open Source Databases, Diplomarbeit, Technische Universität Berlin, Berlin. http://www.osdbmigration.org/misc/migrating_OSDB_jh.pdf
[21. Jan 2006].

Horstmann, J. (2005*b*), 'Open Source Data Warehouse'. Ressourcen zur Diplomarbeit *Migration to Open Source Databases*,
http://www.osdbmigration.org/index.php/Open_Source_Data_Warehouse [27. Jan 2006].

Howard, P. (2005), 'Ingres and Open Source – a success story'.
http://www.channelregister.co.uk/2005/03/24/ingres_and_open_source/ [27. Jan 2006].

Lemos, R. (2004), 'Linux 'better than proprietary software'", *CNET News.com*.
http://news.zdnet.co.uk/software/linuxunix/0,39020390,39181043,00.htm [27. Jan 2006].

Lemos, R. (2005), 'MySQL gets gold star on bug test', *CNET News.com*.
http://news.zdnet.co.uk/software/applications/0,39020384,39186956,00.htm
[27. Jan 2006].

LinuxQuestions (2004), 'Database Of The Year'. Online-Umfrage,
http://www.linuxquestions.org/questions/showthread.php?s=&threadid=116360
[22. Jan 2006].

Litchfield, D., Anley, C., Heasman, J. und Grindlay, B. (2005), *The Database Hacker's Handbook*, Wiley, Indianapolis, USA.

Loftus, J. (2005), 'Open Source Ingres Out-hyped and Underdeveloped into Obscurity'. http://searchopensource.techtarget.com/originalContent/0,289142,sid39_gci1144401,00.html
[27. Jan 2006].

Manhart, K. (2004), 'Open-Source-Datenbanken für den professionellen Einsatz', *tecChannel*.
http://www.tecchannel.de/entwicklung/grundlagen/402121/ [27. Jan 2006].

MySQL (2003), A Guide to Lower Database TCO – How the Open Source Database MySQL
Reduces Costs by as Much as 90 %, techn. Bericht, MySQL AB.
http://cynergysoftware.com/collateral/mysql_tco_whitepaper.pdf [21. Jan 2006].

Newsforge (2004), 'Favorite Open Source Database'. Online-Umfrage,
http://www.newsforge.com/pollBooth.pl?qid=54&aid=-1 [22. Jan 2006].

O'Neill, D. (2003), 'Determining Return on Investment Using Software', *CrossTalk - The Journal of Defense Software Engineering*.
http://www.stsc.hill.af.mil/crosstalk/2003/03/ONeill.html [27. Jan 2006].

O'Reilly (2004), 'Preferred Database'. Online-Umfrage,
http://www.oreillynet.com/pub/pq/46 [22. Jan 2006].

Raymond, E. S. (2000), 'The Cathedral and the Bazaar'.
http://www.catb.org/~esr/writings/cathedral-bazaar/cathedral-bazaar/ [27. Jan 2006].

Richter, P. N. (2004), 'Firebird targets the enterprise database', *Newsforge*.
http://www.newsforge.com/article.pl?sid=04/11/29/1917247 [22. Jan 2006].

Strandell, T. (2003), Open Source Database Systems: Systems Study, Performance And Scalability, Master's thesis, University of Helsinki, Helsinki, Finnland.
http://www.cs.helsinki.fi/u/tpstrand/thesis/Toni_Strandell_Masters_Thesis.pdf
[22. Jan 2006].

Vaas, L. (2005a), 'CA Pushes Ingres Out of the Nest', *eWeek*.
http://www.eweek.com/article2/0,1759,1883069,00.asp [27. Jan 2006].

Vaas, L. (2005b), 'Two Open-Source Databases Add Enterprise Appeal', *eWeek*.
http://www.eweek.com/article2/0,1759,1748970,00.asp [22. Jan 2006].

Vanthienen, M. (2005), 'Ingres r3'. Präsentationsfolien,
http://www.ca.com/be/english/past-events/lunch-s4/050317-open-source-databases.pdf
[27. Jan 2006].

Wheeler, D. A. (2005), 'Why Open Source Software / Free Software (OSS/FS, FLOSS, or FOSS)? Look at the Numbers!'. http://www.dwheeler.com/oss_fs_why.html
[21. Jan 2006].

Kapitel 5

Softwareentwicklung in der Community

„Open Source ist die Globalisierung der Software-Entwicklung."

– *Thomas Birnthaler*

Kapitel 5

Softwareentwicklung in der Community

Einleitung

FABIAN FLÄGEL

(CC-Lizenz siehe Seite 499)

Dieses Kapitel behandelt mehrere Aspekte der Softwareentwicklung, die bei Open-Source-Software (OSS) auftreten. Es legt dar, aus welchen Strukturen die Communitys um Open Source bestehen und enthält Hinweise und Analysen zur Weiterentwicklung und Verbesserung.

Matthias Fink und Wolf-Gideon Bleek räumen im ersten Artikel dieses Kapitels einige in der Literatur vorhandene Mythen und Missverständnisse aus der Welt, die sich teilweise noch recht hartnäckig halten. Wenn manch einer an Open-Source-Programmierung denkt, so hat er vielleicht Gruppen von 18-jährigen, pickeligen Nerds[1] vor seinem inneren Auge, die sich als *Jedi* im Kampf gegen die dunkle Seite der Softwareentwicklung sehen, ausgezogen, um die Welt zu verbessern. Wer das glaubt, dem sei der Artikel „Mythen, Märchen, Missverständnisse" ans Herz gelegt. Der Aufbau von Open-Source-Projekten ist im Allgemeinen wesentlich strukturierter und professioneller als gemeinhin angenommen.

Matthias Stürmer und Thomas Myrach liefern im darauf folgenden Beitrag eine empirische Betrachtung von acht bekannten und erfolgreichen Projekten. Im besonderen Fokus ihrer Analyse befinden sich Aspekte des Aufbaus und der Organisation von Open-Source-Communitys. Eine der zentralen Prämissen ihrer Arbeit ist, dass sich Communitys *nicht* von selbst bilden, strukturieren und erhalten bleiben. Sie bestehen aus individuellen Mitarbeitern und Firmen, deren Arbeit geplant und organisiert werden will. Aus den Ergebnissen ihrer Untersuchung haben die Autoren eine Reihe von Erkenntnissen gewonnen, wie man eine Community bilden, halten und entwickeln kann, welche Veränderungen sich ergeben, wenn eine Firma sich hinter ein Projekt stellt und welche Auswirkungen das in der Projektplanung und -entwicklung hat.

Im dritten Artikel dieses Kapitels beleuchtet Patricia Jung einige Bereiche der Softwareentwicklung, an die man seltener denkt, die aber dennoch wichtig sind und

---

[1] Nerd (engl. für Fachidiot, Langweiler) ist eine meistens abwertend gebrauchte Bezeichnung für Personen, die sich besonders mit Computern oder anderen Bereichen aus Wissenschaft und Technik beschäftigen, deren soziale Kompetenzen aber entweder schwach ausgeprägt sind oder diesen Eindruck zumindest erwecken.

substanzielles Potential für Verbesserungen beinhalten. Ihre Ausführungen legen nahe, die Prozesse der Softwareentwicklung weg vom reinen „Coden" hin zu einer modernen Form der Softwareentwicklung zu verändern. Ihr Blick richtet sich besonders auf weniger beachtete Aspekte im Bereich Open Source: vergleichsweise geringer Frauenanteil, strukturelle Vernachlässigung von *Usability* und Dokumentationsarbeiten. Viele Projekte entwickeln sich nur langsam, weil Programmierer, bedingt durch ihre zentrale und bestimmende Rolle in vielen Projekten, bestimmte Abläufe schlicht unterbinden oder aufhalten. Oft werden Personen, die sich mit Arbeiten etwa in den Bereichen Benutzeroberflächen, Übersetzungen oder Dokumentationen befassen wollen, wenig motiviert und teilweise sogar abgeschreckt. Darunter leidet zwangsläufig die Qualität vieler Projekte.

Des Weiteren widmet sie sich ausführlich dem geringen Frauenanteil in vielen OSS–Projekten. Dabei wird klar, dass viele Bereiche, in denen Frauen ein größeres Geschick und damit auch eine größere Affinität für den Einstieg haben, gerade die Bereiche sind, die gerne von reinen Programmierern vernachlässigt werden. Die Bedeutung von Dokumentation und Tutorialerstellung wird auch von Stürmer und Myrach betont.

Jan Tobias Mühlberg präsentiert im folgenden Beitrag „Software-Engineering und Software-Qualität in Open-Source-Projekten" die vorläufigen Ergebnisse aus der Studie „Innovationsverhalten deutscher Software-Entwicklungsunternehmen"[2], an der auch die FH Brandenburg mitarbeitet. Er vergleicht die Entwicklungsprozesse von OSS und proprietärer Software, wobei er Unterschiede und Gemeinsamkeiten herausarbeitet. Strukturbedingte und gravierende Unterschiede zu kommerziell geführten Projekten sieht er bei der Wartbarkeit von OSS, auf die ab einer bestimmten Projektgröße schon in der Planungsphase geachtet werden muss. Andernfalls muss die Software früher oder später von Grund auf neu geschrieben werden.[3] Mühlberg sieht dieses Problem akut bei einigen großen Projekten und warnt vor der Gefahr eines Projektstillstands durch nicht erweiterbaren Code.

Abgeschlossen wird das Kapitel durch einen Artikel von Eben Moglen, einem der Urväter der GPL v2. Seit er 1993 für Richard Stallman zu arbeiten anfing, tauschten sie Gedanken und Ideen zur GPL v3 aus. Moglen beschreibt seine Sicht auf die Entwicklung der neuen Lizenz. Insbesondere betont er die Wichtigkeit eines demokratischen Prozesses, bei dem die Interessen von Nutzern und Firmen, Konsumenten und Produzenten berücksichtigt werden. Dies ist etwas Besonderes, da die meisten anderen Lizenzen auf eine bestimmte Klientel abzielen. Dieser Entwurf richtet sich an die Community und somit an *alle* – die Lizenz ist demzufolge eine *demokratische* Lizenz.

---

2 INNODES, siehe http://innodes.fh-brandenburg.de.
3 Als Beispiel sei das Mozilla-Projekt genannt, welches aus dem Netscape-Code entstand. Die Entwickler begutachteten den Code und entschieden dann aufgrund zu großer Probleme mit der Code-Basis, ein komplett neues Programm zu schreiben. Siehe hierzu auch den Artikel „Der Beitrag freier Software zur Software-Evolution" von Andreas Bauer und Markus Pizka im Open Source Jahrbuch 2005.

Mythen, Märchen, Missverständnisse – Eine nüchterne informatische Betrachtung von Open-Source-Entwicklungsprozessen

MATTHIAS FINCK UND WOLF-GIDEON BLEEK

(CC-Lizenz siehe Seite 499)

In der Literatur finden wir viele Vorurteile und Missverständnisse über Open–Source-Prozesse. Diese betreffen sowohl die Zusammensetzung und die Arbeitsweise der Beteiligten als auch deren Motivation, Qualifikation und Organisation. Eine ausführliche Zusammenstellung der aktuellen Literatur zu diesem Thema wird ausgebreitet und deren Widersprüche aufgezeigt. Durch eine von der Informatik geprägte Perspektive bringt dieser Artikel eine alternative Betrachtungsweise in das Feld der Open-Source-Entwicklung. Damit helfen wir ein neues – stärker informatisch geprägtes – Feld von Forschungsfragen zu erschließen und vorhandene unter einem neuen Licht zu erörtern.

Schlüsselwörter: Softwareentwicklung · Prototyp · Motivation · Eigenbedarf · Organisation

1 Einleitung

Über OS-Software[1] und die dahinter liegenden Entwicklungsprozesse ist in der vergangenen Zeit eine Menge geschrieben worden. Von weltweiten kollektiven Entwicklungsprozessen über jugendliche Hacker bis hin zu Anarchie. Unabhängig davon, auf welcher Basis und in welcher Euphorie diese Aussagen getroffen wurden, feststeht, dass OS-Prozesse nicht den bekannten Kategorien von Entwicklungsprozessen, bei denen als Unterschied lediglich das Produkt quelloffen vorliegt, entsprechen.

Die tatsächlichen Besonderheiten von OS-Entwicklungsprozessen zu identifizieren, ist aus zweierlei Hinsicht eine Herausforderung. Zum einen existiert bisher keine allgemein anerkannte Definition für OS-Entwicklungsprozesse, weil alle Prozesse

---

1 OS steht in diesem Beitrag als Abkürzung für Open Source.

zusammengenommen so unterschiedlich sind, dass sich die Prozessbeschreibung auf die Eigenschaften des Ergebnisses, den offenen Quellcode, reduziert. Zum anderen werden in existierenden Arbeiten zu OS die Eigenschaften häufig verklärt dargestellt, was die genaue Analyse der spezifischen Eigenschaften erschwert.

Um die Unterschiede zu Software-Entwicklungsprozessen im Allgemeinen aufzuarbeiten und sich dabei möglichst wenig von mit OS verbundenen Mythen oder Missverständnissen leiten zu lassen, betrachten wir OS-Entwicklungsprozesse in diesem Beitrag aus der uns eigenen informatischen Perspektive als Software-Entwicklungsprozesse mit ganz charakteristischen Merkmalen. Wir werden aus unserer Perspektive der Softwareentwicklung die Menge der OS-Entwicklungsprozesse soweit einschränken, dass wir *Offenheit*, *Verteiltheit* und *Agilität* als die drei charakteristischen Merkmale benennen können, die in ihrer Ausprägung bei OS-Entwicklungsprozessen die signifikanten Unterschiede zu anderen Entwicklungsprozessen darstellen.

Dazu beschreiben wir zunächst unsere Perspektive auf Softwareentwicklung und damit auf OS-Entwicklungsprozesse. Danach werden wir eine Reihe von aus unserer Sicht existierenden Mythen und Missverständnissen im Zusammenhang mit OS-Prozessen aufdecken, um uns dann aus der uns eigenen informatischen Perspektive den verbleibenden Eigenschaften zuzuwenden und diese zu analysieren. Abschließend stellen wir die aus unserer Sicht charakteristischen Merkmale von OS-Software vor.

2 Eine informatische Perspektive auf OS-Entwicklungsprozesse

OS-Entwicklungsprozesse werden aus den unterschiedlichsten Perspektiven heraus betrachtet. Lange Zeit dominierte eine ökonomische Betrachtung den Blick auf OS–Phänomene. Inzwischen existiert aber auch eine Reihe von juristischen, pädagogischen, politischen und sozialwissenschaftlichen Arbeiten zu diesem Thema.

Interessanterweise gibt es vergleichsweise wenig Arbeiten aus einer informatischen Perspektive, obwohl es sich hierbei doch um die Betrachtung von Software-Entwicklungsprozessen handelt. Diese Perspektive wollen wir in diesem Beitrag einnehmen.

Dabei nehmen wir in Bezug auf Softwareentwicklung eine anwendungsorientierte und menschenzentrierte Haltung ein (Floyd und Züllighoven 1999; Züllighoven 2004). Wir verstehen Softwareentwicklung als einen partizipativen Prozess, der die Perspektiven der beteiligten Personen einbezieht und diese an den Entwicklungsentscheidungen teilhaben lässt (Floyd und Züllighoven 1999; Schuler und Namioka 1993). Wir tragen damit dem Umstand Rechnung, dass Softwarequalität in der Anwendung eine subjektive Eigenschaft ist, die neben etablierten Standards eine Aushandlungskomponente besitzt, die in einem dialogischen Prozess am besten hergestellt werden kann. Anwendungsorientierte Softwareentwicklung verstehen wir weiterhin als einen Prozess, der durch die in kurzen Zyklen entwickelten und eingesetzten Prototypen versucht, durch eine enge Verzahnung von Problemidentifikation, Lösungserarbeitung, technische Umsetzung, der Anwendung des Prototypen im Einsatzkontext und der Evaluation der Anwendung eine Konvergenz hin zu einem Softwareprodukt zu erzielen (Budde et al. 1992; Bleek et al. 2004).

Wir halten für unseren Beitrag diese Perspektive für zielführend, da es sich bei der Entwicklung von OS-Software eben auch um einen Software-Entwicklungsprozess handelt. Aus diesem Grund werden wir uns in diesem Beitrag nur auf Mythen bzw. Missverständnisse im Zusammenhang mit OS konzentrieren, die in unmittelbarem Zusammenhang des Entwicklungsprozesses stehen. Zu hinterfragende Aussagen über z. B. die wirtschaftlichen Aspekte von OS-Software bleiben hier unberücksichtigt.

3 Mythen, Märchen und Missverständnisse – ein Überblick

Mit OS-Software werden im Moment viele Wünsche und Chancen verbunden. Dies reicht von dem Wunsch, Software für alle zu entwickeln – vor allem für diejenigen, die sich teure Lizenzen nicht leisten können – über die Prozesse der OS-Entwicklung als Prototyp neuer gesellschaftlicher Bewegungen bis hin zu den Chancen der Erschließung neuer Märkte über Dienstleistungen im Zusammenhang von OS. Diese Chancen und Wünsche sehen wir ebenfalls und wollen sie in keiner Weise schmälern.

Dass OS-Prozesse doch ganz spezifische Merkmale aufweisen, die es lohnt zu betrachten, darauf weist z. B. O'Reilly (2005, S. 463) in seinem Beitrag „Open Source Paradigm Shift" eindrücklich hin. Er sieht in Open-Source-Entwicklungsprozessen eine Innovation im Hinblick auf drei tief greifende, lang währende Trends in der Softwareentwicklung: die Entwicklung von Software zum Massenprodukt, die Netzwerk-gestützte Zusammenarbeit und die Anpassbarkeit von Software an Kundenbedürfnisse (Software als Dienstleistung). Er macht in diesem Zusammenhang aber unmissverständlich klar, dass, um die Innovation und ihre Auswirkungen auf Entwicklungsprozesse zu verstehen, nicht die Definition von offenem Quellcode als Erklärung ausreicht, sondern, dass die spezifischen Besonderheiten von typischen OS-Prozessen erkannt und untersucht werden müssen.

> „We must understand how the means by which software is deployed changes the way in which it is created and used. We must also see how the same principles that led to early source code sharing may affect other fields of collaboration activity. Only when we stop measuring open source by what activities are excluded from the definition and begin to study its fellow travellers on the road to the future will we understand its true impact and be fully prepared to embrace the new paradigm." (O'Reilly 2005, S. 480)

Um diese Besonderheiten identifizieren zu können, ist uns daran gelegen, die Wunschvorstellungen von der Realität zu differenzieren und die momentan existierenden OS-Prozesse aus informatischer Perspektive wissenschaftlich möglichst detailliert zu untersuchen, um die mit OS verbundenen Visionen besser beurteilen zu können.

3.1 Die Beteiligten und ihre Motivation

Hartnäckig hält sich die Vorstellung von 15- bis 25-jährigen, jugendlichen Hackern, die aus Abneigung gegen Bill Gates und andere Software-Giganten sich zusammenschließen und gemeinsam gegen die kommerzielle Macht antreten und Software für eine bessere Welt entwickeln. Diese verbreitete Betrachtung der Beteiligten ist auf zweierlei Weise verkürzt. Zum einen handelt es sich bei den EntwicklerInnen, nicht (nur) um die beschriebene Gruppe von Personen, zum anderen existieren neben ihnen noch eine Reihe weiterer Personen, die meist nicht mit betrachtet werden, obwohl sie wesentlichen Einfluss auf den Entwicklungsprozess haben.

Aus unserer beschriebenen Perspektive genügt es bei einer Betrachtung der Prozesse nicht, sich nur auf die EntwicklerInnen als Beteiligte zu konzentrieren. Sowohl die NutzerInnen der Software als auch am Prozess beteiligte Organisationen machen einen wichtigen Teil der Interessensgruppen aus. Gerade die Gruppe der AnwenderInnen, die ein OS-Produkt letztlich wie proprietäre Software verwenden, findet jedoch in den bisherigen Betrachtungen kaum Berücksichtigung. Wir werden deshalb die beteiligten Interessengruppen benennen und deren Motivation, sich in dem Prozess einzubringen, analysieren.

Die Beteiligten sind jugendliche Hacker

Feller und Fitzgerald (2001) zufolge sind OS-EntwicklerInnen in großer Prozentzahl keine Amateure, sondern Experten im Bereich Softwareentwicklung mit einer entsprechenden Ausbildung. Robles et al. (2001) haben ermittelt, dass 80 % der OS-EntwicklerInnen im IT-Bereich tätig sind. Eine umfassende Studie des Linux-Kernel-Projekts von Hertel et al. (2003) lässt sich auf andere OS-Projekte übertragen und besagt, dass 96 % der EntwicklerInnen männlich (womit dieses Vorurteil bestätigt scheint) und 70 % Prozent der Beteiligten zwischen 20 und 39 Jahre alt sind. Dies zeigt, dass es sich bei der Mehrzahl der EntwicklerInnen um IT-Fachleute handelt, die weitestgehend am Anfang ihrer Karriere stehen.

Abgesehen von der Fehleinschätzung der an der direkten Implementierung Beteiligten, werden in der Regel die übrigen in den Prozess involvierten Personen außer Acht gelassen. Weitere Gruppen von Interessenvertretern sind die Nutzenden und beteiligte Organisationen. Die Nutzenden werden dabei oftmals mit den EntwicklerInnen gleichgesetzt. Durch die Offenheit des Codes wird ein Bild beschrieben, wonach Erstere sich über die Nutzung der Software und Feedback zu der Nutzung in den Prozess einbringen. Sie werden so nach und nach zu EntwicklerInnen der Software. Dabei wird ein Interesse der Nutzenden an der Gestaltung und ihre Befähigung zur Implementierung vorausgesetzt. Das mag vor allem daran liegen, dass lange Zeit OS-Software hauptsächlich außerhalb der Anwendungssoftware erfolgreich eingesetzt wurde (z. B. Apache-Webserver, Linux-Kernel). Durch die zunehmende Marktdurchdringung von OS-Software auf dem Gebiet der Anwendungssoftware (z. B. Firefox,

OpenOffice, Gimp) wächst die Gruppe von Nutzenden schnell an und nimmt eine relevante Stellung ein. Und unter ihnen ein immer größerer Anteil „reiner" AnwenderInnen; sprich ein Personenkreis, der weder über die notwendige Qualifikation noch über die Motivation verfügt, sich über die reine Anwendung hinaus mit der Software zu beschäftigen. Darüber hinaus sind in den meisten OS-Projekten ebenfalls Organisationen beteiligt.

Weltverbesserung als Leitmotiv

Es bleibt die Frage nach dem Motiv, aus dem heraus die Beteiligten handeln. Weit verbreitet scheint die Vorstellung, OS-EntwicklerInnen partizipierten in den Projekten, um die Welt zu verbessern und den Monopolisten ein Bein zu stellen. Diese Motive sind mit Sicherheit mit ausschlaggebend für die Entstehung der Bewegung gewesen. Aber gilt dies auch heute noch? Weber (2004, S. 9) stellt bei der Betrachtung von OS-Prozessen Folgendes fest:

> „Intuition tells us that thousands of volunteers are unlikely to come together to collaborate on a complex economic project, sustain that collaboration over time, and build something that they give away freely, particularly something that can be beat some of the largest and richest business enterprises in the world at their own game."

Er trifft diese Aussage in Anspielung auf die Gruppe von Personen, die an dem Betriebssystem Linux und dessen Anwendungsprogrammen (z. B. OpenOffice, Gimp) mitentwickeln. Das scheinbare Paradoxon verleitet zu einer genaueren Analyse der am Prozess beteiligten Personen und deren Motivation.

Raymond (1999) beantwortet die von Lerner und Tirole (2002) aufgeworfene Frage, warum sich tausende EntwicklerInnen freiwillig an der Bereitstellung eines öffentlichen Gutes beteiligen sollten, mit dem Hinweis auf drei grundlegende Motive, sich an einem OS-Prozess zu beteiligen: Erstens ziehen die Beteiligten einen direkten Vorteil aus der Software, die sie mitentwickelt haben, da sie sie in der Regel selbst verwenden, zweitens lieben die meisten von ihnen die Arbeit als ProgrammierIn an sich und drittens können sie ihre Reputation als ProgrammiererIn erhöhen, indem sie einen hochqualifizierten Beitrag zu einem OS-Projekt geleistet haben.

Diese drei von Raymond (1999) aufgestellten Mutmaßungen über die Motivation von OS-EntwicklerInnen, die er aus seiner langjährigen Erfahrung als aktives Mitglied der OS-Bewegung heraus gemacht hat, sind in zahlreichen empirischen Studien (Robles et al. 2001; Jørgensen 2001; Hars und Ou 2001; Ghosh et al. 2002; Lakhani und Wolf 2001; Lakhani und von Hippel 2003) und Sekundäranalysen (Luthiger 2004; Weber 2004) bestätigt, ausdifferenziert und ergänzt worden. Demnach sind die Hauptmotive *Eigenbedarf, Spaß, Lernprozess, Reputation, Bezahlung, Identifikation, Altruismus.*

Die verschiedenen Untersuchungen zeigen jedoch, dass die altruistischen Motive bei OS-EntwicklerInnen lange nicht so dominant sind, wie häufig behauptet wird. Auf der anderen Seite wird der finanzielle Aspekt bei der Diskussion um die Motivation der OS-EntwicklerInnen vielfach unterschätzt: Circa die Hälfte der EntwicklerInnen wird für ihr Engagement in einem OS-Projekt zumindest teilweise bezahlt. Der Wunsch, etwas zu lernen und dadurch Wissen und Reputation zu erhöhen bzw. Spaß bei der Entwicklung zu haben, nimmt bei allen in dieser Arbeit vorgestellten Befragungen eine deutlich stärkere Gewichtung ein. Das Hauptargument an der Entwicklung ist der Eigenbedarf.

Unabhängigkeit und Überparteilichkeit

Eine weitere weit verbreitete Vorstellung von OS-Entwicklungsprozessen ist die, dass OS-Software als Gegengewicht zu proprietärer Software entwickelt wird und die Unabhängigkeit von großen Softwarefirmen gewährleisten soll. Tatsache ist jedoch, dass viele der erfolgreichen OS-Produkte stark vom Engagement großer Firmen abhängig sind. So wird z. B. OpenOffice von der Firma SUN entwickelt.

Feller und Fitzgerald (2001) betrachten mit IBM, Red Hat und Cosource drei große Organisationen, die ein kommerzielles Interesse an OS-Software haben und entwickeln auf der Basis dieser Beobachtungen Eindrücke von gemeinsamen Eigenschaften solcher Firmen, die ein kommerzielles Interesse mit ihrem Engagement in OS-Projekten verbinden. Diese Firmen vertreten ihre eigenen Interessen in den OS-Entwicklungsprozessen. Und diese liegen in der Erschließung neuer Märkte und Dienstleitungen durch OS-Software. Aus dem Grund nehmen die kommerziellen Organisationen im Umfeld von OS-Entwicklungsprozessen in zwei unterschiedlichen Rollen Einfluss auf OS-Entwicklungen. Auf der einen Seite als Kunde, da sie die Software benötigen, um ihrerseits ihr Klientel bedienen zu können und auf der anderen Seite als „Gönner der Entwicklung" (Feller und Fitzgerald 2001, S. 121), weil sie die Entwicklung fördern bzw. beeinflussen, indem sie Ressourcen zu Verfügung stellen, um den Entwicklungsprozess in eine von ihnen gewünschte Richtung voranzutreiben. Das bedeutet gerade für kleinere Projekte, dass sie keineswegs unabhängig sind, sondern maßgeblich durch die beteiligten Unternehmen zumindest indirekt gesteuert werden, weil durch die kommerziellen Organisationen finanzielle Mittel und somit auch Arbeitskraft zur Verfügung gestellt werden, die in der Regel an bestimmte der Organisation zuträglichen Entwicklungsarbeiten geknüpft sind.

3.2 Der Prozess und dessen Organisation

Die Grenzenlose Offenheit

Bei differenzierter Betrachtung lässt sich schnell feststellen, dass die Offenheit in OS-Entwicklungsprozessen Grenzen hat. Zum einen wird immer behauptet, durch die Verfügbarkeit des Quellcodes steht ein OS-Projekt allen Menschen offen. Dies stimmt in den meisten OS-Projekten nur für diejenigen, die in der Lage sind, sich an der Implementierung des Quelltextes zu beteiligen. Allen anderen, wie z. B. den reinen AnwenderInnen, erscheinen OS-Projekte in keiner Weise offener als Projekte zur Entwicklung proprietärer Software.

Außerdem bedeutet Offenheit nicht, dass jeder Person alle Möglichkeiten, sich in dem Projekt einzubringen, offen stehen. In der Regel existieren verschiedene Rollen in OS-Projekten, die mit unterschiedlichen Kompetenzen verbunden und in unterschiedlichem Maße offen sind (Elliott und Scacchi 2005). Möchte jemand Teil der Entwicklungsgemeinschaft werden, muss diese Person in der Regel abgestuft verschiedene Nachweise erbringen, um entsprechende zusätzliche Kompetenzen zu erwerben. So werden EinsteigerInnen meistens erst einmal mit der Behebung von (einfachen) Fehlern betraut, bevor sie sich an der Weiterentwicklung beteiligen dürfen.

Am Unterschied des Zugriffs auf den Code werden ebenfalls die Grenzen der Offenheit deutlich. Jede Person darf lesend auf den Quelltext eines OS-Projekts zugreifen. Die Möglichkeit, durchgeführte Änderungen dann in den gemeinsamen Code einfließen zu lassen, ist begrenzt, da in der Regel nur ein kleiner Kreis über die Rechte des schreibenden Zugriffs auf den gemeinsamen Code verfügt.

Alles in allem lässt sich die Offenheit eines OS-Projekts als dreigestuft begreifen:

- Nutzung der OS-Software: Die Software steht jeder Person frei zur Verfügung.
- Lesender Zugriff auf den Code: Der Quellcode und das Recht, Veränderungen am Quellcode vorzunehmen stehen den Personen frei, die über entsprechende Kompetenzen verfügen.
- Schreibender Zugriff auf den Code: Die letztliche Entscheidungsgewalt darüber, was in den Code zurückfließt, besitzen in der Regel nur wenige, erfahrene, aktive und seit langer Zeit dem Projekt zugehörige EntwicklerInnen, die über ein schreibenden Zugriff verfügen.

Die Selbstorganisation der OS-Projekte

Durch die Offenheit und die damit verbundene Freiwilligkeit bezüglich der Partizipation werden OS-Projekte als selbstorganisierte Projekte bezeichnet. Autoren wie z. B. Weber (2004) warnen allerdings nachdrücklich davor, im Zusammenhang mit OS-Projekten von *Selbstorganisation* zu sprechen. Zum einen wird diese für ihn zu oft als Platzhalter für einen unergründeten Mechanismus verwendet und somit als Euphemismus für fehlendes Verständnis der Zusammenhänge, die die Organisation tatsächlich zusammenhalten.

> „[S]elf-organization is used too often as a placeholder for an unspecific mechanism. The term becomes a euphemism for: I don't really understand the mechanism that holds the system together." (Weber 2004, S. 132)

Der Begriff *Selbstorganisation* wird in diesem Zusammenhang definiert, indem er als Gegensatz zu umfassender Autorität als eine Organisation verstanden wird, in der die Anweisungen unmittelbar aus dem lokalen Handeln kooperierender Individuen heraus entstehen. Weber führt zum anderen an, dass selbst wenn Selbstorganisation als Begriff definiert wird, dies die Vorgänge nur unzureichend und nicht zutreffend umschreibt.

Auch wird mit dem Begriff der Selbstorganisation die Organisationsform von OS-Projekten idealisiert. Sie wird als angestrebter Zustand seitens aller Beteiligten angesehen, obwohl die so genannte Selbstorganisation – vielleicht im Unterschied zu den Anfängen der OS-Bewegung – heute in vielen Projekten kein explizit angestrebtes Ziel ist, sondern eine Notwendigkeit, die sich aus der Offenheit der Projekte und der daraus resultierenden Freiwilligkeit der beteiligten Personen ergibt.

Statt Selbstorganisation ließe sich dieser Zustand auch mit informeller Planung und geringer Kontrolle umschreiben. Aufgrund fehlender Sanktionsmöglichkeiten existieren in OS-Projekten kaum feste Zeitzusagen oder planmäßige Absprachen (Persson et al. 2005). Stattdessen wird das allgemeine Langzeitziel formuliert, das Produkt verbessern zu wollen (Johnson 2001, S. 77). Außerdem existieren inzwischen eine Reihe von OS-Projekten, die z. B. durch eine Firma mit kommerziellen Interessen finanziell unterstützt werden, so dass die Firma einen erheblichen Einfluss auf den Entwicklungsprozess entwickelt. Johnson (2001) unterscheidet im Zusammenhang mit OS-Entwicklungsprozessen drei Varianten dezentraler Zusammenarbeit: die demokratische Variante, die darauf basiert, dass alle Beteiligten „selbstlos" zum Allgemeinwohl mitentwickeln; die zentral kontrollierte Variante, bei der ein zentrales Leitungsgremium die Entscheidungen trifft, und drittens die kontrolliert dezentrale Variante, die als Kompromiss die Stärken beider vorheriger Möglichkeiten versucht zu vereinen.

> „The team has a leader who coordinates specific tasks and secondary leaders that have responsibility for defined subtasks. Problem solving remains a group activity, but implementation is partitioned among subgroups." (Johnson 2001, S. 56)

Während im Zusammenhang mit OS-Entwicklungsprozessen häufig von der rein demokratischen Variante als Idealbild der Selbstorganisation ausgegangen wird, sieht Johnson die Form der kontrolliert dezentralen Zusammenarbeit als typisch für OS–Prozesse an. Auf der einen Seite wollen und werden die beteiligten EntwicklerInnen aufgrund der Freiwilligkeit ihres Engagements im hohen Maße selbst darüber entscheiden, wie sie was umsetzen. Auf der anderen Seite müssen die individuellen Wünsche und Ziele koordiniert werden, um die Gesamtentwicklung nicht zu gefährden.

Größe und Verteiltheit

OS-Projekte werden als prototypische Beispiele weltweit verteilter Entwicklungsprozesse angesehen. In der Tat gibt es eine Reihe prominenter Projekte, für die diese

Beschreibung zutrifft. Doch dieses Merkmal als notwendiges für eine OS-Entwicklung anzusehen, hieße, die Masse der Entwicklungsprozesse nicht zu betrachten. Feller und Fitzgerald (2001) beschreiben die weltweite Verteilung als Kriterium für große OS-Entwicklungsprozesse. Eine analytische Betrachtung jedoch schränkte den Begriff weltweit stark ein. Auch wenn in großen Projekten wie Linux Personen aus mehr als 30 Ländern an der Entwicklung in irgendeiner Form beteiligt waren oder sind (Weber 2004, S. 69), so stammen diese Personen zu über 90 % aus Europa, Nordamerika oder Australien. Werden die Untersuchungsergebnisse hinzugezogen, dass ca. Dreiviertel des beigetragenen Codes von maximal 10 % der Beteiligten stammt (Weber 2004, S. 71), so relativiert sich die Aussage der weltweiten Entwicklung von Open-Source-Entwicklungsprozessen.

An der weltweiten Verteiltheit von OS-Projekten lässt sich weiter zweifeln, werden Zahlen berücksichtigt, wonach in den 100 erfolgreichsten OS-Projekten durchschnittlich 6,6 Personen beteiligt sind (Krishnamurthy 2002). Die Hauptarbeit vieler OS–Projekte wird also von wenigen Personen getragen, die zumeist auch nicht weltweit verteilt arbeiten.

Entwicklungsgeschwindigkeit

Feller und Fitzgerald (2001) und andere bewerten gerade die o. g. Verteiltheit als Vorteil, da sie z. B. den Prozess beschleunigen soll. Die Masse an Menschen und die durch die Verteiltheit entstehende Möglichkeit, 24 Stunden an einem Produkt zu arbeiten, sollen im erheblichen Maße zu einem Geschwindigkeitsvorteil von OS-Projekten führen. Was neben der tatsächlichen Größe dabei außer Acht gelassen wird, ist der immense Koordinationsaufwand in OS-Prozessen.

Bedingt durch die Verteiltheit findet Kommunikation in OS-Entwicklungsprozessen überwiegend asynchron statt, denn wenn nicht durch unterschiedliche Zeitzonen voneinander getrennt, so arbeiten die Beteiligten aufgrund anderer Verteiltheitsaspekte, wie z. B. unterschiedlicher Arbeitszeiten, zu verschiedenen Zeitpunkten an der Software, was die Entscheidungsfindung erheblich verlangsamt.

Außerdem müssen diese Entscheidungen aufgrund der geringen Managementstrukturen und der damit verbundenen geringen Kontrolle auf die Handlung meist im Konsens getroffen werden. Ein zu geringes Maß an Mitsprache und Transparenz im Entscheidungsprozess führt schnell dazu, dass diejenigen, die nicht beteiligt wurden, sich übergangen fühlen und die Entscheidung untergraben (Jensen und Scacchi 2004, S. 50). Durch einen stark demokratischen Entscheidungsprozess entstehen viele Konfliktsituationen, die möglichst konsensual gelöst werden müssen. Die Konflikte in OS-Projekten werden in der Regel ohne formelle Management-Techniken gelöst (Elliott und Scacchi 2005, S. 167), was sehr zeitaufwendig sein kann.

4 Was übrig bleibt: Offenheit, Verteiltheit, Agilität

Die Kritik an den „Vorurteilen" gegenüber OS-Entwicklungsprozessen soll nicht das Potential dieser Form der Softwareentwicklung in Frage stellen. Ganz im Gegenteil. Die nüchterne Betrachtung auf die am Prozess Beteiligten verstärkt diese eher noch. Zu sehen, dass nicht nur jugendliche Hacker an der Entwicklung beteiligt sind, sondern dass sich sowohl professionelle SoftwareentwicklerInnen als auch große Firmen in OS-Entwicklungsprozessen einbringen, unterstreicht das Potential und die Wertschätzung, die diesen Prozessen inzwischen beigemessen werden. Die Erkenntnis, dass die Motivation, sich an OS-Entwicklungsprozessen zu beteiligen, nicht nur auf Spaß oder altruistischen Motiven beruht, sondern ebenso zur Steigerung der Reputation dient bzw. im zunehmenden Maße bezahlt wird, spricht für OS-Entwicklung als ein tragfähiges Entwicklungsmodell.

Was die kritisch betrachteten Aspekte der Prozesseigenschaften anbelangt, so ist zu betonen, dass allen OS-Entwicklungsprozessen das Potential gemein ist, diese Eigenschaften zu erfüllen. Die Besonderheit von OS-Prozessen besteht mit Sicherheit darin, dass sie eine hohe Dynamik entwickeln und an beträchtlicher Größe und Verteiltheit gewinnen können. Viel entscheidender, als OS-Entwicklungsprozesse anhand dieser möglichen Konsequenzen wie z. B. weltweiter Verteiltheit zu beurteilen, scheint es für uns zu sein, die Ursachen, die solche Effekte ermöglichen, als charakteristische Merkmale für OS-Entwicklungsprozesse zu identifizieren.

Aus unser Perspektive heraus besitzen OS-Entwicklungsprozesse drei zentrale Eigenschaften, die in ihrer Kombination die Potentiale und Innovationskraft dieser Prozessform erklären: *Offenheit*, *Verteiltheit* und *Agilität*.

- Die Offenheit und die eng damit verbundene Freiwilligkeit in der Zusammenarbeit stellen die Grundvoraussetzung für die Entfaltung der spezifischen Eigenschaften von OS-Prozessen dar. Die Offenheit als Kerneigenschaft ergibt sich dabei unmittelbar aus der Definition von OS-Software. Deren Quellcode ist immer frei zugänglich, und somit ist jede Person (zumindest theoretisch) in der Lage, sich in den Entwicklungsprozess einzubringen.

- Die Verteiltheit ergibt sich zwangsläufig aus der Offenheit des Projekts, wobei das nicht automatisch eine örtliche, gar weltweite Verteiltheit impliziert. Die Verteiltheit kann ebenso zeitlicher oder organisatorischer Natur sein.

- Die Agilität im Sinne agiler Softwareentwicklung (Quellen) ergibt sich ebenfalls aus der Offenheit und beschreibt das Potential von OS-Entwicklungsprozessen, in kurzen Entwicklungszyklen die Software getrieben von Einzelinteressen weiterzuentwickeln.

Diese drei Eigenschaften können zu einer weltweiten Verteiltheit einer großen, weitestgehend „selbstorganisierten" Gemeinschaft von EntwicklerInnen führen, die die Software in einer hohen Dynamik weiterentwickelt.

Das Abschnitt 3 einleitende Zitat von O'Reilly (2005, S. 480) wieder aufnehmend, sind aus unserer softwaretechnischen Sicht in Zukunft vor allem zwei Dinge zu leisten:

- Basierend auf der Annahme, dass es sich bei den Eigenschaften Offenheit, Verteiltheit und Agilität um die drei zentralen Merkmale von OS-Entwicklungsprozessen handelt, ist es notwendig, diese drei Eigenschaften detaillierter zu beschreiben.
- Außerdem ist zu untersuchen, welche Maßnahmen – wie z. B. die Herstellung von Transparenz im Entwicklungsprozess – in der Organisation von Software–Entwicklungsprozessen dazu führen, dass sich aus den drei grundlegenden Eigenschaften die erhofften und vielfach zitierten Konsequenzen in Bezug auf einen OS-Entwicklungsprozess entwickeln.

Literatur

Bleek, W.-G., Jeenicke, M. und Klischewski, R. (2004), 'e-Prototyping: Iterative Analysis of Web User Requirements', *Journal of Web Engineering* **3**(2), S. 77–94.

Budde, R., Kautz, K., Kuhlenkamp, K. und Züllighoven, H. (1992), *Prototyping: An Approach to Evolutionary System Development*, Springer, Berlin.

Elliott, M. S. und Scacchi, W. (2005), Free Software Development: Cooperation and Conflict in a Virtual Organizational Culture, *in* S. Koch (Hrsg.), 'Free/Open Source Software Development', Idea Group, Hershey, PA, USA, S. 152–172.

Feller, J. und Fitzgerald, B. (2001), *Understanding Open Source Software Development*, Addison Wesley Professional, Berlin.

Floyd, C. und Züllighoven, H. (1999), Softwaretechnik, *in* P. Rechenberg und G. Pomberge (Hrsg.), 'Informatik-Handbuch', Carl Hanser Verlag, München, S. 771–798.

Ghosh, R. A., Glott, R., Krieger, B. und Robles, G. (2002), 'Free/Libre and Open Source Software: Survey and Study FLOSS Deliverable D18: Final Report Part IV: Survey of Developers'. http://www.infonomics.nl/FLOSS/report/Final4.htm [22. Jan 2006].

Hars, A. und Ou, S. (2001), Working for Free? Motivations of Participating in Open Source Projects, *in* 'Proceedings of the 34th Annual Hawaii International Conference on System Science', S. 253–350. http://csdl.computer.org/comp/proceedings/hicss/2001/0981/07/09817014.pdf [03. Feb 06].

Hertel, G., Niedner, S. und Herrmann, S. (2003), 'Motivation of Software Developers in Open Source Projects: An Internet-based Survey of Contributors to the Linux Kernel', *Research Policy* **32**(7), S. 1159–1177.

Jensen, C. und Scacchi, W. (2004), Collaboration, Leadership, Control, and Conflict Negotiation in the Netbeans.org Community, *in* J. Feller, B. Fitzgerald, S. Hissam und K. Lakhani (Hrsg.), 'Collaboration, Conflict and Control – Proceedings of the 4th Workshop on Open Source Software Engineering', S. 48–52. http://opensource.ucc.ie/icse2004/Workshop_on_OSS_Engineering_2004.pdf [18. Jan 06].

Johnson, K. (2001), A Descriptive Process Model for Open-Source Software Development, Master's thesis, University of Calgary, Department of Computer Science. http://sern.ucalgary.ca/students/theses/KimJohnson/thesis.htm [19. Jan 2006].

Jørgensen, N. (2001), 'Putting It All in the Trunk: Incremental Software Development in the FreeBSD Open Source Project', *Information Systems Journal* **11**(4), S. 321.

Krishnamurthy, S. (2002), 'Cave or Community? An Empirical Examination of 100 Mature Open Source Projects', *First Monday* **7**(6). http://firstmonday.org/issues/issue7_6/krishnamurthy/index.html [19. Jan 2006].

Lakhani, K. R. und Wolf, R. G. (2001), Why Hackers Do What They Do: Understanding Motivation and Effort in Free/Open Source Software Projects, *in* J. Feller, B. Fitzgerald, S. Hissam und K. Lakhani (Hrsg.), 'Perspectives on Free and Open Source Software', MIT Press, Cambridge. http://freesoftware.mit.edu/papers/lakhaniwolf.pdf [19. Jan 2006].

Lakhani, K. R. und von Hippel, E. (2003), 'How Open Source Software Works: "Free" User-to-User Assistance', *Research Policy* **32**(6), S. 923–943. http://opensource.mit.edu/papers/lakhanivonhippelusersupport.pdf [19. Jan 2006].

Lerner, J. und Tirole, J. (2002), 'Some Simple Economics of Open Source', *Journal of Industrial Economics* **50**(2), S. 197–234. http://turingmachine.org/opensource/papers/lerner2002.pdf.

Luthiger, B. (2004), Alles aus Spaß? Zur Motivation von Open-Source-Entwicklern, *in* B. Lutterbeck und R. A. Gehring (Hrsg.), 'Open Source Jahrbuch 2004 – Zwischen Softwareentwicklung und Gesellschaftsmodell', Lehmanns Media, Berlin, S. 93–106.

O'Reilly, T. (2005), The Open Source Paradigm Shift, *in* J. Feller, B. Fitzgerald, S. Hissam und K. Lakhani (Hrsg.), 'Perspectives on Free and Open Source Software', MIT Press, Cambridge, S. 461–482. http://tim.oreilly.com/articles/paradigmshift_0504.html [19. Jan 2006].

Persson, A., Lings, B., Lundell, B., Mattsson, A. und Ärlig, U. (2005), Communication, Coordination and Control in Distributed Development: An OSS Case Study, *in* J. Feller, B. Fitzgerald, S. Hissam und K. Lakhani (Hrsg.), 'OSS 2005 – Proceedings of the First International Conference on Open Source Systems', S. 88–92. http://oss2005.case.unibz.it/Papers/65.pdf [19. Jan 06].

Raymond, E. S. (1999), The Revenge of the Hackers, *in* C. DiBona, S. Ockman und M. Stone (Hrsg.), 'Open Sources – Voices from the Open Source Revolution', O'Reilly, Cambridge, MA, USA, S. 207–220.

Robles, G., Scheider, H., Tretkowski, I. und Weber, N. (2001), Who is doing it? A Research on Libre Software Developers, Projektarbeit, Lehrstuhl für Informatik und Gesellschaft, Technische Universität Berlin, Berlin. http://ig.cs.tu-berlin.de/lehre/s2001/ir2/ergebnisse/OSE-study.pdf [19. Jan 2006].

Schuler, D. und Namioka, A. (1993), *Participatory Design: Principles and Practices*, Lawrence Erlbaum Associates, Hillsdale, NJ, USA.

Weber, S. (2004), *The Success of Open Source*, Harvard University Press, Cambridge, MA, USA.

Züllighoven, H. (2004), *Object-Oriented Construction Handbook*, dpunkt.verlag, Heidelberg.

Open Source Community Building

MATTHIAS STÜRMER UND THOMAS MYRACH

(CC-Lizenz siehe Seite 499)

Für die Initiatoren eines Open-Source-Projekts ist es eine langwierige und anspruchsvolle Aufgabe, eine prosperierende Community zu bilden. Im vorliegenden Artikel werden einschlägige Erfahrungen systematisiert, die bei Experten aus acht erfolgreichen Open-Source-Projekten erhoben wurden. Die Resultate können als Handlungsempfehlungen für den Aufbau von Open–Source-Communitys aufgefasst werden. Zu Beginn werden wünschenswerte Charakteristika einer Open-Source-Community beschrieben. Davon ausgehend werden die Eigenschaften und Verhaltensweisen der Projektverantwortlichen erörtert sowie günstige Ausgangsbedingungen und Voraussetzungen eines Open-Source-Projekts erläutert. Schlussendlich wird ein systematischer Überblick über verschiedene Bereiche gegeben, welche für einen Community-Aufbau förderlich sind.

Schlüsselwörter: Rekrutierung · Zusammenarbeit · Entwicklungstätigkeit · Kommunikation · Dokumentation · Verhalten

1 Einleitung

Das Entwickeln von Software ist eine anspruchsvolle und komplexe Tätigkeit. Viele Software-Produkte sind so umfangreich, dass sie nicht von einer einzigen Person in überschaubarer Zeit geschaffen werden können. Derartige Entwicklungsarbeiten verlangen das koordinierte Zusammenwirken eines Teams im Zuge eines IT-Projekts. Das Aufsetzen einer Projektorganisation und die in diesem Rahmen erfolgende Koordination und Motivation der Teammitglieder ist eine wichtige Führungsaufgabe. Die Art, wie diese Führungsaufgabe wahrgenommen wird, ist mitbestimmend für den Erfolg des Projekts.

Auch in Open-Source-Projekten erzwingt die Komplexität in der Regel die Kooperation verschiedener Personen. Jedoch sind die Spielregeln dabei anders als in kommerziellen Software-Entwicklungsprojekten. Die Partizipation an einem solchen

Projekt erfolgt gewöhnlicherweise auf freiwilliger Basis. Durch die Freiwilligkeit bei der Mitarbeit hat der Projektinitiator auch keine oder nur sehr bedingte Weisungsbefugnisse gegenüber den Projektmitarbeitern. Wenn diesen die Aufgaben nicht passen, können sie ohne rechtliche oder finanzielle Konsequenzen deren Bearbeitung verweigern oder sich gar aus dem Projekt zurückziehen. Da die Mitarbeit weder durch die Bezahlung einer Dienstleistung noch eines Lohnes entgolten wird, sind in diesem Fall andere Mechanismen erforderlich, um sich der gewünschten Kooperation zu versichern. Es erscheint plausibel, dass ein Projektverantwortlicher viel stärker auf Maßnahmen und Instrumente zur Förderung der intrinsischen Motivation zurückgreifen muss, als dies bei kommerziellen Software-Entwicklungen der Fall ist.

Ein weiteres Merkmal, das die Software-Entwicklung im Rahmen von Open–Source-Projekten von vielen kommerziellen IT-Projekten abhebt, ist die ausgesprochen dezentrale Entwicklungstätigkeit, die nicht selten sogar länderübergreifend erfolgt. Anders als in konventionellen IT-Entwicklungsprojekten sind die Mitarbeiter eines Teams nicht an einem Ort zusammengezogen, sondern geographisch verteilt. Die Kommunikation erfolgt in der Regel indirekt. Prinzipiell darf man unterstellen, dass das Führen in verteilten Organisationen spezifische Anforderungen an die Organisation der Zusammenarbeit und die Kommunikation innerhalb eines Teams stellt (Picot et al. 2001, S. 410 ff.).

Ein zentrales Element jedes Open-Source-Projekts ist die Community, durch die es getragen wird. Mehrfach wird im nachfolgenden Text betont, dass die Community grundsätzlich wichtiger ist als der Einzelne. Daraus ist aber keineswegs abzuleiten, dass Community-Mitglieder alle gleich seien und dass eine Community praktisch selbstorganisiert und basisdemokratisch funktioniere. Vielmehr lassen sich in jeder Community mehr oder weniger präzise verschiedene Rollen identifizieren und – typischerweise damit korreliert – eine unterschiedliche Stellung von Personen innerhalb der Community bezüglich Status und Macht ausmachen. Wir gehen hier von dem Grundverständnis eines schichtartigen Rollenmodells bei der Beschreibung des Aufbaus einer Open-Source-Community aus. Dies wird in der unten stehenden Abbildung illustriert. Es handelt sich hierbei um eine grob typisierende Abstraktion, die sich im konkreten Fall durchaus etwas anders darstellen kann.

Wir definieren eine Open-Source-Community als die Gesamtheit aller Personen, die durch irgendwelche Beiträge direkt oder indirekt an der Entwicklungstätigkeit eines Open-Source-Projekts partizipieren. Dies sind ausdrücklich nicht nur die Programmierer, die den eigentlichen Source-Code schaffen bzw. verändern. Ausgegrenzt sind hingegen jene Personen, welche das Software-Produkt lediglich nutzen, ansonsten aber keinen aktiven Beitrag zur Weiterentwicklung des Produktes leisten. Ausgesprochen oder unausgesprochen haben die Personen, welche als Entwickler den Source-Code vorantreiben, oftmals eine privilegierte Stellung innerhalb der Community. Dabei kann sich sowohl aus der Art als auch dem Umfang der Entwicklungstätigkeit ein unterschiedlicher Status ableiten. Wir haben diesbezüglich die Rolle des Hauptentwicklers

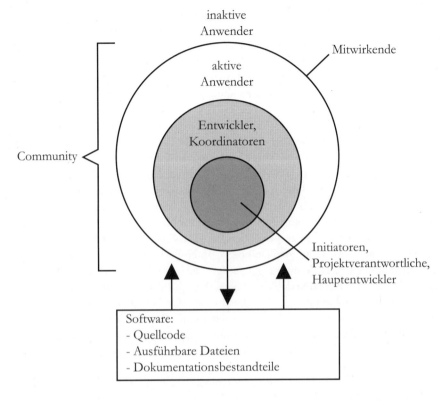

Abbildung 1: Grob typisierte Abstraktion eines Open-Source-Projekts

herausgehoben und diese dem innersten Kreis einer Community zugeordnet. Weiterhin erfordert eine Community auch die Rolle von Koordinatoren, welche vor allem im zwischenmenschlichen Bereich arbeiten und sich um die Anleitung, Motivation und vor allem auch Information von Community-Mitgliedern kümmern. Wie bei den Entwicklern kann diese Rolle auch hier mit einem unterschiedlichen Status verbunden sein. Die Projekteigner sind dem engsten Kreis zuzuordnen. Es handelt sich dabei um Personen, die praktisch uneingeschränkten Zugriff auf den Entwicklungsserver sowie die Software haben und anderen Personen bestimmte Zugriffsrechte einräumen (oder verweigern) können. Sie erfüllen ebenfalls Koordinationsaufgaben. Sowohl die Entwicklungs- als auch die Koordinationsrollen sind sehr häufig vermengt, zumal wenn die Entwicklungstätigkeit eng mit dem Status innerhalb einer Community verknüpft ist. In den Kernbereich eines Projekts sind sehr häufig auch die Projektinitiatoren einzuordnen, sofern sie sich nicht unterdessen zurückgezogen haben.

Im vorliegenden Artikel wird die Perspektive des inneren Kreises eines Open–

Source-Projekts eingenommen und die Frage gestellt, auf welche Aspekte bei der Initialisierung und dem Aufbau einer Community besonders geachtet werden sollen. Dadurch richtet er sich primär an Personen, die sich bereits heute zu den Verantwortlichen eines Open-Source-Projekts zählen oder mit dem Gedanken spielen, selber ein Open-Source-Projekt zu initialisieren. Ihnen werden allgemeine Hinweise gegeben, welche förderlichen Tätigkeiten bereits anderen beim Community-Aufbau geholfen haben.

Die Aussagen in diesem Artikel basieren auf den Ergebnissen einer empirischen Untersuchung, die im Zuge einer Lizenziatsarbeit an der Universität Bern im Jahr 2004/05 durchgeführt wurde (Stürmer 2005). Das Vorgehen folgt einem qualitativen Ansatz der Art, wie es Eisenhardt (1989, S. 532–550) vorschlägt. Es wurden acht Open–Source-Projekte aus dem Bereich CMS und Web-basierte Entwicklungsumgebungen ausgewählt und mit jeweils einem möglichst „hochrangigen" Community-Mitglied problemzentrierte Experteninterviews durchgeführt. In Tabelle 1 sind einige wesentliche Informationen zu den ausgewählten Projekten und den Interviews zusammengestellt. Die acht insgesamt zwölfstündigen Interviews wurden aufgezeichnet, transkribiert und ins Englische übertragen (sofern dies notwendig war). Die so erfassten Interviews wurden mit Hilfe des Werkzeuges *MaxQDA* einer detaillierten Inhaltsanalyse unterzogen und anschließend systematisiert. Wie bei jeder qualitativen Analyse erfordert die hier angewendete Vorgehensweise einige Interpretationen. Diese betreffen allerdings vor allem die Systematisierung, weniger die gemachten Aussagen. Jene lassen sich weitgehend auf Äußerungen der befragten Experten zurückführen; aus Übersichtsgründen wurden hier jedoch die wörtlichen Zitate ausgeblendet. Alle zusammengefassten Aussagen stammen von mindestens zwei Quellen und sind deshalb intersubjektiv belegt.

Die nachfolgende Gliederung folgt der in der Untersuchung vorgenommenen Systematisierung. Zuerst werden grundsätzlich wünschenswerte Charakteristika erfolgreicher Open-Source-Communitys identifiziert. Anschließend werden wichtige Eigenschaften und Verhaltensweisen von Projektverantwortlichen aufgezeigt. Danach werden verschiedene Voraussetzungen für die erfolgreiche Initialisierung von Open–Source-Projekten dargelegt. Schließlich erfolgt eine Reihe von Handlungsempfehlungen zur Förderung des Community-Aufbaus. Diese orientieren sich an einem Untersuchungsraster, in dem die Ebenen der Rekrutierung von Community-Mitgliedern, die Organisation der Zusammenarbeit innerhalb der Community und der Einfluss auf die Entwicklungstätigkeit bezüglich verschiedener relevanter Bereiche betrachtet werden.

2 Charakteristika prosperierender Communitys

Zuerst sollen allgemein gültige Eigenschaften von Open-Source-Communitys deren angestrebte Charakteristika aufzeigen. Es ist also nicht irgendeine Vergrößerung der

Open Source Community Building

Open-Source-Projekt	Plone	Magnolia	Cocoon	Kupu	Lenya	Typo3	eZ publish	Xaraya
Kategorie	CMS Framework	CMS	Web Application Framework	WYSIWYG Browser Editor	CMS	CMS	CMS	CMS und Application Framework
Sprache	Python	Java	Java	JavaScript	Java	PHP	PHP	PHP
Initiatoren	Alexander Limi u. Alan Runyan	obinary	Stefano Mazzocchi	Guido Wesdorp u.a.	Michael Wechner	Kasper Skårhøj	eZ systems	?
Trägerschaft	Plone Foundation	obinary	Apache Software Foundation	keine	Apache Software Foundation	TYPO3 Association	eZ systems	Digital Development Foundation
Interview-Partner								
Name	Bernhard Bühlmann	Boris Kraft	Berttrand Delacrétaz	Guido Wesdorp	Michael Wechner	Daniel Hinderink	Bård Farstad	Gregor Rothfuss
Aufgabe	Koordinator	Community-Verantwortlicher	Entwickler	Hauptentwickler	Initiator und Hauptentwickler	Marketing-Koordinator	Community-Verantwortlicher	Entwickler
Unternehmen	4teamwork	obinary	codeconsult	Infrae	wyona	dpool	eZ systems	?
Interview								
Datum	17.11.2004	19.11.2004	24.11.2004	25.11.2004	30.11.2004	03.12.2004	03.12.2004	07.12.2004
Dauer	95 min	108 min	63 min	79 min	106 min	116 min	78 min	103 min
Sprache	Deutsch	Deutsch	Deutsch	Englisch	Deutsch	Deutsch	Englisch	Deutsch
Ort	Bern, CH	Basel, CH	Cugy, CH	Rotterdam, NE (Telefon)	Bern, CH	München, DE (Telefon)	Skien, NO (Telefon)	Boston, USA (Telefon)

Tabelle 1: Angaben über die Open-Source-Projekte, Interview-Partner und Interviews

Community erwünscht, sondern nur eine solche, die den folgenden sieben Kriterien entspricht.

Die Community hat keinen Selbstzweck, sondern ein primäres Anliegen: die *Weiterentwicklung* des Open-Source-Projekts, d. h. Programmcodes zu erstellen und zu verbessern, Dokumentationen zu erstellen, Marketing zu betreiben und auf andere Art produktiv zu sein. Dies ist nicht selbstverständlich, denn in vielen Projekten wird wertvolle Energie in endlose Diskussionen und Streitigkeiten gesteckt, ohne die Software tatsächlich weiterzubringen. Ein anderes Phänomen sind Einzelpersonen und vor allem Unternehmen, welche die Open-Source-Software für sich und für Kunden gewinnbringend einsetzen, ohne z. B. im Rahmen dieser Tätigkeiten erstellte Weiterentwicklungen dem Projekt zur Verfügung zu stellen. Solches Trittbrettfahrverhalten ist in der Community unerwünscht und bringt das Projekt nicht weiter.

Eine wichtige Eigenschaft von aktiven Community-Mitgliedern ist deren hohe *Selbstmotivation*. Optimal ist es, wenn Personen eigene Ideen von Anfang bis Ende selber realisieren und dennoch für Kritik und Verbesserungsvorschläge anderer offen bleiben. Üblicherweise müssen Entwickler gewisse Barrieren überwinden, bevor sie Änderungszugriff auf die Software erhalten (von Krogh et al. 2003, S. 1217–1241). Dadurch wird gewährleistet, dass nur Personen, welche schon längere Zeit intensiv am Projekt mitarbeiten und Beiträge liefern, direkten Einfluss auf die Weiterentwicklung der Software nehmen können.

Um die Langlebigkeit eines Open-Source-Projekts gewährleisten zu können, ist es vorteilhaft, Community-Mitglieder aus verschiedenen Organisationen und Regionen zu beteiligen. Einerseits macht diese *Vielfältigkeit* der Mitwirkenden das Projekt unabhängig von lokalen Veränderungen, weshalb unter anderem die Apache Foundation für neue Projekte voraussetzt, dass die Entwickler aus mindestens drei unterschiedlichen Unternehmen stammen.[1] Andererseits bringen erst verschiedenartig talentierte Menschen das umfangreiche Wissens- und Fertigkeitsspektrum mit, welches für die Leitung und Umsetzung von Open-Source-Projekten notwendig ist.

Da sich die Mitarbeitenden in Open-Source-Projekten vielfach freiwillig auf unentgeltlicher Basis beteiligen, ist *Korrektheit* in der Kommunikation unentbehrlich. Das heißt konkret, dass z. B. selbst einfache Anfängerfragen von der Community respektvoll beantwortet werden sollten. Andererseits bedeutet es aber auch, dass Neueinsteiger sich an die geltenden Kommunikationsregeln zu halten haben und ihre Fragen zuerst selber in Archiven von Mailinglisten oder Wikis zu beantworten versuchen.

Auch ein gewisser Grad an *Altruismus* ist wichtig, denn grundsätzlich gilt: Open–Source-Projekte sind keine „One Man/One Company Shows" und die Community ist wichtiger als der Einzelne. Auch wenn z. B. jemand sehr viel Quellcode beiträgt und wichtige Tätigkeiten für die Community ausführt, kann dies langfristig das Ende des Projekts bedeuten, wenn er durch seine dominante Art die anderen Mitglieder

---

[1] Siehe The Apache Incubation Policy, http://incubator.apache.org/incubation/Incubation_Policy.html [31. Okt 2005].

vertreibt und damit die Community schwächt. Besonders wenn Unternehmen maßgeblich an der Weiterentwicklung eines Projekts beteiligt sind, müssen sie Rücksicht auf die Bedürfnisse der Community nehmen und dürfen zum Beispiel bei der Rückwärtskompatibilität nicht egoistisch vorgehen.

Ein *langfristiges Engagement* von Mitarbeitenden in Open-Source-Projekten ist ein wertvolles Gut. Vielfach kommt es vor, dass neu Dazugestoßene sich über die vorhandene Situation beschweren und Änderungswünsche anbringen, aber bald wieder verschwinden. Verbesserungsvorschläge z. B. an der Software-Dokumentation können nützlich sein, viel wichtiger ist es jedoch, dass Personen sich über längere Zeit produktiv in das Projekt einbringen und Aufgaben verantwortungsvoll ausführen. Deshalb erhalten in allen fortgeschrittenen Projekten nach dem Meritokratie-Prinzip ausschließlich solche Mitglieder Zugriff auf wichtige Ressourcen, die sich schon lange aktiv in der Community beteiligt haben.

Auch wenn sich viele Personen aus unterschiedlichsten Motivationen in einem Projekt einbringen, ist eine *gemeinsame Vision* für die Weiterentwicklung der Software unentbehrlich. Neben aller Offenheit für Beiträge neuer Mitwirkender muss sich eine klare Stoßrichtung für die Zukunft des Projekts herauskristallisieren, sonst wird die Diskussion stets in den selben Punkten stecken bleiben. Zu bewältigen ist also die Gratwanderung zwischen Berücksichtigung der Interessen aller Beteiligter und der Fokussierung auf bestimmte Ziele, wobei einerseits die schon entwickelten Stärken der Software und andererseits die vorhandenen Personen und Mittel beachtet werden sollten.

3 Eigenschaften und Verhalten von Projektverantwortlichen

Um ein neues Open-Source-Projekt starten und erfolgreich weiterentwickeln zu können, müssen zahlreiche personelle und sachliche Voraussetzungen gegeben sein. In diesem Abschnitt werden zunächst wünschenswerte Eigenschaften und Verhaltensweisen von Projektverantwortlichen betrachtet. Zwar können jederzeit auch nachträglich noch entsprechend geeignete Personen engagiert werden. Es empfiehlt sich jedoch, dass bereits die Initiatoren eines neuen Projekts möglichst viele der folgenden Eigenschaften besitzen. Da die einzelnen Punkte nicht gewichtet wurden, sind sie in alphabetischer Reihenfolge aufgelistet.

Bestimmtheit Entschiedenes Handeln ist in gewissen Stadien eines Open-Source-Projekts sehr gefragt, besonders wenn es sich um das Release Management handelt. Obwohl sich die Software stets wandelt, müssen vor der Herausgabe einer neuen Version die von den Verantwortlichen kommunizierten Veröffentlichungstermine eingehalten werden, weshalb in diesen Momenten eine gewisse Bestimmtheit notwendig ist.

Engagement Vom Initianten eines neuen Open-Source-Projekts wird höchstes Engagement erwartet. Gerade in der Aufbauphase des Projekts kann noch nicht mit breiter Unterstützung zahlreicher Interessenten gerechnet werden, weshalb die Hauptarbeit von den Initiatoren ausgeführt werden muss. Aber auch in späteren Stadien ist mit einem hohen Zeitaufwand zu rechnen, um ein Open-Source–Projekt verantwortungsvoll koordinieren zu können.

Erfahrung Das kontinuierliche Ändern und Wachsen des Quellcodes fügt der Software zwar stets neue Funktionalitäten zu, stellt die Koordinatoren jedoch gleichzeitig vor eine immer größer werdende Informationsmenge. Nur wer über längere Zeit das Projekt begleitet, sich stets über die Erneuerungen informiert hält und so entsprechende Erfahrungen mit und Kenntnisse über die Software erwirbt, kann schließlich bei auftretenden Fragen Auskunft geben und aktiv die Zukunft des Projekts mitgestalten.

Geduld Der Aufbau und die Koordination eines Open-Source-Projekts ist eine langfristige Aufgabe. Selbst bei heute erfolgreichen Projekten dauerte es teilweise mehrere Jahre, bis sie eine Eigendynamik erreichten, in der die Community stark zu wachsen begann. Beim heutigen Überangebot an Open-Source-Lösungen hat der Bedarf an geduldigen Projektinitiatoren abermals zugenommen. Bis eine Community tatsächlich zu „leben" beginnt und Mitglieder z. B. selbständig Einsteigerfragen lösen, müssen die Initiatoren bereit sein, nicht nur selber viele Fragen zu beantworten, sondern oft auch immer wieder die gleichen Problemstellungen zu behandeln.

Hilfsbereitschaft Gerade die Bereitschaft, sich um alle Fragen aus der Community zu kümmern, zeichnet erfolgreiche Initiatoren aus. Nicht zufällig konnten von Krogh et al. (2003) im Projekt Freenet eine Beantwortungsquote von rund 90 % aller gestarteten E-Mail-Anfragen feststellen. Wichtig ist also, dass sich Einsteiger willkommen und unterstützt fühlen, wenn sie sich an die Community wenden. Wenn tiefer greifende Problemstellungen aufgeworfen werden, kann aber vorausgesetzt werden, dass sich der Anfragende bereits selber um die entsprechende Behandlung bemüht hat. Ist dies ersichtlich und wird die Frage tatsächlich beantwortet, kann mit einem Multiplikatoreffekt gerechnet werden: Beim nächsten Mal wird die Person, wenn ihre technischen Kenntnisse gewachsen sind, selber jemanden unterstützen.

Mitteilsamkeit Wie bereits angesprochen, ist intensive und transparente Kommunikation bei Open-Source-Projekten einer der Schlüssel zum Erfolg. Besonders wegen der dezentralen Organisation solcher Projekte ist eine hohe Kommunikationsintensität der Koordinatoren erforderlich und wird teilweise noch höher als deren technisches Können eingestuft (Raymond 1999). Jedoch müssen Mitteilsamkeit und Programmierfähigkeiten bei einer einzelnen Person nicht unbedingt korrelieren. Eine Art Kommunikations-Training kann das Führen eines Weblogs darstellen, denn kontinuierliches Berichterstatten über die eigene Entwicklertätigkeit ist auch Übungssache.

Offenheit Die Offenheit in Open-Source-Projekten ist eines der Grundprinzipien und muss deshalb auch im Handeln der Projektverantwortlichen auf verschiedene Weise erkennbar werden. Erstens ist die Offenheit wichtig, andere aktiv am Projekt mitwirken zu lassen. Zweitens ist auch Offenheit bezüglich der Aufgabenteilung in der Community erforderlich. In jedem Fall motivierend wirkt die dritte Art von Offenheit, die transparente Kommunikation. Und zu guter Letzt müssen „müde" gewordene Projektverantwortliche auch offen sein, das Projekt wieder zu verlassen und entsprechende Verantwortungen, beispielsweise in Form von Zugriffsdaten, den Zurückbleibenden anzuvertrauen.

Persönlichkeit Ausstrahlung ist zwar keine notwendige Bedingung für Projektinitiatoren, kann jedoch beim Aufbau einer Community sehr hilfreich sein. Gerade bei ehrenamtlichen Arbeiten wirkt ein gewisser Charme der Leitenden motivierend, sich auch „für sie" zu engagieren. Nicht zuletzt sind Projekte anziehend, die von Menschen geleitet werden, mit denen man gerne zusammenarbeiten möchte. Eine wichtige Charaktereigenschaft der Projektverantwortlichen ist dabei eine gewisse Bescheidenheit.

Präsenz Wird nicht physisch zusammengearbeitet, so ist die virtuelle Präsenz der Hauptakteure umso wichtiger. Sei es in einem Chatraum, in den Mailinglisten oder in einem Forum: Die allgegenwärtige Anwesenheit von kompetenten Personen ist sehr wertvoll. Zwar verlangt diese Verfügbarkeit zeitlich und mental einen großen Einsatz. Dieser wird aber durch das hohe Ansehen in der Community und zuweilen auch mit bezahlten Reisen als Konferenzredner oder Workshop-Leiter kompensiert.

Programmiertalent Insbesondere während der Zeit des Projektaufbaus ist neben den zahlreichen Soft Skills vor allem das Programmiertalent der Initiatoren entscheidend. Zwar wirken sich klare Ziele, transparente Kommunikation, Offenheit und viele andere Führungsqualitäten positiv auf den Projekterfolg aus, am Ende zählt jedoch alleine das Software-Produkt. Deshalb beginnen alle Projektmitarbeitenden am Anfang mit Programmieren, bleiben häufig auch während der Weiterentwicklung hauptsächlich in diesem Bereich aktiv und betätigen sich, wenn überhaupt, erst später z. B. als Community-Koordinatoren oder im Marketing.

Verantwortungsbereitschaft Im Gegensatz zu reinen Anwendern und Programmierern von Erweiterungen sind die Koordinatoren am Gesamterfolg des Projekts interessiert. Wegen dieser langfristigen Perspektive zeigen sie mehr Verantwortungsbereitschaft als alle anderen Projektbeteiligten. Diese Einstellung äußert sich sowohl bei kleinen Aktivitäten wie dem Bearbeiten von unbeantwortet gebliebenen Nachrichten auf der Mailingliste als auch im generellen Arbeitsstil des wohlbedachten Handelns mit Rücksicht auf alle Interessengruppen. In Konfliktsituationen müssen die Projektverantwortlichen vermitteln und gegebenenfalls sich unkorrekt verhaltende Community-Mitglieder zurechtweisen.

Vision Gerade weil Open-Source-Projekte vom Engagement vieler Personen abhängig sind und sich diese zuweilen auch verzetteln können, sind klare Zielvorstellungen für das Projekt wichtig. Wer eine solche Entwicklung leitet, muss daher fähig sein, seine Projektvision zu formulieren und andere Projektbeteiligte dafür motivieren zu können. Dabei ist es entscheidend, begründet zu argumentieren. Dieses visionäre Denken als Charaktereigenschaft der Koordinatoren ist zentral, da nur dadurch der Projektfortschritt aktiv gelenkt werden kann.

4 Voraussetzungen für ein Open-Source-Projekt

Wurden bisher die Charakteristiken der angestrebten Communitys sowie begünstigende Führungsqualitäten der Koordinatoren betrachtet, so sollen im folgenden Abschnitt kurz einige Aspekte der Ausgangslage eines Open-Source-Projekts beleuchtet werden.

Selten wird vor dem Start eines Open-Source-Projekts aktiv die *Programmiersprache* der zu schreibenden Applikation gewählt. Meist schränkt bereits die Entscheidung für ein Betriebssystem die Auswahl ein, die Initiatoren besitzen gewisse Sprachpräferenzen oder ein vorangegangener Unternehmensentscheid lässt nur bestimmte Programmiersprachen zu. Unterschiedliche Programmiersprachen beeinflussen auch den Zugang zu potentiellen Community-Mitgliedern: Da etwa die Programmierung in Java grundsätzlich eine komplexere Aufgabenstellung ist als das Schreiben eines PHP-Skripts, kann davon ausgegangen werden, dass Java-Programmierer meistens über eine höhere Informatikausbildung verfügen als ihre PHP-Kollegen. Andererseits ist diese niedrigere Eintrittsbarriere eine der Stärken von PHP, so dass die vielen PHP-Programmierer eine große, potentielle Entwicklerbasis für das aufzubauende Open-Source-Projekt darstellen. Des Weiteren beeinflusst die Wahl der Programmiersprache in gewissen Fällen auch das Image des Projekts.

Obwohl bei der Auswahl der geeigneten *Open-Source-Lizenz* eines Projekts vor allem juristische Fragestellungen auftauchen, wirkt sie sich auch im Bereich des Community–Aufbaus aus. Die zahlreichen OSI-zertifizierten Lizenzen[2] variieren unter anderem bezüglich Gewährleistung unterschiedlicher Freiheiten und Bedingungen, was wiederum die Entwicklung der Community beeinflusst. Während beispielsweise die *Apache*

---

2 Siehe http://www.opensource.org/licenses.

Software License (ASL) die Freiheit gewährt, Quellcode-Ergänzungen verschlossen zu halten, schreibt die *GNU General Public License (GPL)* vor, dass jegliche Änderungen der Software an das Projekt zurückzureichen sind. Dies wiederum führt zwingend zu einem stärkeren Ausbau der Community in *GPL*- als in *ASL-Projekten*. Weitere Differenzierungsmöglichkeiten bietet die Lizenzwahl für Unternehmen, wenn sie durch Vereinbarungen mit externen Entwicklern die Urheberrechte an der Software bewahren können und dadurch die Grundlage für die Anwendung des erfolgreichen Doppel-Lizenzierungs-Modells schaffen (Välimäki 2003).

Als einer der wichtigen Erfolgsfaktoren eines Open-Source-Projekts darf sicherlich die Qualität des *ursprünglichen Quellcodes* bezeichnet werden. Dabei muss dieser nicht unbedingt von Anfang an fehlerfrei ausführbar oder besonders sauber und effizient programmiert sein. Um andere Entwickler von der Projektidee begeistern zu können, muss, wie Raymond (1999) formulierte, vor allem das Potential der Software ersichtlich sein. Dies bringt andere Programmierer dazu, sich für das Projekt einzusetzen und an seiner Weiterentwicklung zu arbeiten. Dabei ist vor allem die von den Initiatoren ausgearbeitete Quellcode-Architektur, das *Application Programming Interface*, entscheidend, da sie das Grundgerüst der gesamten Software darstellt und in ihren Grundzügen zu einem späteren Zeitpunkt nur mit großem Aufwand verändert werden kann.

Wie im wirtschaftlichen Umfeld ist es auch im Open-Source-Bereich schwierig, das Ausmaß der zukünftigen *Nachfrage* nach der Software abzuschätzen. Ob ein Projekt auf Interesse der Benutzer und Entwickler stößt, hängt unter anderem stark vom Glück ab, im richtigen Moment die entscheidenden Leute von der neuen Idee zu überzeugen. Man sollte sich vor allem bewusst sein, welches Zielpublikum angesprochen werden soll, denn langjährige Software-Entwickler haben andere Interessen als sporadische Computer-Anwender. Auch kann die Attraktivität des Projekts vom richtigen Zeitpunkt der erstmaligen Publikation im Hinblick auf bestimmte Umweltbedingungen abhängen, wie etwa einem gestiegenen Kostenbewusstsein bei der IT-Nutzung.

Das Spektrum des *Innovationsgrades* neuer Open-Source-Projekte ist breit und reicht von der Nachbildung proprietärer Programme bis hin zu radikalen Software-Innovationen. Vorteil solch vollständiger Neuheiten ist ihre Konkurrenzlosigkeit. Aber auch die erstmalige Replikation geschlossener Software kann äußerst erfolgreich sein; schließlich war die Entwicklung von Linux „bloß" die Kopie des jahrzehntelang eingesetzten Unix-Betriebssystems. Entscheidend ist eine gewisse Einzigartigkeit, die jedes neue Projekt zeigen sollte.

Je breiter die *Anwendbarkeit* der Software, desto größer ist die potentielle Anwender- und Entwickler-Community. Technisch bedeutet dies, dass eine Applikation auf verschiedenen Plattformen ausführbar oder eine Softwarekomponente in unterschiedliche Programmiersprachen integrierbar ist. Bezüglich der Einsatzmöglichkeiten ist dies der Fall, wenn eine Applikation auf verschiedene Weise angewandt werden kann und in unterschiedlichen Umgebungen Nutzen stiftet.

Wie bereits im Abschnitt 3 mehrmals erwähnt, ist die intensive, *extern wahrnehmbare Kommunikation* im Zusammenhang mit dem Projekt eine wichtige Voraussetzung, um neue Mitwirkende anzuziehen. Dies trifft besonders bei der Projektinitialisierung zu. Einerseits muss das Vertrauen der ersten externen Anwender gewonnen werden, was durch stetige Präsenz in allen Kommunikationskanälen unterstützt werden kann. Andererseits ist ein hoher Aufwand in die Erstellung von ausreichender Dokumentation zu stecken, damit das implizite Wissen der Initiatoren weitergegeben werden kann. Hat die Community einmal eine gewisse Größe erreicht, so ist zu hoffen, dass weitere Mitglieder aktiv werden und z. B. ebenfalls beginnen, auftauchende Fragen zu beantworten.

5 Förderung des Community-Aufbaus

In diesem Abschnitt werden den Projektverantwortlichen Handlungsempfehlungen gegeben, um auf den drei Ebenen *Rekrutierung*, *Zusammenarbeit* und *Entwicklungstätigkeit* das Wachstum der Community positiv zu beeinflussen. Aktivitäten auf der Ebene *Rekrutierung* beabsichtigen, weitere Projektbeitragende für die Community gewinnen zu können und betreffen somit Themen wie Projektattraktivität, Bekanntmachung, Verteilung und externe Kommunikation. Maßnahmen auf der Ebene *Zusammenarbeit* sollen die internen Prozesse verbessern und beeinflussen deshalb Organisation, Koordination, interne Kommunikation und Beziehungen. Aktionen auf der Ebene *Entwicklungstätigkeit* betreffen die Weiterentwicklung der Software und behandeln Themen wie Quellcode, Software-Architektur und Technologien. Wir unterscheiden sieben Bereiche, welche übergreifend auf allen drei Ebenen wirken. Acht weitere Bereiche betreffen spezifisch eine der drei Ebenen; sie werden kurz am Ende dieses Abschnitts angesprochen.

In der Software-Entwicklung ist seit langem bekannt, dass *Modularität* des Quellcodes dessen Verständlichkeit und Flexibilität erhöht und dadurch den Aufwand für die Weiterentwicklung verringert (Parnas 1972). Besonders in einer meist virtuell zusammenarbeitenden Open-Source-Community ist es wichtig, dass sie an derselben Applikation programmieren kann, ohne alle Einzelheiten des Gesamtsystems kennen zu müssen. Wenn die Entwicklung von umfangreichen Erweiterungen und Plug-ins möglich ist und durch eine entsprechende Einstiegsdokumentation unterstützt wird, kann das Projekt einen breiten Kreis von Anwendern und potentiellen Entwicklern ansprechen. Es wird ihnen ermöglicht, die Software auf relativ einfache Weise ihren Bedürfnissen anzupassen, was auch die Eintrittsbarriere für neue Programmierer senkt. Auf der Ebene der Zusammenarbeit schafft Modularität die Grundlage für die Spezialisierung der Programmierer und macht diese unabhängiger von den Hauptentwicklern der Software, da nun konkrete Probleme ohne Eingriff in die Kernapplikation gelöst werden können. Wird die Anzahl verfügbarer Erweiterungen groß, ist die Qualitätssicherung durch erfahrene Entwickler zu empfehlen.

Die Wichtigkeit von ausführlicher und vielseitiger *Dokumentation* wurde bereits mehrmals erwähnt. Für Anwender wie auch für Entwickler ist sie von zentraler Bedeutung und beeinflusst stark die Eintrittsmotivation zukünftiger Community-Mitglieder. Entscheidend ist, dass ein klarer Dokumentations-Leitfaden anhand von wenigen, dafür aktualisierten und zweckmäßig strukturierten Tutorials und Handbüchern den Einstieg in die Software ermöglicht. Freiwillige für die Erstellung qualitativ hochwertiger Dokumentationen, die z. B. für Lehrbücher verwendet werden können, sind schwer zu finden. Deshalb sollten Projektverantwortliche ein Anreizsystem schaffen, das zum Beispiel in Form von öffentlichen Verdankungen oder finanzieller Unterstützung Projektmitarbeitende ermutigt, Ressourcen für die Erstellung einer anspruchsvollen Projektdokumentation einzusetzen. Dazu gehören auch technische Dokumentationen wie Erläuterungen des Quellcodes oder des *Application Programming Interface*, die der Verständlichkeit und dadurch der Langlebigkeit der Software dienen.

Die Attraktivität eines Open-Source-Projekts wird auch durch dessen „Lebendigkeit" bestimmt. Diese kommt vor allem durch die Häufigkeit von veröffentlichten Software-Versionen zum Ausdruck. Die Projektverantwortlichen sollten deshalb regelmäßig neue Releases veröffentlichen. Zum *Release-Management* gehört neben einer Ankündigung mit Hinweis auf alle wegweisenden Erneuerungen auch ein vollständiges Änderungsprotokoll der neuen Software-Ausgabe. Die Festlegung eines neuen Releases ist eine sensible Aufgabe, bei der unter Einbezug aller Interessengruppen auch *feature freezes* eingehalten werden müssen. Dies erfordert zuweilen einige Durchsetzungskraft der verantwortlichen Personen. Um eine gewisse Kontinuität ausweisen zu können, sollte auch ein zeitlich festgelegter Veröffentlichungsrhythmus von beispielsweise einem halben Jahr in Betracht gezogen werden. Bei jedem Update ist die Rückwärtskompatibilität zu berücksichtigen und nur unter unumgänglichen Umständen zu brechen. Migrationsskripte können in diesem Fall einen Lösungsansatz bieten.

Obwohl *SourceForge, Freshmeat, Tigris* und andere *Kollaborationsplattformen* dieser Art Einschränkungen unter anderem in den Bereichen Technologie, Server-Zugriff und Gestaltung vorgeben, bieten sie dennoch zahlreiche Möglichkeiten an, unkompliziert ein neues Open-Source-Projekt zu starten und die anfängliche Zusammenarbeit zwischen den Community-Mitgliedern zu unterstützen. Oft beschließen Projektverantwortliche zu einem späteren Stadium, das Projekt auf einen individuellen Server zu transferieren. In jedem Fall ermöglichen diese Plattformen dem Open-Source-Projekt eine breite Sichtbarkeit, wodurch es im Internet einfacher aufgefunden wird – besonders wenn es durch den intensiven Gebrauch der Plattform-Funktionalitäten eine hohe Platzierung in den Aktivitäts-Ranglisten bekommt.

Physische Begegnungen wie Präsentationen, Vorträge und Workshops an Konferenzen oder Messeveranstaltungen sind eine geeignete Möglichkeit, die Funktionalitäten der Software vorzuführen und neue Anwender und damit potentielle zukünftige

Entwickler zu gewinnen. Dabei wirken soziale Kontakte, besonders zu den Hauptentwicklern, vertrauensbildend und erhöhen den Anreiz, am Projekt mitzuwirken. Der Wissenstransfer, der bei solchen physischen Begegnungen auf intensive Weise stattfindet, fördert die Zusammenarbeit auf technischer und organisatorischer Ebene und motiviert zur Weiterarbeit. Zu berücksichtigen ist dabei jedoch, dass abwesende Community-Mitglieder nach Möglichkeit nicht benachteiligt und wichtige Diskussionen und Entscheidungen immer noch online geführt werden. Bei Sprints[3] sollten im Vorfeld klare Ziele gesteckt werden, um fokussiert auf die nötigen Verbesserungen hinarbeiten zu können.

Die meisten großen Open-Source-Projekte werden heutzutage von einer nicht gewinnorientierten *Trägerorganisation* geleitet. Diese juristischen Institutionen tragen zur Stabilität und Kontinuität des Open-Source-Projekts bei, indem sie sich beispielsweise um rechtliche Aspekte der Lizenzen und Marken kümmern, mehr Transparenz in Entscheidungsprozessen bieten, personelle Fluktuationen glätten, die Entwicklungsinfrastruktur bereitstellen und finanzielle Fragestellungen zentral angehen können. Gegenüber Externen repräsentiert die Trägerschaft den Ansprechpartner des Projekts und kann dadurch auch die Community-Aktivitäten im Bereich Marketing bündeln und einen Image-Aufbau bewirken. Für individuelle Entwickler bietet sie, beispielsweise bezüglich allfälliger Programmierfehler, Schutz gegenüber Anklagen, sichert die Rechte am Quellcode und kann unter bestimmten Voraussetzungen auch Hauptentwickler für gewisse Tätigkeiten finanziell entschädigen.

Den Community-Aufbau eines Projekts *international* anzugehen erfordert unter anderem, sämtliche Kommunikation auf Englisch zu führen. Dies ist für einen Nicht–Muttersprachler etwas schwieriger, bringt aber gewichtige Vorteile mit sich. Einerseits kann ein viel größeres Anwender- und damit auch Entwickler-Publikum angesprochen werden, was ermöglicht, eine multikulturelle Community aufzubauen. Andererseits sind Übersetzungstätigkeiten, wenn technisch vorgesehen, eine gute Einsteigeraufgabe für motivierte Anwender, um erstmals aktiv am Projekt mitzuwirken. Des Weiteren trägt eine Community mit vielseitiger Herkunft zu einer ausgeglichenen Kommunikation bei und kann bei respektvollem Umgang gewisse lokale kulturelle Phänomene abschwächen.

Neben den erläuterten sieben übergreifenden Bereichen des Community-Aufbaus fördern weitere Tätigkeiten das Wachstum, die Zusammenarbeit und die Entwicklungstätigkeit der Community-Mitwirkenden, welche lediglich spezifischen Ebenen zugeordnet werden können. So steigern herkömmliche *Marketingaktivitäten*, wie beispielsweise der Versand von Pressemitteilungen an alle bekannten Technologie-Medien, den Bekanntheitsgrad der Software und wirken Image-bildend. Des Weiteren werden Mitwirkende durch ein Credit-System motiviert, qualitativ hochwertige Bei-

---

3 Sprints sind Ein- oder mehrtägige Treffen von Programmierern eines Open-Source-Projekts mit dem Ziel der gemeinsamen, intensiven Weiterentwicklung der Software. Siehe http://www.zopemag.com/Guides/miniGuide_ZopeSprinting.html [15. Feb 2005].

träge für das Projekt zu liefern. Die bewusste Wahl der *Kommunikationskanäle* wie Websites, Chat-Systeme, Mailinglisten, Wikis und Foren helfen, die Diskussionen auf einige wenige Kanäle zu konzentrieren. Hingegen hat sich die antizipative Wahl von Organisationseinheiten der Community nicht als sinnvoll erwiesen, weshalb in diesem Bereich eher reaktives Handeln empfohlen wird. Eine Ausnahme stellt die Veröffentlichung einer *Aktivitätenliste* dar, welche anhand kurzer Beschreibungen anstehender Aufgaben Community-Mitglieder zur Mithilfe einlädt. In jedem Fall ist die Qualität der Software sicherzustellen, was bedingt, dass ausschließlich funktionierende und ausgereifte Software-Änderungen und -Erweiterungen ins Projekt integriert werden. Auf technologischer Ebene spielen auch die ansprechende *Benutzeroberfläche* und der einfache *Installationsprozess* wichtige Rollen und dürfen nicht als Nebensache abgehandelt werden.

6 Schlussfolgerung

Mit der Beschreibung wünschenswerter Charakteristika von Open-Source-Communitys sowie der für sie besonders wichtigen Projektverantwortlichen und der Schilderung begünstigender Voraussetzungen für neue Projekte und den Förderungsmöglichkeiten bei bestehenden Projekten wurde in dieser Arbeit ein Versuch unternommen, verschiedene für den Aufbau einer lebendigen und produktiven Open-Source-Community relevante Themen anzusprechen und zu systematisieren.

Die Aussagen basieren auf einer kondensierten und systematisierten Expertensicht auf Organisationsprobleme beim Aufbau einer Open-Source-Community, die durch eine qualitative Untersuchung gewonnen wurde. Da es sich bei den Experten um erfahrene Aktivisten aus bekannten Open-Source-Projekten handelt, gehen wir davon aus, dass deren Erfahrungen grundsätzlich repräsentativ sind und sich daher auch weitgehend auf andere Projekte übertragen lassen. Dies gilt umso mehr, als alle eingefangenen Aussagen unmittelbar plausibel erscheinen und nachvollziehbar sind. Dennoch ist grundsätzlich nicht auszuschließen, dass aufgrund der mengenmäßig eingeschränkten Datenerhebung bei lediglich je einem Projektverantwortlichen von insgesamt acht Open-Source-Projekten im Bereich von CMS und Web-Produktivitäts–Werkzeugen gewisse Aspekte überbetont und andere gänzlich ausgelassen wurden.

Es ist zu hoffen, dass durch die hier präsentierte Systematik und die formulierten Handlungsempfehlungen der eine oder andere Projektverantwortliche inspiriert und motiviert wird, die eigenen Handlungen und die Rahmenbedingungen des Projekts kritisch zu hinterfragen und sich allenfalls zu einem den Fortschritt seines Projekts förderlichen Verhalten anleiten zu lassen.

Literatur

Eisenhardt, K. M. (1989), 'Building Theories from Case Study Research', *Academy of Management Review* **14**(4).

Parnas, D. L. (1972), 'On the Criteria To Be Used in Decomposing Systems into Modules', *Communications of the ACM* **15**(12), S. 1053–1058. http://www.acm.org/classics/may96/ [02. Feb 2006].

Picot, A., Reichwald, R. und Wigand, R. T. (2001), *Die grenzenlose Unternehmung – Information, Organisation und Management*, Gabler, Wiesbaden.

Raymond, E. S. (1999), The Cathedral and the Bazaar, *in* E. S. Raymond (Hrsg.), 'The Cathedral and the Bazaar: Musings on Linux and Open Source from an Accidental Revolutionary', O'Reilly.

Stürmer, M. (2005), Open Source Community Building, Lizenziatsarbeit, Universität Bern, Bern, Schweiz. http://opensource.mit.edu/papers/sturmer.pdf [02. Feb 2006].

Välimäki, M. (2003), 'Dual Licensing in Open Source Software Industry', *Systemes d'Information et Management* **8**(1), S. 63–75. http://opensource.mit.edu/papers/valimaki.pdf [02. Feb 2006].

von Krogh, G., Spaeth, S. und Lakhani, K. R. (2003), 'Community, Joining, and Specialization in Open Source Software Innovation: A Case Study', *Research Policy* **32**(7), S. 1217–1241. http://opensource.mit.edu/papers/rp-vonkroghspaethlakhani.pdf [02. Feb 2005].

Frauen-freie Zone Open Source?

PATRICIA JUNG

(CC-Lizenz siehe Seite 499)

Dass Frauen in Open-Source-Projekten mehr als unterrepräsentiert sind, lässt sich nur teilweise mit ihrer Randstellung im IT-Bereich an sich erklären. Geschlechts- wie leistungsbezogene Diskriminierung und (oft unterschwelliger) Sexismus wie auch die gesamtgesellschaftliche Gleichstellungsproblematik tragen dazu bei, dass die Frauenquote in diesem Bereich noch weitaus unter der in der kommerziellen Software-Entwicklung liegt. Glücklicherweise nimmt sowohl das Bewusstsein für die Problematik als auch das Interesse von Frauen und Frauenprojekten an Open Source zu, sodass eine nach Geschlechtern ausgewogene Projektbeteiligung zwar auch zukünftig Wunschdenken bleiben wird, die Kluft sich jedoch verringern könnte.

Schlüsselwörter: Frauen · Open-Source-Projekte · Gender-Gap · Sexismus · Frauenorganisationen · Frauenquote · Zeitbudget · Frauenförderung

1 Einleitung

Das Internet, den PC, das (Mobil-) Telefon, das Auto, die Digitalkamera, die Stereoanlage, den Kühlschrank, den Herd, die Waschmaschine, den Fahrstuhl... – die Segnungen einer zunehmend computerisierten (Um-)Welt nutzen Männer und Frauen gleichermaßen, und kaum jemand käme auf die Idee, Herd, Kühlschrank und Waschmaschine plötzlich zur Männerdomäne zu erklären, nur weil moderne Haushaltgeräte über Prozessor und Display verfügen, sich booten und programmieren lassen. Manche IT-Anwendung wird überhaupt erst ihrer Nutzerinnen wegen ein kommerzieller Erfolg, wie das Beispiel „Multimedia Messaging Service" (MMS) einer Studie der norwegischen Telekommunikationsfirmen Telenor und Netcom (siehe Jung 2004) zufolge zeigt.

Patricia Jung

1.1 Frauen in Open-Source- und kommerziellen IT-Projekten: ein paar Zahlen[1]

So selbstverständlich Frauen als Anwenderinnen von Informationstechnologie (IT) akzeptiert werden, so selbstverständlich scheint es immer noch zu sein, dass die *Entwicklung* von Hard- wie Software, *embedded* oder „direkt zugänglich", mehrheitlich in Männerhand liegt: Das FLOSSPOLS-Projekt[2] spricht im Bereich kommerzieller Software-Entwicklung von einem Entwicklerinnenanteil von 20 Prozent (Ghosh et al. 2005), Grundy (1996, S. 48) summiert 1991 den Anteil von Frauen im (kommerziellen) Software-Projektmanagement und in der Programmierung auf 21 Prozent.

Diese Unterrepräsentation verwundert nicht, bedenkt man, dass Informatik- und IT- nahe universitäre Studiengänge weltweit männlich dominiert sind (siehe Charles und Bradley 2005; Sherriff 2005) – wenn auch durchaus in unterschiedlichem Maße.[3]

Dennoch wirken die Daten aus der kommerziellen Software-Entwicklung nahezu paradiesisch, schaut man sich das Konkurrenzmodell Open Source an: Robles et al. (2001) sprechen von einem Entwicklerinnenanteil von 1,4 Prozent, bei Ghosh et al. (2002) sind es 1,1 Prozent, Lakhani et al. (2002) sprechen von 98 Prozent Männern. Dass die zu Redaktionsschluss gerade abgeschlossene (und zu diesem Zeitpunkt daher noch nicht vollständig ausgewertete) FLOSSPOLS-Untersuchung zu leicht besseren Ergebnissen (gleichwohl unter fünf Prozent, Ghosh et al. 2005) kommt, erklärt Bernhard L. Krieger (2005) als einer der an der Studie Beteiligten vor allem damit, dass die aktuelle Umfrage explizit Gender-Fragen berührt, aber auch bewusst nicht nur auf programmierende Projektbeteiligung abzielt. Nicht zuletzt dürfte allein die Werbung, die Bernhard für die Studie z. B. auf der Debian-Women-Mailingliste mit ihrem extrem überdurchschnittlichen Frauenanteil machte, die Statistik zugunsten des Frauenanteils verfälschen.

Noch schlimmer kommt es, betrachtet man Einzelprojekte: Im Frühjahr 2005 waren unter den ca. 950 Debian-Developern lediglich vier Entwicklerinnen (Wallach 2005) – also nicht einmal ein halbes Prozent.

1.2 Sympathie allein führt nicht zu Beteiligung

Betrachtet man den emanzipatorischen Ansatz von Open Source, jeder und jedem Zugang zum Quellcode zu geben, auf dass er oder sie daraus lernen, Teile davon

---

[1] Die Problematik, die dieser Artikel beschreibt, ist wissenschaftlich leider noch zu unzureichend erforscht, um von einer statistisch zufriedenstellenden Datenlage auszugehen. Dennoch glaubt die Autorin, dass die hier exemplarisch präsentierten Zahlen und Beispiele für sich sprechen.

[2] Die Abkürzung steht für „Free/Libre/Open Source Software: Policy Support". Da auch der Quellcode freier Software offen liegt, wird in diesem Artikel unter dem Begriff *Open Source* auch Code, den die jeweiligen Projekte als *free software* bezeichnen, subsummiert.

[3] Sherriff (2005) zitiert Charles und Bradley (2005) dahingehend, dass in der Türkei auf jede Informatik-Absolventin 1,79 Kommilitonen kommen, während die tschechische Republik mit einer Frau auf 6,42 Männer das andere Extrem repräsentiert.

„abschreiben" und den Code anpassen möge, wirkt die drastische Verschlechterung zunächst einmal unlogisch: Was hält Frauen davon ab, von diesen Möglichkeiten Gebrauch zu machen?

Dabei haben wir es nicht mit einem Sympathieproblem zu tun: Der Open-Source–Gedanke als solcher steht anderen emanzipatorischen Projekten durchaus nahe und verschafft Open-Source-Software z. B. in Entwicklungshilfe- aber auch in Frauenprojekten einen Sympathiebonus gegenüber *closed source*.

Woran liegt es dann, dass hier offensichtlich nicht zusammenkommt was zusammengehört und das sowohl in entwickelten als auch in Schwellen- und Entwicklungsländern?[4]

2 Die Schwierigkeiten von Frauen mit und in existierenden Open-Source-Projekten

Die Auswertung eines Treffens unter dem Thema „Frauen und freie Software" im Rahmen des 5. Fórum Internacional de Software Livre 2004 in Porto Alegre/Brasilien ergab, dass die Hälfte der dort vertretenen Frauen, die zunächst für ein Engagement in Open-Source-Projekten und -Gruppen offen waren, sich letzten Endes doch dagegen entschieden (Zeni et al. 2004). Dies deckt sich mit der Erfahrung der Autorin, die selbst eine ganze Reihe von Fällen beobachtet hat, in denen Open-Source-begeisterte Frauen ihr anfängliches Engagement nach einer eher kurzen Zeit frustriert beendeten – in der Regel ohne deshalb gleich das Betriebssystem zu wechseln oder generell dem Konzept Open Source eine Absage zu erteilen. Die Sympathie für das Konzept blieb, die Enttäuschung galt stets der Gruppe.

Die Gründe lassen sich in zwei Kategorien einteilen: diejenigen, die sich aus der Open-Source-Bewegung eigenen Prämissen herleiten, und die, die sich darauf zurückführen lassen, dass Open Source eine Männerdomäne ist. Um den Frauenanteil zu steigern, gibt es demnach zwei Stellschrauben: gewisse Strukturen innerhalb der Open-Source-Bewegung zu überdenken und gegen die Mechanismen monogeschlechtlicher Gruppen zu arbeiten.

2.1 „Huhn im Korb": Open-Source-Projekte als monogeschlechtliche Zusammenhänge

Monogeschlechtliche Gruppen setzen in ihrer Gruppendynamik und sozialen Normgebung andere Schwerpunkte als gemischtgeschlechtliche. Hier führt das „Eindringen" eines dem anderen Geschlecht zugehörigen „Fremdelements" in der Regel zu Reibungen, die beide Parteien – die Gruppe und der „Eindringling" – als unangenehm

---

[4] Da es sich um eine weltweite Problematik handelt, stammen die im Folgenden erwähnten Beispiele, dem internationalen Charakter der Open-Source-Bewegung Rechnung tragend, bewusst aus verschiedenen Ländern und Kulturen.

empfinden: Letzterer erwartet die Regeln gemischtgeschlechtlicher Gruppen – schließlich wird die Gruppe im Moment des Eintritts gemischtgeschlechtlich. Die Gruppe hingegen hat nach dem Motto „Wer zu uns kommt, soll sich auch an unsere Regeln halten" wenig Interesse, den Status Quo zu ändern. Als geschlechtstypisch geltende Eigenschaften und Verhaltensweisen prallen aufeinander, plötzlich spielt nicht mehr das Sachthema, dem sich die Gruppe widmet, die Hauptrolle, sondern das Geschlecht steht im Rampenlicht.

Der Sexismus, der einer Frau aus einer männerdominierten Gruppe entgegenschlägt, hat zwei Ebenen: Zum einen wird sie von einem Teil der anwesenden Männer als Sexualobjekt wahrgenommen. Zum anderen wird ihr oft unterschwellig unterstellt, zum Sachthema allein aufgrund der Tatsache, dass sich statistisch relativ wenige Frauen damit beschäftigen, weniger kompetent zu sein – eine Erfahrung, die im Übrigen nicht nur Frauen, sondern auch andere Nutzer und Nutzerinnen machen, die sich leicht einer entsprechenden Gruppe, z. B. den AOL-Usern, zuordnen lassen.

Sexismus

Beides zusammengenommen reicht in der Open-Source-Welt in vielen Fällen schon aus, um Frauen zu vertreiben: Der sprichwörtliche, im Sozialkontakt zum weiblichen Geschlecht reichlich unerfahrene Nerd kommt in freier Wildbahn zwar seltener vor als das Vorurteil glauben machen will, doch mangelt es leider immer noch vielen an der Einsicht, dass der Grund, dass eine Frau zu einem Linux-User-Gruppen-Treffen kommt oder sich bei einem Open-Source-Projekt engagieren will, sicherlich nicht die Partnersuche ist.[5]

Weitaus belästigender als die manchmal recht rührenden Annäherungsversuche empfinden viele Frauen offen sexistisches und präpubertäres Verhalten, wie es seltener im Direktkontakt z. B. auf User-Gruppen-Treffen, sondern mehr in virtuellen Foren wie Mailinglisten, Webforen und IRC-Kanälen vorkommt. Das Spektrum reicht hier von Spam-artigen Hasskampagnen, wie die „Death To Women's Rights"-Tiraden, mit denen ein Troll[6] im Sommer 2005 einige Aufmerksamkeit erregte (siehe z. B. Obrian 2005; Anonymous 2005*b*), bis zur – oft als Ironie verbrämten – Kompetenzinfragestellung. Hier ein Beispiel von der Mailingliste der Linux-User-Gruppe Delhi (ILUG-D) vom August 2005:

> „ich kenne das gefühl. bin auf dieser sehr großen und aktiven mailingliste mit über 6900 abonnenten. wir tauschen trends und tipps über nagellack aus. ich beklage mich oft darüber, dass wir nicht genügend

---

5 Dass dieses Verhalten kontraproduktiv ist, fällt glücklicherweise inzwischen auch immer mehr Open-Source-Entwicklern auf, wie beispielsweise Scott Wheelers Blog unter http://www.kdedevelopers.org/node/1051 beweist.
6 Als „Troll" bezeichnet man eine Person, die bei Diskussionen im Internet durch ihre Beiträge nur provozieren will.

Frauen-freie Zone Open Source?

jungs auf der liste haben. ich frage mich oft, wieviele jungs von der ilug–d-mailingliste daran interessiert wären, aktiv teilzunehmen und auf den monatlichen treffen vorträge und workshops zu halten.

[nagellack: ungefähr das, was ein theme für kde oder gnome ist. manche haben sogar alpha-transparenz. nagellackentferner: ein wenig vergleichbar mit runlevel 3]."[7] (Linux Lingam 2005)

Dass sich der Autor dieser Zeilen zudem präpubertär *Linux Lingam*, also Linux–Penis, nennt, mag die adressierte Frau für sich genommen noch zu übersehen gewillt sein, doch schafft entsprechend sexuell aufgeladene Sprache in der Summe ein Klima, in dem sich viele Frauen fragen, ob sie es nötig haben, sich – wohlgemerkt in ihrer Freizeit – in einer solchen (virtuellen) Umgebung aufzuhalten und einzubringen.

Bringt die betroffene Frau oder auch ein vernünftiger Mann ihr bzw. sein Unbehagen über derartige „klimatische Missstände" in der Gruppe zum Ausdruck, fühlen sich oftmals einzelne Gruppenmitglieder bemüßigt, von der Frau Anpassungsleistung nach dem Motto, sie solle nicht so empfindlich sein, zu fordern oder die Argumente mit einem „Das ist nunmal so" abzubügeln:

„[Betrifft] Rendezvous. Das lässt sich wirklich nicht vermeiden. Als attraktive Frau wirst du von Männern [zwangsläufig] eingeladen werden. Dabei spielt es keine Rolle, ob das jemand aus einer Computer-Gruppe, am Arbeitsplatz (egal, ob dies der Verhaltenskodex der Firma zulässt), in einer Bar oder in einer Kirche ist. Das gehört zum Menschsein dazu, und du wirst nicht darum herumkommen zu lernen, würdevoll damit umzugehen. Manche von uns sollten froh sein, dieses 'Problem' zu haben." (Anonymous 2005*a*)

Auch hier wird übersehen, dass sich die Frau freiwillig engagieren will und die wenigsten Männer wie Frauen so masochistisch veranlagt sind, ihre Freizeit in einer ihnen unangenehmen Umgebung zu verbringen.

Ignoranz und Verschleppungstaktik

Abgesehen vom sexistischen Klima, das – wie gezeigt – in vielerlei Ausprägung auftreten kann, seien zwei weitere – nicht Open-Source-spezifische – Punkte erwähnt, die in der Autorin bekannten Fällen dazu führten, dass sich engagierte und kompetente Frauen recht bald aus Open-Source-Gruppen zurückzogen.

Der erste handelt von teils bewusster, teils unbewusster Ignoranz und Verschleppung fachlicher Beiträge: So manches Engagement scheitert daran, dass eine Idee

---

[7] Anmerkung der Autorin: Im *Runlevel 3* startet auf Linux-Systemen üblicherweise keine grafische Oberfläche, zumindest nicht automatisch. Bei *Themes* handelt es sich um Zusammenstellungen von Bildschirmhintergründen, Icons und ähnlichen optischen Gimmicks, mit denen sich das Aussehen des Desktops (sowohl unter KDE als auch unter Gnome) verändern lässt.

in der Gruppe (zumindest dem Anschein nach) für gut befunden wird, aber an die Vorleistung Dritter gebunden ist. Jene dritte Partei verschleppt oder verweigert diese Vorleistung jedoch. Dennoch bekommt die jeweilige Frau selbst auf Verlangen nicht die Möglichkeit, die nötigen Voraussetzungen selbst zu schaffen, noch engagiert sich die Gruppe dafür, dass sie geschaffen werden.

Am Ende steht die Frau mit der Umsetzung ihrer Idee da, in die sie viel Zeit investiert hat, nur um zu sehen, dass ihre Leistung der Gruppe einfach nicht wichtig genug ist.

Sicherlich betrifft dieses Problem nicht nur Frauen und männerdominierte Gruppen. Vermutlich wird auch die Taktik „Verschleppen und Ignorieren, weil die Urheberin eine Frau ist" nur in einigen Fällen bewusst angewandt. Wenn es einer Gruppe jedoch, wie in Lippenbekenntnissen oft behauptet, ernst damit ist, den Frauenanteil zu erhöhen, dann muss sie gerade bei Beiträgen von Frauen dafür sorgen, dass diese nicht für den Papierkorb sind – wünschenswert wäre natürlich eine geschlechtsunabhängige Sensibilität für diese Problematik.

Abschieben der Verantwortung fürs Beheben des Missstands

Der zweite Punkt beruht auf einem Paradox und ist auch aus der universitären Landschaft als *Dilemma der Frauenbeauftragten*[8] bekannt: Frauen, die sich in Open-Source–Projekten engagieren wollen, wollen dies in erster Linie *nicht* tun, weil sie weiblich sind, sondern weil sie vom Open-Source-Gedanken und dem jeweiligen Projekt überzeugt sind. Die Gruppe wiederum betrachtet sie zuerst als Frauen und sieht es damit als offensichtlich natürlich an, dass sie *für die Gruppe* die Aufgabe der Frauenförderung übernehmen.

Nun werden sich viele Frauen wenig dagegen sträuben, hier ab und an den einen oder anderen Impuls zu geben, sofern sie das Gefühl haben, dass die Gruppe selbst aktiv auf dieses Ziel hinarbeitet. Doch in erster Linie möchten sie sich fachlich einbringen, selbst etwas lernen und Reputation als Entwicklerin im jeweiligen Projekt erwerben – so, wie die männlichen Gruppenmitglieder auch. Kommen dann sexistische Tendenzen und andere deutliche Anzeichen hinzu, dass die Gruppe selbst nichts unternimmt, um dem per Lippenbekenntnis beklagten Missstand abzuhelfen, wird die Frau die Gruppe eher verlassen.

In der abgeschwächten Variante überschütten männliche Gruppenmitglieder die Frau lediglich mit Klagen über den Frauenunterschuss, ohne in Betracht zu ziehen, dass sie damit die falsche Adressatin wählen: Die Tatsache, dass diese Frau zur Gruppe stieß, zeigt schließlich eindeutig, dass sie ihr Möglichstes tut, um diesen Missstand zu

---

8 Es beruht darauf, dass die Position der Frauenbeauftragten viel Gremienarbeit nach sich zieht, die die Kollegen der jeweiligen Wissenschaftlerin nicht zusätzlich leisten müssen. Da auch der Tag der Frau, die dieses Amt übernimmt, lediglich 24 Stunden hat, geht dies oft auf Kosten der wissenschaftlichen Arbeit, was wiederum zur Folge hat, dass die akademische Reputation der jeweiligen Wissenschaftlerin leidet und sie als Forscherin somit keine Konkurrenz mehr darstellt.

beheben – sich diese Klagen anhören zu müssen, ohne zu sehen, dass die klagenden Männer selbst etwas dagegen unternehmen, nervt schlichtweg nur.

Um es deutlich zu sagen: Wenn eine Gruppe ernsthaft mehr Frauen in ihren Reihen wünscht (und nur dann haben entsprechende Klagen ihre Berechtigung), dann obliegt es der Verantwortung der Gruppe, ein integratives Klima zu schaffen und gezielt Frauenförderung zu betreiben. Nützliche Hinweise hierzu gibt beispielsweise die Kernel-Entwicklerin Val Henson (2002) in ihrem entsprechenden Howto.[9]

2.2 Die kontraproduktive Wirkung der Hierarchie innerhalb von Open-Source-Projekten

Neben den skizzierten Problemen, die in erster Linie der monogeschlechtlichen Mitgliederstruktur von Open-Source-Projekten und -Gruppen geschuldet sind, stehen aber auch einige der Open-Source-Welt eigene Prinzipien einem größeren Frauenanteil im Weg. Das problematischste dabei ist hier wohl das *Primat der Programmierer*, innerhalb der Szene euphemistisch *Meritokratie* genannt.

Das Primat der Programmierer

Open-Source-Software entsteht in der Regel in einem Prozess, in dem das Schreiben des Quellcodes im Zentrum steht und andere Aspekte der Software-Entwicklung wie Dokumentation, Usability, *Artwork*, Lokalisierung, *Testing*, Qualitätssicherung, meist auch das *Packaging*, aber auch Organisation und Marketing als untergeordnete Tätigkeiten betrachtet und bewertet werden. An der Spitze der Hierarchien in Open-Source-Projekten stehen Programmierer, und selbst die Nomenklatur spricht Bände: Als Entwickler oder *Developer* gelten ausschließlich diejenigen, die Code schreiben, während alle anderen im besten Falle als *Contributors*, Beitragende, bezeichnet werden. Dass sich die (in der Regel nicht programmierenden) *Packager* des Debian-Projekts *Developer* nennen, beweist lediglich, wie prestigeträchtig diese Bezeichnung ist.

In der Tat konterkariert die beschriebene Rangfolge den Terminus *Meritokratie* als Beschreibung für die Herrschaftsverhältnisse innerhalb von Open-Source-Projekten, denn tatsächlich entscheiden nicht *alle*, die sich *merits* (Verdienste) um die jeweilige Software erwerben und im Projekt etwas leisten, sondern im Allgemeinen lediglich die, deren Leistung im Erstellen des Quellcodes besteht.

Dies hat Folgen für die Qualität der Software: Wo Dokumentare und Dokumentarinnen lediglich stumpf Vorhandenes beschreiben, aber (trotz entsprechender Qualifikation) kein Vetorecht besitzen, wenn sich bei der Dokumentation herausstellt, dass

---

[9] Interessanterweise hatte IBM mit Val Henson und der Inderin Suparna Bhattacharya zeitweise sogar zwei Kernel-Entwicklerinnen unter Vertrag. Val Henson arbeitet in dieser Eigenschaft inzwischen allerdings für Intel.

gewisse Funktionalität viel zu umständlich zu bedienen ist oder sich Nutzererwartungen widersprechend verhält, vergibt sich ein Projekt viele Verbesserungschancen. (Ähnliches gilt z. B. für Übersetzer und Übersetzerinnen.) Wenn Programmierer mit einem „Won't fix" Bedenken von Testern und Testerinnen begründungslos vom Tisch wischen können und Usability-Experten und -Expertinnen auf den guten Willen der Code-Schreiber angewiesen sind, braucht sich ebenfalls niemand wundern, wenn nicht das Optimum herauskommt. Auf diese Weise berauben sich Open-Source-Projekte eines wichtigen potentiellen Wettbewerbsvorteils gegenüber kommerzieller Software, denn auch dort gewinnen Benutzungsfreundlichkeit und Dokumentationsqualität erst allmählich und noch lange nicht flächendeckend an Bedeutung.

Nun hat jeder Freizeitprogrammierer das gute Recht, sich die Rosinen herauszupicken und beispielsweise auf Dokumentation zu verzichten, etwa weil die zu erstellen keinen Spaß macht. Doch dem stets geäußerten Ziel der „World Domination" kommen Open-Source-Projekte sicher nicht näher, solange sie die Kompetenzen der Nicht-Programmierer und -Programmiererinnen nicht vollständig ausnutzen, sondern deren Arbeiten (und sei es unterschwellig) zu Hilfsarbeiten degradieren.

Zudem hat die fehlende Gleichberechtigung und Gleichwürdigung von Beiträgen abseits des schnöden Programmcodes und das Verweisen ihrer Urheber und Urheberinnen auf die einflusslosen Plätze innerhalb der Projekthierarchie zur Folge, dass die Mitarbeit an Open-Source-Projekten speziell für Frauen wenig attraktiv ist. Die wenigsten Frauen sind Florence Nightingales und Mütter Teresa, die ihr Freizeitengagement vollkommen selbstlos allein der hehren Open-Source-Idee widmen wollen. Genau wie Männern geht es ihnen darum, Anerkennung innerhalb des Projekts und innerhalb der Open-Source-Szene zu finden und durch die Mitarbeit am Projekt Neues zu lernen, vorhandene Fertigkeiten zu trainieren, eine Spielwiese zum Ausprobieren zu haben, aber auch Einfluss zu nehmen auf die Entwicklung des Projekts.

Wenn sie keines dieser Ziele mit dem von ihnen geplanten Beitrag erreichen können, hält das Engagement oft nur kurze Zeit an. So hat sich die Autorin dieses Beitrags vor einigen Jahren recht schnell wieder aus einem Projekt zurückgezogen, dessen Handbuch sie ins Deutsche zu übersetzen gedachte: Obwohl den Umgang mit dem Versionskontrollsystem CVS gewohnt, bekam sie keinen entsprechenden Account – das sei für Übersetzer und Übersetzerinnen nicht vorgesehen. Als der Übersetzungskoordinator es dann auch noch versäumte, sie über das Update des Originalhandbuchs vorab zu informieren und sie mit den neuen Versionen zu versorgen – Probleme, die auch ein CVS-Account gelöst hätte – war nach einer Anzahl umsonst investierter Arbeitsstunden die Zeit für die Notbremse gekommen.

Das Fatale an einer solchen – bewusst oder unbewusst – vermittelten Geringschätzung für Tätigkeiten wie Dokumentation und Übersetzung, die Frauen sich eher von allein zutrauen, ist nicht nur, dass die Frauenquote in Open-Source-Projekten generell niedriger bleibt, als zu erwarten wäre, wenn Bereiche, in denen Frauen statistisch eine größere Rolle spielen als in der Programmierung, entsprechende Wertschätzung erführen. Wie (nicht nur) das Beispiel der KDE-Edu-Maintainerin Anne-Marie Mahfouf (siehe Abschnitt 3) zeigt, wählen Frauen für den Einstieg in der Regel eine Aufgabe, die ihnen leicht lösbar erscheint und trauen sich bei positivem Ausgang dieses Experiments schließlich auch anderes – zum Beispiel Programmierung – zu:

> „Vor ungefähr 2 Jahren fing ich an, für KDE zu übersetzen, [das war] kurz nachdem ich Linux ausprobiert hatte, und letztes Jahr (nachdem ich KDevelop heruntergeladen hatte) begann ich, programmieren zu lernen. An einem der ersten Tage ging ich ins IRC, das KDE-Women-Projekt entstand, und irgendwie steckte ich dann mittendrin." (Mahfouf 2006)

Eine verhinderte Übersetzerin wird jedoch auch dann keinen Code zum Projekt beitragen, wenn sie – anders als Anne-Marie – bereits zu Beginn des Engagements über Programmierkenntnisse verfügt. Insofern dürfte ein Projekt, das Entwicklung nicht mit Programmierung allein gleichsetzt, es auch leichter haben, Programmiererinnen anzuziehen.

3 Von Frauen betriebene Open-Source-Projekte

Nun ließe sich einwenden: Wenn die Strukturen existierender Open-Source-Projekte Frauen tendenziell von einer Mitarbeit abhalten, andererseits ein Sympathiebonus existiert – warum entstehen dann kaum von Frauen getriebene Projekte? In der Tat sind der Autorin nur vier Open-Source-Software-Projekte nennenswerter Größe bekannt, die von Frauen ins Leben gerufen wurden und in denen Frauen die tragende Rolle spielen:

- die Linux-Live-Distribution *Snøfrix*,[10]
- das *KDE-Edu*-Projekt,[11]
- der Mailinglist-Server *Ecartis*[12] und
- die webbasierte Bühne für Online-Performances, *UpStage*[13]

Bei Snøfrix handelt es sich um ein norwegisches Familienprojekt: Auf der Basis der Schuldistribution *Skolelinux* entwickeln die Schülerin Snøfrid Kleppe und ihre Eltern Astri Kleppe und Conrad Newton eine Live-CD speziell für Kinder und Jugendliche. Snøfrid nutzt Linux seit sie neun Jahre alt ist.

Die treibende Kraft hinter dem KDE-Edutainment-Projekt ist Anne-Marie Mahfouf, Hausfrau und Mutter, die die Website betreut und für die Eigenentwicklungen

---

10 http://www.skolelinux.org/knoppix_no/snofrix/
11 http://edu.kde.org/
12 http://www.ecartis.org/
13 http://www.upstage.org.nz/

KLettres, *KHangMan* und *Kard* sowie für *KMessedWords* als Maintainerin verantwortlich zeichnet. Anne-Marie ist auch bei KDE-Women aktiv.

Der Listserver *Ecartis* stammt größtenteils aus der Feder seiner Projektinitiatorin Rachel Blackman und weist mit (der BSD-Entwicklerin) Trish Lynch eine zweite Frau im Core-Team auf.

Den im Open-Source-Umfeld fast nie auftretenden Fall, dass die treibende Kraft hinter einem Projekt selbst keinen Code beisteuert, repräsentiert das UpStage-Projekt. Die neuseeländische Performerin Helen Varley Jamieson als Projektleiterin und ihre Mitstreiterinnen in der virtuellen Theatergruppe *Avatar Body Collision*[14] entschlossen sich auf der Suche nach einer passenden Software, den steinigen Weg einer Open-Source-Eigenentwicklung zu gehen. Das Problem dabei bestand und besteht vor allem darin, Mitstreiter und Mitstreiterinnen zu finden, die die Programmierarbeit übernehmen. Für das erste Release behalfen sich die Frauen damit, einen Programmierer aus Fördermitteln zu bezahlen, doch damit die Entwicklung weitergeht, stehen sie vor der schwierigen Aufgabe, ein genügend motiviertes Team um sich zu scharen, das auf der Basis des vorhandenen Codes weitermacht.

UpStage illustriert wie kein anderes Projekt die Schwierigkeit, vor der auch andere Gruppen (etwa NGOs) stehen, die den Open-Source-Gedanken sympathisch finden und versuchen, mit dieser Idee eigene Softwareprojekte zu realisieren: Ohne Code geht es nicht. Für Programmierer, die über den entsprechenden Kenntnisstand und das passende Zeitbudget verfügen, um diesen Code zu liefern, scheint die Aussicht, „nur" Teammitglied zu sein, jedoch nicht Ruhm und Ehre genug einzubringen, um Zeit und Mühe in ein Projekt zu stecken, das für sie selbst „nur" Auftragsarbeit ist.

3.1 Das Zeitdilemma

Betrachtung verdient vor allem der Punkt „Zeitbudget": Nicht umsonst wurden und werden Open-Source-Projekte in sehr vielen Fällen von Studenten initiiert. Auch im Falle *Snøfrix* und KDE-Edu – hier Schülerin, da Hausfrau – basiert das Engagement vor allem darauf, dass nicht nur Interesse, sondern vor allem Zeit – Zeit zum Einarbeiten, Zeit zum Lernen und letztlich Zeit zum Entwickeln – zur Verfügung steht. Reicht die Beschäftigung mit solchen Projekten in die Berufstätigkeit und Familienphase hinein, dann – im Falle tragender Entwickler bedeutender Projekte – meist, indem der jeweilige Arbeitgeber die entsprechende Arbeit fördert oder zum Arbeitsgegenstand macht. Ist das nicht der Fall, führt das oft zum Zurückfahren des Engagements.

Dass Frauen davon in besonderem Maße betroffen sind, zeigt insbesondere das *Ecartis*-Projekt. Die Notwendigkeit, den Lebensunterhalt anderweitig zu verdienen, führte dazu, dass sich Rachel fast komplett aus dem Projekt zurückgezogen hat, Trishs Mutterschaft hatte hier denselben Effekt.

---

14 http://www.avatarbodycollision.org/

Frauen-freie Zone Open Source?

In der studentischen Gründerphase hingegen fühlen sich viele Frauen wiederum oft noch nicht kompetent genug, ein eigenes Projekt zu starten. Sei es, weil ihre Programmiervorkenntnisse tatsächlich weniger ausgeprägt sind als die ihrer gleichaltrigen Kommilitonen – die überragende Beliebtheit der Programmierkurse im jährlichen Sommerstudium der *Informatica Feminale*[15] spricht hier Bände –, sei es, weil das Selbstbewusstsein in die eigenen Fähigkeiten als Programmiererin (keinesfalls immer zu Recht) geringer ist, sei es, dass der Wunsch, den Computer zum Lebensinhalt zu machen, weniger ausgeprägt ist als bei männlichen *Geeks*.

Tatsächlich spielt unterschiedliche Prioritätensetzung eine nicht unwichtige Rolle beim Beantworten der Frage, warum Frauen seltener Zeit in Open-Source-Projekte investieren, und zwar nicht erst dann, wenn es gilt, Beruf, Partnerschaft plus Familie und Open-Source-Projekt unter einen Hut zu bekommen. Open-Source-begeisterte Frauen mit gleichgesinntem Partner machen oft die verblüffende Entdeckung, dass es ihm offensichtlich überhaupt nichts ausmacht, den eigenen Laptop in einem Meer von Frühstückskrümeln zu platzieren, während sie sich erst dann an den Rechner setzt, wenn der Tisch abgeräumt, die Einkäufe erledigt und die Umgebung in einigermaßen ordentlichen Zustand gebracht sind – was auf die Dauer stets dazu führt, dass *sie* generell weniger Zeit ins Hobby investiert als er.

Dieses Phänomen beschränkt sich sicher nicht auf Open Source. Da die Mitarbeit an Open-Source-Projekten aber in sehr vielen Fällen ein Hobby ist, dürfte diese unterschiedliche Priorisierung – Frauen tendieren dazu, zunächst alles andere zu erledigen, ehe sie sich Freizeitaktivitäten widmen – einen wichtigen Beitrag zum geringen weiblichen Anteil an Open-Source-Projekten leisten.

Mag man dies im ungebundenen Single-Leben eines Studenten oder einer Studentin noch der eigenen Verantwortung anheimstellen, hat diese Tendenz spätestens in der Familienphase fatale Konsequenzen: Berufstätige Mütter in Open-Source-Projekten zu finden, gleicht der Suche nach der Nadel im Heuhaufen. Andererseits sind Open-Source-Projekte ganz und gar keine väterfreien Zonen – mit Linus Torvalds als prominentem Beispiel.[16] Sofern das Engagement hier kein berufliches ist, dürfte es in den meisten Fällen die Partnerin subventionieren, indem sie (zusätzlich zu ihrem Job) den Großteil der Haus- und Familienarbeit erledigt, während er seinem Hobby fröhnt. Die Feststellung von Meier (2004) spricht in diesem Zusammenhang Bände:

> „Väter in Partnerschaften mit minderjährigen Kindern beteiligen sich lediglich sechs Minuten pro Tag länger an der anfallenden Haus- und Betreuungsarbeit als Männer in Partnerschaften ohne Kinder."

Interessant ist hier zudem, dass mit *Snøfrix* eines der vier genannten Open-Source-Projekte von Frauen ein norwegisches ist: Die skandinavischen Länder zählen zu den

---

15 http://www.informatica-feminale.de/
16 Interessant in diesem Zusammenhang sind die Leserbriefspalten des „Linux Journal", die in manchen Ausgaben Kinderfotoalben gleichen, so viele Väter senden stolz Bilder ihres Nachwuchses ein.

wenigen Gesellschaften der Erde, die die gleichberechtigte Verantwortung von Frauen *und Männern* bezüglich Kindererziehung und (wenn auch in geringerem Maße) Hausarbeit ernsthaft fördern und hier schon ein gutes Stück des Weges vorangekommen sind.

4 Keine Entwicklerinnen, keine Nutzerinnen – und umgekehrt

Die stärkere Verbreitung und Sichtbarkeit von Linux und anderen Open-Source-Projekten hat auch zu einer Steigerung der Nutzerinnenzahl geführt – das Interesse an den Linux-Kursen auf der *Informatica Feminale* spricht hier ebenso für sich wie die stolze Zahl von ca. 130 Nutzerinnen der deutschsprachigen Linuxerinnen-Mailingliste lynn@lists.answergirl.de, deren Teilnehmerinnenzahl allerdings stagniert.

Das mag auch damit zusammenhängen, dass Frauen außerhalb IT- naher und -affiner Bildungsschichten wohl nur in Ausnahmefällen Linux nutzen, schließlich müssen sie das Open-Source-Betriebssystem immer noch aktiv selbst installieren (oder installieren lassen). Während Männer in ihrem Freundes- oder Bekanntenkreis meist noch den einen oder anderen „Bastler" finden, der Linux empfiehlt und ggf. aufspielt, dürfte schon alleine wegen der geringen Linuxerinnenquote kaum eine Frau eine entsprechende Freundin haben. Existiert ein entsprechender Freund oder Bekannter, hat dieser oft nicht die Sensibilität (und/oder die Fähigkeit), *verständlich* erklärende Worte zu finden.

Die Tendenz vieler Männer, der Rechnerbesitzerin die Tastatur mit einem „Ich mach' das mal schnell" aus der Hand zu nehmen, statt den umständlichen Weg der echten Anleitung (und damit des Lehrens) zu gehen, hat für an der Materie interessierte Frauen fatale Folgen. Schließlich gehört die Erfahrung, dass Frauen lieber die Finger von einem Problem lassen anstatt durch blindes Austesten ohne Hintergrundwissen und Grundverständnis eine Lösung zu finden, zur alltäglichen Erfahrung von Computerkursdozentinnen, die sowohl monoedukativ als auch gemischte Gruppen unterrichten. Entsprechend hoch ist der Beobachtung der Autorin nach die „Rückfall-" bzw. Nicht-Nutzungsquote bei Frauen, die sich ihr Linux-System von Dritten installieren ließen, ohne das entsprechende Hintergrundwissen vermittelt zu bekommen, und zwar auch bei Frauen, die im Umgang mit ihren Windows-PCs oder Macs durchaus kompetent sind. Hier wäre es interessant, statistische Daten zu erheben.

Das Fehlen von Nutzerinnen führt jedoch nicht nur dazu, dass der Pool, aus dem sich potentielle Entwicklerinnen rekrutieren, klein bleibt. Es sorgt auf zweifache Weise für einen Teufelskreis: Wo es keine Nutzerinnen gibt, gibt es keine Klientel, die an die Spezifika weiblicher Techniknutzung angepasste Software fordern könnte.[17] Da es tendenziell eher Frauen sind, die *erwarten*, dass sich Technik an den Menschen

---

17 Und hier geht es eben nicht um Oberflächlichkeiten, wie die in der Barbie-OS-Parodie unter http://www.divisiontwo.com/articles/barbieOS.htm angeführte „rosa Schrift und geblümter Desktop–Hintergrund", sondern um aus Usability-Untersuchungen gewonnene Erkenntnisse.

(und nicht umgekehrt) anpasst, kämen entsprechende Forderungen nach besserer Benutzbarkeit auch dem Rest der Menschheit zugute – schließlich ist nicht jeder Mann ein *Nerd*.

Ohne Entwicklerinnen dürften zudem die Chancen schlecht stehen, dass geschlechtsspezifische Herangehensweisen an Software überhaupt adäquat berücksichtigt werden. Ein erhöhter Frauenanteil auf der Entwicklungsseite könnte auch dafür sorgen, dass sich die Benutzungsfreundlichkeit von Open-Source-Software automatisch erhöht. Der Beweis dieser These steht allerdings so lange aus, so lange der Entwicklerinnenanteil eine kritische Schwelle unterschreitet.

Nicht zuletzt steht der geringe Frauenanteil sowohl auf Nutzungs- als auch auf Entwicklungsseite dem erklärten Ziel der „World Domination" entgegen: Jon „maddog" Halls Ausspruch, dass fünf Milliarden Menschen auf der Erde ihr Betriebssystem noch nicht gewählt haben, bedeutet schließlich auch, dass mindestens die Hälfte der bislang Unentschiedenen Frauen sind.

5 Wege aus dem Dilemma

5.1 Open-Source-Projekte und -Protagonisten sind lernfähig

Immerhin zeigt sich in letzter Zeit, dass diverse Open-Source-Projekte die Problematik durchaus ernst nehmen. Ein Projekt wie *Debian Women*[18], das u. a. durch Mentoring mehr Frauen als Paket-Maintainerinnen (also als *Debian-Developer*) gewinnen möchte, findet glücklicherweise auch in den Reihen der Debian-Entwickler Unterstützer.

Artikel und Beiträge, die männliches Fehlverhalten in den Projekten thematisieren, wie der von Scott Wheeler (siehe Fußnote 5 auf Seite 238), helfen ebenso wie die Tatsache, dass sich zunehmend bekannte Open-Source-Protagonisten dafür aussprechen, Usability, Dokumentation und anderen „weichen" Beiträgen zur Software-Entwicklung einen stärkeren Stellenwert einzuräumen. Einer der ersten war bereits 2001 Kernel-Entwickler Ted Tso (siehe z. B. Benson 2001). Interessanterweise handelt es sich hierbei oft um Open-Source-Entwickler der „ersten Generation", die inzwischen selbst die 30 überschritten haben und dank Beruf und Familie weniger Lust verspüren, viel zusätzliche Zeit zu investieren, um eine Software das tun zu lassen, was man von ihr erwartet.

Insbesondere bei den Desktop-Projekten lässt sich zunehmend beobachten, dass der Usability-Aspekt ernster genommen wird. Als Beispiel sei dabei das KDE-Usability-Projekt[19] genannt. Nach Einschätzung der Autorin gewinnen Projekte, die Benutzungsfreundlichkeit und Dokumentation größeren Stellenwert einräumen, deutlich an Attraktivität für Frauen.

---

18 http://women.alioth.debian.org/
19 http://usability.kde.org/

5.2 Die „klassische" Frauenbewegung entdeckt Open Source

Dieser zwar langsamen, aber positiven Entwicklung auf Seiten der Projekte kommt eine Annäherung der klassischen Frauen- und Emanzipationsbewegung an Open Source entgegen. Insbesondere in Osteuropa und Lateinamerika[20] übt der emanzipatorische Charakter von Open Source wie auch das Lizenzkostenargument eine Anziehungskraft auf entsprechende, ohnehin chronisch unterfinanzierte NGOs aus (siehe z. B. Haralanova 2005). Voraussetzung dafür ist jedoch ein Brückenkopf zwischen NGO und Open-Source-Projekt: NGO-Aktivistinnen haben in der Regel weder das technische noch das den Kommunikationscode innerhalb der jeweiligen Open-Source-Community betreffende Insider-Wissen, um sich Hilfe direkt bei den Projekten zu holen. Die oft code- und „technikzentrische" Sprache der Entwickler auf der anderen Seite erschwert oder verhindert die direkte Wissensvermittlung selbst im Falle erfolgreicher Kontaktaufnahme.

Diese erfolgt deshalb in der Regel indirekt über *Nutzerinnen* der jeweiligen Software. Ein Beispiel dafür ist die Verbreitung des Content-Management-Systems *SPIP*[21] auf den Webpräsenzen mehrerer osteuropäischer Organisationen: So ist dessen Einsatz beim Aufbau der im Frühjahr 2005 gelaunchten Website des „Women's Information Technologies Transfer"-Projekts (WiTT)[22], einer Organisation, die sich zum Ziel gesetzt hat, Vertreterinnen osteuropäischer Frauenorganisationen IT- und Open-Source-Know-how zu vermitteln, der Tatsache geschuldet, dass Christina Haralanova, Managing Director der Stiftung *Internet Rights Bulgaria*[23], das CMS bereits auf deren Website sowie auf der Website der bulgarischen NGO *Gender Education, Research and Technologies*[24] im Einsatz hatte. Zufall oder nicht, gehört eine der beiden (späteren) WiTT-Webmasterinnen, Milica Gudovic, zudem der serbischen NGO *Zene na delu* an, der gastgebenden Organisation des *Eclectic Tech Carnival* (/etc)[25] 2004 in Belgrad, auf dem mit Peggy Pierrot die Vertreterin einer französischen NGO einen SPIP-Workshop hielt.

Derartige Mundpropaganda, Grassroots-Workshops (wie die des /etc) und Train-the-Trainers-Projekte (wie sie z. B. WiTT veranstaltet) im eigenen Umfeld spielen hier eine wesentlich größere Rolle als der „klassische" Weg des Open-Source-Wissenserwerbs über die Infrastruktur (Mailinglisten, Webforen, IRC-Kanäle etc.) der jeweiligen Open-Source-Projekte bzw. ihnen nahe stehender Diskussionsangebote.

---

20 Hier sei als Beispiel auf die vielfältigen Aktivitäten der brasilianischen Aktivistin *Fernanda Weiden* verwiesen (http://people.softwarelivre.org/~fernanda/).
21 http://www.spip.org/
22 http://www.witt-project.net/
23 http://socialrights.org/
24 http://www.gert.ngo-bg.org/
25 http://www.eclectictechcarnival.org/

6 Fazit

Die derzeit zu beobachtenden, zaghaften Ansätze zur Frauenförderung in Open–Source-Projekten und das zunehmende Interesse von Frauenorganisationen lassen für die Zukunft erhoffen, dass Open Source zunehmend Nutzerinnen findet und der weibliche Anteil an der Entwicklung der einen oder anderen Software steigt. Davon unberührt bleibt jedoch das Problem, dass ohne gesamtgesellschaftliche Veränderungen hin zu partnerschaftlicher Gleichbelastung von Männern und Frauen durch Haushalt, Familie und Beruf das Freizeitbudget von Frauen geringer bleibt und sie so weiterhin weniger zu Projekten beitragen werden, deren Entwicklung das Freizeitwerk Freiwilliger ist. Allerdings könnte das zunehmende Engagement von Firmen bei der Open-Source-Entwicklung dazu führen, dass sich der Entwicklerinnenanteil zumindest dem Niveau kommerzieller Software-Entwicklung annähert.

Literatur

Anonymous (2005*a*), 'Male/Female Integration', Diskussionsbeitrag bei Groklaw.net, http://www.groklaw.net/comment.php?mode=display&sid=20050911153013536&type=article&pid=0?#c357475 [18. Jan 2006].

Anonymous (2005*b*), 'Women in Free Software, by Fernanda G. Weiden', Diskussionsbeitrag bei Groklaw.net, http://www.groklaw.net/comment.php?mode=display&sid=20050911153013536&type=article&pid=0#c358752 [18. Jan 2006].

Benson, C. (2001), 'UKUUG talk 9th August: Ted T'so Linux: Past, Present & Future', Mailinglistenbeitrag auf tyneside-pmhappyfunball.pm.org, http://mail.pm.org/pipermail/tyneside-pm/2001-August/000030.html [22. Jan 2006].

Charles, M. und Bradley, K. (2005), A Matter of Degrees: Female Underrepresentation in Computer Science Programs Cross-Nationally, *in* J. McGrath Cohoon und B. Aspray (Hrsg.), 'Women and Information Technology: Research on the Reasons for Underrepresentation', MIT Press, Cambridge, MA, USA.

Ghosh, R. A., Burt, A., Glott, R., Krieger, B. und Leach, J. (2005), 'Free/Libre/Open Source Software: Policy Support, Project Outline', http://flosspols.org/outline.php [8. Jan 2006].

Ghosh, R. A., Glott, R., Krieger, B. und Robles, G. (2002), 'Free/Libre and Open Source Software: Survey and Study FLOSS Deliverable D18: Final Report Part IV: Survey of Developers'. http://www.infonomics.nl/FLOSS/report/Final4.htm [22. Jan 2006].

Grundy, F. (1996), *Women and Computers*, Intellect Books, Exeter, UK.

Haralanova, C. (2005), 'Women and Free Software: Are we strategic enough?', http://witt-project.net/article144.html [22. Jan 2006].

Henson, V. (2002), 'HOWTO Encourage Women in Linux', http://tldp.org/HOWTO/Encourage-Women-Linux-HOWTO/ [22. Jan 2006].

Jung, P. (2004), 'Mädchen sorgen für MMS-Erfolg', http://www.technixen.net/modules.php?op=modload&name=News&file=article&sid=81&mode=thread&order=0&thold=0 [22. Jan 2006].

Krieger, B. (2005), 'Re: Another „Women in Open Source" Session', Mailinglistenbeitrag auf debian-women@lists.debian.org, http://lists.debian.org/debian-women/2005/08/msg00171.html [18. Jan 2006].

Lakhani, K. R., Wolf, B., Bates, J. und di Bona, C. (2002), 'The Boston Consulting Group/OSTG Hacker Survey', http://www.ostg.com/bcg/ [22. Jan 2006]. Release 0.73.

Linux Lingam (2005), 'Re: [ilugd] D00d3tt3z on ILUG-d?', Mailinglistenbeitrag auf ilugdlists.linux-delhi.org, http://www.mail-archive.com/ilugd%40lists.linux-delhi.org/msg12168.html [22. Jan 2006].

Mahfouf, A.-M. (2006), 'Selbstdarstellung auf The People Behind KDE', http://people.kde.org/annma.html [22. Jan 2006].

Meier, U. (2004), Wie kinderfeindlich ist die bundesdeutsche Gesellschaft? Wege aus der strukturellen Rücksichtslosigkeit gegenüber dem Leben mit Kindern, *in* W. E. Fthenakis und M. R. Textor (Hrsg.), 'Das Online-Familienhandbuch', Staatsinstitut für Frühpädagogik, München. http://www.familienhandbuch.de/cmain/f_Programme/a_Familienpolitik/s_930.html [22. Jan 2006].

Obrian, M. (2005), 'Death To women's Rights (I am an male free software developer and I despise women's rights and your group)', Mailinglistenbeitrag auf debian-women@lists.debian.org, http://lists.debian.org/debian-women/2005/06/msg00235.html [22. Jan 2006].

Robles, G., Scheider, H., Tretkowski, I. und Weber, N. (2001), Who Is Doing It? A Research on Libre Software Developers, Master's thesis, Lehrstuhl für Informatik und Gesellschaft, Technische Universität Berlin. http://ig.cs.tu-berlin.de/lehre/s2001/ir2/ergebnisse/OSE-study.pdf [19. Jan 2006].

Sherriff, L. (2005), 'Want women in IT? Make maths mandatory', *The Register* . http://www.theregister.co.uk/2005/08/15/women_it_maths_mandatory/ [18. Jan 2006].

Wallach, H. M. (2005), 'The Debian Woman Project', http://www.srcf.ucam.org/~hmw26/talks/debian_women.pdf [22. Jan 2006]. Präsentationsfolien.

Zeni, A., Hofstätter, C. R., Hoppe, L. und de Quevedo, D. M. (2004), 'Avalação do Fórum Internacional de Software Livre Encontro Mulheres', Centro de Pesquisa e Planejamento, http://people.softwarelivre.org/~fernanda/documentos/pesquisa-mulheres-2004.pdf [22. Jan 2006].

Software-Engineering und Softwarequalität in Open-Source-Projekten*

JAN TOBIAS MÜHLBERG

(CC-Lizenz siehe Seite 499)

Ausgehend von vorläufigen Ergebnissen einer Metastudie zu Open-Source–Software (OSS), befasst sich die vorliegende Arbeit mit der Frage, inwieweit die bei der Entwicklung größerer OSS-Projekte eingesetzten Entwicklungsmechanismen Auswirkungen auf die Qualität ihrer Produkte haben. Der Autor kommt zu dem Ergebnis, dass OSS in der Regel als mit Closed–Source-Software vergleichbar oder besser angesehen wird. Dennoch gibt es qualitative Defizite insbesondere im Bereich der Weiterentwickelbarkeit der Software. Im Folgenden werden das Zustandekommen dieser Defizite analysiert und Möglichkeiten zu deren Vermeidung aufgezeigt. Die Arbeit ist primär als Grundlage für eine weitere Diskussion der Thematik Open–Source-Software-Engineering gedacht.

Schlüsselwörter: Softwareentwicklung · Softwarequalität · Erweiterbarkeit · Wartbarkeit · Designaspekte

1 Einleitung

Die aus der Ökonomie bekannte Pareto-Verteilung[1] gibt es auch in der Softwareentwicklung: In der Regel lassen sich mit 20 % des gesamten Entwicklungsaufwandes bereits 80 % der geplanten Funktionalität eines Projektes umsetzen, während umgekehrt oftmals 20 % eines Systems 80 % des Arbeitsaufwandes verursachen. Angewandt auf die Qualität einer Software könnte die Regel auch in „20 % der Einzelkomponenten

---

* Die vorliegende Arbeit basiert zu einem sehr großen Teil auf einer im Rahmen des Projektes INNODES (http://innodes.fh-brandenburg.de/) entstandenen und unter http://innodes.fh-brandenburg.de/bibdb frei zugänglichen Bibliographie zum Themenkomplex „Open-Source-Software und Innovation".
1 Vilfredo Frederico Pareto (1848 – 1923), ital. Ingenieur, Ökonom und Soziologe fand heraus, dass in den von ihm untersuchten Volkswirtschaften 20 % der Bevölkerung 80 % des Gesamteinkommens verdienten (Tarascio 1968, S. 115 ff.).

einer Software verursachen 80 % der auftretenden Fehler und des mit dem Betrieb und der Weiterentwicklung der Software einhergehenden Wartungsaufwandes" umformuliert werden.

Kritisch ist dies insofern, als dass Softwareprodukte viel stärker als materielle Produkte aufeinander aufbauen – eine Eigenschaft, die insbesondere im Bereich von Open-Source-Entwicklungen[2] beobachtet werden kann. Gerade in der Möglichkeit der Wiederverwendung von bereits geschriebenem Quelltext in anderen Projekten liegt eine der Stärken des Open-Source-Ansatzes, die zu der beachtlichen Entwicklungsgeschwindigkeit führt, wie sie verschiedene Open-Source-Projekte an den Tag legen. Berücksichtigt man die in den Projekten angewandte Entwicklungsmethodik – das bunte Durcheinander des Basar-Stils[3] und die o. g. häufige Wiederverwendung von Softwarekomponenten – so lässt sich im Vergleich zwischen kathedralenartig gebauter proprietärer Software und der Open-Source-Software eine Verschiebung der Pareto-Verteilung zu Ungunsten der Open-Source-Software vermuten. Erstaunlicherweise werden jedoch gerade Laufzeitstabilität und Wartbarkeit häufig als die Stärken von Open-Source-Entwicklungen herausgestellt.

Die vorliegende Arbeit befasst sich mit der Frage, inwieweit die bei der Entwicklung größerer Open-Source-Projekte eingesetzten Entwicklungsmechanismen Auswirkungen auf die Qualität der resultierenden Software haben. Hierfür werden zuerst die betrachteten Qualitätskriterien definiert und anschließend der Einfluss von Entwicklungsstil und -methodik auf diese Faktoren dargestellt. Den Kern der Arbeit stellt eine kritische Auseinandersetzung mit dem Open-Source-Entwicklungsmodell dar.

2 Betrachtete Qualitätskriterien

Qualitätskriterien für Software zu definieren ist in der Regel schwierig. Für den einen Anwender spielen dabei vielleicht die *Ergonomie* und der schwammige Begriff *Sicherheit* eine Rolle, für den anderen wird die *Performance* der Software ausschlaggebend sein. Ganz selbstverständlich versteht jeder Anwender oder Entwickler unter jedem dieser Begriffe etwas völlig anderes. Tatsächlich wäre selbst die Verwendung von Eigenschaften wie *Schönheit* oder *Eleganz* aus der Sicht eines Softwareentwicklers ganz und gar nicht abwegig.

Aufgrund der Tatsache, dass letztere Eigenschaften begrifflich nur sehr schwer fassbar und erstere kaum objektiv bewertbar sind, beschränkt sich diese Arbeit auf die Betrachtung eines weiteren wichtigen Aspektes der Qualität von Softwareprodukten: Unter dem Begriff *Funktionssicherheit* fassen wir all jene Eigenschaften zusammen, die

---

[2] Unter einer Open-Source-Software wird im Sinne dieses Textes stets eine *Free/Libre/Open-Source*-Software verstanden. Die philosophisch zweifellos sehr interessante Unterscheidung zwischen diesen Strömungen ist im Rahmen der vorliegenden Arbeit irrelevant.

[3] Die Begriffe „Kathedrale" und „Basar" als Metaphern für Organisationsstrukturen in der Softwareentwicklung wurden vor allem von Raymond (2000) geprägt.

die Verfügbarkeit einer Software ausmachen. Das sind insbesondere deren *Zuverlässigkeit* und *Weiterentwickelbarkeit*[4].

Sowohl die Zuverlässigkeit einer Software als auch deren *Wartbarkeit* hängen ganz entscheidend von den im Rahmen des Entwicklungsprozesses angewendeten Techniken und den technischen Fähigkeiten der Entwickler ab. Ebenfalls nicht unterschätzt werden dürfen hierbei deren persönliche Motivation und Disziplin.

In der „klassischen" (wir sollten besser sagen „akademischen") Softwareentwicklung gibt es verschiedene gut voneinander separierte Prozesse. Diese umfassen beispielsweise die Planung, die Anforderungsanalyse, einen mehrstufigen Softwareentwurf, die eigentliche Umsetzung und nicht zuletzt Tests und Integration (vgl. Boehm 1976, 1988). Die Sicherstellung qualitativer Ansprüche an das Ergebnis dieser Prozesse wird in Unternehmen durch die Realisierung eines Qualitätsmanagements – ein weiterer Entwicklungsprozess – erreicht. Dieses geschieht klassischerweise in Anlehnung an die Normreihe *ISO 9000*, die wiederum insbesondere Anforderungen an das Management eines Unternehmens spezifiziert. Die Steuerung offener Entwicklergemeinschaften nach diesen Richtlinien wird häufig als inpraktikabel dargestellt (vgl. Robbins 2002) und erscheint auch dem Autor als nicht realistisch.[5]

Als ebenso wichtig wie ein konsequentes Qualitätsmanagement kann der Einsatz moderner Software-Engineering-Techniken angesehen werden. Insbesondere um eine hohe Wartbarkeit und Erweiterbarkeit eines Softwaresystems zu erreichen, steht hierbei die Arbeit in der Entwurfsphase der Entwicklung sowie eine konsequente Einhaltung der entworfenen Systemspezifikation an erster Stelle. Beispielsweise ermöglicht erst eine gut durchdachte Modularisierung des Systems die Verteilung kleiner Teilaufgaben auf eine große Gruppe von Mitarbeitern. Sie erlaubt es dem einzelnen Entwickler, das Gesamtsystem auf einer hohen Abstraktionsebene zu betrachten und reduziert damit dessen Komplexität ganz erheblich. Der Entwickler kann sich auf den für ihn interessanten Bereich konzentrieren (vgl. Arief et al. 2006). Auch dies scheint dem Ansatz der verteilten Softwareentwicklung, wie sie in Open-Source-Projekten üblich ist, zu widersprechen – der Fokus der Entwickler liegt hier nämlich vorrangig auf der Produktion von Quelltext, also der eigentlichen Umsetzungsphase, die im akademischen Software-Engineering-Ansatz nur einen vergleichsweise kleinen Anteil an der gesamten Entwicklungszeit ausmacht. Die Konzeptionsphase scheint dagegen vernachlässigt zu werden (vgl. Wilson 1999).

Wie also erreichen Open-Source-Projekte dennoch eine hohe Zuverlässigkeit und Wartbarkeit?

---

4   Der Begriff *Weiterentwickelbarkeit* bezeichnet im Sinne dieser Arbeit die Wartbarkeit des Quelltextes einer Software und wird somit als Synonym zum Begriff *Wartbarkeit* verwendet.
5   In diesem Zusammenhang sei auch auf das Interview mit Joseph Weizenbaum auf Seite 467 verwiesen. Auch er sieht den Aspekt der Qualitätssicherung in Open-Source-Projekten kritisch.

3 Softwarequalität bei Open-Source-Software

Betrachten wir zunächst den Ablauf und die Organisation von Open-Source-Projekten. Die meisten Projekte beginnen damit, dass ein Einzelner oder eine Gruppe von Entwicklern eine erste Version der Software schreibt und sie im Netz frei zur Verfügung stellt. Damit werden sowohl Benutzer als auch weitere Entwickler „eingeladen", die Software zu verwenden oder Beiträge zu ihrer Entwicklung zu leisten. Wie auch Raymond (2000) darstellt, sind insbesondere die Anwender von großer Wichtigkeit für die weitere Entwicklung des Projektes. Sie werden in Open-Source-Projekten vielmehr als Mitentwickler denn als bloße Verbraucher angesehen. Auch die Entwickler werden nicht einfach in Scharen auf das Projekt aufspringen (vgl. O'Reilly 2000). Ausgehend von Raymonds und O'Reillys Aussagen ist eher von einem zum Wachstum des Benutzerstammes proportionalen Wachstum der Entwicklergemeinde auszugehen. Die weitere Entwicklung des Projektes wird normalerweise von dessen Gründern oder den aktivsten Entwicklern gesteuert. Die Aufgaben dieser Projektleitung bestehen vorrangig darin, offene Aufgaben und deren Prioritäten festzulegen, zu entscheiden, welche Quelltextbeiträge in das Projekt aufgenommen werden, und die Planung für die Freigabe neuer Versionen vorzunehmen (vgl. Samoladas et al. 2004; Fielding et al. 2005). Tatsächlich fällt der Führungsgruppe damit eine Machtposition zu, die dem Entwicklungsprozess nach außen hin ein fast traditionelles Aussehen verleiht. Sehr charakteristisch für Open-Source-Projekte ist jedoch, dass offene Aufgaben in der Regel nicht direkt vergeben werden, sondern vielmehr die Entwickler ihren Fähigkeiten und Interessen entsprechende Aufgaben auswählen. Im Gegensatz zu der Arbeit von Bauer und Pizka (2005) geht der Autor in dem vorliegenden Text also sehr wohl von einem „geordnet-chaotischen" Entwicklungsprozess in Open-Source-Projekten aus. Wie später gezeigt wird, sind nämlich insbesondere die „Chaos-Prozesse" auf eine hohe Wartbarkeit des Produktes und seines Quellcodes angewiesen – unabhängig von der Mitwirkung und dem finanziellen Engagement von Unternehmen aus der Wirtschaft.

Die offensichtlichen Mechanismen zur Sicherstellung hoher qualitativer Ansprüche an ein Open-Source-Projekt stellt die bereits weiter oben erwähnte Auswahl der Beiträge der Entwickler durch die Projektleitung und die Priorisierung der offenen Aufgaben des Projektes dar. Wie Garcia und Steinmueller (2003) darlegen, laufen die Projektleiter dabei jedoch Gefahr, durch den „Fork" eines neuen Tochterprojektes[6] „bestraft" zu werden. Sie weisen jedoch darauf hin, dass dies nur sehr selten vorkommt und geben als Gründe hierfür vor allem die Art der hierarchischen Strukturen innerhalb eines Projektes an: Open-Source-Projekte sind wissensbasierte Gesellschaften, in denen vor allem technisch überlegenen Entwicklern die Projektleitung obliegt.

---

[6] Da der Quelltext einer Open-Source-Software frei ist, haben Entwickler jederzeit die Möglichkeit, diesen als Ausgangspunkt für ein neues Projekt zu verwenden und keine weiteren Beiträge zur Entwicklung des Mutterprojektes mehr zu leisten. Der Begriff „forking" (engl.: Gabelung) bezeichnet den Vorgang der Abspaltung eines Tochterprojektes.

Deren Schiedssprüche werden von anderen Entwicklern möglicherweise eher als rein managementorientierte Entscheidungen akzeptiert. Das Wohlwollen der Masse der Entwickler ist aus der Sicht des Autors von ganz entscheidender Bedeutung für die Durchsetzung qualitativer Ansprüche und Richtlinien in einer Entwicklergemeinde, deren Mitglieder nicht mit finanziellen Mitteln motiviert werden können.[7]

Wie Warsta und Abrahamsson (2003) feststellen, entsprechen die in Open-Source–Projekten anzutreffenden Entwicklungsprozesse weitestgehend dem aus der Agilen Softwareentwicklung[8] bekannten Vorgehensweisen. Verschiedene Autoren, beispielsweise Voightmann und Coleman (2003), erklären, dass die hierbei entscheidenden Entwicklungsparadigmen insbesondere bei der Herstellung von Software für Anwendungsbereiche, in denen eine besonders hohe Funktionssicherheit gefragt ist, maßgebliche Vorteile aufweisen. Die entscheidenden Paradigmen sind:

1. Prüfung des Quelltextes durch viele Entwickler

2. Häufige Veröffentlichung des Quelltextes, auch in frühen Stadien des Entwicklungsprozesses

3. Gute, vorrangig autodidaktische Weiterbildung der Entwickler

„Given enough eyeballs, all bugs are shallow" (Raymond 2000), die viel und kontrovers zitierte goldene Regel der Open-Source-Entwicklung; gewiss ist sie richtig, jedoch hat wohl bislang noch niemand wirklich ausreichend Augäpfel auf ein einzelnes Stück Quelltext angesetzt. Trotz aller Kritik an dieser sehr pragmatischen Behauptung (vgl. Bezroukov 1999) ist es wichtig, darauf hinzuweisen, dass die Offenlegung von Quelltexten überhaupt erst die unabhängige Analyse und das schnelle Beheben von Fehlern einer Software ermöglicht. Thomas (2003) weist beispielsweise darauf hin, dass viele Open-Source-Projekte aufgrund geringer Anwender- und Entwicklerzahlen ohne einen auch nur ansatzweise hinreichenden Einsatz von Test- und Verifikationstechniken auskommen müssen. Eine Orientierung an Methoden der Agilen Softwareentwicklung impliziert also keinesfalls eine konsequente Anwendung damit verbundener Testmethoden.[9] Resultierend daraus besteht bei vielen Projekten ein hoher Bedarf an zusätzlichem Einsatz von Entwicklungsmethodik und der konkreten Durchführung von Test- und Verifikationstätigkeiten (vgl. Beck 2003).

---

7 Wie verschiedene aktuelle Beispiele zeigen – allen voran Firmen wie IBM oder RedHat – gibt es immer mehr Softwareentwickler, die aus ihrer Tätigkeit in Open-Source-Projekten monetären Gewinn ziehen. Ghosh et al. (2002, Part 4: Survey of Developers) belegen jedoch, dass nur etwa 16 % der in einer repräsentativen Umfrage befragten Entwickler direkt mit der Entwicklung von Open-Source-Software Geld verdienen und die Open-Source-Bewegung damit primär auf freiwillige Zuarbeiten angewiesen ist.
8 Der Einsatz agiler Prozesse in der Softwareentwicklung wird z. B. von Beck (2001) beschrieben.
9 Die von Beck propagierte Testmethode, das „Test-Driven Development", erfordert beispielsweise, dass Tests vor den zu implementierenden Programmkomponenten spezifiziert und umgesetzt werden (vgl. Beck 2003).

Um die Qualität, insbesondere die Weiterentwickelbarkeit von Open-Source-Software messbar zu machen, bedienen sich verschiedene Arbeiten der direkten Analyse des Quelltextes.

Schach et al. (2002) analysieren 365 Versionen des Linux-Kernels hinsichtlich der gegenseitigen Abhängigkeiten zwischen 17 ausgewählten Komponenten und dem gesamten Kernel. Ein hohes Maß an gegenseitigen Abhängigkeiten sollte in Softwaresystemen insbesondere deshalb vermieden werden, weil sie die Wahrscheinlichkeit negativer Auswirkungen eines Fehlers in einer Softwarekomponente auf andere Komponenten erhöhen. Auch machen sie die Software dadurch, dass Änderungen in einem Modul häufig auch Änderungen in anderen Modulen erzwingen, schlechter weiterentwickelbar. Des Weiteren verlangen derartige Abhängigkeiten einem Entwickler sehr viel Verständnis für das Gesamtsystem der Software ab. Sie erlauben es ihm nicht, sich auf eine Komponente mit klar abgegrenzter Funktionalität zu konzentrieren und verstärken damit die genannten Probleme (Page-Jones 1988). Schach et al. (2002) kommen zu dem Schluss, dass der Linux-Kernel ein gut definiertes modulares Design aufweist – der Indikator hierfür ist das lediglich lineare Anwachsen des Quelltextes über den betrachteten Versionen. Jedoch schließen sie aus dem exponentiellen Anwachsen gegenseitiger Abhängigkeiten, dass der Betriebssystemkern ohne ein grundlegendes Redesign in zukünftigen Versionen nur noch sehr schwer erweiterbar sein wird. Leider gibt es keine neueren Arbeiten, in denen die von Schach et al. (2002) untersuchten Merkmale für gegenwärtige Kernel-Versionen ausgewertet werden.

Zu ähnlichen Ergebnissen kommen Samoladas et al. (2004). In der Arbeit vergleichen sie verschiedene Open-Source-Projekte und partiell sogar Open-Source- mit Closed-Source-Software anhand eines „Wartbarkeitsindexes". Dieser ergibt sich aus der Betrachtung verschiedener aus dem Quelltext bestimmbarer Werte wie dessen Größe, Komplexität und Selbsterklärungskraft durch Kommentare. Bei der Untersuchung von insgesamt neun Projekten in jeweils verschiedenen Entwicklungsstufen stellen sie fest, dass Open-Source-Projekte mit ähnlichen Problemen bezüglich der Weiterentwickelbarkeit zu kämpfen haben wie Closed-Source-Produkte, Open–Source-Entwicklungen der nicht-quelloffenen Software in dieser Hinsicht jedoch mindestens ebenbürtig sind und teilweise bessere Bewertungen erhalten.

Insbesondere die Arbeit von Samoladas et al. (2004) weist konkret darauf hin, dass die anfangs erwähnte Pareto-Verteilung auf die jeweils untersuchten Softwareprojekte zutrifft und es tatsächlich nur etwa 20 % des Quelltextes sind, die zu schwerwiegenden Problemen bei der Funktionssicherheit der Produkte führen. Offensichtlich wird das große Potenzial, das quelloffene Software einzig durch ihre Quelloffenheit besitzt, oftmals nicht hinreichend genutzt.

4 Kritik am Open-Source-Ansatz

Der vorherige Abschnitt zeigt, dass Open-Source-Software in der Regel mit ähnlichen Problemen wie Closed-Source-Software zu kämpfen hat. Letztlich stellen weder Closed Source noch Open Source das Patentrezept für sichere, verlässliche und wartbare Software dar. Wie beispielsweise die Arbeit von Madanmohan und De (2004) zeigt, wird Open-Source-Software dennoch in beachtlichem Umfang in kommerziellen Produkten eingesetzt; beispielsweise in Anwendungen aus dem Bereich der Netzwerksicherheit, einem Anwendungsgebiet, in dem die qualitativen Eigenschaften der verwendeten Einzelkomponenten eine besonders wichtige Rolle spielen. Tatsächlich besteht aus der Sicht eines Angreifers kein großer Unterschied zwischen einer Closed-Source- und einer Open-Source-Anwendung. In beiden Fällen hat er zumindest die Möglichkeit, den *Objekt-Code*[10] einer Software zu untersuchen und erhält damit in jedem Fall Einblick in alle implementierungsspezifischen Details eines Softwaresystems – auch wenn das im Fall der Closed-Source-Software etwas umständlicher ist. Der Closed-Source-Ansatz ist grundsätzlich ein Mechanismus aus der Geschäftswelt, der auf die Durchsetzung von Rechtsvorschriften angewiesen ist. Mit Sicherheit und Qualität hat er nichts zu tun (Witten et al. 2001). In gleicher Weise kann auch die Open-Source-Bewegung als eine eher philosophisch orientierte Strömung ohne jeden kommerziellen Hintergedanken verstanden werden (Stallman 2005). Entscheidend ist jedoch, dass das bereits weiter oben erwähnte Viele-Augen-Prinzip der Open-Source–Software das Potenzial gibt, ein weitaus höheres Niveau an Funktionssicherheit zu erreichen, als das bei Closed-Source-Software der Fall wäre. Witten et al. (2001, S. 31) stellen in ihrer Arbeit fest, dass die Offenheit des Quelltextes dazu beiträgt, die Sicherheit eines Softwaresystems zu erhöhen und dass Open-Source-Software hinsichtlich bestimmter Klassen von Fehlern tatsächlich weniger anfällig ist. Auch bieten sie über die Verwendung öffentlich zugänglicher Datenbanken für Fehler dem Anwender eine höhere Transparenz bezüglich der Existenz und dem Bearbeitungsstatus bekannter Schwachstellen in dem jeweiligen Softwaresystem (vgl. Koru und Tian 2004). Vor allem in Einsatzgebieten, in denen der Anwender ein sehr hohes Maß an Sicherheit benötigt, wird ihm gar nichts anderes übrig bleiben, als vorrangig Open-Source-Software zu verwenden: In einem großen und komplexen Szenario würde erst die Offenlegung des Quelltextes eine „rekursive" Prüfung und Zertifizierung aller Einzelkomponenten und des Gesamtsystems ermöglichen. Dagegen erhöht die Geheimhaltung des Quelltextes jedoch in keiner Weise die Sicherheit einer Anwendung.

Um so tragischer stellt sich in diesem Zusammenhang das schlechte Abschneiden von Open-Source-Produkten bei der Analyse des Quelltextes hinsichtlich seiner Weiterentwickelbarkeit dar. In einem Entwicklungsprojekt, dessen expliziter Fokus darauf liegt, Dritten den freien Zugang zu den internen Strukturen der Software zu

---

10 Unter dem Begriff Objekt-Code wird der in Maschinensprache übersetzte Quelltext eines Programmes verstanden. Dieser stellt die letzten Endes lauffähige Version des Programmes dar.

ermöglichen, sollte die Wartbarkeit des Quelltextes immer oberste Priorität haben. Die Integration einer großen Anzahl von Entwicklern in ein Softwareprojekt ist anders nicht durchführbar. Insbesondere weil Neulinge andernfalls beim Einstieg in ein Projekt sehr viel Zeit in die Einarbeitung in dessen komplexe Struktur investieren müssen, die sie besser in das *Design* und die Umsetzung der anvisierten Erweiterungen des Projektes investieren möchten und sollen. Tatsächlich werden von vielen Autoren insbesondere Versäumnisse in der Designphase der Softwareentwicklung bei Open–Source-Projekten kritisiert. Beispielsweise weist Jørgensen (2001) darauf hin, dass eine der entscheidenden Hemmschwellen in dem von ihm untersuchten Open-Source-Projekt darin besteht, dass es für Entwickler, die sich mit Designfragen befassen, sehr schwer ist, konstruktive Kritik bezüglich ihrer Vorschläge zu erhalten. Wilson (1999) formuliert folgendermaßen:

> „Great programmers can work effectively without explicit design or coordination, but when average programmers try to emulate that improvisation, the results are rarely pretty."[11]

Er erläutert ferner, dass Problemstellungen aus dem Bereich des Softwaredesigns und der Softwarearchitektur in Open-Source-Gemeinschaften oft nicht oder nur widerwillig diskutiert werden.

Die weiter oben aufgeführten Analysen von Quelltexten aus Open-Source-Projekten haben gezeigt, dass beispielsweise die dem Linux-Kernel zugrunde liegende Modularisierung durchaus tragfähig ist. Um so wichtiger ist es daher, Designfragen auch für weitaus speziellere Probleme im Softwareentwurf zu stellen und zu diskutieren. Ein Open-Source-Projekt, das sich Herausforderungen der Gegenwart stellt und seinen Entwicklungsfokus auf eine strikte Trennung der Einzelkomponenten und deren Wartbarkeit richtet – selbst wenn das unter Umständen den Verzicht auf die schnelle Umsetzung neuer Funktionalität bedeutet – wird es wesentlich leichter haben, mit den Herausforderungen der Zukunft umzugehen. Beispielsweise wird der Einsatz formaler Methoden zur Verifizierung einer komplexen Anwendungssoftware oder gar eines ganzen Betriebssystems hohe Anforderungen an die Qualität des Quelltextes des betreffenden Projektes stellen. Open-Source-Software, die für den Einsatz in sicherheitskritischen Anwendungsbereichen geeignet sein soll, wird früher oder später den Bedürfnissen der Anwender nach Verifizierung und Zertifizierung nachkommen müssen. Kostenfaktoren sind hierbei erst einmal zweitrangig; viel wichtiger ist es, dass Open-Source-Entwicklungen ihre diesbezüglichen Vorzüge durch ein gezieltes *design for maintainability*, ausbauen. Das bedeutet insbesondere einen erhöhten Einsatz softwarearchitektonischer Maßnahmen, die explizit auf eine Erhöhung der Wartbarkeit des Quelltextes abzielen und in allen Phasen des Entwicklungsprozesses Anwendung finden.

---

11 Sinngemäß: Wirklich gute Entwickler können tatsächlich ohne expliziten Entwurf und ohne Organisation entwickeln. Wenn durchschnittliche Programmierer jedoch versuchen, derart zu improvisieren, sind die Ergebnisse weniger gut.

5 Zusammenfassung

Die vorliegende Arbeit basiert auf umfangreichen Literaturanalysen zum Thema Open-Source-Software und Software-Engineering in Open-Source-Projekten. Es wurden verschiedene Vorzüge der in Open-Source-Entwicklungen eingesetzten Software-Engineering-Praktiken diskutiert und es wurde aufgezeigt, dass Open-Source–Software im Falle von Projekten mit größeren Nutzer- und Entwicklerzahlen der Meinung der gängigen Literatur zufolge in qualitativer Hinsicht durchaus mit kommerzieller Closed-Source-Software konkurrieren kann. Ferner wurde herausgearbeitet, dass die größten Defizite von Open-Source-Produkten im Bereich der Wartbarkeit des Quellcodes liegen. Diese Probleme stellen in verschiedener Hinsicht gleichzeitig Chancen und Herausforderungen für die Open-Source-Gemeinschaft dar:

1. Einige größere Open-Source-Projekte werden in absehbarer Zeit nur noch sehr schwer erweiterbar sein, ein grundlegendes Redesign wird unter Umständen nötig.

2. Die Möglichkeit, Redesign und Refactoring sehr effizient realisieren zu können, gilt als einer der entscheidenden Vorzüge der Agilen Softwareentwicklung. Zu beweisen, dass dies auch bei umfangreichen Projekten realisierbar ist, stellt eine gewaltige Herausforderung für die Zukunft dar.

3. Die Chancen, die sich daraus ergeben, betreffen insbesondere die Verlässlichkeit der betroffenen Projekte und bieten ihnen die Möglichkeit, sich im Hinblick auf Verifizierung und Zertifizierung deutlich von Closed-Source-Entwicklungen abzuheben.

Der Autor kommt damit zu dem Schluss, dass eine stärkere Fokussierung auf Designfragen nötig ist, um die Stärken des Open-Source-Ansatzes gezielter nutzen zu können.

Literatur

Arief, B., Gacek, C. und Lawrie, T. (2006), Software Architectures and Open Source Software – Where can Research Leverage the Most?, *in* J. Feller, B. Fitzgerald und A. van der Hoek (Hrsg.), 'Making Sense of the Bazaar: 1st Workshop on Open Source Software Engineering', ACM, S. 3–5. http://opensource.ucc.ie/icse2001/ [19. Jan 2006].

Bauer, A. und Pizka, M. (2005), Der Beitrag freier Software zur Software-Evolution, *in* M. Bärwolff, R. A. Gehring und B. Lutterbeck (Hrsg.), 'Open Source Jahrbuch 2005: Zwischen Softwareentwicklung und Gesellschaftsmodell', Lehmanns Media, Berlin, S. 95–112. http://www.opensourcejahrbuch.de/2005/ [12. Feb 2006].

Beck, K. (2001), *Extreme Programming*, Addison-Wesley, München.

Beck, K. (2003), *Test-Driven Development*, Addison-Wesley, München.

Bezroukov, N. (1999), 'A Second Look at the Cathedral and the Bazaar', *First Monday* **4**(12). http://firstmonday.org/issues/issue4_12/bezroukov/ [19. Jan 2006].

Boehm, B. W. (1976), 'Software Engineering', *IEEE Transactions on Computers* **25**(12), S. 1226–1241.

Boehm, B. W. (1988), 'A Spiral Model of Software Development and Maintenance', *IEEE Computer* **21**(5), S. 61–72.

Fielding, R. T., Herbsleb, J. D. und Mockus, A. (2005), Two Case Studies of Open Source Software Development: Apache and Mozilla, *in* J. Feller, B. Fitzgerald, S. A. Hissam und K. R. Lakhani (Hrsg.), 'Perspectives on Free and Open Source Software', MIT Press, Cambridge, MA, USA, S. 163–209.

Garcia, J. M. und Steinmueller, W. E. (2003), 'The Open Source Way of Working: A New Paradigm for the Division of Labour in Software Development?'. http://siepr.stanford.edu/programs/OpenSoftware_David/oswp1.pdf[24. Okt 2005].

Ghosh, R. A., Glott, R., Krieger, B. und Robles, G. (2002), Free/Libre and Open Source Software: Survey and Study FLOSS Deliverable D18: Final Report Part IV: Survey of Developers, techn. Bericht, International Institute of Infonomics, University of Maastricht and Berlecon Research GmbH. http://www.infonomics.nl/FLOSS/report/ [16. Jan 2006].

Jørgensen, N. (2001), 'Putting it all in the Trunk: Incremental Software Development in the FreeBSD Open Source Project', *Information Systems Journal* **11**(4), S. 321–336.

Koru, A. G. und Tian, J. (2004), 'Defect Handling in Medium and Large Open Source Projects', *IEEE Software* **21**(4), S. 54–61.

Madanmohan, T. R. und De, R. (2004), 'Open Source Reuse in Commercial Firms', *IEEE Software* **21**(6), S. 62–69.

O'Reilly, T. (2000), 'Ten Myths about Open Source Software'. http://opensource.oreilly.com/news/myths_1199.html [19. Jan 2006].

Page-Jones, M. (1988), *The Practical Guide to Structured Systems Design*, Computing Series, 2 Aufl., Yourdon Press, New York, NY, USA.

Raymond, E. S. (2000), 'The Cathedral and the Bazaar'. http://www.catb.org/~esr/writings/cathedral-bazaar/ [19. Jan 2006].

Robbins, J. E. (2002), Adopting OSS Methods by Adopting OSS Tools, *in* J. Feller, B. Fitzgerald, F. Hecker, S. Hissam, K. Lakhani und A. van der Hoek (Hrsg.), 'Meeting Challenges and Surviving Success: The 2nd Workshop on Open Source Software Engineering', ACM, S. 42–44. http://opensource.ucc.ie/icse2002/ [19. Jan 2006].

Samoladas, I., Stamelos, I., Angelis, L. und Oikonomou, A. (2004), 'Open Source Software Development Should Strive for Even Greater Code Maintainability', *Communications of the ACM* **47**(10), S. 83–87.

Schach, S. R., Jin, B., Wright, D. R., Heller, G. Z. und Offutt, A. J. (2002), 'Maintainability of the Linux Kernel', *IEE Proceedings - Software* **149**(1), S. 18–23.

Stallman, R. M. (2005), 'Why Software Should Be Free'.
http://www.gnu.org/philosophy/shouldbefree.html [19. Jan 2006].

Tarascio, V. J. (1968), *Pareto's Methodological Approach to Economics*, The University of North Carolina Press, Chapel Hill, North Carolina, USA.

Thomas, C. (2003), Improving Verification, Validation, and Test of the Linux Kernel: the Linux Stabilization Project, *in* J. Feller, B. Fitzgerald, S. Hissam und K. Lakhani (Hrsg.), 'Taking Stock of the Bazaar: Proceedings of the 3rd Workshop on Open Source Software Engineering', ACM, S. 133–136. http://opensource.ucc.ie/icse2003/ [12. Feb 2006].

Voightmann, M. P. und Coleman, C. P. (2003), Open Source Methodologies and Mission Critical Software Development, *in* J. Feller, B. Fitzgerald, S. Hissam und K. Lakhani (Hrsg.), 'Taking Stock of the Bazaar: Proceedings of the 3rd Workshop on Open Source Software Engineering', ACM, S. 137–141. http://opensource.ucc.ie/icse2003/ [19. Jan 2006].

Warsta, J. und Abrahamsson, P. (2003), Is Open Source Software Development Essentially an Agile Method?, *in* J. Feller, B. Fitzgerald, S. Hissam und K. Lakhani (Hrsg.), 'Taking Stock of the Bazaar: Proceedings of the 3rd Workshop on Open Source Software Engineering', ACM, S. 143–147. http://opensource.ucc.ie/icse2003/ [19. Jan 2006].

Wilson, G. (1999), 'Is the Open-Source Community Setting a Bad Example?', *IEEE Software* **16**(1), S. 23–25.

Witten, B., Landwehr, C. und Caloyannides, M. (2001), 'Does Open Source Improve System Security?', *IEEE Software* **18**(4), S. 57–61.

GPL v3 – Die Diskussion ist eröffnet[*]

EBEN MOGLEN[**]

(*CC-Lizenz siehe Seite 499*)

Am 16. Januar 2006 veröffentlichte die Free Software Foundation (FSF) den ersten Entwurf der GPL v3. Es ist noch zu früh, den Inhalt der ersten öffentlichen Kommentare zu diskutieren. Vielmehr scheint es angezeigt, die Dynamik des entstehenden sozialen Prozesses zu beleuchten.

Schlüsselwörter: GPL v3 · Free Software Foundation (FSF)

Am 16. Januar 2006 veröffentlichte die Free Software Foundation (FSF) den ersten Diskussionsentwurf für die nunmehr dritte Version (v3) ihrer gemeinhin als „GPL" bekannten GNU General Public License.

Natürlich ist es mir mittlerweile unmöglich, einzuschätzen, wie der Entwurf auf den *ersten* Blick wirkt. Schließlich tauschen Richard Stallman und ich seit dem Beginn unserer Zusammenarbeit im Jahre 1993 unsere Ideen zum Inhalt der GPL v3 aus. Auf die Veröffentlichung des jetzigen Lizenzentwurfs haben wir uns über ein Jahr vorbereitet, insbesondere die letzten fünf Monate in intensiver Zusammenarbeit für die endgültigen Details. Das vermutlich Einzige, wozu ich mich also nicht mehr äußern kann, ist der erste Eindruck, den die nun vorgeschlagene Lizenz beim unvoreingenommenen Betrachter hinterlassen mag.

Im nächsten Jahr wird viel über die technischen Details der Lizenz diskutiert werden, und die FSF wird im Rahmen eines öffentlichen Konsultationsprozesses weitere Entwürfe ausarbeiten und zur Diskussion stellen. Es ist nicht meine Absicht, mich an dieser Stelle zu möglichen Kommentaren zu äußern oder zu versuchen, den Tenor der künftigen Diskussion vorwegzunehmen. Aus heutiger Sicht, zu Beginn dieses Prozesses, fällt mir ein Aspekt am stärksten auf: Die stattfindende „Entwicklungsarbeit" ist in erster Linie *sozialer* und nicht *rechtlicher* Natur.

---

[*] Aus dem Englischen übersetzt von Matthias Bärwolff, Bastian Zimmermann und Robert A. Gehring.
[**] Eben Moglen ist Chefsyndikus der *Free Software Foundation (FSF)*. Zusammen mit Richard Stallman entwarf er die am weitesten verbreitete Open-Source-Lizenz, die *GNU General Public License*.

Eben Moglen

Das Publikum der Konferenz in Cambridge, auf der wir den Lizenzentwurf präsentierten, war erstaunlich vielfältig. In dem doch recht überschaubaren Rahmen einer 300-köpfigen Versammlung spiegelte sich das gesamte Spektrum all derer wider, die sich mit der GPL befassen: Entwickler aus fast allen Regionen der Welt, Regierungsvertreter; Justiziare; Manager aus der Softwarebranche, Teilhaber renommiertester Anwaltskanzleien, Entwicklungsleiter multinationaler Unternehmen und nicht zuletzt politische Aktivisten der „Free Software/Free Culture"-Bewegung, die die ganze Welt als ihre Heimat und Bühne zugleich betrachten – so sieht unsere „GPL-Gesellschaft" *heute* aus! All diesen Leuten ist der Inhalt einer Copyright-Lizenz für Software so wichtig, dass sie die weite Reise auf sich nahmen, um der Präsentation einer kleinen, wohltätigen Stiftung beizuwohnen – einer Stiftung, die kaum etwas anderes zu bieten hat als ihre starke soziale Botschaft, und deren Aktivitäten zugleich untrennbar mit den Herausforderungen des 21. Jahrhunderts verbunden sind.

Doch wenn ich von der Konferenz und der dort anwesenden Vorhut all jener, die im weiteren Diskussionsverlauf noch zu Abertausenden in Erscheinung treten werden, als der „GPL-Gesellschaft" spreche, meine ich keineswegs eine Gesellschaft, die sich ihrer selbst schon bewusst geworden wäre. Die einzelnen Teile dieses sozialen Gebildes betrachten sich noch immer als gänzlich separat, voneinander abgegrenzt durch unterschiedliche Unternehmensformen, nationale Interessen, technische Projekte und politische Meinungen. Diese unterschiedlichen Kontexte, in denen sich die Akteure befinden, beeinflussen ihre Beziehungen entscheidend, von gegenseitiger Unkenntnis, über moderate Konkurrenz und gelegentlichen Zwist bis hin zu härtestem Verdrängungswettbewerb. Mithin herrscht also alles andere als Vertrauen zwischen ihnen. Für die Errichtung einer erfolgreichen Gesellschaft ist es, anders als bei der Errichtung eines Marktes, problematisch, wenn die Akteure einander misstrauen, obwohl sie aufeinander angewiesen sind.

Aus Sicht der FSF ist es für den Erfolg des Diskussionsprozesses um die GPLv3 wichtig, das Ausmaß der empfundenen Unterschiede für die Beteiligten zu reduzieren. Sie bildete daher verschiedene Diskussionskomitees entlang der vorhandenen Gemeinsamkeiten hinsichtlich organisatorischer Kultur und sozioökonomischer Funktion der beteiligten Gruppen. Dies geschah weder mit dem Ziel, einer Dominanz von Wirtschaftsinteressen Vorschub zu leisten, wie einige Beobachter unterstellten, noch solcherart Interessen kategorisch abzulehnen, wie einige Vorstände und Anwälte befürchteten. Während *Hacker* die „Unvollkommenheit" unserer Demokratie beklagten, warnten andere vor einer potenziell eher abträglichen Offenheit des stattfindenden Diskussionsprozesses. Jeder dieser Kritikpunkte für sich erscheint den Kritikern verständlicherweise wohl begründet, und es wäre mir ein Leichtes, mich ihnen anzuschließen, wäre ich an ihrer Stelle. Es war aber die Absicht der FSF, durch die Gestaltung der Diskussionsprozesse verschiedene Umgebungen zu schaffen, die die jeweiligen Werte der beteiligten Gruppen reflektieren.

Es trifft naturgemäß auf erhebliche Kritik, dass die FSF einen eigenen Anspruch auf die GNU General Public License erhebt und daher nicht nur die Bedürfnisse deren Nutzer berücksichtigt, sondern auch ihre eigenen Werte darin einbringt. Einige werfen ein, dass eine Gesellschaft, die unfähig ist, ihre eigenen ethischen Prinzipien verbindlich aus denen *aller* ihrer Mitglieder abzuleiten, keine freie Gesellschaft ist. Andere wiederum lehnen es ab, sozial oder politisch ausgerichtete Bestimmungen mit Geschäftsbeziehungen, wie zum Beispiel Lizenzangelegenheiten, zu vermengen. Die beiden Argumente heben einander auf. Diejenigen, die nach unbedingter Demokratie streben, müssen sich der Tatsache stellen, dass jede andere Softwarelizenz, mit der sie es zu tun haben, entweder eine einseitige Vereinbarung ohne Mitspracherecht ist oder eine zweiseitige, die im Privaten ausgehandelt wird – und deren Verhandlungsparteien leugnen würden, dass es ein öffentliches Interesse an den Details der Vereinbarung gäbe. Wenn nur Demokratie zu Erfolgen führen würde, würde zweifellos folgen, dass sie andererorts eigentlich schon stattfinden müsste. Aber diejenigen, die glauben, eine Lizenz sollte sämtliche sozialen und politischen Inhalte vermeiden und sich lediglich auf die Erlaubnis der Weitergabe von Software konzentrieren, haben sich nicht weniger der Tatsache zu stellen, dass das Produktionssystem, von dem sie profitieren, auf ethischer Reziprozität und dem *Copyleft* basiert, und dies wiederum ist unweigerlich eine politische Position.

Wir haben den Diskussionsprozess also mit einer Vertrauenskrise aller Beteiligten begonnen, was nicht anders zu erwarten war. Gerade weil die Beteiligten in gutem Glauben und sich ihrer Unvoreingenommenheit bezüglich der Verbesserungen gewahr an die Erneuerung der Lizenz gehen wollten, hegten sie Verdacht zuallererst bei den jeweils anderen, die sie dann zu Unvoreingenommenheit anhielten. In den ersten beiden Wochen nach der Entwurfspräsentation konnte man also jede Menge lautstarker Forderungen nach offenen und flexiblen Standpunkten vernehmen, bisweilen vorgetragen in einer Art und Weise, die kaum der eigenen geistigen Beweglichkeit des Sprechers gerecht wurde.

Diese erste Phase des Diskussionsprozesses werden wir sicher gern hinter uns lassen und ich bin zuversichtlich, dass uns dies schon bald gelingen wird. Mein guter Freund und Kollege an der Columbia Law School, der kürzlich verstorbene Charles L. Black, schrieb einmal angesichts unseres langwierigen und beschwerlichen Weges zur Gerechtigkeit zwischen weißen und schwarzen Amerikanern: „Die Unfähigkeit, seine Verwandtschaft mit anderen zu erkennen, ist die *prima materia* aller Tragödie." Ich würde hinzufügen wollen: „die der Komödie auch". Es ist das Leichteste und zugleich das Schwerste für uns, diese Verwandtschaft zu erkennen. Die Verwandtschaft, die so viele Einheiten des sozialen und des ökonomischen Lebens durch die GPL miteinander geknüpft hat, ist offensichtlich und bleibt den betroffenen Organisationen, Communitys und Unternehmen, deren „genetisches Material" zunehmend unter das Copyleft fällt, dennoch verborgen. Mit der Zeit, durch die gemeinsame Arbeit an den strittigen Punkten, werden sich den Beteiligten ihre Gemeinsamkeiten erschließen und wird sich ein nachhaltiges Vertrauen zueinander einstellen. Dann wird die GPL–

Gesellschaft ein Bewusstsein ihrer selbst ausbilden und zu der Erkenntnis gelangen, dass die Lizenz ihr *gemeinsames* Projekt ist. Dies wird auf lange Sicht noch wichtiger und wertvoller sein als die technischen Verbesserungen, die letztlich in die endgültige Version der GPL v3 eingehen.

Ich bin mir sicher, im Verlauf dieser vertrauensbildenden Prozesse wird man auch die Free Software Foundation zunehmend mit anderen Augen sehen. Ihr Beharren auf bestimmten Prinzipien wurde oft missverstanden, wurde ausgelegt als Weigerung, anderen zuzuhören, und als Selbstgerechtigkeit, die an religiösen Eifer grenzt. Nach über zwölf Jahren als Repräsentant der FSF freue ich mich auf die Gelegenheit, zu zeigen, dass diese Wahrnehmungen überzogen sind. Die FSF schreitet voran nicht in der festen Überzeugung, dass der vorgelegte Lizenzentwurf oder der angestoßene Diskussionsprozess perfekt wären, sondern vielmehr in der Gewissheit, dass wir Perfektion nicht erreichen werden können und dass die Entwicklung einer besseren Lizenz – genau wie die Entwicklung von Software – immer nur die Arbeit einer Gemeinschaft sein kann.

Anhang: Auszüge aus dem ersten Entwurf der GPL v3

3. *Digital Restrictions Management.* As a free software license, this License intrinsically disfavors technical attempts to restrict users' freedom to copy, modify, and share copyrighted works. Each of its provisions shall be interpreted in light of this specific declaration of the licensor's intent. Regardless of any other provision of this License, no permission is given to distribute covered works that illegally invade users' privacy, nor for modes of distribution that deny users that run covered works the full exercise of the legal rights granted by this License.

No covered work constitutes part of an effective technological protection measure: that is to say, distribution of a covered work as part of a system to generate or access certain data constitutes general permission at least for development, distribution and use, under this License, of other software capable of accessing the same data.

11. *Licensing of Patents.* When you distribute a covered work, you grant a patent license to the recipient, and to anyone that receives any version of the work, permitting, for any and all versions of the covered work, all activities allowed or contemplated by this License, such as installing, running and distributing versions of the work, and using their output. This patent license is nonexclusive, royalty-free and worldwide, and covers all patent claims you control or have the right to sublicense, at the time you distribute the covered work or in the future, that would be infringed or violated by the covered work or any reasonably contemplated use of the covered work.

If you distribute a covered work knowingly relying on a patent license, you must act to shield downstream users against the possible patent infringement claims from which your license protects you.

Kapitel 6

Freies Wissen und freie Inhalte im Internet

„Stell dir eine Welt vor, in der jeder Mensch auf der Erde freien Zugang zum gesamten menschlichen Wissen hat."

– Jimmy Wales, Mitbegründer der Wikipedia

Einleitung

MATTHIAS LIEBIG

(CC-Lizenz siehe Seite 499)

Das Internet ist zunehmend zu einer Dienstleistungsplattform geworden. Vom Handel, über Firmenrepräsentation bis hin zu eigenen Märkten – der wirtschaftliche Nutzen ist unbestreitbar. In den Hintergrund treten die ursprünglichen Ideen des World Wide Web (WWW): Der freie Informationsaustausch und das Anbieten von Texten, Grafiken, Fotos, Musik und anderen Materialien privater, beruflicher oder bildender Natur. Natürlich sind diese frei verfügbaren Dokumente nicht verschwunden. Das technische Wesen des WWWs steht jedoch in Konflikt mit dem auf internationalen Verträgen beruhenden Urheberrecht. Dieses erlaubt es nicht ohne Weiteres, dass man z. B. eine Abbildung aus dem Internet einfach nimmt und in einem Buch abdruckt oder etwa auf seiner eigenen Homepage zur Verfügung stellt. Viele private Webseitenbetreiber mögen zwar nichts dagegen einzuwenden haben, um Erlaubnis bitten muss man sie aber dennoch, sonst macht man sich der Urheberrechtsverletzung schuldig. Firmen und Verlage werden Nutzungsrechte auch nur selten unentgeltlich gewähren.

Angesichts dieser Problematik entstand analog zur Open-Source-Bewegung die Idee von *Open Content*: Inhalte wie Filme, Musikstücke oder Texte sollen wieder frei werden. Durch die Wahl einer Open-Content-Lizenz erlaubt man ausdrücklich die Weitergabe oder sogar die Bearbeitung eigener kreativer Werke. Mittlerweile sind ganze Filme entstanden, die kostenlos verfügbar sind, weitergegeben und verändert werden dürfen, etwa „Route 66".[1]

Dieses Kapitel nimmt sich den Ideen von Open Content an und reflektiert neue Entwicklungen und Erkenntnisse in diesem Bereich. Das prominenteste Beispiel ist sicherlich die Online-Enzyklopädie Wikipedia, die darauf basiert, dass jedermann Artikel verfassen und bearbeiten kann, ohne sich dafür explizit anmelden zu müssen. Das Tempo, in dem sich Wikipedia entwickelt hat, ist enorm: So hat die deutsche Wikipedia die Grenze von 300 000 Artikeln schon längst überschritten. Ein Ende des Wachstums ist nicht abzusehen – im Gegenteil: Schwesterprojekte wie *Wikibooks* (freie Hand- und Lehrbücher) oder *Wikimedia Commons* (lizenzfreie Bilder, Sounddateien, Videos etc.) etablieren sich ebenfalls zusehends.

---

1   „Route 66 – ein amerikanischer albTraum": http://www.route66-der-film.de

Es gibt jedoch auch kritische Stimmen zu Open Content. Der CDU-Bundestagsabgeordnete Krings etwa bemerkte in einer Rede im Januar 2006,[2] dass die Open-Content-Befürworter den Musik-, Film- und seit neuestem den Buchmarkt erschlossen hätten. Er unterstellte ferner, diese würden für eine völlige Abschaffung des geistigen Eigentums[3] eintreten, was laut Krings „in letzter Konsequenz die Existenzberechtigung der gesamten Vermarktungsstrategie des deutschen Verlagswesens" negiere. Dass allerdings Bücher wie dieses Jahrbuch, die nach dem Open-Content-Prinzip frei im Internet und zusätzlich auf konventionelle Weise veröffentlicht werden, durch Ersteres viel bekannter und somit auch erfolgreicher sind – das lässt er außer Acht. Auch das Probelesen im Buchhandel wurde schon seit langem als geeignete Maßnahme angesehen, Buchverkäufe zu erhöhen. Es ist bislang nicht widerlegt, dass Verlage letzten Endes davon profitieren, dass sie Bücher komplett im Internet frei verfügbar machen. Ähnliche marketingrelevante Aspekte sollten beachtet werden, wenn es um das Zur-Verfügung-Stellen von sonst kommerziell verwerteten Inhalten geht. Kleine Bands etwa fördern oft durch das Online-Stellen einzelner Stücke oder ganzer Alben ihren Bekanntheitsgrad.

Im ersten Artikel dieses Kapitels befasst sich der Autor Erik Möller mit den Creative-Commons-Lizenzen, die sehr häufig für die Lizenzierung von Open Content benutzt werden. So stehen auch viele Artikel dieses Buches unter CC-Lizenzen.[4] Möller diskutiert kritisch eine oft verwendete Option von CC-Lizenzen: den Ausschluss kommerzieller Nutzung. Dies hat Konsequenzen für Urheber, Lizenznehmer und Communitys, die den Zielen von Open Content abträglich sein können.

Über ein Archiv ganz besonderer Art berichtet Steffan Heuer im zweiten Beitrag. Wie oft hat man erlebt, dass man eine Internetseite aus seiner Lesezeichen-Sammlung oder aus den Quellenangaben eines Artikels aufrufen wollte und diese Webseite war verschwunden. Das *Internet Archive* hat es sich zur Aufgabe gemacht, das gesamte Internet auf Dauer „einzufrieren". Es funktioniert ganz einfach: Man gibt auf der Webseite *archive.org* die Adresse des Dokuments ein, wählt dann ein Datum aus und bekommt die Seite zu sehen, wie sie zum jeweiligen Zeitpunkt online war. Der technische Aufwand dahinter ist enorm. Wie dieser bewältigt wird und welche anderen Archive freier Inhalte existieren, berichtet der Artikel „Ein Archiv für die Welt".

Über die oben erwähnte freie Enzyklopädie Wikipedia gibt der letzte Artikel dieses Kapitels Aufschluss. Cormac Lawler betrachtet aus soziologischer Sicht, wie Dokumente durch gemeinschaftliche Arbeit vieler Autoren entstehen. „Wikipedia als Lerngemeinschaft" sieht diese Zusammenarbeit als ein Prozess des Lernens an – ähnlich wie in einem Klassenraum. Er gibt Einblicke in die Community und erläutert, warum er die häufig auftretenden *Konflikte* für fruchtbar hält.

---

2 http://www.boersenblatt.net/100552/template/b3_tpl_suche_detail/ [14. Feb 2006]
3 Geistiges Eigentum bezeichnet die Rechte eines Urhebers an seinen literarischen und künstlerischen Werken. Siehe hierzu auch den Artikel von Bernd Lutterbeck auf Seite 445.
4 Über Entstehung und Ziele der Creative-Commons-Initiative berichtet ihr Vorsitzender, der Jura-Professor Lawrence Lessig (*Stanford University*), im Kapitel „Gesellschaft im Wandel" auf Seite 427.

Freiheit mit Fallstricken: Creative-Commons-NC-Lizenzen und ihre Folgen

ERIK MÖLLER

(CC-Lizenz siehe Seite 499)

Während Open-Source-Lizenzen per Definition eine kommerzielle Nutzung der Software zulassen, entscheiden sich im größeren Kontext frei verfügbarer Inhalte viele Urheber, eine kommerzielle Nutzung explizit auszuschließen. Dies hat weitreichende Konsequenzen: So sind die so genannten Creative-Commons-NC-Lizenzen nicht kompatibel mit freien Wissensdatenbanken wie Wikipedia, offenen Medienarchiven und Open-Source-Projekten. Dabei bietet die für Open-Source-Lizenzen charakteristische Copyleft-Komponente in vielen Fällen gleichwertigen Schutz vor kommerzieller Ausbeutung, ohne die Freiheit des Werkes zu opfern.

Schlüsselwörter: Creative Commons · kommerzielle Nutzung · Urheber

1 Einleitung

Das Internet findet zu seinen Wurzeln zurück. Nachdem der Versuch, das Netz in eine Einkaufsstraße zu verwandeln, grandios gescheitert ist, stellen Wikipedia, Weblogs und GNU/Linux eindrucksvoll das Potenzial globaler Vernetzung unter Beweis. Langsam setzt sich auch in den Universitäten und Fachhochschulen die Erkenntnis durch, dass Forschung und Lehre aus der sofortigen und freien Verfügbarkeit von Ergebnissen großen Nutzen ziehen können. Um den freien Austausch von Inhalten zu ermöglichen, entscheiden sich mehr und mehr Urheber dazu, Lizenzen zu wählen, die den Nutzern mehr Rechte einräumen als das klassische Urheberrecht.

Diese Entscheidung muss der Urheber explizit treffen, denn sonst gilt auch ohne Copyright-Vermerk der Schutz weit über die Lebzeiten des Urhebers hinaus. So muss man sich einen Großteil des Internets mit einem großen Copyright-Symbol versehen vorstellen, obwohl viele Urheber gegen eine Verbreitung ihrer Inhalte durchaus nichts einzuwenden hätten. Ein Problembewusstsein für diese Sachlage hat sich sehr früh im Bereich der Entwicklung freier Software ausgeprägt, da es sich dabei meist um gemeinschaftlich entwickelte Werke handelt. Ohne das verbriefte Recht auf Weitergabe und Derivate würde ein dezentrales Projekt wie GNU/Linux nicht funktionieren.

So hat sich für Open-Source-Software nach dem Copyleft-Prinzip die *GNU General Public License (GPL)* als Quasi-Standard etabliert. Dazu trug mit der *Free Software Foundation (FSF)* das Vorhandensein einer kompetenten Organisation bei, die diese Lizenz fördert und pflegt. Doch in anderen Bereichen waren freie Lizenzen lange Zeit eine Ausnahmeerscheinung. Die 2001 gestartete freie Enzyklopädie Wikipedia legte sich mangels Alternativen auf die *GNU Free Documentation License (FDL)*[1] fest, eine von der *FSF* für Software-Handbücher entwickelte Lizenz mit zahlreichen Fußangeln (Nerode 2003; Srivastava 2002).

Lawrence Lessig, Rechtswissenschaftler und Visionär, kam für Wikipedia fast zwei Jahre zu spät. Im Dezember 2002 stellte das von ihm gegründete Projekt „Creative Commons"[2] seine ersten Lizenzen vor und brachte damit endlich rechtliche Ordnung und Einheit in die Bewegung für freie Inhalte. Anstatt aus einer Vielzahl von im Netz verstreuten Lizenzverträgen den richtigen zu wählen oder gar selbst einen solchen zu formulieren, können Urheber über eine einfache Website[3] die richtige Lizenz für ihre Zwecke finden. Dazu müssen sie lediglich einfache Fragen beantworten, etwa: „Kommerzielle Verwertung erlauben? Bearbeitung zulassen?" Auf Knopfdruck gibt die Website eine der vom Creative-Commons-Team entwickelten Lizenzen aus. Dabei handelt es sich um rechtlich sichere, einfache Dokumente, die auf die rechtlichen Eigenheiten vieler Länder individuell abgestimmt, aber untereinander kompatibel sind. Es ist diese Einfachheit, die dazu beigetragen hat, dass immer mehr Urheber auch außerhalb der Software-Entwicklung sich dazu entschieden haben, den ihren Werken per Gesetz aufoktroyierten Schutz ganz oder teilweise aufzugeben.

Doch eine der von Creative Commons vorgesehenen Optionen wird für die Verfechter freier Inhalte zunehmend zum Problem. Es handelt sich dabei um die Frage der kommerziellen Nutzung. Die Lizenzen mit dem Kürzel NC (Non Commercial) schließen eine solche Verwertung aus. Sie erfreuen sich bei Urhebern großer Beliebtheit, ohne dass Creative Commons auf die Konsequenzen dieser Entscheidung hinweist (Stand September 2005).

Viele Individuen und Institutionen werden die Lizenzwahl nur einmal treffen und nicht mehr revidieren. In Fällen gemeinschaftlich produzierter Werke kann dies sogar unmöglich sein, wenn einzelne Urheber ihre Zustimmung verweigern oder nicht kontaktierbar sind. Wenn man im Internet veröffentlicht (und das tut man bereits durch das Abschicken eines Kommentars in einem Blog) und eine Lizenz für freie Inhalte in Betracht zieht oder bereits nutzt, sollte man sich deshalb über die Lizenzfolgen im Klaren sein. Die Schlüsselprobleme von NC-Lizenzen sind:

---

[1] http://www.gnu.org/copyleft/fdl.html
[2] http://www.creativecommons.org/
[3] http://creativecommons.org/license/?lang=de

Freiheit mit Fallstricken: Creative-Commons-NC-Lizenzen und ihre Folgen

Inkompatibilität mit einer wachsenden Menge freier Inhalte, unabhängig davon, ob man als Urheber mit Derivaten oder Kompilationen einverstanden ist,

Ausschluss grundlegender Nutzungsarten, die man möglicherweise zulassen möchte,

Untermauerung urheberrechtlicher Schutzdauern, die nahezu zeitlich unbeschränkt sind.

Es ist außerdem unwahrscheinlich, dass NC-Lizenzen dazu beitragen, den Gewinn aus einem Werk zu steigern. Eine Share-Alike-Lizenz kann dem Ziel, eine Arbeit vor Ausbeutung zu schützen, in gleichem Maße dienlich sein. Es mag Umstände geben, unter denen NC die einzige (und deshalb beste) verfügbare Option ist, aber die Anzahl dieser Umstände sollte mit der Evolution von Geschäftsmodellen für freie Inhalte abnehmen.

2 Inkompatibilität

Freie Inhalte sind nicht länger eine Randbewegung, sondern werden täglich von Millionen genutzt. Wikipedia[4], eine von Freiwilligen aus dem Nichts aufgebaute Enzyklopädie, enthält mehr als zwei Millionen Beiträge in über 100 Sprachen und gehört zu den 50 beliebtesten Websites[5] weltweit. Mit dem Wachstum nimmt auch die Integration in Suchmaschinen zu. Google zeigt in der englischen Version Wikipedia-Treffer für Suchabfragen[6] oben links, durch die Integration des Wikipedia-Spiegels *Answers.com* oben rechts an. Andere Suchmaschinen, etwa *Clusty.com, Web.de* und *Amazon* (A9.com), integrieren die Wikipedia-Suche gleich direkt in ihre Benutzerschnittstellen.

Dieser Erfolg ist das Ergebnis von weniger als fünf Jahren Arbeit. Man muss nicht hellsehen können, um freien Inhalten eine erfolgreiche Zukunft zu bescheiden. Doch gerade, um Nutzungen wie die genannte Suchmaschinenintegration zu ermöglichen, *erlauben* und *fördern* Websites wie Wikipedia die kommerzielle Nutzung von Inhalten. Wie man sehen wird, gibt es zahlreiche wünschenswerte kommerzielle Nutzungsvorgänge. Schwerwiegender aber ist, dass eine NC-Lizenz die Nutzung eines Werkes in Wikipedia, Wikinews[7], Wikibooks[8] und ähnlichen Projekten ausschließt, die eine liberale Lizenzpraxis und Philosophie verfolgen.

Ein Grund dafür ist, dass Lizenzen wie die *FDL* der Wikipedia nach dem Copyleft-Prinzip arbeiten, in Creative-Commons-Terminologie „Share Alike" genannt.[9] Derivate sind erlaubt, aber nur, wenn sie unter gleichen Bedingungen lizenziert sind.

---

4   http://www.wikipedia.org/
5   http://www.alexa.com/data/details/traffic_details?&range=30d&size=large&compare_sites=&y=t&url=wikipedia.org
6   http://www.google.com/search?num=20&hs=6IB&hl=en&q=when+was+carl+sagan++born&btnG=Searcheinige
7   http://de.wikinews.org/
8   http://de.wikibooks.org/
9   „Share Alike" heißt „Gleiches mit Gleichem" wie es in einer Pressemitteilung des Projektes heißt (http://creativecommons.org/weblog/entry/4216).

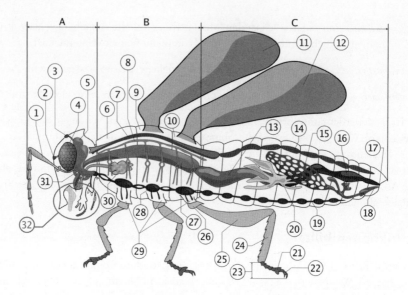

Abbildung 1: Illustration der Insektenanatomie von Piotr Jaworski aus dem Wikimedia Commons (unter CC-BY-SA-Lizenz)

Gleichzeitig erlaubt die *FDL* eine kommerzielle Nutzung. Damit wird die Integration von NC-Inhalten unmöglich, da die Bedingungen der *FDL* nicht mehr auf das gesamte Werk angewandt werden können. Dies gilt in gleichem Maße für die Creative-Commons-Lizenzen untereinander. So ist es etwa nicht möglich, Inhalte unter BY-SA mit BY-NC-SA zu kombinieren.[10]

Selbst wenn die Lizenz es zuließe, ist die Kombination von Inhalten, die kommerzielle Nutzung erlauben und solchen, die sie verbieten, in einem gemeinschaftlichen Kontext praktisch fast unmöglich, ohne die Lizenzgrenzen zu verletzen. Wenn man sich eine Website vorstellt, deren Text *teilweise* unter einer NC-Lizenz steht, ist es höchst wahrscheinlich, dass es bei Kopier- und Bearbeitungsvorgängen entweder zu Lizenzverletzungen kommt oder dass sie auf zunehmend mehr Inhalte angewandt wird, um rechtlich auf der sicheren Seite zu bleiben.

Viele Netzgemeinschaften lehnen NC-Lizenzen schlicht aus philosophischen Gründen wie den hier genannten ab. Dazu gehört der Wikimedia Commons[11], das Medienarchiv der Wikipedia-Mutterorganisation Wikimedia[12]. Es enthält mehr als 300 000 Dateien, erlaubt aber keine restriktiven Lizenzen wie die NC-Varianten. Im Gegensatz zu vielen Archiven ist die Wiki-Allmende lebendig. Jede dort vorhande-

---

10 Lizenzkombinationen der CC-Lizenz siehe Seite 499.
11 http://commons.wikimedia.org/
12 http://wikimediafoundation.org/

ne Datei kann unmittelbar in allen Wikimedia-Projekten in allen Sprachen genutzt werden.

Auch die Open-Source-Gemeinde teilt die Philosophie, kommerzielle Nutzung zu erlauben – schließlich beruht darauf ein großer Teil des Erfolges von GNU, Linux, Apache & Co. Sowohl die Open-Source-Definition (Perens 2002) als auch die Definition der Software (Free Software Foundation 2005) schließen explizit den Verkauf und andere kommerzielle Nutzungsarten ein; Lizenzen, die diese Rechte beschränken, sind also in diesem Sinne nicht frei.

Natürlich kann ein Linux-Unternehmen ein NC-geschütztes Werk nicht kommerziell nutzen, aber auch nichtkommerzielle Projekte folgen diesem Standard. So heißt es in den Richtlinien für freie Software (Perens 2004) des Debian-Projekts: „Ein Bestandteil der Debian-Distribution darf durch seine Lizenz nicht verhindern, dass irgendjemand diese Software als Bestandteil einer Software-Distribution, die Programme aus den verschiedensten Quellen enthält, verkauft oder weitergibt." Debian GNU/Linux ist eine der beliebtesten Linux-Distributionen.

Wenn man möchte, dass ein Werk von der Open-Source-Gemeinde anerkannt wird, ist es offensichtlich keine gute Idee, eine NC-Lizenz zu verwenden. Dies betrifft nicht nur Software, sondern alle Werke, die im Kontext dieser Projekte verwertet werden.

Die Entscheidung für eine NC-Lizenz ist für einen individuellen Urheber nicht bindend. So kann er etwa interessierten Verwertern auf Wunsch kommerzielle Nutzungsrechte einräumen. Nun könnte man vermuten, dass es ausreichen würde, ein Bild etwa zusätzlich zu NC auch „für Wikipedia" freizugeben und damit das NC-Problem zu vermeiden. Praktisch alle Communitys, die nach den Prinzipien freier Inhalte operieren, lehnen solche Sondervereinbarungen ab, da sie Drittparteien schädigen: lokale Initiativen, die den Inhalt in Schulen oder Lokalzeitungen nutzen möchten; Firmen, die DVDs oder gedruckte Exemplare verbreiten möchten; nützliche und lizenzkonforme Spiegel, die mit Werbung versehene Kopien der Inhalte verbreiten. Um keinen Zweifel zu lassen, verkündete Wikipedia-Gründer Jimmy Wales im Mai 2005, dass alle Dateien mit „Sondervereinbarungen" in den Wikimedia-Projekten verboten sind und gelöscht werden.[13] Auch das Debian-Projekt würde sie aufgrund der Richtlinien gegen Diskriminierung ablehnen.

Netzgemeinden wie Wikimedia und Debian handeln nicht aus Eigennutz. Ihr Ziel ist es, der Menschheit freie Software und freies Wissen zur Verfügung zu stellen. Wenn Inhalte unter einer Lizenz verfügbar gemacht werden, die von diesen Gemeinden anerkannt wird, werden sie dadurch am Leben erhalten. Somit werden andere Menschen ermuntert, dieses Werk in zahlreichen unterschiedlichen Kontexten zu verwenden. Das gilt nicht nur für inhärent gemeinschaftliche Schöpfungen; praktisch jedes denkbare Werk, das nachgefragt wird, lässt sich auch in einem kollaborativen Kontext inkorporieren, zitieren oder transformieren.

---

13 http://mail.wikimedia.org/pipermail/wikien-l/2005-May/023760.html

3 Grundlegende Nutzungsarten

Was ist kommerzielle Nutzung? Die relevante Klausel in den Creative-Commons-NC–Lizenzen für Deutschland lautet: „Sie dürfen die in Ziffer 3 gewährten Nutzungsrechte in keiner Weise verwenden, die hauptsächlich auf einen geschäftlichen Vorteil oder eine vertraglich geschuldete geldwerte Vergütung abzielt oder darauf gerichtet ist."[14]

Viele Blogger und Blog-Gemeinden im Web nutzen Werbung, um Kosten zu decken und ein kleines persönliches Einkommen zu ermöglichen. Dazu gehören beliebte deutsche Blogs wie „Der Schockwellenreiter"[15], „Spreeblick"[16] und „IT&W"[17]. Selbst sehr kleine Blogs enthalten oft unauffällige Google-Textanzeigen, um ein Taschengeld zu verdienen. Andere Websites nutzen Abo-Modelle, um zusätzliche Funktionen und Inhalte verfügbar zu machen oder Werbung abzuschalten. Als Urheber sollte man sich fragen, ob man all diese Menschen davon abhalten möchte, sein Werk zu nutzen.

Ein anderes Beispiel kommerzieller Nutzung sind Zusammenstellungen. So ist es z. B. unter den Bedingungen der NC-Lizenzen nicht möglich, eine MP3-Datei unter NC gemeinsam mit Tausenden anderen, bei denen das Lizenzproblem nicht existiert, auf einer DVD zu verkaufen. Zu beachten ist, dass nach den oben zitierten Bedingungen nicht der Umfang der Vergütung oder der Erfolg der Verwertung ausschlaggebend ist, sondern die Absicht des Lizenznehmers. Absichten sind natürlich schwer zu beweisen, so dass es selbst in Grenzfällen oft am besten ist, vorsichtig zu sein, um keinen Rechtsstreit zu riskieren. Selbst nach einer liberalen Lesart sind praktisch alle Verwertungen durch Unternehmen ausgeschlossen, etwa die Verbreitung einer Datei auf einer CD, die einer Zeitschrift beiliegt.

4 Urheberrechtliche Schutzdauer

Das internationale Urheberrecht ist in erster Linie das Ergebnis von massivem Lobbyismus durch etablierte Interessengruppen. Neben einer stetigen Erosion des Rechts auf Privatkopien haben Großunternehmen einen effektiv unendlich langen Schutz durchsetzen können, um Micky Maus und Donald Duck vor der Gemeinfreiheit zu bewahren. Ein Werk, das im Jahr 2010 veröffentlicht wird, bleibt bis ins Jahr 2100 geschützt, wenn der Urheber 2030 stirbt. Bei dieser trüben Aussicht ist die Möglichkeit retroaktiver Verlängerungen der Schutzdauer noch gar nicht in Betracht gezogen – wie auch die retroaktiver Kürzungen, die es aber bisher nicht gegeben hat.

Es mag eine gute Tat sein, ein Werk unter einer NC-Lizenz zur Verfügung zu stellen. Doch es ist auch eine implizite Anerkennung der existierenden Schutzdauer. Das Verbot kommerzieller Nutzung bleibt bestehen, bis das Urheberrecht abläuft, was aus praktischer Sicht *nie* geschieht. Um dieses Problem zu lösen, könnte man spezifizieren,

---

14 http://creativecommons.org/licenses/by-nc/2.0/de/legalcode
15 http://www.schockwellenreiter.de/
16 http://spreeblick.com/
17 http://www.industrial-technology-and-witchcraft.de/

dass ein Werk unter einer liberaleren Lizenz wie CC-BY (nur Autorennennung – auf dieses Recht kann man in Deutschland nicht verzichten) freigegeben wird, nachdem eine gewisse Zeit abgelaufen ist, etwa fünf Jahre. Man könnte aber auch einfach schon heute eine freiere Lizenz verwenden.

5 Gewinn

Das offensichtlichste Argument für NC-Lizenzen ist, dass Arbeit vor gewerblicher Ausbeutung durch Dritte geschützt wird. Zunächst ist es wichtig festzustellen, dass man durch die Lizenz keine neuen Machtmittel in die Hand gegeben bekommt, sondern nur den rechtlich verbrieften Schutz des Werkes reduziert. Es gibt zahlreiche kommerzielle Wertschöpfungsszenarien, die von der Lizenz nicht berührt werden, da der Verwerter kein Lizenznehmer ist. Das beinhaltet etwa Schulung und Support, Dokumentation, Kommentierung und Zitate.

Was verbleibt, ist die Verbreitung des Originals oder von Derivaten. Zu beachten ist jedoch, dass mit den heutigen technischen Mitteln die Massendistribution von Informationen nicht mehr die exklusive Domäne großer Unternehmen ist. Jeder, der über eine Internetverbindung oder einen DVD-Brenner verfügt, kann Dateien an Tausende verteilen. Kostenlose Hosting-Dienste gibt es in großer Zahl, werbefreies kommerzielles Hosting ist zu Niedrigpreisen verfügbar, und selbst gigantische Dateien lassen sich mit Peer-to-Peer-Systemen wie *BitTorrent*[18] sehr effizient verteilen. Deshalb sollte man sich nicht der Illusion hingeben, dass man für ein Werk, wenn man es unter NC-Lizenz weitergibt, noch eine künstliche Knappheit aufrecht erhalten könnte. Wenn es eine Nachfrage nach dem Werk gibt und es von hoher Qualität ist, *wird* es kostenlos im Internet verfügbar sein – weil die Lizenz dies legal möglich macht.

In dem Moment, in dem man sich für eine Creative-Commons-Lizenz entscheidet, entscheidet man sich, sein Werk kostenlos abzugeben. Ein Markt für ein Werk, das vollständig kostenlos verfügbar ist, kann nur auf der Basis von Unwissenheit oder guten Absichten entstehen. Das Potenzial, finanziell von der Distribution von Inhalten auf physikalischen Medien zu profitieren, ist heute relativ gering. Dort, wo es noch existiert, ist es bereits im Verschwinden begriffen – so lösen etwa elektronische Musikläden wie Apple iTunes die Musik-CD ab und verlagern damit den Verkauf von proprietärer Musik ins Internet, wo der Verbraucher dann auch NC-lizenzierte Musikstücke mit Leichtigkeit herunterladen kann, ohne dafür zu bezahlen.

Diejenigen, die am ehesten von NC-Lizenzen geschädigt werden, sind Nutzer, deren Gewinnmargen sehr gering oder nicht vorhanden sind: kleine Weblogs, Podcaster, werbefinanzierte Radiosender, Lokalzeitungen.

Um substanziellen Profit mit einem Werk zu erwirtschaften, wird eine Firma mehr als die frei verfügbaren Inhalte bereitstellen müssen. Eine NC-Lizenz stoppt jeden Versuch, mit solchen inhaltlichen Ergänzungen Geld zu verdienen. Doch mit den Share–

---

18 http://www.bittorrent.com/

Alike-Lizenzen gibt es eine Alternative. Im Stil der *GPL* müssen hier auch Derivate vollständig frei lizenziert werden. Dagegen garantieren die Creative-Commons-Lizenzen ohne die Share-Alike-Klausel nur, dass der freie Bestandteil des Derivats auch frei bleiben muss. Eine Firma, die ihre Arbeit gewerblich verwerten möchte, muss also wie bei *GPL-Software* auch neu hinzugekommene Informationen oder qualitative Verbesserungen frei verfügbar machen. So kann aus dem Risiko der kommerziellen Ausbeutung eine große Chance werden.

Im Bereich der Open-Source-Software funktioniert dieses Prinzip sehr erfolgreich und konnte auch vor Gericht behauptet werden. Viele Firmen integrieren zum Beispiel angepasste Versionen des Linux-Kernels in hochintegrierten Endgeräten[19] wie Mobiltelefonen und PDAs. Diese Kernel-Anpassungen können wiederum vom Entwicklerteam in den offiziellen Code aufgenommen werden. Stünde der Kernel unter einer NC-Lizenz, wäre der gewerbliche Einsatz von Linux unmöglich auch Einzelfallzustimmung wäre praktisch aufgrund der hohen Zahl von Entwicklern kaum realisierbar. Das Copyleft- bzw. Share-Alike-Prinzip ermöglicht sinnvolle kommerzielle Investitionen und schützt dabei den Gemeinschaftsgedanken.

Ein anderes interessantes Beispiel kommerzieller Nutzung freier Inhalte ist die DVD-Version der deutschsprachigen Wikipedia. Produziert und vertrieben wird sie von der Berliner Firma *Directmedia*[20], bekannt durch ihre „Digitale Bibliothek" literarischer Klassiker. Innerhalb kurzer Zeit wurde die Wikipedia-DVD in *Amazon.de* zum Bestseller in der Software-Kategorie, nicht zuletzt dank des niedrigen Preises von 9,90 €. *Directmedia* verpackte die Wikipedia-Inhalte in einer eigenen Software mit speziellen Suchfunktionen, die den einfachen Offline-Einsatz ermöglichen.

Um diese DVD zu produzieren, musste *Directmedia* mit den Wikipedianern zusammenarbeiten. Die halfen fleißig mit, die Daten durchsuchbar und sortierbar zu machen und unfertige Artikel auszusieben. Im Gegenzug spendete *Directmedia* für jede verkaufte DVD einen Euro an die Wikimedia-Stiftung. Außerdem half die Firma dem Wikimedia-Medienarchiv mit einer „Bildspende" von 10 000 Reproduktionen gemeinfreier Kunstwerke.

Das Geschäftsmodell der Wikipedia-DVD funktionierte, weil mit der vorher nicht vorhandenen Lesesoftware ein zusätzlicher Nutzen geschaffen wurde und die Inhalte für die Publikation aufpoliert wurden. Das zeigt auch, dass neben dem Copyleft-Prinzip jede erfolgreiche kommerzielle Nutzung freier Inhalte auch von den guten Absichten beider Seiten abhängt. Ein weiteres Beispiel dafür ist *Answers.com*, eine werbefinanzierte Website für Referenz-Informationen, die unter anderem Wikipedia-Inhalte integriert. Die Mutterfirma *GuruNet* hat Wikimedia bereits mehrfach finanziell unterstützt – etwa durch die Bezahlung eines fest angestellten Software-Entwicklers und als einer der Sponsoren der Wikimedia-Konferenz Wikimania. Alle diese Leistungen wurden freiwillig erbracht, halfen aber, freundschaftliche Beziehungen zwischen

---

19 http://www.linuxdevices.com/
20 http://www.directmedia.de/

den Projekten zu etablieren.

So kann kommerzielle Nutzung beiden Parteien helfen. Das Copyleft-Prinzip, das von den Creative-Commons-Lizenzen mit Share-Alike-Klausel verkörpert wird, bietet ausreichenden Schutz vor Ausbeutung, ohne kommerzielle Experimente zu verbieten. Diese Experimente sind jedoch absolut notwendig, wenn echte, innovative Geschäftsmodelle für freie Inhalte entstehen sollen. Ganz besonders im Fall gemeinschaftlicher Inhalte machen die NC-Lizenzen solche Experimente praktisch unmöglich, da für Ausnahmeregelungen jeder einzelne Autor seine Zustimmung geben müsste.

Ein weiterer Faktor, den jeder Urheber berücksichtigen sollte, ist die Durchsetzbarkeit der Lizenz. Das betrifft vor allem kleine Lizenzverletzungen. Dafür, dass dies selbst im Falle liberaler Lizenzen nicht trivial ist, ist Wikipedia wiederum ein gutes Beispiel. Um die *GNU Free Documentation License (FDL)* nicht zu verletzen, müssen Nutzer von Wikipedia-Inhalten nach Interpretation der Wikimedia-Stiftung einen Verweis auf die Originalkopie auf den Wikimedia-Servern und deren Artikelgeschichte setzen und außerdem darauf hinweisen, dass die Artikel unter der *FDL* lizenziert sind. Das ist ein Kompromiss, um die komplexen Anforderungen der *FDL* zu erfüllen.

In der Praxis zeigt ein kurzer Blick auf die Liste von Wikipedia-Spiegeln[21], dass sich sehr viele mit Werbung versehene Spiegel nicht an diese Regelung halten. Da sie mit minimalem Aufwand aufgesetzt wurden, um mit Werbung Geld zu verdienen, sind die Betreiber oft nicht auffindbar oder nicht bereit, Zeit zu investieren, um die Lizenzbedingungen einzuhalten. Während das Verhalten der Betreiber klar die Lizenz verletzt und somit illegal ist, ist es schwer zu bestrafen, da die Spiegel in vielen unterschiedlichen Ländern lokalisiert sind.

Obwohl die Wikipedia-Gemeinde groß ist und über eine mit hinreichenden Finanzmitteln ausgestattete Mutterorganisation mit Vertretungen in vielen Ländern verfügt, sind selbst einfache Lizenzbedingungen für freie Inhalte oft nur schwer durchsetzbar. Man sollte sich also fragen, ob man wirklich willens und in der Lage ist, Verletzungen einer NC-Lizenz zu verfolgen. Sonst trifft man mit der Beschränkung nur diejenigen, die sich an die Lizenz halten – Nutzer, die wahrscheinlich ohnehin für eine freundschaftliche Kooperation offen wären.

Es ließe sich entgegnen, dass man Suchmaschinen-Spammern nicht ganz legal in die Hände arbeiten sollte. Darauf gibt es zwei Antworten: Zunächst einmal hat ein Urheber ganz unabhängig von der gewählten Lizenz die Möglichkeit, Gefühle und Erwartungen, was die Nutzung seines Werkes angeht, auszudrücken, ohne dabei rechtlich bindende Vorschriften zu machen. Man kann schlicht jede Zusammenarbeit mit Menschen verweigern, deren Handeln den persönlichen Wertvorstellungen widerspricht oder dieses Handeln offen verurteilen.

Die zweite Antwort ist, dass alle Formen von Spam Schwächen in der Kommunikations- und Informationsinfrastruktur repräsentieren. Die meisten der heutigen Suchmaschinen verwenden immer noch den relativ primitiven Ansatz, alle im Netz

---

21 http://en.wikipedia.org/wiki/Wikipedia:Mirrors_and_forks/GFDL_Compliance

verfügbaren Inhalte zu indexieren. Damit liefern sie den Anreiz, das Web mit Kopien von freien Inhalten zu überfluten, um profitable Positionen in den Ergebnislisten und viele Treffer zu erzielen. Es erscheint unklug, die Entscheidung für oder gegen eine freie Lizenz von den Schwächen heutiger Suchmaschinen abhängig zu machen.

6 Schlussfolgerungen

Es lassen sich drei Gruppierungen ausmachen, für die sich jeweils unterschiedliche Konsequenzen ergeben.

6.1 Für Urheber

Die Entscheidung für eine NC-Lizenz ist selten ideologisch oder ökonomisch zu rechtfertigen. Sie schließt eine Gruppe von potenziellen Lizenznehmern aus, die sich aus freien Wissensgemeinschaften und Archiven, kommerziellen Publikationen, Herstellern von Kompilationen und vielen anderen zusammensetzt. Dabei verhindert man mit großer Wahrscheinlichkeit bereits durch die Entscheidung, ein Werk kostenlos abzugeben, die kommerzielle Nutzung im großen Stil. Dies trifft umso mehr auf Regierungen und Bildungseinrichtungen zu: Inhalte, die von großem kulturellen oder wissenschaftlichen Wert sind, sollten unter Lizenzbedingungen verfügbar sein, die eine breite Nutzung ermöglichen. Leider sind es gerade diese Institutionen, die sich aus Tradition und Skepsis oft für NC-Lizenzen entscheiden.

Natürlich ist es für den Rechteinhaber möglich, über die NC-Lizenzierung hinausgehende Nutzungen von Fall zu Fall durch die Erteilung von Sondergenehmigungen zuzulassen. Der entscheidende Vorteil freier Lizenzen besteht jedoch darin, dass sie solche Verhandlungen überflüssig machen und dadurch dafür sorgen, dass das Werk jederzeit, zu jedem beliebigen Zweck und für Menschen und Maschinen gleichermaßen zur Verfügung steht.

Als Urheber könnte man argumentieren, dass man erst einmal abwarten möchte, ob überhaupt jemand ein Interesse an der Nutzung seiner Werke unter einer liberalen Lizenz hat. In der Praxis dürfte es jedoch selten der Fall sein, dass die vom Urheber bereitgestellten Inhalte so einzigartig und bedeutsam sind, dass die Vorstellung, sie nicht zu nutzen, undenkbar ist. Menschen neigen dazu, den Weg des geringsten Widerstandes zu beschreiten, ganz besonders in Online-Gemeinschaften aus Freiwilligen.

Es mag Fälle geben, in denen man sich diese Reibung durchaus wünscht, da man die Nutzung seines Werkes nachvollziehen und mit Lizenznehmern ins Gespräch kommen möchte. Um dies zu erreichen, kann man aber auch eine schlichte Klausel hinzufügen, etwa: „Es steht Ihnen frei, dieses Werk in jeder Form zu nutzen, solange Sie mich als Autoren nennen. Gerade bei Nutzungen in einem größeren Maßstab würde ich mich aber freuen, von Ihnen zu hören."

Mit einem Vorschlag wie diesem reduziert man Reibungsverluste, definiert aber gleichzeitig seine Erwartungen. Der Missachtung dieser Erwartung kann man auf sozialer Ebene Rechnung tragen. Damit bringt man auch eine Tatsache zum Ausdruck, die nicht zuletzt das Wikipedia-Projekt unter Beweis gestellt hat – dass die meisten Menschen im Kern versuchen, das Richtige zu tun. Durch die Zusammenarbeit in freien Gemeinschaften ist es möglich, moralisch fragwürdigem Verhalten mit Aufklärung oder Ausgrenzung zu begegnen, ohne dass ein einziger Rechtsanwalt auf den Plan treten muss. Zusätzlich können technische Verfahren, die den Weg von Inhalten durch das Netz aufzeichnen, verbessert werden. In Weblogs werden bereits heute über den sog. Track-Back-Mechanismus die Pfade von Blog-Nachrichten verfolgt.

Durch ein Verbot kommerzieller Nutzung ohne Sondergenehmigung positioniert man sich am Ärmelsaum der freien Wissensgesellschaft, wo es eher um Freibier als um Freiheit geht. Eine wachsende Zahl von Menschen steht bereit, freie Inhalte zu sammeln, zu verbessern und zu vermischen. Durch die Entscheidung für eine NC-Lizenz riskiert man, dieses Potenzial zu verspielen, gibt aber gleichzeitig die Chance auf, nach klassischen Vorstellungen von geistigem Eigentum Geld zu verdienen.

Wenn man sich trotz allem gezwungen sieht, eine NC-Lizenz zu nutzen, sollte man zumindest die klassische urheberrechtliche Schutzdauer in Frage stellen. Ein einfacher Vermerk, dass ab einem bestimmten Datum eine liberalere Lizenz gilt, genügt. Ansonsten bleibt ein Werk noch lange nach dem Tod unter staatlichem Schutz.

Freie Inhalte befinden sich ständig im Fluss, wachsen zusammen und schlagen Wellen. Im Ozean des freien Wissens bildet das Copyright die Kontinente, schwerfällige Landmassen, auf denen sich trotzdem eine große Vielfalt von Leben entwickelt hat. Lizenzen, die einerseits eine freie Verbreitung erlauben, andererseits aber die kommerzielle Nutzung verbieten, repräsentieren einsame Inseln, gehören weder zur alten noch zur neuen Welt. Wer sich traut, in den Ozean einzutauchen, schafft Werke, die sich frei bewegen können und trägt zu einer neuen kulturellen Evolution bei. Denn alles Leben kommt aus dem Wasser.

6.2 Für Lizenznehmer

Wenn man im Netz ein interessantes Werk findet, das unter einer NC-Lizenz verfügbar ist, sollte man zunächst dem Urheber seine Dankbarkeit für die mutige Entscheidung übermitteln, die Arbeit kostenlos abzugeben. Gleichzeitig kann man aber auch zum Ausdruck bringen, dass eine freie Lizenz wie CC-BY oder CC-BY-SA besser wäre und dabei auf diesen Beitrag Bezug nehmen.

Strategisch ist es sinnvoll, systematisch Individuen und Organisationen ausfindig zu machen, die große Mengen von Inhalten unter NC-Lizenzen zur Verfügung stellen, und sie davon zu überzeugen, die Lizenzbedingungen zu ändern. Zumindest könnte auf diesem Wege langsam ein Problembewusstsein entstehen.

6.3 Für Creative Commons

Als ein Projekt mit dem Ziel, Lizenzentscheidungen so einfach wie möglich zu machen, hat Creative Commons eine Verantwortung, seine Nutzer zu informieren, welche Folgen Lizenzen, die eine kommerzielle Nutzung verbieten, nach sich ziehen. Viele, die sich für eine NC-Lizenz entscheiden, sind sich nicht darüber im Klaren, welche Implikationen damit verbunden sind. Deshalb wäre es wünschenswert, wenn bei der Lizenzauswahl eine Zusammenfassung wie die folgende eingeblendet werden könnte:

> „Bitte beachten Sie, dass ein Verbot kommerzieller Nutzung dazu führt, dass Ihr Werk nicht von Online-Communitys genutzt werden kann, die ihre Arbeit unter weniger restriktiven Lizenzen zur Verfügung stellen. Dazu gehören große Wissensgemeinschaften wie die Enzyklopädie Wikipedia, aber auch Open-Source-Distributionen und große Medienarchive. Die Entscheidung für eine solche Lizenz führt auch dazu, dass *alle* kommerziellen Nutzungsarten ohne Sondererlaubnis jedes beteiligten Urhebers unmöglich werden, unabhängig vom Umfang der Vergütung. Die Option *Share Alike* reduziert das Risiko kommerzieller Ausbeutung, da Derivate vollständig unter einer freien Lizenz verfügbar gemacht werden müssen. Gleichzeitig erlaubt sie grundsätzlich die kommerzielle Nutzung und führt zu weniger Kompatibilitätsproblemen. Lesen Sie diesen Artikel[22] für eine detaillierte Analyse der Problematik."

Es wird schwer sein, Urheber zu überzeugen, dass die intuitiv naheliegende Option, kommerzielle Nutzung zu verbieten, komplexe negative Folgen nach sich ziehen kann. Es bleibt zu hoffen, dass Creative Commons sich an dieser Anstrengung beteiligt.

Literatur

Free Software Foundation (2005), 'Die Definition Freier Sofware'. http://www.gnu.org/philosophy/free-sw.de.html [02. Feb 2006].

Nerode, N. (2003), 'Why You Shouldn't Use the GNU FDL'. http://home.twcny.rr.com/nerode/neroden/fdl.html [02. Feb 2006].

Perens, B. (2002), 'The Open Source Definition'. http://opensource.org/docs/definition.php [02. Feb 2006].

Perens, B. (2004), 'Debian-Gesellschaftsvertrag'. Version 1.1 vom 26. April 2004, http://www.debian.org/social_contract.de.html [02. Feb 2006].

Srivastava, M. (2002), 'Draft Debian Position Statement About the GNU Free Documentation License'. http://people.debian.org/~srivasta/Position_Statement.html [02. Feb 2006].

---

[22] http://intelligentdesigns.net/Licenses/NC

Ein Archiv für die ganze Welt

STEFFAN HEUER

(CC-Lizenz siehe Seite 499)

Brewster Kahle ist einer der führenden Köpfe der Open-Content- und Open–Access-Bewegung. Sein 1996 gestartetes *Internet Archive* ist das Gedächtnis des Webs mit 55 Milliarden gespeicherten Webseiten. Sie lassen sich auch Jahre nach ihrem Verschwinden aus dem Netz noch im Originalzustand aufrufen. Der Computerwissenschaftler will so die Bücherei von Alexandria wieder auferstehen lassen – als ein offenes Archiv von Texten, Bildern, Ton- und Videodateien. Das wirft erhebliche technische wie rechtliche Probleme auf. Seit kurzem haben sich Hochschulen, Bibliotheken und namhafte Technologiefirmen seiner *Open Content Alliance* angeschlossen. Parallel dazu ringen die Suchmaschine Google, Medienkonzerne und Verlage mit ihren eigenen, umstrittenen Visionen des Zugangs zu digitalen Werken.

Schlüsselwörter: Internet Archive · Langzeitarchivierung · Online-Bücherei · Open Content Alliance · Urheberrecht

1 Das Internet Archive und die Wayback Machine – von der Jugendvision zum Web-Archiv mit 55 Milliarden Einträgen

Als Student am *Massachusetts Institute of Technology* in Cambridge hatte Brewster Kahle vor 25 Jahren eine Vision: Computer-Netzwerke würden Leben und Arbeit der Informationsgesellschaft grundsätzlich verändern. Kahle kam beim Nachdenken über die vernetzte Zukunft auf zwei Dinge, denen er seine beruflichen Anstrengungen widmen würde. Entweder wollte er dafür sorgen, erinnert er sich rückblickend, dass private Daten sicher verschlüsselt werden oder er wollte eine Online-Version der legendären Bücherei von Alexandria entwickeln. „Seitdem ist mir keine neue Idee eingefallen. Und daraus ist eine glänzende Karriere geworden", sagt der Computerwissenschaftler.

Entschieden hat er sich für letztere Mission. Nachdem er mehrere IT-Unternehmen gewinnbringend verkaufte, widmet sich Kahle seit einem Jahrzehnt seinem Motto: der

Welt „universellen Zugang zum menschlichen Wissen" zu verschaffen. Dazu gründete Kahle 1996 das *Internet Archive* in San Francisco.[1] Das Herzstück des virtuellen Archivs befindet sich in einem unscheinbaren Holzhaus aus dem 19. Jahrhundert im ehemaligen Militärgelände Presidio in Sichtweite der Golden-Gate-Brücke. Von hier aus dirigiert Kahle mit 30 Mitarbeitern das bislang ehrgeizigste Projekt, einen Großteil des menschlichen Kulturerbes in Text, Bild, Ton und Video zu katalogisieren und über das Web zugänglich zu machen. Das als Non-Profit betriebene Archiv wird von privaten Spenden finanziert – darunter mehrere Millionen aus Kahles Privatvermögen.

Bislang hat seine Stiftung rund 26 000 Bücher und andere Texte erfasst, die entweder nicht mehr dem Urheberrechtsschutz unterliegen oder im Rahmen einer Open-Content-Lizenz frei herunterladbar sind. Das gleiche gilt für annährend 29 000 Videoclips, Fernsehserien und historische Filme sowie rund 69 000 Audiodateien und 30 000 Konzertmitschnitte. Das Herzstück der Sammlung allerdings sind rund 55 Milliarden Webseiten, von denen viele nicht mehr online zugänglich sind, da sie vom Netz genommen oder aktualisiert wurden.[2]

Die *Wayback Machine* ist, wie der Name suggeriert, eine Zeitmaschine, die das wohlbekannte Problem der Fehlermeldung „404 – Page not found" löst. Benannt hat sie Kahle nach der Zeitmaschine aus der Zeichentrickserie „Rocky und Bullwinkle". Die Reise in die Online-Vergangenheit ermöglichen Programme oder Software-Bots, die Webseiten sammeln und wie eine gigantische Sammlung von Schnappschüssen archivieren. Über eine Suchmaske kann ein Nutzer eine Web-Adresse eingeben und das angezeigte Ergebnis bis auf den Tag genau eingrenzen. Die *Wayback Machine* archiviert das Web in aller seiner Vielfalt – von Nachrichten und politischen Ereignissen oder Debatten, über den Internetauftritt von Unternehmen, Hochschulen und Forschungseinrichtungen bis zu den Seiten über Alltag und Hobbys von Privatleuten lässt sich so wieder aufrufen, was anderweitig längst im Informationsorkan der modernen Welt untergegangen ist.[3]

Gehostet werden die Seiten in bislang drei ehemaligen Lagerhäusern im Stadtteil *South of Market* in der Innenstadt von San Francisco sowie auf Servern in Amsterdam und Alexandria, dem Standort seines großen Vorbildes. Kahles visionäre Sammelwut hat in einem knappen Jahrzehnt einen Datenberg von gut einem Petabyte[4] angehäuft. Jeden Monat, schätzt Kahle, wächst seine Sammlung um rund 20 Terabyte – was mehr als der gesamte Bestand der *Library of Congress* ist.[5]

---

[1] Das *Internet Archive* findet man unter http://www.archive.org. Eine weitere hervorragende Einführung ist ein Interview, das Kahle 2004 gab. Dieses kann man unter: http://www.itconversations.com/shows/detail400.html herunterladen.
[2] Die Statistiken wurden mit Stand vom 10. Februar 2006 auf http://www.archive.org abgerufen.
[3] Siehe http://www.archive.org/web/web.php.
[4] Ein Petabyte sind 1024 Terabyte oder circa eine Million Gigabyte.
[5] Siehe http://www.archive.org/web/hardware.php.

2 Das Ausgangsproblem: Wie viele Informationen gibt es und wie lassen sie sich am besten erfassen und archivieren?

Die Datenflut einer vernetzten Welt zu erfassen und anschließend gratis zur Verfügung zu stellen, wirft erhebliche Probleme auf – archivarischer, informationstechnischer, finanzieller und schließlich rechtlicher Art.

Da ist zunächst einmal die Frage, welche Werke genau ein offenes Internet-Archiv erfassen soll. Nie zuvor hat die Menschheit derart viele Bits und Bytes produziert. Peter Lyman von der Schule für Informations-Management und -Systeme an der Universität Berkeley versucht seit 2000 mit einer oft zitierten Studie namens „How Much Information?", das Datenaufkommen zu quantifizieren (Lyman und Varian 2003). „Seit Mitte der 90er Jahre hat sich etwas Erstaunliches getan", berichtet der Wissenschaftler. „Der Zugriff auf Informationen wurde dank des Internets immer besser und schneller, während die Kosten für Speichermedien immer weiter sinken." Beide Trends erlaubten es Büchereien, Museen, Stiftungen, Unternehmen und Regierungsbehörden in aller Welt, immer mehr Daten zu horten und nach Brauchbarem zu durchsieben.

Im Jahr 2002 etwa produzierte die Menschheit auf Papier, Film, magnetischen und optischen Speichermedien rund fünf Exabyte neue Daten. Neun Zehntel davon wurden auf Festplatten abgelegt. Fünf Exabyte – eine Zahl mit 18 Nullen – entspricht 800 Megabyte pro Kopf der Weltbevölkerung, rechnet Lyman vor, oder zehn Meter aneinander gereihter Buchrücken pro Erdbewohner. Seit 1999, dem Zeitpunkt der ersten Erhebung für die Berkeley-Studie, wuchs das Volumen gespeicherter Informationen um jährlich 30 Prozent. Das für alle zugängliche und nicht hinter Passwörtern und Firewalls geschützte Internet macht dabei nur einen Bruchteil aus, nämlich 170 Terabyte. „Das ist nur die Oberfläche – statische Seiten, die für jeden Benutzer gleich aussehen", erklärt der Professor. Rechnet man all jene Seiten hinzu, die aufgrund einer individuellen Anfrage dynamisch erzeugt werden, erhält man das so genannte „dunkle Web" – und das ist geschätzte 92 000 Terabyte (oder knapp 90 Petabyte) groß.

Ähnliche Kalkulationen hat Kahle für Kinofilme, Schallplatten und CDs angestellt, aufbauend auf Schätzungen des Computerwissenschaftlers Raj Reddi von der Carnegie Mellon Universität. Reddi schätzt, dass in der gesamten Menschheitsgeschichte seit Zeiten der sumerischen Keilschrift rund 100 Millionen Bücher veröffentlicht wurden. Grafisch originalgetreue digitale Versionen würden allerdings weitaus mehr als 1 MB pro Buch erfordern. Dazu kommen zwei bis drei Millionen Musikaufnahmen vom 78er Format über LPs bis zu CDs, rund 100 000 Kinofilme sowie weitere zwei Millionen Filme, die zu Bildungs-, Werbe- oder anderen Zwecken aufgenommen wurden. Selbst die jährliche Ausbeute aller in den USA ausgestrahlten Fernsehsendungen beläuft sich auf technisch handhabbare 3,6 Millionen Stunden, die nach Lymans Schätzungen maximal 8 200 Terabyte Speicherplatz benötigen. Suchmaschinen-Weltmeister Google rechnete unlängst den Zeitaufwand durch, um alle auf der Welt vorhandenen

Informationen mit seiner Technik zu indexieren und kam auf 300 Jahre.[6]

Kahles Sammeleifer geht längst nicht so weit. Er konzentriert sich in erster Linie auf frei zugängliche Webseiten. Und da kämpft das *Archive* gegen die Uhr. Die durchschnittliche Lebensdauer einer Webseite beträgt 77 Tage, die von offiziellen Seiten ungefähr vier Monate. So schnell, wie sie aufgeschaltet werden, verschwinden Dokumente wieder oder können innerhalb von Minuten verändert werden, sollten Fehler entdeckt werden oder Beschwerden eingehen. Automatische Archivierungs-Software macht nur sporadisch die Runde durchs Web und bringt eine Momentaufnahme zurück, die bereits veraltet ist, wenn sie online verfügbar ist. So dauert es nach Angaben des *Internet Archive* mindestens sechs, in der Regel zwölf Monate, bis eine indexierte Seite über die *Wayback Machine* verfügbar ist.[7]

Die Wirtschaftswelt hat den Wert der *Wayback Machine* bereits erkannt. Durchschnittlich 180 000 Nutzer suchen nach archivierten Internet-Dokumenten, und immer häufiger sind es Rechtsanwälte oder Unternehmer auf der Jagd nach Beweismaterialien. Das *Wall Street Journal* etwa beschrieb im Sommer 2005, wie Anwälte des Computerherstellers Dell Kahles Service benutzten, um alte Versionen einer Webseite zu finden, die ihre Marke angeblich diffamierte und Besucher zu anderen PC-Anbietern umleitete. Der Betreiber hatte die reklamierte Seite längst gegen eine harmlosere Version ausgetauscht, aber bei der *Wayback Machine* wurden sie fündig und erreichten, dass die beanstandete Domain an Dell übertragen wurde. Laut *Wall Street Journal* ist Kahles Archiv bereits in den Sprachgebrauch übergegangen. „Can you do a Wayback on that?" erkundigen sich Juristen bei Kollegen, wenn sie heute eine Stecknadel im Online-Heuhaufen suchen (Kesmodel 2005).

3 Keine rein technische Frage: Sind Software-Bots die besten Archivare?

Die *Wayback Machine* ist ein automatisierter Archivar, dessen Roboterprogramme indexieren, was sie finden – so lange sie es finden. Das klingt auf den ersten Blick wie wertneutrale Technik und ähnelt der Herangehensweise kommerzieller Suchmaschinen wie Google, Yahoo! oder A9.com, die ihrerseits Milliarden von Webseiten durchkämmen und im Cache verfügbar machen. In fast allen Fällen gilt, dass sich selbst mit einer schnellen Suche finden lässt, wogegen der Eigentümer oder ein Betroffener nicht nachträglich Einwände erhebt. Aber Automatisierung ist längst keine problemfreie Lösung. „In traditionellen Archiven treffen Menschen Entscheidungen, welche Werke aufbewahrt werden sollen. Im Internet ist das eine mathematische Entscheidung, deren Algorithmen Firmen wie Google als Geschäftsgeheimnis hüten: Alle

---

6   Die Schätzung stammt von Google-CEO Eric Schmidt auf der Jahreskonferenz der *Association of National Advertisers*. Siehe auch Mills (2005).
7   Detaillierte Informationen zu Lebensdauer und Verzögerung bis zum Erscheinen im *Archive* sind unter http://www.archive.org/about/faqs.php zu finden.

soundsoviel Tage zieht ein Roboter Bilanz", sagt Lyman. Das mag objektiver sein als ein Kurator am Königshof oder ein Beamter in einem totalitären Staat, der unliebsame Bestände aus dem Verkehr ziehen kann – eine umfassende Abbildung der Wirklichkeit ist es jedoch ebenso wenig.

Weiterhin stellt sich die Frage, wie weit ein Archiv das Netz auswerten sollte. Jede Webseite verweist im Schnitt auf 15 andere Seiten und enthält 5 Objekte wie Bilder, Grafiken, Videos, Tondateien, Werbung.[8] Wer eine Seite archiviert, muss beim zu speichernden Umfeld irgendwo eine Grenze ziehen und droht damit wichtigen Kontext zu kappen, der der Nachwelt das Verständnis erleichtert. Ähnlich ergeht es Forschern, die heute alte Zeitungen lesen, die es nur noch auf Mikrofilm gibt. Annoncen, unterschiedliche Lokalausgaben oder Korrekturen nach dem Andruck sind oft unwiederbringlich verloren. Wenn die Links zudem auf Quellen verweisen, die im „tiefen Web" verborgen sind, kommt der normale Nutzer nicht mehr weiter. Viele solcher Fundstücke sind oft nur in kostenpflichtigen Datenbanken – etwa denen von Tageszeitungen oder Lexis-Nexis – erhältlich.

Neben der richtigen Suche gibt es das Problem der richtigen Aufbewahrung. Selbst wenn sich heute jede Seite durch Bots archivieren ließe, heißt das noch lange nicht, dass zukünftige Generationen in der Lage sein werden, diese Dokumente aufzurufen. Browser etwa gibt es erst seit rund zehn Jahren – und schon jetzt schwankt die Darstellung erheblich, je nachdem, ob man eine Seite mit einer alten Version von *Netscape,* Microsofts *Internet Explorer* oder Apples *Safari* aufruft. Die Hardware und Software, um ein Web-Objekt authentisch darzustellen, muss bewahrt werden oder kompatibel sein, sonst drohen die gehorteten Informationen wertlos zu sein.[9]

Dazu gehören die Metadaten – also etwa Informationen über Herkunft und Authentizität der Quelle. Sonst kann es passieren, dass spätere Forscher Webseiten voller Verschwörungstheorien über die Anschläge vom 11. September finden und sie mit offiziellen Berichten der verschiedenen Untersuchungskommissionen und seriösen Analysen gleichsetzen. Ganz zu schweigen von der Gefahr, dass sich veraltete Formate überhaupt nicht mehr öffnen lassen, weil sie inkompatibel sind oder sich die Speichermedien zersetzt haben, auf die der Server zugreifen will. Das *Internet Archive* speichert die Webseiten gegenwärtig in Dateien von je 100 Megabyte Größe im ARC-Format, das Kahle bereits 1996 entwickelte. Die wichtigsten Kriterien dabei sind die Autonomie der in diesen Paketen gespeicherten Dateien, dass sie sich also ohne Index-File finden und öffnen lassen. Das Format muss „ausbaubar" sein, so dass die

---

8 Die Angaben stammen aus einem Essay Peter Lymans für das NDIIP-Projekt. Siehe http://www.digitalpreservation.gov/index.php?nav=3&subnav=5.
9 Grundsätzliche Fragen zur richtigen, dezentralen Aufbewahrung öffentlicher digitaler Bestände versucht auch das „Electronic Records Archives"-Projekt (ERA) zu beantworten. Dazu gehören neben rund fünf Milliarden Seiten in Washington auch die Bestände aus dreizehn regionalen Archiven und bislang elf Präsidenten-Bibliotheken. Die Infrastruktur baut Lockheed Martin im Auftrag der *National Archives and Records Administration (NARA)* in den kommenden sechs Jahren für 308 Mio. Dollar auf (Squeo 2005).

Dateien mit unterschiedlichsten Protokollen aufgerufen werden können. Die Dateien müssen sich ferner streamen lassen, und sie müssen als eigenständige Einträge ohne späteres Inhaltsverzeichnis Bestand haben.[10]

Über die Frage nach der besten Aufbewahrung denkt seit einigen Jahren auch der US-Kongress nach. Berkeley-Professor Lyman und Kahle sind Berater eines 2000 in Washington lancierten Projektes, um ein Nationales Programm für Digitale Infrastruktur und Aufbewahrung (*NDIIPP*) zu entwickeln. Unter der Leitung der *Library of Congress* arbeiten US-Universitäten an Machbarkeitsstudien zum richtigen Umgang mit Materialien, die „digital zur Welt gekommen" sind. Die ersten Förderprogramme mit einem Volumen von insgesamt 17 Millionen Dollar vergab Washington im September 2004 und Mai 2005. Sie reichen von einem Auftrag, neue Archivierungswerkzeuge für öffentliche Datenbanken zu entwickeln, über die Speicherung digitaler Fernsehprogramme bis zur Aufbewahrung von „gefährdeten" Materialien aus der schnelllebigen Dotcom-Ära. Wenn eine der Universitäten eine Suite von Software-Werkzeugen fertig stellt, sollen andere Büchereien und Sammlungen sie verwenden können, und zwar möglichst als kostenlose Open-Source-Programme.[11]

4 Gewöhnliche Linux-PCs ermöglichen den Zugang für hunderttausende Nutzer

Die dritte große technische Frage stellt sich beim Zugang für alle potentiellen Nutzer. Kahles Organisation jongliert die Nutzlast auf mehreren hundert PCs, auf denen das Open-Source-Betriebssystem Linux läuft. Finanziell ist diese Form der Archivierung durchaus machbar. „Nehmen wir nur den Bestand der *Library of Congress*: rund 26 Millionen Objekte", rechnet Brewster Kahle vor. „Der reine Text in einem Buch sind rund ein Megabyte, also geht es um 26 Terabyte. Das lässt sich auf Linux-Servern für 60 000 Dollar zugänglich machen und der Welt zum Stöbern anbieten. Wollte man die Bücher scannen und grafisch aufbereiten, würde es zehn Dollar pro Band kosten. Also beliefe sich die gesamte Rechnung auf 260 Millionen Dollar. Das sind Peanuts!"

Jeder seiner Rechner verfügt über 512 Megabyte Arbeitsspeicher und eine Festplatte mit einem Gigabyte Kapazität. Daneben werden Daten auf Bändern gespeichert. Die langfristige Finanzierung der Infrastruktur und des Zugangs zu den Beständen sieht Kahle als gesichert an. „Wir werden die Bestände in eine Reihe von Archiven rund um die Welt verteilen", erklärt er zur Zukunft des Archivs. Bei dieser Anstrengung kommt ihm seine frühere Karriere als Computerwissenschaftler und erfolgreicher IT-Unternehmer zugute. So gründete und verkaufte er seine Firma *WAIS* (*Wide Area Information Systems*) und die Suchmaschine *Alexa Internet* gewinnbringend. Letztere steuert heute noch die von Bots besuchten Seiten zum *Internet Archive* bei.

---

10 Siehe http://pages.alexa.com/company/arcformat.html.
11 Eingehende Informationen zu Zielsetzung, Zeitplan und Pilotprojekten finden sich unter http://www.digitalpreservation.gov.

Langfristig ist die Speicherung schnell vergänglicher Artefakte wie Webseiten eine lohnende Investition, glaubt Kahle. Internet-Büchereien können demnach den Inhalt des Netzes zum permanenten Fundus unseres politischen und kulturellen Lebens machen. Sie schützen außerdem das Recht der Bevölkerung auf umfassende Information durch Behörden und Politiker. So gibt es etwa in den Vereinigten Staaten keine landesweit einheitliche Handhabe, wie und für welchen Zeitraum öffentliche Dokumente online aufbewahrt werden. „Es gibt nur wenige Regelungen, was genau aufgeschaltet wird, wann es wieder verschwindet und wie oft es aktualisiert wird. Diese Lücke können Online-Büchereien schließen", heißt es auf der Webseite des Internet-Archivs.[12]

Ebenso wichtig ist es, dass die Bevölkerung im digitalen Zeitalter ein „Recht auf Erinnerung" hat, insbesondere dann, wenn der Zugriff auf gedruckte Unterlagen nicht möglich ist, da mehr und mehr Dokumente nur noch in digitaler Form existieren. Der Archivar des Internets listet eine ganze Reihe weiterer Beweggründe auf: die Veränderung der Sprache und die Evolution des Webs als Spiegelbild der Gesellschaft und Volkswirtschaft zu verfolgen; und schließlich das Internet und seine ständig wachsenden Verbindungen von Seite zu Seite als Einblick in die Kommunikationsmuster der Menschheit zu bewahren, damit sie künftige Wissenschaftler studieren können.

5 Das Internet Archive als kulturelles Gedächtnis und seine Vorgänger

Es gab bereits frühere, durchaus umfangreiche Online-Kollektionen, die Texte, Bilder, Ton- und Filmdateien seit Jahren sammeln, sofern diese nicht (oder nicht mehr) dem Urheberrecht unterliegen. Mit ihnen arbeitet das *Internet Archive* zusammen – etwa dem Projekt *Gutenberg*, das der Amerikaner Michael Hart bereits 1971 an der Universität Illinois startete und das bislang 17 000 Bücher umfasst. Seine Vision nannte er „Replikator-Technik" – was einmal in einen Computer eingegeben wurde, lässt sich endlos vervielfältigen. Rund zwei Millionen Exemplare im guten alten ASCII-Format laden sich Nutzer in aller Welt jeden Monat herunter. Darunter sind Klassiker wie die Notizbücher des Leonardo da Vinci oder Mark Twains „Abenteuer des Huckleberry Finn".[13]

Ein weiteres wichtiges Online-Archiv, das die Verbindung zwischen gedruckter und digitaler Welt herstellt, ist das *Million Book Project*. Diese Bücherei wurde von fünf Akademikern an der Carnegie Mellon Universität in Pittsburgh gestartet und hatte ursprünglich vor, bis Ende 2005 eine Million Bücher einzuscannen, mit optischer Buchstabenerkennung (OCR) zu verarbeiten und im Internet zur Verfügung zu stellen.

---

12 Einer der Versuche, verschollene öffentliche Webseiten von US-Behörden zu archivieren, ist der *Cyber Cemetary*: http://govinfo.library.unt.edu/.

13 Siehe http://www.gutenberg.org. Nicht zu verwechseln mit dem deutschen Gutenberg-Projekt, das von *Spiegel Online* betrieben wird und einen ähnlichen Ansatz verfolgt (http://gutenberg.spiegel.de/).

Ein erster Schritt sind mehr als 10 500 Bände, die ebenfalls über das Portal des *Internet Archive* abgerufen werden können. Darunter sind bislang eher obskure Bücher wie „Eine Geschichte der Hindu-Zivilisation unter britischer Herrschaft, Band 1".[14]

Der dritte bedeutende Fundus ist das Video-Archiv des New Yorker Verlegers Rick Prelinger. Er begann 1983 in seiner Wohnung in Manhattan damit, längst vergessene Werbe- und Fortbildungsfilme amerikanischer Unternehmen und Interessensverbände sowie ausrangierte Kurzfilme zu katalogisieren. Heute umfasst sein Archiv rund 48 000 solcher Filme oder Bruchstücke aus den Jahren 1927 bis 1987. Die Sammlung wurde 2002 von der *Library of Congress* erworben, die Verwertungsrechte liegen bei der Fotoagentur Getty Images. Nur 2 000 dieser Videodateien sind über das *Internet Archive* zugänglich.[15]

6 Der Rechtsstreit um die Ausweitung des Urheberrechts

Prelinger und Kahle wurden vor allem durch ein Verfahren vor dem Obersten Gerichtshof der USA bekannt, in dem sie 2004 gegen die beständige Ausweitung des Urheberrechtsschutzes klagten. Während Copyright bis 1976 angemeldet und regelmäßig verlängert werden musste, geht das Gesetz in den USA heute von einer automatischen Geltung aus. Andernfalls muss ein Rechtsinhaber (Verlag, Autor) sein *opt-out* geltend machen. Da das in der Regel nicht geschieht, behalten Millionen von Titeln automatisch ihr Copyright und werden zu so genannten verwaisten Werken (*orphaned works*). Prelinger und Kahle argumentierten, wenn der Kongress regelmäßig dagegen stimme, Filme oder fiktive Charaktere wie Mickey Maus in die „Public Domain" übergehen zu lassen, verstoße dies gegen das in der US-Verfassung verbriefte Recht auf freie Meinungsäußerung.[16]

Ihr prominentester Fürsprecher ist der Jurist Lawrence Lessig von der Universität Stanford. Er ist mit mehreren Büchern und engagierten Aufsätzen zum Thema Copyright eine Galionsfigur der Open-Source-Bewegung geworden und Mitbegründer von Creative Commons. Der Oberste Gerichtshof in Washington wies die Klage Ende 2004 erwartungsgemäß ab, so dass der Fall jetzt vor dem 9. Bezirksgericht in San Francisco verhandelt wird. Es geht dabei um eine fundamentale Frage des Zugriffs auf online verfügbare Archivmaterialien – egal ob sie „digital geboren" wurden oder erst nachträglich in Bits umgewandelt wurden. Diese Debatte hat sich inzwischen zu einem weitaus größeren Problem entwickelt als die technischen Hürden der umfassenden Archivierung. Denn selbst ein Schnappschuss im Web unterliegt streng genommen

---

14 Das Projekt ist inzwischen Bestandteil der *Universal Library*: http://tera-3.ul.cs.cmu.edu.
15 Interessante Details zu Prelingers Motivation und der Entwicklung seines Archivs finden sich in einem persönlichen Essay des Gründers (Prelinger 2001).
16 Hintergrund zu den Eingaben Prelingers und Kahles sowie Klageschriften und Regierungsentgegnungen im Verfahren Kahle gegen Ashcroft und später Kahle gegen Gonzales finden sich auf der Webseite des *Stanford Center for Internet and Society*: http://cyberlaw.stanford.edu/about/cases/kahle_v_ashcroft.shtml.

dem Urheberrecht und darf nur dann archiviert werden, wenn der Rechteinhaber ausfindig gemacht und sein Einverständnis eingeholt werden kann.

7 Die Open Content Alliance – kommerzielle Interessen stoßen hinzu

Der wichtigste Meilenstein in Kahles Plan ist die gemeinsam mit Yahoo! im Oktober 2005 ins Leben gerufene *Open Content Alliance (OCA)*. Das Bündnis ist eine Zusammenarbeit des *Internet Archive* mit großen, traditionellen Sammlungen sowie einigen der bekanntesten Namen der Technologiewelt: Microsoft, Adobe, Hewlett–Packard Labs und der Technikverlag O'Reilly Media. Auf akademischer Seite gehören der Organisation renommierte Universitäten wie Columbia, Emory oder Johns Hopkins, die zehn Hochschulen des University-of-California-Systems und die Universität Toronto an. Dazu kommen Einrichtungen wie das Europa-Archiv unter Leitung des schweizerischen Bundesarchivs, die *Smithsonian Institution*[17] und das britische Nationalarchiv. Alleine zwischen dem Start des Projektes Anfang Oktober bis Mitte Dezember 2005 wuchs die Zahl der Teilnehmer von 10 auf 33 an.

Die *OCA* hat sich zum Ziel gesetzt, „ein permanentes Archiv digitalisierter Texte und Multimedia-Inhalte in vielen Sprachen aufzubauen", heißt es auf der Webseite der Organisation. Die Sammlungen, die Teilnehmer zur Digitalisierung bereitstellen, wird über die OCA-Seite verfügbar sein und zudem über die Suchmaschine von Yahoo!. Alle Inhalte sollen frei und kostenlos zugängig und zum Download verfügbar sein – sofern die Inhaber der Urheberrechte ihre Zustimmung geben. Den Anfang wird eine Sammlung von 18 000 Titeln klassischer amerikanischer und internationaler Literatur machen, die sich im Besitz der Universität von Kalifornien befinden.[18]

Das Digitalisieren wird unter der Leitung von Kahles Archiv erfolgen, der dafür Ende Oktober einen eigens entwickelten Scanner namens *Scribe* vorstellte. Ähnliche Geräte sind seit geraumer Zeit an großen Universitätsbüchereien wie Stanford und Toronto bereits im Einsatz. Allerdings kosten vollautomatische Systeme wie die der Schweizer Firma 4Digital Books, die bis zu 3 000 Seiten die Stunde schaffen, rund eine halbe Million Dollar.[19]

Kahles mobiler Scanner erinnert an eine tragbare Dunkelkammer mit zwei Digitalkameras. Bücher werden in eine V-förmige Glasvorrichtung eingespannt, das Umblättern besorgt allerdings ein Techniker, der auch die Aufnahme mit Pedalen steuert. Die Digitalisierung einer Seite kostet zehn US-Cent, und die gesamte Software, um eine

---

17 Die *Smithsonian Institution* ist ein Museumskomplex bestehend aus 19 Museen und Galerien – hauptsächlich in Washington, D.C. angesiedelt. Sie verwaltet über 142 Mio. Artefakte.
18 Die Zielsetzung und eine aktuelle Liste der Teilnehmer findet sich unter http://www.opencontentalliance.org.
19 Bilder des Scribe-Scanners von der Open-Library-Eröffnungsveranstaltung finden sich hier: http://www.librarytechtonics.info/archives/2005/10/paul_ngyuen_scr.html.

Seite als JPEG, DjVu-Java-Applet, als GIF, PDF sowie OCR-Datei aufzubereiten, ist Open Source und auf der Sourceforge-Seite als scribesw-Projekt[20] erhältlich.

Zur Vorstellung des Projektes rief Kahle den im *Golden Gate Club* nahe seines *Archive* versammelten Gästen vollmundig zu: „Lasst uns dem Volk seine Bücher zurückgeben." Im Blog zur OCA-Premiere beschrieb Kahle sein Ziel etwas ausführlicher. „Ist Open Content der nächste Schritt in der Tradition von Open Source und Open Network?" fragte der Computerwissenschaftler. „Viele Menschen scheinen das zu denken (und wäre es nicht wunderbar?). Wir arbeiten mit Büchereien, Regierungseinrichtungen, Archiven, Technologie und Webfirmen gemeinsam am gleichen Ziel: Es ist an der Zeit, mehr großartiges Material im Internet zu haben, das offen und gratis zugänglich ist." (Kahle 2005)

8 Suchmaschinen verschmelzen mit Online-Archiven – und werfen neue Probleme auf

Womit man wieder bei der Frage nach den Urheberrechten anlangt. Beim Copyright prallen die Visionen für im wahrsten Sinne des Wortes „offene Quellen" des Brewster Kahle auf die kommerziellen Interessen großer Internetfirmen wie Yahoo!, Google, Microsoft und Amazon sowie die Belange von Verlagen und Autoren. Sie alle haben in jüngster Vergangenheit ihre eigenen Konzepte vorgestellt, wie einem Internetnutzer Zugang zu digitalem oder nachträglich digitalisierten Inhalten gewährt werden soll. Und zwar in erster Linie, um Produkte zu bewerben und zu verkaufen.

Den größten Wirbel verursachte Google, als das Unternehmen im Dezember 2004 ankündigte, die Sammlungen der Büchereien an den Universitäten Harvard, Stanford, Michigan, Oxford und der *New York Public Library* zu scannen. Das so genannte „Google Print Library Project" soll Nutzern der Suchmaschine die Suche in Büchern nach Stichwörtern erlauben, als ob sie nach einer Webseite suchten, und dann relevante Passagen online anzeigen. Stanford alleine verfügt über 8,5 Millionen Bände, Michigan über rund 7 Millionen, die in den kommenden sechs Jahren erfasst werden sollen. Für Google ist das eine Verschlagwortung mit der Technik des 21. Jahrhunderts, die von der „Fair Use"-Klausel des amerikanischen Copyrights gedeckt ist. Danach ist es erlaubt, in Auszügen zu zitieren, ohne sich die vorherige Zustimmung der Verlage oder Autoren einzuholen. Kein Internetnutzer wird den vollständigen Text eines gescannten Buches bei Google aufrufen können.

Die Verlagswelt sieht das entscheidend anders. Erst warnten Interessenverbände die kalifornische Firma in geharnischten Diskussionen und Briefen, dann reichte die Autorengewerkschaft *Authors Guild* im September 2005 eine Sammelklage ein, gefolgt im Oktober von einer Klage der *Association of American Publishers (AAP)*, der mehr als 300 US-Verlage angehören. Im Kern lehnen die Verlage und Autoren Googles Argumentation des Scannens und der auszugsweisen Wiedergabe als „Fair Use" ab,

---

20 Siehe http://sourceforge.net/projects/scribesw/.

da die Urheberrechtsinhaber nicht nach ihrer Zustimmung gefragt werden, bevor die Suchmaschine ihre Werke digitalisiert und auf ihren Servern speichert. Schlimmer noch, so die Kritiker: Google verkaufe Anzeigen neben den Suchergebnissen an Inserenten und verdiene so schlussendlich am geistigen Eigentum anderer Geld. „Autoren und Verleger wissen, wie nützlich Google als Suchmaschine ist und dass die *Print Library* eine hervorragende Ressource sein könnte. Aber Tatsache bleibt, dass Google mit seinem gegenwärtigen Plan Millionen von Dollar aus dem Talent und geistigen Eigentum von Autoren und Verlegern schlagen will", erklärte AAP-Präsidentin Patricia Schroeder zur Begründung.

Ironischerweise ist der zweite Teil von Googles Archivierungs-Plan namens „Google Print Publisher Program" den Verlagen willkommen. An diesem bereits im Oktober 2004 gestarteten Programm, das inzwischen in „Google Book Search" umbenannt wurde, nehmen fast alle namhaften Verlage in den USA und Großbritannien teil. Sie können bestimmen, ob sie einen Titel in elektronischer Form an Google übermitteln und welche Passagen bzw. Seiten ein Google-Nutzer zu sehen bekommt (aber nicht ausdrucken kann), wenn er nach Stichwörtern sucht. Hat er Interesse, kann er das Buch mit ein paar Klicks kaufen, und Google verdient an den Kontext-Anzeigen Geld – die Grundlage seines Geschäftsmodells. Im Herbst 2005 schaltete Google diese Kategorie in acht europäischen Seiten live. Ähnlich verhält es sich bei Amazons „Search Inside the Book"-Angebot, das inzwischen auch auf dessen deutscher Seite erhältlich ist: Wer nach einem Stichwort sucht, findet im Katalog des Unternehmens oder in dessen Suchmaschine A9.com sogar Fußnoten in lieferbaren Büchern.

9 Die Debatte um Opt-In oder Opt-Out – ein Versuch der Landnahme?

Googles weitaus ehrgeizigeres Bücherei-Projekt weist einen fundamentalen Unterschied zu diesen Buch-Werbevehikeln und Brewster Kahles Projekt auf. Die *OCA* will nach dem Opt-In-Prinzip verfahren, wenn es sich um urheberrechtlich geschütztes Material handelt, während Google vom Opt-Out-Prinzip ausgeht. Das Unternehmen setzte sein Scan-Projekt für drei Monate aus, um Verlegern die Gelegenheit zu geben, Listen von Büchern zu übermitteln, die sie ausgenommen sehen wollen, und nahm die Digitalisierung der Stanford-Sammlung im November 2005 wieder auf.

Ohne *opt-out*, argumentieren Google-Manager, ließe sich die Katalogisierung von Büchern im zweistelligen Millionenbereich nicht bewältigen. „In Zukunft wird nur das gelesen werden, das online ist", sagte Jim Gerber (2005), Googles Direktor für Content-Partnerschaften, dem *Economist*. „Was nicht online ist, existiert nicht." Google–CEO Eric Schmidt (2005) präzisierte in einem Gastkommentar im *Wall Street Journal* kurz nach Eingang der Authors-Guild-Klage, wieso Autoren und Verlage für die Katalogisierung von Titeln, deren Copyright noch nicht abgelaufen ist, dankbar sein müssten:

„Nach gängigen Schätzungen sind weniger als 20 Prozent aller Bücher noch lieferbar, und nur ungefähr 20 Prozent sind [...] in der Public Domain. Damit bleiben erstaunliche 60 Prozent aller Bücher übrig, die Verlage unserem Programm wider Erwarten zufügen könnten und die Leser nicht ausfindig machen können. Nur wenn wir sie scannen und Wort für Wort verschlagworten [...], können wir all diese verlorenen Titel vor dem Vergessen retten, und zwar so umfassend, dass Google Print eine Ressource wird, die die Welt verändert [...]. Man stelle sich nur einmal die kulturellen Effekte vor, wenn man zig Millionen bisher nicht zugängliche Bände in einen gewaltigen Index stellt, so dass jedes Wort, von Jedermann, ob arm oder reich, ob Stadt- oder Landbewohner, ob in der ersten oder dritten Welt, in jeder Sprache suchbar ist – und obendrein noch kostenlos." (Schmidt 2005)

Mit anderen Worten: Die positiven kulturellen und wirtschaftlichen Effekte eines Internetkatalogs all jener Werke, auf die Kahles Archiv aus Copyright-Gründen verzichten muss, würden die möglichen Gefahren von Urheberrechtsverletzung oder Diebstahl weit überwiegen. Hier nehmen auch der OCA-Partner und Verleger Tim O'Reilly sowie Juraprofessor Lawrence Lessig Google in Schutz. „In Vergessenheit zu geraten, ist die größte Gefahr für einen Autor", schrieb O'Reilly (2005) in der New York Times, und Lessig (2005) verurteilte die Klagen als „dreisteste Landnahme in der Geschichte des Internets, die Innovationen weitreichend zu behindern droht."

10 Kommerzielle Anbieter bauen konkurrierende Archivmethoden auf

Während die Parteien auf ihre Gerichtsverhandlung warten, oder einen Vergleich aushandeln, haben andere Marktteilnehmer ihre eigenen Versionen von Open Content gestartet. Microsoft unterstützt Kahles *OCA* nicht nur mit fünf Millionen Dollar, sondern will die gescannten Bücher zugleich seiner Suchmaschine *MSN Search* einverleiben. Yahoo! verspricht sich von der OCA-Zusammenarbeit ebenfalls einen gewissen Heiligenschein-Effekt als Verteidiger des freien Zugangs, und sieht es als Teil seiner Vision namens FUSE (für *Find, Use, Share and Expand*), die Wissen möglichst umfassend katalogisieren will. Für kommerziell ausgerichtete Portale sind Bücher und wissenschaftliche Literatur ebenso wichtige Magneten, um Nutzer auf ihre Seiten zu locken, wie Blogs, Fotodateien oder Podcasts.[21]

Verlage wiederum experimentieren mit ihren hausgemachten Strategien, um ihre Werke hinter elektronischem Schloss und Riegel zu behalten. Bertelsmann-Tochter Random House will Bücher seitenweise verkaufen (Applebaum 2005), und der

---

21 Eine Zusammenfassung von Yahoo!s Ideen finden sich in John Battelles (2005) *Searchblog*, in dem er eine Diskussion mit Yahoo!-Manager Jeff Weiner wiedergibt.

Börsenverein des Deutschen Buchhandels stellte auf der Frankfurter Buchmesse im Oktober 2005 sein eigenes Konzept der Web-basierten Volltextsuche vor. Dabei wären die Titel als PDF-Dateien von jedem Verlag auf einem eigenen Server gespeichert oder bei einem externen Dienstleister gehostet. Um die 3 000 Euro pro Server pro Jahr und um die 10 bis 100 Euro pro Buch würde das einen Verlag kosten, schätzt einer der Väter der Idee, der Stuttgarter Verleger Matthias Ulmer. Hat ein Verlag seine eigenen Werke erst einmal digital aufbereitet, ließen sich Rahmenverträge mit Amazon oder Google aushandeln, damit die Suchmaschinen fündig werden.[22]

11 Fazit: Open Content lässt künftige Generationen „auf den Schultern von Riesen stehen"

Eines droht auf der Strecke zu bleiben bei diesem noch lange nicht ausgefochtenen Machtkampf zwischen Vertretern der alten und neuen Wirtschaft, bei dem zudem europäische Ressentiments gegen die Dominanz amerikanischer Konzerne mitschwingen.[23] Wenn man Ideen, Fragmente oder Geistesblitze nicht ausfindig machen oder für eigene Schöpfungen verwenden kann, obwohl die heutige Technik es ermöglicht, aber überkommene Gesetze oder monetäre Verteilungskämpfe es verhindern, enthält man letzten Ende der nächsten Generation geistige Nahrung vor. Neben dem streng umzäunten Garten des Copyright muss es eine Spielwiese anderer Modelle geben, die sich am mittelalterlichen Modell der Allmende orientiert.

Was Brewster Kahles *Internet Archive*, die *Wayback Machine* und jetzt die *Open Content Alliance* im Blick haben, ist eine solche weitgehend offene digitale Kultur, wie sie die so genannte Wissens- oder Informationsgesellschaft verdient hat. Im akademischen Bereich gehen Projekte wie die *Public Library of Science* mit gutem Beispiel voran.[24]

Wer in den kommenden Monaten und Jahren auf den wachsenden Bestand an offen verfügbaren Ressourcen der *OCA* zugreift, kann Titel und Dateien aus der Public Domain weiter verwerten und daraus neue Werke schaffen – und sie sogar kommerziell verkaufen. Open Content lässt sich dann genauso „verkosten" oder „sampeln" und neu kombinieren wie heutige *Web Services*, die etwa *Google Maps* mit Wohnungsinseraten oder neuesten Sonderangeboten um die Ecke verknüpfen. „Wenn jemand [von euch] aus den Stücken der Public-Domain-Sammlung ein Buch drucken

---

22 Umfassende Dokumente zum Konzept und seiner Realisierung sowie möglichen Kosten finden sich auf der Webseite des Börsenvereins unter: http://www.boersenverein.de/de/69181?rubrik=86662
23 Siehe etwa die von Frankreich angeregten Pläne, ein eigenständiges europäisches digitales Archiv von Manuskripten, Büchern, Fotos und Noten anzulegen. Sechs Mitgliedsstaaten der EU haben bereits angekündigt, die Bestände ihrer Nationalbibliotheken digital zu erfassen: http://www.dwworld.de/dw/article/0,1564,1566717,00.html.
24 Das University-of-California-System etwa zahlt für den traditionellen Online-Zugang zu Fachzeitschriften und Datenbanken nach Auskunft des Leiters seines digitalen Bücherei-Programms, Daniel Greenstein, rund 24 Millionen Dollar Lizenzgebühren im Jahr. Details unter: http://plos.org/.

und binden will und es dann auf Amazon.com anbietet", träumt Brewster Kahle von seiner weltumspannenden Bücherei, „habt Spaß! Wenn man es als Audiobuch aufnehmen und ins Web stellen will – nur zu. Wir werden es sogar hosten. Auf den Klassikern der Menschheit aufzubauen, soll eine Riesenparty werden."

Literatur

Applebaum, S. (2005), 'Random House, Inc. Announces Business Model for Online Viewing of Books'. http://www.randomhouse.com/trade/publicity/pdfs/OnlineViewingRH1.pdf [29. Jan 2006].

Battelle, J. (2005), 'Missions and Visions'. http://battellemedia.com/archives/001473.php [29. Jan 2006].

Gerber, J. (2005), 'Pulp friction', *The Economist* **12. Nov 2005**, S. 63. http://www.economist.com/business/displaystory.cfm?story_id=5149499 [11. Feb 2006].

Kahle, B. (2005), 'Announcing the Open Content Alliance'. http://www.ysearchblog.com/archives/000192.html [29. Jan 2006].

Kesmodel, D. (2005), 'Lawyers Delight: Old Web Material Doesn't Disappear', *Wall Street Journal* **27. Jul 2005**, S. A1. http://www.prnewsonline.com/legalpr/case_wayback.html [11. Feb 2006].

Lessig, L. (2005), 'Google's Tough Call', *Wired* **13**(11). http://www.wired.com/wired/archive/13.11/posts.html?pg=8 [29. Jan 2006].

Lyman, P. und Varian, H. R. (2003), How Much Information?, Studie, University of California, Berkeley. http://www.sims.berkeley.edu/research/projects/how-much-info-2003/ [29. Jan 2006].

Mills, E. (2005), 'Google ETA? 300 years to index the world's info', *CNET News.com* . http://news.com.com/Google+ETA+300+years+to+index+the+worlds+info/2100-1024_3-5891779.html [29. Jan 2006].

O'Reilly, T. (2005), 'Search and Rescue', *New York Times* **28. Sep 2005**, S. A27. http://radar.oreilly.com/archives/2005/09/ny_times_op_ed_on_authors_guil.html [11. Feb 2006].

Prelinger, R. (2001), 'An Informal History of Prelinger Archives'. http://www.panix.com/~footage/shorthistory1.html [29. Jan 2006].

Schmidt, E. (2005), 'Books of Revelation', *Wall Street Journal* **18. Okt 2005**, S. A18. http://googleblog.blogspot.com/2005/10/point-of-google-print.html [11. Feb 2006].

Squeo, A. M. (2005), 'Oh, Has Uncle Sam Got Mail', *Wall Street Journal* **29. Dez 2005**, S. B1. http://online.wsj.com/public/article/SB113581938626033499-xNP7F7iqAatGMjivCNMuy6GOH2M_20061229.html?mod=blogs [11. Feb 2006].

Wikipedia als Lerngemeinschaft: Inhalt, Probleme und das „Wohl der Allgemeinheit"*

CORMAC LAWLER

(CC-Lizenz siehe Seite 499)

Dieser Artikel beschäftigt sich mit Struktur und Entstehungsprozess von Wikipedia, unter besonderer Berücksichtigung der Aspekte Lerngemeinschaft und organisationales Lernen. Lernen als kollektives Konzept in einer Arbeitsgemeinschaft, in der vielfältige Sichtweisen geteilt und Bedeutungen erklärt werden. Grundlegend für diese Art des Lernens sind die Prinzipien von Wikipedia und der Prozess der Zusammenarbeit in einer Umgebung, die sich oft als konfliktreich darstellt. Konflikte werden als Schlüsselkomponente angesehen, sowohl im Schaffungsprozess der Inhalte Wikipedias als auch für die Teilnahme der Menschen an dem Projekt. Es wird eine Fallstudie vorgelegt mit dem Schwerpunkt „individuelle Kommunikation im Meinungs- und Gedankenaustausch von Wikipedianutzern" und der Rezeption dieser Kommunikationseinheiten seitens Einzelner oder der Gemeinschaft. Es wird als ein wichtiger Faktor von Wikipedia angesehen, in welcher Form der Erfahrungsaustausch zwischen und innerhalb von Projekten verläuft. Wikipedia hat als Organisation sowohl traditionelle Merkmale als auch ganz neue, ihre Lernfunktion aber, wie auch viele andere Aspekte ihres ausgesprochenen Erfolgs, kann sowohl als Folge ihrer Struktur als auch ihrer Regeln gesehen werden. Es werden Empfehlungen abgegeben zur Verbesserung des Lernprozesses von Wikipedia als gesamter Organisation und auch ihrer einzelnen Nutzer, und dies mittels Theorie und Praxis einer Lerngemeinschaft.

Schlüsselwörter: Lerngemeinschaft · Onlinegemeinschaft · Zusammenarbeit · Konflikt · Konstruktivismus · organisationales Lernen

---

* Dieser Artikel basiert auf einer Konferenzschrift, die für das Jahrbuch bearbeitet und danach von Michael Failenschmid aus dem Englischen übersetzt worden ist. Das Originaldokument ist auf den Seiten der Wikimania-Konferenz zu finden: http://en.wikibooks.org/wiki/Wikimania05/Paper-CL1.

Projekt	Webseite	Anzahl Sprachen
Wikimedia Foundation	http://wikimediafoundation.org/	14
Wikipedia	http://wikipedia.org/	203
Wiktionary	http://wiktionary.org/	142
Wikisource	http://wikisource.org	65
Wikiquote	http://wikiquote.org/	51
Wikibooks	http://wikibooks.org/	40
Wikinews	http://wikinews.org/	19
Commons	http://commons.wikimedia.org/	59
Wikispecies	http://species.wikipedia.org/	32
Meta	http://meta.wikimedia.org/	46

Tabelle 1: *Wikimedia-Foundation-Projekte ohne 9/11-Gedenkstätte („In Memoriam")*

1 Einleitung

Wikipedia, die mehrsprachige, inhaltsoffene und gemeinschaftlich erarbeitete Enzyklopädie entwickelt sich immer stärker und immer besser. Innerhalb viereinhalb Jahren ist sie auf mehr als zwei Millionen Artikel in mehr als 200 Sprachen angewachsen – Tendenz steigend. Die Idee einer Enzyklopädie auf der Grundlage gemeinschaftlich zusammengetragener Artikel entstand durch ihre Vorgängerin Nupedia, die auf einem ausschließlich von Experten bearbeiteten Korpus basierte. Darin integriert war auch der Ansatz eines „Wiki-Systems" (vom Nutzer selbst bearbeitbar), woraus sich dann das entwickelte, was es heute ist: die größte Enzyklopädie der Welt. Trotz ihrer erstaunlichen Größe beschränkt sich das Hauptaugenmerk dieser Studie auf drei Aspekte von Wikipedia als Lernprozess, insbesondere auf die Organisation, die Struktur und die Funktionsweise von Wikipedia. Ich betrachte nicht ausschließlich Wikipedia, sondern auch ihre Schwesterprojekte (siehe Tabelle 1) und ihre Mutterorganisation, die Wikimedia Foundation, eine gemeinnützige Gesellschaft, die aktuell in den USA, Frankreich und Deutschland registriert ist – weitere Länder sind in der Planung. Daten für diese Studie werden vor allem aus dem Inhalt und der Diskussion auf englischen Seiten von Wikipedia und Meta erhoben sowie aus Diskussionen, die sich auf Wikipedia beziehen, und aus Mailinglisten.

Der alles überspannende Grund, warum ich diesen Artikel verfasse, ist, der Gemeinschaft Verbesserungsvorschläge für ihre Tätigkeit zu machen, d. h. für ihr gemeinschaftliches Schreiben einer Enzyklopädie. Mein Ziel ist es, am Schluss dieses Artikels sowohl den „Nicht-Wikipedianer" davon überzeugt zu haben, dass Wikipedia ein Modell ist, das ernsthafte Beachtung verdient, als auch den Wikipedianer davon, dass die guten Anfänge verbessert oder teilweise restrukturiert werden müssen. Dadurch möchte ich das von Feenberg und Bakardjieva (2004) aufgezeigte Ungleichgewicht wieder korrigieren, welches besagt, dass Online-Gemeinschaften dazu neigten, die Arbeiten der Gemeinschaft einem externen Publikum zu beschreiben, ohne die Bedürfnisse der Gemeinschaft oder ihrer Beteiligten zu erwähnen. Ich hoffe auch, was noch wichtiger ist, dem Diskurs über Wikipedia eher den Rahmen einer *tatsächlichen Lerngemeinschaft* zu geben als den eines Modells oder einer Betrachtungsweise.

Obwohl Wikipedia nicht als Lernumgebung an sich ausgelegt oder konzipiert ist, hat sie doch die interessanten Eigenschaften einer solchen. In diesem Artikel werde ich die Aktivitäten ihrer Nutzer im theoretischen Rahmen von Lerngemeinschaften, Lernorganisationen und anwendungsorientierten Gemeinschaften betrachten. Alle drei weisen eigene Besonderheiten auf und überschneiden sich teilweise. Andererseits, denke ich, sind alle drei in der fortlaufenden Arbeit und der Funktionsweise von Wikipedia vorhanden. Ich werde jeden der Bereiche betrachten, um dann zu versuchen, die beste Synthese aller drei zu finden.

2 Anwendergemeinschaften

Wenger und Snyder (2000) sagen über Anwendergemeinschaften Folgendes: 1. Sie geben sich ein eigenes Programm (d. h. sie organisieren sich selbst), 2. sie sind offen gegenüber allen, die teilnehmen wollen (wählen selbst aus) und 3. sie lernen und wachsen mit der Zeit und verfestigen so ihre Stärken und Fähigkeiten (sind selbst erhaltend). Anders als viele andere Gemeinschaften existiert Wikipedia zu einem bestimmten Zweck – und ziemlich gute Arbeit wird fortwährend geleistet –, was sie eher zu einer arbeitsorientierten Anwendergemeinschaft macht als zu einer Onlinediskussionsgruppe. Ziel und Daseinszweck von Wikipedia ist es, für alle Menschen auf der Welt eine leicht verständliche Enzyklopädie zu schaffen und zur Verfügung zu stellen – frei nach dem klassischen Motto: „Von den Menschen für die Menschen". Das überschneidet sich mit dem zweiten oben genannten Punkt, der den vollkommen freiwilligen Status der Mitgliedschaft bei Wikipedia charakterisiert und gültig ist für alle Sprachen, in denen sie existiert, wie auch für die Unter-[1] und Schwesterprojekte (z. B. Wiktionary etc.). Dies weist Wikipedia eine verbindende Rolle in Tönnies' (2001) klassischer Grenzziehung zwischen Gemeinschaft und Gesellschaft zu. Diese Trennung gilt auch innerhalb von Gemeinschaften, wie z. B. bei der Streitschlichtung zwischen Schlichter oder Beteiligter, obwohl in solchen Fällen gemeinschaftliche Zustimmung nötig und üblicherweise eine Abstimmung erforderlich ist. Der dritte Punkt ist natürlich ein schwieriger, auf ihn werde ich mich hier konzentrieren. In welchem Maße finden im Allgemeinen *Wachstum* und *Lernen* in der Gemeinschaft statt? Wie verhält es sich in kleineren Gemeinschaften, die innerhalb der größeren existieren und wie funktioniert das, oder wie kann man so etwas leisten? Das sind die Fragen, die ich hier erforschen möchte.

---

1 Unterprojekte sind z. B. Quellen finden und Übersetzungen von Artikeln als „Untergemeinschaften"

Wachstum lässt sich messen (Voß 2005), Lernen jedoch nicht. Aber was haben die, die an Wikipedia mitarbeiten, dem eigenen Empfinden nach gelernt? Auf die Frage erhielt ich, verbunden mit unzähligen wissenswerten Kleinigkeiten, die folgenden Antworten: wie man forscht; wie man wissenschaftlicher schreiben kann; wie man besser in einer Fremdsprache liest und schreibt; wie man mit Angehörigen einer anderen Kultur zurechtkommt und arbeitet und dass man im Allgemeinen mit den Medien hinsichtlich der Darstellung von Informationen kritisch umgehen sollte (Lawler 2005).

3 Organisationen, Leitung und Lernen

„Hierarchisch organisierte Autorität", schreibt Peter Senge (1996), „ruft eher Fügsamkeit hervor, anstatt Einsatz zu fördern." Er zitiert Argyris (1994) und behauptet, dass die Probleme traditioneller Organisationen darin liegen, dass sie aus einem Selbsterhaltungstrieb heraus potentiell gefährliche Informationen unterdrücken, obwohl genau diese für ihre Entwicklung notwendig wären. Weiter spricht er sich für neue Führungskonzepte aus, damit der Kommunikationsfluss verbessert werden kann.

Obwohl Wikipedia ein eher hierarchisches System aufweist, z. B. Projektleiter, Vermittlungsausschüsse unterschiedlicher Art, vor allem in der englischen Wikipedia, und ein Kuratorium, von dem die Wikimedia-Stiftung überwacht wird, ist es möglich, das mit dezentralisierten Strukturen ganz und gar auszugleichen. Außer den gelegentlichen Stiftungsentscheidungen sind alle Diskussionen über Richtlinien offen, auch wenn man gerade erst neu ist bei Wikipedia, ob mit eigenem Account oder ohne. Genauso ist es möglich, sich für die Leitung jedes Projekts zu bewerben, sobald genügend Beiträge vorliegen. Neben der Idee eines vollständig offenen Systems ohne Hierarchien, stellt Wikipedia im Wesentlichen eine Mischung vieler struktureller Systeme dar (Aigrain 2003).[2] Dennoch ist die Offenheit die grundlegendste, beständigste und durchdringendste Eigenschaft von Wikipedia, und so muss sie unter dem Strich auch gesehen werden.

Natürlich ist in Wikipedia keine Diskussion über das Thema Leitung vollständig, ohne auf ihren Mitbegründer Jimmy (Jimbo) Wales zu verweisen. Der zweite Mitbegründer Larry Sanger verließ Wikipedia nach dem ersten Jahr. Er hatte sehr zu den Funktionsweisen und Prinzipien (von damals) beigetragen und spielt weiterhin eine Rolle als externer Berater (Sanger 2004); dennoch kommt vor allem Wales eine einzigartig zentrale Rolle in Wikipedia/Wikimedia zu. Seine Position in der Hierarchie ist umstritten, vor allem von ihm selbst, er behält aber Sonderrechte in Wikipedia hinsichtlich einer letztendlichen Absicherung des Projektes durch Bewahrung von seinen Zielen und Werten. Er hält sich weitgehend aus den Gemeinschaftsprozessen heraus und möchte seine Rolle eher nicht definieren. Wie Anthere in der Mailingliste *Wikipedia-l* schrieb:

---

[2] Siehe http://meta.wikimedia.org/wiki/Power_structure für Details.

„Ich denke, ein solches Projekt kann nur ohne starke Autorität funktionieren. Es ist wichtig, dass Menschen ihre eigenen Organisationen schaffen können. Jimbo hat diese große Stärke, die Organisation in den meisten Dingen eine selbststrukturierte Organisation sein zu lassen. Wer sich beim Thema Führungsstil ein wenig auskennt, weiß, dass so etwas eher eine Seltenheit ist."[3]

Im Wesentlichen besteht bei Wikipedia eine offene Einladung, Führung zu übernehmen, was nur davon abhängigt, ob jemand innerhalb der Organisation eine Rolle übernimmt, so wie es Senge (1996, 2002) beschrieb. Aigrain (2003) bemerkt, dass der Erfolg ähnlicher „Informationsgemeinschaften" davon abhängt, dass einige Mitglieder bestimmte Rollen übernehmen, z. B. auf nützliche Informationen verweisen, vermitteln (bei Konflikten), Meinungen herauskitzeln etc. Er ermuntert uns, mutig zu sein und die Dinge selbst in die Hand zu nehmen. Des Weiteren ist die Praxis dieser Gemeinschaft so geartet, dass es sich auszahlt, einander zu helfen und auf interessante Seiten, Diskussionen oder auch nur bewundernswerte Bilder zu verweisen, ganz in Anlehnung an Bourdieus Idee des kulturellen Kapitals oder an die in ständiger Verkleidung befindliche Ökonomie der Gabe. Wir helfen einander – so habe ich es auf meiner Nutzerseite geschrieben und ich sehe den Inhalt meiner Rolle bei Wikipedia also im Hinterfragen, was auch den Ansatz in meiner Forschungsarbeit erklärt und auch, warum ich diesen Artikel schreibe.[4]

4 Lerngemeinschaften

Die Pädagogik hat sich in den letzten fünfzig Jahren auf Grund des wachsenden Bewusstseins über die Tatsache, dass Wissen und der Prozess des Lernens auf sozialen Faktoren aufbaut, fortwährend geändert (Cuthell 2002). Als Folge davon wurde die soziale Seite des Lernens immer mehr hervorgehoben, der Fokus verschob sich von der Interaktion Lehrer-Schüler zu Schüler-Schüler. Eine Lerngemeinschaft ist also eine Gemeinschaft, die sich aus Lernenden zusammensetzt, was nicht so sehr überrascht.

Greene (2005, S. 7) sagt, die Teilnahme an einer Lerngemeinschaft „ermöglicht kontextuelles und soziales, und sogar dezentrales Lernen". Kontextuell heißt, Lernen geschieht im Kontext eines Lernortes, z. B. an einem technischen Hilfsgerät, in einem Klassenzimmer, auf einer Mailingliste etc. Durch das gemeinschaftliche Element wird das Lernen sowohl sozial als auch dezentral – denn Erfahrung wird geteilt und zusammen erarbeitet. In diesem Bezug ist der Begriff *Kohorte* hilfreich, im Sinne eines Ortes gegenseitiger Unterstützung und potentiellen Wachstums (Tisdell et al. 2004).

Ich sehe viele, vielleicht sogar alle Gruppen innerhalb Wikipedia als solche Kohorten an. Es gibt Mikroprojekte innerhalb der verschiedenen Sprachprojekte, die sich

---

3 Die E-Mail ist unter http://mail.wikipedia.org/pipermail/wikipedia-l/2005-April/039181.html nachzulesen.
4 Mehr dazu auf der Benutzerseite des Autors: http://en.wikipedia.org/wiki/User:Cormaggio.

auf spezielle Aufgaben konzentrieren, ob es das Finden von Literaturangaben ist, die Berichterstattung über einen Studienbereich zu verbessern, Artikel oder Mitteilungen zu übersetzen. All diese sind Kohorten und potentielle Lerngemeinschaften. Es gibt zum Beispiel ein Projekt der balkanischen Wikipedias (Wikipedia-Übersetzungen der Länder des Balkans und Umgebung), das eine Zeit lang wuchs. In dem Projekt ging es um die Darstellung des letzten Jahrzehnts, wobei es das Ziel war, eine möglichst neutrale und von unterschiedlichen kulturellen Standpunkten aus akzeptable Darstellung zu schaffen. Seitdem ist das Projekt zwar eingeschlafen, trotzdem ist es ein Beispiel dafür, dass Menschen eine Gruppe bilden, um zusammen eine gemeinsame Aufgabe zu bearbeiten. Das könnte man vielleicht sogar über jede Seite von Wikipedia sagen, die Inhalt vermittelt, denn dort wird ständig über Neutralität nachgedacht, obwohl ja Neutralität selbst, um es mit den Worten von Jimmy Wales zu sagen, „nicht verhandelbar" ist.[5]

Ein weiteres Projekt, das ständigem Wandel unterworfen ist, ist die Software, also die Architektur, die Wikipedia zu Grunde liegt. Lawrence Lessig (2004) sagt, die Offenheit des Internets und insbesondere die Open-Source-Technologien geben den Menschen die Möglichkeit, etwas „auszuprobieren" und dabei durch die Erfahrung mit dem Schreiben, Schöpfen und Produzieren von Medien alleine und für sich zu lernen. Ausprobieren ist ein zentrales Thema in Raymonds (2003) Sicht von Kreativität und Freiheit beim dezentralen, gemeinschaftlichen Lernen, und sogar das Motto von MediaWiki „Denn Ideen wollen frei sein" unterstreicht diese Aussage.

Das sind also einige Gedanken, die die Hauptkomponenten der Theorie über Gemeinschaft und Lernen ausmachen und darüber, wie Wikimedia-Projekte zueinander in Beziehung stehen können. Es stellen sich nun die Fragen: Findet ein Lernen überhaupt statt, und wenn ja, wie und in welchem Ausmaß? Eine weitere, aber mehr auf die Praxis ausgerichtete Frage ist aus meiner Sicht als Autor dieser Arbeit: Welche Lernmöglichkeiten bietet Wikipedia?

5 Wikipedia: Lernmöglichkeiten

Neben der Dynamik, die das dezentrale Lernen-durch-Entdecken hat, bietet aus meiner Sicht der Konflikt das größte Lernpotential. Konflikte gibt es aus vielen Gründen und in vielen Formen, ob auf Grund von kulturellen, ideologischen oder Glaubensunterschieden oder auch nur Missverständnissen, wie sie in puren Textmedien vorherrschen. Dabei kann es um parteiische Präsentation von Inhalten gehen oder um die Frage, ob eine bestimmte Information oder ein Foto überhaupt vorhanden sein soll. Das ist die Hauptquelle von Streit in dem Projekt und umfasst große Teile der allgemeinen Diskussion, die ich wahrgenommen habe. Diese Konfliktherde entflammen leicht und werden oft zu sog. Flames oder Edit Wars, die ziemlich wenig Raum

---

5 Die Grundsätze zum Verfassen eines neutralen Artikels sind unter http://en.wikipedia.org/wiki/Wikipedia:Neutral_point_of_view zu finden.

zur Diskussion über eventuelle Lösungen lassen und manchmal alles blockieren. An diesem Punkt kommen Dritte ins Spiel, manchmal freiwillig und von selbst, oder auch auf die Bitte hin, den Streit zu kommentieren oder direkt zu vermitteln bzw. zu schlichten.

Die Wörter Konflikt und Streit sind negativ konnotiert, meist zu Recht, aber eben nicht immer. Konflikte können sehr konstruktiv sein oder aber wenigstens produktiv, je nach ihrer jeweiligen Form. Reagle (2004) warnt vor zu schnellem Einlenken, nur um Konflikte in Wikipedia zu vermeiden, und sagt, Konflikte bergen das Potential für den Austausch von Sichtweisen. Konflikte beinhalten von Natur aus mehrere Sichtweisen und bieten deshalb die Möglichkeit zur Diskussion, allerdings abhängig von der Art des Konfliktes, d. h. konstruktiv oder destruktiv. Eigentlich sollten destruktive Konflikte als eine Extremform der Diskussion betrachtet werden, sogar wenn die Diskussion abgebrochen wurde. Am besten ist Streit beizulegen durch Diskussion; das ist grundlegend für die Allgemeinheit und im Besonderen für den Vermittlungsausschuss[6].

Diskussion ist der Grundzustand von Wikipedia, auf Diskussionsseiten, Mailinglisten und IRC-Kanälen, auf diese Weise kommt der Gedanke des Meinungsaustauschs voll zur Geltung. Kommen wir auf das Konzept des Führungsstils – wie von Senge (1996) propagiert – zurück, worin die Rolle eines Leiters darin besteht, Kommunikation in der gesamten Organisation aufrechtzuerhalten. Wenn man dieses Konzept auf die vollkommen dezentrale Struktur von Wikipedia überträgt, sieht man, dass jeder das Potential hat, jede dieser Leiterpositionen einzunehmen und folglich der Arbeit der Gemeinschaft als Ganzes Form und Rahmen zu geben.

Einer der Hauptaspekte bei Diskussionen/Kommunikation ist der kulturelle Hintergrund – besonders in einer mehrsprachigen Umgebung. Im Geschäftsalltag ist kulturübergreifende Literatur zum Thema Kommunikation schon sehr verbreitet, im Bereich der Bildung jedoch wächst ihr Anteil noch. Liebkind und McAlister (1999) haben eine Studie durchgeführt, in der Studenten Geschichten über andere Länder und Kulturen erzählten und danach weitaus weniger fremdenfeindlich waren als Studenten, die nicht an dem Programm teilgenommen hatten. Es wäre interessant, Wikipedia für Untersuchungen hierüber zu nutzen, um zu sehen, ob diese Erkenntnis sich bestätigt. Zunächst wäre aber interessant – zumindest für mich – wie der Diskurs in Wikipedia verläuft und wie kulturelle Belange behandelt werden, und auch, wie Sprache eingesetzt wird. Wie Tönnies (2001, S. 33) sagt: „Wie wir wissen, wurde Sprache nicht 'erfunden' und auch nicht nach einer Art Abstimmung als Mittel zur Verständigung akzeptiert, sondern sie ist stets im Wandel befindliche Verständigung, sowohl in Form als auch Inhalt". Speziell im Kontext eines textbasierten Mediums wie der Kommunikation über den Computer wird Sprache absolut notwendig für Konsens in einem konfliktreichen Feld.

Wie so oft wiederholt wird, bedarf es letzten Endes für die Beteiligung an einem

---

6 Siehe http://de.wikipedia.org/wiki/Wikipedia:Vermittlungsausschuss.

Projekt wie Wikipedia des kritischen Denkens. Wikipedia ist ein Filterungsprozess im Informationszeitalter,[7] und für die Entscheidung darüber, was für die Veröffentlichung geeignet und sachgemäß ist, ist kritisches Denken erforderlich. Ich denke, Kritik auszuüben sollte immer auch mit der Offenheit gegenüber Kritik an der eigenen Person verbunden sein, wie auch Verteidigungshaltungen vermieden werden sollten, die nach Argyris (1994, S. 103) „das Individuum dahingehend bestärken, eigene Prämissen, Deduktionen und Konklusionen nicht offen zu legen, die ja ihr Verhalten bedingen, was sie dann davon abhält, diese auf wirklich unabhängige und objektive Weise zu prüfen".

6 Konflikte: eine Fallstudie

Eines unter vielen Beispielen des Jahres 2005, das von Konflikten und kulturübergreifenden Fragestellungen geprägt war, ist der Streit darüber, wie man die Weltraummission des Cassini-Huygens-Teleskop – ein Gemeinschaftsprojekt von Wissenschaftlern aus den USA und aus Europa – darstellen soll. Auf der Mailingliste *WikiEN-l* sagte Anthere, einige französische Wissenschaftler hätten ihr gegenüber erwähnt, dass in der englischen Wikipedia die Art der Darstellung dieses Ereignisses leicht, aber erkennbar voreingenommen sei gegenüber dem in Europa gebauten Forschungssatelliten Huygens. Dieser Punkt wurde als entweder irrelevant oder ungerechtfertigt bestritten, und aus der Angelegenheit wurde ein teils persönlicher, teils nationalistischer Streit. Ich habe einige Schlüsselaussagen der beteiligten Parteien zusammengestellt, wobei zwar einige herausragende, aber nicht besonders miteinander verbundene Punkte ausgelassen sind, und um der Klarheit willen hab ich einige der Kommentare redigiert. Ebenso denke ich, dass es nichts bringt, die Namen der Beteiligten zu verschleiern, oder praktisch gesehen, dass es nicht möglich ist, diese Diskussion darzustellen, ohne die Namen der Beteiligten zu nennen (Bruckman 2002). Das wurde ja auch in diesem Thread schon diskutiert und ich selbst habe diese Frage schon in einem weiteren aufgeworfen. Ich möchte jedoch dadurch, dass ich diese Debatte noch ein Mal erwähne, niemanden angreifen, vielmehr halte ich es für ein gutes Beispiel des Austausches von Meinungen und Entschuldigungen in einem Konflikt sowie dessen Auflösung.[8]

Anthere (15. Januar 2005) „Ich bin überzeugt, dass es nicht absichtlich geschah. Es ist nur eine Sichtweise, die so unterschiedlich ist in zwei verschiedenen Kulturen."

Stan Shebs (15. Januar 2005) „Ich glaube, Du suchst hier zu sehr nach Beweisen für Voreingenommenheit. [...] Die 'Voreingenommenheit' besteht darin, dass wir uns mit dem beschäftigen, was uns interessiert. Neulich habe ich Zahlen zur europäischen Geschichte in der Fassung der Encyclopedia Britannica von 1911 (die

---

7 Nach „Letter from the Founder": http://wikimediafoundation.org/wiki/Wikimedia_Quarto/2/En-2.
8 Die E-Mails gehören alle zum Thread „minor issue, but still a npov warning", der hier einsehbar ist: http://mail.wikimedia.org/pipermail/wikien-l/2005-January/thread.html#18348.

inzwischen frei einsehbar ist) recherchiert und die Hälfte davon waren die ersten Einträge überhaupt in den Sprachen von WP. Wir haben nun mal auf die Dauer zu wenige Leute für all das, was wir erledigen möchten."

Anthere (15. Januar 2005) „Nein, ich suche nicht zu sehr. [...] Wenn wir als einigermaßen neutral wahrgenommen werden möchten, müssen wir genau diese Art von Details betrachten. Mehr möchte ich dazu nicht sagen. Betrachte es als Unsinn, wenn Du willst."

Stan Shebs (15. Januar 2005) „Das hat rein gar nichts zu tun mit NPOV[9] und es wird angestrengt arbeitenden Redakteuren nicht gerecht, zu sagen, sie seien voreingenommen und täten nichts dagegen. Was Du berichtest, passt genau auf die schlechtesten Klischees über Franzosen: Über die Arbeit anderer die Nase rümpfen, aber keine Verantwortung dafür übernehmen, dass sie selbst dieses Problem wahrgenommen, sich jedoch jahrelang nicht dazu geäußert haben. Du sagst, diese Wissenschaftler 'kennen Wikipedia'. Hast Du ihnen die Frage gestellt, warum sie in dieser Sache selbst nichts unternehmen? [...]

Es gibt noch genügend echte Probleme dabei, Wikipedia unparteiisch und neutral zu halten. Wenn nun belanglose Punkte, die sonst noch nie besprochen wurden als etwas Wichtiges hervorgehoben werden, werden dadurch die Redakteure missachtet, die echte Forschung und echte Diskussionen einbringen und zwar zu den Themen, die wirklich wichtig sind. Warum sollte ich (auch) zwei Stunden in der Bibliothek verbringen auf der Suche nach Antworten auf eine substantielle Frage, wenn Du – auf Grund eines Leitartikels, der irgendeinem Nationalstolz nicht Genüge leistet – der Welt erklärst, WP sei parteiisch?

Diese Haltung beunruhigt mich wirklich. Die letzten Jahre habe ich viel Zeit für WP eingebracht, und nun bekomme ich das Gefühl, das alles wäre ganz egal."

Anthere (15. Januar 2005) „Wir sind alle voreingenommen und da kann man nichts machen. [...]

Andererseits: Ja, warum sollte ich meine ganze Familie vernachlässigen, meinen Beruf und durch Schlafmangel auch meine Gesundheit, nur um ein Projekt zu betreuen und versuchen, es so gut und so unvoreingenommen wie möglich werden zu lassen, wenn Du mir erklärst, meine Meinung sei vollkommen unwichtig, sei daherfantasiert und eigentlich nur Nationalstolz? [...]

Ich verstehe ja, dass einige unter Euch das Problem nicht erkennen und einfach denken, ich sei schlicht plemplem. Das ist in Ordnung, haltet mich für plemplem und es gibt auch keine Voreingenommenheit. Das kann ich akzeptieren. Genau da liegt das Problem und genau da verlieren wir unsere Neutralität. Der eine Redakteur mag einen Standpunkt einnehmen und der andere bemerkt diesen Standpunkt

---

9   NPOV steht für *neutral point of view* und bedeutet „neutraler Standpunkt".

nicht einmal als solchen. Und genau deshalb haben wir solche Edit Wars: Weil der zweite einfach den Wert des ersten Standpunktes nicht anerkennen will und es schlicht zurückweist, dass der andere ein Stück Wahrheit entdeckt haben könnte. So weit so gut. Es wird aber spätestens dann ernst, wenn man sich in persönliche Kommentare über diejenigen, die eine andere Sicht der Dinge haben, flüchtet und wenn man versucht, ihren möglichen Wert zu mindern, indem man sie 'französisch' nennt.

Ich bin ziemlich bestürzt über Deinen Kommentar. Wenn Du nicht auf interne Kommentare hören möchtest oder diejenigen unter uns angreifst, die aufzuzeigen versuchen, was nicht perfekt ist, darfst Du Dich nicht wundern, wenn aus der Öffentlichkeit dann Kritik kommt.

Bei denen, die an dem Artikel mitgearbeitet haben und sich in ihrer Arbeit kritisiert fühlen, entschuldige ich mich. Das wollte ich nicht."

Pudle Duk (15. Januar 2005) „'Standpunkte', entstehen auf der Basis gemeinsamer Informationen. Kommunikation ist der einzige Weg, sich einer gemeinsamen Wirklichkeit zu nähern."

Stan Shebs (15. Januar 2005) (Re: Der ursprüngliche Kommentar von Anthere) „Es ist ziemlich übel, so etwas zu Menschen zu sagen, die Angelegenheiten wie Voreingenommenheit und NPOV ernst nehmen. [...] Diese Mailingliste ist öffentlich; alle Nachrichten werden sorgfältig für immer archiviert, danach sorgfältig von Google katalogisiert, und wenn sich auf Grund bisheriger Erfahrungen irgendeine Aussage machen lässt, kann man wohl davon ausgehen, dass Deine ursprüngliche Nachricht als Beispiel für (Unterstützung der einen Seite oder der anderen in einem) einen Edit War genommen wird. [...]

Eine so simple Frage wie z. B. 'Warum hat die Huygens-Sonde keinen eigenen Artikel?' reicht meistens aus, um einige hektische Beiträge von sachkundigen Leuten auszulösen. Diejenigen unter uns, die Unvoreingenommenheit ernst nehmen, lassen dann alles stehen und liegen, um ein Auge darauf zu werfen und versuchen, es richtig zu stellen. Deswegen ist Dein ursprünglicher Kommentar wohl auch so verletzend für mich: Ich habe versucht, den Behauptungen von irgendwelchen Leuten, Parteilichkeit liege vor, nachzugehen und dabei viel Zeit geopfert für die Arbeit an Themen, die für mich persönlich eigentlich nicht so der Renner sind."

(Re: 'Französische Klischees') „Lange habe ich darüber nachgedacht, ob ich dies auch schreibe, nun fürchte ich, wurde ich missverstanden. Ich persönlich habe nicht dieses Gefühl. Ich liebe Frankreich und wäre dort gerne öfter als ich kann. Seit November überlege ich sogar, ob ich dorthin emigriere. [...]

Es tut mir leid, wenn ich Dich aufgebracht habe, das war nicht meine Absicht."

Zoney (18. Januar 2005) (Re: Voreingenommenheit) „Das ist ein großes Problem, denke ich, eines der größten, die Wikipdia überwinden muss. Dies abzustreiten wäre absurd. Und ich schiebe die Schuld nicht nur auf die US-Wikipedianer, das liegt mir fern, US-Voreingenommenheit ist (für Nicht-US-Redakteure) einfach offensichtlicher, da es ja auch mehr US-Redakteure gibt. Zweifellos ist nur eine kleinere Zahl Artikel US-parteiisch, und diese haben vielleicht nur Nicht-US-Redakteure erhalten. Ich kann bestimmt ein oder zwei irische Artikel aufzeigen, die z. B. von zwei irischen Redakteuren durch Voreingenommenheit verzerrt wurden."

Obwohl dieser Austausch relativ kurz war, verglichen mit z. B. den berüchtigten Debatten über Bilder und Zensur, haben die meisten Beteiligten, so denke ich, ein großes Maß an Reife und Überlegung gegenüber den Meinungen der anderen gezeigt, auch wenn dies zu Beleidigungen führte. Das Interessante bei diesem Austausch war für mich zunächst, dass er von Offenheit und Ehrlichkeit geprägt war. Natürlich ist der Inhalt eines Streits, z. B. (systematische) Voreingenommenheit in der englischen Wikipedia, wichtig für die Gemeinschaft, aber dies ist ja seit langem ein Thema und zwar eines, das wahrscheinlich nicht so bald gelöst sein wird.

Wie auch Religion können Themen, die die nationale Identität berühren, Leidenschaften auslösen, und genau das ist hier passiert (wie auch kürzlich, und zwar in recht ähnlichen Umständen). Stans Kommentare waren durchdacht, aber potentiell verletzend, denn auch er selbst war verletzt, was uns dann eine hitzige Debatte beschert hat. Antheres Kommentare waren voll des für sie charakteristischen Feuers, aber noch wichtiger, ihrer Menschlichkeit. Und Zoneys Kommentar war ein guter Gradmesser für den größeren Rahmen sowie ein weiterer Beweis für die Schwierigkeit, Voreingenommenheit zu vermeiden.

Ich denke, Austausche wie diese sind ideal für das Lernen. Sie beinhalten emotionale Offenheit, kulturelles Einfühlungsvermögen und Bescheidenheit, wo sie angebracht ist. Es ist ein Beispiel für den täglichen Diskurs innerhalb Wikipedia (obwohl offensichtlich nicht alle Debatten wie diese ausgehen werden), das andererseits zeigt, mit welchem Maße Wikipedia beurteilt werden kann, z. B. als kulturell einfühlsames Hilfsmittel und/oder Gemeinschaft. Es könnte als potentielle Warnung gegenüber Mitwirkenden an den Themen kulturelle Identität und Voreingenommenheit dienen, obwohl dies noch näher betrachtet werden müsste. Letzten Endes jedoch zeigt diese Diskussion, dass der dominierende Diskurs in Wikipedia auf einer neutralen und ausgewogenen Darstellung lagert und auf dem erarbeiteten Konsens, so zu handeln.

7 Der Aufbau von Wikipedia

Die Bildung einer Internetgemeinschaft wird sehr hilfreich beschrieben bei Jenny Preece (2001) mit den Begriffen *sociability*[10] und *usability* (Bedienbarkeit). Mit anderen

---

10 *Sociability*: wie die Mensch-zu-Mensch-Interaktion durch Technologie erleichtert bzw. erschwert wird.

Worten: Wie viel Beachtung schenkt man den potentiellen Wechselbeziehungen des Einzelnen mit der Gemeinschaft und der damit verbundenen Technologie oder der Vorgehensweise. Preece sagt, die Hauptbedeutung von *sociability* sei eine Wechselbeziehung von Mensch zu Mensch mit der Unterstützung durch Technologie (S. 349). Demgegenüber bedeute *Bedienbarkeit*, wie leicht die von der Gemeinschaft zusammengestellten Informationen und Informationen über die Gemeinschaft zugänglich, durchforschbar und wieder auffindbar sind. Ihre Anregung, soziale Wechselbeziehungen im Internet zu unterstützen (Preece und Maloney-Krichmar 2003) halte ich persönlich für wesentliche Einsichten zum Verständnis der Lernpraxis bei Wikipedia.

Sociability wird bei Wikipedia auf viele Arten erreicht, vor allem dadurch, dass man sich einloggt und eine Nutzerseite schafft oder zumindest einen Nutzernamen erstellt, anhand dessen man wieder erkannt und kontaktiert werden kann. Es gibt viele andere Kommunikationsarten, z. B. Mailinglisten, wie oben erwähnt, es gibt aber auch weitere Arten, Menschen kennen zu lernen, wie *Facebook* in der englischen Wikipedia.[11] Dies erweist sich als sehr wichtig für die emotionalen Bedürfnisse der Beteiligten (vgl. z. B. Sunal et al. 2003), und stellt gleichzeitig eine Möglichkeit dar, sich vorzustellen sowie Interessen- oder Wissensgebiete zu nennen, was beides erst neulich auf den Mailinglisten diskutiert wurde. Der Diskussionsform nach hat Wikipedia, von IRC abgesehen, ein asynchrones Format – und erfüllt, durch das Erstellen einer sog. *Watchlist*[12], die auch schnelle Rückmeldung ermöglicht – noch ein weiteres der Kriterien von Sunal et al. (2003) für die Schaffung einer erfolgreichen Internet-Lerngemeinschaft. Es wird sich zweifellos zeigen, dass Fragen der *sociability* relevant sind für die Entwicklung eines entstehenden Hilfsmittels des *e-learning*, zurzeit bekannt als Wikiversity.

Wie oben gesagt, unterliegt Wikipedia einer ständigen Erneuerung und neue Versionen ihres Codes werden regelmäßig veröffentlicht. Dieser kontinuierliche Fluss entspricht genau der Sicht von Informationsarchivierung, die Vannevar Bush (1945) in seinem klassischen Aufsatz „As we may think" ausdrückt:

> „Ein Eintrag, der der Wissenschaft dienlich sein soll, muss immer neu erweitert werden, er muss abgelegt und vor allem genutzt werden. [...] Selbst wenn keine völlig neuen Archivierungsmethoden entstehen, sind doch diese bestehenden zweifellos in Abänderungs- und Erweiterungsprozesse eingebunden."

Wikipedia ist nicht nur als Hilfsmittel, sondern auch als Ort, als Struktur und als Gemeinschaft ständiger Entwicklung unterworfen. Feenberg und Bakardjieva (2004) sagen, damit neue Medien nicht nur Fachleuten vorbehalten bleiben, sollte man sie nicht als abgeschlossenes Produkt, sondern als Prozess verstehen. Ich bin mir der Tatsache bewusst, dass dies im Lager der Befürworter von Fachwissen Alarm schlägt,

---

11 Das *Facebook* (Fotoalbum) ist zu finden unter http://en.wikipedia.org/wiki/Wikipedia:Facebook.
12 Die „Beobachtungsliste" wird hier erklärt: http://de.wikipedia.org/wiki/Hilfe:Beobachtungsliste.

das aber trifft nicht zu. Vielmehr sollte ein im Aufbau befindliches Medium nicht vollständig konzipiert und definiert werden, solange es sich verändert, was bei Wikipedia noch sehr der Fall ist, und was auch viele ihrer Nutzer so sehen (Lawler 2005).

8 Reflektionen und Metagedanken

Eines der nützlichsten Lernmodelle ist wahrscheinlich das von Kolb und anderen vorgelegte, bei dem dieser Prozess als Zyklus von 1. Erfahrung zum 2. Nachdenken, 3. abstraktem Verstehen und 4. aktivem Experimentieren wieder neu zu Erfahrung führt (Gibbs 1988). Mit anderen Worten: Lernen durch Erfahrung geschieht durch gedankliche Verarbeitung und Verbindung von vorangegangenen Gedanken mit dieser Erfahrung, um neue Erfahrungen oder Anwendungsmöglichkeiten zu bilden. Die gedankliche Verarbeitung ist der Schlüssel zum Verständnis von unseren eigenen Handlungen und dadurch auch der Schlüssel zu neuen Erkenntnissen. Wie Paulo Freire (1998, S. 30) sagt: „Kritische Reflektion über die Praxis ist eine Voraussetzung für die Beziehung zwischen Theorie und Praxis" – sonst würde die Theorie ihre Bedeutung und die Praxis den Sinn verlieren.

Das Bestehen von Meta und der *call for papers* auch für Wikimania selbst sind Beweis genug für eine selbstkritische Haltung in der größeren Gemeinschaft.[13] Interessanterweise sagt Anthere, dass man durch die Teilnahme bei Meta von der Beteiligung an Wikipedia abgelenkt werde, was anstrengend sein könne, denn man soll ja annehmbar neutral schreiben; bei Meta ist es aber nicht obligatorisch, oder nicht einmal ratsam, einen neutralen Standpunkt einzunehmen, sondern man sollte offen über jeden Aspekt des Projekts schreiben, z. B. darüber, wo es Probleme gibt, wie man dem Abhilfe schaffen könnte, als auch über philosophische oder soziologische Aspekte von Wikipedia, wie zum Beispiel über die Verteilung von Verantwortung. Dies ist eine Art Meta-Diskussions-Forum, wie es im Wesentlichen bei Bieber et al. (2002) in ihren Beiträgen über die Entwicklung von Wissensgemeinschaften gefordert wird. Wikipedia entspricht auch den Forderungen von Ripamonti et al. (2005) für Internetgemeinschaften, den eigenen Anwendungsbereich und das Auftreten auszuarbeiten, was wiederum offen ist für alle, die die technischen Voraussetzungen haben (oder Zeit und Geduld, zu lernen), etwas in die MediaWiki-Software einzugeben, was zur Zeit von Erik Zachte erledigt wird.

In einem Kommentar über den Einfluss des Internets auf die zeitliche Wahrnehmung schrieb Ilkka Tuomi (2002): „Im Internet leben wir in Einheiten von Hundejahren, unser Gedächtnis ist aber so groß wie das eines Elefanten" (zitiert bei Holtgrewe 2004, S. 131). Das Gedächtnis wird durch die transparente Struktur von Wikipedia wesentlich erleichtert, die eigentliche Herausforderung aber liegt darin, das kollektive Gedächtnis zum Nutzen der Gemeinschaft aufrechtzuerhalten, damit der Denk- und

---

13 Die Wikimania fand vom 4. bis 8. August 2005 in Frankfurt/Main statt. Bei http://wikimania.wikimedia.org/wiki/Call_for_papers wurde um die Einreichung von Beiträgen gebeten.

also auch der Lernprozess weitergeführt werden. Wesentlich ist hier aber, dass die Gemeinschaft sich selbst gegenüber weiterhin kritisch bleibt und ihre verschiedenen Erfahrungen gut verarbeitet, damit in Zukunft die Qualität ihrer Praxis und ihres Diskurses verfestigt wird.

9 Schlussfolgerungen

Ein zentrales Element des Erfolgs von Wikipedia ist, glaube ich, die Art der Beteiligung und das Verhalten derer, die Beiträge leisten. Viele dieser Angelegenheiten werden zwar unter „Grundsätze" und „Richtlinien" behandelt, aber vieles hat auch zu tun mit den Fragen, warum und auch wie sich die Leute beteiligen. Beweggründe für die Beteiligung bei Wikipedia gibt es viele (Lawler 2005) und es ist klar, dass sie für viele der aktivsten Mitwirkenden einen wesentlichen Teil ihres Lebens ausmacht, was bei dem Treffen der Gründungs- und Vorstandsmitglieder im Mai 2005 von der Vizevorsitzenden Florence Nibart-Devouard (Anthere) und dem Leiter der Forschungsabteilung Erik Möller (Eloquence) erneut formuliert wurde.

Demgegenüber steht jedoch möglicherweise die Angst, mangels Sprachbeherrschung oder entsprechendem Sachwissen einen Artikel zu verunstalten – Angelegenheiten, wie sie auch in der oben dargestellten Fallstudie zu Konflikten angesprochen wurden (diese wird hier nicht wiederholt aufgeführt). Allen (2005) schrieb ebenfalls über die Einstellung der Menschen gegenüber einer Beteiligung:

> „Eine interessante, mögliche Einstiegsschwelle zu aktiver Beteiligung an einem Wiki-Thema ist, was ich die 'Wiki-Beitrags-Dichotomie' nenne. Man muss genügend Selbstsicherheit haben, um daran zu glauben, dass das, was man beiträgt für andere von allgemeinem Wert ist (oder zumindest für einen selbst der Mühe wert ist). Man sollte aber auch bescheiden genug sein und verstehen, dass andere den Beitrag verbessern können. Ich kenne nicht viele andere Medien, die zugleich der Selbstsicherheit und Bescheidenheit bedürfen."

Kämpferisch und leistungsorientiert, stellt Raymond (2003) unverblümt fest: „Einstellung ist kein Ersatz für Kompetenz". Darin stimme ich nicht überein mit ihm, denn meiner Meinung nach liegt der Schlüssel darin, dass man die Leistungsorientierung bei Wikipedia nur moderiert (denn sie ist nicht schlecht an sich) und den kulturellen Wert des Individuums und seine Rolle innerhalb des Projekts würdigt. Mir scheint, Wikipedia kann als Projekt, das auf dem Geist der Mitarbeit aufbaut, nur erfolgreich sein mit einer Atmosphäre der Offenheit und – was essentiell ist – des Zuhörens. Ich glaube, diese gute Seite von Wikipedia recht deutlich herausgearbeitet zu haben, doch alle Mitwirkenden der Wikimedia-Gemeinschaft, anscheinend insbesondere der englischen Wikipedia, werden sich der zerstörerischen und manchmal auch schmerzlichen, sogar der ignorierten Kommentare bewusst sein.

10 Die weitere Arbeit an Wikipedia

Die Wikipedia ist nicht nur eine häufig verwendete Quelle für wissenschaftliche Recherchen, sondern wird zusehend selbst zum Forschungsgegenstand, da sich mehr und mehr Menschen, mich eingeschlossen, mit dieser faszinierenden Fallstudie im Bereich Internet auseinander setzen. Der Anreiz zu interner Forschung wächst für Wikipedia ständig, so fing z. B. die englische Wikipedia vor kurzem an, Artikel einzustufen, nachdem die deutsche Wikipedia damit Erfolg hatte, eine DVD ihrer besten Inhalte zu erstellen. Die Wikimedia-Forschungsnetzwerke sind ein weiterer Beweis dafür, dass man sich bemüht, die verschiedenen Projekte und die Frage, wie ihren einzelnen technischen und sozialen Bedürfnissen begegnet werden kann, zu verstehen. In dieser Studie ging es eher darum, Literatur zu lesen und der Frage nachzugehen, wie das alles zu Wikipedia passt, aber ich hoffe auch, dass ich ihre Vorgänge – insbesondere das Thema Konflikte – ein wenig erhellen und zur Verbesserung ihrer zukünftigen Praxis beitragen, wenigstens aber eine Vorlage dafür liefern konnte. In vielen Bereichen muss noch weiter Forschung betrieben werden, sowohl, was quantitative als auch qualitative Studien anbelangt. Qualitative Studien sind oft recht komplex und werfen wichtige ethische Fragen auf – wie z. B. die Offenlegung der Identität, wofür ich mich entschied, nachdem ich die Hauptbeteiligten gefragt habe – ganz im Sinne von Bruckmans (2002) Ideen über Veröffentlichung und Öffentlichkeit. Wesentlich ist jedoch, dass wir beständig nachfragen und nachdenken über unsere eigenen Vorgehensweisen, damit wir sie besser verstehen und für die Zukunft verbessern.

Ergebnisse aus der Literatur und bei Internet- und Lerngemeinschaften sind noch vorläufig, wobei es aber interessant wäre, einige von ihnen einer näheren Prüfung zu unterziehen. Norris (2002) z. B. hat herausgefunden, dass die Beteiligung an einer Internetgemeinschaft keinen besonderen positiven Effekt auf Kontakte über soziale Gräben hinweg habe, jedoch durchaus über Altersgrenzen hinweg. Ist das bei Wikipedia der Fall? Wie sieht es bei Kulturen und insbesondere Ideologien aus? Wie befruchten sich Projekte oder Gemeinschaften gegenseitig und warum scheuen sich die Menschen vor einigen Projekten und vor anderen nicht (Stacey et al. 2004)? Hinsichtlich Wikipedia als wirklicher Lerngemeinschaft und ihren in Kohorten teilnehmenden Lernenden fragen Sujo de Montes et al. (2002, S. 269): „Wie können wir die einen Studenten dazu ermutigen, Worte zu finden und sich kraftvoll zu äußern, und die anderen dazu, Interesse zu zeigen und das Zuhören zu lernen?" Neben vielen anderen Fragen, die bei der Wikimania (s. o.) aufgeworfen wurden, werden diese eine Bereicherung und Stärkung im Prozess der gemeinsamen Arbeit und des gemeinsamen Lernens sein.

Deshalb gebe ich hier einige Empfehlungen, die zum Lernen der Gemeinschaft als Ganzes beitragen können:

– Lernen sollte Kernkompetenz innerhalb der Wikipedia-Gemeinschaft werden
– Den konstruktiven Konflikt als bereichernd anerkennen

- Forschung über Beziehungen zwischen Projekten und Möglichkeiten zu gemeinsamen Perspektiven und zum gemeinsamen Lernen
- Eine Seite *Gelernte Lektionen*, die auf Meta angelegen und gepflegen

Die Hauptarbeit an Wikipedia und allen weiteren Wikimedia-Projekten soll fortgeführt werden im Geist der Zusammenarbeit und Offenheit und, wie ich meine, mit der Einstellung, gemeinsam zu lernen. Das ist für mich die größte Stärke von Wikipedia und auch die radikalste Antwort auf die von Larry Sanger und anderen geäußerte Kritik an Wikipedia, die das Fachwissen betrifft: Durch das Schaffen einer herausragenden Sache kreiert Wikipedia gleichzeitig eine Lerngemeinschaft mit dezentraler Leitung und dezentralem Fachwissen, wodurch sie eine neue Art von akademischer Gemeinschaft hervorbringt, wie es schon in meiner vorangehenden Studie von einem Teilnehmer ausgedrückt wurde (Lawler 2005). Da Wikipedia aber ihren eigenen Diskursmodus entwickelt (Lamerichs und te Molder 2003) und ihre eigenen kritischen Standpunkte vertritt, muss auch gesichert sein, dass diese Erfahrung zum Aufbau von etwas äußerst Nützlichem für die Community verwendet wird. Wir müssen unseren Wunsch nach der Fortführung des dezentralen Lernens (oder „Redigierte Bildung", wie Sidaway 2005 vorschlägt) mithilfe dokumentierter Information ausgleichen, d. h. durch *Gelernte Lektionen*, anhand derer Neulinge selbst aus vorangegangenen Erfahrungen von Wikipedianern lernen können. Wie Lehtinen (2002, S. 110) sagt:

> „Wissensstrukturen einzig und allein auf der Basis von informellem und 'stillschweigendem' Wissen können sehr unflexibel sein und bieten nur beschränkte Möglichkeiten für fortlaufenden Wissenszuwachs wie er für dynamisches Fachwissen typisch ist. Auf der anderen Seite sind Leistungen auf höchstem Niveau nicht angemessen zu beschreiben mit individuellen Errungenschaften, denn diese basieren typischerweise auf der Nutzung sozial und physisch dezentraler Hilfsmittel. Entsprechend kann jenes Verständnis vom Lernen, was nur auf die Bildung individueller Geister abzielt, zu eng sein für die Entwicklung von Lehr- und Lernumgebungen zur Schaffung von Fachwissen."

Diese Erkenntnis unterstreicht die gemeinschaftliche Natur des Lernens, von der ich glaube, dass sie von zentraler Bedeutung für die tägliche Praxis, den Fortschritt, ja das Wesen der Wikipedia schlechthin ist. Zugleich stellt sie uns vor die Herausforderung, das kollektive Gedächtnis darart verfügbar zu machen, dass nicht nur die erfahrenen Wikipedia-Nutzer davon profitieren, sondern auch Neueinsteiger.

Literatur

Aigrain, P. (2003), The individual and the Collective in Open Information Communities, *in* 'BLED Electronic Commerce Conference', Vol. 16. http://opensource.mit.edu/papers/aigrain3.pdf.

Allen, C. (2005), 'Future Topics', Life with Alacrity.
http://www.lifewithalacrity.com/2005/04/future_topics.html.

Argyris, C. (1994), 'Good Communication That Blocks Learning', *Harvard Business Review* **72**(4), S. 77–85. http://www.onepine.info/HBRArg.htm.

Bieber, M., Engelbart, D. und Furuta, R. (2002), 'Toward Virtual Community Knowledge Evolution', *Journal of Management Information Systems* **18**(4), S. 11–35.
http://web.njit.edu/~bieber/pub/jmis02.pdf.

Bruckman, A. (2002), 'Studying the Amateur Artist: A Perspective on Disguising Data Collected in Human Subjects Research on the Internet', *Ethics and Information Technology* **4**(3), S. 217–231. http://www.nyu.edu/projects/nissenbaum/ethics_bru_full.html.

Bush, V. (1945), 'As We May Think', *The Atlantic Monthly* .
http://www.ps.uni-sb.de/%7Educhier/pub/vbush/vbush-all.shtml [2. Mai 2005].

Cuthell, J. (2002), 'MirandaNet: A Learning Community – A Community of Learners', *Journal of Interactive Learning Research* **13**(1), S. 167–186. http://dl.aace.org/9150.

Feenberg, A. und Bakardjieva, M. (2004), 'Virtual Community: No „Killer Implication"', *New Media & Society* **6**(1), S. 37–43. http://nms.sagepub.com/cgi/reprint/6/1/37.

Freire, P. (1998), *Pedagogy of Freedom: Ethics, Democracy, and Civic Courage*, Rowman & Littlefield.

Gibbs, G. (1988), *Learning by Doing: A Guide to Teaching and Learning Methods*, F.E.U.

Greene, H. C. (2005), 'Creating Connections: A Pilot Study on an Online Community of Learners', *Journal of Online Interactive Learning* **3**(3).
http://www.ncolr.org/jiol/issues/PDF/3.3.3.pdf.

Holtgrewe, U. (2004), 'Articulating the speed(s) of the Internet: The case of Open Source/Free Software', *Time & Society* **13**(1), S. 129–146.
http://soziologie.uni-duisburg.de/PERSONEN/holtgrewe/uh-kwi602.pdf.

Lamerichs, J. und te Molder, H. F. (2003), 'Computer-mediated communication: from a cognitive to a discursive model', *New Media & Society* **5**(4), S. 451–473.

Lawler, C. (2005), A small scale study of Wikipedia, Essay, University of Manchester.
http://en.wikisource.org/wiki/A_small_scale_study_of_Wikipedia.

Lehtinen, E. (2002), 'Developing models for distributed problem-based learning: theoretical and methodological reflection', *Distance Education* **23**(1), S. 109–117.

Lessig, L. (2004), *Free Culture – How Big Media Uses Technology and the Law to Lock Down Culture and Control Creativity*, The Penguin Press, New York.

Liebkind, K. und McAlister, A. L. (1999), 'Extended contact through peer modelling to promote tolerance in Finland', *European Journal of Social Psychology* **29**(5–6), S. 765–780.

Norris, P. (2002), 'The Bridging and Bonding Role of Online Communities', *The Harvard International Journal of Press/Politics* **7**(3), S. 3–13.
http://ksghome.harvard.edu/~pnorris/Acrobat/bridging%20and%20bonding.pdf.

Preece, J. (2001), 'Sociability and usability in online communities: Determining and measuring success', *Behavior and Information Technology Journal* **20**(5), S. 347–356. http://www.ifsm.umbc.edu/~preece/paper/4%20BIT%20Twenty%20years.pdf.

Preece, J. und Maloney-Krichmar, D. (2003), Online Communities, *in* J. Jacko und A. Sears (Hrsg.), 'Handbook of Human-Computer Interaction', Lawrence Erlbaum Associates. http://www.ifsm.umbc.edu/~preece/paper/7%20Handbook%20v1.7Final.pdf.

Raymond, E. S. (2003), 'How To Become A Hacker', *Database and Network Journal* **33**(2), S. 8–10. http://www.catb.org/~esr/faqs/hacker-howto.html.

Reagle, J. M. (2004), 'A Case of Mutual Aid: Wikipedia, Politeness, and Perspective Taking'. http://reagle.org/joseph/2004/agree/wikip-agree.html [25. Mai 2005].

Ripamonti, L. A., De Cindio, F. und Benassi, M. (2005), 'Online communities sustainability: some economic issues', *The Journal of Community Informatics* **1**(2), S. 63–78. http://ci-journal.net/viewarticle.php?id=63&layout=html.

Sanger, L. (2004), 'Why Wikipedia Must Jettison Its Anti-Elitism', Kuro5hin. http://www.kuro5hin.org/story/2004/12/30/142458/25 [15. Jun 2005].

Senge, P. (1996), Leading Learning Organizations The Bold, the Powerful, and the Invisible, *in* M. Goldsmith und F. Hasselbein (Hrsg.), 'The Leader of the Future', Jossey Bass.

Senge, P. und Wheatley, M. (2002), 'Changing How We Work Together', *Reflections: The SoL Journal* **3**(3), S. 63–67.

Sidaway, T. (2005), 'Comment on Wikipedia:Requests for Arbitration:RFC'. http://en.wikipedia.org/wiki/Wikipedia:Requests_for_arbitration/RFC#Alternate_solution_.237_by_User:Tony_Sidaway._Motion_to_dismiss:_Wikipedia_isn.27t_broken.__Don.27t_try_to_fix_it.

Stacey, E., Smith, P. J. und Barty, K. (2004), 'Adult learners in the workplace: online learning and communities of practice', *Distance Education* **25**(1), S. 107–123.

Sujo de Montes, L., Oran, S. M. und Willis, E. M. (2002), 'Power, Language, and Identity: Voices from an online course', *Computers and Composition* **19**, S. 251–271.

Sunal, D. W., Sunal, C. S., Odell, M. R. und Sundberg, C. A. (2003), 'Research-Supported Best Practices for Developing Online Learning', *Journal of Online Interactive Learning* **2**(1). http://www.ncolr.org/jiol/issues/PDF/2.1.1.pdf.

Tisdell, E. J., Strohschen, G. I. E. und Carver, M. L. (2004), 'Cohort Learning Online in Graduate Higher Education: Constructing Knowledge in Cyber Community', *Educational Technology & Society* **7**(1), S. 115–127. http://ifets.ieee.org/periodical/7_1/12.pdf.

Tönnies, F. (2001), *Community and Civil Society*, Cambridge University Press. Original erschienen als 'Gemeinschaft und Gesellschaft' (1887).

Voß, J. (2005), Measuring Wikipedia, *in* 'Proceedings of the ISSI 2005 conference', Stockholm. http://eprints.rclis.org/archive/00003610/01/MeasuringWikipedia2005.pdf.

Wenger, E. und Snyder, W. (2000), 'Communities of practice: The organizational frontier', *Harvard Business Review* S. 139–146.

Kapitel 7

Wissenschaft²: Open Access

„Der Fortschritt lebt vom Austausch des Wissens."

– *Albert Einstein*

Einleitung

MATTHIAS LIEBIG

(CC-Lizenz siehe Seite 499)

Die heutige Zeit wird immer schnelllebiger. Neue Informations- und Telekommunikations-Technologien erscheinen in immer kürzeren Abständen. Will die Forschung damit Schritt halten, muss sie effizienter werden. Wissenschaft geschieht dort, wo zu dem riesigen Berg an vorhandenem Wissen ein kleiner „Stein" hinzugefügt wird. Neue Erkenntnisse stellen nur sehr selten Quantensprünge dar – alle basieren letztlich auf der Leistung vorangegangener Arbeiten anderer Forscher. Daher besteht ein Großteil, wenn nicht sogar der größte Teil, des wissenschaftlichen Vorgehens darin, den Status Quo zu bestimmen. Dies gelingt durch Einsicht in vorhandene Forschungsarbeiten, was auf konventionelle Art durch die Beschaffung von Werken aus Bibliotheken sowie durch die Lektüre von Fachzeitschriften geschieht.

Das Internet eröffnet ganz neue Wege. Recherchen werden, wie leicht an vielen Literaturverzeichnissen zu sehen ist, immer häufiger im World Wide Web durchgeführt. Es ist praktisch, von überall aus auf Dokumente zugreifen zu können und in vielen Fällen gar nicht anders möglich. So groß Bibliotheken auch sein mögen – an die Größe und die Vielfalt des Netzes kommen sie nicht heran. Zudem ist die Recherche dadurch wesentlich komfortabler geworden. Es ist ein Unterschied, ob man etwas innerhalb von Sekunden auffinden kann, oder ob man mehrere Stunden, wenn nicht Tage damit verbringt, in Büchern zu blättern. Forschung wird zweifellos effizienter, wenn die Recherche, auf die sie sich stützt, effizienter wird.

Eine weitere, der Effizienz der Forschung allerdings weniger zuträgliche, Entwicklung findet seit einigen Jahren statt: die „Zeitschriftenkrise". Wissenschaftliche Fachjournale werden immer teurer, wohingegen die finanziellen Mittel der Bibliotheken und Universitäten in vielen Ländern, vor allem in Deutschland, nicht im gleichen Maße steigen – oder sogar durch Sparmaßnahmen betroffen sind. Bibliotheken oder Hochschulen können sich viele Journale nicht mehr leisten, und der Wissenschaftler selbst wird die benötigte Vielzahl von Abonnements kaum bezahlen können.

Die Lösung ist nach Ansicht vieler Wissenschaftler und Verfechter freier Inhalte *Open Access*: Wissenschaftliche Literatur, d. h. Studien, Artikel, Diplom- und Doktorarbeiten sowie Materialien sollen im Internet frei zugänglich sein. Zum einen können wissenschaftliche Arbeiten vor ihrer Begutachtung oder nach der Veröffentlichung kostenfrei im Internet zur Verfügung gestellt werden. Zum anderen werden mittlerweile auch komplette Fachzeitschriften ausschließlich online und für den Leser entgeltfrei publiziert. Dadurch wird nicht nur die Effizienz der Forschung verbessert, sondern auch die finanzielle Belastung der Hochschulbibliotheken verringert.

Dabei stellt sich zwangsläufig die Frage der Finanzierung, zumindest bei Fachzeitschriften, die wissenschaftliche Qualitätssicherung betreiben. Jan Neumann stellt im ersten Artikel dieses Kapitels das deutsche Portal *German Medical Science (GMS)* vor, auf dem eine solche Open-Access-Zeitschrift veröffentlicht wird. Das Geschäftsmodell von GMS und Alternativen dazu werden aufgezeigt. Zuvor geht er genauer auf die Ursachen und Ziele der Open-Access-Bewegung ein. Hierbei wird die oben erwähnte Zeitschriftenkrise detaillierter betrachtet und mit konkreten Zahlen belegt.

Leider muss man in Deutschland laut Medienberichten und Studien feststellen, dass Open Access noch sehr wenig bekannt ist. Im Gegensatz zu den Niederlanden[1] oder zu skandinavischen Ländern gibt es in Deutschland Bestrebungen, für die Online-Abrufung wissenschaftlicher Artikel Gebühren zu verlangen. Diesem Thema widmet sich Oliver Passek in seinem Beitrag „Open oder Close Access?". Er geht dabei auch auf die bekanntesten Open-Access-Initiativen und deren Entwicklung ein.

Der abschließende Artikel dieses Kapitels beschäftigt sich mit dem Prozess des Verfassens und Publizierens wissenschaftlicher Arbeiten an sich. Dabei geht der Autor Lambert Heller auf neue Techniken wie Wikis und Weblogs ein und wie sie die wissenschaftliche (Zusammen-)Arbeit erleichtern können. Auf Webseiten nach dem Wiki-Prinzip kann jeder Dokumente unkompliziert mit dem Browser erstellen und bearbeiten – gemeinschaftliche Arbeit wird *so* unterstützt.[2] Solche Wikis stellen laut dem Autor auch eine Lösung für die Probleme von Standardsoftware, wie z. B. die verhältnismäßig schwere Bedienbarkeit, dar. Daneben werden Weblogs – Online-Journale u. a. mit Kommentarfunktion – als Kommunikationsmedium entdeckt.

Mit diesem Kapitel möchte das Jahrbuch der mangelnden Bekanntheit des Open-Access-Prinzips entgegenwirken. Es wäre durchaus im Interesse von Forschern, Institutionen, aber auch Firmen, die in Forschung investieren, den langfristigen Nutzen von Open Access für die Wissenschaft und damit im Endeffekt auch für die Wirtschaft zu erkennen. Denn einem chinesischen Sprichwort zufolge nimmt das Wissen ab, das sich nicht täglich vermehrt. Und Wissen, das nicht verfügbar ist, wird letzten Endes zu Unwissen.

---

1 Siehe „Niederländische Unis machen Forschungsergebnisse frei zugänglich": http://www.heise.de/newsticker/meldung/59479.
2 Wie so eine Zusammenarbeit trotz Konflikten oder gerade *wegen* dieser stattfinden kann, erläutert Cormac Lawler mit „Wikipedia als Lerngemeinschaft" auf Seite 297 in diesem Buch.

Auf dem Weg zu einem Open-Access-Geschäftsmodell – Erfahrungsbericht German Medical Science

Jan Neumann

(CC-Lizenz siehe Seite 499)

Open Access birgt Potentiale zur Steigerung der Produktivität des globalen Wissenschaftssystems. Die Definition eines nachhaltigen Geschäftsmodells für Open-Access-Journale erfordert ein vertieftes Verständnis der Strukturen des wissenschaftlichen Publikationssystems. Zur Finanzierung der anfallenden Kosten sollten alle verfügbaren Einnahmequellen genutzt werden. Die von German Medical Science gewählte Netzwerkorganisation ermöglicht es, die Leistungen der beteiligten Fachgesellschaften und öffentlichen Institutionen flexibel zu integrieren. Der Artikel skizziert ein dreistufiges Finanzierungsmodell, in dessen Zentrum die Trägerschaft durch die wissenschaftliche Community steht. Das bei GMS für die Medizin entwickelte Modell ist dabei grundsätzlich auch auf andere Fachdisziplinen übertragbar.

Schlüsselwörter: Open-Access-Journal · Geschäftsmodelle · German Medical Science · wissenschaftliches Publizieren · medizinische Fachzeitschrift

1 Einführung

Open Access ermöglicht den kostenfreien Zugriff auf wissenschaftliche Informationen im Internet. Natürlich kostet der Betrieb eines Open-Access-Journals trotzdem Geld. Da die traditionelle Finanzierung durch die Leser des Journals ausscheidet, stellt sich die Frage, wie eine alternative Finanzierung des Publikationsbetriebs erfolgen kann. Der vorliegende Artikel versucht – auf Basis der Arbeiten bei German Medical Science – Ansätze für Antworten auf diese Frage zu geben.

German Medical Science (GMS) ist eines der etabliertesten deutschen Open–Access-Projekte.[1] Als Gemeinschaftsprojekt der Arbeitsgemeinschaft der Wissen-

---
1 Das GMS-Portal befindet sich unter http://www.egms.de/.

schaftlichen Medizinischen Fachgesellschaften (AWMF), der Deutschen Zentralbibliothek für Medizin (ZB MED) und des Deutschen Instituts für Medizinische Dokumentation und Information (DIMDI) ist für GMS die Kooperation von Wissenschaftlern und Bibliothekaren kennzeichnend. GMS publiziert seit Mitte 2003 Peer-Review-Journale und Kongressberichte aus dem gesamten Bereich der Medizin. Zum Zeitpunkt des Redaktionsschlusses (Dezember 2005) erscheinen zehn Journale regelmäßig auf GMS, weitere sind für 2006 in Planung.

Ziel der augenblicklichen zweiten Projektphase, die Ende 2006 abgeschlossen sein wird, ist es, ein Geschäftsmodell zu entwickeln, das einen eigenständigen, wirtschaftlich nachhaltigen Betrieb des Portals ermöglicht. Nachfolgend soll ein Zwischenbericht dieser Arbeiten gegeben werden. Dazu wird zunächst die Lage des wissenschaftlichen Publikationssystems dargestellt, da ohne diese Darstellung eine Bewertung von Open-Access-Geschäftsmodellen nicht möglich ist. In einem zweiten Schritt soll ein Überblick über die verschiedenen Einnahmequellen für Open-Access-Journale gegeben werden, bevor dann in einem dritten Schritt gezeigt wird, wie diese zum Betrieb von GMS genutzt werden können.

2 Die Open-Access-Thematik im Überblick

Open Access ist ein komplexes Thema mit vielen unterschiedlichen Erscheinungsformen und Einflussfaktoren, die hier allenfalls angerissen werden können. Eingegangen werden soll deshalb auf die Fragen, was Open Access ist, warum es zur Open-Access-Bewegung gekommen ist, was die Vorteile von Open-Access-Publikationen sind und welche Faktoren die Verbreitung von Open Access hemmen. Für weiterführende Informationen sei auf die reichhaltige Literatur zum Thema verwiesen.[2]

2.1 Was genau verbirgt sich hinter dem Begriff „Open Access"?

Der zur Beantwortung dieser Frage grundlegende Initiativaufruf der *Budapest Open Access Initiative (BOAI)*[3] sagt dazu:

> „Open Access meint, dass diese Literatur kostenfrei und öffentlich im Internet zugänglich sein sollte, so dass Interessierte die Volltexte lesen, herunterladen, kopieren, verteilen, drucken, in ihnen suchen, auf sie verweisen und sie auch sonst auf jede denkbare legale Weise benutzen können, ohne finanzielle, gesetzliche oder technische Barrieren jenseits von denen, die mit dem Internet-Zugang selbst verbunden sind." (Open Society Institute 2002)

---

2 Einen Überblick zum Thema findet man bei Suber (2005a); einen exzellenten Überblick über die im WWW zugreifbaren Ressourcen bieten Ho und Bailey Jr. (2005).
3 Die offizielle Seite, http://www.soros.org/openaccess/g/index.shtml, wird vom *Open Society Institute* bereitgestellt.

Ähnliche Definitionen finden sich in verschiedenen anderen Deklarationen, von denen die wichtige *Berliner Erklärung über offenen Zugang zu wissenschaftlichem Wissen*[4] von den Präsidenten aller großen deutschen Wissenschaftsgesellschaften unterzeichnet worden ist.

Stevan Harnard, einer der etabliertesten Fürsprecher der Open-Access-Bewegung, unterscheidet zwei Arten von Open Access: einerseits die *Selbstarchivierung* von Dokumenten auf sog. „Institutional Repositories"[5] oder anderen Webseiten (sog. „Green Road"), andererseits die Veröffentlichung in qualitätsgesicherten *Fachzeitschriften* (sog. „Golden Road", vgl. Harnad et al. 2004). Beide Ansätze unterscheiden sich dadurch, dass „Golden Road"-Veröffentlichungen vor ihrer Publikation qualitätsgesichert werden, indem sie durch erfahrene Fachleute begutachtet werden,[6] „Green Road"-Veröffentlichungen jedoch nicht (Suber 2005a). Nach der hier vertretenen Auffassung können sich beide Ansätze gegenseitig ergänzen und müssen sich keinesfalls ausschließen. Soweit nicht anders gekennzeichnet, beziehen sich im Folgenden die Begriffe „Open-Access-Publikation" und „Open-Access-Journal" auf „Golden Road"-Veröffentlichungen, da die bisherigen GMS-Aktivitäten ausschließlich in diesem Bereich erfolgten. Soweit Open Access im weiteren Sinne (also *Golden Road* und *Green Road*) gemeint ist, wird dies durch die Verwendung des Begriffs der *Open-Access-Bewegung* indiziert.

2.2 Was sind die Ursachen der Open-Access-Bewegung?

Betrachtet man historisch die Rolle des wissenschaftlichen Publikationssystems als Teilsystem des globalen Wissenschaftssystems, so erkennt man, dass das Aufkommen wissenschaftlicher Journale die Aktivität des Wissenschaftssystems zwar einerseits enorm förderte, andererseits jedoch auch mit Technologie-immanenten Schranken versah. Diese machten es aus physikalischen und wirtschaftlichen Gründen unmöglich, dass alle interessierten Leser Zugriff auf die gesamte vorhandene wissenschaftliche Literatur erhielten (Suber 2005a). Von dieser Perspektive aus ist die Open-Access-Bewegung zunächst einmal der Versuch, die neue Technologie des elektronischen Publizierens so konsequent wie möglich zu nutzen, um diesen Missstand zu beheben.

Weitere Verstärkung erfährt die Open-Access-Bewegung dadurch, dass Open Access als Mittel verstanden wird, um die sich seit den 80er Jahren des vergangenen Jahrhunderts zuspitzende „Zeitschriftenkrise" zu überwinden (siehe auch Wurch 2005). Die Zeitschriftenkrise kann als Teufelskreis verstanden werden, in dem sich besonders im STM-Sektor (*Science, Technical and Medical*) steigende Zeitschriftenpreise (vgl. hierzu Woll 2005, S. 14 ff.; van Orsdel und Born 2005) und hohe Gewinnvorgaben

---

4 Der komplette Text: http://www.mpg.de/pdf/openaccess/BerlinDeclaration_dt.pdf, siehe dazu auch „Open oder Close Access?" von Oliver Passek in diesem Buch (S. 337).
5 D. h. auf von Universitäten oder anderen Forschungseinrichtungen betriebene Datenbanken, in denen Fachartikel und andere Dokumente abgelegt werden können.
6 So genanntes Peer-Review-Verfahren.

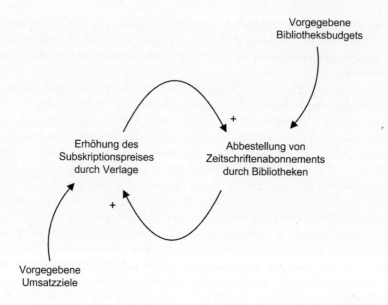

Abbildung 1: Die Zeitschriftenkrise als sich selbstverstärkender Wirkungskreislauf

seitens der Verlage einerseits und Abbestellungen von Zeitschriften bei vorgegebenen Bibliotheksbudgets andererseits gegenseitig verstärken (siehe Abbildung 1).

Je mehr die Verlage die Preise ihrer Abonnements erhöhen, desto mehr Abonnements müssen die Bibliotheken abbestellen, da ihre Budgets nicht im gleichen Maße steigen wie die Zeitschriftenpreise. Je mehr Abonnements von den Bibliotheken abbestellt werden, umso mehr müssen die Verlage die Preise der verbleibenden Abonnements erhöhen, um ihre vorgegebenen Umsatzziele zu erreichen. Als Ergebnis musste eine durchschnittliche Bibliothek im Jahre 2001 Bezugspreise i. H. v. 300 % der Preise von 1986 zahlen, um 5 % *weniger* Journale zu abonnieren (Association of Research Libraries 2004). Als Folge der Zeitschriftenkrise leiden die Bibliotheken unter erhöhtem Finanzdruck und müssen – wollen sie wichtige Zeitschriften behalten – häufig Einschnitte in den Monografiebestellungen vornehmen. Trotzdem müssen sie vermehrt auch Zeitschriftenabonnements abbestellen (van Orsdel und Born 2005), was insgesamt zu einer verringerten Informationsverbreitung durch das Zeitschriftenmedium führt. Darunter leiden neben den Bibliotheken insbesondere auch die Wissenschaftler, weil einerseits ihr Zugriff auf wissenschaftliche Fachinformationen und andererseits die Möglichkeit, selbst zu publizieren in unnötiger Weise eingeschränkt wird.

Die Hoffnung, die Zeitschriftenkrise allein durch eine Umstellung auf (billiger zu produzierende) konventionelle elektronische Journale zu überwinden, hat sich nicht erfüllt, da die erwarteten Preissenkungen seitens der Verlage weitgehend ausblieben (Woll 2005, S. 19 f.). Letztendlich wird dadurch die Suche nach alternativen Publikationsstrukturen und die Open-Access-Bewegung weiterhin verstärkt. Dabei ist aus makroökonomischer Perspektive noch offen, wie genau die Open-Access-Bewegung das wissenschaftliche Publikationswesen verändern wird. Denkbar ist hier einerseits, dass die verstärkte Konkurrenz durch Open-Access-Journale die Verlage zwingt, die Preise ihrer Zeitschriftenabonnements zu senken, die jedoch auch zukünftig weiterhin auf konventionellem Wege vertrieben werden. In diesem Sinne versucht z. B. *SPARC*[7] ausdrücklich, Konkurrenzzeitschriften zu besonders teuren Zeitschriften zu etablieren (Johnson 2000). Radikaler in ihrer Reichweite und Wirkung ist dagegen die Forderung nach 100 % Open Access, wie sie z. B. von Steven Harnard vertreten wird, wobei noch unklar ist, ob dieses Ziel erreicht werden kann und falls ja, welche Rolle dabei *Green Road* und *Golden Road* spielen werden (siehe Harnad 2005).

2.3 Welche Vorteile bieten Open-Access-Publikationen?

Open Access verspricht höheren Nutzen bei gleichzeitig geringeren Kosten und damit insgesamt eine erhebliche Steigerung der *Effizienz* des wissenschaftlichen Publikationssystems. Ob die Kosten von Open Access tatsächlich unterhalb der Kosten liegen, die im konventionellen Publikationsverfahren anfallen, kann im Augenblick noch nicht mit Gewissheit gesagt werden, da sich Open Access als Phänomen gerade erst etabliert (vgl. dazu SQW Limited 2004; Morris 2005). Private Analysten haben nach ersten Einschätzungen hier die vielversprechende Prognose abgegeben, das globale wissenschaftliche Publikationssystem könne bis zu 40 % seiner Kosten sparen, wenn es auf Open Access umgestellt würde (Kassab 2003). Ohne Anspruch auf Gültigkeit dieser Prognose sprechen einige strukturelle Gründe dafür, dass Open-Access-Publikationen kostengünstiger erfolgen können als konventionelle Publikationen:

- Open-Access-Journale sind primär elektronische Publikationen, die kostentechnisch ca. 20–25 % günstiger hergestellt und vertrieben werden können als gedruckte Zeitschriften (Morris 2005, S. 124). Dieser Vorteil besteht jedoch nicht nur bei Open-Access-Zeitschriften, sondern auch bei konventionellen elektronischen Journalen.
- Da Open-Access-Journale für jedermann frei zugänglich sind, entfallen die Entwicklungskosten für technische Schutzvorrichtungen, die unbefugten Zugriff verhindern sollen. Weiterhin entstehen dadurch auch keine administrativen Kosten für die Abonnements- und Lizenzverwaltung.
- Soweit es sich bei dem Open-Access-Journal nicht um einen kommerziellen Verlag handelt, sondern wie bei der GMS gGmbH[8] um eine gemeinnützige

---

7 Bei der *Scholarly Publishing and Academic Resources Coalition* (http://www.arl.org/sparc/) handelt es sich um eine weltweite Allianz von inzwischen fast 300 Forschungseinrichtungen, Bibliotheken und anderen Organisationen (Woll 2005).
8 Der vollständige Name lautet „German Medical Science -GMS- gGmbH".

Gesellschaft, entfallen die Gewinnmargen, die schnell 10–20 % betragen können (Morris 2005, S. 119). Davon müssen jedoch ca. 30 % abgezogen werden, die von den Verlagen reinvestiert werden (Morris 2005, S. 120), da entsprechende Reinvestitionen auch bei Non-Profit-Unternehmen anfallen.

- Die Open-Access-Bewegung weist Bezüge zur Open-Source-Bewegung auf und begrüßt z. B. die nicht monetarisierte Übernahme von einzelnen redaktionellen Arbeitsschritten, etwa durch Eigenleistungen von Herausgebern, Peer-Reviewern und Autoren. So könnten diese z. B. die Metadatenvergabe sowie die Erstellung von XML-Daten[9] mittels eines noch zu entwickelnden „Autoren-Tools" selbst übernehmen.

- Schließlich bestehen noch erhebliche Einsparungspotentiale im Bereich der Softwareentwicklung. So sind die Anforderungen an die Software im Wesentlichen gleich, egal in welcher Fachrichtung ein Journal publiziert. Dennoch gewinnt man bisweilen den Eindruck, dass in Deutschland jede Fachrichtung und jede Forschungsgesellschaft ihr eigenes System entwickelt, was die Gesamtkosten nicht unerheblich in die Höhe treibt. Open-Source-Systeme in diesem Bereich bestehen bereits,[10] sind jedoch im Augenblick immer noch kompliziert in der Anwendung. Soweit sich an dieser Stelle Leser des Open Source Jahrbuchs aufgerufen fühlen, sich an der Entwicklung entsprechender Tools zu beteiligen, so wird dies ausdrücklich begrüßt.

Wie bereits erwähnt, verspricht der Open-Access-Ansatz aber nicht nur eine Senkung der Kosten, sondern gleichzeitig auch eine Steigerung der Effektivität des wissenschaftlichen Publikationssystems. Dies liegt *dann* nahe, wenn man sich klarmacht, dass der Zweck des wissenschaftlichen Publikationssystems darin besteht, wissenschaftliche Erkenntnisse so weit wie möglich zu verbreiten. Der freie Zugang zu Wissen für jeden, der über einen Internetzugang verfügt, ist im Hinblick auf den Verbreitungsgrad optimal, jedenfalls solange man davon absieht, dass all jene, die über keinen Internetanschluss verfügen, ausgeschlossen werden.[11] In einem theoretischen 100 %-Open-Access-Szenario könnte jeder Wissenschaftler, der sich mit einem bestimmten Thema beschäftigt, sofort auf alle weltweit zu diesem Thema geschriebenen Aufsätze zugreifen. Eine Beschränkung des Informationsaustauschs aus wirtschaftlichen Gründen wäre faktisch ausgeschlossen, sobald ein Wissenschaftler über einen Internetzugang verfügt. Mehr Wissenschaftler könnten sich so besser und schneller gegenseitig inspirieren. Irrwege könnten vermieden und insgesamt die *Innovationsrate*

---

9 XML wird bei GMS als medienneutrales Datenhaltungsformat eingesetzt. Es bietet den Vorteil, Struktur und Format des Inhalts zu trennen, so dass aus einem XML-Dokument schnell verschiedene Publikationsformate wie PDF oder HTML erzeugt werden können.
10 Einen Überblick über vorhandene Systeme findet man unter http://www.arl.org/sparc/resources/pubres.html#prodserv.
11 In diesem Zusammenhang sollte auch der „Digital Divide" betrachtet werden, d. h. Länder, bei denen der Zugang zum Internet ein knappes Gut darstellt. Mehr dazu im Artikel von Alastair Otter auf S. 381.

Auf dem Weg zu einem Open-Access-Geschäftsmodell

des globalen Wissenschaftssystems signifikant gesteigert werden. Die Wissenschaftler in ärmeren Ländern könnten *besonders* von einer Umstellung auf Open Access profitieren, da gerade die Bibliotheken in den Entwicklungsländern häufig nur einen stark eingeschränkten Zugang zu relevanter und deshalb teurer Fachinformation ermöglichen können (Suber und Arunachalam 2005).

Neuere Untersuchungen scheinen die Vermutung zu unterstützen, dass Open Access zu einer effektiveren Verbreitung der wissenschaftlichen Erkenntnisse führt. So führt eine Veröffentlichung eines Artikels als Open Access dazu, dass der Artikel deutlich häufiger gelesen wird (Harnad et al. 2004). Eine Open-Access-Publikation ist so nicht nur für Wissenschaftssystem und Gesellschaft, sondern auch für den einzelnen Autor unmittelbar vorteilhaft.

2.4 Welche Faktoren blockieren die Verbreitung von Open-Access-Journalen?

Die Open-Access-Bewegung erfreut sich wachsender Beliebtheit und Unterstützung. So hat sich die Zahl der Open-Access-Journale von Februar 2004 bis Februar 2005 verdoppelt (van Orsdel und Born 2005). Dieser Trend kann seitens GMS bestätigt werden. So sind zurzeit schon zehn Journale online, für das Jahr 2006 sind bereits jetzt sechs weitere Journale geplant. Trotzdem wird von vielen die Verbreitung von Open Access noch als zu schleppend empfunden. Was aber genau verhindert eine noch schnellere Ausbreitung des Open-Access-Ansatzes?[12]

Mangelnde Bekanntheit Auch wenn neuere Studien aus England auf eine deutliche Steigerung der Bekanntheit der Open-Access-Bewegung hindeuten (siehe z. B. Rowlands und Nicholas 2005, S. 28), so geht aus der aktuellen Studie der DFG deutlich hervor, dass Open Access in Deutschland bei den Wissenschaftlern selber zu wenig bekannt ist. 61,8 % der Wissenschaftler in den Lebenswissenschaften haben *keine* Kenntnisse über die Open-Access-Resolutionen und lediglich 46 % kennen ein einschlägiges Open-Access-Journal aus ihrem Fachbereich (Over et al. 2005, S. 39). Verlagstechnische Fragen scheinen für viele Wissenschaftler immer noch sekundär zu sein. Erforderlich ist hier ein konsequentes hochschulinternes Marketing, um Open Access samt Hintergrund und Vorteilen stärker bekannt zu machen (vgl. Suber 2005*b*).

Eintrittsbarrieren durch „Impact Factor" Ein weiterer Faktor, der den Erfolg neu gegründeter Open-Access-Journale verhindert, ist die hohe Bedeutung des sog. „Impact Factor"[13]. Die von der *Thomson Corporation* vorgenommene Bewertung wissenschaftlicher Journale[14] spielt dabei für Wissenschaftler trotz vermehrter

---

12 Einen Überblick über die aktuelle Situation in Deutschland gibt der Artikel von Oliver Passek in diesem Buch auf S. 337.
13 Der *Impact Factor* einer Fachzeitschrift ist ein Maß dafür, wie oft – statistisch gesehen – ein Artikel aus dieser Zeitschrift in anderen Zeitschriften zitiert wird.
14 Siehe http://www.isinet.com/.

Kritik (Seglen 1997) eine zentrale Rolle, da häufig angenommen wird, dass eine Veröffentlichung umso „wertvoller" ist, je höher der *Impact Factor* des Journals ist, in dem sie erscheint. Für den Wissenschaftler liegt darin der entscheidende wirtschaftliche Wert seiner Veröffentlichung, da die Liste seiner Veröffentlichungen maßgeblich über die Vergabe von Forschungsmitteln und Stellen mit beiträgt. Für Open-Access-Journale liegt in dieser hohen Bedeutung des *Impact Factor* eine faktische Markteintrittsbarriere, da neue Journale grundsätzlich noch keinen *Impact Factor* haben können, weil es normalerweise mehrere Jahre dauert, bis ein neues Journal Einzug in die ISI-Listen[15] findet. Da aber die meisten Open-Access-Journale Neugründungen sind, können diese zunächst noch keinen *Impact Factor* haben. Ein fehlender *Impact Factor* führt also dazu, dass gute Autoren keine Artikel einreichen, was wiederum dazu führt, dass das Journal keinen *Impact Factor* erhält. Entscheidend für den Erfolg eines Journals sind an dieser Stelle insbesondere Einsatz und Renommee des Herausgebers (Meier 2002, S. 47). Schafft dieser es, seine Community hinreichend zu aktivieren, so kann es gelingen, die kritische Phase bei Start eines Journals zu überwinden.

Langzeitarchivierung Ein noch nicht endgültig gelöstes Problem im Bereich des elektronischen Publizierens ist das der Langzeitarchivierung der Artikel (vgl. dazu Keller 2005, S. 236 ff.). Solange Zeitschriften gedruckt werden, werden sie regelmäßig in vielen unterschiedlichen Universitäts- und Forschungsbibliotheken aufbewahrt. Die Wahrscheinlichkeit, dass das in ihnen beschriebene Wissen gänzlich verloren geht, ist deshalb sehr gering. Verzichtet man nun auf die gedruckten Ausgaben, so ergeben sich neue Risiken, da theoretisch schon der Ausfall eines Servers dazu führen kann, dass tausende Leser nicht mehr auf eine Zeitschrift zugreifen können.[16] German Medical Science verfügt hier – auch im Verhältnis zu kommerziellen Verlagen, die eine Langzeitarchivierung nicht leisten können – durch die Speicherung auf den hochsicheren Servern des DIMDIs über eine hervorragende Ausgangssituation, um eine langfristige Archivierung sicherzustellen. Zusätzlich ist im Rahmen des GMS-Angebots eine Print-on-Demand-Anbindung vorgesehen, die es Bibliotheken auch weiterhin ermöglicht, die GMS-Journale in gedruckter Form zu archivieren.

Urheberrecht Dagegen scheint die Einschränkung der Autoren mit Mitteln des Urheberrechts die Verbreitung von Open Access nicht in dem Maße zu begrenzen, wie man dies eventuell zunächst vermuten würde. So räumen ca. 90 % der Verlage ihren Autoren das Recht ein, ihre Artikel zusätzlich zur Veröffentlichung

---

15 ISI steht für *Institute for Scientific Information*, welches von der *Thomson Corporation* (s. o.) übernommen wurde. Sie geben Listen von Fachzeitschriften mit dem zugehörigen *Impact Factor* heraus.
16 Eine mögliche Lösung bietet das *Internet Archive*, welches von Steffan Heuer in dem Artikel „Ein Archiv für die ganze Welt" auf S. 283 in diesem Buch vorgestellt wird.

durch den Verlag auch mittels Selbstarchivierung zu verbreiten (van Orsdel und Born 2005). Prominentes Beispiel hierfür ist *Reed Elsevier*[17], wobei jedoch nicht die vom Verlag erstellte Version des Dokuments, sondern nur eine eigene Fassung des Autors frei archiviert werden darf.

Wissenschaftskultur Die zurückhaltende Ausübung der Selbstarchivierung wirft die Frage auf, warum die Wissenschaftler von den ihnen zustehenden Rechten nicht mehr Gebrauch machen. Zum einen ist hier die bereits erwähnte mangelnde Bekanntheit von Open Access zu nennen. Darüber hinaus könnte es jedoch sein, dass auch kulturelle Aspekte die Akzeptanz von Open Access im Wissenschaftssystem beeinträchtigen. So hat es innerhalb der Wissenschaften neben der Tendenz, das eigene Wissen zum Wohle der Gesellschaft einzusetzen, immer auch bewusste oder unbewusste Tendenzen gegeben, andere vom eigenen Wissen auszuschließen. Wissen ist Macht und Macht teilt man nicht so gerne. Der Open-Access-Gedanke fordert hier ein radikales Umdenken, da wissenschaftliches Wissen für jeden – nicht nur für die wissenschaftliche Community – frei zugänglich wird. Erforderlich erscheint deshalb nicht nur eine verstärkte Bekanntmachung des Open-Access-Ansatzes, sondern auch eine kritische Reflexion des wissenschaftlichen Selbstverständnisses.

Marktparadigma Schließlich könnte ein weiterer blockierender Faktor sein, dass der Open-Access-Bewegung bisweilen explizit oder implizit eine gewisse Marktfeindlichkeit unterstellt wird. So befindet sich das wissenschaftliche Publikationssystem an der Schnittstelle zwischen Wissenschafts- und Wirtschaftssystem. Traditionellerweise wurde dabei ein Teil des wissenschaftlichen Erkenntnisgewinnungsprozesses, nämlich die Reproduktion und Verteilung des Wissens von privatwirtschaftlichen Verlagen übernommen, wie in Abbildung 2 dargestellt.

Soweit nun mit öffentlichen Mitteln Aufgaben übernommen werden, die bis dato privatwirtschaftlich finanziert waren, stellt sich tatsächlich die Frage, ob hier nicht mit öffentlichen Mitteln gut funktionierende private Unternehmen zerstört werden. Da die augenblicklich stattfindende Neuaufteilung staatlicher und privater Aufgaben regelmäßig zu einer Privatisierung ehemals staatlicher Aufgaben führt, entspricht eine umgekehrte Entwicklung auch nicht der „augenblicklichen Mode" und ist deshalb argumentativ schwieriger vertretbar. Hierzu ist zunächst anzumerken, dass Open Access nicht an eine staatliche Finanzierung gebunden ist und dass z. B. auf Grundlage des „Author pays"-Modells grundsätzlich auch privatwirtschaftliche Verlage betrieben werden können, wie dies z. B. bei *BioMed Central* oder auch bei dem „Open Choice"-Angebot von *Springer*[18] der Fall ist. So steht es den Verlagen frei, Open-Access-Geschäftsmodelle zu entwickeln. Dem ist die Verlagsbranche bisher jedoch nur zögerlich

---

17 *Reed Elsevier* ist führender Anbieter für wissenschaftliche Fachinformationen.
18 Bei *Open Choice* kann der Autor seinen Artikel gegen eine Gebühr von 3 000 US-Dollar seinen

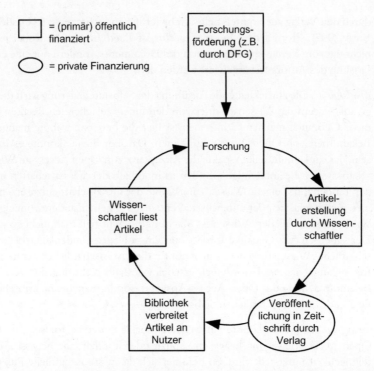

Abbildung 2: Öffentliche und private Finanzierung im Wissenschaftssystem

nachgekommen. Unter diesen Umständen aber kann es den wissenschaftlichen Akteuren nicht untersagt werden, die Publikation selbst in die Hand zu nehmen, insbesondere dann, wenn ansonsten die Funktion des vorwiegend öffentlich-rechtlich finanzierten Wissenschaftssystems nicht ausreichend gewährleistet werden kann. Insgesamt sprechen deshalb gute Gründe dafür, dass das derzeit vorliegende öffentliche Interesse an der Funktionsfähigkeit der in Art. 5 Grundgesetz geschützten Wissenschaft den Bestandsschutz der Verleger überwiegt.

2.5 Ausblick

Eine Prognose über zukünftige Entwicklungen der Open-Access-Bewegung kann nur schwer vorgenommen werden.[19] Denkbar sind Entwicklungsimpulse aus sehr unter-

---

Lesern frei zur Verfügung stellen (siehe http://www.springer-sbm.de/index.php?id=291&backPID=11954&L=1&tx_tnc_news=1977). Kritiker sprechen diesem Modell den Open-Access-Gedanken ab: http://www.earlham.edu/~peters/fos/2004_07_04_fosblogarchive.html#a108939347774405036.

19 Mutiger insofern: Meier (2002, S. 185 ff.).

schiedlichen Bereichen. So könnte eine technologische Weiterentwicklung (z. B. auf Basis von *Google Scholar*[20]) von artikelbezogenen Bewertungsmethoden das Primat des *Impact Factor* brechen und Autoren veranlassen, Open Access zu publizieren, da dies die Zugriffszahlen erhöht. In einem anderen Szenario könnte Open Access durch entsprechende Publikationsvorschriften für öffentlich geförderte Forschung politisch durchgesetzt werden. Schließlich kann ein Wandel aus den Wissenschaften selbst kommen. So liegt es letztendlich bei den Autoren, ihre Artikel bei einem Open-Access-Journal einzureichen oder einfach selbst zu archivieren.

3 Open-Access-Geschäftsmodelle

Ein nachhaltig funktionierendes Geschäftsmodell liegt dann vor, wenn die mit einem Produkt zu erzielenden Gewinne die Kosten für seine Herstellung übersteigen. Erforderlich ist mithin die Ermittlung der wahrscheinlichen Kosten und Einnahmen. Die Kosten des Betriebes eines Open-Access-Journals entsprechen (bis auf einige strukturelle Vorteile, s. o.) denen einer konventionellen Online-Zeitschrift. Da die Arbeitsschritte weitgehend identisch sind, kann insofern auf bereits vorhandene Prozesse zurückgegriffen werden. Diese Produktionsschritte können aber, auch wenn der Zugang zu den Inhalten kostenlos erfolgen soll, nicht alle kostenlos erbracht werden. Insofern kann man vielleicht einen Unterschied zu solchen Open-Source-Projekten sehen, in denen die Beteiligten tatsächlich kostenlos tätig werden. Der Betrieb eines Open-Access-Journals kostet also Geld. Die Frage, woher dieses Geld stammen kann, ist eine der zurzeit am intensivsten diskutierten Fragen im Bereich des Open-Access–Publizierens. Einen Überblick über die verschiedenen Einkommensarten bietet Abbildung 3.

3.1 Author pays

Ein weit verbreitetes Modell, mit dem Open Access sogar bisweilen fälschlicherweise gleichgesetzt wird (Keller 2005, S. 202), ist die Finanzierung durch Autorengebühren (*Author pays*). Dabei kommt der Autor oder die hinter dem Autor stehende Organisation für die Kosten der Publikation eines Artikels auf. Im Vergleich zum Finanzfluss innerhalb des konventionellen Journalgeschäftes kann man hier von einer Art Umkehrung des Finanzierungsflusses sprechen, da die Finanzierung nicht am Ende des Publikationsprozesses durch Zahlungen der Leser erfolgt, sondern bereits an dessen Anfang durch die Forschungsträger. Typischerweise liegen die Autorengebühren zwischen 500 und 1500 €.[21] Die Finanzierung durch Autorengebühren bietet unter anderem den Vorteil, sehr flexibel an die jeweilige Journalsituation anpassbar zu

---

20 http://scholar.google.com/ ist ein Suchdienst, speziell für die wissenschaftliche Recherche. Es werden hauptsächlich Fachzeitschriften durchsucht und zitierte Fachliteratur angeboten.
21 Vgl. z. B. die Preise bei *BioMed Central*, http://www.biomedcentral.com/info/authors/apcfaq.

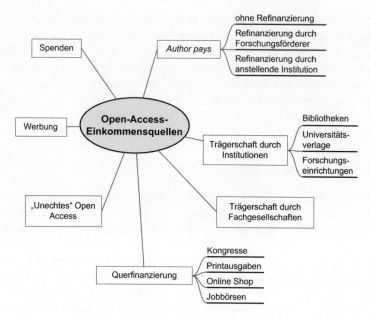

Abbildung 3: Überblick über die verschiedenen Open-Access-Einnahmequellen

sein. Wie bereits erwähnt, können mit Autorengebühren z. B. gleichermaßen öffentlich getragene oder gemeinnützige wie auch auf Gewinnerzielung gerichtete Journale finanziert werden. Dabei bestehen im Wesentlichen drei Möglichkeiten der Refinanzierung, so dass sich unter dem Oberbegriff *Author pays* tatsächlich sehr unterschiedliche Finanzierungsmodelle finden lassen:

Keine Refinanzierung Zunächst besteht die Möglichkeit, auf eine Refinanzierung zu verzichten und damit die Zahlungsverpflichtung beim Autor zu belassen. Dafür spricht, dass die Autoren aufgrund der erhöhten Zugänglichkeit ein eigenes Interesse an der Open-Access-Publikation ihrer Artikel haben. Tatsächlich besteht der jüngsten DFG-Studie zufolge insbesondere in den Lebenswissenschaften eine gewisse Bereitschaft seitens der Autoren, die Kosten der Publikation mitzutragen (siehe Over et al. 2005, S. 53 ff.). Dabei variiert das Ausmaß der Bereitschaft zur Kostenübernahme zwischen den einzelnen Disziplinen nicht unerheblich, was zum Teil damit erklärt werden kann, dass es bereits jetzt in manchen Fachbereichen üblich ist, dass sich die Autoren an den Publikationskosten beteiligen. Allerdings ist festzustellen, dass nur in den seltensten Fällen Bereitschaft besteht, mehr als 500 € für einen Artikel zu bezahlen (laut Over et al. 2005, S. 56), so dass zurzeit lediglich ein Bruchteil der tatsächlich anfallenden Kosten auf diese Art und Weise gedeckt werden könnte. Dabei sollte bedacht werden, dass es gerade in der Startphase eines Journals wichtig ist, so viele gute Autoren wie möglich zu gewinnen. Autorengebühren stellen insofern eine Einstiegsbarriere dar, die den Erfolg eines noch nicht etablierten Journals gefährden. Aus diesem Grund ist bei GMS bisher auf Autorengebühren verzichtet worden.

Refinanzierung durch Forschungsförderer Eine Möglichkeit, die Autoren zu entlasten bieten Publikationskostenzuschüsse der Forschungsförderer. So bietet z. B. die DFG an, Publikationskosten bis zu 750 € pro gefördertes Forschungsjahr zu übernehmen (Over et al. 2005, S. 58 ff.). Die Förderung ist zurzeit nicht an eine Open-Access-Veröffentlichung geknüpft. Mit der Möglichkeit, die Mittelvergabe an eine Veröffentlichung in einem Open-Access-Journal zu binden, verfügen die Forschungsförderer über eine machtvolle Steuerungsmöglichkeit zur Beeinflussung der wissenschaftlichen Publikationslandschaft. Inhaltlich spricht für eine solche Vorgabe, dass anderenfalls die Öffentlichkeit häufig doppelt zahlt, indem sie zunächst durch Forschungsförderung die Erstellung eines Artikels ermöglicht, der dann später unter erneutem Mittelaufwand von den Verlagen „zurückgekauft" werden muss. In der Tat hat jüngst der (privat finanzierte) englische *Wellcome Trust* beschlossen, Forschungsmittel nur noch mit der Auflage zu vergeben, die Ergebnisse mittels Open-Access-Publikation der Öffentlichkeit zugänglich zu machen.[22] Ob auch deutsche Förderungsinstitutionen diesem Trend folgen werden, bleibt abzuwarten.

Refinanzierung durch Institutionen Schließlich besteht im Bereich des „Author pays"-Modells die Möglichkeit, dass die Publikationsgebühren von den wissenschaftlichen Einrichtungen getragen werden, die den Autor beschäftigen. So bietet z. B. *BioMedCentral* Institutionslizenzen an, bei denen eine Einrichtung einen nach Institutionsgröße gestaffelten Preis zahlt und dafür das Recht erhält, alle von Einrichtungsmitgliedern verfassten Artikel einzureichen.

3.2 Institutionelle Trägerschaft

Neben dem „Author pays"-Modell können Open-Access-Journale auch direkt im Wege der institutionellen Trägerschaft, etwa durch einen Universitätsverlag oder eine Bibliothek betrieben werden. Der Unterschied zu dem unter Abschnitt 3.1 vorgestellten Modell „Refinanzierung durch Forschungsförderer" liegt hier darin, dass die Institution nicht nur die Kosten für die Publikation trägt, sondern auch unmittelbar für Organisation und Betrieb des Journals verantwortlich ist. Durch die Beteiligung von ZB MED und DIMDI folgt die Finanzierung von GMS teilweise diesem Modell.

---

[22] Die offizielle Pressemitteilung dazu: http://www.wellcome.ac.uk/doc_WTX026822.html.

3.3 Finanzierung durch Fachgesellschaften

Die Fachgesellschaften sind typische Träger für wissenschaftliche Fachjournale (vgl. dazu Meier 2002, S. 73 f.; Willinsky 2003). Die in den Fachgesellschaften organisierten Wissenschaftler stellen sowohl die Autoren als auch die Leser der Artikel. Die Finanzierung durch die Fachgesellschaften hat somit den Vorteil, dass die Kosten von der Gruppe getragen werden, die selbst am unmittelbarsten von dem Journal profitiert, indem sie Artikel publiziert und rezipiert. Durch die Integration der AWMF mit ihren 152 Mitgliedsgesellschaften war die Beteiligung der Fachgesellschaften bereits zu Beginn des Projektes angelegt.

3.4 Querfinanzierung

Eine weitere Möglichkeit zur Finanzierung von Open-Access-Journalen besteht darin, weitere Produkte oder Dienstleistungen anzubieten und die damit erwirtschafteten Gewinne für die Finanzierung der Journale zu verwenden. Dabei kann es sich z. B. um CD-ROMs oder Druckausgaben, Online-Shops oder Stellenanzeigen handeln. German Medical Science hat bereits kurz nach Projektbeginn damit begonnen, neben Journalen auch Berichte medizinischer Fachkongresse zu veröffentlichen. Inzwischen hat sich daraus eine eigenständige Portalebene entwickelt, die sich wachsender Beliebtheit bei den medizinischen Kongressanbietern erfreut.

3.5 Werbung und Spenden

Open-Access-Journale können teilweise durch Werbung finanziert werden. Da es sich bei den Lesern eines Fachjournals meist um homogene Gruppen mit gleichem Interesse handelt, ist das Vermarktungspotential relativ hoch. Die Entscheidung, ob Werbung geschaltet werden soll oder nicht, kann für ein wissenschaftliches Journal im Hinblick auf dessen Unabhängigkeit problematisch sein und wird deshalb bei GMS den einzelnen Fachgesellschaften überlassen. Schließlich sei noch auf die Möglichkeit der Finanzierung durch Spenden hingewiesen, die jedoch nicht tiefer dargestellt werden kann.

4 Das GMS-Geschäftsmodell

Unter den gegebenen Umständen stellt die Definition eines Open-Access-Geschäftsmodells aus verschiedenen Gründen eine Herausforderung dar. Wie oben ausgeführt, befindet sich der wissenschaftliche Publikationsmarkt in einer intensiven Umbruchsphase. Nachgewiesen funktionierende Geschäftsmodelle liegen noch nicht vor. Stattdessen konkurrieren verschiedene Ansätze, verlässliche Standards bilden sich erst langsam heraus. Im Falle von GMS wird die Situation noch weiter dadurch erschwert, dass relativ viele unterschiedliche Organisationen am Projekt beteiligt sind. Die Entwicklung des Geschäftsmodells erfolgte deshalb bei GMS unter folgenden Zielsetzungen:

Auf dem Weg zu einem Open-Access-Geschäftsmodell

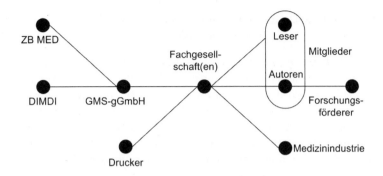

Abbildung 4: Vertragsbeziehungen innerhalb des GMS-Netzwerkes

- Flexibilität der Organisation, damit eine schnelle Anpassung des finanztechnischen und organisatorischen Rahmens an Veränderungen der Portalumwelt erfolgen kann
- Integration der am Projekt beteiligten privaten und öffentlichen Träger
- Skalierbarkeit der Organisation
- Nutzung von bestehenden Potentialen zur Kostenersparnis
- Reduzierung des wirtschaftlichen Risikos

Die von GMS präferierte Lösung besteht in einem *Netzwerk*, dessen Drehpunkt die eigens zu diesem Zweck durch die AWMF gegründete gemeinnützige GMS gGmbH bildet (siehe Abbildung 4).

Unter Zugrundelegung dieser Netzwerkstruktur sind bei GMS mehrere Szenarien entwickelt worden, wobei die Leistungserbringung – bis auf geringe Unterschiede in den Angebotspaketen – im Wesentlichen identisch ist: Die Fachgesellschaften stellen die Herausgeber und organisieren den Peer-Review-Prozess, in dem der vom Autor eingereichte Artikel begutachtet wird. Wird der Artikel angenommen, so wird er von der Fachgesellschaft lektoriert, formatiert und dann direkt in das beim DIMDI gelegene GMS-Publikationssystem geladen und dort publiziert. Die ZB MED leistet dabei redaktionellen Support und übernimmt den Redaktionsprozess auch ganz, soweit dies von der Fachgesellschaft gewünscht wird. Möchte die Fachgesellschaft eine Printausgabe, so kann sie diese unter Verwendung der generierten XML-Dateien bei einem Kooperationspartner in Auftrag geben. Eine Möglichkeit, die im Zuge dieses Publikationsprozesses anfallenden Kosten zu decken, besteht in einer dreistufigen, Community-zentrierten Mischfinanzierung, die im Folgenden näher beschrieben werden soll.

Finanzierung der GMS gGmbH Haupteinnahmequelle sind Zahlungen der Fachgesellschaften, die sie für die Nutzung der GMS-Publikationsplattform entrichten.

Daneben generiert die GMS gGmbH durch die Publikation von Kongressberichten sowie über Spenden weitere Einnahmen.

Finanzierung der Fachgesellschaften Die Fachgesellschaften finanzieren die für die Publikation erforderlichen Kosten zunächst durch Beiträge ihrer Mitglieder. Die Kostenlast liegt dadurch bei der primären Nutzergruppe, den Autoren und Lesern. Insofern könnte man in Abwandlung des Begriffs *Author pays* von einem „Community pays"-Modell sprechen. Das GMS-Modell eröffnet den Fachgesellschaften daneben jedoch eine ganze Reihe von Refinanzierungsmöglichkeiten. So gehen in diesem Szenario die Verwertungsrechte an der Zeitschrift auf die Fachgesellschaft über. Dadurch kann diese, soweit sie dies wünscht, Werbung schalten und dadurch Teile der Kosten decken. Weiterhin kann die Fachgesellschaft den Autor verpflichten, Publikationskostenzuschüsse, die dieser z. B. von der DFG erhält, weiterzureichen. Auf diese Weise besteht für die Fachgesellschaften die Möglichkeit, die Fachzeitschrift von einem reinen Kostenfaktor u. U. sogar in eine Einnahmequelle zu verwandeln.

Finanzierung von DIMDI und ZB MED Bezüglich der öffentlichen Projektträger ist zu differenzieren: So haben diese in der Startphase Leistungen erbracht, die, soweit sie unentgeltlich erfolgt sind, eine Art Anschubfinanzierung darstellen. Sobald und in dem Maße, wie bei der GMS gGmbH Finanzströme von den Fachgesellschaften einsetzen, kann diese Anschubfinanzierung flexibel zurückgefahren werden. Die bei DIMDI und ZB MED anfallenden Kosten können dann z. B. dadurch gedeckt werden, dass die GMS gGmbH Mitarbeiterstellen finanziert.

Das skizzierte Modell verfügt über das Potential, die Situation aller *key stakeholder* zu verbessern. So erhalten die Autoren eine Open-Access-Publikationsplattform, die eine weite Verbreitung und Rezeption ihrer Artikel bei gleichzeitig sinkenden Mitgliedsbeiträgen verspricht. Die Fachgesellschaften erhalten die Möglichkeit, ihre Publikationskosten zu senken. ZB MED und DIMDI leisten einen Beitrag im Rahmen ihrer Aufgabe zur öffentlichen Informationsversorgung und profitieren im Falle eines Erfolges von GMS langfristig durch eine Entspannung im Bereich des Zeitschriftenmarktes. Insofern kann also von einer „Win-Win-Win"-Situation gesprochen werden. Weiterhin bietet die Netzwerkorganisation die Möglichkeit, möglichst viele unterschiedliche Einnahmequellen zu nutzen und damit eine einseitige Abhängigkeit zu vermeiden. Die öffentlichen und privaten Träger des Projektes werden dabei optimal integriert. Die Einrichtung einer gemeinnützigen GmbH ermöglicht es, schnell und flexibel am Markt zu operieren, gleichzeitig jedoch vorhandene Steuerbegünstigungen zu nutzen.

5 Fazit

Der Betrieb eines Open-Access-Journals wird auf absehbare Zeit Geld kosten. Einnahmen können aus einer Reihe von verschiedenen Quellen generiert werden, weshalb das Thema Open-Access-Geschäftsmodelle nicht mit dem „Author pays"-Modell gleichgesetzt werden sollte. Das Beispiel GMS zeigt, wie mit Hilfe einer Netzwerkorganisation die Vielzahl der vorhandenen Einnahmequellen flexibel genutzt werden kann. Grundsätzlich ist das bei GMS für die Medizin entwickelte Modell auch auf andere Fachdisziplinen übertragbar. Die Entwicklung eines Geschäftsmodells, das die Interessen aller Beteiligten hinreichend berücksichtigt, ist jedoch zeitaufwändig und erfordert einen dezidierten Abstimmungsprozess. Dieser erhöhte Aufwand rechtfertigt sich im Falle von GMS dadurch, dass die Plattform eine Publikationsinfrastruktur für die gesamte Fachdisziplin bereitstellt. Dabei sinken die Kosten des Betriebes für die beteiligten Fachgesellschaften, umso mehr Fachgesellschaften partizipieren.

Literatur

Association of Research Libraries (2004), 'Framing the Issue Open Access'. http://www.arl.org/scomm/open_access/framing.html [15. Dez 2005].

Harnad, S. (2005), 'Fast-Forward on the Green Road to Open Access: The Case Against Mixing Up Green and Gold', *Ariadne* **42**. http://www.ariadne.ac.uk/issue42/harnad/intro.html [15. Dez 2005].

Harnad, S., Brody, T. und Vallières, F. et al. (2004), 'The Access/Impact Problem and the Green and Gold Roads to Open Access', *Serials Review* **30**(4), S. 310–314. http://dx.doi.org/10.1016/j.serrev.2004.09.013 [15. Dez 2005].

Ho, A. K. und Bailey Jr., C. W. (2005), 'Open Access Webliography'. http://www.escholarlypub.com/cwb/oaw.htm [15. Dez 2005].

Johnson, R. K. (2000), 'Competition: A Unifying Ideology for Change in Scholarly Communications'. http://www.arl.org/sparc/about/whitepaper.html [15. Dez 2005].

Kassab, S. (2003), Analysis of the STM journal industry, Economic Research Study, Exane BNP Paribas, London. Ausschnittsweise nachlesbar bei http://www.earlham.edu/~peters/fos/newsletter/11-02-03.htm#paribas [15. Dez 2005].

Keller, A. (2005), *Elektronische Zeitschriften – Grundlagen und Perspektiven*, Harrassowitz, Wiesbaden.

Meier, M. (2002), *Returning Science to the Scientists. Der Umbruch im STM-Zeitschriftenmarkt unter Einfluss des Electronic Publishing*, number 2 *in* 'Buchhandel der Zukunft. Aus der Wissenschaft für die Praxis', Peniope, München. http://etdindividuals.dlib.vt.edu/archive/00000024/01/PhDThesis_Michael_Meier.pdf [11. Feb 2006].

Morris, S. (2005), 'The true costs of scholarly journal publishing', *Learned Publishing* **18**(2), S. 115 – 126. http://lysander.ingentaconnect.com/vl=5002805/cl=12/nw=1/fm=docpdf/rpsv/cw/alpsp/09531513/v18n2/s6/p115 [15. Dez 2005].

Open Society Institute (2002), 'Budapest Open Access Initiative – Initiativaufruf'. http://www.soros.org/openaccess/g/read.shtml [15. Dez 2005].

Over, A., Maiworm, F. und Schelewsky, A. (2005), Publikationsstrategien im Wandel – Ergebnisse einer Umfrage zum Publikations- und Rezeptionsverhalten unter besonderer Berücksichtigung von Open Access, Studie, Deutsche Forschungsgemeinschaft, Bonn. http://www.dfg.de/dfg_im_profil/zahlen_und_fakten/statistisches_berichtswesen/open_access/download/oa_ber_dt.pdf [15. Dez 2005].

Rowlands, I. und Nicholas, D. (2005), New Journal Publishing Models: An International Survey of Senior Researchers, Survey report, Centre for Information Behaviour and the Evaluation of Research, London. http://www.ucl.ac.uk/ciber/pa_stm_final_report.pdf [19. Dez 2005].

SQW Limited (2004), Costs and business models in scientific research publishing – A report commissioned by the Wellcome Trust, techn. Bericht, Wellcome Trust, London. http://www.wellcome.ac.uk/assets/wtd003184.pdf [15. Dez 2005].

Seglen, P. O. (1997), 'Why the impact factor of journals should not be used for evaluating research', *British Medical Journal* **314**(7079), S. 497 ff. http://bmj.bmjjournals.com/cgi/content/full/314/7079/497 [19. Dez 2005].

Suber, P. (2005*a*), 'Open Access Overview'. http://www.earlham.edu/~peters/fos/overview.htm [15. Dez 2005].

Suber, P. (2005*b*), 'What you can do to promote open access'. http://www.earlham.edu/~peters/fos/do.htm [19. Dez 2005].

Suber, P. und Arunachalam, S. (2005), 'Open Access to Science in the Developing World', *World-Information City* . http://www.earlham.edu/~peters/writing/wsis2.htm [15. Dez 2005].

Willinsky, J. (2003), 'Scholarly Associations and the Economic Viability of Open Access Publishing', *Journal of Digital Information* **4**(2). http://jodi.tamu.edu/Articles/v04/i02/Willinsky/ [19. Dez 2005].

Woll, C. (2005), 'Wissenschaftliches Publizieren im Digitalen Zeitalter und die Rolle der Bibliotheken', *Kölner Arbeitspapiere zur Bibliotheks- und Informationswissenschaft* **46**. http://www.fbi.fh-koeln.de/institut/papers/kabi/volltexte/Band046.pdf [15. Dez 2005].

Wurch, S. (2005), Das wissenschaftliche Publikationswesen auf dem Weg zu Open Access, *in* B. Lutterbeck, R. A. Gehring und M. Bärwolff (Hrsg.), 'Open Source Jahrbuch 2005 – Zwischen Softwareentwicklung und Gesellschaftsmodell', Lehmanns Media, Berlin, S. 435–447. http://www.opensourcejahrbuch.de/2005/ [11. Feb 2006].

van Orsdel, L. und Born, K. (2005), 'Choosing Sides – Periodical Price Survey 2005', *Library Journal* S. 43–48. http://www.libraryjournal.com/article/CA516819.html [15. Dez 2005].

Open oder Close Access? Wissenschaftliches Publizieren im Spannungsfeld zwischen hehren Absichten und marktpolitischen Realitäten

OLIVER PASSEK

(CC-Lizenz siehe Seite 499)

Der Ursprung der Open-Access-Bewegung liegt in der so genannten Budapester Initiative vom Dezember 2001. Die wichtigsten deutschen Forschungsgemeinschaften schlossen sich im Oktober 2003 der Bewegung durch die Verabschiedung einer eigenen *Berliner Erklärung* an. Mittlerweile ist Open Access, also der offene Zugang zu wissenschaftlichem Wissen, ein eingeführter Begriff in der Publizistik. Zahlreiche Fachzeitschriften und Wissenschaftsserver unterschiedlicher Disziplinen operieren inzwischen auf Basis von Open Access im Netz. Doch von einem endgültigen Durchbruch der Open-Access-Bewegung kann noch keine Rede sein: So hat etwa nur die Hälfte von 1 000 kürzlich befragten deutschen Wissenschaftlern überhaupt jemals etwas von den mittlerweile verabschiedeten Resolutionen und Erklärungen zu Open Access gehört. Der Artikel geht der Frage nach, wie es mit der Verbreitung und Akzeptanz von Open Access in Deutschland und auch im internationalen Vergleich wirklich bestellt ist und unterbreitet Vorschläge, welche rechtlichen und politischen Weichenstellungen zur stärkeren Durchsetzung von Open Access von Nöten sind.

Schlüsselwörter: Open Access · Self-Archiving · Peer-Review · Preprint

1 Einleitung

„Wir [...] fühlen uns aufgerufen, die Herausforderungen des Internets als künftigem Medium zur Wissensverbreitung aufzugreifen. Es ist klar, dass diese Entwicklungen das Wesen des wissenschaftlichen Publizierens [...] grundlegend verändern können. [...] Unsere Aufgabe, Wissen zu verbreiten, ist nur halb erfüllt, wenn die Information für die Gesellschaft nicht breit gestreut und leicht zugänglich ist. Neue Möglichkeiten der Wissensverbreitung [...], auch nach dem Prinzip des 'offenen Zugangs' über das Internet, müssen gefördert werden. [...] Inhalte und Software müssen dazu frei verfügbar und kompatibel sein. [...]

> Wir beabsichtigen deshalb
>
> – unsere Forscher und Stipendiaten dazu anzuhalten, ihre Arbeiten nach dem 'Prinzip des offenen Zugangs' zu veröffentlichen; [...]
> – Mittel und Wege zu finden, um für die 'Open Access'-Beiträge und Online-Zeitschriften die wissenschaftliche Qualitätssicherung zu gewährleisten [...];
> – dafür einzutreten, dass 'Open Access'-Veröffentlichungen bei der Begutachtung von Forschungsleistungen und wissenschaftlicher Karriere anerkannt werden; [...]" (Max-Planck-Gesellschaft 2003)

Was verbirgt sich hinter dieser Erklärung? Bloß hehre Worte und weise Absichten oder doch eine Art Revolution in der Entwicklung des wissenschaftlichen Publizierens?

Die einleitenden Sätze bilden jedenfalls die Kernforderungen der im Oktober 2003 auf einer internationalen Konferenz verabschiedeten *Berliner Erklärung über den offenen Zugang zu wissenschaftlichem Wissen*, der sich die führenden deutschen Wissenschaftseinrichtungen wie die Deutsche Forschungsgemeinschaft (DFG) oder die Max-Planck-Gesellschaft angeschlossen haben. Auch europäische Partnerinstitutionen wie die *Central European University Budapest* oder das *Open Society Institute* zählen zu den Mitunterzeichnern, die sich dem Open-Access-Prinzip verpflichtet haben.[1]

Die Funktionsweise von Open Access[2] ist zumindest der Fachwelt mittlerweile bekannt. Open Access bedeutet, dass wissenschaftliche „Literatur kostenfrei und öffentlich im Internet zugänglich sein sollte, so dass Interessierte die Texte lesen, kopieren, verteilen und sie auch sonst auf jede denkbare legale Weise benutzen können [...]".[3]

Seit der Verabschiedung der *Berliner Erklärung* sind mittlerweile über zwei Jahre vergangen, die für die gesamte Bewegung grundlegende Budapester Initiative wurde sogar bereits im Dezember 2001 verabschiedet. Doch was ist seitdem passiert? Hat Open Access wirklich Einzug ins wissenschaftliche Publikationswesen gefunden und darüber hinaus grundlegende und nachhaltige Änderungen innerhalb dessen bewirkt?

---

1 Eine vollständige Liste der Unterzeichner findet sich unter: http://www.zim.mpg.de/openaccessberlin/signatories.html.
2 Eine umfangreiche Quellensammlung rund um das Thema findet sich unter: http://elib.suub.uni-bremen.de/open_access.html. Vergleiche ebenfalls Passek (2005).
3 Zitiert nach der *Budapest Open Access Initiative*; siehe http://www.qualitative-research.net/fqs/boaifaq.htm.

Open oder Close Access?

Es ist Zeit für eine gründliche Bestandsaufnahme, dies zeigt sich nicht zuletzt durch die Veröffentlichung zahlreicher Untersuchungen rund um das wissenschaftliche Publizieren in jüngster Zeit, von denen hier einige noch näher beleuchtet werden. Mit ein paar Fakten aus eben einer dieser Studien soll die folgende Bestandsaufnahme beginnen:

Von 1 000 kürzlich befragten deutschen Wissenschaftlern hat nur etwa die Hälfte überhaupt etwas von den mittlerweile verabschiedeten Resolutionen und Erklärungen zu Open Access gehört (Over et al. 2005, S. 39 f.). Die *Berliner Erklärung* ist – neben der so genannten *Public Library of Science*[4] – immerhin noch die bekannteste Initiative in diese Richtung. Von ihr haben immerhin rund 36 Prozent der Untersuchungsteilnehmer zumindest gehört, allerdings geben nur 5 Prozent der Befragten an, die *Berliner Erklärung* wirklich einigermaßen gut zu kennen. Was bedeutet dies für die Akzeptanz und Verbreitung von Open Access insgesamt? Beginnen wir mit der internationalen Dimension dieser Fragestellung.

2 Im Netz inzwischen weit verbreitet

Das Vorhandensein von Publikationen auf Open-Access-Basis lässt sich ohne größeren Aufwand mit einem gezielten Blick ins Internet überprüfen. Eine Arbeitsgruppe der Universität Lund in Dänemark führt im Internet seit 2002 ein nach Disziplinen geordnetes Verzeichnis der wichtigsten internationalen Open-Access-Zeitschriften.[5] Anfang Dezember 2005 waren dort 1 957 verschiedene Titel aufgelistet. Alleine in den 30 Tagen davor sind über 70 neue Zeitschriften in das Verzeichnis aufgenommen worden. Die Auswahl an Themen ist groß: Sämtliche wichtigen Wissenschaftsdisziplinen sind mittlerweile abgedeckt, die meisten Titel stammen aus dem Bereich Medizin.

Größter Anbieter von Open-Access-Zeitschriften darunter ist das kommerziell agierende britische Verlagshaus *BioMedCentral (BMC)*[6] mit zurzeit rund 140 Open–Access-Journalen im Angebot. Zu den wichtigsten deutschen Open-Access-Publikationen zählen die Projekte *German Medical Science*[7] und *Digital Peer Publishing (DPP) NRW*[8] (Woll 2005).

Das aus Großbritannien stammende Projekt *SHERPA*[9], welches sich der Standardisierung von Open-Access-Formaten widmet, führt ebenfalls online ein Verzeichnis mit dem Namen *ROMEO*[10]. Dieses listet die Konditionen von Fachverlagen im Fal-

---

4 http://www.plos.org/index.html
5 *Directory of Open Access Journals (DOAJ)*, http://www.doaj.org/
6 http://www.biomedcentral.com/
7 Das GMS-Portal ist unter http://www.egms.de/de/ zu finden. Details zu GMS bietet „Auf dem Weg zu einem Open-Access-Geschäftsmodell" von Jan Neumann auf Seite 319 in diesem Buch.
8 http://www.risk-insurance.de/
9 SHERPA steht für *Securing a Hybrid Environment for Research Preservation and Access* (http://www.sherpa.ac.uk/).
10 http://www.lboro.ac.uk/departments/ls/disresearch/romeo/

le von Sekundärpublikationen auf, also insbesondere inwieweit es Autoren möglich ist, ihre Werke kostenfrei als Zweitveröffentlichung auf eigenen oder fremden Servern im Netz zur Verfügung zu stellen. Es fällt bei näherem Betrachten auf, dass mittlerweile die überwiegende Zahl der international tätigen Wissenschaftsverlage die Zweitpublikation von Arbeiten erlaubt, die bereits in Printzeitschriften veröffentlicht wurden, wenngleich sich die Konditionen hierfür in einzelnen Ländern und Disziplinen mitunter doch recht deutlich unterscheiden. Insbesondere für Zwecke des so genannten *self-archiving* – also die durch den Wissenschaftler oder dessen Institution selbst vorgenommene digitale Speicherung seiner Fachbeiträge in elektronischen Archiven wie der eigenen Webseite oder fachbezogenen Servern – sind entsprechende Vereinbarungen mittlerweile üblich. So gestatten laut der *ROMEO*-Liste 71 % der rund 120 erfassten Zeitschriftenverlage zumindest eine bestimmte Form des *self-archiving* (Gadd et al. 2003).

Einen kompakten und ständig aktualisierten Überblick über die Entwicklung der Open-Access-Bewegung führt der Direktor des „Public Knowledge – Open Access"-Projekts Peter Suber auf der Webseite des umfangreichen Forschungsprojekts. Es fällt beim Betrachten der Zeitleisten sofort ins Auge, dass kontinuierlich neue Open-Access-Projekte ins Leben gerufen werden (nahezu monatlich).

Unzweifelhaft lässt sich mittlerweile auch belegen, dass Open Access inzwischen nicht nur eine verbreitete Publikationsform, sondern selbst zentraler Bestandteil einer intensiven Debatte zur Zukunft des wissenschaftlichen Publikationswesens geworden ist. Im April 2005 erschien in diesem Zusammenhang eine erste, umfassende Bibliographie von den amerikanischen Wissenschaftlern Charles W. Bailey, Jr. und Adrian K. Ho (2005). Die Bibliographie, die kostenfrei aus dem Netz heruntergeladen werden kann, umfasst auch der Open-Access-Thematik verwandte Bereiche wie Creative Commons[11] oder *Open Archives*[12]. Insgesamt werden über 1 300 wissenschaftliche Veröffentlichungen aufgeführt und kategorisiert.

Zu einer eher pessimistischen Prognose in Sachen Verbreitung von Open Access gelangt man – zumindest die deutsche Forschungslandschaft betreffend – bei einem Blick in die Liste der Unterzeichner der so genannten *Declaration of Institutional Commitment to Open Access*.[13] Bisher haben neben dem *Institut for Science Networking* in Oldenburg mit Bielefeld, Bremen und Hamburg nur drei deutsche Universitäten den Aufruf unterschrieben, der die Umsetzung der Budapester und Berliner Beschlüsse durch die Veröffentlichung der institutseigenen Publikationsbedingungen und -möglichkeiten transparent und praxistauglich machen will.

Umfangreiche Bestände an frei zugänglichem wissenschaftlichen Material wie Dissertationen, Diplomarbeiten oder Forschungsberichte findet man auf dem Dokumen-

---

11 http://creativecommons.org/
12 Die sog. *Open Archives Initiative* beschäftigt sich mit dem Thema Interoperabilität zwischen Dokumentenservern (http://www.openarchives.org/).
13 Die Unterzeichner sind bei http://www.eprints.org/openaccess/policysignup/sign.php aufgelistet.

tenserver *OASE*[14] der Universität Karlsruhe: *OASE* basiert auf der Technologie des bereits für die wissenschaftliche Literaturrecherche etablierten Karlsruher Virtuellen Katalogs[15] und bietet die Möglichkeit, in den bibliographischen Daten der wichtigsten Dokumentenserver in Deutschland und im Ausland frei zu recherchieren. Eine Suche im Volltext der Dokumente ist derzeit noch nicht möglich, wird aber angestrebt. Ebenfalls sehr empfehlenswert, aber auch noch im Aufbau befindlich, ist das englischsprachige Internetportal *Textbook Revolution*[16], welches Quellen für frei zugängliche Fachbücher im Netz aufspürt.

Doch die Analyse all dieser Veröffentlichungsplattformen lässt mehr oder weniger nur quantitative und schon gar keine ökonomischen Schlussfolgerungen zu. Daher lohnt es sich, einige Untersuchungen bezüglich der quantitativen Nutzung und der qualitativen Beurteilung von Open-Access-Angeboten genauer unter die Lupe zu nehmen.

3 Gutachten bringen Licht ins Dunkel

Es fällt ins Auge, dass es scheinbar – zumindest auf europäischer Ebene und in den USA – mittlerweile ein breit gefächertes Angebot an Open-Access-Publikationen gibt. Doch was bedeutet dies hinsichtlich des Verhältnisses zu den „klassischen" Veröffentlichungspraktiken und auch hinsichtlich der Verbreitung und Akzeptanz von Open Access in den einzelnen Wissenschaftsdisziplinen? Aufschlussreiche Erkenntnisse hierzu liefern vor allem zwei Studien, die beide 2005 publiziert wurden.

Von besonderer Relevanz für die ökonomische Bedeutung und Situation von Open-Access-Zeitschriften ist dabei eine Untersuchung der amerikanischen Consulting-Firma Kaufman-Wills Group, die u. a. in Kooperation mit der internationalen Handelsvereinigung der Non-Pofit-Verlage (ALPSP) durchgeführt wurde.[17]

Zum Vergleich traditioneller Veröffentlichungsmodelle und solcher nach dem Open-Access-Prinzip wurde zum einen Datenmaterial von rund 500 wissenschaftlichen Fachzeitschriften aus vier relevanten internationalen Online-Verzeichnissen aufbereitet. Diese wurden dann in Bezug zu ca. 4 000 Daten „klassischer" Fachzeitschriften von 22 überwiegend kommerziell tätigen Wissenschaftsverlagen mit internationaler Ausrichtung gesetzt und zusammenfassend analysiert.

Die Ergebnisse förderten zu Tage, dass im Vergleich zu herkömmlich publizierten Wissenschaftsmagazinen die Verleger frei zugänglicher Fachartikel in finanzieller Hinsicht momentan schlechter dastehen. Laut der Studie arbeiten zurzeit rund 41 Prozent der reinen Open-Access-Zeitschriften nicht kostendeckend, wobei 24 Prozent von ihnen aber zumindest keine Verluste einfahren würden und rund 35 Prozent sogar

---

14 OASE steht für *Open Access to Scientific Literature*; http://www.ubka.uni-karlsruhe.de/kvvk.html.
15 http://www.ubka.uni-karlsruhe.de/kvk.html
16 Das Motto des Portals http://www.textbookrevolution.org/ ist: „Taking the bite out of books".
17 Die komplette Studie ist (auch online) nachlesbar bei Kaufman-Wills Group (2005).

	ALPSP (gesamt)	ALPSP (gewinn-orientiert)	ALPSP (gemein-nützig)	DOAJ	DOAJ (ohne BMC und ISP)
Überschuss (%)	74,4	72,1	75,6	34,8	11,5
Kostendeckend (%)	3,3		5,1	24,3	58,6
Verlust (%)	22,3	27,9	19,2	41,0	29,9
Anzahl Befragte	121	43	78	209	87

Tabelle 1: Einkünfte der Journale im Geschäftsjahr 2004 (Kaufman-Wills Group 2005)[18]

ein Plus erzielten. Im Unterschied dazu schrieben rund drei Viertel der Zeitschriften ohne kompletten Open-Access-Zugang schwarze Zahlen (siehe Tabelle 1).[19]

Bedenkt man allerdings, dass die allermeisten Open-Access-Anbieter wesentlich kürzer am Markt präsent sind als die Mehrheit der traditionellen Publikationen, dürfen diese Zahlen keineswegs überraschen, da die Open-Access-Verlage bislang logischerweise noch keinen so großen Einfluss und damit verbundene Finanzierungsmöglichkeiten wie ihre etablierten Konkurrenten aufbauen konnten. Außerdem stellten die Autoren der Studie fest, dass Open-Access-Plattformen auch oft weniger Artikel veröffentlichen als die etablierte Konkurrenz, obwohl eingereichte Artikel von ihnen seltener abgelehnt werden. Dies hängt vermutlich ebenfalls stark mit dem zumindest momentan noch geringeren Bekanntheitsgrad der Open-Access-Zeitschriften zusammen. Interessant auch die Feststellung, dass die traditionellen Fachverlage trotz der Abonnementgebühren als Einnahmequelle ihre Autoren häufiger für Druckkosten zur Kasse bitten als die frei zugängliche Konkurrenz, die zumeist auf Spenden oder öffentliche Gelder angewiesen ist.

Vorreiter in Sachen Open Access ist laut der Kaufman-Wills Group die Thematik Hochenergiephysik. Seit der Einrichtung des wichtigen E-Print-Archivs *hep-th*[20] – dessen Bestände bis in das Jahr 1991 zurückreichen – stehen nahezu alle Publikationen aus diesem Fachgebiet als automatisch generierte PDF-Dateien kurz nach dem Upload im Netz zur freien Verfügung.

Zu der Frage der allgemeinen Akzeptanz und der Verbreitung von Open Access in Deutschland liefert eine Studie der Deutschen Forschungsgemeinschaft (DFG) aufschlussreiche Ergebnisse (Over et al. 2005).

Im Zeitraum von 2002 bis 2004 wurden mehr als tausend Wissenschaftler unterschiedlichster Disziplinen befragt, die in verschiedenen Programmen der DFG gefördert wurden. Die Verfasser der Studie hatten sich zum Ziel gesetzt, herauszu-

---

18 ISP steht für *Internet Scientific Publications*.
19 Eine Kurzzusammenfassung der Studie findet sich auch bei Herrmannstorfer (2005).
20 Siehe http://arxiv.org/archive/hep-th.

Open oder Close Access?

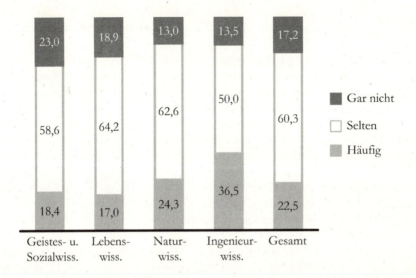

Abbildung 1: Häufigkeit der Nutzung von Open-Access-Zeitschriften in Prozent (Over et al. 2005)

finden, welche Faktoren das Publikations- und Rezeptionsverhalten der unterschiedlichen Disziplinen maßgeblich bestimmen und welcher Stellenwert dabei entgeltfrei zugänglichen Internetpublikationen zukommt. Dabei versuchten die Verfasser auch, die Bereitschaft der befragten Wissenschaftler zu eruieren, ihre eigenen Arbeiten als Open Access zu publizieren.

Die Ergebnisse der Untersuchung machen deutlich, dass die Unterstützung für Open-Access-Modelle zwar grundsätzlich groß, der Bekanntheitsgrad entsprechender Publikationen und Veröffentlichungsmöglichkeiten in den allermeisten Wissenschaftsdisziplinen jedoch eher gering ist. In der Regel waren nur rund der Hälfte der befragten Wissenschaftler Open-Access-Zeitschriften überhaupt bekannt. Besonders trist stellt sich die Situation im Fachbereich Chemie dar. Nur 29 Prozent der befragten Chemiker gaben an, Open-Access-Zeitschriften zu kennen. Ähnlich gering ist der Bekanntheitsgrad von Open-Access-Publikationen in den Ingenieurwissenschaften. In den Disziplinen Elektrotechnik, Informatik und Systemtechnik kennen immerhin 34 Prozent der Befragten Open-Access-Zeitschriften, dabei ist jedoch der mit 51 Prozent hohe Anteil innerhalb der Informatik zu beachten.

Es zeigt sich, dass Wissenschaftler, denen Open-Access-Zeitschriften bereits bekannt waren, diese auch regelmäßig nutzen: Rund 83 Prozent von ihnen greifen demnach mehr oder weniger häufig auf Open-Access-Publikationen zurück (siehe Abbildung 1). Die meisten Nutzer dieser Open-Access-Organe finden sich dabei in den Naturwissenschaften, unmittelbar gefolgt von den Ingenieurwissenschaften, die allerdings eine höhere Nutzungsfrequenz aufweisen. Wobei zu berücksichtigen ist, dass die generelle Kenntnis von Open-Access-Publikationen in den Ingenieurwissenschaften, wie oben bereits beschrieben, eher gering ist.

Analog zu dem geringen Bekanntheitsgrad von Open-Access-Zeitschriften ist die Anzahl der eigenen Open-Access-Veröffentlichungen dementsprechend niedrig. Nur jeder zehnte von der DFG befragte Wissenschaftler hatte bereits mindestens einen Aufsatz in Open-Access-Zeitschriften publiziert. Die meisten Veröffentlichungen hiervon stammen aus dem Bereich der Naturwissenschaften. Naturwissenschaftler liegen auch im Gesamtvergleich unter den Open-Access-Publizisten an erster Stelle, gefolgt von den Ingenieurwissenschaften. Die wenigsten Aufsätze in Open-Access–Zeitschriften stammen aus dem Bereich der Geistes- und Sozialwissenschaften.

Knapp jeder siebte der befragten Wissenschaftler publiziert aber bereits Vorabergebnisse seiner Forschung als so genannte *preprints*. Als *preprints* werden Vorabdrucke oder als Kopie weitergegebene Versionen von Artikeln für wissenschaftliche Fachzeitschriften oder Bücher bezeichnet, die zur Veröffentlichung vorgesehen sind.

Dabei schwankt der Anteil in den einzelnen Wissenschaftsbereichen jedoch erheblich. Rund 35 Prozent der Naturwissenschaftler, aber nur 8 Prozent der Geistes- und Sozialwissenschaftler nutzen diese Möglichkeit. Wesentlich häufiger kommt es jedoch zu verschiedenen Formen von Sekundärveröffentlichungen. So hat unter den Befragten bereits jeder vierte Wissenschaftler mindestens einen Artikel, der zunächst in einer Printzeitschrift erschienen ist, gleichzeitig auch als frei zugängliches Dokument im Netz zur Verfügung gestellt. Aber auch hier kommt es zu starken Abweichungen innerhalb der einzelnen Disziplinen. So sind zwar fast der Hälfte der Naturwissenschaftler, aber nur rund 20 Prozent der Ingenieurwissenschaftler und sogar nur knapp 14 Prozent der Geistes- und Sozialwissenschaftler „Preprint"-Archive für ihr eigenes Fachgebiet überhaupt bekannt.

Open Access werden laut der DFG-Studie immer noch Vorbehalte entgegengebracht, die offensichtlich typisch für den Umgang mit elektronischen Veröffentlichungen sind. Bezweifelt werden insbesondere die Qualitätssicherung, eine gesicherte Archivierung sowie die Häufigkeit des „Zitiertwerdens" bei ausschließlich online und entgeltfrei zugänglichen Publikationen. Diese angeführten Zweifel werden allerdings in dem Maß geringer, in dem der Befragte bereits über größere Erfahrung mit elektronischen Publikationsmöglichkeiten verfügt. Zwar bestätigen rund 75 % aller Befragten die Einschätzung, dass als Open Access veröffentlichte Artikel seltener zitiert oder bibliografisch nachgewiesen würden als herkömmliche Veröffentlichungen, aber auch diese Zahl steht in engem Zusammenhang mit der eigenen Open-Access-Erfahrung. Während nur 34,5 Prozent der regelmäßigen Nutzer von Open-Access-Zeitschriften diese Auffassung bestätigen, sind Open-Access-unerfahrene Nutzer zu 90 Prozent dieser Ansicht.

4 Die umstrittene Frage nach dem Peer-Review

Wie bereits deutlich wurde, ist die Frage der Qualitätssicherung von Open-Access–Publikationen für deren Stellenwert gegenüber etablierten Printmagazinen von besonderer Wichtigkeit. Die Qualitätsüberprüfung wird in der Wissenschaft als so genanntes Peer-Review bezeichnet – also als die fachliche Überprüfung von Artikeln durch gleichgestellte Fachleute (*peers*). In der Regel werden zu jeder wissenschaftlichen Veröffentlichung mindestens zwei Gutachten eingeholt, bei widersprüchlichen Ergebnissen oftmals weitere. Die traditionellen Wissenschaftsverlage verfügen hierfür in der Regel über ein langjähriges Netz an Kontakten und Fachleuten – es gilt als Ehre und Karrieresprungbrett, diese Tätigkeit für renommierte Fachzeitschriften zu übernehmen.

Auch im Rahmen der bereits mehrfach zitierten Untersuchungen der DFG und der Kaufman-Wills Group wurde die wichtige Rolle des Renommees und der damit verbundenen Qualitätssicherung bei Publikationen deutlich. So sind laut der DFG-Studie 60 % der befragten Wissenschaftler der Ansicht, dass die Qualität im Open-Access–Bereich nicht in gleicher Weise sichergestellt sei wie bei herkömmlichen Publikationen (Over et al. 2005, S. 49 f.).

Die Kaufman-Wills Group stellte diesbezüglich fest, dass diese Sorge auch nicht ganz unberechtigt ist: Sehr häufig – so auch bei rund 28 Prozent der im bereits erwähnten wichtigen Open-Access-Verzeichnis der Universität Lund vorhandenen Zeitschriften – werde das Peer-Review nicht wie üblich von externen Experten, sondern im eigenen Haus durchgeführt. Darüber hinaus stellten die Forscher fest, dass die Open-Access-Verlage häufig über gar kein Lektorat verfügen (Kaufman-Wills Group 2005).

Doch auch für das Peer-Review deutet sich eine zukunftsweisende Lösung an. „Multi-Level Peer Review" nennen der Direktor des *Institute for Science Networking (ISN)* Eberhard Hilf und Hans-Joachim Wätjen, Direktor des *Bibliotheks- und Informationssystems (BIS)* der Universität Oldenburg, ihr an Open Access angelehntes Modell zur wissenschaftlichen Qualitätssicherung. Im Mittelpunkt ihres Vorschlags steht die Entkoppelung von *Veröffentlichung* und *Begutachtung*, die folgendermaßen erreicht werden soll: Auf der untersten Stufe bürgt der Autor selbst für die ins Internet gestellten Werke mit seinem Ruf. Auf der nächsten Ebene stehen vom Institut offiziell veröffentlichte Reihen und E-Journale, zu deren Überprüfung die Universitätsverlage interne und externe Gutachter heranziehen, darunter auch internationale Experten. Abschließend soll dann eine entsprechend programmierte Suchmaschine nur die Dokumente mit dem gewünschten Bewertungszustand aus dem Netz herausfiltern.[21]

Auch die *Deutsche Initiative für Netzwerkinformation (DINI)*[22] arbeitet an der Schaffung qualitativer Grundlagen für im Netz frei zugängliche wissenschaftliche

---

21 Mehr zu diesem Konzept bei Hilf und Wätjen (2001).
22 http://www.dini.de/

Dokumente. Den Betreibern von Dokumentenservern an Hochschulen soll eine Art Handlungsanweisung vorgegeben werden, die ein wenig wie das aus dem Verbraucher- und Datenschutz bekannte Gütesiegelprinzip funktioniert. Die DINI entwickelte bestimmte qualitative Kriterien, die spezifische Mindeststandards vorgeben, um als anerkannter Server zu gelten. Dieses dann erhältliche DINI-Zertifikat wurde mittlerweile an vierzehn deutsche Hochschulen verliehen.[23]

Welche Form des Peer-Review sich letztendlich durchsetzt und ob dabei eher die Qualitätskennzeichnung der Plattformen oder die Weiterentwicklung traditioneller Überprüfungsformen durch die Neuen Medien im Mittelpunkt steht, ist noch nicht absehbar. Aber auch hinsichtlich dieser Materie scheint festzustehen, dass es genügend Vorschläge und Möglichkeiten für ein umfassendes Peer-Review im Falle von Open-Access-Veröffentlichungen gibt.

5 Ist der Gesetzgeber gefordert?

Hinsichtlich der rechtlichen Rahmenbedingungen scheinen die Weichen für Open Access gestellt: Dies betrifft insbesondere die Verfügbarkeit verschiedenster Publikationslizenzen zur Einräumung einfacher oder ausschließlicher Nutzungsrechte. Neben den speziell für den Wissenschaftsbereich entwickelten „Digital Peer Publishing"-Lizenzen[24] sind sicherlich die so genannten Creative-Commons-Lizenzen[25] am bekanntesten, die allerdings in erster Linie auf künstlerische Werke ausgerichtet sind. Aber auch für die Wissenschaftsproblematik gibt jetzt mit den *Science Commons*[26] ein eigenständiges Projekt unter dem „Creative-Commons-Label".

Doch auch wenn die Lizenzproblematik weitestgehend gelöst scheint, stellt sich die Frage nach der Veröffentlichungspraxis – insbesondere von mit öffentlichen Mitteln generierten Forschungsergebnissen – gerade durch das Aufkommen von Open Access ganz neu. Bereits Ende 2004 diskutierte die deutsche Kultusministerkonferenz im Rahmen ihrer Beratungen zum Gesetzgebungsverfahren zur weiteren Reform des digitalen Urheberrechts (dem so genannten „2. Korb") den Vorschlag, für die an Hochschulen beschäftigten Wissenschaftlerinnen und Wissenschaftler eine als „dienstrechtliche Anbietungspflicht" bezeichnete Vorschrift ins Urhebergesetz zu schreiben (vgl. Sietmann 2005).

Damit wurde eine Forderung aufgegriffen, die der Urheberrechtsexperte des Max–Planck-Institutes, Professor Reto Hilty, bereits im Vorfeld dieser Gesetzgebungsberatungen ins Gespräch gebracht hatte und die er im Rahmen einer Stellungnahme der Hochschulrektorenkonferenz zum Gesetzgebungsverfahren mittlerweile veröffentlichte (siehe Sieber und Hoeren 2005). Er schlägt vor, das Urheberrecht um einen

---

[23] Die Liste der DINI-zertifizierten Server gibt es bei http://www.dini.de/dini/zertifikat/zertifiziert.php.
[24] Lizenztexte und Erklärungen zu *Digital Peer Publishing* sind zu finden unter http://www.dipp.nrw.de/lizenzen/dppl/.
[25] Siehe http://creativecommons.org/about/licenses/ oder Seite 499 in diesem Buch.
[26] Das SC-Portal ist verfügbar unter http://sciencecommons.org/.

Absatz zu ergänzen, der Hochschullehrer verpflichten würde, ein im Rahmen ihrer Lehr- und Forschungstätigkeit entstandenes Werk zunächst der eigenen Hochschule zur Veröffentlichung anzubieten. Macht diese davon keinen Gebrauch, würde den Hochschullehrern das urheberrechtliche Verwertungsrecht wieder uneingeschränkt zustehen. Damit hätten die Hochschulen zumindest zeitlich befristet – vorgeschlagen werden bis zu zwei Monate[27] – die Möglichkeit, Werke der bei ihnen Beschäftigten in eigenen Publikationsmedien zu veröffentlichen.

Das bei dem Gesetzgebungsverfahren federführende Bundesjustizministerium (BMJ) machte jedoch bereits deutlich, dass man bezüglich dieses Vorschlags erhebliche verfassungsrechtliche Bedenken sieht. Diese gründen sich vor allem auf die im Grundgesetz garantierte Wissenschaftsfreiheit, die auch das Recht umfasse, über die eigene Veröffentlichungspraxis frei zu entscheiden (Wilkens und Sietmann 2005).

Man muss abwarten, ob dieser interessante Vorschlag, der unzweifelhaft einen Schub für die Open-Access-Bewegung nach sich ziehen würde, bei der Neuaufnahme der aufgrund der Neuwahlen abgebrochenen Verhandlungen zum „2. Korb" erneut eine Rolle spielen kann oder nicht. Es bleibt aber in jedem Falle festzuhalten, dass Open Access inzwischen auch in legislative Prozesse Einzug gefunden hat.

6 Genügend Vorschläge liegen auf dem Tisch

Doch reichen die beschriebenen rechtlichen Grundlagen und Pilotprojekte wirklich aus, um Open Access nicht nur zu etablieren, sondern auf Dauer gar zum Leitprinzip der wissenschaftlichen Publikationspraxis werden zu lassen?

Nun – die grundsätzliche Bereitschaft hierzu scheint in der Wissenschaft vorhanden: Die bereits zitierte DFG-Studie zeigt eine mehr als deutliche Unterstützung für das Open-Access-Konzept. Gut zwei Drittel der Befragten sehen in diesem einen wesentlichen Beitrag zur Verbesserung des Zugangs zu wissenschaftlichen Erkenntnissen und Ergebnissen. Etwa der gleiche Anteil ist davon überzeugt, dass sich das Publikationswesen durch Open Access nachhaltig verändern wird (Over et al. 2005, S. 49 ff.).

Eberhard Hilf, Geschäftsführer des *Instituts for Science Networking* in Oldenburg, welches sich bereits früh dem Open-Access-Prinzip verschrieben hat, gerät in einem Interview mit dem Deutschlandradio (siehe Schulenburg 2005) bei der Frage, wann Open Access denn endlich in Fahrt komme, sogar regelrecht in Rage: „Also erst mal vorneweg: 'Open Access' kommt nicht in Fahrt, 'Open Access' ist seit langem in Fahrt, es weiß nur keiner und es bemerkt nur keiner. Wir haben etwa allein in der Physik mehrere Millionen Dokumente, die auf den Institutsservern bereits liegen, die aber eben von den Suchmaschinen bisher nicht gefunden wurden und werden [...].

---

[27] Hiltys Mitarbeiter Gerd Hansen, dessen Idee der Vorschlag zu Grunde liegt, schlägt eine längere Frist von bis zu sechs Monaten vor. Siehe Wilkens und Sietmann (2005).

Dem könnte abgeholfen werden, wenn den Dokumenten so genannte Metadaten zugeordnet werden."

Stehen dem Durchbruch von Open Access also vor allem noch technische Probleme im Weg, die sich zukünftig am ehesten durch ausgefeiltere und komplexere Suchmaschinen überwinden lassen? Oder ist Open Access bis dahin längst selber zum „Mainstream" in der wissenschaftlichen Veröffentlichungspraxis geworden?

Entsprechende Tendenzen zeichnen sich durchaus ab. Möglicherweise wird das Open-Access-Prinzip – oder zumindest zentrale Bestandteile dessen – auch von den großen Wissenschaftsverlagen selbst aufgegriffen und absorbiert. Ähnliche Entwicklungen sind in der Informationsgesellschaft nicht ungewöhnlich: Auch das freie Betriebssystem Linux und die mit ihm verbundene Open-Source-Philosophie ist mittlerweile Bestandteil der Geschäftsstrategie von IT-Giganten wie IBM oder sogar Microsoft. Ähnliches zeichnet sich im Falle von Open Access auch ab: Praktisch sämtliche weltweit führenden Wissenschaftsverlage haben bereits Autorenrichtlinien in Richtung „mehr Open Access" verabschiedet.[28]

Das Vorpreschen der amerikanischen Internetpioniere – wie Google mit ihrem Projekt *Google Print*[29] – in Sachen Wissenserschließung stößt allerdings nicht überall auf Gegenliebe. Besonders in Frankreich zeigt man sich sehr besorgt über eine drohende kulturelle Dominanz der US-amerikanischen Weltsicht. So rief die französische Nationalbibliothek vor einigen Monaten im Verbund mit weiteren rund 20 europäischen Bibliotheken zu Gegenmaßnahmen auf, die inzwischen auch die Politik auf den Plan gerufen haben. So hat die europäische Kommission erst kürzlich einen umfangreichen Aktionsplan für eine digitale Archivierung von Büchern, Fotos, Bildern, Musik usw. ins Leben gerufen, zu dem in einer momentan stattfindenden öffentlichen Konsultation Ideen beigesteuert werden können.[30]

Doch während hinter all diesen digitalen Zugangsmaßnahmen zu unseren Wissensbeständen entweder kommerzielle[31] oder politische Motive stecken, muss die Wissenschaft sich vor allem selbst entscheiden, inwieweit sie ihre Forschungsergebnisse transparent und offen verfügbar machen will. Zahlreiche Vorschläge finden sich auch hierzu in der mehrfach zitierten DFG-Umfrage (Over et al. 2005, S. 61 ff.).

So wurde zum Beispiel von den befragten Wissenschaftlern angeregt, dass die DFG verlangen soll, dass Veröffentlichungen, die im Rahmen eines von ihr geförderten Projekts erstellt wurden, über entsprechende Open-Access-Server der Öffentlichkeit

---

28 Die Modelle der wissenschaftlichen Verlage *Reed Elsevier* und *Springer* stellt Jan Neumann in diesem Buch auf Seite 319 vor.

29 Steffan Heuer gibt dazu in seinem Artikel „Ein Archiv für die ganze Welt" in diesem Buch auf Seite 283 detailliert Auskunft.

30 Die Pressemitteilung „Kommission präsentiert Pläne für europäische digitale Bibliotheken" ist unter http://europa.eu.int/rapid/pressReleasesAction.do?reference=IP/05/1202&format=HTML&language=DE nachzulesen.

31 So bei der *Open Content Alliance*, siehe in Abschnitt 7 im Artikel von Steffan Heuer in diesem Buch auf Seite 291.

kostenfrei zugänglich gemacht werden. Auch durch ein eigenes Publikationsorgan auf Open-Access-Basis könnte die DFG nach Meinung einiger Wissenschaftler entscheidend zur weiteren Akzeptanz des freien wissenschaftlichen Publizierens beitragen. Die DFG sollte darüber hinaus auf die Verlage einwirken, ihren Autoren generell zu erlauben, Artikel gleichzeitig auf Wissenschaftsservern im Netz zu veröffentlichen.

Inwieweit sich Open Access dauerhaft durchsetzen wird, ist somit nicht nur eine Frage der Finanzierung oder der technischen Infrastruktur, sondern auch eine Frage der Entschlossenheit und des Willens der Wissenschaft selbst, umfangreiche Maßnahmen einzuleiten, um Open Access wirklich als führende Publikationspraxis zu verankern.

Hier scheint doch noch einiges im Argen zu liegen. Es reicht nicht aus, Sympathien zu bekunden und Erklärungen zu unterzeichnen, sondern jeder Wissenschaftler sollte bei sich selbst anfangen und seine Artikel auch als Open Access veröffentlichen – wenn er denn von dem Prinzip überzeugt ist. Forscher mit dem entsprechenden Renommee müssen selbstbewusst gegenüber den großen Wissenschaftsverlagen auftreten und möglichst im Verbund mit Kolleginnen und Kollegen freie Publikationsmöglichkeiten umfassend erwirken. Gleichzeitig gilt es, die Veröffentlichungsmöglichkeiten der eigenen Institute zu erweitern und entsprechende Infrastrukturen für Open Access aufzubauen.

Auch entsprechende politische Unterstützung – sei es in rechtlicher oder finanzieller Hinsicht – muss von der Wissenschaftslobby mit Nachdruck eingefordert werden. Ein Positivbeispiel in diese Richtung ist das von zahlreichen Wissenschaftsorganisationen getragene Aktionsbündnis „Urheberrecht für Bildung und Wissenschaft"[32], welches sich bereits in der Debatte zum „2. Korb" lautstark bemerkbar gemacht hat. Erst wenn mehrere der aufgeführten Maßnahmen greifen, gibt es eine ernsthafte und langfristige Chance für Open Access, um nicht zwischen hehren Absichten und kommerziellen Interessen zerrieben zu werden.

Literatur

Bailey Jr., C. W. (2005), *Open Access Bibliography: Liberating Scholarly Literature with E-Prints and Open Access Journals*, Association of Research Libraries, Washington, D.C. http://www.escholarlypub.com/oab/oab.pdf [14. Jan 2006].

Gadd, E., Oppenheim, C. und Probets, S. (2003), 'RoMEO Studies 4: An analysis of Journal Publishers' Copyright Agreements', *Learned Publishing* **16**(4), S. 293–308. http://www.lboro.ac.uk/departments/ls/disresearch/romeo/RoMEO%20Studies%204.pdf [14. Jan 2006].

Herrmannstorfer, M. (2005), 'Open-Access-Journale mit Startschwierigkeiten', heise online. http://www.heise.de/newsticker/meldung/64911 [09. Feb 2006].

---

32 http://www.urheberrechtsbuendnis.de/

Hilf, E. R. und Wätjen, H.-J. (2001), Scientific Refereeing in a Distributed World, *in* 'Workshop on the Open Archives Initiative (OAI) and Peer Review journals in Europe', CERN, Genf. http://physnet.uni-oldenburg.de/~hilf/vortraege/cern01/ [14. Jan 2006].

Kaufman-Wills Group (2005), *The facts about Open Access. A study of the financial and non-financial effects of alternative business models for scholarly journals*, Association of Learned and Professional Society Publishers, Clapham, Worthing, West Sussex. http://www.alpsp.org/publications/FAOAcompleteREV.pdf [14. Jan 2006].

Max-Planck-Gesellschaft (2003), 'Berliner Erklärung über offenen Zugang zu wissenschaftlichem Wissen'. http://www.mpg.de/pdf/openaccess/BerlinDeclaration_dt.pdf [14. Jan 2006].

Over, A., Maiworm, F. und Schelewsky, A. (2005), Publikationsstrategien im Wandel – Ergebnisse einer Umfrage zum Publikations- und Rezeptionsverhalten unter besonderer Berücksichtigung von Open Access, Studie, Deutsche Forschungsgemeinschaft, Bonn. http://www.dfg.de/dfg_im_profil/zahlen_und_fakten/statistisches_berichtswesen/open_access/download/oa_ber_dt.pdf [15. Dez 2005].

Passek, O. (2005), Open Access. Freie Erkenntnis für freie Wirtschaft, *in* K. Lehmann und M. Schetsche (Hrsg.), 'Die Google-Gesellschaft. Vom digitalen Wandel des Wissens', transcript Verlag, Bielefeld, S. 337–344.

Schulenburg, M. (2005), 'Informationen für alle. Mit „Open Access" sind akademische Publikationen für jeden zugänglich', Deutschlandfunk – Wissenschaft im Brennpunkt. http://www.dradio.de/dlf/sendungen/wib/426658/ [15. Jan 2006].

Sieber, U. und Hoeren, T. (Hrsg.) (2005), *Urheberrecht für Bildung und Wissenschaft – Anforderungen an das Zweite Gesetz zur Regelung des Urheberrechts in der Informationsgesellschaft*, Beiträge zur Hochschulpolitik 2/2005, Hochschulrektorenkonferenz, Bonn. http://www.hrk.de/de/download/dateien/HRK%20-%20Reader%20Urheberrecht%202005.pdf [14. Jan 2006].

Sietmann, R. (2005), 'Wissenschaftliche Informationsversorgung. Freier Zugang zu veröffentlichten Forschungsergebnissen soll ins Urheberrecht', *c't* **12**. http://www.heise.de/ct/05/12/042/ [14. Jan 2006].

Wilkens, A. und Sietmann, R. (2005), 'Wissenschaftler fordert: Open Access gehört ins Urheberrecht', heise online. http://www.heise.de/newsticker/meldung/59496.

Woll, C. (2005), Optimierungspotenziale bei der praktischen Umsetzung von Open Access, *in* 'Knowledge eXtended: Die Kooperation von Wissenschaftlern, Bibliothekaren und IT-Spezialisten', Zentralbibliothek des Forschungszentrums Jülich, S. 135–151. http://eprints.rclis.org/archive/00005025/01/Optimierungspotenziale_OA.pdf [14. Jan 2006].

Wissenschaftliches Publizieren mit Wikis – möglich oder sogar wünschenswert?

LAMBERT HELLER

(CC-Lizenz siehe Seite 499)

Die Open-Access-Bewegung kann ihre Unzufriedenheit mit dem althergebrachten Publikationswesen nur formulieren, weil es etwas historisch Neues gibt, das Alternativen in greifbare Nähe rückt: das Internet. Trotzdem sind digitale Publikationen selten mehr als die digitale Variante der jeweiligen Papierfassung, meistens ergänzt um künstlich errichtete Zugangsbeschränkungen. Entsprechend unzeitgemäß ist die Art, in der diese wissenschaftlichen Texte geschrieben werden und in der über sie geschrieben wird. Dabei haben sich in den vergangenen fünf Jahren einige neue Medien im Web entwickelt, die das Schreiben, Veröffentlichen und Weiterbearbeiten von Texten vereinfachen, integrieren und dabei gemeinschaftliche und konversationsartige Vorgehensweisen unterstützen. In Anlehnung an das bekannteste Wiki, die Wikipedia, entstehen neuartige Gemeinschaftspublikationen, typische Gestaltungselemente von Wikis und Weblogs können aber auch etablierte Publikationssysteme sinnvoll ergänzen.

Schlüsselwörter: Blogosphäre · Koautorschaft · Kollaboration · Open Review · Weblog · Wiki

1 Wissenschaft mit Word, Outlook und Acrobat Reader

„In 1989 one of the main objectives of the WWW was to be a space for sharing information. It seemed evident that it should be a space in which anyone could be creative, to which anyone could contribute. The first browser was actually a browser/editor, which allowed one to edit any page, and save it back to the web if one had access rights. Strangely enough, the web took off very much as a publishing medium, in which people edited offline. [...] Now in 2005, we have blogs and wikis, and

> the fact that they are so popular makes me feel I wasn't crazy to think people needed a creative space." (Tim Berners-Lee, Wissenschaftler am *CERN* und oft als Erfinder des Webs bezeichnet, im ersten Beitrag seines persönlichen Weblogs; Berners-Lee 2005)

Die Arbeitsumgebung wissenschaftlicher Autoren gleicht heute meistens typischen Büroarbeitsplätzen in den neunziger Jahren. Statt schlicht ihre Werke zu verfassen, müssen Autoren heute mit Dateien und verschiedenartigen Programmen (mindestens E-Mail und Textverarbeitung) herumhantieren. Deren großer Funktionsumfang wird zwar nur zu einem geringen Bruchteil genutzt, den Risiken und Problemen, die PC-Anwendungen dieser Art mit sich bringen, kann dennoch nicht entgangen werden. Abstürze, Updates, Virengefahren und inkompatible Formate gehören zum PC-handwerklichen kleinen Einmaleins eines Autors, der seinen Text am PC selbst verfassen und seinem Redakteur oder Herausgeber zukommen lassen will.

Diese technische Konstellation bietet schon genügend Fallen und Herausforderungen, wenn ein einzelner Autor seine Texte für die Publikation aufbereitet. Dies ist jedoch immer seltener der Fall. Offenkundig nehmen die Koautorschaften in vielen Fächern zu. Daneben finden seit eh und je viele gemeinschaftliche Prozesse, die zur wissenschaftlichen Publikation führen, mehr oder weniger im Verborgenen statt.

Bearbeitung von Quellenverzeichnissen durch Hilfskräfte, Formalkorrekturen durch Bekannte, inoffizielles Vorab-Review durch Fachkollegen – die Partner und Inhalte dieser Prozesse sind vielfältig und spiegeln sich vielleicht nicht einmal immer in den langen Aufzählungen der offiziellen Danksagungen wider. Daneben wird man sicherlich eine Dunkelziffer materiell fraglos „vollwertiger", aber aus unterschiedlichen Gründen inoffizieller Koautorschaften finden. Und schließlich arbeiten Autoren auch mit sich selbst zusammen – die wichtigste Quelle sind oft fragmentarische oder wiederverwertbare eigene Produkte, die irgendwo im Verborgenen der Festplatte schlummern. Jede Kollaboration zwischen denjenigen, die zum publikationsbereiten Werk beitragen, potenziert die technischen Schwierigkeiten, die bereits in der einfachsten Form einer Eins-zu-eins-Kommunikation zu erwarten sind. Die „Zusammenarbeiten"-Funktion in den neueren Versionen von Microsoft Word ist eher Ausdruck dieser Probleme als ein nennenswerter Beitrag zu ihrer Lösung.

2 Peer-Review und das Bedürfnis nach offener Diskussion

Bei näherer Betrachtung entstehen wissenschaftliche Texte also in enger Kooperation, während die technische Instrumentierung wissenschaftlicher Autoren diese kollaborativen Prozesse kaum unterstützt. Und was geschieht nach der Einreichung oder Veröffentlichung eines Werks? Autoren benötigen umfassend und einfach Feedback von den Rezipienten ihrer Arbeit. Das Peer-Review ist heute jedoch meistens als ein hermetischer Prozess angelegt und mündet selten in einem öffentlichen Diskurs. Der

Autor lässt sein Werk begutachten, weil er es an einem möglichst angesehenen Ort veröffentlicht sehen will. Diese Einsortierung seiner Arbeit in eine Hierarchie mehr oder weniger angesehener Publikationsorte mag unter den Bedingungen der permanenten Konkurrenz um Forschungsmittel und Stellen für die Einzelnen oft unumgänglich sein, für die wissenschaftliche Öffentlichkeit sind sie hingegen verzichtbar, wenn nicht gar kontraproduktiv. Allenthalben ist im Zusammenhang mit Open Access und den neuen elektronischen Veröffentlichungsformen auch das Bedürfnis wahrzunehmen, die Strukturen des Peer-Reviews grundsätzlich zu überdenken und zu revidieren.[1]

Im Gegensatz zum Dialog zwischen Reviewern und Autoren sind die Reaktionen der Leser, Rezensenten und Kritiker wissenschaftlicher Werke zwar häufig veröffentlicht, aber über diverse Medien unterschiedlicher Zugänglichkeit verstreut. Dass wissenschaftliche Publikationen von vornherein als sich weiterentwickelnde Dokumente, „living documents", angelegt sind, ist ohnehin die Ausnahme. Diese Randbedingungen erleichtern es nicht, bei einer Weiterbearbeitung in transparenter Weise Kritiken an der vorangegangenen Fassung einzubeziehen. Natürlich schlägt sich die wissenschaftliche Diskussion wie seit jeher in den wissenschaftlichen Arbeiten nieder – aber die elektronischen Medien werden nicht dazu verwendet, diese Diskussion zu öffnen und ihren Bezug zu den Arbeiten konzentriert sichtbar zu machen.

3 2001: Drei Wege in die Zukunft des Webs

Das World Wide Web war von seinem Haupterfinder Tim Berners-Lee ursprünglich vor allem als Instrument des direkten öffentlichen Austauschs unter Wissenschaftlern gedacht. Bis zum *dot-com crash* des Jahres 2000 (Rushkoff 2000) hatte es seine Popularität jedoch eher als ein vergrößertes Schaufenster erlangt, in dem einige große Informationsanbieter Wissen unter ihren eigenen Bedingungen zur Verfügung stellen. Somit schien auch die Frage, wie elektronisches Publizieren aussieht, zugunsten kommerzieller Verleger entschieden. Um ihrem Geschäftsmodell nicht entgegenzustehen, konnten elektronische Publikationen kaum mehr sein als die digitale Variante der jeweiligen Papierfassung, ergänzt um Zugangsbeschränkungen. Die Entwicklung der Publikationen fand genauso statt wie zuvor – die Last des Umgangs mit Dateien, Textverarbeitungsprogrammen, E-Mail sowie den daraus entstehenden Problemen lag bei den Autoren, die trotz des vielversprechenden Netzes nach wie vor weit entfernt voneinander und von ihren Lesern agierten. Voneinander isolierte Autoren produzierten Texte, die – nach Open-Access-Maßstäben – für die Öffentlichkeit unsichtbar blieben.

Doch vor nunmehr fünf Jahren, im Jahr 2001, begann die Rückeroberung des Internets als Medium direkter Kommunikation und als Infrastruktur individuellen und gemeinschaftlichen Schreibens und Veröffentlichens.

---

1 Siehe Smith (1997), weiterführende Literatur zum Thema unter http://www.gap-portal.de/links/lesetipps/titel.html.

4 2001, die Erste: Die Budapest Open Access Initiative

Mit der *Budapest Open Access Initiative*[2] bekannten sich im Jahr 2001 erstmals Wissenschaftler zu dem Ziel, Publikationen via Internet kostenlos für jedermann zugänglich zu machen. Die Initiative visierte zwei Wege an, auf denen dieser Zugang erreicht werden sollte: erstens die individuelle, dezentrale Zweitveröffentlichung anderswo „offiziell" veröffentlichter Werke durch die Autoren oder ihre Institutionen, das so genannte *self-archiving*[3], zweitens die Open-Access-Fachzeitschrift, die durch Peer-Review-Verfahren veröffentlichungswürdige Artikel ermittelt, ihre Ausgaben jedoch sofort via Internet kostenlos zugänglich macht. Diesen zwei Wegen machten das Spannungsverhältnis zwischen den neuen technischen Möglichkeiten und den alten sozialen Modellen des Publizierens ersichtlich. Einerseits wurde eine zum Zeitpunkt der Budapest-Initiative bereits zehn Jahre alte wissenschaftliche Tradition des direkten Peer-to-Peer-Publizierens via Internet aufgegriffen und mit neuen Argumenten zu einer allgemeinen Forderung erhoben.[4] Andererseits wurde der sozialen Funktion des alten Publikationsmodells Anerkennung gezollt, indem die Etablierung digitaler und frei zugänglicher Fachjournale zur neuen Haupt- und Kernforderung erklärt wurde.

Zwei Jahre später fanden die Ziele der Initiative in der *Berliner Erklärung*[5] einen noch weiter gefassten Zuschnitt: Freier Zugang solle neben den neuesten Resultaten der Wissenschaft auch dem gesamten „kulturellen Erbe" gewährt werden, und zum Recht des freien Zugangs müsse dazugehören, fremde Publikationen auch zur Grundlage weiterer Bearbeitung machen zu dürfen. Die *Berliner Erklärung* hat breite Zustimmung auch unter den Spitzenorganisationen der deutschen Wissenschaft gefunden.

5 2001, die Zweite: Wikipedia und Verwandtschaft

Zudem war 2001 das Internet-Lexikon Wikipedia[6] gegründet worden. In der Wikipedia kann jeder Lexikonartikel schreiben und vorhandene bearbeiten, wobei alle vergangenen Bearbeitungsschritte an Ort und Stelle als Versionsgeschichte des Artikels abrufbar sind. Selbstverständlich sind und bleiben alle Artikel frei zugänglich (Danowski und Voß 2005). Das rasche Anwachsen der Autoren- und Artikelzahl überraschte selbst die Gründer der Wikipedia; wenige Jahre später wurde mit Wikimedia ein neues organisatorisches Dach und mit MediaWiki eine neue technische Grundlage

---

2 Offizielle Seite: http://www.soros.org/openaccess/read.shtml.
3 Zum Thema Selbstarchivierung vergleiche auch „Auf dem Weg zu einem Open-Access-Geschäftsmodell" von Jan Neumann auf Seite 319 in diesem Buch.
4 Auf den Klassiker dieses Publizierens als direkter Kommunikation unter Wissenschaftlern, arXiv, wird weiter unten in diesem Beitrag noch beispielhaft eingegangen.
5 Der Wortlaut der Initiative ist hier in mehreren Sprachen verfügbar: http://www.zim.mpg.de/openaccess-berlin/berlindeclaration.html. Ausführlicher wird sie in „Open oder Close Access?" von Oliver Passek in diesem Buch (S. 337) vorgestellt.
6 Siehe http://wikipedia.org.

für das wachsende Projekt und neue Schwesterprojekte geschaffen. Mittlerweile ist die Idee einer freien Internet-Enzyklopädie im öffentlichen Bewusstsein eng mit dem Begriff *Wiki* verknüpft. Dabei war die Wikipedia nicht das erste Wiki. Die Idee eines zentralen, frei zugänglichen und frei bearbeitbaren Wissensspeichers wurde erstmals von Ward Cunningham im Jahr 1995 umgesetzt; er prägte den Begriff *WikiWikiWeb* in Anlehnung an „Wiki wiki", das hawaiianische Wort für schnell.[7] Als Cunninghams Wiki zu einem zentralen Ort des Gedankenaustauschs zwischen zahlreichen Softwareentwicklern auf der ganzen Welt geworden war, kam die Zeit der Wiki-Klone. Diese in Gestalt von Open-Source-Software für jedermann frei installier- und benutzbaren Wiki-Engines werden in zahlreichen Programmiersprachen geschrieben.

Sein eigenes Wissen einfach und nachvollziehbar mit dem Wissen anderer zu vermischen und in gemeinsamen, offen bleibenden Dokumenten aufzubewahren – dieses Wiki-Prinzip hat eine auffällige Verwandtschaft mit den Prinzipien der Open-Source–Softwareentwicklung.[8] In Softwareprojekten waren Wikis schon vor Gründung der Wikipedia eingesetzt worden, um durch zentrale, strukturierte und jederzeit einfach erweiterbare Informationsspeicher den Überblick bei der Produktentwicklung zu bewahren und das Produkt gemeinschaftlich zu dokumentieren. Dabei kann das Wiki auch intern eingesetzt werden – ohne die virtuelle Anwesenheit der gesamten Internet-Öffentlichkeit. Aber auch die Erfahrungen der Nutzer der fertigen Software können später in einem Wiki strukturiert gesammelt werden. Damit erfährt das Wiki dann einen charakteristischen Doppelnutzen: Einerseits wird es zur „von selbst" mitwachsenden Dokumentation des Produkts, andererseits ein Feedback-Kanal, der eine interessante Informationsgrundlage für die Weiterentwicklung der Software bietet. Interne oder externe Nutzung, kommunikative Ausrichtung oder als langfristiger Wissensspeicher: Bei näherer Betrachtung ist das Wiki-Prinzip bereits für sehr unterschiedliche Publikations- und Kommunikationszwecke eingesetzt worden. Es lässt sich hingegen nur schwer beziffern, wie viele Wikis bereits installiert und verwendet worden sind. Zumindest Wikis, die nicht „Google-öffentlich" sind, lassen sich naturgemäß kaum zählen. Vor zwei Jahren gab es jedoch bereits dutzende öffentliche Wikis neben der Wikipedia, die man als sehr umfangreich bezeichnen kann (nach konservativer Zählung deutlich über eintausend Wiki-Seiten);[9] *SwitchWiki*, ein Verzeichnis öffentlicher Wikis, zählte zu diesem Zeitpunkt bereits eintausend große und kleine öffentliche Wikis,[10] und die *Wiki Research Bibliography*[11] offenbart eine sprungartige Zunahme der Publikationen über Wikis seit ebenfalls ungefähr zwei Jahren.

---

7   Siehe http://c2.com/cgi/wiki.
8   Sowie den noch älteren des anarchistischen Hackertums, vgl. Imhorst (2005).
9   Laut http://meta.wikimedia.org/wiki/List_of_largest_wikis.
10 Die Startseite von *SwitchWiki*: http://www.worldwidewiki.net/wiki/SwitchWiki.
11 Verfügbar ist sie unter http://bibliography.wikimedia.de/.

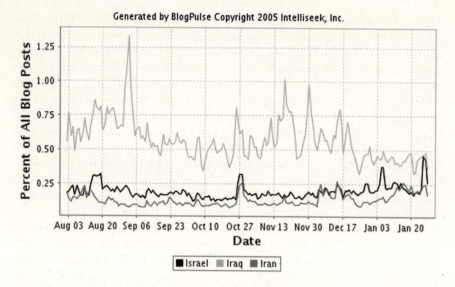

Abbildung 1: BlogPulse durchsucht Blogs nach Schlagwörtern (hier Krisengebiete)

6 2001, die Dritte: Blogdex und Blogosphäre

Der Begriff des Weblogs wurde 1999 geprägt, die entsprechende Praxis reicht jedoch zum Beginn des World Wide Webs zurück. Das Wort Weblog setzt sich zusammen aus Web und Log(buch), oft wird auch von *Blog* gesprochen. Der einzelne Autor nutzt sein Weblog als persönliche Plattform, um über das zu schreiben, was ihn beschäftigt. Dabei kann es um rein persönliche Dinge gehen, aber auch um bestimmte berufliche oder fachliche Interessen. In manchen Weblogs schreiben auch mehrere Autoren. Im Kern handelt es sich bei den Weblog-Einträgen meist um kommentierte Links auf Informationen im Web. Alle Beiträge bleiben frei zugänglich in einem kontinuierlichen Strom erhalten, der auf der Weblog-Plattform in umgekehrt chronologischer Reihenfolge dargestellt wird – der jüngste Beitrag steht also oben, und der gelegentliche Besucher des Weblogs hat die Chance, kontinuierlich auf dem Laufenden zu bleiben. In den meisten Weblogs können die Besucher zu jedem einzelnen Beitrag Kommentare hinterlassen. Oft ist die Weblog-Software auch dazu in der Lage, Beiträge fremder Weblogs, die auf Beiträge im eigenen Weblog verweisen, zu identifizieren und „zurückzuverlinken"[12].

Das „Weblog-Prinzip" ist keineswegs komplizierter als das Wiki-Prinzip; es ist das kontinuierliche, öffentliche und persönliche Schreiben eines Hypertextes. Die Verzahnung der Konversationen innerhalb des Weblogs und zwischen den Weblogs wird

---

12 So genannte „Trackback"-Funktion, vgl. http://de.wikipedia.org/wiki/Trackback.

Name/Beschreibung	Adresse
Open Access News Nachrichten der Open-Access-Bewegung von Peter Suber	http://www.earlham.edu/~peters/fos/fosblog.html
JuraWiki/WebLog Einige wichtige Weblogs US-amerikanischer und deutscher Juristen	http://www.jurawiki.de/WebLog
FB4 Seminare Seminar-Weblogs am Fachbereich Design der FH Aachen	http://seminare.design.fh-aachen.de/
Archivalia Ein „gemeinschaftliches Weblog mit Nachrichten rund um das Archivwesen"	http://archiv.twoday.net/
medinfo weblog „Informationen aus Medizin, Bibliothek und Fachpresse"	http://medinfo.netbib.de/

Tabelle 1: Auswahl von Weblogs

erst deutlich, wenn man die gemeinsamen Gegenstände des Interesses verschiedener Blog-Autoren aufgespürt hat. Ein Suchmittel für diese Themen wurde erstmals 2001 am *MIT* geschaffen: Blogdex[13]. Blogdex ließ zum ersten Mal die neuartige Web–Öffentlichkeit in Erscheinung treten, die in und zwischen den Weblogs entstanden war. Seit Blogdex ist klar, dass es sich bei den Weblogs keineswegs nur um die öffentlichen Tagebücher vieler Einzelner handelt. Dieser Dienst war die Vorhut zahlreicher weiterer Weblog-Indizes und Suchdienste, mit denen sich heute die Blogosphäre anhand selbst vergebener Schlagworte der Blog-Autoren lesen lässt,[14] Konversationen in der Blogosphäre als solche erkennbar werden,[15] individuell zusammengestellte Gruppen aus mehreren Blogs gebündelt lesbar sind[16] und einiges mehr.

Trotz der Adaption dieses neuen Mediums auch in der akademischen Sphäre durch Rechtswissenschaftler, Bibliothekare[17] und andere soll hier nicht unterschlagen werden, dass ein großer Teil der Weblogs tatsächlich den berüchtigten Tagebuchcharakter hat, Trivialitäten behandelt oder als Marketing-Werkzeug (Cone 2005) eingesetzt wird. Diese überwiegenden Anwendungsbereiche von Weblogs müssen in diesem Zusammenhang jedoch weder behandelt noch bewertet werden. Entscheidend ist vielmehr, dass sich durch ohnehin existierende formelle und informelle soziale Netzwerke,

---

13 Homepage von Blogdex: http://blogdex.net.
14 *Technorati* bietet einen Zugriff auf Weblog-Beiträge anhand der verwendeten Schlagworte, der so genannten *tags*.
15 Der *Conversation Tracker* der Webseite *BlogPulse* bündelt Diskussionen über mehrere Blogs hinweg nach Themen: http://blogpulse.com/conversation. Zurzeit (Januar 2006) werden etwa 22 Mio. Blogs durchsucht. Siehe auch Abbildung 1.
16 Siehe z. B. http://www.bloglines.com und http://groups.blogdigger.com/.
17 So behandelt das 2001 als eines der ersten deutschsprachigen Weblogs gegründete *netbib weblog*, http://log.netbib.de, hauptsächlich bibliothekarische Themen.

aber auch durch Blogdex und seine Nachfahren diejenigen, die ein Interesse miteinander teilen, in der Blogosphäre gegenseitig finden. Oft berichten Weblog-Autoren darüber, dass durch Weblogs wichtige professionelle Kontakte zustande kommen. Charakteristisch ist auch die intensive Begleitung von Kongressen in den Weblogs der Teilnehmer. Weblogs sind ganz offensichtlich nicht nur Publikationsplattformen, sondern auch soziale Instrumente ihrer Autoren. Kennzeichnend für die Blogosphäre ist die informelle, sich selbst organisierende Bezugnahme der Autoren aufeinander.

Die sozialen Konventionen, die sich in „abgeschlossenen" und „akzeptierten" Publikationen etwa in Fachzeitschriften etabliert haben, wirken in Weblogs freilich nur abgeschwächt. Wer wie wen kritisiert oder kritisieren darf, muss stets neu erprobt werden. Der technische Ballast des Betreibens einer eigenen Publikationsplattform ist oft nicht unerheblich – auch in der Blogosphäre existiert ein wachsendes Spamproblem. Die Verbreitung der Weblogs zeigt, dass offenbar immer mehr Autoren dazu bereit sind, die sozialen und technischen Probleme, die dieses organisierte Chaos mit sich bringt, in Kauf zu nehmen. Die transparente Anarchie der Informationsströme in der Blogosphäre scheint intellektuell überaus nützlich zu sein.[18]

7 Wikipedia als neues Modell kollektiven Publizierens

Die Wikipedia ist nicht nur ein unverhoffter Erfolg, sondern sie nährt auch den Zweifel an der absoluten Alternativlosigkeit einer ganzen Tradition des wissenschaftlichen Publizierens. Ohne eine zentrale Review-Instanz, ohne als System des selektiven Veröffentlichens angelegt zu sein, ohne kommerzielle Absichten, ohne staatliche Förderung und eigentlich auch ohne große wissenschaftliche Ambition ist hier allein durch die Masse ungezählter aufeinander Bezug nehmender Beiträge ein Internet-Lexikon entstanden, das es mit traditionellen Enzyklopädien aufnehmen kann (Schult 2004; Giles 2005). Die Wikipedia ist frei verfügbarer Inhalt und ein von offenen Autorengemeinschaften geschriebener Text.

Die Wikipedia hat, wie oben bereits angesprochen, Gemeinsamkeiten mit Projekten aus der Welt der Open-Source-Software. Jeder kann und darf solche Projekte „forken", d. h. auf Grundlage einer Kopie der bestehenden Codebasis ohne weiteres ein neues Projekt ins Leben rufen. Ähnlich verhält es sich mit der Gesamtheit der Inhalte eines öffentlichen Wikis, das seine Texte nach dem Modell der Wikipedia frei verfügbar macht. Diese hierarchielose, freie Verfügbarkeit der Inhalte durch alle Autoren erfordert es, dass die veröffentlichte Gestalt der gemeinschaftlich geschriebenen Texte ebenso gemeinschaftlich ausgehandelt werden muss – im Zweifelsfall durch das Kenntlichmachen bislang ungelöster Konflikte. Wikis nach dem Modell der Wikipedia sind insofern auch zwangsläufig gemeinsame Projekte ihrer Autoren.

Die Wikipedia war nicht nur die erste große Publikation, in der das Wiki-Prinzip erfolgreich auch jenseits der Welt der Softwareentwickler angewendet wurde. Sie ist

---

18 Siehe beispielsweise Paquet (2002) und Stabenau (2005).

heute das vorbildhafte Modell für zahlreiche ähnliche Online-Referenzwerke, die sich häufig nur durch die Beschränkung auf ein bestimmtes Thema von ihrem Vorbild unterscheiden.

Doch selbst wenn man von persönlichen Neigungen der Autoren einmal absieht, bleibt festzuhalten, dass manche Textsorte besser von Einzelnen geschrieben wird oder zumindest von einer begrenzten Autorenanzahl. Nach Einschätzung vieler Wikipedia-Aktivisten wird sich das Wikipedia-typische Modell der Kollektiv-Autorschaft neben Nachschlagewerken vor allem auch auf Hand- und Lehrbücher anwenden lassen.[19] Gerade im öffentlichen Bildungssektor stoßen Werke, die den Lernenden kostenlos zugänglich sind, und sich einfach aktualisieren, verbessern und unterschiedlichen Lernsituationen anpassen lassen, auf Interesse.

Viele typische Elemente von Wikis könnten aber auch dabei helfen, wissenschaftliche Texte zu entwickeln und zu veröffentlichen, die als geschlossene Werke angelegt sind – oder doch zumindest nicht nach dem Modell der Wikipedia als öffentliche Gemeinschaftswerke. Um diese Elemente soll es im Folgenden gehen.

8 Elemente der Wikis...

Ähnlich wie Content-Management-Systeme (CMS) oder manches Redaktionssystem einer elektronischen Zeitschrift erlauben Wikis die Eingabe, Speicherung und Weiterbearbeitung großer Textmengen von jedem beliebigen Ort aus; einzige Voraussetzungen sind ein Internetzugang und ein üblicher Webbrowser. Autoren müssen nicht mehr mit Dateien hantieren und müssen im Regelfall auch nicht die verwendete Software installieren und warten. Diese ist zentral auf einem Webserver installiert und muss lediglich dort administriert werden.

Ebenfalls wie in jedem CMS geben Autoren ihren Text in dem System ein, in dem er später ggf. veröffentlicht wird. Die Eingabe muss sich dennoch nicht komplizierter gestalten als in einem Textverarbeitungsprogramm. Auf diese Weise werden nicht zuletzt Risiken und Reibungsverluste der Übertragung zwischen verschiedenen Informationssystemen minimiert. Der Autor weiß beispielsweise jederzeit, welche Mittel der Textgliederung und -formatierung ihm zur Verfügung stehen.[20]

Manche Wikis verfügen über eine so genannte „What you see is what you get"-Eingabe, d. h. formatierter Text wird bereits während der Eingabe in der gleichen Formatierung dargestellt wie das endgültige Dokument. In vielen Wikis ist es zudem bereits möglich, LaTeX-Konstrukte (zum Beispiel Formeln) und Grafiken in standardisierten Beschreibungssprachen (etwa Mindmaps und Organigramme) einzubinden und darzustellen.

---

[19] Unter dem Dach der Wikimedia-Stiftung werden Materialien dieser Art vom Projekt *Wikibooks* betreut, http://wikibooks.org/.

[20] Vgl. auch den Anfang dieses Artikels.

Name/Beschreibung	Adresse
Wikilaw Ein internationales juristisches Fachwiki	http://wiki-law.org/
Krimpedia Ein Projekt des Instituts für Kriminologie an der Uni Hamburg	http://www.kriminologie.uni-hamburg.de/krimwiki
ZUM-Wiki Eine „offene Plattform für Lehrkräfte zum Austausch von Informationen, Erfahrungen und Ideen rund um Unterricht und Schule"	http://www.zum.de/wiki
Bibliothekarische Wikis Linksammlung bibliothekarischer Wikis der Zentral- und Landesbibliothek Berlin	http://linksammlungen.zlb.de/1.2.2.85.0.html
South African Curriculum Eine Sammlung südafrikanischer Lehrbücher als Wikibook.	http://en.wikibooks.org/wiki/South_African_Curriculum
OpenWetWare Ein am *MIT* begonnenes Gemeinschaftsprojekt zum weltweiten Informationsaustausch unter Biologen	http://openwetware.org/

Tabelle 2: Auswahl von Wikis

Im Zentrum eines Wikis steht die Möglichkeit, jederzeit ein neues Dokument zu kreieren. Aus dem vom Autor frei gewählten Namen des Dokuments ergibt sich dessen „sprechende", eindeutige und permanente Adresse im Internet. An diesem virtuellen, selbst geschaffenen Ort kann er seinen Text zu einem späteren Zeitpunkt weiterbearbeiten, ggf. um Dateianhänge ergänzen oder anderes tun. Und diese Adresse kann von jedem anderen Dokument aus verknüpft werden. Unter formalen Gesichtspunkten ist das neue Dokument in dem Augenblick, in dem es angelegt wurde, bereit zur Publikation. Anders ausgedrückt: Es muss, um zur Publikation zu werden, weder seine technische Gestalt noch seinen Ort wechseln. In welcher Version sein Dokument *offiziell* zur Publikation wird, definiert der Autor.

Wiki-Dokumente lassen sich überarbeiten, ohne dass die ältere Bearbeitungsfassung gelöscht ist oder sich die Adresse ändert. Jedes Dokument kann so als „living document" gehandhabt werden, das unmittelbar seine eigene, transparent nachvollziehbare Entstehungsgeschichte enthält. Diese Versionsführung gehört zum Kernbestand derjenigen Merkmale, die bei fast jeder Wiki-Engine anzutreffen sind.

Mit der heute verbreiteten Wiki-Software ist es möglich, den Schreib- oder Lesezugriff auf einzelne Wiki-Dokumente zu beschränken. Zunehmend lassen Wikis auch die rollenbasierte Einstellung der Schreib- und Leserechte einzelner Nutzer zu. Üblich und verbreitet ist in öffentlichen Wikis die Schreiberlaubnis auch für anonyme Leser, Sonderrechte wie vollständige Löschung von Dokumenten sind jedoch nur einer begrenzten Anzahl von Administratoren vorbehalten (Wikipedia). Die Beschränkung des Schreibrechts auf registrierte Benutzer ist auch häufig anzutreffen.

Wissenschaftliches Publizieren mit Wikis – möglich oder sogar wünschenswert?

Ein anderes markantes Merkmal ist die Möglichkeit jedes Autors, für von ihm angelegte Dokumente jederzeit Schreib- und Leserechte verändern zu können, unfertige Dokumente für andere unsichtbar bleiben zu lassen und fertige nur kommentieren, jedoch nicht verändern zu lassen etc. In vielen Wikis werden die Autoren auch dazu angeregt, ihre veröffentlichten Dokumente mit vorgefertigten rechtlichen Bedingungen für die Weitergabe oder Bearbeitung durch Dritte zu versehen, z. B. mit Creative-Commons-Lizenzen.

Durch automatisch verfügbare Kommentar- oder Diskussionsseiten zu jedem individuellen Dokument und durch die Bearbeitbarkeit der Dokumente bzw. der Kopien schreibgeschützter Dokumente ist der Entstehungsort der Texte nicht nur eine Publikationsplattform, sondern auch eine zentrale Sammlung aller Arten von Kommentaren, Erwiderungen und Beiträgen zum Geschriebenen (Heller 2005).

9 ... und ihre Anwendungsbereiche zwischen Open Review und erweitertem Dokumentenserver

Wikis zeigen, wie sich die Tätigkeit der Autoren besser unterstützen lässt. Insbesondere die Interaktion mit Dritten kann durch die Wiki-typische Integration von Teilprozessen wie der eigentlichen Textentwicklung, der Begutachtung durch Dritte, der Publikation, der späteren Weiterbearbeitung und der zitierbaren, versionierten Archivierung vereinfacht werden. Der Bibliothekar Gerry McKiernan skizziert modellhaft, wie sich ein offener Review-Prozess mittels heute üblicher Wiki-Software konstruieren ließe (McKiernan 2005).

Sein Beispiel lässt das Spannungsfeld des Einflusses von Wiki-Ideen auch jenseits Wikipedia-ähnlicher Publikationen erkennen. So ist es einerseits relativ einfach möglich, mit Wikis einen Review-Prozess zu konstruieren und so zu normieren, dass er für Dritte nachvollziehbar ist. Auch das Schreiben, Bewerten und ggf. spätere öffentliche Archivieren akademischer Abschlussarbeiten oder Dissertationen ist in einem derartigen Publikationsszenario denkbar. Hochschulen könnten ihren Absolventen eine zunächst nichtöffentliche virtuelle Textwerkstatt anbieten, die zu einem vorgegebenen Zeitpunkt für Gutachter geöffnet wird. Je nach Prüfungsordnung und -verlauf, sowie Interesse des Prüflings wäre es anschließend möglich, eine überarbeitete oder nicht überarbeitete Fassung der Arbeit dauerhaft öffentlich zu archivieren.

Andererseits zeigt McKiernans Beispiel auch, wie sich die Teilprozesse der Entwicklung und Veröffentlichung eines Werkes Wiki-artig durch ihre Autoren(-gruppen) steuern lassen könnten. Warum sollten Autoren nicht sowohl informelle als auch formelle Reviewer zu einem selbst gewählten Zeitpunkt in ihre von ihnen selbst oder ihrer Institution administrierte Textwerkstatt einladen können? Werke könnten über ihren gesamten Lebenszyklus – und möglicherweise mehrere archivierte Versionen – hinweg von ihren Autoren betreut werden.

Selbst wenn ein Autor ein Werk endgültig beschließt, ist er möglicherweise daran interessiert, es in einer Form aufzubewahren, die eine spätere Weiterbearbeitung durch Dritte erleichtert. Wenn heute Open Access durch *self-archiving* erreicht werden soll, wird hierzu meistens das jeweilige Werk lediglich in einem PDF-Dokument auf einem Dokumentenserver aufbewahrt. Das PDF-Format hat für Archivierungszwecke zwar einige Vorteile; die ausschließliche Aufbewahrung als PDF erschwert jedoch das spätere Aufgreifen eines Werks zur Weiterverwendung in anderen Kontexten.

Open Access will verhindern, dass durch vertragliche Festlegungen die allgemeine Öffentlichkeit vom Zugang zu wissenschaftlichen Werken abgeschnitten wird. Ähnlich verhängnisvoll ist es jedoch, wenn technische Konventionen das Aufgreifen eines Werks, seine Verwendung in einem neuen Kontext und auch das erneute Bearbeiten behindern. Allein die Autoren sollten darüber entscheiden, ob und inwieweit das möglich ist. Die Technik der öffentlichen Archivierung sollte derartige Freigaben in der Praxis wirksam machen, statt sie in ihrer praktischen Reichweite einzuschränken.

Für Hochschulen können eigene Wiki-Systeme übrigens auch weiteren Zusatznutzen neben dem Einsatz als wissenschaftliche Publikationsplattformen haben. Wikis werden vielerorts eingesetzt, um organisationsintern Informationen auszutauschen und zu dokumentieren (Angeles 2004), gelten als interessantes neues Medium im Bereich des *e-learning* (siehe auch Lamb 2004) und lassen sich, da sie sehr oft als Open-Source-Software vorliegen, von den interessierten Institutionen gemeinschaftlich pflegen und den eigenen Bedürfnissen anpassen, ohne dabei Lizenzgebühren zu verursachen.

Als eine problematische Voraussetzung für die Archivierbarkeit wissenschaftlicher Information in digitaler Form gilt heute, dass die einschlägigen Dokumente überhaupt bei den institutionellen Dokumentenservern abgeliefert werden. Erst von dort aus könnte durch geeignete Maßnahmen die langfristige Verfügbarkeit der Dokumente systematisch gesichert werden. Wiki-ähnlich gestaltete Systeme können dieses Problem verringern helfen, da hier Textentwicklung, Publikation und Archivierung typischerweise integriert werden. Zugleich bringen Wikis Versionsverwaltungen mit, die in weiterentwickelter Form den späteren, konsistenten Bezug auf verschiedene Fassungen des wissenschaftlichen Dokuments unterstützen könnten. Heutige Wiki-Software ist zwar nicht unbedingt als Langzeitspeicher der in ihr enthaltenen Informationen geeignet – aber nach dem Stand der Diskussion sind die üblichen Dokumentenserver dies ebenso wenig. Das Problem der digitalen Langzeitarchivierung wird sich demnächst vielleicht durch vertrauenswürdig betriebene Langzeitarchive für digitale Objekte lösen lassen, die ihre Dienste z. B. über *Web Services* für verschiedenartige Online-Publikationssysteme zur Verfügung stellen.[21]

---

[21] Mehr dazu auf der Webseite des BMBF-Projekts „Kompetenznetzwerk Langzeitarchivierung und Langzeitverfügbarkeit digitaler Ressourcen für Deutschland": http://www.langzeitarchivierung.de/.

10 Wissenschaft im Web: Mit Wikis und Weblogs zurück in die Zukunft?

Wissenschaftliches Publizieren in oder mit Hilfe von Wikis wird nicht von heute auf morgen zur Normalität werden. Das *eine*, quasioffizielle Modell des wissenschaftlichen Publizierens gibt es ohnehin nicht mehr. Die Eins-zu-eins-Übersetzung der durch das traditionelle Peer-Review gesteuerten Fachzeitschrift in die digitale Welt ist nur noch die dominierende Variante in einem weiten Feld alternativer, nebeneinander existierender Entwürfe. Zunehmend werden auch Wiki- und Weblog-artige Gestaltungselemente in die Instrumente und Prozesse des elektronischen Publizierens einfließen, wobei Wikis und Weblogs bislang weithin noch nicht als zitierfähige „Hauptpublikationsorte" wissenschaftlicher Werke anerkannt werden. Zusammen mit Dokumentenservern, in denen viele Autoren ihre Publikationen in *pre-* oder *postprint*-Fassungen ablegen (einer der oben vorgestellten Wege, um Open Access zu erreichen), gehören sie jedoch zum immer wichtiger werdenden Umfeld der *eigentlichen* Publikationsorte.[22]

Gerade unter den Entwicklern und Betreibern der Dokumentenserver ist die Idee nicht neu, den Autor durch die Möglichkeiten des elektronischen Publizierens wieder stärker in den Mittelpunkt zu rücken und ihm insbesondere neue Möglichkeiten der Interaktion mit Koautoren, Reviewern und Lesern zu eröffnen. Allein anhand der Geschichte des Dokumentenservers *arXiv* lässt sich nachvollziehen, wie lebendig diese Idee auch unabhängig vom Wiki-Konzept war und ist.[23] So erlaubt *arXiv* beispielsweise längst durch Versionsnummern gekennzeichnete Folgeversionen bereits veröffentlichter Papiere. Heute experimentiert das Projekt damit, alle veröffentlichten Papiere automatisch mit einer „Trackback"-Funktion auszustatten, und zollt damit der Blogosphäre die Anerkennung, sich auch als virtuelle Community von Reviewern bewähren zu können. Zugleich wird es sich auch um ein pragmatisches Zugeständnis handeln, da manche *arXiv*-Autoren bloggen. Die „Trackback"-Funktion führt dazu, dass sich nun im Anhang jedes Papers ein stets aktuelles Linkverzeichnis von Reaktionen aus der Blogosphäre oder anderen „Trackback"-fähigen Webmedien darauf befindet. Welcher dieser Diskussionsbeiträge etwas taugt, können und müssen die Leser selbst feststellen.[24] Die *arXiv*-Strategen diskutieren auch darüber, geeignete Reviewer automatisiert durch Algorithmen zu ermitteln. Ihr Urteil soll jedoch explizit *nicht* dazu dienen, Werke von der Veröffentlichung auszuschließen – stattdessen sollen sie selbst die Rolle des Reviewers zugunsten einer Koautorschaft verlassen können oder als Reviewer ebenfalls begutachtet werden (Rodriguez et al. 2005).

Wird in derart offen gestalteten Prozessen jedes Paper ein zuverlässiges Review finden? Und wird der Leser dazu in der Lage sein, das zum Paper gehörende Review zu

---

22 Siehe Beispielliste mit einigen Wikis in Tabelle 2, aber auch Förderprogramme für wissenschaftliche Wiki-Systeme durch die DFG (Sietmann und Meyer 2005).
23 Siehe http://arxiv.org.
24 Eine Erklärung des Features befindet sich unter http://arxiv.org/help/trackback.

finden? Das „Funktionieren" der Blogosphäre ist ein starker Anhaltspunkt dafür, dass eine kontinuierliche, wechselseitige Begutachtung autonomer Autoren möglich ist. Ob traditionelle Peer-Reviews, die letztlich über die Veröffentlichung oder Nichtveröffentlichung entscheiden, und bei denen weder die Zusammensetzung der Reviewer noch der Prozess selbst transparent ist, besser „funktionieren", darf zumindest bezweifelt werden.

Die technischen und organisatorischen Konzepte von Wikis und traditionellen Dokumentenservern werden sich weiter vermischen. Beispiele wie die interaktive „Proofreading"-Funktion des *Digitalisate*-Katalogs *Runeberg*[25] demonstrieren den großen Nutzen einer solchen Mischung aus virtueller Dokumentensammlung und Wiki-Elementen. Vielen Projekten wie *Runeberg*, aber auch an das Konzept der Wikipedia angelehnten kollektiv geschriebenen Referenzwerken, Hand- und Lehrbüchern wird man die Anerkennung, dass es sich bei ihnen um *echte* Literatur von wissenschaftlichem Nutzen handelt, früher oder später kaum verweigern können.

Es lässt sich beobachten, dass die radikal neuen Publikationsformen, die in und durch Wikis und Weblogs entstanden sind – allen voran die Wikipedia –, gerade auf junge Wissenschaftler einen großen Reiz ausüben. Für einige von ihnen ist die Kommentierung der eigenen Arbeit, einschließlich ihrer Lern-, Lehr- oder Forschungstätigkeit, im persönlichen Weblog bereits eine Normalität. Erst recht gilt das für die Beteiligung an Wiki-Communitys – selbst auf das „Risiko" hin, dass eigene Beiträge in den kollektiv verfassten Texten manchmal nur noch schwer identifizierbar sind. Die Unterscheidung zwischen einerseits dem informellen und konversationsförmigen Schreiben und Kommentieren im Weblog sowie der Beteiligung an Wiki-Autorengemeinschaften und andererseits dem geschlossenen, alleine zu verantwortenden Hauptwerk wird in absehbarer Zeit nicht überwunden werden, aber damit ist nicht gesagt, welche soziale Bedeutung sie hat. Muss ein junger Wissenschaftler befürchten, dass seine Aktivität in einer Wiki-Community oder einem fachlichen Gruppen-Weblog als Vergeudung von Zeit und Aufmerksamkeit gilt, die seiner Reputation und damit letztlich seinem Berufsweg bestenfalls nicht schadet? Oder bewährt sich im Wiki ein respektabler neuer, sozialer Modus des Schreibens, nicht zuletzt, weil dort das eigene Wissen aktiv mit dem Wissen anderer verbunden und vermittelt wird?[26]

Übrigens bleibt natürlich nicht nur passiv abzuwarten, ob das Wiki bei der Rückkehr in die Zukunft des digitalen Publizierens helfen kann. Softwareentwickler können das Wiki als Dokumentenwerkstatt noch besser ausstatten. So lassen sich Dokumente im Wiki zwar wunderbar gemeinschaftlich bearbeiten; aber es ist bisher noch kaum möglich, diese Dokumente oder ihnen zugeordnete Metadaten an andere typische wissenschaftliche Informationssysteme zu verteilen. Dokumente mit Metadaten nach

---

25 Das *Projekt Runeberg* (http://runeberg.org/) ist ein schwedisches Projekt, das Bücher einscannt und mittels OCR-Software als HTML-Seiten verfügbar macht. Freiwillige Helfer korrigieren unter Verwendung der gescannten Bilder Erkennungsfehler.
26 Siehe dazu Mejias (2005).

Dublin Core[27] bestücken, Metadaten und ganze Texte nach dem *OAI-PMH*[28] an diverse Suchdienste weitergeben und Wiki-Dokumente in die offenen Standard-Formate des *e-learning* ausgeben: solche Möglichkeiten fehlen häufig noch.

Noch wichtiger als die Technik ist es allerdings, das Publizieren selbst modellhaft weiterzuentwickeln und diese Weiterentwicklung öffentlich zu begleiten. Die Aufmerksamkeit der Massenmedien für die Wikipedia ist dabei hilfreich, aber weniger entscheidend als der unmittelbare Nutzen des neuen Webs, der sich durch neugieriges Ausprobieren und Experimentieren mitteilt. Und dass etwas manchmal so spielerisch Anmutendes wie ein Wiki[29] für das Gewinnen und Verbreiten auch „seriöser" Erkenntnisse nützlich ist, das kann durch Argumente oder Berufung auf Autoritäten vielleicht unterstrichen werden – muss aber letztlich jeder selbst herausfinden.

Literatur

Angeles, M. (2004), 'Using a Wiki for Documentation and Collaborative Authoring', *Law Library Resource Xchange* . http://www.llrx.com/features/librarywikis.htm [09. Jan 2006].

Berners-Lee, T. (2005), 'So I have a blog'. http://dig.csail.mit.edu/breadcrumbs/node/38 [09. Jan 2006].

Cone, E. (2005), 'Rise of the Blog', *CIO Insight* . http://www.cioinsight.com/article2/0,1397,1789118,00.asp [09. Jan 2006].

Danowski, P. und Voß, J. (2005), Das Wissen der Welt – Die Wikipedia, *in* B. Lutterbeck, R. A. Gehring und M. Bärwolff (Hrsg.), 'Open Source Jahrbuch 2005 – Zwischen Softwareentwicklung und Gesellschaftsmodell', Lehmanns Media, Berlin, S. 393–405. http://www.opensourcejahrbuch.de/2005/ [11. Feb 2006].

Giles, J. (2005), 'Internet encyclopaedias go head to head', *Nature* . http://www.nature.com/news/2005/051212/full/438900a.html [09. Jan 2006].

Heller, L. (2005), 'Neue und alte Vergleiche von Wiki- und Weblog-Software II'. http://log.netbib.de/archives/2005/12/03/neue-und-alte-vergleiche-von-wiki-und-weblog-software-ii/ [09. Jan 2006].

Imhorst, C. (2005), Anarchie und Quellcode – Was hat die freie Software-Bewegung mit Anarchismus zu tun?, *in* B. Lutterbeck, R. A. Gehring und M. Bärwolff (Hrsg.), 'Open Source Jahrbuch 2005 – Zwischen Softwareentwicklung und Gesellschaftsmodell', Lehmanns Media, Berlin, S. 283–292. http://www.opensourcejahrbuch.de/2005/ [11. Feb 2006].

---

27 *Dublin Core* ist ein Schema zur Angabe von Daten über ein Dokument, wie z. B. Autor, Erscheinungsjahr, Herausgeber etc. Mehr dazu unter http://dublincore.org/ oder http://de.wikipedia.org/wiki/Dublin_Core.

28 Das *Open Archives Initiative Protocol for Metadata Harvesting* beschreibt ein Protokoll zur Abfrage und Übertragung von Metadaten, basierend auf XML-Dokumenten – mehr dazu bei http://www.openarchives.org/OAI/openarchivesprotocol.html.

29 Nicht zufällig heißt die Seite im Wiki, auf der jeder beliebig das Wiki-Schreiben ausprobieren darf, traditionell *Sandbox*.

Lamb, B. (2004), 'Wide Open Spaces: Wikis, Ready or Not', *Educause Review* **39**(5), S. 36–48. http://www.educause.edu/pub/er/erm04/erm0452.asp?bhcp=1 [09. Jan 2006].

McKiernan, G. (2005), 'Disruptive Scholarship Blog Launched'. http://disruptivescholarship.blogspot.com/2005/02/disruptive-scholarship-blog-launched_03.html [09. Jan 2006].

Mejias, U. A. (2005), 'Social literacies: Some observations about writing and wikis'. http://ideant.typepad.com/ideant/2005/03/social_literaci.html [09. Jan 2006].

Paquet, S. (2002), 'Personal knowledge publishing and its uses in research'. http://radio.weblogs.com/0110772/stories/2002/10/03/personalKnowledgePublishingAndItsUsesInResearch.html [09. Jan 2006].

Rodriguez, M. A., Bollen, J. und Van de Sompel, H. (2005), 'The Convergence of Digital-Libraries and the Peer-Review Process'. http://arxiv.org/abs/cs.DL/0504084 [09. Jan 2006].

Rushkoff, D. (2000), 'Ten reasons to be happy at the end of the net's worst year', *The Guardian*. http://www.guardian.co.uk/internetnews/story/0,7369,414053,00.html [09. Jan 2006].

Schult, T. J. (2004), 'Lernen vom Schinken in Scheiben. Was taugen die aktuellen Enzyklopädien auf CD-ROM und DVD? Ein Test', *Die Zeit* **43**. http://www.zeit.de/2004/43/C-Enzyklop_8adien-Test [09. Jan 2006].

Sietmann, R. und Meyer, A. (2005), 'Enhanced Science: Wikis für die Wissenschaft', heise online. http://www.heise.de/newsticker/meldung/65380.

Smith, R. (1997), 'Peer review: Reform or Revolution?', *British Medical Journal* **315**(7111), S. 759–760. http://bmj.bmjjournals.com/archive/7111/7111e3.htm [09. Jan 2006].

Stabenau, E. (2005), 'blog bashing'. http://log.netbib.de/archives/2005/03/01/blog-bashing/ [09. Jan 2006].

Kapitel 8

Grenzenlos

„The power of the Web is in its universality. Access by everyone regardless of disability is an essential aspect."

– *Tim Berners-Lee*

Einleitung

FLORIAN LUFT

(CC-Lizenz siehe Seite 499)

Wer die Nachrichten in den letzten Monaten verfolgt hat, konnte feststellen, dass Begriffe wie das *100-Dollar-Notebook*[1] oder *Ubuntu-Linux*[2] immer öfter genannt wurden. Beide sind zur Zeit die Hoffnungsträger zur Überwindung der „Digitalen Kluft".[3] Warum aber sorgen so vermeintlich simple Produkte wie das *100-Dollar-Notebook* oder *Ubuntu* für solch einen Aufruhr? Ist es heute nicht selbstverständlich, dass man Zugang zu Computern und Internet hat und somit auch zu einem Großteil des Wissens? Für Bewohner der G8-Staaten mag dies stimmen, aber nicht zwangsläufig auch für Bewohner anderer Staaten.

Nehmen wir als Beispiel dieses Jahrbuch. Es kann zum einen als ganz normales Buch im Handel oder per Versand preiswert erworben werden – in diesem Fall ist es weitestgehend auf den deutschen Markt beschränkt.[4] Zum anderen kann es auch als PDF-Dokument im Internet heruntergeladen werden,[5] sofern man über einen Zugang zum Internet verfügt – was nicht immer selbstverständlich ist. In diesem Fall ist es „kostenlos", erfordert jedoch bei einem schmalbandigen Internetzugang, z. B. über Modem, ISDN oder gar Mobilfunk, einiges an Geduld, um die etwa sieben Megabyte große Datei herunterzuladen.

Im Anschluss möchte man das Buch natürlich gerne lesen. Aber selbst wenn der Zugang zu einem Computer und dem Internet vorhanden ist, bleibt noch eine weitere Hürde: die Sprache. Für die (weltweit wenigen) deutschsprachigen Leser ist dies kein Problem. Was ist jedoch mit den anderssprachigen Menschen, die Interesse an den Artikeln des Jahrbuchs haben? Diese kann man etwa auf das Übersetzungs-Wiki des Jahrbuchs[6] verweisen, in der Hoffnung, dass dort Übersetzungen oder einige Originalversionen der Artikel in ihrer Sprache verfügbar sind. Diese sind jedoch –

---

1 Siehe z. B. „Beim Laptop des Propheten": http://www.zeit.de/2005/47/P-Negroponte [13. Feb 2006].
2 Siehe z. B. „Ein Linux für die Menschen": http://www.spiegel.de/netzwelt/technologie/0,1518, 364354,00.html [13. Feb 2006].
3 Meike Richter liefert in ihrem Artikel auf Seite 371 eine anschauliche Erklärung des „Digital Divide".
4 Ein Versand ins Ausland ist möglich, jedoch mit höheren Versandkosten.
5 Siehe http://opensourcejahrbuch.de.
6 Siehe den Menüpunkt „Wiki" auf unserer Webseite http://opensourcejahrbuch.de.

wenn überhaupt – überwiegend in Englisch vorhanden. Dies stellt für einen Großteil der Bewohner der G8-Staaten kein allzu großes Problem dar, da zumindest hier Englisch die meistgesprochene Fremdsprache ist. Nicht jedoch in Afrika, Südamerika oder im Asien-Pazifik-Raum. Die Antwort auf die Frage, warum man das Jahrbuch nicht einfach in mehr Sprachen als diese beiden übersetzt, liegt auf der Hand: Es kostet Zeit und Geld – und das hält auch Software-Hersteller davon ab, ihre Produkte für andere als die geläufigen Sprachen zu lokalisieren.

Darüber schreibt auch Meike Richter im folgenden Beitrag zum Problem des „Digital Divides". Sie spricht Möglichkeiten für Entwicklungsländer an, mit Freier/Open-Source-Software die Digitale Kluft zu überwinden. Dabei geht sie auch auf die gezielte Förderung von Open-Source-Software durch die brasilianische Regierung ein. Diese schreibt z. B. für 80 % der neu anzuschaffenden Computer eine Open-Source-Ausstattung vor.

Im anschließenden Artikel zeigt Alastair Otter, dass die Bemerkung „Ganz Afrika hat nicht so viel [Bandbreite]" von Tim Pritlove[7] in Bezug auf die 10-Gigabit-Internetanbindung des letztjährigen *Chaos Communication Congress* nicht von ungefähr kommt und dass Bandbreite selbst in relativ weitentwickelten Ländern wie Südafrika noch immer ein kostbares Gut ist. Ferner beschreibt er weitere infrastrukturelle Probleme, wie fehlende Computer in Afrika, und zeigt, mit welchen Initiativen ihnen begegnet wird.

Bandbreite als kostbares Gut, welches man teilen sollte, ist einer der Gründe für die Entstehung der „freien Netze". Armin Medosch beschreibt im abschließenden Artikel dieses Kapitels den Prozess der Entstehung und die damit verbundenen Communitys sowie deren Leitgedanken. Fernab einer übergeordneten Kontrollinstanz entsteht ein Allgemeingut, an dem sich jeder gleichberechtigt beteiligen kann. Neben dem *Pico Peering Agreement* als ein Hauptbestandteil der freien Netze, zeigt er auf welche anderen Bereiche (*Open Spectrum*, *Open Mapping*) sich die Ideen und Prinzipien der freien Netze ausweiten lassen.

Dieses Kapitel zeigt, dass Open Source nicht nur Software ist, die „kostenlos" genutzt werden kann, sondern dass das Open-Source-Prinzip vielmehr auch Chancen eröffnet, um Menschen fernab von wirtschaftlichen Restriktionen und Sprachbarrieren miteinander zu verbinden. Open Source ist „grenzenlos".

---

7 Tim Pritlove war Mitglied des Veranstalterteams des *22C3*, siehe http://www.heise.de/newsticker/meldung/67862 [13. Feb 2006].

Fair Code – Freie/Open-Source-Software und der Digital Divide

MEIKE RICHTER

(CC-Lizenz siehe Seite 499)

Was hat Software mit nachhaltiger Entwicklungspolitik zu tun? Dieser Artikel befasst sich mit dem Digital Divide und gibt einen Überblick über die verschiedenen Positionen innerhalb des Diskurses. Es wird herausgearbeitet, warum die Beschaffenheit des Programm-Codes in jüngster Zeit zu einem Politikum geworden ist. Die Pro-Linux-Politik von Brasilien wird vor diesem Hintergrund erklärt. Bei Software geht es nicht nur um Code, sondern um Rechte, Unabhängigkeit und Macht.

Schlüsselwörter: Digital Divide · Geistiges Eigentum · Entwicklungspolitik · Informationsgesellschaft · Brasilien

1 Einleitung

„We are creating a world that all may enter without privilege or prejudice accorded by race, economic power, military force, or station of birth." (Barlow 1996)

Dieses Zitat aus der „Unabhängigkeitserklärung des Cyberspace" von 1996 illustriert die hochfliegenden Hoffnungen und gescheiterten Träume, die mit dem Internet verbunden sind. Not und Ungleichheiten herrschen im „Meatspace" – aber in digitalen Datenräumen sollte alles anders sein. Mehr noch, das Internet sollte helfen, mehr Gerechtigkeit in die Welt zu tragen. Diese Vision hat sich nicht erfüllt. Zugang zu Informations- und Kommunikationstechnologien (ICTs) ist ungleich verteilt. Je ärmer und ungebildeter jemand ist, desto unwahrscheinlicher ist es, dass dieser Mensch Zugang zum Internet hat (United Nations Conference on Trade and Development 2004). Der so genannte *Digital Divide* hat seit Mitte der 1990er Jahre einen festen Platz auf der politischen Agenda. Mit der Überbrückung des digitalen Grabens ist der Anspruch verbunden, gleichzeitig wirtschaftliche, politische und soziale Entwicklung zu fördern. Diese Annahme speist sich aus dem Umstand, dass Zugang zu Information und Wissen, deren Generierung und Verbreitung, zentrale Machtfaktoren in einer globalisierten, vernetzten Welt sind.

Der Soziologe Manuel Castells (2000) beschreibt im ersten Band seiner Trilogie „Das Informationszeitalter: Ökonomie, Gesellschaft und Kultur", wie sich unter Einfluss neuer Kommunikationstechnologien die alten Ordnungen der Industriegesellschaft transformieren. In der globalen „Netzwerk-Gesellschaft" sind weniger materielle Güter, sondern Information und Wissen begehrte Handelsware, Wissenschaft und Technologie spielen eine tragende Rolle für ökonomisches Wachstum, und starre Hierarchien lösen sich zugunsten flexibler Netzwerkorganisation auf. Castells' Theorie basiert auf der Grundannahme, dass Technologie Gesellschaft massiv beeinflusst.

Diese Umwälzungen geben dem Verhältnis zwischen armen und reichen Ländern eine neue Qualität. Netzwerke gehorchen einer binären Logik: Inklusion oder Exklusion. Die Verbreitung des Internets hat eine paradoxe Entwicklung in Gang gesetzt – die Welt vernetzt und spaltet sich zugleich.

2 Von Digital Divide zu Social Inclusion

Aus dem Digital-Divide-Diskurs lassen sich drei Trends herauslesen. Die Optimisten behaupten, dass neue ICTs die Stimme der Entwicklungsländer und marginalisierten Gruppen stärken. Die Skeptiker geben zu bedenken, dass bloße Bereitstellung von Technologie keinen Wohlstand schafft. Die Pessimisten sind der Ansicht, dass das Internet die existierenden Ungleichheiten zwischen den *(information) poor* und den *(information) rich* noch verstärkt.

Dabei gibt es nicht einen, sondern mehrere Divides: Der *globale Divide* bezeichnet die Unterschiede im Internetzugang zwischen armen und reichen Nationen, der *soziale Divide* beschreibt den Graben zwischen On- und Offlinern innerhalb eines Landes. Es gibt einen *Gender Divide*, mehr Männer als Frauen surfen. Auch Sprachbarrieren, die den Gebrauch Internet-basierter Informationen unmöglich machen, sind Teil des Problems. 80 % aller Webseiten sind auf Englisch. Eine Sprache, die schätzungsweise nur einer von zehn Menschen weltweit versteht. Der *demokratische Divide* unterscheidet diejenigen, die ICTs benutzen, um ihre politischen Interessen durchzusetzen, von denen, die diese digitalen Ressourcen ungenutzt lassen (Norris 2001). Auf einer praktischen Ebene sind das Fehlen einer IT-Infrastruktur und Mangel an angemessener Software, Elektrizität, Bandbreite und Computer-Kenntnissen sowie hohe Kosten für einen Internetanschluss zu nennen.

Die ursprünglichen Konzepte, die sich überwiegend darauf beschränkt haben, bloßen physischen Zugang zu Computern und dem Internet zu ermöglichen, werden langsam modifiziert. Die Erkenntnis, dass die Versorgung der Unterprivilegierten mit Internet-Accounts das Problem der Armut kaum wird lösen können, hat dafür gesorgt, dass Faktoren wie Bildung und soziale Wirklichkeit langsam in Programme zur

Überbrückung des Digital Divide integriert werden.[1] „Social inclusion" heißt das neue Leitbild. In diesem Zusammenhang rückt auch die Frage der Software zunehmend in den Blickpunkt.

3 Freie/Open-Source-Software

Die Welt der Freien/Open-Source-Software (FOSS)[2] hat eine ganz eigene Kultur und Ökonomie, die sich von der proprietärer Software substanziell unterscheidet (Grassmuck 2002; Himanen 2001). Das ergibt sich aus ihren Hauptmerkmalen, die in unterschiedlichen Ausprägungen durch Open-Source-Lizenzen festgelegt sind: Die Software darf ohne Einschränkung benutzt werden. Der Quellcode ist verfügbar, er darf verändert und es darf aus ihm gelernt werden. Die Software darf verändert, kopiert und als Open-Source-Software weitergegeben werden.

Das dominante proprietäre Software-Modell, beispielsweise das Betriebssystem Windows von Microsoft, stellt den Quellcode im Allgemeinen nicht zur Verfügung und erzielt einen Großteil seiner Erlöse durch Lizenzverkauf. Quellcode ist die „DNA" des binären Programmcodes, bestehend aus Textbefehlen, geschrieben in einer höheren Programmiersprache. Entwicklung und Anpassung von Software kann nur in dieser Rohform vorgenommen werden. FOSS ist längst kein Spielzeug Technik-begeisterter Nerds mehr. Konzerne wie IBM oder Novell/SUSE und eine Vielzahl kleiner und mittlerer Unternehmen (KMU) erwirtschaften mit diesem speziellen Code Profit.[3] Dabei fußt das ökonomische Wertschöpfungsmodell nicht auf der Erhebung von Lizenzgebühren. Verdient wird mit Serviceleistungen um die Software herum. Weil bei FOSS der Bauplan frei zugänglich ist, eignet sich dieser spezielle Code besonders für den Einsatz in armen und ökonomisch schlecht gestellten Ländern. Es ist fairer Code.

4 Geistige Eigentumsrechte und Software: der brasilianische Weg

Das Land, das sich in den letzten Jahren um die explizite Förderung von FOSS verdient gemacht hat, ist Brasilien. Die Nation belegt Platz 10 auf der Rangliste der weltweit größten Volkswirtschaften. Dabei ist der Reichtum extrem ungleich verteilt. Nur 10 % der Bevölkerung kontrollieren die Hälfte des Reichtums, mehr als 20 %

---

[1] Der Irrglaube, dass Technologie-Transfer automatisch Wohlstand schafft, hat eine lange Tradition. Vergleiche z. B. Chatterji (1990).
[2] Dieser Text benutzt die Doppelung Freie/Open-Source-Software (FOSS), da es keinen Konsens gibt, welcher Typ Software in welche Klassifikation gehört. Generell steht bei „Freier Software" der Community-Gedanke im Vordergrund. „Frei" im Sinne von Freiheit, nicht Kostenlosigkeit. Open Source gehört eher in die Welt der Unternehmen. Hier liegt der Schwerpunkt auf dem Entwicklungs- beziehungsweise Geschäftsmodell.
[3] Siehe auch die Artikel von Smid, Bitter und Knoblich in diesem Buch.

leben in extremer Armut. Begonnen hat die Pro-Linux-Politik auf kommunaler und Bundesebene, seit dem Wahlsieg der Arbeiterpartei unter Präsident Luiz Inácio Lula da Silva gehört die Förderung von offenem Code zum Regierungsprogramm. Die Regierung hat erklärt, 80 % der neu anzuschaffenden Computer mit Open-Source-Software auszustatten. Auch die existierende öffentliche IT-Infrastruktur soll über kurz oder lang migrieren. Staatlich geförderte Software soll unter freien Lizenzen veröffentlicht werden. FOSS ist Bestandteil nationaler Programme zur Überbrückung des Digital Divide. Dabei wird allein auf Empfehlung gehandelt. Bisher hat es die entsprechende gesetzliche Grundlage nicht durch das Parlament geschafft.

Brasiliens Pro-Linux-Politik ist eng verknüpft mit den Auseinandersetzungen um geistige Eigentumsrechte. Entwicklungs- und Schwellenländer erklären seit Jahren, dass die existierenden Copyright- und Patentsysteme nicht zu ihrem Vorteil arbeiten, sondern die Interessen entwickelter Länder beziehungsweise der dort ansässigen Unternehmen reflektieren.

Die ursprüngliche Idee hinter geistigem Eigentum ist einleuchtend: Erfinder und Kreative bekommen ein zeitlich befristetes Monopol auf ihre Erzeugnisse und können wegen Ausschaltung des Wettbewerbs hohe Preise verlangen. Obwohl die Ideen temporär nicht von anderen genutzt und weiterentwickelt werden dürfen und Folge–Innovationen sich somit verzögern, rechnet sich das Konzept. Denn der Staat schafft auf diesem Wege Anreize für Innovation. Kritiker sagen, dass die kontinuierliche Ausweitung geistiger Eigentumsrechte, etwa auf mathematische Algorithmen, Gene oder Pflanzen, das System pervertiert und Innovation verhindert. Nicht mehr die besten Ideen, sondern die teuersten Anwälte setzen sich durch. Im Falle von armen Ländern tritt das Problem verschärft zutage. Sie verfügen kaum über Patente und Copyrights und die Möglichkeiten, sie durchzusetzen (Stiglitz 2005).

Eines der Hauptargumente der Brasilianer für FOSS lautet, dass es ökonomisch sinnvoller ist, Staatsgelder für die Ausbildung lokaler Arbeitskräfte auszugeben, als die finanziellen Ressourcen ins Ausland zu transferieren, um dort Softwarelizenzen einzukaufen (Emert und da Silveira 2004). Es ist kein Zufall, dass gerade die Brasilianer, geistiges Eigentum betreffend, auf neue Konzepte setzen. In den 1990ern waren sie die ersten, die ernsthaft gedroht haben, im öffentlichen Interesse Patente auf überteuerte AIDS-Medikamente zu verletzen. Und zwar unter einer konservativen Regierung. Zudem hat das Land eine sehr aktive, politisierte FOSS-Szene. Die weltweit ersten mit Open Source betriebenen Bankautomaten haben Brasilianer entwickelt.

Man darf die brasilianische Politik nicht als bloßes Armutsbekämpfungsprogramm abtun. Dahinter steht die Einsicht, dass kommerzieller und gesellschaftlicher Mehrwert ohne klassischen Schutz geistigen Eigentums geschaffen werden kann. Der wachsende wirtschaftliche Erfolg der Open-Source-Bewegung gibt den Südamerikanern Recht.

5 Vorteile von FOSS für Entwicklungsländer

Neben den auch in entwickelten Ländern wirksamen Vorteilen bietet FOSS eine Reihe weiterer Pluspunkte speziell für den Einsatz in Entwicklungsländern.

Wissenstransfer FOSS gibt interaktiven Zugang zu Wissen und Informatik der entwickeltsten Länder. Menschen aus ökonomisch schlecht gestellten Regionen können sich mit sehr geringem Kostenaufwand lokal weiterbilden und neue Fähigkeiten erlernen. Philosophie und Mechanismen der FOSS-Community bedingen, dass aus Lernenden schnell Ausbilder werden. Die erworbenen Fähigkeiten können bei der Jobsuche oder für den Betrieb kleiner und mittlerer Unternehmen von Nutzen sein. Auch dem so genannten *Brain Drain*[4] wird entgegengewirkt.

Geringere Kosten In einem Land wie Vietnam beträgt der Preis eines proprietären Systems (Betriebssystem Windows XP und Office) rund 16 Monatsgehälter (Ghosh 2004), bei FOSS fallen in der Regel nur die Distributionskosten an. Kritiker bemängeln, dass Einrichtung und Support von FOSS kostspielig und schwer kalkulierbar seien. Das mag stimmen, doch in Entwicklungsländern ist Arbeitskraft kein hoher Kostenfaktor, vor allem aber kann die lokale Softwareindustrie gestärkt werden. Im Übrigen benötigt auch proprietäre Software Support.

Technologische Unabhängigkeit Ein Großteil proprietärer Software wird in den reichen Ländern entwickelt beziehungsweise von dort aus kontrolliert. Der bloße Import von Software festigt aber genau die Abhängigkeiten, von denen die Länder sich eigentlich befreien wollen. Software ist eher ein Prozess denn ein Produkt – um sie einsatzfähig zu halten, muss man sie kontinuierlich weiterentwickeln. Support, Updates und Upgrades kosten Geld. In der proprietären Welt ist es durchaus üblich, bei Markteinführung das Produkt unter Wert oder sogar umsonst abzugeben. Anfängliche Verluste werden später leicht ausgeglichen, denn der Kunde kann nicht einfach wechseln: Seine Daten sind in das proprietäre System eingeschlossen und die Kunden sind gezwungen, hohe Preise für neue Versionen zu zahlen. FOSS bietet hier eine Alternative für mehr Unabhängigkeit.

Von Vorteil ist auch, dass GNU/Linux auf alten Rechnern läuft. Proprietäre Betriebssysteme zielen auf die Auslastung der neuesten Prozessor-Generation und machen sie damit unbrauchbar für Besitzer leistungsschwacher IT-Infrastruktur. Firmen stellen den Support für ältere Betriebssysteme ein, das ist beispielsweise der Fall bei Windows 95, 98 oder 2000. Bei FOSS sind die Quellcodes zugänglich. Vorausgesetzt, es gibt entsprechend ausgebildete Spezialisten,

---

4 *Brain Drain* umschreibt das in den armen und ökonomisch schlecht gestellten Ländern weitverbreitete Problem, dass talentierte und gut ausgebildete Menschen, in diesem Fall Programmierer, ihre Heimatländer verlassen müssen, da sie keine Aussicht auf Arbeit oder Weiterbildung haben.

kann das System so lange laufen, wie die Hardware funktioniert. Das kostspielige Hase-und-Igel-Rennen, wo die neueste Hardware nach neuester Software verlangt und umgekehrt, muss nicht gespielt werden.

Lokalisierung Auf der Welt gibt es schätzungsweise 6 500 Sprachen. Proprietäre Software wird aber nur hergestellt, wenn Aussicht auf Gewinn besteht. Anpassungen können wegen fehlendem Quellcode nicht vorgenommen werden. Ganz anders bei FOSS. Die kambodschanische NGO „Khmer Software Initiative" beispielsweise produziert Software in Khmer, um ihren Landsleuten die Teilnahme am Informationszeitalter zu ermöglichen:[5]

> „We believe that in order to enter a digital world without forfeiting its culture, a country must do it by using software in its own language. Software in a foreign language exacerbates the Digital Divide, makes basic computer training difficult and expensive, closes computer-using jobs to people with little economic resources, impoverishes local culture, and blocks computer-based government processes, as the local language script cannot be used in databases."
> (Khmer Software Initiative 2005)

6 Warum spielt GNU/Linux in Entwicklungsländern nur eine marginalisierte Rolle?

So viele beeindruckende Gründe, mit dem Pinguin und dem GNU zu arbeiten – warum findet dieser Lösungsansatz nur zögerlich Eingang in Programme zur Überbrückung des Digital Divide? Warum ist Brasiliens Position in dieser Angelegenheit ein vielbeachtetes Novum? Zwei offensichtliche Gründe: Zum einen war Microsoft schon vorher da, und der riesige Nachteil proprietärer Software – die hohen Kosten – kann mit raubkopierter Software leicht umgangen werden. Doch dieser Weg verspricht keine nachhaltige Lösung. Abhängigkeiten werden schlicht fortgeschrieben. Und der Leitgedanke hinter den Bestrebungen zur Überbrückung des Digital Divide sollte nicht sein, Menschen kurzfristig Zugang zum Informationszeitalter zu verschaffen, sondern ein Mittel, um das eigentliche Problem – Armut – zu bekämpfen. Und da verfügt FOSS über unschlagbare Vorteile.

Eine Vielzahl von Gründen erschwert den Einsatz von FOSS in armen und ökonomisch schlecht gestellten Ländern. Man darf auch nicht vergessen, dass das Internet seit kaum zehn Jahren ein Massenmedium ist. Das Problem des Digital Divide ist folglich noch jünger. Differenzierte Lösungsansätze müssen sich erst herausbilden, positive wie negative Erfahrungen aus der Praxis in Theorie und künftige Konzepte eingebracht werden.

---

5   Siehe auch den Artikel von Alastair Otter in diesem Buch. Siehe zudem Shah (2004) und Tapia (2004).

Fair Code – Freie/Open-Source-Software und der Digital Divide

6.1 Software-Politik als blinder Fleck

Aktivisten, die in Entwicklungsländern Lobbyarbeit für freie Software machen, bekommen oft folgenden Satz zu hören: „Unsere Aufgabe lautet Armutsbekämpfung. Warum sollten wir da auf ein neues System migrieren?" Politiker und NGOs sprechen viel vom Aufbau physischer IT-Infrastruktur und davon, wie neue ICTs Entwicklung befördern könnten. Dass die Ausblendung der Software-Frage aber genau die Verhältnisse reproduziert, die doch eigentlich bekämpft werden sollen, wird erst in jüngster Zeit thematisiert. Es existiert wenig Bewusstsein, wie weitreichend Software die von Menschen initiierten Datenflüsse und damit menschliches Verhalten reguliert. *Code is law*, das berühmte Diktum von Stanford-Rechtsprofessor Lawrence Lessig (1999), ist außerhalb von Technologie-affinen Kreisen wenig bekannt.

Einer der Gründe, warum Software im Diskurs um den Digital Divide aus dem Blick fällt, ist ihr virtueller, technischer Charakter. Obwohl die „weiche Ware" als Schnittstelle zwischen Mensch und Maschine fungiert, wird sie nicht wahrgenommen. Zu diesem Gut baut man keine emotionale Beziehung auf, man gebraucht es nur. Ein Vergleich mit der Creative-Commons-Bewegung macht diesen Sachverhalt deutlich. Creative Commons ist ein alternatives Lizenzsystem basierend auf dem existierenden Copyright-System, das Urhebern wie Konsumenten eine flexible Ausübung ihrer Rechte ermöglicht. Creative Commons erfreut sich weltweit großer Popularität und hat geholfen, die Open-Access-Bewegung voranzubringen. Stars wie die Beastie Boys setzen sich für Creative Commons ein. Dabei gibt es die Initiative erst seit 2001 – Richard Stallman hat die *Free Software Foundation* schon 1984 aus der Taufe gehoben. Kaum vorstellbar, dass die New Yorker HipHopper auch für freien Programmcode Werbung machen würden. Zu geistigen Produkten wie Musik oder Texten kann man, anders als bei Software, eine Beziehung entwickeln. Kunst berührt die Menschen. Jeder hat ein Musikstück, das er oder sie innig liebt, und das richtige Buch zur rechten Zeit kann ein Leben verändern. Über Software sprechen nur Nerds mit Hingabe. Es ist schwer vermittelbar, dass freier Quellcode ein wichtiger Baustein für nachhaltige Entwicklung ist. Software ist technologischer Natur. Im Gebrauch entfaltet sie soziale, politische und kulturelle Macht. Manuel Castells (2005) hat sie die „Sprache des Informationszeitalters" genannt.

6.2 Zusammenarbeit der FOSS-Bewegung mit NGOs und dem öffentlichen Sektor

Die Zusammenarbeit zwischen der FOSS-Szene und zivilgesellschaftlichen Gruppen, die im Bereich Digital Divide arbeiten, steht erst am Anfang. Die Nachricht vom Dezember 2004, dass Microsoft und die UNESCO künftig kooperieren werden, hat kaum kritische Reaktionen verursacht. Eine Vielzahl von Gründen kompliziert den Austausch zwischen Hackern und professionellen Helfern. NGOs argumentieren oft, dass sie ihre Klientel auf proprietären Systemen trainieren müssen, da FOSS-Systeme vor allem im Desktop-Bereich kaum verbreitet seien. Man könne nicht Fähigkeiten vermitteln, die der lokale Arbeitsmarkt gar nicht nachfragt.

Staatliche Initiativen und NGOs geraten nicht selten in einen Interessenkonflikt. Viele Programme des „Information and Communication for Development"-Feldes sind auf Sponsoren angewiesen, die Hardware, Software oder technische Berater stellen. Das kann die FOSS-Bewegung nicht in dem Umfang leisten wie die proprietäre Konkurrenz. Einer der großzügigsten Unterstützer für Programme zur Überbrückung des Digital Divide ist Microsoft. 2004 spendete der Konzern nach eigenen Angaben weltweit mehr als 47 Millionen US-Dollar plus Softwarelizenzen im Wert von 363 Millionen Dollar (Microsoft 2005). Die mit einem Grundkapital von 28 Milliarden Dollar reichste Stiftung der Welt, die „Bill and Melinda Gates Foundation" (Baier 2005), engagiert sich hauptsächlich im medizinischen Bereich, fördert aber auch Technologie-Projekte, oft in Kooperation mit dem Microsoft-Konzern.

Im Rahmen ihres Schwerpunkts Bildung stattet die Stiftung öffentliche Bibliotheken armer Regionen mit IT-Infrastruktur aus. Unter anderem hat sie als offizieller Partner der chilenischen Regierung das gesamte Bibliothekswesen des südamerikanischen Landes mit Internet-Access-Points versorgt (Bill & Melinda Gates Foundation 2005). Solche Public-Private-Partnerschaften lassen auch Menschen mit geringen finanziellen Mitteln am Informationszeitalter teilnehmen. Die Kehrseite der Medaille ist, dass auf diese Weise potentielle künftige Kunden an Windows gewöhnt und proprietäre Standards und Formate durchgesetzt werden. Derlei soziales Engagement nützt nicht zuletzt den ökonomischen Interessen der Spender – und die decken sich nicht unbedingt mit den Bedürfnissen der Bürger armer Länder. Brendan Luyt (2004) liefert in seinem Aufsatz „Who benefits from the Digital Divide?" eine lesenswerte kritische Analyse digitaler Entwicklungspolitik.

Brasilianische Aktivisten für Freie Software berichten, dass Microsoft gezielt an NGOs herantritt und Unterstützung anbietet. Auch politische Entscheidungsträger, die mit einer Migration liebäugeln, können sich erhöhter Aufmerksamkeit der Microsoft-Lobbyisten sicher sein. Zudem ist auffällig, dass in Ländern, wo Linux Marktanteile gewinnt, kurze Zeit später eine verbilligte, abgespeckte Windows-Version erhältlich ist. *Software ist ein Politikum geworden.*

Es wäre begrüßenswert, in Zukunft mehr Partnerschaften zwischen Open-Source–Firmen und Digital-Divide-Initiativen zu sehen.

7 FOSS = Entwicklung und Wachstum?

Bei aller berechtigter Euphorie – FOSS ist kein Wundermittel. Es nützt wenig, arme Länder nur auf die Existenz von FOSS hinzuweisen. Gleichzeitig muss die Fähigkeit vermittelt werden, diesen speziellen Code auch zu beherrschen.

FOSS steht immer noch im Ruf, Laien zu überfordern. Das hat seine Gründe. Installation und grafische Benutzeroberfläche gleichen sich dem Komfort proprietärer

Systeme an, doch noch immer gilt „Klicki-Bunti" nicht als besonders sexy. FOSS–Entwickler denken beim Programmieren eher an sich selbst denn an weniger versierte Nutzer. Im krassen Gegensatz zur Offenheit und Liberalität der FOSS-Bewegung steht auch, dass Programmierer wie User fast ausnahmslos männlich sind. Die wenigsten Frauen entscheiden sich dafür, ihre Fähigkeiten in die Community einzubringen, um dort zu lernen und ihr Wissen weiterzugeben.[6] Wie soll freie Software da Mainstream werden?

Auch da sind die Brasilianer weiter als der Rest der Welt. In den mit FOSS betriebenen *Telecentros*[7] trifft man auf verhältnismäßig viele weibliche User. Man ist stolz darauf, viele Nicht-Hacker in die Bewegung integriert zu haben. Trotzdem ist auch in Brasilien freier Programmcode längst nicht in den gesellschaftlichen und politischen Institutionen verankert. Die dortige Szene fürchtet, dass mit dem Ende der Lula-Regierung auch die FOSS-freundliche Politik endet. Um das zu verhindern, bemüht man sich verstärkt darum, die Öffentlichkeit und konservative Parteien von den Vorteilen freier Programmcodes zu überzeugen. Denn die beste freie Software nützt nichts, wenn niemand außerhalb der Community dafür Begeisterung entwickelt. Es bleibt zu hoffen, dass der brasilianische Weg Schule macht.

8 Fazit

Der Großteil der materiellen Ressourcen der Welt liegt auf der südlichen Erdhalbkugel. Das hat den Menschen in den Entwicklungsländern wenig genützt, denn die Ausbeutung der Vorkommen wird meist durch Unternehmen der Industrienationen kontrolliert. Auch Wissen und Information sowie Systeme, die die Verteilung von virtuellen Gütern regeln, sind im Norden konzentriert. FOSS dagegen ist für alle da.

Die fairen Distributions- und Nutzungsbedingungen von freiem, offenem Programmcode haben das Potential, mehr (digitale) Verteilungsgerechtigkeit zu schaffen. Denn Software besteht nicht nur aus Information, sie fungiert auch als Schlüssel zu Information und Wissen aller Art. Wissen ist ein wertvolles Gut: Es wächst durch Teilung.

Literatur

Baier, T. (2005), 'Ein Manager für Afrika. Bill Gates betreibt mit seiner Stiftung Entwicklungshilfe wie ein Geschäft und investiert dabei mehr Geld als die WHO', *Süddeutsche Zeitung* (64, 18. Mär 2005), S. 12.

Barlow, J. P. (1996), 'A Declaration of the Independence of Cyberspace'. http://homes.eff.org/~barlow/Declaration-Final.html [20. Jan 2006].

---

6 Siehe auch den Artikel von Patricia Jung auf Seite 235 in diesem Buch.
7 Öffentliche Computer- und Internet-Access-Points

Bill & Melinda Gates Foundation (2005), 'BiblioRedes Offers Technology Access for All in Chile'. http://www.gatesfoundation.org/Libraries/InternationalLibraryInitiatives/LibraryProjectChile/default.htm [12. Feb 2006].

Castells, M. (2000), *The Rise of the Network Society*, 2. Aufl., Blackwell Publishers, Oxford.

Castells, M. (2005), 'Innovación, Libertad y Poder en la era de la Información'. http://www.softwarelivre.org/news/3635 [29. Jan 2006].

Chatterji, M. (1990), *Technology Transfer in the Developing Countries*, St. Martin's Press, New York.

Emert, M. und da Silveira, S. A. (2004), '"Geisel einer proprietären Lösung." Brasilien forciert Open Source als Lösung für Entwicklungs- und Schwellenländer', *c't Magazin für Computertechnik* **2**, S. 44–47.

Ghosh, R. A. (2004), 'License fee and GDP per capita', *i4d* **10**, S. 18–20. http://www.i4donline.net/oct04/license.pdf [19. Jan 2006].

Grassmuck, V. (2002), *Freie Software. Zwischen Privat- und Gemeineigentum*, Bundeszentrale für politische Bildung, Bonn.

Himanen, P. (2001), *The Hacker Ethic and the Spirit of the Information Age*, Random House, New York.

Khmer Software Initiative (2005), 'Vision. Khmer OS'. http://www.khmeros.info/drupal/?q=node/1 [19. Jan 2006].

Lessig, L. (1999), *Code and Other Laws of Cyberspace*, Basic Books, New York.

Luyt, B. (2004), 'Who benefits from the Digital Divide?', *First Monday* **9**(8). http://www.firstmonday.org/issues/issue9_8/luyt/index.html [29. Jan 2006].

Microsoft (2005), 'Microsoft Community Affairs'. http://www.microsoft.com/mscorp/citizenship/giving/ [12. Feb 2006].

Norris, P. (2001), *Digital Divide: Civic Engagement, Information Poverty, and the Internet Worldwide*, Cambridge University.

Shah, J. (2004), 'FOSS and localisation', *i4d* S. 33–35. http://www.i4donline.net/oct04/process.asp [20. Jan 2006].

Stiglitz, J. E. (2005), 'Intellectual Property Rights and Wrongs', *Daily Times* . http://www.dailytimes.com.pk/default.asp?page=story_16-8-2005_pg5_12 [16. Aug 2005].

Tapia, J. (2004), 'Red Hat: Fuelling the OSS movement', *i4d* S. 25–26. http://www.i4donline.net/oct04/interview.asp [20. Jan 2006].

United Nations Conference on Trade and Development (2004), *E-Commerce and Development Report 2004*, United Nations Conference on Trade and Devlopment, New York/Geneva.

Digitale Möglichkeiten für Afrika*

ALASTAIR OTTER

(CC-Lizenz siehe Seite 499)

Obwohl fast 14 Prozent der Weltbevölkerung in Afrika leben, stammen nur 2,5 Prozent aller Internetnutzer weltweit aus Afrika. Es ist nicht einfach, diese Ungleichheiten aufzulösen. Die Infrastruktur und der Zugang zu Telekommunikation sind in vielen Ländern Afrikas nur sehr rudimentär ausgeprägt. Dies erschwert nicht zuletzt auch die Entstehung von kommerziellen Operationen in Ländern wie Namibia. Länder wie Südafrika sind hier zwar weiter, jedoch bringt auch hier die Liberalisierung neue Herausforderungen mit sich. Viele einheimische Organisationen versuchen, das Leben der Menschen in Afrika zum Besseren zu verändern, wobei auch Open-Source-Software (OSS) eine nicht zu unterschätzende Rolle spielt.

Schlüsselwörter: Digital Divide · Afrika · Südafrika

1 Zugang zum Internet – Die Zahlen

Es ist nicht leicht, den so genannten „Digital Divide" in Afrika quantitativ zu bestimmen. Zum Teil liegt das eben gerade – und das ist die traurige Ironie – an der mangelnden Infrastruktur. Andererseits machen die Größe Afrikas und seine verteilte Bevölkerung das Unterfangen so einzigartig anspruchsvoll. Im Gegensatz zu Europa oder den USA, wo durch einen erheblich leichteren Zugriff auf Telekommunikation und das Internet Datenerhebungen wesentlich einfacher zu erstellen sind, sind die Berichte über die Anbindung in Afrika von unterschiedlicher Qualität. Wie aus den meisten Berichten hervorgeht, sind trotz des beschleunigten Wachstums des Internets und der Telekommunikation in Afrika die Zahl der Benutzer und deren Anstieg beklagenswert gering.

Es gibt viele Metriken, um die Vernetzung der Welt zu bestimmen, wobei es bessere und schlechtere gibt. Aber alle zeigen letztlich, dass der Kontinent Afrika in Bezug auf

---

* Aus dem Englischen übersetzt von Anna Kauert und der Jahrbuch-Redaktion.

Region/Land	Bevölkerungszahl in Millionen	Internetnutzer in Millionen	Bevölkerung mit Internetzugang
Afrika	896,0	23,8	2,7 %
Deutschland	82,7	47,0	57,0 %
Vereinigtes Königreich	59,8	36,0	60,2 %
Australien/Ozeanien	33,0	17,0	52,8 %

Tabelle 1: Zahl der Internetnutzer in ausgewählten Regionen (Miniwatts Marketing Group 2005)

Informationstechnologie und Zugang zu Internet und Telekommunikation merklich benachteiligt ist.

Um die Situation in Afrika besser zu erläutern, ist es hilfreich, den dortigen Zugriff auf Technologie mit dem anderer Nationen zu vergleichen. Die geschätzte Zahl der Internetnutzer, die in Afrika leben, reicht von derzeit 19 Millionen (International Telecommunication Union 2004) bis hin zu 23,8 Millionen (Miniwatts Marketing Group 2005). Es sind also konkret zwischen 2,1 und 2,7 % der Gesamtbevölkerung des Kontinents, die Zugriff auf das Internet haben. Afrika stellt ungefähr 2,5 % der Internetnutzer der Welt.

Deutschland dagegen, das ein Zehntel der afrikanischen Bevölkerung aufweist, hat circa 47 Millionen Internetnutzer,[1] im Vergleich zu 23,8 Millionen in Afrika. Ebenso verhält es sich in Großbritannien, wo es bei einer Bevölkerung von circa 60 Millionen mehr als 36 Millionen Internetnutzer gibt (Tabelle 1).

Die Statistiken geben jedoch nicht nur ein schlechtes Bild von der Verbreitung von Internetzugängen in Afrika ab. Es existieren weitere Nachteile, wie zum Beispiel eine geringe Verbreitung von Telefonen, hohe Infrastrukturkosten und eine generell wettbewerbsfeindliche Telekommunikationsregulierung.

Im Jahr 2004 hatten weniger als drei von hundert Afrikanern Internetzugang, verglichen mit durchschnittlich einem von zwei Bewohnern der G8-Länder[2] (World Summit on the Information Society 2005). Laut Angaben der *International Telecommunications Union (ITU)* stellen die G8-Länder mit nur 15 % der Weltbevölkerung fast die Hälfte der gesamten Internetnutzer.

Die Anzahl der Telefonanschlüsse ist in afrikanischen Ländern ebenfalls äußerst gering. Durchschnittlich zählt man ungefähr drei Festnetzanschlüsse je 100 Einwohner. In Nord- und Südamerika dagegen haben im Durchschnitt ein Drittel der Bevölkerung einen Festnetzanschluss, Europa und die GUS zählen mehr als 40 Anschlüsse je 100 Einwohner (World Summit on the Information Society 2005). Zudem konzentrieren sich mehr als 75 % der gesamten Festnetzanschlüsse Afrikas auf nur sechs

---

1 Die *International Telecommunications Union* gibt für Deutschland 41,2 Millionen Internetnutzer im Jahr 2004 an.
2 Dazu gehören Kanada, Frankreich, Deutschland, Italien, Japan, Russland, Großbritannien und die USA.

Digitale Möglichkeiten für Afrika

Region/Land	Bevölkerung in Millionen	Internet	Mobiltelefon	Festnetz
Europa	807,3	35,7 %	70,0 %	40,0 %
Afrika	896,0	2,7 %	7,6 %	3,5 %
Südafrika	46,9	10,1 %	41,0 %	9,9 %

Tabelle 2: Vergleich von Kommunikationszugängen in ausgewählten Regionen

afrikanische Länder. Die Zahl der Mobiltelefonbenutzer in Afrika ist mit 7,6 % deutlich höher, auch wenn sie immer noch merklich unter dem Weltdurchschnitt liegt (International Telecommunication Union 2004). Südafrika stellt den weitaus bedeutendsten Telekommunikationsmarkt in Afrika. Hier gibt es weit mehr Internet- und Mobiltelefonnutzer als in jedem anderen afrikanischen Land (vgl. Tabelle 2).

Aber auch in Südafrika sind die Kosten für Bandbreite immer noch relativ hoch und die Zahl der Internetnutzer im Vergleich zu den G8-Staaten noch immer gering. Zudem steht das regulative Umfeld einer Entwicklung und Verbreitung von Telekommunikation noch häufig im Wege.

Dennoch ist Südafrika eines der wenigen Länder, das über einen gut entwickelten Internetsektor verfügt. Kunden haben eine Vielzahl von Möglichkeiten, Modem-, ISDN-, DSL- und kabellose Zugänge zum Internet zu erwerben. Oberflächlich betrachtet macht der Markt zwar den Eindruck einer entwickelten Infrastruktur und eines gesättigten Marktes. In Wirklichkeit jedoch ist er geprägt von der großen Marktmacht des Telekommunikationsanbieters *Telkom*.

Obwohl es in den letzten zwei Jahren Verhandlungen und Vorbereitungen für die Einrichtung eines zweiten nationalen Telekommunikationsanbieters gab, wurde dieser Prozess durch *Telkom* relativ effizient gehemmt. Der nach wie vor unveränderte Stand ist, dass die Lizenz für den zweiten nationalen Anbieter zwar unterzeichnet worden ist, die Markteinführung aber noch aussteht.

Mittlerweile sind mehr und mehr Kunden die vergleichsweise hohen Preise für die Internet- und Telekommunikationsdienste leid. Viele von ihnen entscheiden sich daher für die jüngst eingeführten kabellosen Dienste, auch wenn diese nicht bedeutend preiswerter sind als ADSL-Dienste über das Festnetz.

Ein Vergleich von südafrikanischen ADSL-Preisen mit denen der Industrienationen hat kürzlich ergeben, dass bei einem Angebot von *Telkom* mit 1 Mbps und 30 GB Transfervolumen die Kosten 100-mal höher sind als bei vergleichbaren Leistungen in Großbritannien. Die Preisunterschiede sind im Vergleich zu Ländern wie Japan sogar noch gravierender (Monteiro 2005).

Während jedoch die Menschen in Südafrika die noch relativ hohen Internetkosten in ihrem Land beklagen, fehlt es leider vielen anderen afrikanischen Menschen an jeglichem Zugang zum Internet, über den sie sich überhaupt beklagen könnten.

2 Zugang zu Computern und Internet – Das Beispiel Namibia

Neben den Problemen des Zugangs zum Internet stellt sich in Afrika ein noch schwerer wiegendes Problem: die Verfügbarkeit von Computern. Durchschnittlich besitzen 1,7 % der Menschen einen Computer, in Südafrika immerhin noch 8,2 %.[3] Dennoch sind diese Zahlen im Vergleich zu den geschätzten 29,3 Computern je 100 Einwohner in Europa und den 74 Computern je 100 Einwohner in den USA bedenklich gering.

Die geringe Verbreitung von Computern stellt ein erhebliches Hindernis für die Überwindung der Zugangsproblematik dar. Interessanterweise ist durch dieses Problem eine stetig wachsende Industrie entstanden, die gebrauchte Computer aufarbeitet und wiederverkauft. Typischerweise stammen solche Computer entweder aus Abschreibungen einheimischer Unternehmen oder von internationalen Hilfsorganisationen. Diese beziehen PCs immer häufiger von europäischen oder amerikanischen Unternehmen, wo die Nutzungsdauer solcher Geräte für gewöhnlich weitaus kürzer ist als in afrikanischen Unternehmen.

Der Zufluss von gebrauchten Computern aus den Industrienationen hat zwar einerseits sein Gutes, hat andererseits aber auch ein erheblich negatives Potenzial. Auf der positiven Seite steht beispielsweise der Nutzen, den Schulen aus der Verfügbarkeit von Computern für die Ausbildung ziehen. Es gibt einige Organisationen, die in diesem Bereich vorbildliche Arbeit leisten.

Eine dieser Organisationen ist *OpenLab International*, die ihren Sitz in Südafrika hat und in ganz Afrika tätig ist. Als kommerzielles Unternehmen ist es vor allem im Bildungssektor aktiv und stattet Schulen mit Thin-Client-Systemen aus, die mit dem selbst entwickelten Linux-System *OpenLab* bestückt werden. In den letzten zwei Jahren hat das Unternehmen mehr als 500 Schulen in ganz Afrika mit solchen Linux-basierten Systemen ausgestattet.

OpenLab arbeitet eng zusammen mit Bildungsorganisationen wie *SchoolNet Namibia*, eine in Namibia tätige Non-Profit-Organisation. Diese Organisation ist Teil des größeren SchoolNet-Netzwerks, das es sich zur Aufgabe gemacht hat, Schülern in ganz Afrika Zugang zu Computern und Internet zu ermöglichen. *SchoolNet Namibia* verwendet für seine Aktivitäten vor allem Computer aus Europa, die es vor Ort repariert und konfiguriert. Die meisten dieser Computer werden als Thin-Clients in entsprechenden Netzwerken eingesetzt.

Auch wenn es sich bei den meisten Computern um ältere und entsprechend langsamere Modelle handelt, sind sie als Thin-Clients eingesetzt eine relativ elegante und kostengünstige Möglichkeit für Schulen, Zugang zu Computern zu ermöglichen. Die zentrale Administration solcher Netzwerke bildet angesichts bescheidener Computerkenntnisse einen weiteren Vorteil. Außerdem funktionieren Thin-Clients

---

3 *International Telecommunications Union*, Technology Indicators 2004, http://www.itu.int. Mit zu den besser versorgten Ländern gehören Zimbabwe (7,7 %), Namibia (11 %) und Marokko (27 %).

verhältnismäßig gut und wartungsarm in den für normale Computer und deren Hardware denkbar ungeeigneten Wüsten Namibias und Zentralafrikas mit ihren extremen Temperaturen.

Trotz der Erfolge von Organisationen wie *SchoolNet Namibia* ist das Gesamtbild der Verbreitung von Computern und Internet in Namibias Schulen eher ernüchternd: Im Jahr 2004 gab es schätzungsweise einen Computer für 8 Lehrer und 280 Schüler.[4]

Die Einfuhr von gebrauchten Computern bringt aber auch eine Reihe von signifikanten Problemen mit sich. Insbesondere stellt sich die Frage nach den langfristigen Entsorgungskosten von Hunderttausenden oder gar Millionen gebrauchten Computern, die in Afrika landen. Durch eine bereits verkürzte Lebensdauer stellen die Computer ein ökologisches Problem dar, das in naher Zukunft akut werden dürfte.

Ein weiterer Streitpunkt ist die Sinnhaftigkeit des Zugangs zu geringwertigen Computern in der Schulbildung. Viele Beobachter sind der Meinung, dass der Zugang zu solchen Computern die digitale Kluft zwischen Nord und Süd, auch „Digital Divide" genannt, eher verstärkt als verringert. Andere argumentieren hingegen, dass auch der breite Zugang zu Technologie minderer Qualität immer noch besser ist als ein exklusiver Zugang für wenige auserwählte und kapitalkräftige Schulen.

Neben dem Zugang zu Computern, deren Finanzierung und Anschluss an das Internet gibt es weitere Probleme, die in Afrika zum Tragen kommen und in entwickelten Ländern praktisch nicht mehr existent und auch in den Köpfen kaum präsent sind. In Namibia etwa haben von 1565 Schulen 200 Zugang zum Internet. 35 % davon mangelt es jedoch an einer zuverlässigen Elektrizitätsversorgung und Telekommunikation. Circa 900 der 1565 Schulen sind vollständig ohne Elektrizität und/oder Telekommunikationseinrichtungen ausgestattet, davon fast 300 Oberschulen.

Organisationen, die sich um mehr Zugang zu moderner Informationstechnologie bemühen, müssen also nicht nur die Kostenprobleme für die Beschaffung neuer oder aufgearbeiteter Computer für Schulen bewältigen, sondern oftmals auch elementare Infrastrukturen wie Strom bereitstellen und Zugang zu Telekommunikationseinrichtungen schaffen.

Ein weiteres nicht zu unterschätzendes Problem für Afrika ist die Sprachbarriere gegenüber den wichtigen Sprachen Europas und Amerikas. Obwohl Englisch nicht die dominierende Sprache der Welt ist, ist sie zweifellos die Sprache des Internets und praktisch aller Technologiebereiche, insbesondere der Software. Lokalisierungen werden daher vor allem nur für größere Märkte durchgeführt, die für Softwarehersteller relevant sind. So gibt es beispielsweise von fast jeder kommerziellen Software Versionen in Deutsch, Französisch oder Spanisch, nicht jedoch in kommerziell unbedeutenden Sprachen.

Afrikas enorme Vielzahl an Sprachen und seine schwache Kaufkraft begründen eine weitgehende Ignoranz gegenüber den einheimischen Sprachen. Obwohl beispielsweise Microsoft Windows und Office in mehr als 40 Sprachen erhältlich sind,

---

4 Laut Joris Komen, Direktor von SchoolNet Namibia, Januar 2004

wurde die Software erst vor kurzem in die wichtige afrikanische Sprache Kiswahili übersetzt, die ungefähr 5 Millionen Muttersprachler und nicht weniger als 40 Millionen Nicht-Muttersprachler in Afrika sprechen (African Studies Center 2005). Die geringe kommerzielle Bedeutung des afrikanischen Marktes macht eine Lokalisierung in dieser Sprache für viele Anbieter wirtschaftlich uninteressant.

Viele der Kiswahili sprechenden Computernutzer hatten vor Microsofts Entscheidung, seine Produkte auch in Kiswahili anzubieten, das Problem der Sprachunterstützung für Software selbst in die Hand genommen und im März 2004 ihre eigene Rechtschreibprüfung für Kiswahili für die Open-Source-Software (OSS) OpenOffice.org angefertigt (Otter 2004). Open Source scheint also eine sinnvolle Möglichkeit darzustellen, solcherart Probleme lokal anzugehen.

3 Die Rolle von Open Source für Afrika

Microsoft hat Ende 2003 angekündigt, seine wichtigsten Produkte in eine Reihe südafrikanischer Sprachen, einschließlich Zulu und Xhosa, zu übersetzen. Dies war, wie auch die Unterstützung für Kiswahili, eine Reaktion auf die Arbeiten des südafrikanischen Translate.org.za-Projekts, das 2001 begonnen hat, OSS in einheimische südafrikanische Sprachen zu übersetzen. Im November 2005 schließlich wurden OpenOffice.org-Versionen in allen elf Amtssprachen Südafrikas veröffentlicht.

Translate.org.za ist eine Stiftung, die sich der Übersetzung von OSS in die elf Amtssprachen Südafrikas verschrieben hat. Sie wurde von Dwayne Bailey im Jahr 2001 gegründet und wird durch Spenden von Institutionen wie dem Bildungsministerium von Südafrika und der Shuttleworth-Stiftung finanziert. Für die Organisation arbeiten sowohl freiwillige Mitarbeiter als auch bezahlte Übersetzer. Durch Veranstaltungen wie „Translate-Athons" werden freiwillige Mitarbeiter gewonnen. *Translate.org.za* hat Software wie Mozilla (Firefox, Thunderbird) und OpenOffice.org in indigene Sprachen übersetzt. Über eine Online-Plattform für Übersetzungsarbeiten bietet sie freiwilligen Helfern eine gut zugängliche Möglichkeit, sich an der Übersetzung weiterer Software-Anwendungen in indigene oder auch andere internationale Sprachen zu beteiligen.

OSS ist eine Schlüsselkomponente für die Ausstattung Afrikas mit wichtigen Kompetenzen für das Informationszeitalter geworden. OSS hat sich zudem als äußerst effektives Druckmittel in Verhandlungen mit internationalen Software- und Hardwareherstellern erwiesen. Projekte wie *Translate.org.za* führten zu erheblichen Zugeständnissen von Herstellern, denen dieser Markt bis dahin zu klein für Lokalisierungen erschien. Ähnlichen Einfluss auf kommerzielle Anbieter hatten Projekterfolge von Organisationen wie *Schoolnet Namibia* und *tuXlabs*.[5]

---

[5] *tuXlabs* ist eine gemeinnützige Organisation, die mit bezahlten Fachkräften und freiwilligen Mitarbeitern Linux-Thin-Clients an Schulen in Südafrika installiert (http://www.tuxlabs.org.za/). Die Organisation war ursprünglich nur im Westen Südafrikas tätig, ist in letzter Zeit aber auch in andere Provinzen

4 Fazit

Es ist nicht einfach, die digitale Kluft in Afrika zu überwinden. Immer wieder scheitern Versuche, moderne Technologie in Afrika einzuführen, am Fehlen fundamentaler Infrastrukturen und der geringen Ausbildung vieler Menschen. Dennoch gibt es beispielhafte Bemühungen, den Menschen die nötigen Fähigkeiten und Fertigkeiten zu vermitteln. Viele Organisationen, die auf diesem Gebiet tätig sind, haben verstanden, dass die vielen lokalen Gemeinschaften ganz eigene Bedürfnisse in Bezug auf moderne Computertechnologien haben. Die bisherigen Bemühungen zeigen, wie wichtig es ist, die Kulturen und Werte der vielen indigenen Gruppen zu berücksichtigen, wenn man moderne Technologien einführen will.

Literatur

African Studies Center (2005), *Webbook of African Language Resources*, Michigan State University. http://www.isp.msu.edu/AfrLang/hiermenu.html [23. Jan 2006].

International Telecommunication Union (2004), 'Africa, Telecom projections, 1995-2005'. http://www.itu.int/itu-d/afr/statistics/projections.htm [23. Jan 2006].

Miniwatts Marketing Group (2005), 'Internet Usage Statistics – The Big Picture'. http://www.internetworldstats.com/stats.htm [23. Jan 2006].

Monteiro, A. (2005), 'Telkom's broadband rip-off continues', *MyADSL*. http://www.mybroadband.co.za./nephp/?m=show&id=1174 [23. Jan 2006].

Otter, A. (2004), 'Namibian OSS Workshop Produces Kiswahili Dictionary', *TECTONIC*. http://tectonic.co.za/view.php?id=281 [23. Jan 2006].

World Summit on the Information Society (2005), 'What's the state of ICT access around the world?'. http://www.itu.int/wsis/tunis/newsroom/stats/index.html [23. Jan 2006].

---

vorgedrungen. Seit August 2003 hat sie ungefähr 150 Computer-Pools im Land eingerichtet. Jeder Pool besteht aus einem zentralen Server und circa 25 Clients. Jeder, der möchte, kann sich als freiwilliger Helfer für das Projekt melden. Die Freiwilligen erlangen Grundkenntnisse durch die praktische Erfahrung bei den Installationen, die sie später an andere freiwillige Helfer weitergeben können. Nach einer bestimmten Zeit als Helfer können sie dann ein kostenloses formales Trainingsprogramm der Shuttleworth-Stiftung in Anspruch nehmen.

Auf freien Wellenlängen: Funknetze als techno-soziale Entwürfe

ARMIN MEDOSCH

(CC-Lizenz siehe Seite 499)

Das Projekt „Consume" in London entwickelte zur Jahrtausendwende eine machbare Utopie. NetznutzerInnen wurden ermuntert, unter Benützung der sog. WLAN-Technologie ihre eigenen Funknetze aufzubauen. Dieses Beispiel der freien Funknetze (engl. *free networks*) hat seither Schule gemacht. Aus der ursprünglichen Consume-Idee konnte ein „Betriebssystem Consume" zum Aufbau freier Netze abgeleitet werden, welches sich auch in anderen Städten und Regionen als anwendbar erwies. Daraus abgeleitet wurde die Vorstellung einer Netzwerk-Allmende, die durch das Pico Peering Agreement, eine Art Lizenz für freie Netze, gestützt wird. Die Idee erwies sich auch als ansteckend für benachbarte Gebiete wie die Spektrumsregulierung (*Open Spectrum*) und Open Source in der Kartographie. Das Projekt Consume verweist über den Rahmen der Technologie hinaus auf die Möglichkeiten alternativer Technikentwicklung, eingebettet in selbst organisierte und partizipative Zusammenhänge.

Schlüsselwörter: Netzwerk-Community · Freie WLAN-Netze · Offene Netze

1 Einleitung

In diesem Artikel werden die Anfänge des Projekts Consume[1] und damit zusammenhängende Initiativen in London beschrieben sowie Projekte und Ideen, die sich seither daraus entwickelt haben. Consume entwickelte eine praktische Netzwerk-Utopie. Obwohl „utopisch", zeichnete sich dieser Entwurf – zum Unterschied von den vielen Heilsbotschaften, mit denen das Internet in Zusammenhang gebracht wurde (vgl. Kelly 1994) – durch seine Machbarkeit aus. Die Consume-Idee besteht im Kern

---

[1] http://consume.net

darin, mittels selbstverwalteter, offener Funknetze die Angebote konventioneller Telekommunikationsunternehmen zu überspringen (Consume 2000). Die letzte Meile, das Kabel, das vom nächsten Schaltamt in die Wohnungen der NutzerInnen führt, wird zur ersten Meile, zum selbstverwalteten Bereich eines von den NutzerInnen selbst betriebenen Netzes. Möglich wird dies durch die Existenz offener Standards, lizenzbefreiter Sendebänder und der WLAN-Technologie aus der Familie der 802.11 Standards.[2] Dabei geht es darum zu zeigen, dass nicht diese oder jene Technologie den entscheidenden Unterschied ausmacht, sondern die Haltung der AkteurInnen. Angeregt von den Erfahrungen mit freier und Open-Source-Software entwickelte sich eine Netz–Ethik. Damit bezeichnet man einen von sozialen und kulturellen Wertvorstellungen determinierten Habitus[3] im Umgang mit neuen Technologien.

Auf der Basis dieses Habitus wurde versucht, ein *Network Commons*, zu deutsch Netzwerk-Allmende, aufzubauen, ein Netz, das nicht der Warenform gehorcht, sondern in dem Leistungen auf der Basis von Geschenk- und Tauschökonomien erbracht werden (Medosch 2003). Als soziale Organisationsmethode wird ein Modell der dezentralen Selbstorganisation angestrebt. Die Geschichte und Wirkung dieser Projekte verweist zunächst auf einen anderen Umgang mit Technologie. Ein bloß *anderer* Umgang würde aber immer noch Technologie als ein autonomes Gebiet implizieren, welches nur seinen eigenen Gesetze gehorcht. Deshalb soll darauf hingewiesen werden, dass solche Funknetzprojekte auch den Ausblick auf eine grundlegende Neuformulierung des Charakters von Technologie eröffnen. Eine basisdemokratische und partizipative Kultur entwickelt alternative Zielvorstellungen für technologische Entwicklungen und für die Einbettung von Technologien in soziale Zusammenhänge (vgl. Medosch 2004). So konnte aus dieser ursprünglichen Idee, wie sie von Consume formuliert wurde, eine Methode oder ein Betriebssystem zum Aufbau freier Netze abgeleitet werden, die sich auch in anderen Städten und Regionen als anwendbar erwies. Dies mündete in der Vorstellung einer Netzwerk-Allmende, die durch das Pico Peering Agreement, eine Art Lizenz für freie Netze, gestützt wird. Die Idee erwies sich auch als ansteckend für benachbarte Gebiete wie die Spektrumsregulierung (*Open Spectrum*) und Open Source in geografischen Informationssystemen (*Open GIS*).

1.1 Grundsätzliches

Der diesem Text zu Grunde liegende analytische Ansatz baut auf dem technischen Schichtenmodell zur Beschreibung von Netzen auf (vgl. diesen Netzmaterialismus mit Manovich 2001). Das Internet ist, technisch gesehen, determiniert durch die Eigenschaften der Internetprotokolle, *Transmission Control Protocol (TCP)* und *Internet Protocol (IP)*. Diese Protokolle ermöglichen die Kommunikation im Internet über verschiedene technische Netze und Plattformen hinweg. Die verschiedenen Protokolle agieren dabei auf der Basis eines hierarchischen Schichtenmodells, beginnend

---

2 Es ist hier wichtig zu betonen, dass im Prinzip jede Vernetzungstechnik eingesetzt werden kann.
3 Der Autor gebraucht diesen Begriff Habitus im Sinne von Pierre Bourdieu (1993).

bei der physischen Verbindungsschicht, gefolgt von der Netzwerkschicht und der Anwendungsschicht. Es wird vorgeschlagen, über die Anwendungsschicht hinaus weitere Ebenen vorzustellen, z. B. eine Organisationsschicht oder soziale Beziehungszusammenhänge, denn auch auf diesen Ebenen werden Netze geformt. In diesem erweiterten Modell ist es möglich, über Inhalte – und gleichzeitig den Kontakt mit der physischen Realität –, Formen oder Strukturen innerhalb von Netzen zu sprechen, also nicht zu verlieren. Es muss klar sein, auf welcher Ebene argumentiert wird, was in Netz- oder Mediendiskursen häufig nicht der Fall ist.

Auf allen diesen Schichten sind bestimmte Formen von Kodierungen und eigene innere Strukturen am Werk. Ein relevanter Begriff in dieser Hinsicht ist die Netzwerk-Topologie, die die Anordnung der Knoten im Netz und den Charakter der Verbindungen zwischen ihnen beschreibt (Netzwerk-Topologie im Allgemeinen vgl. Barabasi 2002). Großes Aufsehen haben in den letzten Jahren technische Peer-to-Peer-Netze erregt. Eine solche verteilte oder dezentrale Struktur weisen auch drahtlose *Mesh Networks* auf. Nicht nur auf technischer, sondern auch auf sozialer Ebene bevorzugt die Bewegung zum Aufbau freier Netze eine stark verteilte oder dezentralisierte Netzwerk-Topologie. Doch sollte man mit der Konstruktion von Kausalbeziehungen oder der starken Analogie zwischen technischen und sozialen „Layers" von Systemen immer vorsichtig sein, das kann schnell in den technologischen Determinismus führen.

Der technologische Determinismus ist der Glaube, dass die gesellschaftliche Entwicklung einseitig von der technischen Entwicklung beeinflusst wird. Dem widersprechend, muss von vornherein darauf hingewiesen werden, dass hier nicht von Technik und ihren kulturellen Auswirkungen die Rede ist, sondern von kulturellen Techniken und technischen Kulturen. Das Technische wird hier in einem weiteren Sinn verstanden, als technosoziale Organisationsmethode, wobei sich soziale und materielle Aspekte verbinden. Die Produktion, im wirtschaftlichen ebenso wie gesellschaftlichen Sinn, als Produktion historischer Ereignisse, erfolgt aus dem Zusammenspiel der Umformung von Materie und Information durch die Arbeit von Menschen und Maschinen. Es geht darum, in einer technologisierten Gesellschaft den Menschen als Subjekt der Geschichte wieder einzusetzen. Nur unter einem solchen resozialisierten Technikbegriff kann man hier von der Überlappung der technischen und sozialen Netztopologie sprechen. Nicht der Geist aus der Maschine, sondern die aktiven Anstrengungen von Individuen und Gruppen unter spezifischen Bedingungen produzieren diese Netzwerk-Utopien.

2 Consume

„Trip the loop, make your switch, consume the net!" heißt der Consume-Slogan. Die Idee zum Consume-Projekt wurde von Erfahrungen beeinflusst, die in der Clink-Street-Community gemacht wurden, einer Ecke in London, die für einige Jahre zum kreativen Brennpunkt für Musik, Webdesign, Technik-Entwicklung und Kunst wurde. In einem ehemaligen Lagerhaus und umgebenden Gebäuden direkt am Themseufer befanden sich Musik-Labels wie *Ninja Tune*, New-Media-Firmen wie *Obsolete* oder eher künstlerisch orientierte Gruppen wie *I/O/D* und *Audiorom*. Das soziale Zentrum der Clink-Street-Community war *Backspace*, eine Mischung aus Internet-Café und Netzkunstgalerie. Für viele war es eine Art zweites Zuhause, ein öffentliches Wohnzimmer. Man kam dort hin, um in einer kollaborativen Atmosphäre an Projekten zu arbeiten. Das WWW war noch relativ jung, der Bedarf an Lernen und Austausch groß. *Backspace* wurde zu einer Ideenumschlagbörse für digitale Netzkultur auf lokaler Ebene und war durch Konferenzen, Mailinglisten und Live-Streaming-Events in internationale Netzkultur-Zusammenhänge eingebunden.[4]

Eines der wichtigsten Features war die relativ gute Internetanbindung, was *Backspace* nicht nur ermöglichte, Websites von Individuen, Gruppen und Projekten zu hosten, sondern den Ort auch zu einem Zentrum für Audio/Video-Livestreaming machte. Streaming-Aktivisten im *Backspace* nahmen an den vom *Xchange Network*[5] organisierten *net.radio-Jam-Sessions* teil und strahlten beinahe Live-TV von den Demonstrationen zum *Carneval against Capitalism* in London im Juni 1999 aus.

Dieser relative Bandbreiten-Luxus wurde durch die gemeinsame Nutzung eines Internetzugangs möglich. Im Jahr 1996 war Internet-Bandbreite noch sehr teuer. Eine der Firmen in der Clink Street leistete sich damals eine Standleitung ins Internet mit einer Übertragungskapazität von 512 Kb/s. Die eklatent hohen Kosten (angeblich ca. 60 000 Euro im Jahr) versuchte man auf möglichst viele Mitnutzer zu verteilen. *Backspace* und die anderen Mieter der „Winchester Wharf" wurden über ein lokales kabelgebundenes Netz mit dieser Standleitung verbunden. Einige Studios, die sich ebenfalls am Netz beteiligen wollten, befanden sich jedoch in den Clink-Street-Studios, einem Gebäude auf der gegenüberliegenden Straßenseite. Zunächst wurde die Idee diskutiert, einfach ein Ethernetkabel über die Straße zu spannen. Doch das Telekommunikationsgesetz aus dem Jahr 1984 verbot das. Dabei hätte es sich nur um fünf Meter gehandelt, die Clink Street ist nicht sehr breit. Schließlich wurde eine drahtlose Verbindung mit der damals noch ganz neuen WLAN-Technik eingerichtet, eine Luftbrücke über die Straße, die jahrelang gute Dienste leistete.

> „Die verrückte Sache ist die, dass man das Ding häufig ganz für sich allein zu haben schien, woraus wir etwas über Auslastung gelernt haben. D. h. man kann sich ein Netz teilen, ohne wirklich eine Verminderung der Geschwindigkeit festzustellen. Wenn man heute zum Beispiel *ADSL* kauft, dann teilt man sich seine 512 k mit zwischen 20 und 100 Nutze-

---

4 Zu diesen Kontakten zählten andere „Treibhäuser" der sich Mitte der neunziger Jahre entwickelnden Netzkultur wie u. a. *Desk.nl* (Amsterdam), *Ljudmila* (Ljubljana), *Public Netbase* (Wien), *The Thing* (New York, Berlin, Basel, Wien). Die Konferenz *Art Servers Unlimited* (http://asu.sil.at) brachte 1998 Vertreter solcher Projekte bei einem mehrtägigen Workshop im *Backspace* zusammen.
5 Siehe dazu auch die Mailingliste unter http://xchange.re-lab.net/m/list.html.

rInnen. Das ist also ein Verhältnis von bestenfalls 20:1, und das ist der Grund, weshalb der Preis so günstig ist. Wenn man sich wirklich dezidierte Bandbreite kauft, dann ist das wesentlich teurer." (Julian Priest)[6]

Das Consume-Manifest

Backspace musste Ende 1999 schließen, weil das Gebäude im Zuge der allseits grassierenden Immobilienspekulation verkauft wurde. Das Ende von *Backspace*, das zunächst von vielen betrauert wurde, gab die Möglichkeit für einen neuen Anfang. James Stevens und Julian Priest hatten in der Clink Street die Vorzüge einer vernetzten, lokalen Community kennengelernt und Erfahrungen mit 802.11-Technologie gesammelt. Prägend war dabei vor allem auch, wie das Funknetz als internes Netz für breitbandige und multimediale Anwendungen genutzt wurde. Eine weitere Quelle der Inspiration bildeten Informationen über Peering-Abkommen zwischen Internet-Providern, von denen 1998 bei der Konferenz *Art Servers Unlimited*[7] berichtet wurde. *Peering* zwischen Providern bedeutet, dass sie wechselseitig Daten-Traffic für einander transportieren, ohne das ausgetauschte Datenvolumen miteinander abzurechnen. Umso mehr Peering-Abkommen ein Provider abschließen kann, umso geringer werden für diesen die Ausgaben für Bandbreite im Internet. Diese Vorstellung ließ die Consume-Gründer James Stevens und Julian Priest nicht ruhen.

„Unsere Gespräche kreisten immer wieder um die Themen Peering und drahtlose Technologie, und wir verbrachten viel Zeit mit dem Herumwerken mit Kabeln und Crimpzangen. Im Sommer 2000, auf einer Zugfahrt von Cornwall nach London, notierte ich einige Gedanken zu den Themen drahtlose Netze und Peering und zeigte diese Notizen nach der Ankunft James. Wir setzten uns zusammen und schrieben gemeinsam diesen Text und brachten es auf *Consume.net* heraus." (Julian Priest)

Unter dem Namen Consume erschien ein Manifest im Netz, das ein Modell für eine freie Funknetzwolke beschrieb, die durch die Kooperation einzelner, finanziell und juristisch weitgehend unabhängiger Teilnehmer entstehen sollte (Consume 2000). Diese Konzeption stützte sich auf die Idee vom Internet als „Netz der Netze", einem Verbund, der durch die Zusammenschaltung vieler einzelner Netze entstanden ist. Jeder Knoten ist in diesem Netz im Prinzip gleichwertig, ein „Peer" unter anderen „Peers". Die Verbindungen zwischen diesen Knoten sind grundsätzlich immer Zweiwegverbindungen von gleicher Kapazität. Die Consume-Idee greift auf dieses egalitäre Prinzip zurück, das schon in der Internet-Architektur inhärent ist, aber durch die Kommerzialisierung des Internets verdeckt wurde, und macht die Nutzer zu (Selbst-)Versorgern. Das Netz wächst nicht durch zentral gesteuerte Planung und Kapitalinvestitionen, sondern durch die akkumulierten Handlungen vieler Einzelner.

---

6 Die Zitate von Julian Priest stammen aus einer Email an den Autor (2003).
7 http://asu.sil.at

„Nun, wir schrieben also dieses etwas längliche Papier nieder, mit unseren Erwartungen bezüglich eines solchen Netzes. Es ging darum, den Besitz von Netzwerksegmenten zur Selbst-Versorgung zu benutzen; es ging um die Umverteilung des Wohlstands oder des Zugangs oder was immer das tatsächliche Medium ist. [...] Ich denke, dieses Skript war offensichtlich ziemlich potent, denn eine erstaunlich große Anzahl von Leuten hat es aufgegriffen, es mit ihren eigenen Ideen verknüpft oder bloß einige Aspekte daraus als Anregung genommen, und was daraus entstanden ist, ist diese Familie von *free networks*." (James Stevens)[8]

Die Idee für das Consume-Netz, das als *model 1* realisiert werden sollte, beruhte darauf, dass TeilnehmerInnen ihren Internetzugang anderen mittels 802.11-Netz zur Verfügung stellen sollten. Was beim ersten Hinhören wie der reinste Netzwerk-Altruismus klingt, nämlich seinen eigenen Internetanschluss via WLAN kostenlos von anderen mitnutzen zu lassen, sollte nach den Vorstellungen der Consume-Gründer im Endeffekt für die Teilnehmer auch deutliche Vorteile bringen. Mittels der Funknetzverbindungen würde ein größeres Netzwerk entstehen, das, ohne Leitungen von Telekoms oder kommerziellen Providern für teures Geld zu mieten, ganze Stadtteile oder Städte abdecken sollte. In diesem per Funk realisierten Teil des Netzes würden nach anfänglicher Investition keine Kosten mehr anfallen. Wie in einem privaten LAN könnten die Teilnehmer in diesem Netz nach Belieben breitbandige Anwendungen nutzen, wie z. B. Audio-Live-Streaming, Filesharing oder Netzwerkspiele. Dieses Netz hätte zugleich Gateways ins weltweite Internet, indem Teilnehmer ihre bestehende Internetanbindung, sei es via *ADSL*, Standleitung oder Kabel-TV-Modem, zur Verfügung stellen. Jeder Knoten in diesem Netzwerk würde zugleich Geber und Empfänger von Bandbreite sein. Das Consume-Manifest formulierte ein Modell für eine Netzgemeinschaft, bei der die gemeinsam zur Verfügung stehende Bandbreite mit jedem neuen Nutzer wächst, so dass für alle die Kosten für den Internetzugang tendenziell gegen null sinken.

Die Consume-Methode

Consume ließ es nicht bei der Formulierung eines Manifests bewenden, sondern schritt zur Tat. Die Methode, die Consume zur Anwendung brachte, verdient *selbst* Aufmerksamkeit. Es lässt sich daraus so etwas wie ein Betriebssystem Consume ableiten. Der Ausgangspunkt ist, dass es vor allem diese Methode war, die sich als kopier- und übertragbar herausgestellt und so zum Erfolg des Modells Consume wesentlich beigetragen hat.

Ein wichtiger Bestandteil der Methode sind die Workshops, sog. „Consume Clinics". „Klinisch" ist bei ihnen vor allem der Zustand der Hardware. Consume versuchte praktisch zu demonstrieren, wie Funknetze im Do-it-yourself-Verfahren (DIY-Verfahren)

---

8   Diese Zitate von James Stevens stammen aus einer Email an den Autor (2003).

aufgebaut werden können. Statt fertige Industrielösungen zu kaufen, wurden die Komponenten des Netzes aus billig erhältlichen Standard-Elektronikteilen und gebrauchter Hardware selbst hergestellt. „James fuhr zum Lagerhaus, wo der Hauptimporteur von Orinoco-Karten seine Waren hat, und kaufte eine Menge Funknetzkarten, Materialien für Antennen und andere Teile." Alte PCs können als Router und *Access Point* in einem lokalen Funknetz dienen. Das bedeutet jedoch unter Umständen, aus mehreren gebrauchten Rechnern einen funktionierenden neuen zusammenzubauen. „Am Ende der Sitzung gab es zwei 'Knoten', einen auf Linux, einen auf *BSD*, einen riesigen Stapel ausgeweideter Computer und leere Cola-Flaschen." (Julian Priest)

Consume verstand es, technisch sachverständige Leute für die Idee zu begeistern, und ein Kreis eingeweihter Netzwerkenthusiasten, manchmal auch Hacker genannt, begann mit der Arbeit an delikaten Konfigurationsproblemen. Die Kliniken dienten aber auch als offene Foren für einen informellen Austausch. Sog. *newbies* (dt. Neulinge) konnten sich hier über technische Konfigurationen informieren, selbst lernen, eine Antenne zu bauen und mit anderen Kontakte schließen. Consume trat nie mit dem Anspruch an, selbst ein flächendeckendes Funknetz aufzubauen, sondern arbeitete vor allem als technische und kulturelle Avantgarde. Es wurde gezeigt, wie es technisch gehen könnte und wie soziale Organisationsformen aussehen könnten. Consume betonte dabei immer die Eigenverantwortlichkeit und Initiative aller TeilnehmerInnen. Die DIY-Methode des Lernens und der Weitervermittlung von Wissen wurde bei diesen Workshops eingesetzt. Internet-Tools wie Mailinglisten, ein Wiki und die Consume–Knotendatenbanken halfen, diese Anstrengungen zu koordinieren und überregional wirksam zu werden. Ähnlich wie bei der frühen Internet-Entwicklergemeinschaft setzte man statt auf langwierige politische Diskussionen und Abstimmungsmechanismen auf einen „losen Konsens und auf funktionierenden Code". Frühzeitig schaltete sich Consume auch in Policy-Diskussionen zum Thema Spektrumsregulierung ein.

2.1 East End Net

In diesem Abschnitt möchte ich auf einen bestimmten Zeitabschnitt in einem lokalen Cluster im East End Londons näher heranzoomen. Im East End gab es *Free2air*[9], einen offenen Funknetzknoten, der unabhängig von Consume ca. 1999 entstanden war und sich rühmen kann, der älteste freie und offene Funknetzknoten in Europa zu sein. Im Winter 2001/2002 war die Consume-Idee besonders virulent. Lose unter dem Dach der Consume-Idee, jedoch in vielerlei Hinsicht von einer eigenen Dynamik getragen, entwickelten *Free2air*, die Künstlergruppe *AmbientTV.net*[10], die Zeitschrift *Mute*[11] mit ihrem Projekt *YouAreHere* und eine Reihe weiterer Personen und Gruppen das Projekt, einen drahtlosen Backbone für das East End aufzubauen. Als Backbone (engl. „Rückgrat") bezeichnet man ein Netz, das der Überbrückung

---

9 http://www.free2air.org
10 http://www.ambienttv.net
11 http://www.metamute.com

von Distanzen dient und andere Netze zu verbinden hilft. Im East End sollte ein drahtloser Backbone in Form eines unregelmäßigen Vierecks die wichtigsten Orte verbinden – zwischen der Limehouse Town Hall im Südosten, der Brick Lane im Südwesten, Shoreditch/Hoxton im Nordwesten und London Fields im Nordwesten. In diesem Einzugsgebiet befinden sich viele Atelierhäuser, Neue-Medien-Firmen, Bürogemeinschaften, Kooperativen etc., was dieses Gebiet zum fruchtbaren Boden für *free networks* machen sollte. Die Idee mit dem *East End Net* war, die Umsetzbarkeit der Consume-Idee in einem größeren Rahmen zu demonstrieren und Einsteigern die Möglichkeit zu geben, sich an ein funktionierendes Netzwerk anzuhängen.

Free2Air – Frei wie die Luft

In einem unscheinbaren Haus am Ende der Hackney Road, zwischen Shops, die billige Überseetelefonate und „Halal Fried Chicken" anbieten, befindet sich die Basis von *Free2air*. Ein Laptop namens „Groundzero" und eine Rundstrahlantenne am Dach des Gebäudes sorgen seit Jahren für die Existenz einer freundlichen Datenwolke, die in der ganzen Umgebung für Konnektivität sorgt. Die Existenz dieser Einrichtung ist Adam Burns, auch bekannt als „Vortex", zu verdanken. Der gebürtige Australier, der vor einigen Jahren nach London kam und zunächst in der IKT-Industrie als Sicherheitsberater für eine Bank arbeitete, begann bereits 1999 mit Funknetzen zu experimentieren. Sein Interesse an *free networks* geht noch weiter zurück, bis zu den Tagen der Mailbox- und frühen Internetszene in Australien. Vortex sah mit Funknetzen nach dem 802.11-Standard die Möglichkeit, diese alten Ideen wieder aufleben zu lassen. Der Name *Free2Air* ist dabei auch ein politisches Statement (vgl. Albert 2003).

> „*Free2air* ist ein kontroversieller Name. Ich habe ihn gewählt, weil er eine Doppelbedeutung hat. Erstens fallen in einem solchen Netzwerk, wenn man es einmal aufgebaut hat, keine Kosten für die Informationsbeförderung an. Das heißt nicht, dass es gar nichts kostet, einen solchen Service aufzubauen. Man muss in Hardware investieren, man braucht Computerwissen. Doch die laufenden Kosten sind minimal. Zweitens, was mir daran gefiel, waren die Pläne für ein verteiltes, offenes und öffentliches Netzwerk. Man verabschiedet sich von der Idee, dass es einen zentralen Internet Service Provider gäbe. Heute gibt es global, wenn wir über das Internet reden, eine starke Tendenz zur Kontrolle der Inhalte. Wie bekommt etwas *air* (von engl.: 'to air an opinion', eine Meinung äußern). Das ist also die zweite Bedeutung von *free2air*: es steht dir frei, deine Meinung zu äußern ('you are free to air your opinion')." (Adam Burns)[12]

---

12 Die Zitate von Adam Burns sind privaten Interview-Notizen des Autors entnommen.

Auf freien Wellenlängen: Funknetze als techno-soziale Entwürfe

Free2air ist als offenes und öffentlich nutzbares Netzwerk konzipiert. Als Sicherheitsfachmann legt Adam Burns besonderen Wert auf die politischen Implikationen der Konfiguration eines Netzes. *Free2air* verwendet keine der gängigen Methoden zur Authentifizierung oder Anmeldung von Nutzern, die im Funknetzstandard vorgesehen sind.[13] *Free2air* ist im wahrsten Sinne des Wortes so frei wie die Luft. Wer über die richtige Art von „Nase" verfügt, kann sich den Zugang zu *Free2air* aus der Luft erschnüffeln. Kein Passwort, keine Registrierung, keine Anmeldung.

„Ja, wir möchten diesen Augenblick vermeiden, an dem man sagt 'halt, wer geht hier'. Es ist dieser Punkt, philosophisch gesprochen, dass wir offen bleiben wollen. Ein Datenpaket auf der Reise durch das Netzwerk ist wie ein Passagier in der Transit-Lounge eines Flughafens. Das Paket muss nicht seinen Reisepass herzeigen, um zum nächsten Bestimmungsort zu gelangen. Die Metapher ist insofern nicht sehr gut, als Datenpakete nirgends lange herumlungern. Doch es zeigt den Unterschied zwischen hereinkommendem Traffic und Transit-Traffic. Die einen gehen unbehelligt durch, doch die anderen, die in dein kleines Land kommen wollen, werden mit Mitteln der Zugangskontrolle reguliert, also Zugangskontrolle, Authentifizierung und Autorisierung." (Adam Burns)

Der jahrelange Dauerbetrieb des offenen Funknetzknotens *Free2air* ist ein erbrachter Beweis für die Existenzmöglichkeiten frei und offen zugänglicher Funknetze.

AmbientTV.NET

In etwa 500 Metern Entfernung von der *Free2air*-Basisstation befanden sich die *Regent Studios*, ein Gebäudekomplex bestehend aus Wohn- und Studioräumen. Im obersten Stockwerk des Gebäudes hatten *AmbientTV.net* ihre Zelte aufgeschlagen. Diese Gruppe, deren Kern heute aus Manu Luksch und Mukul Patel besteht, beschäftigte sich mit Netzkunst, Audio- und Video-Live-Streaming und multimedialer Performance. Das Studio mit seiner langen Fensterfront bot nicht nur einen großartigen Ausblick, sondern war in den letzten Jahren Schauplatz zahlreicher erinnerungswerter Veranstaltungen. Laut eigenen Angaben sind sich *AmbientTV.net* seit 1998 des Potentials drahtloser DIY-Netze bewusst. Mit Interesse verfolgten sie das Wachstum des Consume-Projekts. Nachdem sich bei ersten Tests herausgestellt hatte, dass *Free2air* vom Ambient-Studio aus erreichbar war, verschickten *AmbientTV.net* gegen Ende 2001 per E-Mail einen Aufruf an Institutionen, gebrauchte PCs zu spenden, die ansonsten auf dem Elektronik-Schrottplatz landen würden. Wenig später türmten sich in ihren Räumen (teilweise auch davor) ca. 30 Pentium-PCs in verschiedenen Stadien der Gebrauchsfähigkeit. Daraufhin organisierten *AmbientTV.net* eine Reihe

---

13 Solche Zugangskontrollmethoden wären z. B. WEP und MAC-Adressfilter oder sichere Clients nach dem 802.11x Standard.

von Workshops, die zu den Höhepunkten in der Entwicklung freier Netze in London gezählt werden können. Praktisch alle wichtigen Initiativen und viele Individuen, die als „die üblichen Verdächtigen" bei Consume-Workshops auftauchten, waren daran beteiligt: Adam Burns/Vortex von *Free2air*, Alexei Blinov von Raylab, Jasper Wallace, Ian Morrison, Darren Broad, Mr Ten Yen, *Mute/YouAreHere*, die AmbientTV-Gastgeberinnen Mukul Patel, Manu Luksch und Ilze Black und viele andere mehr. Am Ende dieser Workshops boten sich die bereits gewohnten Bilder – ausgeweidete Computer, herumliegende Antennenteile und Werkzeuge. Doch als Phoenixe aus dem Schrott entstanden auch neue *Access Points*, Router und Antennen.

Ab 12. März 2002 war die Verbindung zwischen *AmbientTV.net* und *Free2air* funktionsfähig. Diese Verbindung wurde aber nicht nur in den eigenen Räumen genutzt, sondern auch im Gebäude *Regent Studios* mittels Ethernetkabel und eines weiteren drahtlosen Netzknotens weiterverteilt. Zwischen *AmbientTV.net* und *Free2air* befanden sich mehrere 100 Jahre alte Gasometertürme, die mit ihrer signifikanten Ästhetik des Industriezeitalters der Gegend ein prägendes Image verliehen. Deshalb nannten *Ambient* ihren Knoten „Gasworks". *AmbientTV.net* hatte sich zunächst für die drahtlose Technologie zu interessieren begonnen, weil diese es ihnen ermöglichte, eine bestehende ADSL-Verbindung effizienter zu nutzen und sich die Kosten mit anderen zu teilen. „Dann aber verlagerte sich der Fokus", berichtet Manu Luksch, „die praktischen Aspekte wurden sekundär, soziale und kreative Aspekte rückten in den Vordergrund."

> „Meiner Ansicht nach gibt es einen beunruhigenden Mangel an Visionen, der sich durch Regierungs- und privatwirtschaftliche Organisationen zieht und der daher rührt, dass sie auf Kurzzeitresultate konditioniert sind. Den größten Wert an diesen Experimenten in Inseln drahtloser Konnektivität sehe ich darin, dass sie erste Schritte zur Entwicklung vieler paralleler, sich selbst generierender, dynamischer und verteilter IP-Netzstrukturen sind. Aus diesen miteinander verwobenen Netzen kann eine ganz andere, vielfältigere Internet-Struktur entstehen." (Manu Luksch)[14]

Heute sind *AmbientTV.net* an freien Netzen vor allem aus einer künstlerischen Perspektive interessiert, weil sie durch die Einbindung in *East End Net* mit breitbandigen Anwendungen experimentieren können. Die Existenz von *AmbientTV.net* als Teil des *East End Net* illustriert, wie netzkünstlerische Projekte und freie Netze wechselweise voneinander profitieren können. Am 23. März 2002 veranstaltete *AmbientTV* einen Live-Event mit der Gruppe *Meta4*, den ersten drahtlos übertragenen Live-Event im *East End Net*. Auf der Basis der bestehenden Plattform entwickelten *AmbientTV* eine Reihe weiterer Projekte – das Wireless-Performance-Projekt *Flip Flop*, das Radio-Projekt *On Air* und das Community-Fernsehprojekt *DemoTV*. Mit *Flip Flop* versuchte

---

14 Dieses Zitat stammt aus einer Email von Manu Luksch an den Autor (2003).

Ambient Aspekte von Straßentheater und Live-Performance mittels 802.11-Technologie in einen vernetzten, interaktiven Kunst-Kontext zu übertragen.

2.2 Consume im Aufwind

Schon wenige Monate nach der Veröffentlichung des Consume-Manifests im Netz gab es den ersten Artikel über Consume in einer maßgeblichen Zeitung.[15] Auf diesen Artikel folgten zahlreiche weitere und auch Beiträge in elektronischen Medien wie *BBC*. Der Grundton dieser Artikel war positiv bis enthusiastisch. Es scheint, dass der Zeitgeist für die Verbreitung der Consume-Idee günstig war. Viele Menschen fühlten sich von den übertriebenen Versprechungen des Internet-Booms der späten neunziger Jahre enttäuscht und suchten nach etwas, das zwar mit Netzen zu tun hatte, aber nicht die Sprache des Internet-Hypes sprach. Von der Consume-Methode inspirierte Projekte entstanden in verschiedenen Teilen Londons, in Wales, auf der Isle of Wight, im Norden Englands. Die Idee fiel auf besonders fruchtbaren Boden dort, wo Breitband-Internet aus diversen Gründen nicht angeboten wurde, wie z. B. in ländlichen Gebieten. Die Idee wurde aber auch von zahlreichen Initiativen in Städten aufgegriffen, wo Community-Initiativen hofften, mittels Vernetzung dem sozialen Niedergang etwas entgegensetzen zu können. Ein Workshop namens *BerLon* (Berlin-London) in Berlin im Oktober 2002 gab Gelegenheit, die Consume-Methode auch in Deutschland vorzustellen. Der Event gab den Anlass für Berliner Initiativen, sich besser zu organisieren. Hervorgegangen sind daraus Initiativen wie *Freifunk*[16], das Waveloeten-Treffen und das Projekt *Berlin Backbone*, die in vielerlei Hinsicht heute selbst zur Avantgarde der Bewegung freier Netze zählen.

3 Die Netzwerk-Allmende

Infrastruktur ist in Industriegesellschaften traditionell die Domäne des Staates und großer Konzerne. Consume wollte zeigen, dass es auch anders geht. „Man kann sie genauso aus dem Boden wachsen lassen, nahezu wörtlich, auf jeder Ebene" (James Stevens). Anders als z. B. die Mobilfunknetze, die zentral geplant, gebaut, verwaltet und betrieben werden, mit dem Ziel, den Profit zu maximieren, folgen die freien Netze dem Leitbild einer Netzwerk-Allmende. Die Netzwerk-Allmende ist ein Sonderfall der digitalen Allmende, ein Begriff, der in den letzten Jahren im Zuge der Diskussion um das geistige Eigentum in den Mittelpunkt rückte (Grassmuck 2002). Die Verwendung des Begriffs Netzwerk-Allmende verdeutlicht, dass es dabei nicht nur um

---

[15] Am 12. Oktober 2000 erschien in der Tageszeitung *The Guardian* der Artikel „Free as the air we breathe" (frei wie die Luft, die wir atmen) von Sean Dodson. Der Artikel leitet einen Umschwung in der Berichterstattung über die 802.11-Technologie ein. Zuvor haben hauptsächlich Sicherheitsaspekte im Vordergrund gestanden – Geschichten über böse Hacker, die mit Laptops und Pringles-Antennen bewaffnet durch die Straßen ziehen und Bandbreite stehlen.

[16] http://www.freifunk.net

technische Netze als Träger von Informationen geht, sondern um die Ermöglichung und Verdichtung menschlicher Handlungsoptionen. Damit die Netzwerk-Allmende entstehen kann, müssen eine Reihe von Voraussetzungen gegeben sein.

Die wahrscheinlich wichtigste Voraussetzung sind *offene Standards*. Die Kommunikation im Internet beruht auf den Internet-Protokollen TCP/IP. Diese wurden ursprünglich zwar im Auftrag des US-Militärs entwickelt, die Ergebnisse der Entwicklung wurden jedoch der Öffentlichkeit zugänglich gemacht. Auf der Basis dieser Tradition sind alle Internet-Protokolle frei und öffentlich zugänglich.[17] Ebenso wichtig ist die Existenz freier Software und des Lizenzsystems, das diese schützt, die *General Public License (GPL)*. Der virale Charakter der GPL hat dazu geführt, dass es einen wachsenden Pool an freier Software gibt, vom Betriebssystem GNU/Linux über die verschiedensten Netzwerkdienste bis hin zu Applikationen. Die meisten Schlüsselanwendungen im Internet können bereitgestellt werden, ohne dass proprietäre Software benutzt werden muss. Die dritte Voraussetzung ist ein *freies Übertragungsmedium*. Die Funknetze nach dem WLAN-Standard benutzen ein Schlupfloch in der Frequenzregulierung, das sog. ISM-Band (*Industrial, Scientific and Medical*), das lizenzfrei genutzt werden kann.[18] Nicht zuletzt bedürfen freie Netze *sozialer Motivationen* und *Verbindungsprotokolle*. Damit überhaupt von einem Netz gesprochen werden kann, muss es mehr als einen Knoten geben, d. h. es ist nötig, Verbindungen herzustellen. Dieser Prozess beinhaltet, verbindungswillige Partner zu finden und mit ihnen gemeinsam ein Netz aufzubauen. Die Regeln, die dabei aufgestellt werden, werden in Prozessen entwickelt, die dem Prinzip sozialer Selbstorganisation folgen. Die Netzwerk-Allmende speist sich aus dem Wunsch nach dem Aufbau eines Netzes auf der Basis freier Kooperation und selbst gemachter Regeln. Als ein Rahmen für solche Regeln wurde das *Pico Peering Agreement*[19] entwickelt.

Netze, die vom kollektiven Bedürfnis nach einem Ort freier, selbst bestimmter Kommunikation getragen werden, könnten langfristig nötig werden, um die freie Meinungsäußerung und die Medienfreiheit im Internet zu schützen. Neben der *GPL* und der *GNU Documentation License* gibt es nun weitere sog. Copyleft-Lizenzen, die neben Programmen auch einzelne Inhalte – Bilder, Texte, Musikstücke – schützen.[20] Eine wachsende Zahl von AutorInnen stellt durch die Nutzung dieser Lizenzen ihre schöpferischen Produkte der Öffentlichkeit zur Verfügung. Um diese Freiheit langfristig zu gewährleisten, braucht es auch freie oder selbst bestimmte Netzinfrastrukturen. Laut Eben Moglen (2003) sind es vor allem die Querbeziehungen zwischen Open Source, *Open Hardware* und freien Netzen, die wechselseitig den Bestand dieser Freiheiten und ihre weitere Ausdehnung garantieren, eine Einsicht, die zunehmend an Bedeutung gewinnt.

---

17 Netz-Protokolle werden als sog. *Requests for Comment (RFC)* formuliert (http://www.rfc-editor.org/).
18 Zu Details der Frequenzregulierung rund um WLAN siehe Medosch (2003).
19 http://www.picopeer.net/PPA-en.html
20 Siehe z. B. die *Creative-Commons-Lizenzen* (http://www.creativecommons.org).

Pico Peering

Eine Gruppe von NetzwerkerInnen begann im Jahr 2002 mit der Entwicklung eines Rahmenabkommens, das grundlegende Konventionen für den Datenaustausch in *freien Netzen* regeln sollte – das Pico Peering Agreement. Weil es sich um eine Art Abkommen zum freien Datentransit zwischen sehr *kleinen* Netzzellen handelt, wurde dem Begriff *peering* das Wort *pico* vorangestellt. Es wurde darüber nachgedacht, was denn nun eigentlich der Kern dieser Ressource, *freies Netz*, ausmacht, und man kam zu dem Ergebnis, dass es sich um die Bereitschaft handelt, anderen freien Datentransit zu erlauben. Du darfst mein „virtuelles Grundstück" durchqueren, dafür darf ich ebenso dein „Grundstück" durchqueren. Das Pico Peering Agreement regelt die Grundsätze des freien Datentransits und beschreibt implizit, was die „Freiheit" in freien Netzen ist (zum Unterschied vom gesponserten Gratisnetz). Ähnlich wie die *General Public License* für *Free Software* soll das Pico-Peering-Abkommen für freie Netze eine Art Gütesiegel mit Reinheitsgebot abgeben. Das Pico Peering Agreement ist der Ansatz einer Verfassung für die Netzwerk-Allmende, eine Erklärung von Grundrechten, aber auch Verpflichtungen.

3.1 Weiterführende Entwicklungen

Open Spectrum

In den Vereinigten Staaten hat sich eine Lobby unter dem Banner *Open Spectrum* versammelt, welche die Freigabe des gesamten Spektrums fordert. Technische Fortschritte im Bereich von Frequenzspreizverfahren und „kognitiven" Funktechnologien würden die herkömmliche Frequenzregulierung obsolet machen und es ermöglichen, dass die Spektrums-Regulierung den Geräten überlassen werden könne. Inzwischen versuchen Open-Spectrum-Initiativen, auch in Europa Einfluss auf die Regulierungsdebatte zu gewinnen, um weitere Frequenzbänder der Netzwerk-Allmende zur Verfügung zu stellen.

Mesh Networks

Die technische Entwicklung hat sich vor allem auf dynamische Routing-Protokolle für mobile Ad-hoc-Netzwerke konzentriert.[21] Ein *meshed network* beruht auf der Annahme, dass neue drahtlose Netzknoten hinzukommen können, während andere vorübergehend oder ganz ausfallen. Die Router im Mesh-Netz sollten neue Knoten automatisch registrieren und den Ausfall von Knoten verkraften können, ohne manuelle Eingriffe eines System-Administrators zu erfordern. Dazu müssen dynamische Routing-Protokolle Verwendung finden. Diese wurden, wie so vieles, zunächst vor allem

---

21 Der Autor möchte nicht den Eindruck zu erwecken versuchen, wirklich etwas von dynamischen Routing-Protokollen im Detail zu verstehen, hofft jedoch, eine ganz allgemeine Vorstellung von der Natur des Problems vermitteln zu können.

im Rahmen von vom US-Militär finanzierten Forschungsprogrammen entwickelt.[22] Inzwischen ist MANET (*mobile ad hoc networks*) eine offizielle Arbeitsgruppe der IETF. Allerdings sollte nicht übersehen werden, dass auch Amateur-Funker schon seit langer Zeit an drahtlosen Protokollen – sog. *Packet Radio* – gearbeitet haben, wo sich dieselben Probleme stellen.

In London entwickelte die Firma *LocustWorld*[23] integrierte Hardware-Software–Lösungen, das *MeshBook* und die *MeshBox*. Die Hamburger Firma 4G-Systems entwickelte den *MeshCube*[24]. Diese Produkte wurden u. a. von den frühen Diskussionen aus dem Umfeld von Consume oder *Freifunk* inspiriert. Den kombinierten Hardware-Software-Lösungen ging die Idee voraus, eine Standardkonfiguration für einen Netzwerkknoten als Teil eines *meshed networks* als boot-fähige Linux-Distribution zu verbreiten. Mit einer solchen Linux-Distribution sollten auch Leute, die selbst nicht in die Tiefen der Netzwerk-Administration einsteigen wollen, Knoten einrichten und betreiben können.[25] Die Free-Network-Szene hat in dieser Hinsicht viel zur Implementierung und zum *alpha testing* von Mesh-Protokollen wie OLSR[26] beigetragen und dabei der universitären Forschung gedient, zumindest indirekt.

Digitale Kartographie

Ein weiteres technisches Entwicklungsfeld ist das gesamte Gebiet der digitalen Kartografie und damit verbundener Open-Mapping-Ansätze. Die *Consume NodeDB* besteht aus einer Datenbank und einem Visualisierungswerkzeug.[27] Aus den Angaben der BetreiberInnen von Netzknoten wird automatisch eine Karte generiert. Der Sinn und Zweck ist, den Teilnehmern am Consume-Experiment ein Werkzeug in die Hände zu geben, mit dem verbindungswillige Knoten im *meshed network* gefunden werden können. Laut der ursprünglichen Konzeption sollte die *NodeDB* Informationen enthalten, die für das Herstellen von Verbindungen auf der technischen Ebene nötig sind, wie z. B. die IP-Adressen der wichtigsten Services, die angeboten werden.

Die *Consume NodeDB* ist recht stabil und ermöglicht das relativ exakte Auffinden von Hot Spots auf der Basis der Postleitzahl, doch für die Exaktheit der geografischen Daten wird ein Preis bezahlt. Denn die zugrunde liegenden geografischen Daten stammen von der *Ordnance Survey*, der staatlichen britischen Agentur für die Herstellung von Karten, die jedoch privatisiert wurde und deren Karten unter Copyright stehen. Wenn die offiziellen Karten kopiergeschützt sind, so bleibt immer noch die Möglichkeit, selber welche herzustellen. Praktiken wie *Geocaching* und *Wardriving*

---

22 Siehe http://protean.itd.nrl.navy.mil/manet/manet_home.html und Mobile Mesh http://www.mitre.org/work/tech_transfer/mobilemesh/.
23 http://locustworld.com/
24 http://www.4g-systems.biz/
25 An freien Unixdistributionen mit spezieller Netzwerkfunktionalität und Firmware wurde von einer Reihe von Free-Network-Initiativen – u. a. *Seattlewireless* und *NYCWireless* – gearbeitet.
26 http://www.olsr.org/
27 http://consume.net/nodedb.php

lieferten dazu die Inspiration.[28] Der Begriff *Wardriving* bezeichnet das Aufspüren ungeschützter Funknetze. Jeder *WLAN Access Point* sendet mehrmals pro Sekunde ein Funkfeuer aus, eine Code-Sequenz, in der einige grundsätzliche Informationen über den *Access Point* enthalten sind, wie u. a. sein Namen, der Betriebsmodus und die genaue Art des Sendeverfahrens.

Schon vor Jahren schlug Adam Burns mit dem Projekt *Air Shadow*[29] vor, diese Freizeitaktivitäten des *Wardriving* oder *Warwalking* doch zu einer mehr systematischen Erzeugung von Karten zu nutzen. Die von den Funknetzknoten ausgestrahlten Informationen sollen erfasst, gespeichert und auf Karten visualisiert werden. Wenn man ein bestimmtes Areal mehr oder weniger systematisch abfährt oder abschreitet, lässt sich aus den gewonnenen Daten die tatsächliche Ausbreitung des Funksignals eines *Access Points* ermitteln. Diese Ausbreitung nennt Vortex „air shadow" (wörtlich übersetzt „Luft-Schatten"). Wenn aktuelle und konkrete Informationen über die Ausbreitung von Funknetzen von vielen gesammelt würden, dann ließen sich daraus vernünftige Karten herstellen, wobei Karten von Informationen über offene Funknetze und deren Angebote überlagert werden.

Weiterentwicklungen dieses Ansatzes werden heute unter dem Begriff *bottom-up* oder *open mapping* betrieben, in Verbindung mit Ideen über dezentrale Datenbankressourcen (*Semantic Web*). Wenn jeder Netzknoten auch eine maschinenlesbare Beschreibung hätte, ließe sich eine Karte generieren, die auch Dienste und Ressourcen, z. B. Live-Streams, anzeigt. Diese Entwicklungsarbeit erfolgt im Rahmen eines Open-Geodata-Ansatzes, wobei versucht wird, eine *London Free Map*[30] nach dem Vorbild der *Mumbai Free Map*[31] zu generieren. Dies steht im Kontext neuer kultureller und erzählerischer Formate, die unter dem Begriff *Locative Media*[32] auftreten.

4 Fazit

Die Anforderungen, die im Consume-Manifest beschrieben worden waren, sind nie wirklich umgesetzt worden, zumindest nicht in London und nicht im Sinne eines flächendeckenden *Mesh Networks*. Dennoch ist die Idee flügge geworden und hat sich in alle möglichen Richtungen weiterentwickelt. Technische Entwicklungsarbeit und Tests wurden geleistet im Bereich dynamischer Routing-Protokolle und freier Hardware-Software-Lösungen. Diese Ansätze zeigen, wie alternative Zielvorstellungen Anlass für technische Innovation sein können. Die freien Netze haben jedoch auch eine Art soziales Protokoll hervorgebracht, das Pico Peering Agreement. Dieser Prozess speiste weitergehende Debatten um Selbstregulierung und Offenheit in so-

---

28 *Geocaching* ist eine neue Art Freiluftbetätigung bei der TeilnehmerInnen mit GPS-Geräten lokale Verstecke zu orten versuchen, wo in Behältern Gegenstände als Geschenke oder Botschaften liegen.
29 http://www.free2air.org/section/airshadow
30 http://uo.space.frot.org/freemap/
31 http://freemap.crit.org.in/
32 http://locative.net

zialen Systemen. Erfahrungen mit Funknetzen gaben auch Anlass zur Hoffnung, dass Ad-hoc-Netze auch mit mobilen Geräten wie z. B. Handys betrieben werden können. Auf den sozialen Bereich übertragen, lässt sich eine Gesellschaft im Ad-hoc-Modus vorstellen (Medosch 2004). Anregungen von freien Netzen sind auch auf benachbarte Regionen übergesprungen, wie z. B. Ansätze im Bereich *open mapping* oder Kartographie von unten.[33] Die Überlappungen zwischen soziopolitisch motivierten Gruppen, künstlerischen Intentionen und DIY-Medien liefern wertvolle Ansätze für einen alternativen Technikgebrauch und ein alternatives Technikverständnis. Der Charakter von Technologien als techno-soziale Artefakte, deren Entwicklung nicht von oben herab, sondern in basisdemokratisch gesteuerten Prozessen erfolgt, rückt somit in den Vordergrund. Tausch- und Geschenkökonomien rollen Jahrhunderte lang am Werk gewesene Logiken auf und werden in den Händen alternativer Gruppen zu disruptiven Technologien, die den Keim für einen Paradigmenwechsel bezüglich des Verständnisses vom Zusammenspiel von Technologie und Gesellschaft in sich tragen.

Literatur

Albert, S. (2003), 'Free as in Air – An Interview with *Vortex*', *Sarai Reader03* . http://www.sarai.net/journal/03pdf/337_345_salbert.pdf [02. Feb 2006].

Barabasi, A. L. (2002), *Linked – The New Science of Networks*, Perseus, Cambridge, MA, USA.

Bourdieu, P. (1993), *The Field of Cultural Production*, Polity Press, London, UK.

Consume (2000), 'Consume-Manifest'. http://dek.spc.org/julian/consume/consume.html [18. Okt 2005].

Grassmuck, V. (2002), *Freie Software – Zwischen Privat- und Gemeingut*, Bundeszentrale für politische Bildung, Bonn.

Kelly, K. (1994), *Out of Control – The New Biology of Machines, Social Systems, and the Economic World*, Addison-Wesley, New York.

Manovich, L. (2001), *The Language of New Media*, MIT Press, Cambridge, MA, USA.

Medosch, A. (2003), *Freie Netze. Geschichte, Politik und Kultur offener WLAN-Netze*, dpunkt, Heidelberg.

Medosch, A. (2004), Die Gesellschaft im Ad-hoc-Modus – dezentral, selbst organisiert, mobil, *in* C. Bieber und C. Leggewie (Hrsg.), 'Interaktivität – Ein transdisziplinärer Schlüsselbegriff', Campus Verlag, Frankfurt.

Moglen, E. (2003), 'Free Software, Free Culture: After the dotCommunist Manifesto'. Vortrag auf der *Open Cultures Conference*, http://www.opencultures.t0.or.at/oc/participants/moglen/video.ram [02. Feb 2006].

---

33 Siehe dazu auch University of Openess http://twenteenthcentury.com/uo/index.php/HomePage.

Kapitel 9

Gesellschaft im Wandel

„Die einzige Freiheit, die diesen Namen verdient, ist das Recht, unser Wohlergehen auf unserem eigenen Wege zu verfolgen, solange wir nicht anderen das ihrige verkümmern oder ihre darauf gerichteten Bemühungen durchkreuzen."

– John Stuart Mill

Einleitung

MAIK ENGELHARDT

(CC-Lizenz siehe Seite 499)

Beschäftigten sich die vorangegangenen Kapitel dieses Buches mit eher abstrakten ökonomischen Fragen oder den unterschiedlichen Einsatzmöglichkeiten von Open-Source-Produkten, so sollen in diesem Kapitel der Mensch und die Gesellschaft, in der er lebt, im Fokus stehen. Weg von mikroökonomischen Untersuchungen oder der Rentabilität von Migrationen, hin zu existenzphilosophischen Überlegungen, gesellschaftskritischen Erörterungen und juristischen Problemen.

Frei von der anthropologisch unhaltbaren Vorstellung der Ökonomen von einem *homo oeconomicus*, stellen die Autoren dieses Kapitels rationale und empirisch nachvollziehbare Lösungen vor, die neue Perspektiven eröffnen und zugleich das Allgemeinwohl erhöhen. Das Spektrum zwischen Privateigentum und Allmende wird dabei nicht verlassen, vielmehr wird der Versuch unternommen, die historisch bedingte Dichotomie zwischen beiden Eigentumsbegriffen aufzulösen.

Im ersten Artikel „Die Heilung der Achillesferse" dieses Kapitels analysiert Peter Fleissner vor einem historischen Hintergrund die durch technologische Innovationen hervorgebrachten (digitalen) Artefakte und deren inhärente Eigenschaften. Er bemerkt, dass die in der politischen Ökonomie bislang geltenden und durch juristische Instrumente konstituierten Normen weder für die Produkte noch für deren Entwickler tragen. So weist Fleissner einerseits auf die „potentiell schädlichen Folgen für die Allgemeinheit" durch den Einfluss des Marktes auf die Politik hin und identifiziert andererseits die Crux eines Open-Source-Projekts in dem Umstand, dass sich aufgrund der Offenheit vieler Projekte die Arbeit an Open Source nur schwer über herkömmliche Marktmechanismen entlohnen lässt. Die strukturellen Probleme des Urheberrechts umgehend, schlägt Fleissner zwei Optionen vor, wie *Schöpfer* geistiger Werke zu ihrer – notwendigen – Existenzgrundlage gelangen könnten: durch ein gesetzlich verankertes Grundeinkommen oder durch alternative Kompensationsmodelle.

Lawrence Lessig, Begründer der Creative-Commons-Initiative, untersucht im zweiten Beitrag, wie die Copyrightregulierungen (*Gesetz*) dynamisch an die durch den Fortschritt der Technik (*Architektur*) hervorgerufenen Veränderungen angeglichen wurden und gleichzeitig das Verhalten (*Normen*) zunehmend einschränkten, um ein auf Privateigentum basierendes ökonomisches System (*Markt*) beizubehalten. Daraus ergibt sich für ihn jedoch die Unmöglichkeit einer *Remix-Kultur*.

Die erhoffte Sicherheit für Künstler und die Stärkung der allgemeinen Wohlfahrt konnte – wenn überhaupt – nur durch hohe Verluste, wie enorme Transaktionskosten oder dem aufkommenden *Digital Divide*, für Mensch und Gesellschaft erreicht werden. Lessig folgert aber, dass es möglich ist, die kulturellen Fesseln durch die Etablierung von Creativ-Commons-Lizenzen (CC) auf einer privaten Seite und durch die Adaption des Rechts (*gefiltertes Copyright*) und die Einführung von *Remix-Rechten* seitens der Politik zu sprengen.

Bernd Lutterbeck betrachtet im dritten Artikel dieses Kapitels die Veränderungen der letzten Jahre von einer erkenntnistheoretischen/pragmatischen Warte. Eine Doppelaspekt-Theorie des Internets: Nicht nur, dass die Interdependenzen zwischen Technik und Gesellschaft anhand des Internets modellhaft und einzigartig nachvollzogen werden können, das Netz bildet für eine freie Wissensgesellschaft darüber hinaus auch eine der notwendigen (infrastrukturellen) Bedingungen. Aufgrund der Erkenntnis vom innovativen Potential der Allmende folgt Lutterbeck, dass die Wissensgesellschaft und deren Entwicklung letztlich nur erfolgreich sein kann, wenn das Wissen geteilt und offen dargelegt wird. Erst durch die Konstituierung eines von äußeren Regulierungen freien Allmende-Systems ist es möglich, die Entwicklung der Gesellschaft vor der *unsichtbaren Hand* des Marktes zu schützen, aber gleichzeitig auch genügend Wettbewerb zu hinterlassen, um den Fortschritt aufrechtzuerhalten.

Trotz der unterschiedlichen Analysen von Fleissner, Lessig und Lutterbeck kommen sie zu einem ähnlichen Schluss: Die existierenden Rechtsnormen im Bereich des geistigen Eigentums werden schon lange nicht mehr den ursprünglich damit verbundenen Zielen gerecht, sondern fördern im Gegenteil Lobbyismus und von ausschließlich ökonomischen Interessen geprägte „Copyrightkriege". Um die errichteten Schranken für Kultur und Gesellschaft zu überwinden, bedarf es einer Neuorientierung der Politik und einer Reformulierung des bestehenden Rechts. Dadurch würde der Kreis und das Einkommen der an der Errichtung der Wissensgesellschaft beteiligten 'Kreativen' drastisch erweitert.

Das Kapitel wird abgerundet durch ein Interview mit Joseph Weizenbaum, das wir am 16. November 2005 im Berliner Nikolai-Viertel mit ihm durchführten. In lockerer Atmosphäre sprach Weizenbaum über die Anfänge von Freier Software und beklagte den durch die Informatik hervorgebrachten gesellschaftlichen Wandel. Das Gespräch mit dem selbsterklärten „Dissidenten und Ketzer der Computerwissenschaft" eröffnet kritische Einsichten und relativiert die oft euphorische Haltung gegenüber Open Source. Der Beitrag mag dem Leser daher als Grundlage einer kritischen (Selbst-)Reflexion anderer Artikel des Open Source Jahrbuchs 2006 dienen.

Die Heilung der Achillesferse

PETER FLEISSNER

(CC-Lizenz siehe Seite 499)

Dieser Beitrag versucht, die Begrifflichkeit von *Free Software/Open Source* mit der Begrifflichkeit der politischen Ökonomie zu kontrastieren, um zu längerfristigen Schlussfolgerungen und weiterführenden Einsichten für beide Sichtweisen zu kommen.

Schlüsselwörter: Beschaffungsgrundlage · Karl Marx · Kulturproduktion · Kompensationsmodelle · Grundeinkommen

1 Einleitung

In seinem Artikel „Why 'Free Software' is better than 'Open Source'" aus dem Jahre 2002 wurde Richard Stallman nicht müde festzustellen, dass er mit der von ihm gegründeten *Free Software Foundation (FSF)* [1] eine Bewegung ins Leben gerufen hat, die der *Open Source Initiative* überlegen ist. Er betonte nicht nur den großen Beitrag von Free Software und GNU/Linux[2] für offene Betriebssysteme, sondern auch, dass die *FSF* bereits seit ihrer Gründung im Jahr 1984 ein politisches Ziel verfolgt, das über Softwareproduktion weit hinausgehe. Er meint auch heute noch, dass die Frage, in welcher Art von Gesellschaft wir leben wollen, von zentraler Bedeutung sei. Free Software würde uns dem Ziel einer freien Gesellschaft näher bringen, in der die Menschen solidarisch und kooperativ miteinander umgehen könnten. Stallman glaubt daran, dass die Softwarebenützer das Recht haben sollten, Computerprogramme frei auszutauschen und zu verändern, womöglich zu verbessern. Er ist der Meinung, dass Unternehmen wie etwa Microsoft ihre Benutzer in Abhängigkeit halten, die technischen und gestalterischen Innovationsmöglichkeiten einschränken und das Wissen

---

1 *Free Software Foundation*, http://www.fsf.org/. Für eine präzise Definition von Free Software siehe http://www.fsf.org/licensing/essays/free-sw.html oder auch Stallman (1999, S. 53 ff.).
2 Linux (oder auch GNU/Linux) ist ein freies Betriebssystem, dessen Kern ursprünglich von Linus Torvalds geschriebenen wurde.

der Welt an die Zahlungsfähigkeit der Einzelnen binden würden. Dabei sei der zentrale Unterschied zur Free Software nicht, dass die Software für den Markt erzeugt wird und mit einem Preis versehen ist,³ sondern dass urheberrechtliche Auflagen die freie Verwendung, Transparenz, Modifikation und Weiterentwicklung beschränken. Stallman meint, wahre Freiheit bedeute nicht nur Nehmen, sondern immer auch Geben. Gegenseitigkeit und Solidarität wären die adäquaten menschlichen Formen der Freiheit. Diese Maxime würde von den Giganten des E-Business unterlaufen. Um eine derartige Lage zu ändern, müsse man politisch werden.

Richard Stallman hält der 1998 gestarteten *Open Source Initiative (OSI)*⁴ vor, dass sie den politischen Hintergrund der Freie-Software-Bewegung weggelassen habe. Das zeige sich auch im Namen. Der Ausdruck „Open Source" umfasse eine größere Bandbreite als der Ausdruck „Free Software". Man könne unter ersterem sowohl gänzlich freie, teilweise freie als auch bestimmte kostenpflichtige Programme verstehen. Der Name „Open Source" könne leicht missverstanden werden, wie es etwa dem Autor Neal Stephenson geschehen ist, als er Open Source mit freier Zugänglichkeit zum Quellcode gleichsetzte.⁵

Für diese Selbstbeschränkung auf einen technischen Diskurs habe *OSI* in der Öffentlichkeit zwar viel Publicity bekommen, aber das Ziel der *Free Software Foundation* verfehlt. In einem Satz zusammengefasst ließe sich der Gegensatz zwischen den beiden so ausdrücken: „Open source is a development methodology; free software is a social movement."⁶ Umgekehrt verteidigt die *Open Source Initiative* den von ihr gewählten Ansatz, indem sie der *Free Software Foundation* eine Verlierermentalität vorwirft und ihr das negativ gemeinte Beiwort „ideologisch" umhängt.⁷ *OSI* führt spiegelbildlich ins Treffen, dass der Ausdruck Free Software missverständlich wäre, dass seine Benutzung zu Konflikten mit den potentiellen Käufern führe und sich gegen das Marketingkonzept von *OSI* richten würde:

> „The term 'free software' has been misunderstood by business persons, who mistake the desire to share with anti-commercialism – or worse, theft. Mainstream corporate CEOs and CTOs will never buy 'free software'."⁸

---

3   „Actually we encourage people who redistribute free software to charge as much as they wish or can." (http://www.fsf.org/licensing/essays/selling.html)
4   Eric S. Raymond und Bruce Perens gründeten 1998 die *Open Source Initiative (OSI)* mit dem erklärten Ziel, freie Software zu vermarkten. Bruce Perens verließ *OSI* später, diese war seiner Meinung nach der Tätigkeit kapitalistischer Unternehmen zu ähnlich. Für eine präzise Definition von Open Source siehe http://www.opensource.org/docs/definition.php oder Perens (1999, S. 71 ff.).
5   „Linux is 'open source' software meaning, simply, that anyone can get copies of its source code files."
6   Siehe http://www.gnu.org/philosophy/free-software-for-freedom.html.
7   Siehe http://www.opensource.org/advocacy/faq.php.
8   Siehe http://www.opensource.org/advocacy/case_for_hackers.php#marketing.

2 Free Software im Gegensatz zu Open Source?

Stallman selbst betont aber auch, dass Free Software (FS) und Open Source (OS) bloß zwei unterschiedliche Strömungen (*movements*) einer Gemeinschaft (*community*) wären, die auf praktischer Ebene durchaus zusammenarbeiten könnten und würden.[9] Eine ähnliche Auffassung über die Nähe der beiden Strömungen spiegelt sich im Kürzel 'FLOSS' (Free/Libre and Open Source Software) wider, ein Ausdruck, der häufig in Lateinamerika, Asien und Südeuropa benützt wird. Dieses Kürzel gab einem von der Europäischen Kommission geförderten Forschungsprojekt seinen Namen. Im Projekt FLOSS (Ghosh et al. 2002) untersuchte ein Forscherteam des holländischen *International Institute of Infonomics* der Universität Maastricht und der Berlecon Research GmbH aus Berlin die Meinungen der Softwareentwickler zu den beiden Strömungen. Sie verwendeten in der Studie immer wieder die Abkürzung „FS/OS" und benützten den Schrägstrich, um gleichzeitig Ähnlichkeiten und Unterschiede zwischen den beiden Positionen in einem einzigen Wort zum Ausdruck zu bringen.[10] In einer Online-Befragung von 2 784 OS-/FS-Entwicklern im Jahre 2002 konnten die FLOSS-Forscher sechs unterschiedliche Kategorien identifizieren (siehe Abbildung 1). 18 % zählten sich zur FS-Strömung und sahen fundamentale Unterschiede zwischen den beiden Strömungen. 9 % zählten sich zur OS-Strömung und sahen fundamentale Unterschiede zwischen den beiden Strömungen. 26 % sich zur FS-Strömung und 17 % sich zur OS-Strömung zählende sahen nur Unterschiede im Prinzip, aber keinen Unterschied in der praktischen Arbeit. 9 % zählten sich entweder zur FS- oder zur OS-Strömung, ohne dass sie sich um die Unterschiede zwischen beiden Strömungen kümmerten. 20 % war es egal, zu welcher Strömung sie gezählt wurden.

Diese empirischen Ergebnisse bestätigen die Einschätzung von Richard Stallman, dass auf einer prinzipiellen Ebene zwar Unterschiede vorhanden sind, aber in der praktischen Zusammenarbeit keine großen Probleme auftreten würden. Außerdem zeigt die Studie, dass sich alle Entwickler – egal, ob sie sich Free Software oder Open Source verschrieben haben, ob ihnen der Unterschied zwischen den beiden wichtig erscheint oder nicht – gemeinsam in einer viel größeren Distanz zur proprietären Software als voneinander sehen. Beide Strömungen assoziieren die Arbeit an proprietärer Software eindeutig mit „Zeitdruck" und „Langeweile", während sie ihr in den Dimensionen „Innovativität des Produkts", „Qualität", „Schönheit und Ästhetik der Programme" und bei „Spaß an der Arbeit" schlechte Noten geben.

---

[9] „A movement is not the same thing as a community. Movements occur within communities. Two different communities are typically disjoint and there is nothing in between. It is different for movements; they normally come with intermediate views [...] understanding that Free Software and Open Source are two movements, one would expect exactly what you found: a presence of intermediate views in the community, and people from different movements working together in the same practical fashion." (Richard Stallman, zitiert in Ghosh et al. 2002, http://infonomics.nl/FLOSS/floss1/stallman.html)

[10] In Ghosh et al. (2002, S. 3) heißt es bezeichnenderweise: „Throughout this report and project documents the terms Free Software and Open Source Software are used interchangeably, except where a specific distinction between the terms is explicitly made."

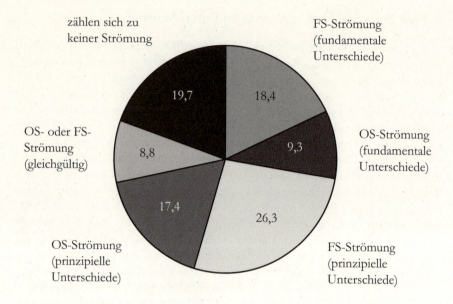

Abbildung 1: Typologie von Open-Source- und Freie-Software-Entwicklern

Es ist positiv zu werten, dass beide Strömungen in der Praxis keine wesentlichen Probleme mit ihrer Zusammenarbeit haben und dass sich beide in größerem Abstand gegenüber der proprietären Software sehen, während es nur ein seichter Graben ist, der sie voneinander trennt. Die wesentliche Gemeinsamkeit beider Strömungen besteht meines Erachtens also darin, dass Software erzeugt wird, die von den Nutzern verwendet und analysiert, aber auch weiterverbreitet, modifiziert, weiterentwickelt und sogar weiterverkauft werden kann, sofern das weitergegebene Produkt den gleichen rechtlichen Verwendungsregeln unterliegt wie das ursprüngliche. Der Unterschied kann darin gesehen werden, dass OS aus praktischen Gründen den politischen Aspekt der Sache unterspielt, um den Erfolg am Markt nicht zu gefährden, und die gegenwärtige Gesellschaft mit all ihren Markt- und Intellectual-Property-Rights-Regelungen ansonsten so belässt, wie sie sie vorfindet. Die *Free Software Foundation* möchte demgegenüber das Prinzip der Freiheit nicht nur im Bereich Software durchgesetzt wissen, sondern auf weitere Bereiche der Gesellschaft ausdehnen.

3 Die zwei Freiheiten von FLOSS

Kann man sich nach diesen Feststellungen beruhigt zurücklehnen und anderen Dingen zuwenden oder gibt es bei so viel Gemeinsamkeit vielleicht doch ungeklärte Fragen, mit denen man sich befassen sollte, da sie beide Strömungen betreffen? Ein erster

Hinweis kommt von Rishab Aiyer Gosh, einem der Autoren der FLOSS-Studie. Er fand es aus theoretischen Gründen angebracht, den Aspekt der freien Nutzung von Software von ihrer freien Produktion abzugrenzen. Ähnlich wird im Kontext des Oekonux-Diskurses zwischen „einfach" und „doppelt" freier Software unterschieden.[11]

Dabei bezieht sich die Eigenschaft „einfach frei" auf das Produkt, während „doppelt freie Software" auch den Herstellungsprozess miteinschließt. Die zweite Freiheit bezieht sich auf „freie Arbeit", die unbezahlt geleistet wird. Dieser Aspekt ist nicht unwesentlich: Nach der FLOSS-Studie beziehen fast die Hälfte (46,3 Prozent) der befragten Software-Entwickler aus ihrer Arbeit an FS oder OS keinerlei monetäres Einkommen.[12] In dieser zweiten Freiheit liegt meiner Meinung nach eine zentrale Schwierigkeit, der sich beide Strömungen gegenüberstehen. Es geht um die Achillesferse von Free Software *und* Open Source – die Frage, wie die „freien" Softwareentwickler zu ihrer Existenzgrundlage kommen, wie sie ein menschenwürdiges Einkommen erhalten können.

Die Frage stellt sich umso dringlicher, als die Verbreitung und damit die Bedeutung von GNU/Linux und *OSI* stark wuchsen und immer mehr Menschen an dieser Art von Softwareentwicklung mitwirken. Selbst größere Softwareunternehmen springen auf den fahrenden Zug auf. Manche loben Open Source, aber oft nur, um die Linux-Umgebung als Plattform für ihr kostenpflichtiges Produkt zu verwenden. Wie wichtig OSI-Produkte und Linux für den proprietären Markt geworden sind, stellt sogar Microsoft (2004) in einem Geschäftsbericht fest:

> „Wir beobachten weiterhin Entwicklung und Verteilung von Open-Source-Software. Wir sind der Auffassung, dass Microsofts Server-Anteil im Finanzjahr 2004 bescheidene Zuwächse erreichte, während Linux-Produkte und Open Source in absoluten Zahlen etwas rascher wuchsen. Die gestiegene Verbreitung von Linux zeigt die signifikante Unterstützung der Öffentlichkeit für Open-Source-Software im vergangenen Jahr auf dem Server- und Desktop-Markt. In dem Ausmaß, wie Open-Source-Produkte steigende Marktakzeptanz erreichen, könnte der Umsatz unserer Produkte fallen, was sich in einer Verringerung unseres Umsatzes und unserer Gewinnmargen niederschlagen könnte." (Übersetzung durch den Autor)[13]

---

11 „Management Freier Software-Projekte: Am Beispiel von union.cms", Vortrag von Meretz und Hipp (2005) am 24. Mai 2005 auf der 3. Oekonux-Konferenz „Reichtum durch Copyleft – Kreativität im digitalen Zeitalter". Siehe auch Merten und Meretz (2005).
12 Das bedeutet aber nicht, dass die geleistete Entwicklungsarbeit bedeutungslos für die Entwickler wäre. Im Gegenteil: In Ghosh et al. (2002) geben 94 Prozent der Entwickler an, dass sie ihre Arbeit explizit als ihren persönlichen Beitrag kennzeichnen. Beinahe 60 Prozent halten dies außerdem noch für sehr wichtig. Die andere Hälfte der Entwickler bezieht direkt oder indirekt Einkommen aus FS/OS.
13 Diese Befürchtung stellte sich als unbegründet heraus: Microsofts Nettogewinn für das Geschäftsjahr von 07/2004 bis 06/2005 wuchs gegenüber dem Vorjahreszeitraum von 8,2 auf 12,3 Milliarden USD, also um rund 50 %. Siehe http://www.microsoft.com/msft/earnings/FY05/earn_rel_q4_05.mspx.

4 Politisch-ökonomische Überlegungen

In den folgenden Abschnitten werden die beiden Freiheiten von FLOSS vor einem alternativen theoretischen Hintergrund diskutiert. Um die Tendenzen im Bereich der Softwareentwicklung genauer einschätzen zu können, empfiehlt sich der Blick in ein Fachgebiet, das sich gut dazu eignet, längerfristige Veränderungen in Technologie, Recht und Wirtschaft unter einer gemeinsamen Perspektive zu analysieren. Es ist das Fachgebiet der Politischen Ökonomie. Sie hilft uns verstehen, was im Laufe der Geschichte als ökonomischer Reichtum aufgefasst wurde, von wem und wie er geschaffen wurde und unter welchen Bedingungen und in welchem Umfang er seinen Erzeugern oder anderen zugeflossen ist. Marx führte die Ideen von Adam Smith, David Ricardo und Thomas Robert Malthus weiter, bereinigte deren Widersprüche und schuf eine umfassende Analyse und Kritik des Kapitalismus, den er als historisch gewachsen und daher auch als vergänglich ansah. Er zeichnete die allgemeinen Züge des Wirtschaftsprozesses nach: Durch Technik unterstützte Arbeit in ihren verschiedenen Spezialisierungen (*Arbeitsteilung*) erlaubt den Menschen, in den vorgefundenen Stoffwechsel zwischen Gesellschaft und Natur einzugreifen, mittels technischer Artefakte eine zweite Natur und einen zweiten Stoffkreislauf aufzubauen und durch den immer virtuoseren und innovativen Umgang mit der Natur und der Gesellschaft sich selbst und die eigene Umgebung umzugestalten.

Marx hielt dabei an einigen ökonomischen Grundbegriffen fest, die erstmalig im klassischen Griechenland von Aristoteles formuliert worden waren und die Geschichte der Politischen Ökonomie begleitet haben. Aristoteles hatte schon lange vor Beginn des Kapitalismus bemerkt, dass von nützlichen Gegenständen auf zwei Arten Gebrauch gemacht werden kann:

> „Der erste Gebrauch ist dem Ding eigentümlich, der andere ist es nicht; ein Beispiel für beide Weisen des Gebrauchs ist etwa bei einem Schuh einerseits das Anziehen, andererseits seine Verwendung als Tauschobjekt. Beides ist ein Gebrauch des Schuhes. Auch wer ihn an jemanden, der ihn nötig hat, für Geld oder Lebensmittel vertauscht, gebraucht den Schuh als Schuh, nur nicht nach dem ihm eigentümlichen Gebrauch, da er ja nicht des Tausches wegen gemacht worden ist." (Aristoteles 1988, S. 207)

Mehr als 2000 Jahre später, im Jahre 1776, wiederholt Adam Smith die Unterscheidung von Aristoteles, diesmal auf der Ebene des Wertes eines Gegenstandes:

> „Man sollte festhalten, dass das Wort Wert zwei unterschiedliche Bedeutungen besitzt. Manchmal drückt es die Nützlichkeit eines bestimmten Gegenstandes aus und manchmal seine Kraft, andere Güter zu erwerben. Die erste Bedeutung kann man 'Gebrauchswert' nennen, die zweite 'Tauschwert'." (Smith 1999, Kap. 4, S. 27)

Kommen den Gegenständen beide Werte, also Gebrauchswert und Tauschwert, gleichzeitig zu, sprechen wir von „Waren", den Transformationsprozess eines Gegenstandes, der zusätzlich zu seiner Gebrauchswerteigenschaft durch sein Auftreten auf dem Markt Tauschwertcharakter erhält, nennen wir „Kommodifizierung". Die Ware ist eine besondere Daseinsform eines nützlichen Dings, die in der Geschichte der letzten Jahrhunderte gemeinsam mit der Herausbildung von Märkten immer größere gesellschaftliche Bedeutung erhalten hat. So konnte Marx folgerichtig seine Analyse des Kapitalismus mit den Sätzen beginnen:

> „Der Reichtum der Gesellschaften, in welchen kapitalistische Produktionsweise herrscht, erscheint als eine 'ungeheure Warensammlung', die einzelne Ware als seine Elementarform. Unsere Untersuchung beginnt daher mit der Analyse der Ware." (Marx 1962, S. 49)

Diese Analyse führt Marx als an der Hegel'schen Dialektik geschulter Philosoph auf 50 Buchseiten im Detail aus, wobei er dem Gebrauchswert nur geringen Raum widmet:

> „Die Gebrauchswerte der Waren liefern das Material einer eignen Disziplin, der Warenkunde. Der Gebrauchswert verwirklicht sich nur im Gebrauch oder der Konsumtion. Gebrauchswerte bilden den stofflichen Inhalt des Reichtums, welches immer seine gesellschaftliche Form sei. In der von uns zu betrachtenden Gesellschaftsform bilden sie zugleich die stofflichen Träger des – Tauschwerts." (Marx 1962, S. 50)

Die folgenden Zeilen sollen zeigen, dass es sich in der gegenwärtigen Informationsgesellschaft lohnt, auch dem Gebrauchswert verstärkte Aufmerksamkeit zu widmen und sich nicht nur auf den Tauschwert zu konzentrieren.

4.1 Eine neue Gebrauchswertkategorie

Mit der Entstehung und schier unglaublichen Verbreitung von Informations- und Kommunikationstechnologien, dem Computer und dem Internet, wurde eine neue Art der Gebrauchswertbildung aufgetan, die aus flüchtigen menschlichen Aktivitäten (ökonomisch gesprochen handelt es sich um Dienstleistungen) stofflich oder energetisch vergegenständlichte Produkte macht. Informationstechnologien erlauben heute jeder/m, Informationen aller Art zu speichern, zu übertragen, zu kopieren, zu analysieren und zu modifizieren, in neuerer Zeit immer mehr auf digitaler Basis und zu fallenden Kosten. Der Vorgang ist nicht wirklich neu. Er begann schon mit der menschlichen Fähigkeit zu zeichnen, zu malen und zu schreiben, setzte sich fort über die Erfindung der Druckerpresse und des Druckes mit beweglichen Lettern, über Fotografie auf Papier und Film auf Zelluloid, bis zu Schallplatten und Tonbändern aus Kunststoff. Neuerdings ist mit der Erfindung des Compact Disc und der DVD das Potential zur Speicherung von Informationen weiter gewachsen.

Unter den Informations- und Kommunikationstechnologien konzentrieren wir uns auf jene, die flüchtige Abläufe auf einem Trägermedium entweder physisch oder energetisch zu speichern vermögen. Popmusik oder klassische Konzerte, Theateraufführungen, Schauspieler in Aktion, Dichter- und Vorlesungen, Geschichtenerzähler, aber auch das jüngste Urlaubserlebnis, die ersten Schritte eines Kindes, alle diese volatilen Ereignisketten können als Abbild vergegenständlicht und sozusagen eingefroren werden. Der Informationsträger kann aber auch dazu benützt werden, die Bild- und Klangfolgen aufzutauen und wieder zu beleben. Wie in einer Zeitmaschine können sie aus der Vergangenheit in die Gegenwart geholt werden. Die Softwareentwicklung passt sich in diese grundlegenden Mechanismen stromlinienförmig ein. Das Ergebnis der Entwicklungstätigkeit einer Programmiererin wird im Quellcode bzw. im kompilierten Programm vergegenständlicht, das auf einem Computer mit geeignetem Betriebssystem abgespielt werden kann. Geistige Produkte und schöpferische Leistungen können also auf Datenträgern vergegenständlicht werden, die dann die stofflich-materielle Basis von Waren bilden, die am Markt angeboten werden können und Tauschwertcharakter besitzen. Tatsächlich werden gleichzeitig zwei Kommodifizierungsbereiche für die Geschäftstätigkeit aufgetan: Es entstehen riesige Märkte für die Informationsträger, die vergegenständlichte Dienste repräsentieren, und es bilden sich Märkte für die Reanimationsgeräte heraus, die Szenen aus der Vergangenheit wieder aufleben lassen und in die Gegenwart holen.

Aber Vergegenständlichung und Wiederbelebung sind nur ein kleiner Teil der Möglichkeiten der neuen Technologien. Während sie einerseits den Boden für neue Arten von Waren bereiten, unterminieren sie gleichzeitig den Vermarktungsprozess, indem sie das Vervielfältigen und Weitergeben dieser Waren fast zu Nullkosten ermöglichen. In einer solchen Situation erscheinen die Trittbrettfahrer. Sie kopieren den Inhalt und verkaufen ihn billiger oder beinahe gratis weiter. Der Markt erlaubt keine adäquaten Erlöse und kann nicht mehr zur Profitgenerierung dienen. Der Prozess der Kommodifizierung ist von seiner Umkehr bedroht. Diese Lage erzeugt widersprüchliche Perspektiven, je nach Interessenlage der Beteiligten. Während die Gruppe der potentiellen Nutzer von Software und digitalen Inhalten das Trittbrettfahren begrüßt, bevorzugt das Management der Produktionsunternehmen einen Markt, auf dem man auch verdienen kann.

4.2 Kommodifizierung und die Rolle des Rechts

Um ein Einkommen auf Seiten der Produktion zu sichern, haben die Rechtsgelehrten spezielle Regulierungsinstrumente erfunden: das Urheberrecht, Patente, Lizenzen oder allgemein ausgedrückt, die so genannten Intellectual-Property-Rights. Die Gesetze, die diese Rechte festschreiben, bedrohen Personen oder Institutionen, die Kopien ziehen, mit Strafe. Selbst wenn Gesetze nicht in der Lage sind, das Kopieren technisch unmöglich zu machen, sind sie hinreichend, den Markt für bestimmte vergegenständlichte Dienste funktionsfähig zu halten. Durch diese Gesetze wird der Kommodifizierungsprozess abgeschlossen und führt zum gewünschten Ergebnis: Eine neue Möglichkeit für Gewinn wird eröffnet.

Es scheint überdies interessant, dass mit den Intellectual-Property-Rights, also den geistigen Eigentumsrechten , eine zusätzliche Dimension bei der Behandlung des Gebrauchswerts von Waren auftaucht, die jüngeren Datums ist. Der Gebrauchswert wurde traditionell bloß individuell gesehen, als Nützlichkeit eines Dinges oder eines Dienstes für den einzelnen Menschen. Ging ein Gebrauchswert von einem Besitzer an einen anderen über, besaß der neue Besitzer ohne Einschränkung alle Rechte an dem nützlichen Ding und konnte damit machen, was er wollte. Ebenso trat der Verkäufer beim Verkauf alle Rechte, die er/sie an dem Gegenstand hatte, an den Käufer ab. Der Besitzer konnte den Gegenstand konsumieren, investieren, aufbewahren oder weiterverkaufen, wie er wollte. Das US-amerikanische Copyright oder das europäische Urheberrecht geben dagegen dem Copyright-Inhaber bzw. dem Urheber Rechte, die auch nach Weitergabe oder Verkauf des Gebrauchswerts nicht erlöschen. So bleibt die Vervielfältigung auf wenige (*fair use*) Möglichkeiten eingeschränkt, normalerweise sind die Veränderung und die Modifikation des Originals untersagt. Sogar eigene schöpferische Leistungen, die sich bloß an ein kopiergeschütztes Werk anlehnen, sind ohne Einwilligung des Urhebers oder Copyright-Inhabers unzulässig.

4.3 Eine Ausdehnung des Gebrauchswertbegriffs

Hier liegt eine allgemeine Tendenz vor, die auch in anderen Bereichen sichtbar wird: Der Kaufakt oder der Akt der Übereignung eines Gebrauchswerts bedeutet heute nicht mehr, dass die Beziehung des Verkäufers zum Käufer vollständig unterbrochen wird, sondern dass sie in der einen oder anderen Form über den Gebrauchswert aufrechterhalten bleibt. Während auf der Ebene des Konsumentenschutzes Gewährleistungspflichten oder eine Rücknahmegarantie fehlerhafter Ware positive Bedeutung für die Käufer besitzen, entlastet das Recht auf kostenlose Entsorgung von Kühlschränken, Medikamenten, Verpackungen und Flaschen die Natur von schädlichen Einflüssen. Der Denkmal- und Ensembleschutz schränkt die beliebige Gestaltung von Bauten ein, Fahrzeuge müssen regelmäßig auf ihre Fahrtüchtigkeit überprüft werden, Vorschriften für Sondermüll hält die Umwelt intakt. Wenn man so will, sind auch Arbeitszeitgesetze, Kollektivverträge oder ergonomische Richtlinien am Arbeitsplatz Maßnahmen, die ihre positiven Wirkungen für die arbeitenden Menschen entfalten sollen, auch nach dem Verkauf der eigenen Arbeitskraft. Das alles sind Beispiele für Vorschriften und Regeln, die vom Gesetzgeber erlassen wurden, um Menschen und Natur vor Schädigungen zu schützen, und die die reine Geltung der Gesetze von Angebot und Nachfrage einschränken.

Eine – wenn man so will diametral entgegengesetzte – Situation ergibt sich mit der Existenz des Copyrights. Erlassen, um den Druck von Büchern gewinnbringend zu erhalten, hat es im 21. Jahrhundert längst seine positive Wirkung eingebüßt. Es wirkt genauso wie Patente in den meisten Fällen nicht mehr zum Aufbau einer Existenzgrundlage oder zugunsten von Kreativität und Erfindungsreichtum von Künstlern, Musikern, Schriftstellern, Filmemachern, Technikern oder Ingenieuren, sondern dient stattdessen eher Großkonzernen zur langfristigen Sicherung von Höchstprofiten. Dabei ist der finanzielle Aspekt noch der weniger bedeutende. Schwerer wiegt, dass Copyrights die freie kulturelle Entfaltung der Menschen behindern können. Softwareentwickler, Designer, Künstler oder andere schöpferische Menschen können ihre Kreativität am besten in einer kulturellen Umwelt entwickeln, die ihnen frei zur Verfügung steht und die sie nach eigenem Wunsch und Willen modifizieren und verändern, beeinflussen, kritisieren oder persiflieren können. Ist dieser Rahmen mit schwer feststellbaren Copyright-Regelungen gepflastert, wird kreative Leistung beschwerlich und in vielen Fällen auch teuer. Damit ist ein Gebrauchswert-Effekt gegeben, der nicht nur die Einzelnen betrifft, sondern mehr oder weniger die ganze Gesellschaft in Geiselhaft nimmt. Die auch im kapitalistischen internationalen Wettbewerb so wichtige Kreativität und technische Innovationsfähigkeit könnte sich abschwächen und zu einer bedrohlichen Stagnation führen. Und damit würde der fehlende oder minderwertige Gebrauchswert unmittelbar eine Schwächung der Tauschwertproduktion nach sich ziehen, mit allen wirtschaftlichen Folgen.

Welch sensiblen Bereich geistige Eigentumsrechte darstellen, soll durch das folgende Ereignis illustriert werden. Einige Monate vor Abfassung dieses Artikels erhob die IFPI[14], die Internationale Föderation der Photoindustrie, die Vertreterin der Europäischen Urheberrechtsbesitzer im Bereich der darstellenden Kunst, ihre Stimme, um die Geltungsperiode der Urheberrechte ihrer Mitglieder auszudehnen. Die Rechte individueller Urheber sind in den USA auf Lebenszeit plus 70 Jahre nach dem Tod des Urhebers geschützt. Unternehmen der Vereinigten Staaten besitzen Urheberrechte auf 95 Jahre, bevor ihre Werke in den Bereich der Allgemeinheit zurückfallen. In der EU ist demgegenüber die Geltungsperiode des Urheberrechts für Komponisten und darstellende Künstler unterschiedlich. Komponisten halten Urheberrechte auf Lebenszeit plus 70 Jahre nach ihrem Ableben, während für darstellende Künstler das Urheberrecht 50 Jahre nach der ersten öffentlichen Aufführung des Werkes erlischt. Diese 50 Jahre wollte die IFPI ausdehnen. Was wäre der Effekt, wenn dieser Wunsch geltendes Recht wird? Lawrence Lessig, Professor an der Stanford Law School, nannte diese Forderung unerhört und übersetzte sie in Klartext:

> „Sie hatten ein 50 jähriges Monopol; jetzt fordern sie eine zusätzliche Subvention vom Staat, indem sie sagen: 'Gebt uns ein zusätzliches Monopol auf weitere 50 Jahre'. Die Rechtfertigung aus einer wirtschaftlichen Perspektive ist absolut haltlos." (zitiert bei Dean 2005)

Er verglich die Situation mit einem Ingenieur, der einen Vertrag unterschrieben hat, um eine Brücke in London für 2 Millionen Dollar zu bauen. Danach baut er eine

---

14 Die IFPI repräsentiert in 75 Ländern mehr als 1 450 Mitglieder der phonographischen Industrie und einschlägige Vereinigungen in 48 Ländern.

weitere ähnliche Brücke in den USA für 4 Millionen Dollar. Nach Fertigstellung kehrt er nach England zurück und fordert nun auch 4 Millionen für die Brücke in London. Der Hintergrund für die Forderung der IFPI ist leicht durchschaut: Copyright-Fragen wurden zum heißen Eisen, als die Urheberrechte für berühmte Rock-Stars wie die Beatles und Elvis Presley in der EU innerhalb der nächsten Jahre auszulaufen drohten.

Der Streit ist nicht auf die darstellenden Künste beschränkt. Wichtiger ist die laufende Auseinandersetzung um die Patentierung von Software zwischen dem Europäischen Rat, der Europäischen Kommission und dem Europäischen Patentamt auf der einen Seite und dem Europäischen Parlament auf der anderen. Im Jahr 2002 legte die Generaldirektion für den Internen Markt (unter Mario Montis Nachfolger Frits Bolkestein) einen Entwurf 2002/0047 für eine Richtlinie „über die Patentierbarkeit computer-implementierter Erfindungen". Die Richtlinie war verlangt worden, um die unterschiedlichen rechtlichen Grundlagen in den Mitgliedsstaaten zu vereinheitlichen und der zu weit gehenden Patentierungspraxis des Europäischen Patentamts bei Patentierungen einen Riegel vorzuschieben.[15] Das Europäische Parlament hat den Vorschlag zurückgewiesen, da viele Parlamentarier zerstörerische Auswirkungen auf das Innovationsklima und auf die Konkurrenzfähigkeit befürchteten. Sie meinten, dass auf diese Weise auch Managementmethoden, Ausbildungsverfahren oder Behandlungsformen im Gesundheitsbereich über die Software zu Patenten werden könnten. Die Euro-Parlamentarier zogen das geltende Recht vor, wonach die Patentierung von Computerprogrammen eindeutig untersagt ist.

Gegen den Trend zu einem unzumutbaren Schutz durch Urheberrechte gründete Lawrence Lessig als Alternative „Creative Commons"[16], eine Gruppe, die ein international anwendbares System flexibler Copyright-Lizenzen ausarbeitete, das es erlaubt, kreative Arbeit mit Erlaubnis des Autors weiterzuverwenden und in neue Schöpfungen einzubauen, die wieder unter der gleichen Lizenz weiterverbreitet werden. Creative Commons ist ein neues Lizenzmodell innerhalb des herrschenden Urheberrechts, das es ermöglicht, die eigenen Kreationen mit anderen zu verbinden und Musik, Filme, Bilder und Texte, die mit einer Creative-Commons-Lizenz versehen wurden, online zu nutzen.

Free Software, Open Source und alle anderen Formen von „Copyleft" wären Strategien, die dieser selbst erzeugten Stagnation auf dem Gebiet der Softwareentwicklung und der intellektuellen Produktion Paroli bieten könnten. Sie wirken den Beschränkungen der Nutzung von Gebrauchswerten entgegen, die eine exzessive Anwendung des Copyrights auf dem Gebiet der Kultur mit sich bringt. Mit Meisterschaft, viel Schwung und großem politischen Engagement hat Lawrence Lessig die Kämpfe, denen diese Position ausgesetzt war und gegenwärtig noch ist, in seinem Buch

---

15 Siehe http://swpat.ffii.org/log/intro/index.en.html. Das Europäische Patentamt hat in Erwartung einer Änderung des Patentrechts in der EU in vorauseilendem Gehorsam mehr als 30 000 reine Softwarepatente erteilt. Deren Zahl vermehrt sich gegenwärtig mit einem Zuwachs von 3 000 pro Jahr.
16 Siehe http://creativecommons.org/.

„Free Culture" (Lessig 2004) beschrieben.

4.4 Gegenwärtige Kommodifizierungsprozesse

Die weiteren Überlegungen, die hier angestellt werden, beziehen sich auf die historische Einordnung der Kommodifizierungstendenzen, die wir in der Informationsgesellschaft feststellen können. Dazu ein kurzer Exkurs in die Geschichte: Die wirtschaftsliberale Auffassung der Gesellschaft sah es als notwendig an, nicht nur den Output der Produktion dem Markt zu unterwerfen, sondern auch die Inputs, die sich lange Zeit dem Markt entzogen hatten, marktwirtschaftlich zu organisieren. Karl Polanyi zeichnete vor rund 50 Jahren diesen äußerst widersprüchlichen Prozess für Europa nach und illustrierte ihn mit empirischem Material vor allem aus dem England des 19. Jahrhunderts. Er war der Auffassung, dass erst die schrittweise Verwandlung der zunächst nicht für den Markt erzeugten ökonomischen Inputs in vermarktbare Waren die „Große Transformation" (Polanyi 1957) der Marktwirtschaft in eine Marktgesellschaft ermöglichte. Die aktive Umwandlung von Grund und Boden, von Geld und schließlich von Arbeit in Waren vernichtete die Schranken[17], die von der Gesellschaft gegen die Vermarktung errichtet worden waren. Dieser Prozess führte teilweise zu schrecklichen Begleiterscheinungen für die Betroffenen, ermöglichte aber auf lange Sicht eine Steigerung der Produktivität der Arbeit und damit eine Vergrößerung des materiellen Reichtums auf ein Niveau, das kein anderes Wirtschaftssystem der Geschichte bisher erreicht hat.

Der Prozess der Kommodifizierung, der mit der Vermarktung von Gebrauchswerten als Tauschwerte einhergeht, ist noch nicht abgeschlossen. Im Gegenteil, unter den gegenwärtigen Bedingungen der neoliberalen Globalisierung schreitet er auf verschiedenen Ebenen munter voran. Haben wir seit dem Zusammenbruch des sozialistischen Lagers unter der Führung der Sowjetunion den Vormarsch des kapitalistischen Systems in Osteuropa gesehen, wobei ganze Volkswirtschaften zur sich selbst regulierenden Marktwirtschaft übergingen, sind wir auch innerhalb der „alten" EU-Mitgliedsstaaten Zeugen der so genannten Deregulierung, die staatliche Produktionsbetriebe und Dienstleistungsprovider in Privathand entlässt. Vormals im Rahmen des Wohlfahrtsstaats von staatlichen oder para-staatlichen Organisationen geleistete Dienste werden in private Unternehmen ausgegliedert und kostenpflichtig über den Markt angeboten. Auf internationaler Ebene existiert seit Januar 1995 das All-

---

[17] Dazu zählt nicht nur das englische Speenhamlandgesetz aus dem Jahr 1795, das – gleichsam ein Vorläufer des derzeit diskutierten Grundeinkommens und des Kombilohnsystems – eine Aufstockung der vom Markt diktierten allzu niedrigen Löhne der Arbeiter auf dem Lande beschloss, um deren Verelendung und die Abwanderung in die Städte zu verhindern. Die sozialistischen Wirtschaften des 20. Jahrhunderts unterwarfen die Güter- und Geldmärkte einer rigiden Planung und eliminierten den Arbeitsmarkt vollständig. Auch die nationalsozialistischen Regimes versuchten unter einem faschistischen Führer, mittels diktatorischer Maßnahmen eine Gegenposition zu den Fehlfunktionen der sich angeblich selbst regulierenden Marktwirtschaft zu errichten. All diese Versuche brachten bisher (noch) nicht den gewünschten Erfolg einer humanen und effektiven Gesellschaft.

gemeine Abkommen über den Handel mit Dienstleistungen, das seither im Rahmen der *World Trade Organisation (WTO)* laufend weiterverhandelt wird.[18] Diese ist für die Verwaltung von GATS zuständig.[19] Im Rahmen von GATS ist angestrebt, alle derzeit noch öffentlichen bzw. staatlich regulierten Dienste zu privatisieren und der internationalen Konkurrenz auszusetzen. Dieses Abkommen ist ein wichtiger Bestandteil des Globalisierungsprozesses, soll es doch die Märkte der Mitgliedsländer für ausländische Dienstleistungen öffnen. Zu den betroffenen Bereichen zählen das Gesundheitswesen, die Post, das Baugewerbe, die sozialen Dienste, aber allen voran das Bildungswesen. Seine Leistungen könnten zu international vermarkteten Waren werden.

Staatliche Organe würden bei Inkrafttreten der Liberalisierung des Bildungswesens *bei Strafe* auf das Recht verzichten, in diesen Bereich regulierend einzugreifen. Es ist zu befürchten, dass viele Sektoren, die bisher staatlich über Steuern bzw. Sozialversicherungsbeiträge finanziert waren und deren Leistungen als Recht den Bürgern eines Landes zu Verfügung standen, immer mehr durch Angebote meist ausländischer Bildungseinrichtungen ausgehöhlt werden. Dann können die Leistungen nur noch von Personen in Anspruch genommen werden, die über die nötigen finanziellen Mittel verfügen, die Angebote aus der eigenen Tasche zu bezahlen. Auf diese Weise würde sich einmal mehr der Staat aus seiner Verantwortung für die Bürger verabschieden und dem Markt Platz machen. Bildung würde dadurch nur noch für jene zugänglich, die es sich leisten können. Ferner besteht die Gefahr, dass die Standards und Inhalte für die Bildung nicht mehr im Inland, sondern von ausländischen Institutionen, tatsächlich meist von multinationalen Konzernen bestimmt werden, deren Interessen nicht in Übereinstimmung mit denen des eigenen Landes sein müssen.[20]

Es sieht so aus, als ob über GATS und eine Ausweitung der Intellectual-Property–Rights nun auch der Bereich Wissen, der in der heutigen Informationsgesellschaft als einer der wichtigsten Inputfaktoren der Produktion zählt, genauso wie bereits vorher Geld, Grund und Boden und Arbeit, dem Markt unterworfen werden sollte. Diesen Prozess sollte man genau verfolgen, analysieren und eventuell auf seine potentiell schädlichen Folgen für die Allgemeinheit aufmerksam machen.

---

18 Vgl. http://www.wto.org/english/tratop_e/serv_e/gatsfacts1004_e.pdf [31.Aug 2004]. Es scheint interessant, anzuführen, dass derzeit die EU mit 23,8 % (im Jahr 2000) den größten Anteil an den Weltdienstleistungsexporten hält, vor den USA mit 21,2 %. Siehe http://europa.eu.int/comm/trade/icentre/publications/ww_730de.pdf, S. 12 [31. Aug 2004].
19 GATT, die Vorgängerin der WTO, war noch an die Vereinten Nationen angebunden. Die WTO ist von den UN unabhängig, sie zählt 147 Staaten zu ihren Mitgliedern. Generell werden bei dem *General Agreement on Trade of Services (GATS)* Mängel in der Transparenz der Verhandlungen festgestellt. Sogar die EU bemüht sich um Verbesserungen in dieser Hinsicht. Siehe http://europa.eu.int/comm/trade/icentre/publications/ww_730de.pdf, S. 12.
20 GATS – Bildung wird zur Ware. Dresden (Schriftenreihe des AStA der Evangelischen Hochschule für Soziale Arbeit). Siehe http://www.ehs-asta.de/_themen/solis/gats-fluggi-ehs-07-2002.PDF.

5 Freie Arbeit?

Bisher haben wir uns mit der ersten Freiheit von Open Source und Free Software, der Freiheit des Produkts, auseinandergesetzt. Nun soll die zweite Freiheit, die Freiheit der Herstellung von Software, insbesondere die Freiheit der Arbeit, diskutiert werden. Es wäre sicher für die Gesellschaft und die Entwicklungspotenziale der Kultur in ihr von Vorteil, wenn Software nicht nur den Prinzipien von Copyleft folgt, sondern auch für alle Menschen, egal wie viel Geld ihnen zur Verfügung steht, zugänglich gemacht werden könnte. Wird Software gratis über das Internet verfügbar, könnten die Entwickler freier Software aber ihren Lebensunterhalt nicht daraus bestreiten. Wie kommen sie dann zu Einkünften?

Generell wird von der Mehrheit der Menschen anerkannt, dass Intellectual-Property-Rights nur dazu notwendig sind, dass die Schöpfer des geistigen Eigentums finanziell für ihre intellektuelle Leistung entschädigt werden und ein hinreichend hohes Einkommen beziehen können. Wir haben schon gesehen, dass Urheberrechte und Copyrights sich im Lauf der Zeit von dieser Funktion weit entfernt haben. Die Einkünfte gehen mehrheitlich an große Unternehmen, und der ursprüngliche Zweck, die Menschen zu vermehrter Kreativität anzuspornen, wird immer nebensächlicher. Nun stellt sich die Frage, ob die Intellectual-Property-Rights die einzige Möglichkeit zur Generierung von Einkommen darstellen oder ob nicht noch andere Mechanismen vorhanden wären. Meiner Meinung nach gibt es durchaus weitere Varianten der Remuneration von kreativen und intellektuellen Leistungen. Zwei davon sollen kurz angesprochen werden: das (bedingungslose) Grundeinkommen und das Modell der Verwertungsgesellschaften. Alternative Modelle müssten im gegenwärtigen ökonomischen und rechtlichen Umfeld funktionieren können und eine angemessene finanzielle Kompensation für die tatsächlich kreativen Menschen erbringen, gleichzeitig sollten sie aber die schöpferischen und innovativen Möglichkeiten nicht einschränken, sondern fördern und all das ohne hohen administrativen Aufwand. Dazu wäre eine Entkopplung der Nutzung des einzelnen schöpferischen Produkts und seiner monetären Kompensation sehr hilfreich. Eine Pauschalierung der Zahlungen würde die Transaktionskosten bei Nutzung von Wissensgütern oder künstlerischen Werken wesentlich senken.

5.1 Grundeinkommen

Ein Grundeinkommen würde alle diese Wünsche erfüllen. Niemand müsste mehr für die Rechte der Nutzung von digitalen Gütern einzeln bezahlen. Die Registrierung der Ansprüche und ihre monetäre Kompensation könnten unterbleiben. Für die Einführung eines Grundeinkommens gibt es auch gute Argumente: Die Produktivität der Arbeit nimmt bei intakter Kreativität der Menschen nicht nur immer weiter zu, sondern ändert auch ihre Qualität. Es geht nicht mehr nur um die einzelnen Arbeitenden und deren Kenntnisse, Fähigkeiten und Fertigkeiten, die sie an Maschinen einsetzen und damit auch nicht mehr um die unmittelbare Arbeitszeit, die benötigt wird, um den materiellen Reichtum zu erzeugen, sondern es geht um Allgemeineres: Der Stand von Wissenschaft und Technik rückt so weit vor, dass der dressierte Naturprozess den Vorschriften der Menschen entsprechend alles hervorbringt, was die Menschen benötigen. Der Reichtum wird nicht mehr durch die direkt geleistete Arbeitszeit bestimmt, sondern durch verstärktes Studium der Gesetzmäßigkeiten der Natur und der Gesellschaft und ihrer intelligenten Anwendung, also durch allgemeine Arbeit, die vor allem in Forschung und Entwicklung geleistet wird und sich in neuen Technologien niederschlägt (Marx 1974, S. 592–593). Schon bei den Utopischen Sozialisten, dann später in Österreich und dem Deutschen Reich zu Beginn des vergangenen Jahrhunderts haben sich Wissenschaftler und Politiker zu Wort gemeldet,[21] die aus sozialen Gründen einer breiteren Streuung des Nationalreichtums das Wort geredet haben. Mit einem Grundeinkommen würde schließlich der Weg frei zu wirklich doppelt freier Software. Es würde die materielle Basis der einzelnen Menschen so absichern, dass keine Notwendigkeit mehr besteht, für einzelne Produkte der Kreativität direkt zu bezahlen. Ohne Preisschranken und ohne den außerordentlich langen Schutz des geistigen Eigentums könnte die Nutzung der vorgefundenen kulturellen Produktion für weitere schöpferische Leistungen wesentlich einfacher werden und zu höherer Innovationskraft und reicherer künstlerischer und wissenschaftlicher Tätigkeit führen.

Auf die Finanzierung des Grundeinkommens, ob über eine Neustrukturierung aller Sozialleistungen oder über innovative Formen der Besteuerung (z. B. über die Tobin–Steuer[22], eine Devisenumsatzsteuer auf Geldwechselgeschäfte), kann hier nicht weiter eingegangen werden. Tatsache ist, dass immer mehr (meist kleinere) politische Parteien und andere NGOs die Einführung eines Grundeinkommens fordern. Allerdings zeigt das Beispiel der Speenhamlandgesetze[23], dass man ganz genau analysieren sollte, ob sich heute die negativen Effekte, die in der ersten Hälfte des 19. Jahrhunderts zum Ende des Kombinationslohnsystems geführt haben, wirklich vermeiden lassen könnten.

5.2 Verwertungsgesellschaften

Ein wesentlich weniger spektakulärer Weg bestünde darin, nicht die gesamte Bürgerschaft eines Landes in das Grundeinkommen einzubeziehen, sondern nur diejenigen Menschen zu entschädigen, die bereits schöpferische Leistungen produziert haben. Das Modell der Verwertungsgesellschaften könnte ausgedehnt und verallgemeinert

---

21 Siehe dazu etwa Popper-Lynkeus (1912), Neurath (1920) und Ballod (1920).
22 Die Tobin-Steuer hätte positive synergetische Effekte: Sie würde Finanzspekulationen auf Renditen durch Wechselkursschwankungen weniger attraktiv machen und damit die Überliquidität der Devisenmärkte abbauen. Täglich werden über 1 400 Milliarden $ umgesetzt. Mehr als 80 % der Finanzoperationen haben eine Laufzeit von weniger als 7 Tagen und besitzen daher keine realwirtschaftliche Basis. Siehe http://www.attac.de/tobin/index.php.
23 Siehe hierzu Anmerkungen in der Fußnote 17.

werden, wie es für Teilbereiche bereits jetzt in Deutschland[24] oder in Österreich[25] in Kraft ist. Die größte Urheberrechtsgesellschaft Österreichs dieser Art heißt AKM (voller offizieller Wortlaut: Staatlich genehmigte Gesellschaft der Autoren, Komponisten und Musikverleger). Sie ist als Genossenschaft mit beschränkter Haftung registriert. Das Kürzel steht gleichzeitig auch für die Gesellschaft, zu der sich die Autoren, Komponisten und Musikverleger bereits vor mehr als 100 Jahren (1897) zusammengeschlossen haben. Überall, wo urheberrechtlich geschützte Musik in Österreich öffentlich aufgeführt wird, ob im Konzertsaal, in der Diskothek, im Supermarkt, in Gaststätten oder sonstwo, ob live, mittels Tonträgern oder sonstwie, trägt die AKM dafür Sorge, dass die Veranstalter dieser Aufführungen eine Aufführungslizenz von ihr erwerben und das entsprechende Aufführungsentgelt an sie zahlen. Darüber hinaus hebt sie im Aufführungsbereich die Nutzungsentgelte für andere österreichische Verwertungsgesellschaften[26] mit ein. Die Höhe des Nutzungsentgeltes ist in Gesamt- bzw. Rahmenverträgen mit „Nutzerorganisationen" (z. B. Veranstalterverband Österreich, Fachverband der Lichtspieltheater) vereinbart bzw. tariflich festgelegt.

Es wäre zu überlegen, ob nicht eine neu zu gründende Verwertungsgesellschaft auf EU-Ebene nach und nach alle mit Intellectual-Property-Rights versehenen digitalen Inhalte pauschal auf der Basis von angemeldeten Ansprüchen abfertigen und auf Creative-Commons-Lizenzen umstellen könnte.[27] Ich zitiere zustimmend aus dem Blog von Lawrence Lessig:[28]

> „The government would raise the money necessary to compensate copyright owners through a tax – most likely, a tax on the devices and services that consumers use to gain access to digital entertainment. Using techniques pioneered by television rating services and performing rights organizations, a government agency would estimate the frequency with which each song and film was listened to or watched. The tax revenues would then be distributed to copyright owners in proportion to the rates with which their registered works were being consumed. Once this alternative regime were in place, copyright law would be reformed to eliminate most of the current prohibitions on the unauthorized reproduction and use of published recorded music and films."

---

24 Z. B. Gesellschaft für musikalische Aufführungs- und mechanische Vervielfältigungsrechte (GEMA); Gesellschaft zur Verwertung von Leistungsschutzrechten mbH (GVL); Verwertungsgesellschaft Wort (VG Wort); Verwertungsgesellschaft Bild-Kunst (VG Bild-Kunst); Verwertungsgesellschaft Musikedition (VG Musikedition). Siehe auch http://de.wikipedia.org/wiki/Verwertungsgesellschaft.
25 Verwertungsgesellschaften in Österreich findet man unter http://www.vdfs.at/deutsch/links.html.
26 Austromechana (AUME); Literarische Verwertungsgesellschaft (LVG); Literar Mechana (LIME); Wahrnehmung von Leistungsschutzrechten GesmbH (LSG);Verwertungsgesellschaft für Bild und Ton(VBT).
27 Die Details müssten gründlich überlegt werden, vor allem, wie die Institution aussehen und wie die Finanzierung und Abgeltung von Rechten (auch international) im Einzelnen gestaltet werden könnten.
28 Ich bin Maik Engelhardt zu Dank verpflichtet, der mich auf ähnliche Überlegungen von Lawrence Lessig aufmerksam gemacht hat, die sich allerdings nicht auf die EU beziehen. Siehe http://www.lessig.org/blog/archives/002247.shtml.

Die Finanzierung würde aus einem Preisaufschlag auf alle Geräte erfolgen, die digitale Inhalte downloaden oder wiedergeben können.[29] Damit könnte man die eingeschränkte Zugänglichkeit zu digitalen Inhalten und geistigem Eigentum ausweiten und nicht nur der Softwareentwicklung die zwei Freiheiten einräumen, die für die Anwendung und Entfaltung schöpferischer Kräfte so förderlich wären.

6 Fazit

Die gemeinsamen Hoffnungen der *Free Software Foundation* und der *Open Source Initiative* auf eine doppelte Freiheit der Softwareproduktion bleiben vergeblich, wenn sie letztlich nicht durch einen alternativen finanziellen Kompensationsmechanismus für die Programmentwickler abgesichert werden. Dabei stellt Software nur einen Teil der auf intellektueller Kreativität beruhenden Wissensgüter dar. Die meisten Prozesse und Ergebnisse menschlicher Schaffenskraft auf den Gebieten von Wissenschaft und Kunst lassen sich durch neue Technologien auf einfache und billige Art in vergegenständlichte Artefakte, digitale Texte, Bilder, Musik oder Videos verwandeln. Zum Unterschied von stofflichen Produkten existiert bei digitalen Artefakten das Problem der Knappheit praktisch nicht, da digitale Medien kostengünstige Vervielfältigung und Verteilung erlauben. In der Praxis erzeugen aber geistige Eigentumsrechte einen künstlichen Mangel, der technisch gesehen gar nicht mehr vorhanden ist. Damit bleibt zu befürchten, dass die kulturelle Weiterentwicklung gehemmt und gebremst wird, die ja immer auf den Ergebnissen der Vorgängerinnen und Vorgänger aufbaut. Neue Regelungen der Eigentumsrechte über z. B. Creative-Commons-Lizenzen hätten eine befreiende Wirkung auf die Kulturproduktion und würden auf einen Schlag allen Bürgern den Zugang zu einer Fülle an kreativen Leistungen erlauben. Aber erst alternative Kompensationsmodelle, die nicht an der Kostenpflichtigkeit des einzelnen Wissensgutes angebunden sind, sondern über pauschale Preisaufschläge oder aus dem Steuertopf finanziert werden, könnten den Lebensunterhalt nicht nur für Softwareentwickler, sondern auch für schöpferisch produktive Künstler, Schriftsteller und Wissenschaftler sicherstellen.

Literatur

Aristoteles (1988), Politik, *in* 'Philosophen Lesebuch', Band 1, Dietz Verlag, Berlin. Originaltitel „Die politischen Dinge", geschrieben 335–323 v. Chr.

---

29 Glücklicherweise bin ich nicht der Einzige, der solche Vorschläge an die Europäische Union richtet. Siehe etwa die „Berlin Declaration on Collectively Managed Online Rights: Compensation without Control" der Redner der Konferenz „Wizards of OS. The Future of the Digital Commons" vom 21. Juni 2004. Sie wurde auch von Lawrence Lessig unterzeichnet. Siehe dazu http://europa.eu.int/comm/internal_market/copyright/docs/management/consultation-rights-management/berlindeclaration_en.pdf und http://wizards-of-os.org.

Ballod, K. (1920), *Der Zukunftsstaat – Produktion und Konsum im Sozialstaat*, Dietz Verlag, Stuttgart.

Dean, K. (2005), 'Keeping Up With Uncle Sam', *Wired*. http://www.wired.com/news/digiwood/0,1412,67783,00.html [01. Feb 2006].

Ghosh, R. A., Glott, R., Krieger, B. und Robles, G. (2002), 'Free/Libre and Open Source Software: Survey and Study FLOSS Deliverable D18: Final Report Part IV: Survey of Developers'. http://www.infonomics.nl/FLOSS/report/Final4.htm [22. Jan 2006].

Lessig, L. (2004), *Free Culture – How Big Media Uses Technology and the Law to Lock Down Culture and Control Creativity*, Penguin Press, New York.

Marx, K. (1962), *Das Kapital*, Vol. 23 of *K. Marx und F. Engels – Werke*, Dietz Verlag, Berlin.

Marx, K. (1974), *Grundrisse der Kritik der Politischen Ökonomie (Rohentwurf 1857-1858)*, Dietz Verlag, Berlin.

Meretz, S. und Hipp, M. (2005), 'Management Freier Software-Projekte: Am Beispiel von union.cms'. http://dritte.oekonux-konferenz.de/programm/db/ox_event_04.html [16. Jan 2006].

Merten, S. und Meretz, S. (2005), Freie Software und Freie Gesellschaft, *in* B. Lutterbeck, R. A. Gehring und M. Bärwolff (Hrsg.), 'Open Source Jahrbuch 2005 – Zwischen Softwareentwicklung und Gesellschaftsmodell', Lehmanns Media, Berlin, S. 293–309. http://www.opensourcejahrbuch.de/2005/ [02. Feb 2005].

Microsoft (2004), 'MSFT Annual Report, Financial Review, Discussion and Analysis – Results of Operations for 2002, 2003, and 2004'. http://www.microsoft.com/msft/ar04/nonflash/10k_fr_da.html [02. Feb 2006].

Neurath, O. (1920), *Wirtschaftsplan und Naturalrechnung – Vollsozialisierung*, Verlag Eugen Diederichs, Jena.

Perens, B. (1999), The Open Source Definition, *in* C. DiBona, S. Ockman und M. Stone (Hrsg.), 'Open Sources – Voices from the Open Source Revolution', O'Reilly, Cambridge.

Polanyi, K. (1957), *The Great Transformation – The Political and Economic Origins of our Time*, Beacon Press, Boston, USA.

Popper-Lynkeus, J. (1912), *Die allgemeine Nährpflicht als Lösung der sozialen Frage*, Verlag Carl Reißner, Dresden.

Smith, A. (1999), *Der Wohlstand der Nationen*, Erstes Buch, dtv, München. Das Werk wurde erstmals in England als *The Wealth of Nations* im Jahre 1776 veröffentlicht.

Stallman, R. (1999), The GNU Operating System and the Free Software Movement, *in* C. DiBona, S. Ockman und M. Stone (Hrsg.), 'Open Sources – Voices from the Open Source Revolution', O'Reilly, Cambridge, MA, USA.

Stallman, R. (2002), Why "Free Software" is Better Than "Open Source", *in* J. Gay (Hrsg.), 'Free Software, Free Society: Selected Essays of Richard M. Stallman', GNU Press, Free Software Foundation, Boston, USA. http://www.gnu.org/doc/book13.html.

Eine freie (befreite) Kultur für den Remix*

LAWRENCE LESSIG**

(CC-Lizenz siehe Seite 499)

Die Regulierung von Technologien entscheidet mit über deren Erfolg oder Misserfolg am Markt. Das Copyright hat in den vergangenen 200 Jahren wesentlichen Einfluss auf die Technologiegestaltung gewonnen. Zunehmend weniger gelingt es dem Gesetzgeber, mit der technischen Entwicklung Schritt zu halten. Die Auslegung der Copyright-Bestimmungen hat sich immer weiter vom ursprünglichen Zweck des Gesetzes entfernt und erfasst immer mehr Bereiche, die zuvor unreguliert waren. Damit verbunden sind erhebliche Opportunitätskosten, die zu Verlusten an kreativen Ausdrucksformen führen. Besonders betroffen ist die Remix-Kultur, in der aus Versatzstücken existierender Kultur Neues geschaffen wird. Remixen ist weitgehend illegal, obwohl es in vielen Fällen mit der ursprünglichen Absicht des Copyrights verträglich ist. Der Autor argumentiert, dass die kulturellen Verluste der Gesellschaft derart hoch sind, dass es Zeit ist, das effektiv bestehende Remix-Verbot aufzuheben und durch ein nutzungsabhängiges Vergütungssystem zu ersetzen. Er stellt Ansätze aus dem privaten Bereich vor, wie die Creative-Commons–Initiative, und befürwortet entsprechende Gesetzesänderungen.

Schlüsselwörter: Copyright · Creative Commons · Opportunitätskosten · Remix-Kultur · geistiges Eigentum

Der Technologie verdankt unsere Gesellschaft ein großes Potential. Ich sage: Das Recht bedroht dieses Potential. Meine Argumentation beginne ich mit einigen Geschichten.

---

* Aus dem Englischen übersetzt von Robert A. Gehring.
** Dank an Darien Shanske für die ausgezeichnete Forschungsarbeit. Viele der hier dargestellten Argumente werden gründlicher diskutiert in Lessig (2006).

Lawrence Lessig

1 Photographie und das Recht am Bild

Im Jahr 1839 schuf Louis Daguerre die *Daguerreotypie*, eine Technik zur Herstellung von Lichtbildern. Die Technik war teuer und umständlich, entsprechend winzig der Markt für Photographie. Später, 1888, erfand George Eastman die Kodak-Kamera: eine einfache und preisgünstige Technik für das Photographieren, die Verbraucher statt Profis ansprach. In der Folge wuchs der Markt für Photographie rasant und dieser Markt schloss natürlich Kodak-Kameras mit ein. Doch mit der Ausbreitung der Technik wurden ebenso andere Kameras gehandelt sowie Filme, Photoalben, Kameraleuchten und alles, was sonst noch zum Photographieren benötigt wurde.

Ungefähr zu der Zeit, als Eastman seine einfache Kameratechnik erfand, waren die Gerichte in den Vereinigten Staaten und anderswo damit beschäftigt, eine Frage zu beantworten, die Eastmans Technik ziemlich direkt beeinflussen würde: Muss ein Photograph sich eine Erlaubnis holen, bevor er jemand ablichtet und dessen Bild verwendet? Für manche handelte es sich bei dieser Frage durchaus nicht um eine Marginalie; sie glaubten, dass sie um ihre Seele gebracht würden, wenn man sie ohne ihre Erlaubnis abbildete. Doch den meisten ging es einfach um den Schutz der Privatsphäre. Trotzdem beeilten sich die Gerichte, diese Frage gegen die Interessen der Menschen zu entscheiden, deren Bild gemacht wurde. Mit Ausnahme von konkreten Bestimmungen zum Schutz der Privatsphäre oder, später, von solchen für die öffentliche Berichterstattung, waren Abbildungen in den Vereinigten Staaten frei. Jedermann war frei, von jemand anderem ein Bild anzufertigen und zu kopieren, ohne dafür eine Erlaubnis einzuholen.

Das war einer der Gründe dafür, dass der Markt für Photographie derart explodierte. Wir könnten uns probehalber einmal vorstellen, wie die Dinge gelaufen wären, hätte das Recht den anderen Weg eingeschlagen; hätte die Regel verlangt, vor Anfertigung von Bild und Kopie eine Erlaubnis einzuholen; hätte eine weitere Regel von Geschäften gefordert, sich eine Genehmigung für die Originalabbildung zeigen zu lassen, bevor sie Reproduktionen anfertigen. (Eine solche Regel hätte all jene Bestimmungen auf die Photographie angewandt, die im Copyright existierten – aber das wird natürlich die Pointe der Geschichte sein.) Wir können uns solche Bestimmungen vorstellen und uns ausmalen, was die Folgen gewesen wären: Der Markt wäre nicht explodiert, wie er es nach 1888 tat, der Markt wäre gekrochen. Sicher wäre er gewachsen, aber nie so schnell. Sicher wäre er größer geworden, aber nie wäre er zu dem Verbrauchermarkt geworden, den wir kennen. Sicher hätte es die *Photographie* gegeben, aber nie wäre sie zu einem so weit verbreiteten und unverzichtbaren Bestandteil des sozialen Lebens geworden. Und auf keinen Fall hätte sie ein so großes Wirtschaftswachstum hervorgerufen, wie es zu verzeichnen war. Die Genehmigungsbestimmungen – denken Sie sich einen *Daguerre Machine Control Act* – hätten einen erheblichen Teil des tatsächlichen Wachstums blockiert.

2 Malerei und das Recht am Bild

Ein hypothetisches Szenario beleuchtet denselben Punkt ein wenig unterschiedlich.

Stellen Sie sich vor, dass im Zeitalter der Porträtmalerei ein Gesetz verlangt hätte, dass jeder Künstler, der jemandes Porträt malt, zuerst von dieser Person eine schriftliche Genehmigung dafür einholt, auf welche Art und Weise das Porträt verwendet werden dürfte. Wir können uns vorstellen, dass eine solche Genehmigung ganz einfach erteilt worden wäre: Alle Beteiligten hätten ein Formular unterschrieben, bevor die Arbeit am Porträt begonnen hätte. Gemessen an der Zeit, die es braucht, ein Porträt zu malen, wäre das kein großer Aufwand gewesen. Allerdings drohte das Gesetz eine schwere Strafe an, falls diese Regel verletzt würde.

Und nun stellen Sie sich vor, dass die Photographie ins Spiel kommt – eine einfache, schnelle, preisgünstige Technik, um das Porträt einer Person oder etwas anderes aufzunehmen. Wie wäre das Porträt-nur-mit-schriftlicher-Genehmigung-Gesetz auf diese neue Technik anzuwenden? Wie auch immer die Antwort auf diese normative Frage ausfallen würde, können wir eines mit ziemlicher Sicherheit vorhersagen: Wäre das Porträt-nur-mit-schriftlicher-Genehmigung-Gesetz auch auf die Photographie angewandt worden, wäre das Wachstum der Photographie stark gebremst worden – verglichen mit einer Welt ohne ein solches Gesetz.

3 Änderung des Copyright-Gesetzes und die Konsequenzen

Das Copyright-Gesetz in den Vereinigten Staaten hat in seiner über 215-jährigen Geschichte wesentliche Änderungen erfahren. Wir können diese Änderungen verstehen, wenn wir sie in den zwei Dimensionen abbilden, entlang derer das Gesetz verändert worden ist: erstens entlang der Unterscheidung zwischen kommerzieller und nicht-kommerzieller Verwendung kreativer Werke; zweitens im Hinblick auf die Unterscheidung zwischen der Publikation eines Werkes und seiner Bearbeitung. Wenn wir diese zwei Dimensionen abbilden, erhalten wir die folgende Darstellung (Tabelle 1).

	Veröffentlichung	Bearbeitung
kommerziell	(1)	(2)
nicht-kommerziell	(3)	(4)

Tabelle 1: Dimensionen des Copyright-Gesetzes

Die US-amerikanische Bundesgesetzgebung zum Copyright begann im Jahr 1790 damit, (1) in obiger Darstellung zu regulieren, (2) bis (4) blieben unkontrolliert. Im kommerziellen Verlagswesen war man im Jahr 1790 geschützt vor konkurrierenden Verlegern. Ein Buch konnte ohne Erlaubnis des Copyright-Halters nicht „wiederveröffentlicht" werden. Um solchen Schutz zu erlangen, musste ein Verleger ein Werk anmelden. Diese Registrierung war mühsam und nicht kostenlos; sie schuf den Unterschied zwischen „kommerzieller" und „nicht-kommerzieller" Verwendung in dem Sinne, den ich meine.[1]

	Veröffentlichung	Bearbeitung
kommerziell	©	frei
nicht-kommerziell	frei	frei

Tabelle 2: US-Copyright-Gesetz von 1790

Im 19. Jahrhundert wurde Tabelle 2 nur in einer Hinsicht geändert: Bearbeitungen wurden in den Bereich der vom Copyright geschützten Exklusivrechte aufgenommen. Kürzungen, Übersetzungen und Adaptionen wurden alle exklusiv durch das Copyright geschützt. Doch weil der Schutz auf jene beschränkt wurde, die Werke anmeldeten, wirkte sich die Regulierung nur auf kommerzielle Werke aus (Tabelle 3).

	Veröffentlichung	Bearbeitung
kommerziell	©	©
nicht-kommerziell	frei	frei

Tabelle 3: US-Copyright-Gesetz nach verschiedenen Änderungen im 19. Jh.

Jedoch änderte sich die Dynamik dieser Regulierungsarchitektur ziemlich dramatisch im Jahr 1909. Durch eine kleine Änderung wurde, ohne das beabsichtigt zu haben, die Dynamik der Copyright-Regulierung gravierend verändert: Statt für das „Veröffentlichen" galt das Gesetz von da an für das „Kopieren". Aus dem Bericht zum Gesetzgebungsverfahren geht klar hervor, dass wirkliche Veränderungen der Praxis nicht beabsichtigt waren. Zu jener Zeit wurden nun mal dieselben Technologien für das „Veröffentlichen" wie für das „Kopieren" genutzt. Nichtsdestoweniger bedeutete die Änderung, dass sich mit Entwicklungen im Bereich der Kopiertechnologie auch der Geltungsbereich des Gesetzes ändern würde.

Als in den frühen 1970er Jahren die Xerographie es plötzlich einfach machte, eine urheberrechtlich geschützte Arbeit zu „kopieren", wurde das Gesetz so ausgelegt, dass es das „Kopieren" regulieren würde – egal ob eine Kopie für kommerzielle oder nicht-kommerzielle Zwecke angefertigt wurde. Dies stimmte zwar mit der wörtlichen

---

1 Offensichtlich wurden viele von den „nicht-kommerziellen" Inhalten kommerziell verwendet. Aber es brauchte nicht den Monopolschutz des Copyrights, um die kommerziellen Interessen zu realisieren.

Bedeutung des Gesetzes überein, war aber weit entfernt von der ursprünglichen Bedeutung der Copyright-Regulierung (vgl. Goldstein 1994).

	Veröffentlichung	Bearbeitung
kommerziell	©	©
nicht-kommerziell	©	frei

Tabelle 4: US-Copyright-Gesetz von 1976

Aber immer noch blieb die nicht-kommerzielle Bearbeitung durch das Copyright geschützter Werke im Wesentlichen unreguliert, wenigstens in dem Maße, wie diese Bearbeitung ohne Technik erfolgte (Tabelle 4). Die Geschichte eines Films nacherzählen; ein soeben gehörtes Lied rezensieren; für Freunde eine witzige Szene aus einer Situationskomödie nachspielen – solcher Remix von Kultur blieb frei.

Diese Remixe konnten wegen einer spezifischen Eigenschaft der Copyright-Architektur frei bleiben: Die Kernbestimmungen gelten für das Kopieren, und Remixen ohne Technik produziert keine Kopien. Natürlich gibt es Ausnahmen. Sie müssen nichts kopieren, um ein Werk öffentlich auszuführen, und trotzdem ist die öffentliche Aufführung vom Copyright exklusiv geschützt.[2] Aber nochmals: Im Zentrum der Copyright-Bestimmungen steht das Kopieren, und Remixen ohne Technik produziert keine Kopien.

In Anbetracht des Verlaufs der Geschichte und der genannten Änderungen sollte man immer fragen, ob Bestimmungen, die kreative Aktivitäten regulieren, weiterhin den ursprünglichen Zweck des Copyright-Gesetzes erfüllen. Mit anderen Worten: Sollten Anwälte in den Bereichen (1) bis (4) eine Rolle zu spielen haben? Ohne Zweifel wird die Antwort in vielen Fällen ein *Ja* sei. Viele kommerzielle Publikationen wären ohne Copyright als Regulationsinstrument nicht möglich. In diesem Kontext machen die Regeln Sinn. Und, wenn Sie bei Bearbeitung an die Verfilmung eines Buches denken, dann haben exklusive Rechte ihre Berechtigung. Es ist plausibel (aber keineswegs unbestritten), dass ein exklusives Recht manche Formen kreativer Remixe überhaupt erst ermöglicht. Wenn ein Filmstudio groß investiert und das Risiko eingeht, *Herr der Ringe* oder *Spiderman* zu adaptieren, dann ist es gut möglich, dass es ohne exklusive Rechte nicht in der Lage wäre, seine Investitionen zu amortisieren (was kein Hindernis für den Film *Troja* darstellte, obwohl er einem Nachfolgewettbewerb ausgesetzt ist).

Stellt man die Frage nach exklusiven Rechten außerhalb des Kontextes kommerzieller Verwertung, dann wird die Rechtfertigung für die Regulierung schwächer, zumal wenn man sie gegen die Meinungsfreiheit abwägt (vgl. Rubenfeld 2002). Zweifelsohne haben manche nicht-kommerzielle Kopien kommerzielle Auswirkungen – aber

---

2 Vergleiche U.S. Congress (2000), § 106 (4)-(6).

nicht alle. Warum müssen dann alle Kopien reguliert werden? Und mag auch manche nicht-kommerzielle Bearbeitung kommerzielle Auswirkungen haben, so ist dieser Effekt bestimmt nicht sehr groß. Es leuchtet ein, dass die negativen Effekte von den positiven überwogen werden.

Und, selbst wenn wir die Frage nach exklusiven Rechten innerhalb des kommerziellen Kontextes stellen, hängt die Antwort über den geeigneten Regelungsmix von der vorhandenen Technologie und ihrer Weiterentwicklung ab. Einst notwendige Regulierung wird in der Zukunft überflüssig und einst unnötige Regulierung wird später unverzichtbar.

Formeller dargestellt, geht es um folgenden Punkt: Das Copyright stiftet Nutzen, indem Anreize geschaffen werden, etwas zu produzieren, die sonst nicht existieren würden. Aber damit sind auch Kosten verbunden. Die Beschränkungen durch das Copyright stellen Opportunitätskosten dar, die jene zu tragen haben, die ohne Copyright mit kreativem Material nach Belieben verfahren könnten. In der Folge werden einige Werke nicht geschaffen werden.

Opportunitätskosten ändern sich mit der technologischen Entwicklung. In der Welt der genehmigungspflichtigen Porträtmalerei fallen diese Kosten geringer aus als in der Welt von Kodak. Die Opportunitätskosten einer Regulierungsmaßnahme hängen davon ab, welche Freiräume sie bestehen lässt. Was innerhalb der Freiräume getan werden kann, hängt vom zeitgenössischen Stand der Technologie ab. Mit dem technologischen Fortschritt steigen somit die Kosten jeder gegebenen Nutzungsbeschränkung.

Nehmen Sie zum Beispiel die explosionsartige Ausbreitung von Remix-Videos wie wir sie im Jahr 2003 beobachten konnten. Immer mehr Leute beherrschen die Digitaltechnik, was dazu geführt hat, dass im Internet viele kritische Kommentare als Video veröffentlicht wurden; waren die meisten scheußlich, gab es darunter auch echte Perlen. Mein Lieblingsvideo ist eine Montage von Präsident Bush und Premierminister Blair, die mit Lionel Richies „Endless Love" synchronisiert wurden – und so gut synchronisiert, dass es scheint, als ob der Präsident (mit schöner Tenorstimme) und der Premierminister (mit einem schrägen Falsett) das Lied tatsächlich zusammen singen würden.[3] Die subtile und doch starke Botschaft, die dieses Video vermittelt, ist nur durch die Remix-Fähigkeiten der Digitaltechnik möglich. Und solche Technik ist zunehmend allgegenwärtig. Jeder mit Zugang zu einem 2 000-Dollar-Computer kann diese Ausdrucksformen remixen und jeder mit Internetzugang kann die Resultate buchstäblich mit Millionen in aller Welt teilen.

Das Potential dieser Technologie ist außergewöhnlich; ihr künstlerisches Potential ist offensichtlich; ihr politisches Potential erahnen wir erst. Neu ist nicht, dass Kultur jetzt remixt wird – das hat man schon immer gemacht. Neu ist, wie dieses Remix-Potential heutzutage durch die Technik verstärkt wird. Wir haben immer schon die Gelegenheit gehabt, den Präsidenten zu parodieren. Wir führen diese Parodie unseren Freunden vor und wenn sie äußerst gut gelungen ist, kann es geschehen, dass

---

[3] Johan Soderberg, Bush and Blair Love Song, http://www.atmo.se/ [08. Feb 2006]

diese sie wiederum ihren Freunden zum Besten geben. Dank der Digitaltechnologie stehen derartige Ausdrucksmöglichkeit vielen Leuten zur Verfügung und sie können die Ergebnisse mit sehr vielen anderen teilen.

Doch nach geltendem Recht sind solche Ausdrucksformen – Remixe aus vorhandenen Bildern und Klängen – vermutlich illegal. Das Bush-Blair-Video verletzt zum Beispiel Ritchies Exklusivrechte, die ihm allein die Kontrolle über Vervielfältigung, Verbreitung und Synchronisation seiner Musik mit Videobildern zusprechen. Selbst wenn die Videobilder ungeschützt sind, bleibt die unterlegte Musik geschützt. Folglich erfordert die rechtmäßige Verbreitung dieses Videos eine Erlaubnis von den Musikrechte-Inhabern. Der Schöpfer des Bush-Blair-Videos hat versucht, eine Erlaubnis zu bekommen. Sie wurde ihm verweigert.

Oder eine von JibJab produzierte, urkomische Flash-Animation: Sie stellte die zwei Kandidaten der 2004er Präsidentenwahl, Präsident George Bush und Senator John Kerry, einander gegenüber – und setzte Woodie Guthries Lied „This Land" als Kontrastmittel ein.[4] Nachdem buchstäblich Millionen von Kopien der Animation sich über das Internet verbreitet hatten, drohten die Rechtsanwälte der Musikverleger den Produzenten mit rechtlichen Schritten.

Multiplizieren wir diese Beispiele einmal mit den buchstäblich Tausenden von anderen, die im Internet erscheinen, und nehmen wir jene Werke hinzu, die wegen der bestehenden rechtlichen Bestimmungen gar nicht erst geschaffen worden sind, können wir beginnen, ein Gespür dafür zu entwickeln, welche Opportunitätskosten uns das vorhandene System aufbürdet. Die Kosten eines auf Erlaubnis basierenden Systems steigen drastisch, wenn die technologischen Möglichkeiten zu remixen sich vergrößern.

Bei steigenden Opportunitätskosten sollten sich Politiker fragen, ob der vom Copyright festgelegte Satz von Exklusivrechten weiterhin Bestand haben soll. Und nur um diesen konkreten Satz von Schutzrechten geht es in meiner Argumentation, nicht um das Copyright im Allgemeinen. Welchen Gewinn wirft das System als Ganzes ab, indem es diese Art kreativer Aktivitäten einschränkt? An einem Gewinn besteht kein Zweifel; die Frage ist nicht, ob es einen Gewinn gibt; die Frage ist, ob der Gewinn die Kosten übersteigt.

4 Der Copyright-Krieg

In den Vereinigten Staaten herrscht jetzt Krieg – ein Copyright-Krieg ist im Gange. Dieser Krieg wird gegen die „Piraterie" geführt. Genauso wie die Digitaltechnik es gestattet, unsere Kulturgüter zu remixen, ermöglicht sie es uns, unsere Kultur zu „teilen"[5]. Und hat das „Teilen" Auswirkungen auf den Markt für Inhalte wird es flugs

---

4 JibJab Media, Inc., This Land, http://www.jibjab.com [10. Dez 2004]
5 Anm. d. Übers.: *share* (Original) bedeutet hier „jemand daran Anteil nehmen zu lassen", indem man ihm/ihr „einen Teil zukommen lässt".

in „Piraterie" umbenannt, selbst wenn es nicht kommerziell erfolgt.

Man darf skeptisch sein, ob dieses Teilen wirklich Auswirkungen auf den kommerziellen Markt für Inhalte hat; an dieser Stelle, für diesen Artikel, gehe ich einmal davon aus. In der Tat habe ich nicht vor, an den Zielen derjenigen zu zweifeln, die das kommerzielle und nicht-kommerzielle „Teilen" urheberrechtlich geschützter Inhalte stoppen wollen. Lassen Sie uns annehmen, dass Schluss sein muss mit dem „Teilen" von Kopien geschützter Werke. Selbst wenn das richtig wäre, will dieser Artikel auf die kollateralen Kosten einer solchen Zielstellung hinweisen: Kosten zu Lasten der Remix-Möglichkeiten, die von der Digitaltechnik eröffnet werden.

Die Argumentation geht folgendermaßen: Erstens zerstören die „Waffen", die jetzt im Krieg gegen die „Piraterie" benutzt werden, die Möglichkeiten zum Remixen. Zweitens ist der Konflikt überflüssig, da wir ein Copyright-Gesetz machen könnten und sollten, das auf der einen Seite den legitimen Schutz vor unerlaubten Kopien gewährleistet und auf der anderen Seite die Möglichkeiten zum Remixen bewahrt.

Also: Warum tun wir es nicht?

Die Antwort lautet, fürchte ich, dass es in unserer Rechtskultur und politischen Kultur einen Mangel an Phantasie gibt. Dies mag konzeptionelle Ursachen haben – eine Störung des vorhandenen Gleichgewichts könnte die existierenden Industrien bedrohen – oder es mag dem Zufall geschuldet sein. In jedem Fall hat man die Gelegenheit verpasst, im Zuge der Ausbreitung des Internets das Recht zu aktualisieren. Stattdessen hat in unserer Gesellschaft ein McCarthyismus[6] des geistigen Eigentums Fuß gefasst. Jede Hinterfragung der bestehenden Copyright-Balance wird sogleich als Angriff auf das Copyright im Allgemeinen verstanden. In der Folge werden sinnvolle Reformen nicht durchgeführt, wird das Copyright nicht neu ausbalanciert. Vielmehr werden ohnehin schon extreme Positionen weiter betont.

5 Remix-Kultur

Bevor es digitale Netzwerke gab, bewirkte die Architektur schöpferischer Inhalte eine recht stabile Unterscheidung im Hinblick darauf, wie schöpferische Inhalte legal genutzt werden konnten. Objekte schöpferischen Handelns – Aufnahmen, Filme, Radiosendungen – wurden produziert und anschließend von den Verbrauchern konsumiert. Das Copyright schützte diese Objekte, aber der übliche Gebrauch urheberrechtlich geschützter Materialien wurde nicht reguliert. Es gab kein exklusives Recht im Copyright, das durch Abspielen einer von Ihnen gekauften Aufnahme verletzt wurde. Eine Aufnahme abzuspielen, führte nicht dazu, dass eine Kopie erstellt wurde, also blieb diese Handlung vom Copyright-Gesetz unberührt. Im Prinzip konnten Sie die Rechte für die öffentliche Aufführung der Komposition einer Aufnahme verletzen,

---

6 Hiermit ist die britische Abgeordnete des Europäischen Parlaments Arlene McCarthy gemeint. Sie setzte sich 2002 mit einem Bericht für die Softwarepatent-Richtlinie ein. Siehe auch Ermert und Kuri (2004).

wenn Sie diese öffentlich abspielten; doch mit Ausnahme von Studentenwohnheimen, spielen die meisten ihre Musik nicht für ihre Nachbarn. So blieb es dabei: Der übliche Gebrauch wurde nicht im Copyright reglementiert.

Die meisten von uns haben ein gutes Gespür dafür, was ein „üblicher Gebrauch" urheberrechtlich geschützter Inhalte ist. Aber wir sollten die Abhängigkeiten einer Definition bedenken. Welcher Gebrauch „gewöhnlich" ist, richtet sich zu einem Teil nach dem Gesetz und zu einem anderen Teil nach den technischen Gegebenheiten. Selbst, wenn man das Gesetz nicht berücksichtigte, würde sich der „gewöhnliche Gebrauch" ändern, wenn sich die verfügbare Technik änderte. Nehmen wir ein Beispiel: Im Jahr 1960 gehörte es nicht zum gewöhnlichen Gebrauch von Aufnahmen, einzelne Titel auf ein Mix-Tape zu überspielen; Kassettenrekorder gab es erst ab 1962 und Verbreitung fanden sie noch viel später. Es war durchaus möglich, ein Mix-Tape aufzunehmen, die Technik existierte ja. Aber der gewöhnliche Gebrauch hängt nicht davon ab, was existiert; er hängt davon ab, was gewöhnlich ist.

Als Kassettenrekorder in den Alltag Einzug hielten, änderte sich der gewöhnliche Gebrauch von Aufnahmen. Verbraucher kauften nicht mehr bloß Aufnahmen, sie stellten daraus auch Mix-Tapes her. Solche Mix-Tapes dienten manchmal dazu, Konsumenten den Genuss der Aufnahmen sowohl im Auto als auch daheim zu ermöglichen. Manchmal stellten sie aber auch schöpferische Werke eigener Art dar, geschaffen, um Kennerschaft zu demonstrieren oder eine bestimmte Botschaft zu transportieren.

Gerichte und Kommentatoren waren unschlüssig, ob solche Mix-Tapes legal wären. Der Kongress bereitete dieser Unsicherheit mit der Verabschiedung des *Audio Home Recording Act* von 1992 ein Ende.[7] Damit wurde am Ende das Recht von Verbrauchern, Musik auf diese Weise zu mixen, anerkannt. Titellisten sind eine Art von Meinungsäußerung und die Freiheit, Titellisten zu gestalten, ermutigt zur Wahl dieses Ausdrucksmittels. Das Gesetz wurde erlassen, um dazu zu ermutigen.

In der Geschichte des Copyrights ist dieses Beispiel nicht einzigartig. Es ist vielmehr der Normalfall. Als es beispielsweise die Aufnahmetechnik gestattete, Musik aufzuzeichnen und diese Aufnahmen zu reproduzieren, sah der Gesetzgeber davon ab, den ursprünglichen Copyright-Inhabern die totale Kontrolle zuzusprechen. Stattdessen gab er mit einer Lizenz für mechanische Vervielfältigungen Musikern das Recht, ein Lied zu covern, sobald es aufgezeichnet worden ist (U.S. Congress 2000, § 115).

Ebenso wie das Recht, Mix-Tapes herzustellen, setzte das Cover-Recht eine Menge Kreativität frei. Es war sogar, wie die Plattenindustrie 1967 argumentierte, der Grund für ein außergewöhnliches Wachstum gewesen. In einem vom Kongressabgeordneten Kastenmeier 1967 vorgelegten Bericht heißt es dazu:

> „Die Plattenproduzenten setzten sich mit großem Nachdruck dafür ein, das obligatorische Lizenzsystem zu erhalten. Sie erklärten, dass die

---

[7] Vergleiche U.S. Congress (2000), § 1008.

Plattenindustrie mit einer halben Milliarde Umsatz von großer ökonomischer Bedeutung in den Vereinigten Staaten und überall in der Welt ist; Aufzeichnungen sind heute das wichtigste Mittel, Musik zu verbreiten, und dies schafft spezielle Probleme, da Künstler den ungehinderten Zugang zu musikalischem Material und diesen zu nicht diskriminierenden Bedingungen brauchen. Die Plattenproduzenten wiesen darauf hin, dass es vor 1909 keine Aufnahmerechte gab, und das Gesetz von 1909 die obligatorische Lizenz als eine bewusste Antimonopolmaßnahme zur Bedingung für die Gewährung solcher Rechte machte. Sie erklärten, dass das Ergebnis eine Flut von Musikaufnahmen gewesen ist, die der Öffentlichkeit niedrigere Preise, bessere Qualität und größere Wahlmöglichkeiten beschert hat."[8]

Ein Unterschied zwischen den beiden Beispielen – Mixen und Covern – ist jedoch der Ausgangspunkt. Der Oberste Gerichtshof hatte festgestellt, dass etwa „Kopien" von Klavierrollen nicht zu den vom Copyright-Gesetz erfassten Kopien zu zählen waren.[9] Der Ausgangspunkt war in diesem Fall „kein Schutz" und der Kongress stellte einen gewissen Schutz wieder her. Mix-Tapes sind anders. In den sechziger Jahren sah man die „Kopien" auf Band als vom Copyright regulierte Kopien an. Ob solche Kopien unter die Ausnahme für *fair use* fallen würden, war eine andere Frage; sie taten es wohl nicht.[10] Diese Ausgangslage war erkennbar günstiger für die Eigentümer der Inhalte. Nichtsdestotrotz sah das Ergebnis eine Grenze für die Geltung der Exklusivrechte der Copyright-Eigentümer vor, um die von der Technik möglich gemachte Kreativität zu stimulieren.

Dasselbe Muster erscheint wieder mit dem Aufstieg von Digitaltechnologien und Internet. Digitaltechnologien haben den „gewöhnlichen Gebrauch" urheberrechtlich geschützter Materialien verändert. Sie haben es den Menschen ermöglicht, Inhalte auf Weisen zu manipulieren, die es zuvor nicht gab. Besonders bekannt sind Peer-to-Peer–Dienste geworden, über die man Inhalte kostenlos und ohne Qualitätsverlust verteilen kann. Aber wichtiger, als die Befähigung, auf einfacher Weise perfekte Kopien von Inhalten zu machen, ist die Befähigung gewöhnlicher Anwender, Inhalte zu remixen. Dank der Digitaltechnologien können Menschen Inhalte remixen, die sie erworben haben; die Ergebnisse können sie anschließend publizieren.

---

8   Vergleiche H. R. Rep. Nr. 90-83 S. 66 (1967).
9   Siehe „White-Smith Music Publishing Company gegen Apollo Company" von 1908 (209 U.S. 1, 7).
10 Das *Office of Technology Assessment* setzte sich in einem Bericht mit der Frage der privaten Tonbandkopien auseinander (U.S. Congress 1989, S. 145 f.); ein ins Auge fallender Befund war, dass vier von zehn Personen älter als 10 Jahre im Jahr 1988 Musik kopiert hatten. Trotz der Privatkopien, von denen man erwartet hätte, dass sie das Ergebnis beeinflussen, kam dieser Bericht nicht zu der klaren Schlussfolgerung, dass die wirtschaftlichen Auswirkungen der Privatkopie negativ wären, da sie auch als Ansporn für den Kauf von neuer Musik und anderen wirtschaftlichen Aktivitäten (wie den Kauf von leeren Aufnahmebändern) wirkte (U.S. Congress 1989, S. 206 f.). Eine Bestätigung dieser mehrdeutigen Befunde findet man in S. Rep. Nr. 102–294, S. 34 (1992).

Eine freie (befreite) Kultur für den Remix

Dieses Remixen ist illegal unter geltendem Recht. Die Technik ermöglicht Nutzungen, die das Gesetz verletzen. Wie sehr man auch immer glauben mag, dass es falsch sei, die Technik zur Herstellung von direkten Kopien zu verwenden, so schwierig ist es, dieselbe Haltung einzunehmen, wenn die Technik fürs Remixen eingesetzt wird. Würden Sie erfahren, dass Ihr Kind alle Titel illegal heruntergeladen hat, die letztes Jahr von Sony Records veröffentlicht worden sind, würde Sie das wahrscheinlich verärgern. Aber vermutlich wären Sie wie die meisten Eltern stolz auf ein Kind, das die neuesten Nachrichten und Musik remixt hätte. Die Grenze mag man beim kommerziellen Remixen ziehen; man mag glauben, dass eine gewisse Bezahlung unverzichtbar sei. Aber daran, dass solche schöpferischen Aktivitäten von einem Wert sind, an dem es dem simplen Kopieren mangelt, dürfte kaum ein Zweifel bestehen.

Da liegt der Konflikt: Durch das geltende Recht, dazu gedacht, vor unmittelbarem Kopieren zu schützen, ist auch das Remixen illegal. Viele werden mit einem „Na und?" reagieren. Das Recht kann nur wenig Macht über Kreativität ausüben, zumal über die Kreativität von Kindern. Remixen mag für Kinder illegal sein, aber davon werden sie sich nicht aufhalten lassen. Und wenn das Recht es schafft, die Industrie vor dem „Diebstahl" ihrer Inhalte zu bewahren, dann müssen eben unsere Kinder diesen kleinen Preis zahlen.

Eine solche Antwort greift in mindestens drei Punkten zu kurz. Erstens: Egal, ob die Regeln Zwang auf Kinder ausüben oder nicht, so üben sie unter Garantie Zwänge auf Institutionen und Unternehmen aus. Schulen werden Remixen kaum in den Lehrplan aufnehmen, wenn Remixen illegal ist. Geschäfte werden zögern, Anwendungen und Inhalte zu entwickeln, die zum Remixen ermutigen; besonders wenn der Kongress Gesetze erwägt, die es illegal machen würden, Technologien zu produzieren, die zu Copyright-Verstößen „verleiten".

Zum zweiten gilt: Auch technische Regularien sind Regeln. Und in dem Maße, in dem Kinder die Regeln kennen, die sie verletzen, wissen die Kinder, dass sie die Regeln verletzen. Dieses Wissen ist korrosiv. Eine Kultur, die über Generationen hinweg die Idee verinnerlicht, dass Regeln dazu bestimmt sind, gebrochen zu werden, schwächt die Demokratie und das Engagement für die Rechtsstaatlichkeit.

Der dritte und wichtigste Punkt: Wenn der Trend zu technologischen Schutzmaßnahmen gegen direktes Kopieren weitergeht, dann werden vom Gesetz aufgezwungene Beschränkungen bald von Beschränkungen in der Technologie ergänzt. Dieselben Werkzeuge, die das unmittelbare Kopieren verhindern, werden auch das Remixen unterbinden. Und, während einige mit Sicherheit einen Weg finden werden, die technischen Beschränkungen zu umgehen, wird das den meisten nicht gelingen. Beschränkungen durch Code sind eine Art der Regulierung, die schwerlich zu ignorieren ist – erst recht, wenn sie vom Gesetz gedeckt wird; nur die wenigsten werden es probieren.

Es handelt sich um einen realen Konflikt und wir sollten ihn ernst nehmen. Im Augenblick sind wir nicht in der Lage, beide Ziele zu erreichen: Inhalt dagegen zu

Gesellschaft

schützen, direkt kopiert zu werden und Remixen zu gestatten. Wir sollten fragen, wie Politiker in der Vergangenheit gefragt haben, ob es einen anderen Weg gibt, beide Ziele zu erreichen.

6 Konventionelle Geschäftsmodelle und Remix

Lassen Sie mich an dieser Stelle meinen Standpunkt und meine Ziele noch einmal klar umreißen. Ich befürworte das Remixen. Ich glaube, dass es in Zukunft eine zentrale Rolle für das Verständnis unserer Kultur spielen wird. Die Freiheit, mit Technik Kultur „wiederzuerschaffen", wird unser Denken über Kultur verändern. Diese kreativen Ausdrucksformen sollten wesentlicher Bestandteil der Erziehung unserer Kinder sein. Sie sollten zu einer zweiten Natur in unserer Kommunikation miteinander werden. Solange nicht zwingende Staatsinteressen dagegen sprechen, sollte diese Freiheit gesichert werden.

Ausgehend von diesem Standpunkt ist mein Ziel, mögliche Ansätze aufzuzeigen, wie einerseits das Remixen zugelassen und auf der anderen Seite die Autoren für ihre kreative Arbeit belohnt werden können. Ich konzentriere mich hier auf Musik, obwohl andere Inhalte-Formen sicherlich vergleichbare Fragen aufwerfen. Am Ende werde ich auf einige Differenzen eingehen, die andere Formen aufweisen.

Im zwanzigsten Jahrhundert basierte das System der Honorierung für Musik auf der Kontrolle der Verbreitung von Kopien mit aufgezeichneter Musik. Kopien wurden verkauft; Künstler und Copyright-Halter erhielten ihr Einkommen aus den Verkaufserlösen. Die Kontrolle des Zugangs zu Kopien war entscheidend dafür, die Belohnung eines Künstlers zu sichern.

Das Internet untergrub dieses Geschäftsmodell. Ein freies digitales Netz gab Millionen die Möglichkeit, Kopien von Inhalten ohne Kontrolle durch die Copyright-Halter zu „teilen". Auf diese Art konnten Millionen von Kopien des letzten Albums von Madonna kostenlos verteilt werden – Madonna ging leer aus.

Diese Vorgänge haben dazu beigetragen, die erwähnten Copyright-Kriege herbeizuführen. Die technische Entwicklung hat zu einem Kontrollverlust geführt, gefolgt von Anstrengungen der Politiker und Inhalte-Eigentümer, die Kontrolle irgendwie zurückzugewinnen.

Im Grunde genommen gibt es vier Alternativen: Zum ersten kann man Gesetze verschärfen, die eine Verbreitung ohne Erlaubnis des Copyright-Halters verhindern sollen. Zum zweiten kann man Kontrolltechnologien als Antwort auf die befreienden Internettechnologien entwickeln. Zum dritten kann man die Normen stärken, die sich gegen eine Verletzung des Vertriebsmodells der Inhalte-Eigentümer richten. Und viertens könnte man Geschäftsmodelle entwickeln, die gegen das Modell des „freien Netzes" bestehen können.

Doch nach zehn Jahren Krieg scheinen wir zwei Punkte immer noch nicht vollständig zu begreifen. Erstens: Die Verbreitung von Inhalten zu kontrollieren, ist nicht der einzige Weg, um Künstler und Copyright-Halter für ihre Arbeit zu entlohnen. Insbesondere heißt das, dass eine Belohnung ohne Kontrolle über die Verbreitung von Inhalten möglich ist. Der zweite Punkt ist zentral für meine Argumentation: Die Entscheidung, auf Gesetze und Technik zu setzen, um die Kontrolle über die Verbreitung von Inhalten zu erzwingen, ist zugleich eine Entscheidung dafür, das Potential der Remix-Kultur brachliegen zu lassen.

Was Alternativen anbelangt: Ein breites Spektrum von Autoren hat Pläne für die Kompensation von Künstlern entworfen, die ohne Kontrolle über die Verbreitung von Inhalten auskommen (vgl. z. B. Fisher III 2004); Professor William Fischers ist der ehrgeizigste. Für meine Zwecke ist es nicht nötig, hier auf die Details der Pläne einzugehen. Ich habe sie andernorts beschrieben und kritisiert (siehe Lessig 2004, S. 301–304). Sie haben alle ihre Schwächen, denen man aber immer die Opportunitätskosten des vorhandenen Systems gegenüberstellen muss (vorausgesetzt, dass die Technik diese Kosten perfekt realisiert).

Und es gibt viele Kosten. Aufgebürdet werden sie in erster Linie denen, die sich ansonsten am Remixen beteiligen würden. Wenn das Remixen durch Code verhindert wird, werden Kinder oder Schöpfer der technischen Möglichkeiten beraubt, mit diesem Mittel ihre Persönlichkeit zum Ausdruck zu bringen oder unsere Kultur zu kritisieren. Eine solche verpasste Gelegenheit ist ein Kostenfaktor.

Zum zweiten fallen Opportunitätskosten für Unternehmen wie Microsoft und Apple, aber auch Breitband-Anbieter und Hersteller von Remix-Software, an, die vom Wachstum der Remix-Kultur hätten profitieren können. Es sind die Kodaks unserer Tage – Unternehmen, die gedeihen würden, wenn Remixen ungehindert möglich wäre. Diese Unternehmen sind in den Vereinigten Staaten bedeutend größer als die traditionellen „Inhalte-Industrien". Ihre Verluste sollten berücksichtigt werden, wenn die Rechnung zu Gunsten des alten Modells aufgemacht wird.

So gesehen scheint es auf eine Wahl zwischen „alles den Copyright-Haltern" oder „alles den Verbrauchern und Neuerern" hinauszulaufen. Aber die historische Balance, die das Copyright herstellt, ist subtiler. Es gibt einen Freiraum zwischen „nichts den Copyright-Haltern" und „nichts für die Remix-Generation". Ein solcher Kompromiss orientiert sich am Vorbild des Rechts, zu covern.

Zur Erinnerung: Das Recht, zu covern, gibt Nachfolgekünstlern das Recht, ein Lied neu aufzunehmen, sobald es mit Erlaubnis des Komponisten aufgezeichnet worden ist. Dieses Recht kompromittiert die einem Copyright-Inhaber per Gesetz zugestandene Kombination von Rechten, denn der Copyright-Inhaber hat normalerweise das exklusive Recht, abgeleitete Werke herzustellen. Die Cover-Version schränkt dieses exklusive Recht dadurch ein, dass Nachfolgekünstler ein abgeleitetes Werk herstellen dürfen – die Cover-Version –, solange sie an den Originalkomponisten nur die festgelegte Gebühr (pro vertriebener Kopie) entrichten.

Das Recht, zu covern, gilt aber nur für ganze Lieder. Auch müssen Cover-Version und Original-Version weitgehend übereinstimmen. Mit anderen Worten: Remixen wird davon nicht abgedeckt. Damit eignet sich das Recht, zu covern, in seiner Einfachheit zwar als Modell, es stellt aber noch keine Lösung für unser Remix-Problem dar. Ich versuche im Folgenden, eine Lösung zu skizzieren.

7 Lösungen

Ich habe zwei Arten von allgemeinen Lösungen für das Remix-Problem identifiziert: private Lösungen und öffentliche Lösungen. In diesem Abschnitt beschreibe ich die beiden.

7.1 Die private Lösung

Zweifelsohne werden manche die Vorstellung ablehnen, dass ihre Werke für Experimente frei verfügbar sein sollten – doch nicht alle. In einigen Musikrichtungen oder in einigen Subkulturen würden sich die Leute freuen, ihre Werke zum Remixen anzubieten. Aber die Regeln des Copyrights verbieten das Remixen und die Kosten, von der Regel abzuweichen, sind hoch. Man könnte natürlich eine Copyright-Lizenz erteilen, die anderen die Erlaubnis zum Remixen der eigenen Werke gibt. Doch solche Lizenzen sind nicht billig. Und weil sie für den Lizenzgeber keinen unmittelbaren Nutzen haben, ist die Wahrscheinlichkeit dafür, dass viele solche Lizenzen erteilt würden, gering.

Seit langem haben Gelehrte wie Robert Merges (1996) darauf hingewiesen, dass private Institutionen die mit Rechten aus geistigem Eigentum verbundenen Transaktionskosten reduzieren könnten, besonders in den Fällen, in denen ein falscher Normalfall vorgesehen wurde. Dieses Ziel verfolgt eine gemeinnützige Institution, bei der ich den Vorsitz führe: Creative Commons.[11]

Creative Commons wurde als gemeinnütziges Unternehmen gegründet, das Instrumente zur Verfügung stellen soll, um die durch geistiges Eigentum verursachten Transaktionskosten zu reduzieren, die Innovation und Kreativität beeinflussen. Die Grundlage dafür bildet ein Satz von freien Lizenzen – „CC-Lizenzen". Damit können die Leute ihre Werke markieren und so die Freiheiten signalisieren, die sie ihnen mitgeben wollen. Mit Hilfe einer CC-Lizenz kann eine Künstlerin zum Beispiel signalisieren, dass sie die nicht-kommerzielle Verwendung ihres Werkes gestattet; oder die kommerzielle Verwendung – solange sie als Urheberin genannt wird; oder die kommerzielle Verwendung – solange daraus kein abgeleitetes Werk hergestellt wird. Diese sind drei von elf Optionen, die jetzt über unsere Website angeboten werden. Eine von den CC-Lizenzen betrifft besonders das Remixen, das ist die „Recombo"-Lizenz. Die „Recombo"-Lizenz gestattet einzig die Herstellung abgeleiteter Werke. Sie erteilt keine Genehmigung dafür, Kopien eines Originals herzustellen oder zu verbreiten, aber sie erlaubt es, aus einem Original ein abgeleitetes Werk herzustellen. Das ist

---

11 Creative Commons, http://creativecommons.org [08. Feb 2006]

das *Remix-Recht*. Wenn Künstler damit beginnen, ihre Werke unter dieser Lizenz verfügbar zu machen, wird anderen ermöglicht, daraus Remixe für kommerzielle und nicht-kommerzielle Zwecke anzufertigen. Das wiederum inspiriert andere dazu, ihre Inhalte zum selben Zweck in Freiheit zu setzen – wobei sie (wie wir hoffen) auf unsere Werkzeuge zurückgreifen.

Diese Lösung hat offensichtlich ihre Grenzen. Nicht alle Künstler – noch nicht einmal die meisten – werden ihre Werke unter einer solchen Lizenz anbieten, zumal das Remix-Recht verschenkt wird. Aber es ist unsere Hoffnung, dass, wenn viele damit beginnen, ihre Werke unter dieser Lizenz verfügbar zu machen, die Bedeutung und der Wert dieses Ansatzes besser verstanden werden. Dann werden entweder immer mehr Werke auf diese Weise angeboten oder es wächst die Unterstützung für eine Gesetzesänderung, die ich hier erläutern möchte.

7.2 Gesetzgebung

Zwei Änderungen im Gesetz würden der Remix-Kultur zu einem Aufschwung verhelfen: Die erste würde den Bereich schutzfähiger Werke enger fassen; die zweite würde den Schutzumfang für geschütztes Material einschränken. Ich wende mich zuerst der zweiten Maßnahme zu.

Remix-Rechte

Ich habe oben bereits das Recht, zu covern, skizziert, das das Copyright-Gesetz Musikern gibt. Ist ein Lied einmal mit Erlaubnis des Komponisten aufgezeichnet worden, haben andere Künstler das Recht zur Neuaufnahme, solange sie dem Autor eine kleine Gebühr für dieses Recht zahlen.

Das Recht, zu covern, ist wichtig. Aber es genügt nicht für die Remix-Kultur. Das Recht deckt ein ganzes Lied ab, keine Ausschnitte oder Teile. Es schließt das Synchronisieren von Lied und Video nicht mit ein. Und es geht nicht über Musik hinaus. Nichtsdestotrotz könnte das Recht, zu covern, ein Muster für ein allgemeines Remix-Recht darstellen.[12] Der Kongress könnte Kreativen Remix-Rechte zugestehen, die dafür im Gegenzug eine Pauschalgebühr zu entrichten hätten.

Die Details sind komplex und zahlreich. Der Grundgedanke würde etwa so aussehen, wie im Folgenden beschrieben. Nennen wir die Art von Werken, die ich meine, *Remix-Kunst*. Darunter wäre jede Art von Kunst zu verstehen, die auf „Ausschnitten" anderer kreativer Werke basiert. Was im Einzelnen unter einem „Ausschnitt" (*sample*) zu verstehen wäre, würde durch die Gemeinschaft von „Samplern" für jedes Gebiet der Kunst definiert. Mit anderen Worten: Musikausschnitte wären anders definiert als Filmausschnitte. Der richtige Umgang mit „Ausschnitten" wäre dementsprechend

---

[12] Ich bin einem außergewöhnlichen Studenten, Stuart Rosenberg, zu Dank verpflichtet, der in einem hervorragenden Papier die Optionen erläutert, die ich hier beschreibe.

genrespezifisch. Für kommerzielle Remix-Kunst würde das Gesetz einen Prozentsatz der Lizenzeinnahmen festlegen, der unter den Künstlern aufgeteilt würde, deren Arbeiten zum Remixen genutzt wurden. Dieser Prozentsatz würde in einen Einnahmepool fließen und durch eine Art Verwertungsgesellschaft verteilt werden, so ähnlich wie die Lizenzgebühren für im Film verwendete Musik. Die Grenzen des Remixens würden durch die Gemeinschaftsnorm für diese Art von Werken bestimmt.

Das Gesetz wäre am effizientesten, wenn alle Werke obligatorisch erfasst würden. Doch könnte der Kongress den Künstlern die Wahl überlassen und ihnen ermöglichen, durch eine Registrierung Werke davon auszunehmen. Dann stünden – mit Ausnahme der entsprechend registrierten Werke – alle zum Remixen zur Verfügung; registrierte Werke würden vom Zwangsregime ausgenommen. Für nicht-kommerzielle Zwecke wäre eine Pauschalgebühr festzulegen. Diese Gebühren sollten deutlich niedriger ausfallen und könnten eine Komponente in einem allgemeinen obligatorischen System zur Kompensation für die Verbreitung von Musik bilden. In beiden Fällen wäre Ziel des Gesetzes, die Transaktionskosten für die Verwendung kreativer Werke zu reduzieren und gleichzeitig die Künstler für die Verwendung ihrer Werke zu kompensieren. Im existierenden Regime ist zur Zeit Letzteres gesichert, wohingegen die hohen Transaktionskosten bei der Einräumung von Rechten dazu führen, dass eine Menge Werke nie genutzt werden. Für einige würde ein solcher Regimewechsel sicher einen Verlust an Einnahmen bedeuten; doch den meisten würden durch das Remixen ihrer Werke höhere Erträge zufließen.

Ein gefiltertes Copyright

Die zweite Gesetzesänderung, die sich positiv auf die Entwicklung einer Remix-Kultur auswirken würde, wäre die Befreiung des Copyrights vom Wildwuchs, indem man den Copyright-Schutz auf jene Werke beschränkt, die ihn wirklich brauchen. Vor den Copyright-Änderungen von 1976 war das normal. Bis zu diesem Zeitpunkt erforderte das Copyright eine ganze Reihe von Formalien, um für ein Werk Copyright-Schutz zu bekommen. Die Formalitäten beschränkten die Reichweite des Copyright-Schutzes automatisch auf Copyright-Halter mit irgendeinem persönlichen oder kommerziellen Bedürfnis, ihr Werk durch Copyright zu schützen. Was unterm Strich übrig blieb, ging ins Allgemeingut über.

Die Wirkung dieser Formalitäten sollte nicht unterschätzt werden. Chris Sprigman hat für das neunzehnte Jahrhundert ermittelt, dass nur etwa fünfzig Prozent der erschienenen und schutzfähigen Werke tatsächlich ein Copyright hatten.[13] Für das zwanzigste Jahrhundert konnte Sprigman keine vergleichbare Schätzung abgeben, doch ganz sicher wurden mehr und mehr Werke geschützt. Dennoch hat Sprigman Beispiele für Werke von erheblichem Interesse gefunden (z. B. politische Schriften),

---

13 Fünfzig Prozent ist eine konservative Schätzung. Der Anteil war wahrscheinlich niedriger (siehe Sprigman 2004).

die bis in die 1970er Jahre hinein nur ausnahmsweise mit einem Copyright geschützt wurden (Sprigman 2004). Der Filter der Formalitäten half auf seine Art dem Copyright-Gesetz, zwei unterschiedliche, wichtige Ziele zu erreichen: erstens, den Künstlern zu nützen und zweitens, Werke sobald als möglich von der Last des Copyrights zu befreien.

Verpflichtungen aus internationalen Verträgen beschneiden die Möglichkeiten des US-Gesetzgebers, zum Regime von vor 1976 zurückzukehren. Aber es wäre dem Kongress unter Berücksichtigung der Vertragsverpflichtungen möglich, ein Regime von Formalitäten einzuführen, die dem Gesetz im Wesentlichen die Wirkung von vor 1976 zurückgeben würden.

Ein Beispiel ist der Vorschlag für ein Gesetz zur Erweiterung der Public Domain (U.S. Congress 2003), den die Kongressabgeordnete Zoe Lofgren 2003 eingebracht hat. Dieses Gesetz würde von Copyright-Haltern fünfzig Jahre nach dem Erscheinen eines Werkes dessen Registrierung verlangen, wofür eine geringe Bearbeitungsgebühr zu zahlen wäre. Historische Daten legen den Schluss nahe, dass fast neunzig Prozent der Werke nicht amtlich registriert und somit von der Regulierung befreit würden. Jedes Werk, das von überflüssigem Schutz befreit würde, würde die Remix-Kultur noch stärker unterstützen als das Remix-Recht.

8 Schluss

Ich habe diesen Beitrag mit zwei Anekdoten und einer Geschichtsexkursion begonnen. Die erste Anekdote wies darauf hin, wie empfindlich innovatives Wachstum gegenüber gesetzlicher Regulierung war; die zweite zeigte, wie die gesetzlichen Bestimmungen einer historischen Periode in einer nächsten zerstörerisch werden. Jene zwei Anekdoten betonen die Bedeutung der Geschichtslektion: dass der Umfang des Copyright-Schutzes sich in der Vergangenheit geändert hat und dass diese Änderung Entwicklungen der Technik reflektiert.

Wir befinden uns an der Schwelle zu weiteren Veränderungen. Die Digitaltechnik könnte den Kreis der an der Remix-Kultur beteiligten „Kreativen" drastisch erweitern. Es bräuchte eine Gesetzesänderung, um dieses Potential in Gänze zu aktivieren; es zumindest teilweise zu aktivieren, erforderte eine deutliche Änderung der Praxis. Nichts davon wird jedoch geschehen, solange die Politiker nicht die Distanz erkennen zwischen jenen, die Copyright-Kriege führen, und denen, die die Bewegung für eine freie Kultur vorantreiben.

Literatur

Ermert, M. und Kuri, J. (2004), 'Eine McCarthy-Ära des Urheberrechts?', Heise online. http://www.heise.de/newsticker/meldung/48120 [02. Feb 2006].

Fisher III, W. W. (2004), *Promises to Keep: Technology, Law, and the Future of Entertainment*, Stanford University Press, Stanford, CA, USA.

Goldstein, P. (1994), *Copyright's Highway: From Gutenberg to the Celestial Jukebox*, Stanford Law School, Stanford, CA, USA, S. 78–128.

Lessig, L. (2004), *Free Culture – How Big Media Uses Technology and the Law to Lock Down Culture and Control Creativity*, Penguin Press, New York, USA.

Lessig, L. (2006), *Freie Kultur – Wesen und Zukunft der Kreativität*, Open Source Press, München.

Merges, R. P. (1996), 'Contracting into Liability Rules: Intellectual Property Rights and Collective Rights Organizations', *California Law Review* **84**(5), S. 1293. http://www.law.berkeley.edu/institutes/bclt/pubs/merges/contract.htm [02. Feb 2006].

Rubenfeld, J. (2002), 'The Freedom of Imagination: Copyright's Constitutionality', *Yale Law Journal* **112**. http://www.yalelawjournal.org/pdf/112-1/RubenfeldFINAL.pdf [02. Feb 2006].

Sprigman, C. (2004), 'Reform(aliz)ing Copyright', *Stanford Law Review* **57**. http://cyberlaw.stanford.edu/blogs/sprigman/archives/Reform(aliz)ing_Copyright12-1.pdf [02. Feb 2006].

U.S. Congress (1989), Copyright and Home Copying: Technology Challenges the Law, Gutachten, Office of Technology Assessment, Washington (D.C.), USA. http://govinfo.library.unt.edu/ota/Ota_2/DATA/1989/8910.PDF [02. Feb 2006].

U.S. Congress (2000), 'United States Code Title 17: Copyright Law of the United States'. http://www.copyright.gov/title17/ [02. Feb 2006].

U.S. Congress (2003), 'H. R. 2601 Public Domain Enhancement Act'. http://www.publicknowledge.org/pdf/HR2601.pdf [02. Feb 2006].

Die Zukunft der Wissensgesellschaft*

BERND LUTTERBECK

(CC-Lizenz siehe Seite 499)

Die Argumentation dieses Beitrags folgt einer einfachen Logik: Innovation ist wichtig für alle Gesellschaften, für rohstoffarme Länder wie Deutschland ist sie schlechthin unverzichtbar, um den erreichten Wohlstand auch nur zu erhalten. Das Innovationsmodell, das auf der Internet-Allmende beruht, ist zwar keine hinreichende, aber eine notwendige Bedingung für diesen Wohlstand. Dieses Modell beruht wesentlich auf einer Offenheit der Wissensquellen und verlangt, dass ein Konzept des „geistigen Eigentums", das alleine auf dem Prinzip des Ausschlusses beruht, aufgegeben wird. Diese Lektion muss die Politik erst noch lernen. Sie muss das herrschende Regulierungsmodell für „geistiges Eigentum" anpassen an die Bedingungen moderner Wissensgesellschaften. Insbesondere muss sie aber Abstand nehmen von allen Versuchen, die künftige Entwicklung planen zu wollen. Dies wäre eine „Anmaßung von Wissen" über etwas, das man nicht wissen kann.

Schlüsselwörter: Wissensgesellschaft · Geistiges Eigentum · Dezentralisierung · Kooperation · Anmaßung von Wissen

---

* Dieser Beitrag ist erstmals erschienen in einem Sammelband, den Jeanette Hofmann für die Bundeszentrale für politische Bildung herausgegeben hat: „Wissen und Eigentum: Bundeszentrale für politische Bildung: Bonn 2006". Er ist dort CC-lizenziert: „Namensnennung – Nicht-kommerziell – Keine Bearbeitung". Aufgrund der Hinweise, Anregungen und der Kritik der Peers habe ich diesen Beitrag mehrfach revidiert, bis er seine jetzige Gestalt angenommen hat. Ich habe noch nie in meiner beruflichen Laufbahn eine so kompetente Kritik an einem eigenen Werk erlebt wie bei diesem Beitrag. Ich bedanke mich deshalb bei den Peers, die die Bundeszentrale für politische Bildung auf mich angesetzt hat, für die Mühe, die sie auf sich genommen haben. In Sonderheit bei Jeanette Hofmann, die das Ganze mit mir kommunizieren musste. Natürlich kann die Mühe der Peers meine eigene Verantwortung nicht ersetzen.

1 Einführung

„Du wirst ein großes Reich zerstören!" (Krösus)

Krösus, der das Orakel von Delphi vor seinem Feldzug gegen die Perser über seine Erfolgsaussichten befragt hatte, sah sich in seinen Plänen bestätigt. Das Orakel behielt der Überlieferung zufolge recht – allerdings hat Krösus sein eigenes Reich zerstört. Auch heute wollen Menschen Dinge wissen, die man gar nicht wissen kann, die ihre Entscheidungen aber trotzdem rechtfertigen. Es ist uns nicht entgangen, dass in den letzten Jahrzehnten eine gravierende gesellschaftliche Veränderung stattgefunden hat und weiter andauert. Man setzt seine Hoffnungen zum Beispiel in die Wissenschaften, die sich bemüht haben, diese Veränderungen auf den Begriff zu bringen: Einige sprechen von Informationsgesellschaft. Für diesen Begriff hat sich etwa die Europäische Union entschieden, die den Bereich „Informationsgesellschaft" und die Medien bei einer Kommission zusammengefasst hat:

> „The Information Society and Media portfolio represents an economic sector which is crucial for prosperity and quality of life in the European Union. This portfolio stretches from the underlying communications infrastructures to the content and services they deliver. It encompasses telecommunication networks, broadband internet access and satellite communications, new communications technologies such as '3G' mobile communications and Internet telephony, and digital material as diverse as cinema releases and advanced eHealth services."[1]

„Informationsgesellschaft" ist seit 1994 ein etablierter Begriff im Institutionengefüge der Europäischen Union und der Vereinten Nationen. Viele Wissenschaftler kritisieren diese Begriffsbildung und bevorzugen den Begriff „Wissensgesellschaft". Informationsgesellschaft sei kaum mehr als eine „populäre Begriffshülse" (Spinner 1994, S. 17), dieser Begriff betone zu sehr die technisch-ökonomische Bedeutung:

> „Im Gegensatz zum technizistischen Begriff der Informationsgesellschaft eröffnet 'Wissensgesellschaft' eine Perspektive, die auf den Willen und die Befähigung der Menschen zur Selbstbestimmung setzt.
>
> Nicht Rechnerleistungen und Miniaturisierung werden die Qualität der künftigen gesellschaftlichen Entwicklung bestimmen. Entscheidend wird die Auswahl des Nützlichen und die Fähigkeit zum Aushalten von

---

[1] Zitat auf der Web-Site der Kommissarin Viviane Reding, http://europa.eu.int/comm/commission_barroso/reding/ataglance/index_en.htm. „3G" bezeichnet die dritte Generation der Mobilfunktelefonie, die nicht nur Ferngespräche, sondern auch neue Multimediaanwendungen ermöglichen soll.

Die Zukunft der Wissensgesellschaft

Ambivalenzen und Unsicherheit sein, die Gestaltung des Zugangs zu Wissen und der fehlerfreundliche Umgang mit dem Nichtwissen."[2]

Ob wir nun mit dem Begriff „Informationsgesellschaft" die Technikentwicklung in den Vordergrund stellen oder mit dem Begriff „Wissensgesellschaft" die gesellschaftlichen Implikationen, eines steht fest: Die Informatisierung der modernen Welt ist eines ihrer herausragenden Kennzeichen. Der Philosoph Helmut Spinner (1994, S. 60) spricht von „der vorwiegend technikinduzierten, informationskonzentrierten gesellschaftlichen Entwicklung". In dieser Epoche, in der Artefakte und Natur kaum mehr unterscheidbar ineinander verwoben sind, ähnelt die Frage nach der Priorität von Technik oder Gesellschaft ein wenig dem „Huhn-oder-Ei-Problem". Deshalb sollte man die Streitigkeiten um den richtigen Begriff auf sich beruhen lassen und die Gemeinsamkeiten betonen. Denn alle Auffassungen stimmen darin überein, dass die Bedeutung von Information oder Wissen in unseren Gesellschaften gewaltige analytische und konzeptionelle Herausforderungen zur Folge hat: Es geht um nichts anderes als „einen Beitrag zur Neuordnung der Gesellschaft im gesamten Wissensfeld" (Spinner 1994, S. 60). Vor allem für Politiker aller Couleur ist die Versuchung groß, auf diese Herausforderung mit dem einen Konzept zu antworten, mit dem sich die Vielfalt künftiger Beziehungen erfassen lässt. Meine These ist: Ein solches Vorgehen wäre nicht nur schädlich, sondern auch nutzlos. Die zukünftige Welt ist nicht mehr von oben herab planbar, ist nicht mehr durch überschaubare hierarchische Beziehungen beherrschbar und gestaltbar. Ein solcher Steuerungsgedanke wäre in der künftigen Welt des Wissens überholt. Er wäre eine „Anmaßung von Wissen" (von Hayek 1996a) über etwas, was wir nicht wissen können. Wir können eigentlich nur orakeln und müssen uns wohl damit abfinden, dass unsere Fähigkeit, die Zukunft vorherzusagen seit der Antike nicht dramatisch zugenommen hat. Allerdings haben die Wissenschaft und viele Menschen gelernt, mit diesen prinzipiellen Grenzen umzugehen: Man muss die Zukunft „offen" halten – wann immer und wo immer es möglich ist.

2 Die großen Trends: Dezentralisierung, Kooperation und die „Allgegenwärtigkeit" des Computers

„Wir nennen eine Mehrzahl von Menschen eine Gesellschaft, wenn ihre Handlungen wechselseitig aufeinander abgestimmt sind. Die Menschen können in der Gesellschaft ihren Zielen mit Erfolg nachgehen,

---

[2] Zitat auf der Website der Heinrich Böll Stiftung Berlin, http://www.wissensgesellschaft.org. Die Stiftung koordiniert viele zivilgesellschaftliche Aktivitäten der Bundesrepublik für den UN-Weltgipfel zur Informationsgesellschaft (WSIS). Einen hervorragenden Einblick in die Ergebnisse und die offenen Fragen des ersten Gipfels von Genf gibt *Visions in Process. World Summit on the Information Society, Geneva 2003 – Tunis 2005* (2003). Auf der Seite http://www.wissensgesellschaft.org/themen/orientierung/orientierung.html sind grundlegende Texte zum Thema Wissensgesellschaft verfügbar.

weil sie wissen, was sie vom Mitmenschen zu erwarten haben. Ihre Beziehungen zeigen eine gewisse Ordnung." (von Hayek 2003a)

In Zeiten des Umbruchs und sehr schneller, weltweiter Entwicklungen ist es unklar, welche Ordnung entstanden ist und wie die Beziehungen der Menschen zueinander sich verändert haben. Eine solche Ordnung und ihre gesellschaftlichen Institutionen entstehen nicht, weil sie zweckmäßig sind, sondern ihre Zweckmäßigkeit stellt sich erst heraus, nachdem sie entstanden sind. Gesellschaftliche Entwicklung verläuft also ungeplant und in keiner Weise rational, insbesondere folgt sie nicht einem überindividuellen Prinzip: Sie ist ungeplant, aber dennoch gerichtet und strukturiert. Diese Sätze sind so etwas wie die Summe der Einsichten, mit denen sich das epochale Hauptwerk „Der Prozess der Zivilisation" von Norbert Elias zusammenfassen ließe (Elias 1997). Norbert Elias, der sich immer als Menschenwissenschaftler verstehen wollte und weniger als Soziologe, hat darauf aufmerksam gemacht, dass man die Entwicklung von Gesellschaft nur verstehen kann, wenn man sehr lange Zeiträume in die Betrachtung einbezieht – nicht wenige Jahre, nicht Jahrzehnte, sondern viele Jahrhunderte. Erst dann kann man entdecken, wie sich alles zusammenfügt. Diese Einsicht ist einerseits ernüchternd. Besagt sie doch, dass man vorsichtig sein muss, heute die Elemente einer Wissensgesellschaft festlegen zu wollen, deren Gestalt wir rational noch nicht einmal erahnen können. Andererseits könnte die Botschaft von Elias optimistisch stimmen: Sie verweist auf uns Menschen als die Subjekte der Gestaltung eines in die Zukunft hin offenen Prozesses. In der Wissenschaft gibt es eine Art Konsens, dass drei Trends dieses Feld der Gesellschaft und damit die Muster des menschlichen Verhaltens bestimmen werden:

Technologischer Trend: Computer verschwinden (*Ubiquitous Computing*),

Gesellschaftlicher Trend: Dezentralisierung und Abbau von Hierarchien,

Ökonomischer Trend: Kooperation lohnt sich.

2.1 Technologischer Trend

Marc Weiser hat um 1990 als Mitarbeiter von *Xerox* eine Vision des Computers im 21. Jahrhundert entworfen: „Die tiefgreifendsten Technologien sind die, die verschwinden. Sie verbinden sich mit den Strukturen des täglichen Lebens, bis sie von ihnen nicht mehr zu unterscheiden sind" (Weiser 1991). Je nach Standpunkt wird dieser Trend mal mit Allgegenwärtigkeit (*Ubiquitous Computing*) oder auch Durchdringung (*Pervasive Computing*) bezeichnet. In der Öffentlichkeit schon diskutierte Ausprägungen sind sog. *RFID-Tags*, mit denen alle Dinge des Lebens wie Kleidung oder Lebensmittel gekennzeichnet werden können und damit prinzipiell verortbar sind. Hierhin gehören zum Beispiel moderne Mobiltelefone, die mit Menschen und der Dingwelt Kontakt aufnehmen können und moderne Autos, die längst rollende

Computer geworden sind. Für Weiser kennzeichnet diese Form des Vordringens von Computern in die Alltagsdinge die dritte Stufe der Computerentwicklung: Zuerst gab es die großen – *Mainframe* genannten – Computer, die hermetisch abgeschlossen in teils riesigen Computersälen herumstanden. Dann kamen die Personalcomputer auf unsere Schreibtische; danach „the age of calm technology, when technology recedes into the background of our lives".[3]

Heute ist die kaum 20 Jahre alte Vision von Marc Weiser ein Stück unseres Alltags, auch des wissenschaftlichen Alltags in zahllosen Kongressen. Ihr technisches Substrat ist wohl die zunehmende Dezentralisierung von Computern. Intelligente Netzwerke, die die Dinge verteilen und einander zuordnen, werden zu einem strukturbestimmenden Merkmal einer Wissensgesellschaft. Wenn jedes Ding in der Welt im Prinzip die Eigenschaften eines Computers annehmen kann und wir Menschen mit diesen Dingen kommunizieren, dann muss auch das Wissen der Menschen eine andere Form annehmen. Diese Entwicklung ist so neu und je nach Standpunkt phantastisch oder bedrohlich, dass irgendwelche Lösungen in weiter Ferne zu sein scheinen (Mattern 2003).

2.2 Gesellschaftlicher Trend

Die Open-Source-Bewegung ist in ihren Kindertagen belächelt worden als die Herzensangelegenheit einiger freakiger Informatiker zumeist jüngeren Alters. Mit dem ökonomischen Erfolg vieler Produkte wie dem Betriebssystem Linux oder dem Webserver Apache begannen sich auch Ökonomen mit dem Phänomen zu beschäftigen (vgl. Gehring 2006). Es entstehen hochwertige Produkte, für die – vordergründig jedenfalls – niemand bezahlt wird. Dies widerspricht traditioneller ökonomischer Weisheit. Was ist die Rationalität dieses Ansatzes? Zwei Professoren der renommierten *Sloan Management School* am *Massachusetts Institute of Technology* (MIT) haben die heute möglichen Antworten in Büchern zusammengefasst. Die Titel lesen sich wie ineinander greifende Programmsätze dieses gesellschaftlichen Trends zur Dezentralisierung:

- „Demokratisierung der Innovation" (von Hippel 2005*b*)
- „Die Zukunft der Arbeit. Wie die neue Ordnung der Unternehmenswelt Ihre Organisation, Ihren Führungsstil und Ihr Leben verändern wird" (Malone 2004)

Von Hippel kann zeigen, dass Innovationen heute in hohem Maße von den Benutzern selber erzeugt werden. Die klassischen Hersteller, der traditionellen Theorie zufolge Quelle von Innovationen, verlieren an Bedeutung. An ihre Stelle treten „Anwender-Innovationsnetzwerke", die von Anwendern und für Anwender aufgebaut und unterhalten werden. Softwareprojekte seien hierfür aufregende Beispiele. Jedem

---

[3] Zitat aus der Gedächtnis-Site der Stanford University für Marc Weiser, http://www-sul.stanford.edu/weiser/Ubiq.html.

	zentralisiert			**dezentralisiert**
Art der Entscheidungsfindung	Zentralisierte Hierarchien	Lockere Hierarchien	Demokratien	Märkte
Beispiele	Traditionelle militärische Organisationen	Consulting-Firmen, Universitäten	Politische Demokratien, Aktionärsversammlungen	Freie Märkte, Internet, Firmeninterne Märkte

Abbildung 1: Stufen der Zentralisierung (Malone 2004, S. 6)

Teilnehmer an einem solchen Netzwerk, egal ob Individuum oder Unternehmen, sei es so möglich, genau das zu entwickeln, woran Bedarf besteht. „Es ist in diesen Netzwerken nicht mehr notwendig, Hersteller als Agenten in Anspruch zu nehmen. Hinzu kommt, dass nicht mehr jeder einzelne Anwender alles selbst entwickeln muss: Die Anwender können auf Innovationen zurückgreifen, die von den anderen Anwendern entwickelt und der Anwendergemeinschaft frei zur Verfügung gestellt wurden" (von Hippel 2005a, S. 450). So haben viele einzelne Menschen die Chance, der „schöpferische Unternehmer" zu werden, den der Ökonom Joseph Schumpeter als wichtigsten Akteur des wirtschaftlichen Fortschritts beschrieben hat (Schumpeter 1997, S. 99 ff.). Dies aber erfordert, dass das Wissen frei von Urheber- und Patentrechten verteilt wird. Offenheit der Wissensquellen wird so eine der Bedingungen ökonomischen Erfolges. Malone, immerhin einer der führenden Unternehmensberater der USA, hat eine tiefer gehende Begründung für diesen veränderten Gebrauch von Wissen gesucht. Ursächlich für den Erfolg solcher Netzwerke sei, so Malone, eine ungewohnte Form der Kontrolle der Arbeit anderer und eine neue Weise, wie man sich selber und andere motiviert. Es handele sich um einen allgemeinen, nicht umkehrbaren gesellschaftlichen Trend. Die Entwicklung von Open-Source-Software sei also nur ein Beispiel für ein viel größeres Phänomen. Malone fasst diesen Trend zur Dezentralisierung[4] in Abbildung 1 zusammen.

Interessanterweise verfolgt Malone diesen Trend von Hierarchien zu lose verknüpften Netzwerken über einige Jahrtausende, beginnend bei den ersten Jägern unter den Menschen, die in Gruppen organisiert waren. In jeder historischen Epoche habe es gute ökonomische Gründe gegeben, Entscheidungsbefugnisse mal zu zentralisie-

---

[4] „Lassen Sie mich Dezentralisierung definieren als die Teilhabe von Menschen an Entscheidungen, die sie betreffen. In diesem Sinne meint Dezentralisierung ziemlich genau das gleiche wie Freiheit [im Original *freedom*]" (Malone 2004, S. 5).

ren, mal zu dezentralisieren. Heute bewege man sich gewissermaßen zurück zu den Organisationsformen der frühen Stämme. Dies sei zum einen Folge der dramatisch gesunkenen Kosten für Kommunikation. Man braucht eben nicht mehr unbedingt Leute „oben", die einem sagen, wo es langgeht. Das Wissen entstehe an vielen Orten und könne mit Hilfe der modernen Informationstechnologien auch zielgerecht verteilt werden. Es entstehe aber besonders unter den Bedingungen von Freiheit. Demokratien seien deshalb unvermeidlich, einfach weil sie effizienter sind in Zeiten dauernden Wandels. Für den Erfolg entscheidend sind also in der Realität immer häufiger nicht der Rang in der Hierarchie, sondern die spezifischen Fähigkeiten einzelner Menschen und ihre Bereitschaft, zu kooperieren. Diesen Zusammenhang von gesellschaftlichen Institutionen und menschlichem Verhalten hat auch Norbert Elias ins Zentrum seiner Betrachtungen gestellt. Das Verhalten der Menschen reguliere sich je nach den Gegebenheiten. Baumgart und Eichener (1991, S. 97), die Interpreten von Norbert Elias, geben hierfür ein schönes Beispiel aus der Arbeitswelt:

> „[Zunächst] erscheint man pünktlich zur Arbeit, weil man sonst drakonische Strafen zu erwarten hätte (Prügelstrafen in Handwerksbetrieben, Fabrikordnungen im Frühkapitalismus, ca. 19. Jahrhundert); (danach), weil es sich für einen anständigen Mitarbeiter gehört, pünktlich zu sein (Arbeits- und Berufsethik; ca. bis Ende des 20. Jahrhunderts); (jetzt) ist man nur noch dann pünktlich, wenn es wirklich nötig ist (gleitende Arbeitszeit, Arbeitsautonomie, gegen Ende des 20. Jahrhunderts, zunächst nur in höheren Berufsgruppen)."

Die letzte, heutige Phase der Entwicklung konnten die Autoren noch nicht vorhersehen: Es gibt nur solche Regeln, die sich die Arbeitenden selbst gegeben haben. Zumindest gilt das für einen größer werdenden Teil unseres gesamten Wirtschaftslebens und des Alltags. Das heißt zusammengefasst: Die Notwendigkeit von externer, hierarchischer Kontrolle nimmt, historisch betrachtet, ab. Das Buch von von Hippel ist für sich ein gutes Beispiel, wie sehr sich der Alltag von vielen Menschen schon auf dieses neue Modell der Kooperation eingestellt hat. Er stellt ein Buch aus dem angesehenen Verlag des *MIT* kostenlos unter einer Creative-Commons-Lizenz ins Internet und widmet es „allen, die an einer Informations-Allmende bauen".

2.3 Kooperation lohnt sich

Die kommende Wissensgesellschaft verlangt von uns, dass wir anders mit dem Wissen anderer Menschen umgehen. Dies war schon die frühe, allerdings unspezifische Vorhersage von Vannevar Bush, einem herausragenden Wissenschaftler seiner Zeit und Leiter des Mannhattan-Projekts (Bush 1945).[5] Ein halbes Jahrhundert später haben

---

5   Bush hatte seine Vorhersagen unmittelbar vor und nach dem Abwurf der Atombomben auf japanische Städte gemacht. Sein Denken war, wie berichtet wird, geprägt von den Abgründen menschlichen Wissens, in die er geblickt hatte.

wir mit dem Internet eine technische Infrastruktur, mit der sich die Forderung von Bush umsetzen lässt. Es wäre viel gewonnen, wenn man Prinzipien finden würde, mit denen sich erklären ließe, warum sich eine spontane Ordnung wie das Internet herausgebildet hat.

Ein Schritt auf dem Weg zu einem solchen Prinzip ist die Abkehr vom sog. „homo oeconomicus" – von der Vorstellung, ein Mensch verhielte sich ausschließlich vernünftig und verfolgte immer seinen Eigennutz. Ein solcher Mensch wäre natürlich leicht berechenbar, zumindest für bestimmte Wissenschaften. Für einen solchen Blick auf den Menschen ist der Erfolg von Open-Source-Software (OSS) – das Internet würde ohne OSS nicht funktionieren können – eine große Herausforderung. Warum machen Menschen so etwas, obwohl sie doch scheinbar dafür keine Belohnung bekommen? Die erste Antwort ist einfach: Weil sie nicht so handeln, wie Ökonomen früher angenommen haben. Der Mensch ist kein strikter „homo oeconomicus".

Sehr viel schwieriger ist es, diese Frage positiv zu beantworten. Hierum bemüht sich ein moderner Zweig der Wissenschaft, die empirische Wirtschaftsforschung, die sehr enge Bezüge zur Psychologie herstellt (Gintis et al. 2005; Henrich 2004; Fehr und Schwarz 2002; Fehr und Gächter 2002). Eine einfache Frage mag die Relevanz dieser Forschungen verdeutlichen: Solange es Menschen gibt, hat es immer Aktivitäten gegeben, die sie gemeinsam verrichten mussten: Fischen, Jagen großer Tiere, Krieg, Bewahrung gemeinsamer Eigentumsressourcen. Jeder in einer Gruppe profitierte von dem so konstituierten öffentlichen Gut, also auch diejenigen, die nichts zum Ergebnis beigetragen hatten: die Trittbrettfahrer. Diese frühen Menschen haben etwas „gebaut", was wir heute mit dem Wort „Allmende" bezeichnen: „Eine Allmende ist eine Ressource, die gemeinsam genutzt wird und deren Zugriff offen für alle Nutzer ist – unbeschadet ihrer Identität oder des intendierten Gebrauchs" (Lessig 2001, S. 19-20). Das Verhalten dieser Menschen überrascht, da die Teilnahme an solchen Aktivitäten durchaus kostenintensiv ist. Eigentlich müsste es sich lohnen, das Gut zu genießen und sich im Übrigen vor Arbeit und Todesgefahr zu drücken. Trotzdem hat in der Evolution die Kooperation überwogen. Die Frage ist also: Welcher Mechanismus sorgt dafür, dass menschliche Kooperation bei der Konstituierung öffentlicher Güter anscheinend der Normalfall ist? Es scheint empirische Gewissheit zu geben, dass Formen des Altruismus der menschliche Normalfall sind. Handlungen werden auch dann belohnt, wenn damit Nachteile verbunden sind. Es muss allerdings eine gewisse Gegenseitigkeit vorhanden sein. Offensichtlich wird das Verhalten der Menschen durch soziale Normen gesteuert, die sich im Verlauf der Evolution als sinnvoll herausgestellt haben. Elinor Ostrom, eine der bedeutendsten amerikanischen Sozialwissenschaftlerinnen, hat diesen Stand der Wissenschaft in ihrem herausragenden Buch über Allmenden so zusammengefasst:

> „Es gibt gewichtige Belege dafür, dass die Menschen eine ererbte Fähigkeit besitzen zu lernen, Reziprozität und soziale Regeln so zu nutzen, dass sie damit ein breites Spektrum sozialer Dilemmata überwinden

können. [...] Im wesentlichen bedeutet Reziprozität, auf die positiven Handlungen der anderen mit einer positiven Antwort und auf die negativen Handlungen der anderen mit irgendeiner Form der Bestrafung zu reagieren." (Ostrom 1999, XIX)

Diese Ergebnisse der empirischen Wissenschaften sind für die Diskussionen um die Ordnung des Wissens außerordentlich ermutigend. Sie zeigen, dass Allmenden die überlegene Organisationsform sein können – können, nicht müssen. Sie zeigen wahrscheinlich zweitens, dass das Internet aufgrund von Prinzipien der Kooperation gebaut wurde, die sich im Laufe der Evolution als sinnvoll und nützlich herausgestellt haben. Mithin sind es in hohem Maße soziale Normen, die die Entwicklung hin zu einer Wissensgesellschaft dominiert haben und weniger staatliche Gesetze. Man kann den aktuellen Streit um digitale Urheberrechte und Softwarepatente deshalb auch so verstehen, dass sie diesen erprobten Prinzipien der Evolution widersprechen – als Konflikt zwischen den sozialen Normen der Kooperation und (teilweise) veralteten staatlichen und überstaatlichen Gesetzen.

3 Eine Ordnung für das Wissen

„Ideen müssen sich frei ausbreiten vom einen zur anderen über die Welt, zur gegenseitigen Belehrung der Menschen. Frei wie die Luft, in der wir atmen, uns bewegen, ja unsere ganze physische Existenz haben, ganz und gar ungeeignet für ein Eingesperrtsein oder exklusive Aneignung. Deswegen können Erfindungen niemals Eigentum von irgendjemand auf diesem Erdball werden.

Um nicht missverstanden zu werden: Natürlich kann die Gesellschaft irgendwelche Regeln setzen, die einem Erfinder exklusive Rechte verleihen. Aber es handelt sich nicht um ein natürliches Recht, es geht alleine um den Nutzen für die Gesellschaft." (Jefferson 1813)

3.1 Die bipolare Struktur des „geistigen Eigentums"

Im späten 19. Jahrhundert waren die damals führenden Staaten der Welt zur Einsicht gelangt, dass man alles, was um Ideen und Wissen herum zu regeln ist, in eine spezifische Ordnung bringen muss. Mit Hilfe dieser Ordnung sollte der weltweite Handel mit gewerblichen Produkten und literarischen Erzeugnissen erstmals reguliert werden. Denn die jeweiligen Schutzrechte endeten an den Grenzen der Nationalstaaten. Ein knappes Dutzend Staaten schloss sich 1883 bzw. 1886 zu Staatenverbänden zusammen, mit eigenen Verwaltungsorganen und Büros in Paris bzw. Genf. Ihr wesentliches Ziel war es, zwei neue internationale Verträge mit Leben zu versehen: die *Pariser Verbandsübereinkunft zum Schutz des gewerblichen Eigentums* von 1883 *(PVÜ)* und die

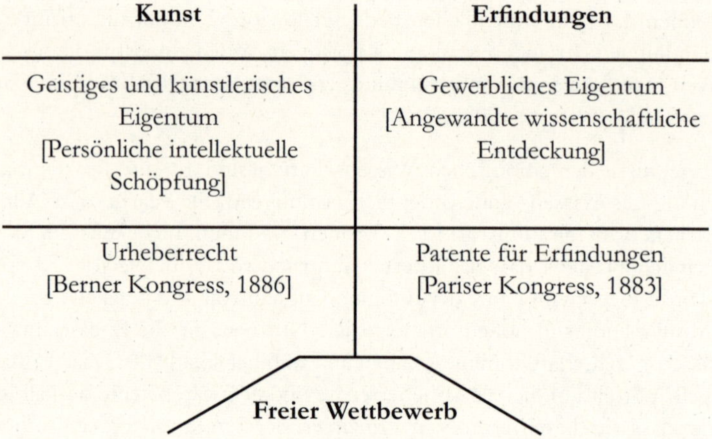

Kunst	Erfindungen
Geistiges und künstlerisches Eigentum [Persönliche intellektuelle Schöpfung]	Gewerbliches Eigentum [Angewandte wissenschaftliche Entdeckung]
Urheberrecht [Berner Kongress, 1886]	Patente für Erfindungen [Pariser Kongress, 1883]

Freier Wettbewerb

Abbildung 2: Die bipolare Struktur des internationalen Systems für „geistiges Eigentum" (Quelle: Reichmann 1992, S. 327)

Berner Übereinkunft zum Schutze von Werken der Literatur und Kunst von 1886.[6] Diese und andere Verträge werden heute durch eine Sonderorganisation der Vereinten Nationen, die WIPO (*World Intellectual Property Organization*) in Genf verwaltet. Das wesentliche Ziel dieser Verträge ist es damals wie heute, geistige Leistungen grenzüberschreitend zu schützen und anzuerkennen.[7]

Es ist wichtig, diese historische Entwicklung in Erinnerung zu behalten: Unser heutiges System reflektiert eine Logik des 19. Jahrhunderts. Jerome Reichman, einer der führenden Akademiker der USA für Fragen des „geistigen Eigentums" hat die entscheidenden logischen Elemente dieses Systems in Abbildung 2 so zusammengestellt.

Es gibt drei Elemente:

– Den Bereich des gewerblichen Eigentums und der Patente
– Den Bereich künstlerischen Schaffens und der Rechte von Autoren
– Einen Bereich des freien Wettbewerbs

In der Sicht des 19. Jahrhunderts war durch die ersten beiden Elemente der Bereich abgedeckt, den wir heute „Wissensproduktion" nennen. Man hat im gewissen Sinne eine ganze Welt entworfen. Das spürt man deutlich am Wortlaut der Patent-Konvention von 1883, die auch noch so kleine und unwichtige Dinge in der Welt erfassen

---

6 Diese Übereinkunft ist in der Folgezeit mehrfach revidiert worden. Seit 1908 heißt sie deshalb *Revidierte Berner Übereinkunft (RBÜ)*.

7 Das Verständnis von gewerblichem Eigentum war sehr weitgehend. Es bezog sich auf die Landwirtschaft, die Gewinnung der Bodenschätze, auf alle Fabrikate und Naturerzeugnisse, wie zum Beispiel Wein, Getreide, Tabakblätter, Vieh, Mineralwasser, Bier, Blumen und Mehl (Art. 1 *PVÜ*).

will. Was veranlasst denn die Staaten der Welt, für (aus heutiger Sicht) so unwichtige Dinge wie Mineralwasser und Mehl einen eigenen Staatenverband zu gründen, die wir in unserem heutigen Verständnis kaum mit dem Begriff „geistiges Eigentum" in Verbindung bringen würden?

Die wenigen, noch fehlenden Erzeugnisse menschlicher Geistestätigkeit konnte man dann in dem Berner Übereinkommen unterbringen. Die Konventionen errichteten also eine abgeschlossene Welt mit klaren Grenzen. Das dritte Element „Wettbewerb" bezieht sich auf die Rechtfertigung von Patenten bzw. Urheberrechten. Ökonomisch gesehen handelt es sich bei diesen Rechten um staatliche Monopole, die einem Schöpfer verliehen werden, damit er weiterhin Anreize für Schöpfungen hat. Zugunsten des Schöpfers, zugunsten weiterer Innovationen wird der Wettbewerb eingeschränkt. In demokratisch verfassten Gesellschaften ist eine solche Einschränkung des Wettbewerbsprinzips durch Monopole nur möglich, wenn es hierfür eine rechtlich legitime Begründung gibt.

Diese ökonomische Rechtfertigung des „geistigen Eigentums" war für Patente schon im 19. Jahrhundert umstritten. Ein früher Kritiker war „TJ", Thomas Jefferson, der dritte Präsident der USA. Was ihn für unsere Probleme besonders interessant macht: Das erste Patent der USA trägt die Unterschrift von George Washington und „TJ", er war der erste Chef des gerade gegründeten Patentamtes der USA. Das *Patent Office* war für ihn Symbol der amerikanischen Kreativität. Und er war selbst Erfinder. Fundamental für sein Denken war sein Glaube an die Freiheit von Ideen und die Furcht, dass diese Freiheit durch irgendwelche Restriktionen eingeschränkt werden könnte. „TJ" hatte deshalb eine klare Vorstellung davon, was eine Regierung darf und was nicht: Der Staat soll Informationen an seine Bürger verteilen, auf den materiellen Profit für die Erfinder komme es erst in zweiter Linie an. Ein frühes Konzept einer demokratischen Technologie: Alle Ideen müssen den Bürgerinnen und Bürgern zugute kommen. Nur ausnahmsweise dürfe man einem Erfinder ein vorübergehendes Monopol geben, wenn der gesellschaftliche Nutzen für alle erwiesen ist.

Am Beispiel von Software, dem grundlegenden Baustein der Wissensgesellschaft, zeigt sich, dass auch die ökonomische Rechtfertigung des Urheberrechts ins Wanken gekommen ist. In der gedanklichen Welt des 19. Jahrhunderts konnte etwas nur entweder dem Patent- oder dem Urheberrecht unterliegen. Die Gegenstände der jeweiligen Verträge schlossen sich also logisch aus. Man kann sich dieses bipolare System als ein System kommunizierender Röhren vorstellen. Etwas überspitzt ausgedrückt: In der gedanklichen Welt des 19. Jahrhunderts gab es nur von Menschen gemachte Waren, mit denen sich handeln ließ, und Dichtungen. Ein Drittes gab es nicht. Alles hatte seinen definierten Platz. Software ist aber ein „Hybrid", fällt sowohl in das Patentrecht als auch das Urheberrecht. Die Juristen aller Länder haben das Problem mit einer Art Taschenspielertrick gelöst. Rechtlich wird Software deshalb heute als literarisches Werk behandelt. Ein Textverarbeitungsprogramm und Goethes Faust sind also rechtlich gleich.

Die Diskussion um die Einordnung von Software dauert schon einige Jahrzehnte an und hat bis heute zu keinem befriedigenden Ergebnis geführt. Das logische Problem eines abgeschlossenen bipolaren Systems, das die ökonomischen Interessen eines vergangenen Jahrhunderts bedient, legt die tiefere Ursache eines in wesentlichen Teilen dysfunktionalen Systems offen: Das Innovationsmodell des ausgehenden 19. Jahrhunderts, das die beiden Konventionen widerspiegeln, passt nicht auf die Bedürfnisse einer Wissensgesellschaft. Es hat den Anschein, dass Interessen des Handels und der Wille, sich nationale Vorteile zu sichern, diese Konzeption von „geistigem Eigentum" dominiert haben.

3.2 Das Internet – eine Allmende für Innovation

Jede, die heute in der Welt des Wissens Ordnung schaffen will, steht vor zwei prinzipiellen Schwierigkeiten oder Dilemmata:

Erstens: Man muss mit einem System des „geistigen Eigentums" arbeiten, das wahrscheinlich schon von Beginn an dysfunktional war. Dies ist jedenfalls die überwiegende Auffassung der ökonomischen Wissenschaften, die Fritz Machlup 1958 unübertroffen so auf den Begriff gebracht hat:

> „Wenn man nicht weiß, ob ein System 'als Ganzes' (im Gegensatz zu bestimmten Elementen oder Bestandteilen) gut oder schlecht ist, so ist die sicherste Folgerung, die sich ziehen läßt, die, so wie bisher weiterzumachen – entweder mit dem System, wenn man lange mit ihm gelebt hat, oder ohne das System, wenn man bisher auch so auskam. Gäbe es bei uns keinen Patentschutz, so wäre es nach der gegenwärtigen Kenntnis seiner wirtschaftlichen Folgen unverantwortlich, die Annahme eines Patentgesetzes zu empfehlen. Da wir aber seit langer Zeit ein Patentgesetz haben, wäre es nach unserem gegenwärtigen Kenntnisstand ebenso unverantwortlich, seine Abschaffung zu empfehlen." (Machlup 2000) [8]

Damit hängt zweitens eine politische Einsicht zusammen: Man darf ein schlechtes System erst dann aufgeben, wenn man ein besseres hat. Die politischen Entscheidungs-

---

[8] Das Zitat entstammt einem Bericht an den Kongress der USA von 1958, bis heute wahrscheinlich der wichtigste Text zur Geschichte dieses Elements des „geistigen Eigentums". Fritz Machlup war Ökonom Wiener Schule, der auch die deutschen Verhältnisse sehr gut kannte. In den USA hat er es später zu Weltruhm gebracht und u. a. Basistexte zur Wissensgesellschaft publiziert. Sein Bericht ist über weite Strecken eine spannende Erzählung über das 19. Jahrhundert und die sich herausbildenden Nationalstaaten mit ihren ganz eigenen Interessen. Die (ökonomischen) Wissenschaftler dieser Zeit waren sich in ihrer ablehnenden Haltung zu Patenten einig. Trotzdem sind diese Abkommen geschlossen worden. Machlup erwähnt auch die Rolle der Juristen, die damals schon auf der Seite der Befürworter dieses später beschlossenen Konzepts von „geistigem Eigentum" standen. Man sieht hieran, dass wissenschaftliche Einsicht und politischer Gestaltungsdrang nicht immer deckungsgleich sein müssen.

träger stehen deshalb vor einem Dilemma: Entweder sie tun nichts oder potentiell das Falsche.

Es gibt also beides: ein Erkenntnisdilemma und ein Gestaltungsdilemma. Die Diskussionen um die Ordnung im Cyberspace haben aber gezeigt, dass es einen Ausweg gibt. Nach meiner festen Überzeugung gebührt dem an der Stanford University Recht lehrenden Wissenschaftler Lawrence Lessig das Verdienst, dieses Konzept für das Neue entdeckt und in zwei Büchern publiziert zu haben: In „Code and Other Laws of Cyberspace" (1999) schlägt er ein neues Modell der Regulierung vor und begründet in „The Future of Ideas. The Fate of the Commons in a Connected World" (2001) das Wettbewerbsprinzip als technisches Konstruktionsprinzip des Internets: die Innovations-Allmende.

Viele Einzelaspekte sind inzwischen Allgemeingut einer weltweiten Öffentlichkeit, darunter seine „Creative Commons Initiative". Sein wichtigstes Anliegen beginnt aber erst langsam ins Bewusstsein vorzudringen:

> „Es ist ein Nutzen für Ressourcen, wenn sie als Allmende organisiert werden und das Internet ist das beste Beispiel für diesen Nutzen. Das Internet bildet eine Innovations-Allmende [*innovation commons*]. Es formt diese Allmende nicht alleine durch Normen, sondern auch durch eine spezifische Architektur. Das Netz dieser Normen und diese Architektur sind der Raum, in dem Kreativität sich ausbreiten kann." (Lessig 2001, S. 23)

Die Grundidee von Lawrence Lessig ist denkbar einfach. Er hat erkannt, dass das Herz dieser neuen vernetzten Welt – er vermeidet Worte wie Wissensgesellschaft – das Internet ist:

– Das Internet als eine technisch-informatische „Architektur" bildet einen Raum.
– Dieser Raum ist als Allmende[9] (Lessig 2001, S. 19-20) organisiert.
– Dieser Raum ermutigt Nutzer zu Innovationen.
– Die technischen Strukturen dieses Raums haben regelbildende Funktionen.

Das Internet wird so zu einem Modell der Wissensgesellschaft insgesamt. Seine Betrachtungsweise macht es ihm also möglich, einfache Fragen zu stellen und eine Komplexität, wie sie angesichts der Vielfalt diskussionsbedürftiger Probleme zu befürchten wäre, zu vermeiden.

Die intellektuelle und politische Sprengkraft der Idee von Lessig liegt in dieser Vorstellung des Internets als Allmende. Wenn der Raum, der nach Auffassung von Politik und Wirtschaft konstitutiv für den künftigen Wohlstand und die Wettbewerbsfähigkeit unserer Gesellschaften ist, nicht den Gesetzmäßigkeiten des Privateigentums

---

9 Zur Wiederholung: Eine Allmende ist eine Ressource, die gemeinsam genutzt wird und deren Zugriff offen für alle Nutzer ist – unbeschadet ihrer Identität oder des intendierten Gebrauchs.

unterworfen ist, dann steht offensichtlich ein zentrales Bauprinzip unserer westlichen Gesellschaften insgesamt auf dem Prüfstand: das Privateigentum. Allerdings eignet sich diese Einsicht nicht für irgendwelche radikalen Hoffnungen über die Abschaffung des Privateigentums. Lessig und viele andere sind sich nur sicher, dass die Allmende, die viele nur als Gemeindewiese kennen, ein effizientes Organisationsprinzip ist, um das Herz der Wissensgesellschaft am Laufen zu halten. Die Allmende muss – neben Privateigentum und öffentlichem Eigentum – als drittes Prinzip gleichsam neu entdeckt werden.

Diese Sicht auf die Wissensgesellschaft macht es einfacher, die für die nächste Zukunft wichtigen Fragen zu stellen und zu beantworten: Welche Eigenschaften soll ein künftiges Internet behalten oder neu bekommen? Dies ist die Frage nach der Technologie der Zukunft. Welche technischen, rechtlichen, ökonomischen oder sonstigen Maßnahmen stellen sicher, dass die Wünsche wahr werden? Dies ist die Frage nach den Institutionen der Zukunft.

3.3 Regulierung durch Code oder Architektur

Offensichtlich wird unsere Fähigkeit, Neues zu ersinnen, maßgeblich durch die Benutzung des Internets beeinflusst. Welche Eigenschaften des Netzes führen zu diesem innovativen Potential? Was müssen wir tun, damit diese Eigenschaften auch in der Zukunft erhalten bleiben? Kern dieser Architektur ist, dass sie völlig offen ist gegenüber jedweden Nutzungen und Nutzern. Das Netz ist im Prinzip (anwendungs-)neutral und stellt lediglich sicher, dass Daten-Pakete zuverlässig von A nach B kommen können.[10] Alleine die Benutzer und nicht die Eigentümer von Netzen entscheiden darüber, was sie dürfen. Lessigs Antwort ist für die einen nahe liegend, für die anderen bahnbrechend. Auch hier bietet er ein ziemlich simples Modell an, das man leicht für trivial halten kann. Die intellektuelle und politische Sprengkraft seiner Idee liegt hier in der Einsicht, dass die Technik des Internets selbst regulierende Eigenschaften hat. Technik ist eine eigene Entität.

Das Modell lässt sich vereinfacht so beschreiben: Auf den einzelnen Menschen wirken Regel bildende Kräfte ein. Schon immer haben drei Kräfte oder Quellen der Regulierung zusammengewirkt:

– der Markt
– das Recht

---

[10] Das technische Prinzip nennt sich „*End-to-End*-Argument". In Lutterbeck (2005) beschreibe ich die ökonomische und gesellschaftliche Bedeutung dieses Prinzips genauer. Das *End-to-End*-Argument bezeichnet ein normatives Prinzip der Gestaltung von Kommunikationsnetzwerken. Nur der Absender und Empfänger, nicht aber das Netzwerk „wissen" etwas über die Informationen, die paketweise transportiert werden. Jegliches Auswählen und Aussortieren obliegt Absender und Empfänger. Ein E2E-Netzwerk diskriminiert beim Transport insbesondere nicht zwischen den zu transportierenden Informationspaketen.

– die (gesellschaftlichen) Normen des Verhaltens

In der Informations- oder Wissensgesellschaft kommt eine Kraft neu hinzu, die früher zumindest nicht sichtbar gewesen ist:

– die Architektur bzw. der Code der Software

Lessig fügt diese vier Kräfte in einem einfachen Modell (siehe Abbildung 3) zusammen, das er je nach Verwendungszusammenhang variiert.

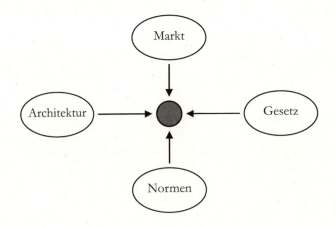

Abbildung 3: Das Regulationsmodell von Lessig (1999, S. 88)

Jede einzelne dieser Kräfte ist eigentlich schon ein Programm für sich. Jetzt sagt uns Lessig: „Ihr müsst aber alles im Zusammenhang verstehen." Er weiß dabei natürlich, dass hinter seinen Wortbildungen mächtige Disziplinen und Professionen stehen, die gerade das nicht tun. Hinter dem Wort „Gesetz" verbergen sich die Juristen, die in Deutschland zumindest einen Bogen um eine wirtschaftliche Betrachtung ihres Bereichs schlagen und die soziologische und kulturelle Sichtweise des Rechts unter dem Begriff „Normen" normalerweise weit von sich weisen. Und mit dem Wort „Architektur" spricht er Informatiker und Ingenieure an, die nicht wahrhaben wollen, dass ihre Software zugleich gesellschaftliche Verhältnisse abbildet. Viele tun sich noch schwer, Architektur als eigenständige Regel bildende Kraft zu verstehen.

Diese Regulierungskraft lässt sich etwa so veranschaulichen: Wohnmobile sind so zahlreich geworden, dass sie für viele Kommunen, die Zugang zu einem Strand oder See haben, zum Problem geworden sind. Sie produzieren Abfall und sind nur ein geringer Faktor für die heimische Wirtschaft. Im Prinzip sind sie deshalb unerwünscht. Eine Kommune könnte nun Vorschriften erlassen oder Verbotsschilder aufstellen oder Kontrollbeamte einstellen, die unter Umständen Strafen einziehen oder einfach drastische Eintrittspreise verlangen. Sie kann aber auch den Zutritt durch Architektur regulieren. Dazu muss sie nur alle Zufahrtswege mit einer Art Tor versehen, das nur Fahrzeuge mit einer Höhe von maximal zwei Metern durchlässt. Hier kann jeder Architektur als Regel bildende Gegebenheit sehen und sogar anfassen. Dies ist bei der Architektur der Wissensgesellschaft natürlich nicht mehr der Fall. Hier wird Architektur durch eine entsprechende Software und die Konfiguration unsichtbarer Computernetze gebildet.

Jetzt ist es „nur" noch nötig, die Grundgedanken beider Abschnitte miteinander zu verbinden. Das Internet ist ein neues technisches Instrument, das wie der Markt spontan entstanden ist. Niemand hat es erdacht oder geplant und niemand konnte entsprechend vorhersehen, in welcher Weise dieses Netz die Wirklichkeit und damit die Menschen auf der Welt verändern wird. Dieses Netz hat bestimmte technische Eigenschaften hervorgebracht, die entscheidenden Einfluss auf unsere Fähigkeit haben, Neues in die Welt zu setzen: die Offenheit gegenüber jedweden Veränderungen und die Offenheit gegenüber klassischen Eigentumsmodellen. Das Internet hat sich als Allmende organisiert. Lessigs Ideen brechen in die Grundgedanken der Bipolarität der Eigentumsregime des 19. Jahrhunderts ein, indem sie einen weiteren logischen Baustein hinzufügen. Das System des „geistigen Eigentums" im 21. Jahrhundert hat also zumindest vier Bausteine: Patente, Urheberrechte, Allmenden und Wettbewerb.

Teilt man die Position von Lessig, heißt dies zusammengefasst: Man muss die Basisinfrastruktur Internet als Allmende organisieren und sicherstellen, dass die Innovation-erzeugenden-Eigenschaften des Internets auch künftig erhalten bleiben – das sind diejenigen technischen Eigenschaften, die die Neutralität des Netzes garantieren. Das politische und rechtliche Instrument hierfür ist die Ordnung durch Wettbewerb.

3.4 Die Anmaßung von Wissen

Vielleicht denken wir bei dem Wort „Wissen" noch zu sehr in vertrauten Bahnen. Vermutlich kommen den meisten beim Wort „Wissen" die Bücher in den Sinn, die elektronisch oder herkömmlich verteilt und konsumiert werden, die Bibliotheken, zu denen man in günstigen Fällen Zugriff hat, das WWW, das uns kostenlosen Zugang zu Quellen gibt, die Printmedien, das Fernsehen oder auch die Wissenschaft. An Technik interessierte Menschen werden an die vielen nützlichen Erfindungen und an Naturgesetze denken.

Die Erzeugung und Verteilung von Wissen verändert sich aber – wahrscheinlich dramatisch: Wissen und die Erzeugung von Wissen werden ubiquitär. Damit verändern sich ganz gewiss auch die Wertmaßstäbe, mit deren Hilfe sich Menschen in diesem Geflecht bewegen. Wahrscheinlich muss man es eher so sehen: Durch einen Prozess der Wissenskommunikation, in dem Informationstechnik allgegenwärtig ist, lernen Menschen, was für sie wichtig ist und treffen dann Entscheidungen, welche die Strukturen des Verhaltens von anderen Menschen beeinflussen.

Die Struktur, die wir zu erwarten haben, enthält ersichtlich so viele Elemente und soviel Komplexität, so viele neue Interaktionen, dass wir sie nicht vorhersehen können. Alles andere wäre eine „Anmaßung von Wissen" (von Hayek 1996a).[11]

Kann man diese Komplexität im wörtlichen Sinne „beherrschen"? Kann man der Entwicklung durch bewusste politische Entscheidungen etwa eine Richtung geben oder eine Ordnung, in die sich alles fügt? Der Menschenwissenschaftler Norbert Elias und der Ökonom Friedrich von Hayek geben hierauf eine bis in einzelne Worte hinein gleiche, aber abstrakte Antwort. Lawrence Lessig hat auf der Höhe unserer Zeit die Antwort für die Wissensgesellschaft und das Internet gegeben. Alle drei Autoren gleichen sich darin, dass sie das Wettbewerbsprinzip für fundamental für die Freiheit unserer Gesellschaften halten.

Elias verweist uns auf die Grenzen der Gestaltbarkeit dieser neuen „Wissensgesellschaft":

> „Pläne und Handlungen, emotionale und rationale Regungen der einzelnen Menschen greifen beständig freundlich und feindlich ineinander. Diese fundamentale Verflechtung der einzelnen menschlichen Pläne und Handlungen kann Handlungen und Gestaltungen herbeiführen, die kein einzelner Mensch geplant oder geschaffen hat. Aus ihr, der Interdependenz der Menschen, ergibt sich eine andere Ordnung von ganz spezifischer Art, eine Ordnung, die stärker ist als Wille und Vernunft der einzelnen Menschen, die sie bilden. Es ist eine Verflechtungsordnung, die den Gang des geschichtlichen Wandels bestimmt." (Elias 1997, Bd. 2: S. 324/5)

Diese Grenzen sind auch das Generalthema des Ökonomen von Hayek:

> „Wenn der Mensch in seinem Bemühen, die Gesellschaftsordnung zu verbessern, nicht mehr Schaden stiften soll als Nutzen, wird er lernen müssen, dass er in diesem wie in anderen Gebieten, in den inhärente Komplexität von organisierter Art besteht, nicht volles Wissen erwerben kann, das die Beherrschung des Geschehens möglich machen würde." (von Hayek 1996a, S. 14)[12]

Als Beispiel führt er den Markt an:

> „Daß eine solche Ordnung, die zur Nutzung von viel mehr Wissen führt als irgendjemand besitzt, nie 'erfunden' werden konnte, folgt daraus, dass die Folgen nicht vorausgesehen werden konnten. Niemand sah voraus, dass die Sicherung von Eigentum und Vertrag zur Arbeitsteilung

---

11 Dies ist der Titel der Rede (Original: „The Pretence of Knowledge"), die von Hayek 1974 zur Verleihung des Nobelpreises für Ökonomie gehalten hat.
12 „Pattern predictions" in den Worten von von Hayek (1996a, S. 7): Man kann nur eine Art Muster vorhersagen, nicht aber die konkrete Ausprägung des Musters.

und Marktwirtschaft, oder daß die Ausdehnung der zunächst nur für Stammesangehörige geltenden Regeln auf den Fremden schließlich zur Bildung einer Weltwirtschaft führen würde." (von Hayek 1996*a*)

Hayek spricht hiermit also den Zusammenhang von der spontanen Ordnung des Marktes und rechtlichen Institutionen an, die sich als Zusammenspiel aufeinander bezogener Handlungen herausgebildet hat. Was war das treibende Prinzip für diesen Prozess? Der Wettbewerb, wie Hayek immer wieder betont:

> „Wettbewerb [...ist] ein Verfahren zur Entdeckung von Tatsachen, die ohne sein Bestehen entweder unbekannt bleiben oder doch zumindest nicht genutzt werden." (von Hayek 2003*b*, S. 132)

Der Wettbewerb ist also das erprobte gesellschaftliche Mittel, Unwissenheit zu beseitigen.

Wettbewerb darf man nicht sich selbst überlassen, damit sich die beste Idee und nicht die mächtigste durchsetzen kann. Man muss deshalb den Wettbewerb ordnen. Aber jede Ordnung steht vor der Hürde des Nichtwissens. Man weiß ja schließlich nicht, welche Gesetze man machen soll. Würde man trotzdem alle möglichen Gesetze erlassen, bestünde die große Gefahr, dass man wünschenswerte Entwicklungen abschneiden würde. So hat etwa niemand ein technisches Medium wie das Internet vorausgesehen. Selbst hellsichtigste Vorhersagen haben die durch das Netz ausgelöste gesellschaftliche Dynamik nicht im Blick gehabt. Die ordnende Hinsicht, die Lessig vorschlägt, belässt es bei diesem nicht vorhersagbaren Geschehen, verzichtet auf umfassende Ideen der Regulierung und gibt stattdessen uns Einzelnen die Möglichkeit, darauf Neues zu bauen. Sie vertraut der Kooperationsbereitschaft der Menschen in der neuen „Innovations-Allmende" und gibt ihnen im Internet eine Technologie des Wettbewerbs um Ideen. Es wird sich dann erweisen, welchen Raum sich die Allmende in einer dreipoligen Ordnung des „geistigen Eigentums" erobern wird.

Zusammenfassend und nüchtern betrachtet handelt es sich bei dieser Wissensgesellschaft um ein Gebilde, für das vier Elemente konstitutiv sein könnten:

– Eine technisch-ökonomische Komponente: das Internet,

– Menschliche Fähigkeiten und Bedürfnisse im Umgang mit Wissen,

– Normative Ziele, die diesen Bedürfnissen dienlich sind oder auch nicht,

– Eine Ordnung, die diese Elemente in Bezug setzt.

Die Zukunft der Wissensgesellschaft hängt davon ab, wie schnell wir verstehen, dass das Internet eine Basis-Infrastruktur für die Erzeugung und Verteilung von Wissen ist – nicht anders als Straßen, Elektrizitätsnetze oder Wasserleitungen für andere menschliche Bedürfnisse.

3.5 Der Weg in die Allmende ist unvermeidlich

Die Argumentation dieses Beitrags folgt einer einfachen Logik: Innovation ist wichtig für alle Gesellschaften, für rohstoffarme Länder wie Deutschland ist sie schlechthin unverzichtbar, um den erreichten Wohlstand auch nur zu erhalten. Das Innovationsmodell, das auf der Internet-Allmende beruht, ist zwar keine hinreichende, aber eine notwendige Bedingung für diesen Wohlstand. Dieses Modell beruht wesentlich auf einer Offenheit der Wissensquellen und verlangt, dass ein Konzept des „geistigen Eigentums", das alleine auf dem Prinzip des Ausschlusses beruht, aufgeben wird.

Viele führende Wissenschaftler der USA teilen diese These: Bei dem bis heute bekanntesten Rechtsstreit um Urheberrechte haben sich zahlreiche Nobelpreisträger und weltweit führende Wissenschaftler aus Recht, Ökonomie und Informatik zu Wort gemeldet und die Tendenz zu einer Ausweitung des „geistigen Eigentums" kritisiert. Genutzt hat es nichts. Denn der *Supreme Court* hat in seinem Urteil „Eldred gegen Ashcroft" vom Januar 2003 den Argumenten der Befürworter einer Ausweitung und den mit ihnen verbundenen Software- und Medienunternehmen Recht gegeben.[13] Vordergründig ging es bei diesem Streit um die Verlängerung der Geltungsdauer amerikanischer Urheberrechtsgesetze. Im Kern haben die Wissenschaftler aber um den Bestand und den weiteren Ausbau der Allmende und damit um die Offenheit von Wissensquellen gestritten.

Die deutsche Situation unterscheidet sich merklich von der amerikanischen. Die Wissenschaft hat sich bis jetzt nur vereinzelt zu Wort gemeldet, die Mehrheit dürfte aber das überkommene Modell des „geistigen Eigentums" verteidigen. Bedeutsame Rechtsstreitigkeiten wie in den USA hat es bis heute nicht gegeben. Der Deutsche Bundestag hat die nötigen Gesetze ohne größere Leidenschaften verabschiedet – nicht zuletzt, weil die deutsche Öffentlichkeit kein besonderes Interesse an diesen Problemen gezeigt hat. In der öffentlichen Debatte führen die Probleme um Wissen und Eigentum eher ein Schattendasein.[14] Dabei ist offensichtlich: Das so genannte „geistige Eigentum" ist Teil des Fundaments der modernen Gesellschaften. Es befindet sich inmitten eines Wandels, dessen Einzelheiten noch nicht bekannt sind. Es ist deshalb nachgerade selbstverständlich, dass über die rechtliche und technische Ausgestaltung gestritten wird. Die schmerzliche Niederlage vor dem Supreme Court sagt nichts über das schließliche Ende der Debatte aus. Ich muss mich wiederholen und an die ebenso

---

13 Viele der amerikanischen Spitzenuniversitäten betreiben sog. „Clinics" oder besondere Bereiche, in denen die Universitäten ihr Wissen zur Lösung von gesellschaftlichen Streitigkeiten zur Verfügung stellen. Ein Teil dieser Leistungen besteht darin, dass sie diese Streitigkeiten für alle Interessierten dokumentieren und öffentlich zugänglich machen. Alle wichtigen Urteile und Stellungnahmen des Streits „Eldred versus Ashcroft" findet man etwa auf der „Open Law Site" der Harvard Universität, http://cyber.law.harvard.edu/home/litigation/openlaw. Für einen zügigen Einstieg in den Streit suche man heise online vom 15. Januar 2003 auf, http://www.heise.de/newsticker/meldung/33704.

14 Eine Folge dieses Desinteresses ist die Tatsache, dass es nur wenig deutsche, zumeist noch nicht einmal deutschsprachige Fachliteratur gibt, die vor allem gegenüber der amerikanischen Literatur konkurrenzfähig ist.

fundamentale Einsicht erinnern, die man vom Nobelpreisträger v. Hayek lernen kann: Wir können die Zukunft nur gewinnen, wenn wir sie so offen wie möglich halten. Ohne Wettbewerb wird das nicht möglich sein.

Es lohnt nicht, über Worte zu streiten. Wir sollten aber über den Beginn unseres Weges Klarheit haben: Wir müssen den Weg in die Allmende beschreiten und unsere Unsicherheit als unvermeidlich verstehen. Die Demut vor dem Unwissenhilft, das eigene Wissen in Bezug zu dem Wissen anderer zu setzen. Damit alles Wissen zusammenkommt, lohnt es sich zu kooperieren. Ich kann mich täuschen: Aus meiner Sicht habe ich hiermit den grundlegenden Mechanismus einer Wissensgesellschaft formuliert. Und das Orakel? Was würde es uns sagen? Vielleicht: „Ihr werdet eine neue Gesellschaft bauen!"

Literatur

Baumgart, R. und Eichener, V. (1991), *Zur Einführung: Norbert Elias*, Junius, Hamburg.

Bush, V. (1945), 'As We May Think', *The Atlantic Monthly* **176**(1), S. 101–108. http://www.cs.sfu.ca/CC/365/mark/material/notes/Chap1/VBushArticle/ [12. Feb 2006].

Elias, N. (1997), *Über den Prozess der Zivilisation*, Suhrkamp, Frankfurt. 2 Bände. Gebundene Ausgabe.

Fehr, E. und Gächter, S. (2002), 'Altruistic Punishment in Humans', *Nature* **415**, S. 137–140.

Fehr, E. und Schwarz, G. (2002), *Psychologische Grundlagen der Ökonomie. Über Vernunft und Eigennutz hinaus*, Verlag Neue Zürcher Zeitung, Zürich.

Gehring, R. A. (2006), FOSS, die Firma und der Markt, *in* J. Hofmann (Hrsg.), 'Wissen und Eigentum', Bundeszentrale für politische Bildung, Bonn.

Gintis, H., Bowles, S., Boyd, R. und Fehr, E. (2005), *Moral Sentiments and Material Interests. The Foundations of Cooperation in Economic Life*, MIT Press, Cambridge, MA, USA.

Henrich, J. (2004), *Foundations of Human Sociality. Economic Experiments and Ethnographic Evidence from Fifteen Small-Scale Societies*, Oxford University Press, Oxford, UK.

Jefferson, T. (1813), 'No patents on ideas'. Brief an Isaac McPherson vom 13. Aug 1813, http://odur.let.rug.nl/~usa/P/tj3/writings/brf/jefl220.htm [12. Feb 2006].

Lessig, L. (1999), *Code and Other Laws of Cyberspace*, Basic Books, New York.

Lessig, L. (2001), *The Future of Ideas*, Random House, New York.

Lutterbeck, B. (2005), Infrastrukturen der Allmende - Open Source, Innovation und die Zukunft des Internets, *in* B. Lutterbeck, R. A. Gehring und M. Bärwolff (Hrsg.), 'Open Source Jahrbuch 2005 – Zwischen Softwareentwicklung und Gesellschaftsmodell', Lehmanns Media, Berlin, S. 329–346. http://www.opensourcejahrbuch.de/2005/ [12. Feb 2006].

Machlup, F. (2000), 'Die wirtschaftlichen Grundlagen des Patentrechts'. Bericht an den amerikanischen Kongress von 1958. http://www.sffo.de/sffo/machlup1.htm [12. Feb 2006].

Malone, T. W. (2004), *The Future of Work. How the New Order of Business Will Shape Your Organization, Your Management Style, and Your Life*, Harvard Business School Press, Boston.

Mattern, F. (2003), 'Pervasive Computing – Wonderful Future or Fabulous Illusion?'. http://www.vs.inf.ethz.ch/publ/selected_talks.html [12. Feb 2006].

Ostrom, E. (1999), *Die Verfassung der Allmende. Jenseits von Staat und Markt*, Mohr Siebeck, Tübingen.

Reichmann, J. H. (1992), Legal Hybrids between the Patent and Copyright Paradigms, *in* W. F. K. Altes, E. J. Dommering, P. B. Hugenholtz und J. J. C. Kabel (Hrsg.), 'Information Law towards the 21st century', Kluwer Law, Deventer, S. 325.

Schumpeter, J. (1997), *Theorie der wirtschaftlichen Entwicklung*, 9. Aufl., Duncker & Humblot, Berlin.

Spinner, H. (1994), *Die Wissensordnung: Ein Leitkonzept für die dritte Grundordnung des Informationszeitalters*, Leske+Budrich, Opladen.

Visions in Process. World Summit on the Information Society, Geneva 2003 – Tunis 2005 (2003). http://www.worldsummit2003.de/.

Weiser, M. (1991), 'The Computer for the Twenty-First Century', *Scientific American* **9**, S. 66.

von Hayek, F. A. (1996*a*), Die Anmaßung von Wissen, *in* W. Kerber (Hrsg.), 'Die Anmaßung von Wissen: Neue Freiburger Studien', Mohr Siebeck, Tübingen, S. 3–15.

von Hayek, F. A. (2003*a*), Arten der Ordnung, *in* M. Streit (Hrsg.), 'Rechtsordnung und Handelnsordnung. Aufsätze zur Ordnungsökonomik', Mohr Siebeck, Tübingen, S. 15–29.

von Hayek, F. A. (2003*b*), Der Wettbewerb als Entdeckungsverfahren, *in* M. Streit (Hrsg.), 'Rechtsordnung und Handelnsordnung. Aufsätze zur Ordnungsökonomik', Mohr Siebeck, Tübingen, S. 132 ff.

von Hippel, E. (2005*a*), „Anwender-Innovationsnetzwerke": Hersteller entbehrlich, *in* B. Lutterbeck, R. A. Gehring und M. Bärwolff (Hrsg.), 'Open Source Jahrbuch 2005 – Zwischen Softwareentwicklung und Gesellschaftsmodell', Lehmanns Media, Berlin, S. 449–461. http://www.opensourcejahrbuch.de/2005/ [12. Feb 2006].

von Hippel, E. (2005*b*), *Democratizing Innovation*, MIT-Press, Cambridge, MA, USA. http://web.mit.edu/evhippel/www/books.htm [12. Feb 2006].

Im Gespräch: Joseph Weizenbaum über „Free Software" und „Open Source"

 *

(CC-Lizenz siehe Seite 499)

Zur Person

Joseph Weizenbaum zählt zu den unumstrittenen Koryphäen der Informatik. Geboren 1923 in Berlin, emigrierte seine Familie bald nach der nationalsozialistischen Machtergreifung in die USA. Anfang der sechziger Jahre nahm er eine Stelle am *Massachusetts Institute of Technology (MIT)* an, wo er 1966 eine Forschungsarbeit über die Möglichkeiten der Verarbeitung natürlicher Sprache durch Computer veröffentlichte. Daraufhin setzte eine für Weizenbaum unerwartete und euphorische Diskussion über die Möglichkeiten künstlicher Intelligenz (KI) und die psychotherapeutischen Potenziale seines Computerprogramms „Eliza" ein.[1] In Ablehnung solcher Auswüchse und Mystifikationen der Informatik wurde er zum (selbst)erklärten „Dissidenten und Ketzer". Heute lebt Weizenbaum wieder in Berlin, in freundschaftlicher Verbundenheit mit der hiesigen Technischen Universität.

Das Interview

Jahrbuch: Herr Weizenbaum, Sie waren lange Jahre am MIT tätig. Welche Rolle spielten Open Source oder Free Software damals für Sie?

Joseph Weizenbaum: Als die Informatik noch ganz am Anfang stand, war im Vergleich zu heute alles relativ klein und übersichtlich. Die Leute kannten einander. Das war *true* Open Source, denn jeder hat jedem alles gegeben. Wenn wir irgendwo zu Besuch waren, brachten wir große Boxen voll Lochkarten oder Lochstreifen mit.

---

* Dieser Artikel steht unter der Creative-Commons-Namensnennung-Keine-Bearbeitung–Lizenz-2.5-Germany. Zudem bitten wir darum, bei der Nutzung des Interviews stets auf das Open Source Jahrbuch 2006 als Quelle zu verweisen.

1 Weizenbaum hat seine Gedanken und Befürchtungen rund um Eliza in einem Buch niedergeschrieben, das später zu einem Bestseller geworden ist: Weizenbaum (1976), *Computer Power and Human Reason. From Judgement to Calculation*. W. H. Freeman, New York; deutsch (1978), *Die Macht der Computer und die Ohnmacht der Vernunft*, Suhrkamp, Frankfurt.

Im Gespräch: Joseph Weizenbaum

Dafür gaben uns die Leute ihre Programme und erzählten uns, woran sie gerade arbeiteten.

Ich erinnere mich sehr gut an eine Szene, ich sehe das Bild heute noch: Als ich 1975 mein Buch „Computer power and human reason" schrieb, benutzte ich dafür keinen Laptop – so etwas gab es damals nicht –, sondern arbeitete an oder vielmehr *in* einem riesigen Computer, ein Flipflop war ja damals so groß wie heutzutage etwa ein moderater HiFi-Amplifier. Jedenfalls, ein wichtiges Forschungsprojekt am *Laboratory for Computer Science (LCS)*, in dem ich damals arbeitete, war Timesharing. Viele Leute konnten auf einmal ein und denselben Computer benutzen. Dabei konnte jeder so ziemlich alles lesen, was andere schrieben. Gut möglich, dass es Ausnahmen gab, aber ich erinnere mich nicht daran. Und wegen des Arpanets konnten sowohl die Leute am *MIT* als auch die an den angeschlossenen Universitäten in Stanford oder Carnegie lesen, was ich gerade schrieb.

Jedenfalls, eines Abends, als wir gerade Feierabend machen wollten, sah ich jemanden dabei, wie er seine Papiere in die Schublade seines Schreibtischs steckte und diese abschloss. Ich war schockiert, denn so etwas war entgegengesetzt zu den allgemein akzeptierten Normen. Es gab zwar keine festgelegten Regeln, aber dass die Software miteinander getauscht wurde, war einfach allen klar. Darüber hat niemand wirklich nachgedacht. Dieser jemand aber, der seine Arbeiten wegschloss, wollte sie nicht mit den anderen teilen. Das war so seltsam, dass es sofort auffiel.

Jahrbuch: Haben Sie damals schon an eine erfolgreiche Zukunft von Free Software und Open Source geglaubt?

Joseph Weizenbaum: Das Konzept von Free Software hatte damals noch nicht die große Bedeutung, die Open Source heute hat. Anfangs habe ich mich auch nicht bewusst damit beschäftigt, aber ich hegte immer große Sympathien für die Arbeit von Richard Stallman. Damals glaubte ich nicht, dass das Konzept in größerem

Rahmen funktionieren würde. Heute bin ich umso überraschter, dass es soweit verbreitet ist.

Jahrbuch: Sie haben Richard Stallman am *MIT* persönlich kennen gelernt.

Joseph Weizenbaum: Als ich Stallman in den 70er Jahren am KI-Labor kennen lernte, arbeitete er bereits an vielen Projekten, die später wichtig wurden für sein GNU-Projekt: etwa der C-Compiler oder der Texteditor Emacs. Er war ziemlich fanatisch, programmierte und programmierte. Ich glaube, er hatte damals nur sehr wenig Kontakt mit anderen Leuten. Allerdings war er nicht nur bekannt als ein sehr guter Programmierer, sondern auch als ein sehr kluger Mensch; und wenngleich er auch ein Einzelgänger war, so war er dennoch ein netter Kerl.

Als Stallman das KI-Labor verließ, gaben wir ihm ein Büro, obwohl wir eigentlich nicht besonders viel Platz hatten. In diesem Büro verschwand er dann buchstäblich. Wenn wir manchmal reinschauten, lag da eine Matratze neben seinem Schreibtisch. Die meiste Zeit arbeitete er dort hauptsächlich an GNU, aber er war ebenso ein Weltrang-Experte in UNIX.

Wenn man früh zur Arbeit kam, konnte man Stallman auf der Toilette treffen, er wusch sich dort und putzte seine Zähne. Er wohnte praktisch in der Universität. Später bekam er für seine Leistungen mit dem GNU-Projekt und der Free Software Foundation (FSF) den MacArthur Fellowship, einen mit 240 000 Dollar dotierten Preis einer privaten Stiftung. Man würde denken, mit soviel Geld wäre er ausgezogen. Aber das tat er nicht. Er blieb einfach da, so, als hätte das alles keine Änderung für sein Leben bedeutet. Er blieb sozusagen der alte Stallman – ein „true believer" –, jemand, der wirklich an seine Sache glaubt.

Jahrbuch: Was denken Sie über die heutige Open-Source-Bewegung?

Joseph Weizenbaum: Die Open-Source-Bewegung ist sehr eng mit der Linux-Bewegung verbunden, in gewisser Weise vielleicht sogar untrennbar, denn Linux basiert ja letztlich auf GNU. Alle Welt ist begeistert von Linux, es ist stabil, zuverlässig und wird zunehmend benutzerfreundlicher.

Mit steigender Verbreitung und einer immer größer werdenden Zahl von Linux–Anwendungen zeigen sich jedoch auch zusehends Schwächen des resultierenden Gesamtsystems. Sicher nicht in dem Maße wie bei DOS oder Windows, aber es zeigen sich eben doch Schwächen. Open Source ist nicht per se besser als Closed Source.

Ich glaube schon, es ist durchaus etwas Richtiges an Free Software. Da aber eben das Software-Ökosystem, das sie bildet und in dem sie sich befindet, immer größer wird, bleibt es fraglich, ob die Stabilität, die man ursprünglich mit Linux verband, gehalten werden kann. Ich weiß, dass Richard Stallman nicht besonders glücklich über diese Entwicklung ist, insbesondere weil die Rolle des GNU-Projekts für Open Source oft unterschätzt wird. Die meisten sehen da einfach nur Linux.

Jahrbuch: Der Hype um Linux ist also übertrieben?

Joseph Weizenbaum: Sicher ist Linux ein faszinierendes Projekt, das steht außer Frage. Aber ich sehe gewisse Parallelen zwischen der Entwicklung von Linux und Open-Source-Software allgemein. Die positiven Erfahrungen von Linux sind eben nicht uneingeschränkt verallgemeinerbar, noch nicht einmal für Linux selbst. Es wurden viele Hoffnungen geweckt, die zunächst sehr realistisch schienen. Wie gesagt, ich glaube, Linux ist heute „sauberer" als Windows, hat aber auch mit immer mehr Problemen zu kämpfen. Die frühe Euphorie um Linux relativiert sich dadurch.

Verstehen Sie mich aber nicht falsch, ich staune durchaus über den Erfolg von Open-Source-Software. Bei der verteilten Entwicklung von Open Source gibt es ja schließlich keine hierarchisch organisierte Qualitätskontrolle. Es gibt da aber eine ungeheure Dynamik, eine ständige Adaption und Integration von Code. Ob das Ganze dann immer durchschaubar bleibt, sei dahingestellt.

Jahrbuch: Eric S. Raymond [1998, „The Cathedral and the Bazaar"] hat die These aufgestellt, dass eine genügend hohe Anzahl von Programmierern das Problem der Komplexität von Software lösen kann. Glauben Sie, dass diese These im Bereich Open Source generell zutrifft?

Joseph Weizenbaum: Open-Source-Entwicklung ist letztlich mit ganz ähnlichen Problemen behaftet wie die proprietärer Software.

Natürlich müssen wir unsere Arbeiten austauschen, es wäre sinnlos, jedes simple Programm ständig neu schreiben zu müssen, etwa eine Quadrat-Wurzel ziehen oder eine Fakultät ausrechnen. Es gibt ohne Frage wertvolle Arbeit, die in der Open-Source-Community entwickelt wurde und dann frei verfügbar ist. Aber was passiert, wenn man diese „Suppe" kocht? Das Ganze wird dann schnell undurchschaubar.

Aufgaben können leicht zur Routine werden und Entwickler kommen nicht immer aus den Reihen der Elite oder der „true believer". Die meisten Leute, auch die in der Open-Source-Entwicklung, sind ganz normale Programmierer wie auch die Leute, die an Microsoft Word gearbeitet haben. Natürlich sind das kompetente Leute. Aber Softwareentwicklung ist eben eine komplexe Angelegenheit. Damit will ich sagen, dass es bei Open Source genau die gleichen Schwierigkeiten und Stolpersteine gibt, wie bei anderen Softwareprojekten.

Der Unterschied zwischen Softwarefirmen und Open-Source-Projekten ist die Art der Qualitätskontrolle. In Softwarefirmen herrscht gemeinhin eine relativ strenge Hierarchie, die unter anderem eine Qualitätskontrolle durchsetzen soll. So etwas ist in Open-Source-Software-Communitys nicht so leicht herzustellen und durchzusetzen.

über „Free Software" und „Open Source"

Jahrbuch: Sie meinen also, dass eine hohe Anzahl an Programmierern, wie beispielsweise bei Linux, nicht prinzipiell die von Frederick P. Brooks [1975, „The Mythical Man-Month"] aufgezeigten strukturellen Schwächen der Softwareentwicklung löst?

Joseph Weizenbaum: Meine Erfahrung zeigt mir, dass alle großen Programme Fehler haben. Das hat mit Open Source nichts zu tun. Ich habe viele Utopien gehört und Begeisterungen erlebt. Zunächst ist man immer furchtbar begeistert über das, was man morgen tun kann – und dann geht es doch nicht.

Jahrbuch: Open Source wird ja vor allem durch seine Offenheit definiert. Die Leute gehen offen miteinander um, sie teilen ihr Wissen und schaffen etwas im sozialen Miteinander. Ist die strukturelle Offenheit nicht die besondere Stärke von Open Source?

Joseph Weizenbaum: Das erinnert mich an ein Zitat des dänischen Physikers Niels Bohr: „Das Gegenteil einer bedeutenden Wahrheit ist auch wahr." In gleicher Weise glaube ich, dass in der Stärke auch die Schwäche der Open-Source-Idee liegt.

Am Anfang nimmt man immer die Stärken einer Idee wahr. Als Analogie bieten sich hier Revolutionen an. Zunächst gibt es Leute, die aus rein idealistischen Gründen handeln. Meist passieren dabei aber auch Sachen, die sie eigentlich nicht wollen, etwa das massenhafte Töten von Dissidenten. Damit verliert die Revolution natürlich ihre moralische Rechtfertigung und der ursprüngliche Idealismus verschwindet zwangsläufig.

So ähnlich ist es mit Open Source: Die Bewegung teilt sich. Ein Teil wird sich mehr und mehr in die technische Richtung entwickeln und der andere in die soziale

Richtung. Open Source ist also nicht die Antwort, was auch immer die Frage ist. Ich glaube auch nicht, dass es die Antwort überhaupt gibt. Das Formulieren von Fragen ist im Übrigen eine nicht ganz triviale Angelegenheit. Eine Frage, die nicht absoluter Blödsinn oder gänzlich trivial ist, bezieht sich, bewusst oder unbewusst, auf eine Hypothese, ist also in gewissem Sinne wie ein Experiment in der Physik. Nehmen wir etwa das Experiment, bei dem man einen Stein und eine Feder im Vakuum fallen lässt. Sie fallen mit derselben Geschwindigkeit. Um so etwas zuvor als Hypothese zu formulieren, bedarf es schon einigen Vorwissens und einer gewissen Denkleistung.

Jahrbuch: Open Source könnte doch zumindest Puzzlestücke in einem zu klärenden „Frage-Antwort-Feld" liefern. Gibt nicht beispielsweise Open-Source-Software den Anwendern prinzipiell mehr Freiheiten als proprietäre Software?

Joseph Weizenbaum: Das erinnert mich an die vielleicht größte Komödie, die wir auf unserer Welt sehen: die Werbung. Ich glaube, ich habe da ein ganz treffendes Beispiel. Am Bahnhof Zoo in Berlin gab es kürzlich ein riesiges Plakat mit einem Auto, das auf einer Straße fahrend auf uns zuzukommen scheint. Es ist eine asphaltierte Straße, und auf beiden Seiten der Straße sind große Mauern. Es könnte genauso gut auch eine Schiene sein, da kann man auch nicht links oder rechts abbiegen, zumindest nicht, bis man zu einer Weiche kommt. Darunter steht: „grenzenlose Freiheit". Die Werbung suggeriert, dass uns das Auto grenzenlose Freiheit gibt. Dazu müsste aber alles asphaltiert sein. Dann hätten wir wirklich „grenzenlose Freiheit" in einem Auto. Die Ironie schöpft aus der paradoxen Entwicklung!

Aber zurück zur Frage: Proprietäre Software muss den Nutzer natürlich einschränken, sonst wäre es keine proprietäre Software. Das ist bei Open Source anders. Ich denke aber, die OSS-Bewegung muss sehr vorsichtig sein. Es ist nicht einfach, diese Lockerheit, Flexibilität und Freiheit zu erhalten. Wenn niemand aufpasst, werden eben doch starre Strukturen entstehen, die sich nicht so leicht wieder auflösen lassen. Dann bleiben die existierenden Highways bestehen und es wird sehr schwer werden, aus dem System rauszukommen, ähnlich wie bei den Produkten von Microsoft. Dabei die richtige Balance zu finden, ist jedoch nicht einfach. Wenn man zu viel aufpasst, entsteht eine Hierarchie, eine Art Regierung. Das ist aber gerade das, was wir nicht wollen: Befehle und feste Strukturen.

Eine ganz universelle Eigenschaft von Bürokratien ist leider auch, dass sie weiterleben wollen. Und eine Bürokratie kann nur weiterleben, wenn sie wächst, sie muss also immer mehr haben: mehr Macht, mehr Ressourcen usw. Man kann dieses Phänomen gut an der Regierung der USA beobachten. George W. Bush ist der dritte oder vierte Präsident in Folge, der geschworen hat, die Regierung schlanker zu machen. Aber sie wächst trotzdem immer weiter. Und als Bill Gates Microsoft gründete, hat er bestimmt auch nicht geglaubt, dass daraus mal so ein „Empire" wird, wie es das heute ist. Microsoft hat sich in Branchen etabliert, die fast nichts mehr mit ihrem ursprünglichen Kerngeschäft zu tun haben, etwa Computerspiele und Suchmaschinen.

Jahrbuch: Sie glauben also, Open Source könnte die gleichen Strukturen hervorbringen, die auch schon in der kommerziellen Welt entstanden sind?

Joseph Weizenbaum: Die Gefahr ist da, denn wir sprechen ja letztlich immer von Menschen. Es sind Menschen mit eigenen Interessen und ihre Bescheidenheit ist eben nicht grenzenlos. Darauf habe ich immer wieder hingewiesen. Grenzenlose Euphorien, die wir Computerleute so oft erfahren haben, sind nicht ungefährlich. Wir sollten endlich lernen, eine gewisse Bescheidenheit im Umgang mit den Systemen zu üben, die wir zu bauen fähig sind. Die Geschichte wiederholt sich da leider immer wieder.

Jahrbuch: Glauben Sie, dass normative Appelle zur Durchsetzung solcher Forderungen helfen können oder gibt es andere Schrauben im System, an denen man drehen könnte?

Joseph Weizenbaum: Ich glaube, wir sprechen hier von einem universellen Problem. Und es ist schön, dass wir ein spezifisches Beispiel haben, bei dem wir die Probleme der Menschheit an einen Haken hängen können und das Ganze in einem Kontext betrachten gegenüber dem großen Wunsch, den wir alle haben: in den zu Himmel kommen.

Nein, also predigen alleine wird kaum etwas erreichen. Vielleicht können Vorbilder etwas erreichen. Viele Leute, insbesondere Informatiker, halten das für eine lächerliche Idee. Ganz nach dem Motto: Da muss es doch eine elegante und allumfassende Lösung geben.

Vor kurzem habe ich einen Vortrag in Potsdam gehalten. Irgendwann kam eine Diskussion in Gange, in der es unter anderem um Noam Chomsky und die Problematik von Macht, Manipulation und Kontrolle ging. Ein Diskussionsteilnehmer meinte jedenfalls so etwas wie: „Ja, wenn wir es nicht tun, dann wird es doch jemand anderes tun." Das ist aber genau der falsche Weg, die Dinge zu betrachten. Ich würde eher sagen: „Wenn wir es tun, oder wenn ich es tue, wird es jemand anderes vielleicht auch tun."

Ein Vorbild zu sein ist eine der wichtigsten Funktionen der Free-Software- bzw. Open-Source-Bewegung. Ich meine das so ernst, wie ich nur kann. Es zeigt, dass ein anderer Weg möglich ist. Das Wichtige an Vorbildern ist, dass sie anderen Menschen zeigen, was überhaupt möglich ist. Ich denke da z. B. an die furchtbare Zeit des Vietnamkrieges und an die Proteste und Straßendemonstrationen. Ich war mit vielen anderen der Meinung, dass es wirklich notwendig ist zu protestieren, dass auch Professoren auf die Straße gehen müssen – als Vorbild für die Studenten, um zu zeigen, Protest ist nicht nur möglich, sondern auch völlig legitim. Ich glaube, das ist der Sinn solcher Bewegungen. Ich denke hier ganz besonders an Stallman als einfachen Menschen. Er ist sehr bekannt und dient vielen als Vorbild.

Jahrbuch: Ein entscheidender Faktor für den Erfolg von Open Source ist das Internet. Können wir Parallelen zwischen Open Source und dem Internet ziehen?

Joseph Weizenbaum: Das Internet hat sich rasend schnell zu einem Massenmedium entwickelt. Ich bin jeden Tag im Internet – manchmal viel zu lange –, denn da gibt es wirklich interessante Sachen.

Aber wie jedes andere Massenmedium in unserer Welt besteht das Internet zu 90 % aus Schrott. Das ist natürlich überhaupt nicht überraschend. 90 % aller Bücher, die veröffentlicht werden, sind Schrott. Es gibt aber Verleger – in Deutschland z. B. Suhrkamp –, die zum allergrößten Teil Perlen und keinen Schrott produzieren. Das ist ungeheuer wichtig. Die Literaturszene in der Welt ist dunkel, aber es gibt Perlen. Mein Gott, wieviel Schrott es gibt! Man braucht sich nur die Bücher in einem Zeitschriftenladen auf einem beliebigen Flughafen anzusehen. Da sieht man einen großen Stapel von 50 Büchern aus der Bestsellerliste der New York Times. Die liegen dort für zwei oder drei Wochen und dann kommt der nächste Stapel. Mit dem Internet ist es nicht anders und man kann nicht deutlich genug sagen, wie wichtig es ist, dass es auch im Internet so etwas wie „Suhrkamps" gibt.

Das Schöne am Internet ist aber, dass es nicht nur große „Verleger" gibt, sondern auch ganz normale „kleine Leute", die ernsthaft versuchen, aus dem Internet ein Medium zu machen, das ihre Interessen repräsentiert. Ich begrüße, dass es diese kleinen Inseln der Vernunft in einem Meer voll Blödsinn gibt. Und es ist sehr wichtig, dass es sie gibt. Wir wohnen in einem Irrenhaus und es gibt „Inseln der Vernunft", die man unbedingt unterstützen und am Leben erhalten muss.[2]

Jahrbuch: Inwieweit kann das Internet menschliche und soziale Probleme lösen?

Joseph Weizenbaum: Wittgenstein hat treffend bemerkt, dass es Dinge gibt, die wir in Sprache verwandeln und artikulieren können, und Dinge, über die man schweigen muss. Und der Dichter Eugène Ionesco hat einmal gesagt, alles ist sagbar in Worten, nur nicht die lebende Wahrheit. Über die vielleicht wichtigsten Dinge im Leben können wir nichts sagen, es sind die Künstler, die versuchen, die Grenzen der Sprache zu brechen, indem sie malen, Musik komponieren oder dichten, anstatt etwas zu sagen.

Das erinnert mich an eine Geschichte über das berühmte Gemälde Guernica von Picasso, das in Madrid ausgestellt ist. Ein Mann steht vor dem Bild und Picasso kommt vorbei. Der Mann sagt: „Herr Picasso, ich möchte Ihnen eine Frage stellen.

---

2 Siehe hierzu auch das demnächst im Herder-Verlag Freiburg erscheinende Buch von Joseph Weizenbaum und Gunna Wendt „Wo sind sie, die Inseln der Vernunft im Cyberstrom? Auswege aus der programmierten Gesellschaft".

über „Free Software" und „Open Source"

Ich komme mindestens einmal in der Woche hierher und dann stehe ich für mindestens eine Stunde vor diesem Gemälde. Jedes mal bin ich aufs Neue verzaubert. Aber sagen Sie mir, was bedeutet es?" Da antwortet Picasso: „Wenn ich Ihnen das sagen könnte, wäre ich Schriftsteller. Ich bin aber Maler." Picasso sagt also etwas, das er nicht in Worte fassen kann, vielleicht seine Wut, seine Trauer, seine Liebe zu Spanien oder zu der Menschheit, was auch immer. Es gibt einfach keine sprachliche Bedeutung des Gemäldes.

Zurück zur Frage: Man sollte nicht vergessen, dass das Internet nur ein Medium ist, auch wenn es uns eine sehr unmittelbare Kommunikation ermöglicht. Die beste Politik ist immer noch, wenn sich Leute ins Gesicht sehen und miteinander sprechen. Das, was wir hier gerade machen, ist wichtig. Es ist tragisch, dass in Familien heute die Geschwister nicht mehr miteinander sprechen, die Kinder nicht mit ihren Eltern, die Eltern nicht mit ihren Kindern. Beim Essen läuft sogar der Fernseher, und das Fernsehen wird völlig unkritisch konsumiert. Das kann man natürlich nicht Kommunikation nennen.

Jahrbuch: Wie beurteilen Sie das Problem der geistigen Eigentumsrechte, über dessen Vor- und Nachteile derzeit viel diskutiert wird? Gerade in Bezug auf Open Source gibt es viele Stimmen, die vor einer Ausweitung des bestehenden Urheberrechts- und Patentsystems warnen.

Joseph Weizenbaum: Ich sehe da eine Analogie zur symptomatischen Therapie der Schulmedizin. Ein Mensch, der sich nicht wohl fühlt, geht zum Arzt oder ins Krankenhaus. Es wird diagnostiziert und entschieden: Mit der Leber stimmt etwas nicht. Also wird die Leber behandelt, nicht der ganze Mensch. Der Arzt interessiert sich nicht für die konkrete Lebenssituation des Menschen. Die Symptome werden diskutiert und behandelt, aber nicht das System.

Mechanismen wie das geistige Eigentum sind in ein soziales System eingebunden. Das zu reparieren, ohne die Verbindungen mit anderen Teilen des Systems zu betrachten, ist unmöglich. Man sollte sich den Kontext ansehen, in dem das alles passiert. Dann kann es sein, dass wir ein System erstellen können – vielleicht hatten wir sogar schon mal eins –, in dem Patente und Urheberrechte vernünftig angewendet werden. Und zwar so, dass tatsächlich der Erfinder, der Autor, der Dichter, der Komponist und der Programmierer eine Belohnung für ihre Arbeit erhalten, ohne dass dadurch größerer volkswirtschaftlicher Schaden angerichtet wird.

Das System geistigen Eigentums erinnert mich an eine Anekdote am *MIT*. Harold „Doc" Edgerton war dort Professor. Er hat das Blitzlicht und das Stroboskop erfunden, bekam also etwa einen Cent, sobald irgendwo ein Blitzlicht ausgelöst wurde. Mein Gott, er schwamm im Geld, damit hat er unter anderem auch Gebäude für das *MIT* gestiftet. Jedenfalls hatte Edgerton die Angewohnheit, an Wochenenden, besonders bei schönem Wetter, auf dem Campus umherzuspazieren. Sah er einen Besucher, der etwas fotografierte, ging er zu ihm und sagte: „Haben Sie die Erlaubnis hier zu fotografieren?" Die meisten antworteten dann etwas wie: „Oh, ich wusste ja nicht. Muss man so etwas denn haben?" Daraufhin sagte Edgerton: „Ja! Einen Augenblick!", riss ein Blatt Papier aus seinem Notizblock und schrieb darauf „Permission to photograph". Das gab er dem verdutzten Besucher, lachte und ging weiter.

Jahrbuch: Herr Weizenbaum, wir bedanken uns für das interessante Gespräch.

Glossar

· **ABI** (Application Binary Interface, Binärschnittstelle) ist eine Beschreibung von Programmcode auf Ebene der Maschinensprache zur konkreten Realisierung einer *API*. Systemprogrammierer können so den Übergang zum Betriebssystem festlegen. · **ACID** ist das englische Akronym für die Eigenschaften einer Transaktion in Datenbanken, verteilten Systemen o. ä. Dabei steht A (*atomicity*) für atomar, C (*consistency*) für konsistent, I (*isolation*) für isoliert und D (*durability*) für dauerhaft. · **Active Directory** ist ein zentraler Verzeichnisdienst zur Verwaltung eines Netzwerkes – hierzu zählen Benutzer- und Gruppenkennzeichen, Arbeitsplatzcomputer, Server und Drucker. · **Apache** ist ein weit verbreiteter Open-Source-Webserver, der ursprünglich aus dem NCSA-Webserver entstanden ist und unter der *Apache License* steht und federführend von der *Apache Software Foundation* betrieben wird. · **API** (Application Programming Interface, Programmierschnittstelle) ist eine Menge von definierten Spezifikationen, die dem Programmierer den Zugriff auf Funktionen einer Software ermöglichen. · **Backend** ist das Gegenstück zum Frontend, z. B. bei verteilten Anwendungen. Während das Frontend den für den Benutzer sichtbaren Teil der Anwendung darstellt, ist das Backend der für ihn unsichtbare, quasi *im Hintergrund* arbeitende Teil. Z. B.: Ein Bankautomat, an dem der Kunde Geld abhebt, stellt ein Frontend dar und der zentrale Server, der das Kundenkonto verwaltet, das Backend. · **Best Practice** ist ein Prozess oder eine Vorgehensweise, der/die sich in der Praxis mehrfach bewährt hat. · **BioMed Central** ist ein wissenschaftlicher britischer Verlag, der den Zugriff auf über 140 Open-Access-Journale ermöglicht. · **Blog** ist die Kurzform von *Weblog*, einem öffentlichen Online-Journal, welches Beiträge chronologisch auflistet und die Möglichkeit bietet, die Einträge zu kommentieren und mit anderen Blogs zu verlinken. · **BSD–Lizenz** ist eine von der *Open Source Initiative* (*OSI*) anerkannte Open-Source-Lizenz, die im Gegensatz zur GPL die Weitergabe von Software auch ohne den Quelltext billigt. Dadurch ist sie weniger restriktiv als die GPL. BSD steht für „Berkeley Software Distribution", da die Lizenz ihren Ursprung an der amerikanischen „University of California, Berkeley" hat. · **Bug–Tracker** bezeichnet ein System, um die Entdeckung und Beseitigung von Programmfehlern zu koordinieren und zu verfolgen. · **Business Intelligence** ist der Prozess, interne und externe Geschäftsinformationen zu sammeln und zu analysieren. Dies soll die Entscheidungsfindung der Leitungsebene unterstützen. · **CATOSL** ist die Open-Source-Lizenz von Computer Associates. Sie wird von Ingres verwendet. · **CHECK-Bedingungen** (sog. „constraints") in Datenbanken setzen fest, dass eingetragene Werte einer definierten Bedingung genügen müssen, z. B. „nicht älter als zwei Wochen". · **Cluster** ist ein Netzwerk von Computern, das nach außen hin wie ein einzelner Rechner agiert. Die interne parallele Bearbeitung von Aufgaben führt zu einer deutlich höheren Leistung. Cluster sind meist so organisiert, dass der Ausfall einzelner Computer nicht den Ausfall des gesamten Clusters nach sich zieht. · **CMS** (Content-Management-System) ist eine Applikation, die gemeinschaftliches Erstellen und Bearbeiten von elektronischen Dokumenten (Text, Multimedia) ermöglicht und organisiert. Wert gelegt wird auf eine möglichst einfache Bedienung, die keinerlei Programmierkenntnisse erfordert und z. B. ein schnelles Publizieren auf Webseiten erlaubt. · **Code-Review** ist ein iterativer Prozess, in dem geschriebener Quelltext von verschiedenen Personen validiert und auf Fehler hin untersucht wird. Dies soll eine hohe Qualität der Software gewährleisten. · **Community** bezeichnet im Allgemeinen eine Gruppe von Individuen, die durch ein gemeinsames Element – meist sozialer Natur – verbunden sind, etwa ein gemeinsames Ziel oder eine gemeinsame Aufgabe. Bei Entwicklern und Anwendern von Open-Source-Software spricht man häufig von Communitys. Dabei kann der Begriff die Gemeinde der Entwickler umfassen, aber auch die Gemeinde von Entwicklern *und* Anwendern. Oft spricht man auch ganz allgemein von der „Open-Source-Community". · **Constraints** (Bedingungen) dienen zur Erhaltung der Datenbank-Integrität. Sie legen fest, welche Werte in eine bestimmte Spalte eingefügt werden dürfen und welche nicht. · **Content-Management-System** siehe CMS · **Copyleft** bezeichnet laut Richard Stallman, dem Erfinder der *GNU General Public License* (GPL), eine Methode, die Freiheit der Nutzung, Modifikation und Weiterverbreitung einer Software zu sichern. Die GPL legt beispielsweise unter Verwendung der Urheberrechte des Autors fest, dass sämtliche Nutzungen und Modifikationen der Software erlaubt sind, eine Weiterverbreitung aber nur dann, wenn dabei die freie Verfügbarkeit des Quelltextes durch Erhalt der ursprünglichen Lizenz gewährleistet bleibt. · **Copyright** ist ein gesetzlicher Schutz im angloamerikanischen Raum, der Autoren, Künstler usw. vor unautorisierter Verbreitung ihrer Werke schützt. Im Unterschied zum deutschen Urheberrecht dient es hauptsächlich dazu, wirtschaftliche Investitionen zu schützen. Die Entscheidungs- und Verwertungsrechte können daher auch z. B. dem Verlag zustehen. · **Creative Commons** ist eine gemeinnützige Organisation, die verschiedene Lizenzen anbietet, mit denen Autoren allgemeine Nutzungsrechte an ihren Werken, wie z. B. Texten, Bildern, Musikstücken, einräumen können. Zu den einzelnen Abstufungen innerhalb der Lizenzen siehe auch S. 499. · **Cursor** sind Kontrollstrukturen in Datenbanken, die verwendet werden, um Datensätze zu durchlaufen und zu verarbeiten, die auf eine SQL-Anfrage hin von der Datenbank zurückgeliefert wurden. · **CVS** (Concurrent Versions System) ist ein Softwaresystem zur Verwaltung von Quelltexten und anderen Ressourcen in Form von Dateien. Als sog. Versionskontrollsystem ermöglicht CVS das Speichern und Verwalten verschiedener Versionen einer Datei. Dies ermöglicht das gemeinsame Arbeiten mehrerer Personen an einer Datei und die Wiederherstellung älterer Versionen (ähnlich der „Rückgängig-Funktion" in Office-Programmen). · **Cyberspace** ist eine Wortschöpfung des Autors William Gibson, die sich auf virtuelle künstliche Netze bezieht. Das Präfix *Cyber* wird oft für Begriffe verwendet, die mit Computern und Netzen verbunden werden. *Cyberspace* wird mittlerweile als Synonym für das Internet gebraucht. · **Dashboard** (engl.: Instrumententafel, Armaturenbrett) ist eine multifunktionale Oberfläche. · **Demilitarized Zone** siehe DMZ · **DHCP** (Dynamic Host Configuration Protocol) ermöglicht die fließende Einbindung von Rechnern in ein Netzwerk, indem sie zentral mit eindeutigen numerischen Adressen verwaltet werden. Dadurch entfällt manueller Konfigurationsaufwand. · **Digital Divide** (engl. für: digitale Trennung) bezeichnet die Abkopplung einzelner Länder oder Gebiete von der globalen Informationsgesellschaft

Glossar

durch technologischen Rückstand. · **DNS** (Domain Name Service) ist ein Dienst, der zwischen IP-Adressen und leichter verständlichen Domainnamen übersetzt. So steht z. B. die Domain opensourcejahrbuch.de für die IP-Adresse 130.149.24.71. · **Domain Name Service** siehe DNS · **Dual Boot** ist ein Verfahren, bei dem zwei oder mehr Betriebssysteme auf einem Rechner installiert werden, die alternativ verwendet werden können. Beim Start und Neustart des Rechners kann der Anwender über einen Bootmanager entscheiden, welches Betriebssystem er verwenden möchte. · **Eclipse** ist eine integrierte Entwicklungsumgebung für Programmierer. Eclipse wird maßgeblich von IBM als Open-Source-Projekt betrieben. · **Fachverfahren** sind Verfahren oder Abläufe, die durch Software unterstützt werden. Diese meist in Organisationen (z. B. Behörden) eingesetzten Verfahren resultieren aus sehr speziellen Aufgaben (z. B. Verwaltung der Hundesteuer), die sich nicht mit Standardsoftware bearbeiten lassen. Deshalb wird die entsprechende Software meist in Eigenentwicklung oder von einem Dienstleister erstellt. · **Fat Client** ist ein in ein Netzwerk eingebundener Rechner, der (im Gegensatz zum *Thin Client*) Programme und Daten lokal vorhält. · **File-Sharing** bezeichnet den Austausch von Dateien in Netzwerken. · **Fork** (engl. *fork* = Gabel, Gabelung) nennt man bei der Softwareentwicklung die Auf- oder Abspaltung in eigenständig und parallel weiterentwickelte Projekte. · **Freeware** ist Software, für die keine Lizenzgebühren entrichtet werden müssen. Die Nutzung ist für die ausführbare Version fast uneingeschränkt möglich und die Weiterverbreitung ist auch erlaubt. Der Quellcode ist jedoch meistens nicht verfügbar. · **GIMP** (GNU Image Manipulation Program) ist ein unter der GPL lizenziertes, umfangreiches Bildbearbeitungsprogramm. · **GIS** (Geographisches Informations-System) bezeichnet allgemein Projekte, die sich mit räumlichen Daten auseinandersetzen. · **GNOME** (GNU Network Object Model Environment) ist eine sehr beliebte grafische Benutzeroberfläche für UNIX-Derivate, wie z. B. Linux. · **GNU** ist ein rekursives Akronym für „GNU's Not Unix". Dieses steht für ein von Richard Stallman ins Leben gerufenes Projekt (1983 wurde die Idee erstmals in einer Newsgroup gepostet), das der Entwicklung freier Software verschrieben ist. · **GNU General Public License** siehe GPL. · **GPL** (GNU General Public License) ist eine Open-Source-Lizenz, die von Richard Stallman geschaffen wurde, um Software samt Quelltext effektiv und nachhaltig zu einer Art öffentlichem Gut zu machen. Für eine unter der GPL stehende Software gibt es keinerlei Restriktionen bezüglich Nutzung, Modifikation und Weitergabe außer den Pflichten des Copylefts: Bei Weitergabe müssen Lizenz und Quelltext mitgegeben oder anderweitig zugänglich gemacht werden, und Änderungen am Quelltext müssen wieder unter der GPL stehen. · **Groupware** ist eine Software-Suite aus z. B. E-Mail und Gruppenkalender, welche die Zusammenarbeit von mehreren Personen über ein Netzwerk unterstützt. · **Hacker** ist eine Person, die mit sportlichem Ehrgeiz die technischen Möglichkeiten von Hard- und Software zu ergründen und zu verwenden versucht. Daher kennt sich der Hacker gut mit Technik, insbesondere deren Stärken und Schwächen, aus. Hacken ist kreativer Umgang mit Technik. Teil der sog. Hacker-Philosophie ist, dass Informationen für jeden frei zugänglich sein sollen. Der Begriff „Hacker" ist urspr. wertneutral, wird aber von den Medien häufig i. Zshg. mit Computer-Kriminalität verwendet. · **Hochverfügbarkeit** bedeutet, dass ein System seine Dienste z. B. zu 99,999 % der Zeit (weniger als 5 Minuten Ausfallzeit pro Jahr) anbieten muss, auch wenn einzelne Bauteile ausfallen

Glossar

oder fehlerhaft arbeiten. Eine 100 %ige Verfügbarkeit nennt man Fehlertoleranz. · **Howto** ist eine Anleitung oder ein *Tutorial* zu einem bestimmten Thema. · **HTML** (Hypertext Markup Language) ist eine Beschreibungssprache zum Formatieren von Webseiten. · **Index** bei Datenbanken beschleunigt die Suche in Daten. · **Interoperabilität** beschreibt die Fähigkeit zur Zusammenarbeit von verschiedenen Komponenten (meist von unterschiedlichen Herstellern) eines heterogenen Gesamtsystems. Offene Standards begünstigen Interoperabilität. · **IPL** ist Borlands Open-Source-Lizenz für InterBase. · **IRC** (Internet Relay Chat) ist ein Internetdienst, bei dem man sich in virtuellen Chaträumen, den sog. *Channels*, mit anderen Personen zeitnah über Textnachrichten unterhalten kann. Man nennt dies auch *Chatten*. · **Java Software Development Kit** ist das Entwicklungspaket für die Programmiersprache Java, die von der Firma Sun Microsystems entwickelt wird. · **KDE** (K Desktop Environment) ist eine sehr beliebte grafische Benutzer-Oberfläche v. a. für UNIX-Derivate, wie z. B. Linux. · **Kernel** ist der Kern eines Betriebssystems. Er koordiniert z. B. die Verteilung der Hardware-Ressourcen an Applikationen und Zugriffe auf den Speicher. · **Knoppix** ist eine sog. Live-CD mit dem Betriebssystem Linux, das ohne vorherige Installation auf einem Rechner von CD-ROM gestartet werden kann. Das von Klaus Knopper herausgegebene Knoppix ermöglicht ein Arbeiten mit vollwertiger grafischer Benutzeroberfläche inkl. Office-Programmen, ohne dass etwas an der Konfiguration des eingesetzten Rechners geändert werden muss. · **LAMP** steht als Akronym für eine Web-Plattform basierend auf den OSS-Komponenten Linux, Apache und MySQL, in Verbindung mit Perl, PHP und Python. · **LDAP** (Lightweight Directory Access Protocol) ist ein Protokoll zum Zugriff auf einen Verzeichnisdienst, in dem Daten unterschiedlicher Art in einer festgelegten Struktur gespeichert werden können. · **Load Balancing** (Lastverteilung) ist eine Technik, um Berechnungen oder Abfragen auf mehrere Systeme zu verteilen. · **Maintainer** bezeichnet eine leitende Rolle in Open-Source-Projekten, die dazu dient, Entwicklungsaufgaben zu koordinieren. · **Materialized View** bei Datenbanken enthält die Ergebnisse von Berechnungen (z. B. aggregierte oder aus mehreren Tabellen zusammengestellte Daten). · **Migration** bedeutet die koordinierte Umstellung von Systemen, z. B. die Einführung von Linux auf Arbeitsplatz-Rechnern. · **MVCC** (Multiversion Concurrency Control) dient bei Datenbanken zur Koordination von Lese- und Schreibzugriffen, jedoch performanter als mit sog. Locks. Jede Transaktion sieht einen „Schnappschuss" der Daten. · **NFS** (Network File Service) ist ein Dienst, der in Unix-Umgebungen den Zugriff auf entfernte Verzeichnisse und Dateien ermöglicht. Diese können dann wie lokale Dateien und Verzeichnisse verwendet werden. · **NGO** (Non-Governmental Organization) ist eine Nichtregierungsorganisation und meint prinzipiell jeden auf gewisse Dauer organisierten Zusammenschluss von Menschen, der nicht gewinnorientiert, nicht von staatlichen Stellen organisiert bzw. abhängig und auf freiwilliger Basis aktiv ist. · **NIS** (Network Information Service) ist ein Verzeichnisdienst, der mit Hilfe einer zentralen Datenbank Benutzerdaten, wie Accountinformationen und Zugriffsrechte, eines Computernetzwerkes verwaltet. · **Non-Governmental Organization** siehe NGO · **Novell Directory Services** stellt (ähnlich wie OpenLDAP) einen LDAP-Verzeichnisdienst zur Verfügung, mit dem sich z. B. Benutzerdaten verwalten lassen. · **Novell Netware** ist ein weit verbreitetes Server-Betriebssystem der Firma Novell. · **OASIS** (Organization for the Advan-

Glossar

cement of Structured Information Standards) ist eine internationale Non-Profit-Organisation, die sich mit der Weiterentwicklung von u. a. Dokumenten-Standards wie *Open Document* beschäftigt. · **ODBC** (Open DataBase Connectivity) ist ein Standard, der den Austausch von Daten zwischen einer Applikation und einer Datenbank definiert. · **OLAP** (Online Analytical Processing) ermöglicht die performante Analyse von multi-dimensionalen Daten meist innerhalb eines Data Warehouses. · **OLTP** (OnLine Transactional Processing) ist bei Datenbanken eine Verarbeitungsmethode, die für schnelles und häufiges Lesen und Schreiben optimiert ist. · **Open Source Initiative** siehe *OSI*. · **Open-Source-Software** bezeichnet nach Definition der *OSI* Programme, deren Lizenzen bestimmen, dass der Quelltext offen vorliegt sowie verändert werden darf und dass es erlaubt ist, die Software beliebig zu kopieren, zu verbreiten und zu nutzen. · **OpenLDAP** ist eine OSS-Implementierung des *LDAP*. · **OpenOffice.org** ist eine freie Office-Suite, die aus dem kommerziellen StarOffice von Sun Microsystems hervorgegangen ist. · **OSI** (*Open Source Initiative*) ist eine unabhängige Organisation, die Lizenzen nach der Open-Source-Definition zertifiziert. Dazu muss die Softwarelizenz die freie Verfügbarkeit, Weitergabe und Veränderbarkeit der Software fordern. · **OSS** Open-Source-Software. · **Partitionierung** einer Datenbank-Tabelle erlaubt die parallele Ausführung von Datenabfragen und -änderungen auf den einzelnen Partitionen. · **Patch** ist eine Änderung an einer Software, die z. B. für das Schließen einer Sicherheitslücke verwendet wird. · **Peer-Review** ist die fachliche Überprüfung von Artikeln durch gleichgestellte Fachleute. · **Plugins** sind Zusatzmodule, die dazu dienen, Programme um bestimmte Funktionalitäten zu erweitern. · **Point-In-Time Recovery** setzt eine Datenbank zurück auf den Zustand zu einem spezifizierten Zeitpunkt. · **proprietär** bezeichnet Software, Formate und Protokolle, die nicht „frei" sind, d. h. nicht (quell-)offen und veränderbar sind. Nicht-standardisierte Entwicklungen werden ebenfalls als *proprietär* bezeichnet. · **Release** bezeichnet eine Softwareversion und den dazugehörigen Veröffentlichungstermin. · **Replikation** ist eine Technik, um Teile einer Datenbank oder den gesamten Datenbankinhalt mit anderen Datenbankmanagementsystemen zu synchronisieren. · **Samba** ist OSS, mit der in einem Netzwerk Datei- und Druck-Dienste zur Verfügung gestellt werden, die sowohl von Linux- als auch von Windows-Clients genutzt werden können. · **Savepoints** dienen bei Transaktionen in Datenbanken dazu, dass im Falle eines Rollbacks nicht die ganze Transaktion zurückgerollt werden muss, sondern nur der Teil bis zum letzten Savepoint. · **Sendmail** ist eines der am weitesten verbreiteten Mail-Transfer-Programme im Internet. Es steht seit der Version 8.9 unter der *Sendmail License*, vormals stand es unter der BSD-Lizenz. · **Sequenzen** bei Datenbanken generieren aufsteigende Werte (Inkremente), die nicht an eine bestimmte Tabelle gebunden sein müssen. Man kann also einfach eine Sequenz abfragen und erhält den nächsten Wert. · **Server** ist ein Rechner, der über ein Netzwerk Dienste anbietet, oder ein Programm, mit dem ein solcher Dienst bereitgestellt wird. · **Single-Sign-On** ist eine Methode, die es ermöglicht, sich bei mehreren unterschiedlichen Diensten durch einmaliges Anmelden für eine Sitzung zu authentifizieren. Der Nutzer muss sich nur ein einziges Passwort merken, während der Single-Sign-On-Dienst sich um die restlichen kümmert. · **Skript** ist genau wie ein Programm eine Reihe von Anweisungen für den Computer, die allerdings nicht zuvor kompiliert werden müssen. Bekannte Skriptsprachen sind Perl, PHP, bash, Ruby, Python,

Tcl und Applescript. · **Software-Stack** ist eine Menge von aufeinander aufbauenden Softwarekomponenten in einem größeren System. So bilden etwa Linux, Apache, MySQL und Perl den LAMP-Stack. · **SQL** (Structured Query Language) ist eine (teilweise genormte) strukturierte Abfragesprache zur Kommunikation mit Datenbanken. · **SSL** (Secure Socket Layer) ist ein Protokoll zum Verschlüsseln von Internet-Verbindungen. Es wird u. a. von Webbrowsern unterstützt und gewährleistet eine abgesicherte Übertragung von Nachrichten über das Internet. · **Stack** siehe Software-Stack. · **Stored Procedure** bei Datenbanken ist ein Code-Modul, das aus SQL-Abfragen und Erweiterungen in einer Stored-Procedure-Sprache besteht. Es wird auf dem Datenbankserver kompiliert und ausgeführt. · **Structured Query Language** siehe SQL. · **Tablespace** bei Datenbanken ist ein Container für Objekte. Tablespaces können zur Erhöhung der Zugriffsgeschwindigkeit auf verschiedenen Festplatten gespeichert werden. · **TCO** (Total Cost of Ownership) umfasst die Gesamtbetriebskosten der Infrastruktur im laufenden Betrieb. Dabei werden nicht nur die budgetierten Kosten der IT-Abteilung (Hardware, Software, Personalkosten für Anschaffung und Maintenance), sondern auch die indirekt anfallenden Kosten bei den Endanwendern betrachtet. Üblich ist dabei ein Betrachtungszeitraum von einem Jahr. · **Thin Client** ist ein Computer, der in einem Netzwerk als Endgerät (Terminal) dient. Benötigte Programme werden über das Netzwerk geladen, und Daten werden auf einem entfernten Speicher abgelegt (vgl. *Fat Client*). · **Thread** (engl.: Faden, Strang) ist in der Informatik ein Programmteil, der zeitlich unabhängig von anderen Programmteilen abläuft. Im Zusammenhang mit E-Mails und Newsartikeln werden alle Beiträge, die sich auf eine Ausgangsnachricht bzw. einen Artikel beziehen, ebenfalls als Thread bezeichnet. · **Total Cost of Ownership** siehe TCO. · **Trigger** bei Datenbanken sind Code-Module, die automatisch vor oder nach einer spezifizierten Daten-Manipulation ausgeführt werden. · **Upgrade** ist die Einführung einer neuen Version eines bereits installierten Produktes. · **Usability** bezeichnet die Benutzerfreundlichkeit einer Applikation. · **Venture Capital** (VC), auch Risikokapital, ist eine Finanzierungsmöglichkeit für neu gegründete technologieorientierte Unternehmen (Startups), die keine hinreichenden Sicherheiten für eine Bankfinanzierung bieten können. · **Verzeichnisdienst** speichert Daten unterschiedlicher Art in einer festgelegten Struktur. Ein Verzeichnisdienst wie OpenLDAP stellt diese in einer IT-Infrastruktur zur Verfügung. · **Web Service** ist eine selbstbeschreibende modulare Applikationskomponente, die über das Netz veröffentlicht und somit gefunden und ausgeführt werden kann. Es lassen sich damit verteilte Applikationen entwickeln, die auf offenen Standards basieren. · **Weblog** siehe Blog. · **Wiki** bezeichnet das Konzept von Websites, auf denen Besucher Texte nicht nur lesen, sondern auch unkompliziert bearbeiten können. Bekanntestes Beispiel ist die Wikipedia. · **XML** (Extensible Markup Language) ist eine standardisierte Technologie zur Erstellung von Austauschsprachen und -formaten. · **Zweiphasiges Commit** („Two-phase Commit") bei Datenbanken erlaubt es, Commits und Rollbacks in einem verteilten Datenbanksystem zu steuern und zu überwachen, so dass alle Datenbanken synchronisiert bleiben. ·

Stichwortverzeichnis

A
ABI 161, 162, 477
ACID 191, 195, 477
Active Directory 35–38, 80, 84, 477
Agilität 216–217
Air Shadow 403
Alexandria 283, 284
Allmende 295, 445–464
    Informations-~ 451
    Internet-~ 445, 463
    Netzwerk-~ 389–401
    Wiki-~ 274
Allokation
    Fehl~ 94
    projektinterne ~ 123–135
    Ressourcen~ 93, 96
ALPSP 341, 342
Amazon 273, 292–296
Apache 109, 449, 477
    ~-Lizenz 156
API 161, 162, 191, 477
Application Binary Interface ...... *siehe* ABI
Application Programming Interface *siehe* API
Arbeit
    ~sverteilung 127–132
    ~swelt 451
    ~szufriedenheit 110
    ~szusammenführung 127–128, 133–134
Archiv 224, 274, 280
    archive.org 283–296
    ArXiv 342, 354, 363
Aristoteles 414
Artwork 241
Audio Home Recording Act 435
Ausbildung 110, 111
Author pays 327–335
Authors Guild 292, 293

B
Backend 16, 189–190, 477
Ballmer, Steve 63
Bearbeitung
    kommerziell 429–433
    nicht-kommerziell 429–433
Benutzerfreundlichkeit .... *siehe* Usability
Berkeley DB 182, 187
Berkeley Universität 285, 288
Berliner Erklärung 321, 337–340, 354
Berner Übereinkunft 454
Berners-Lee, Tim 352, 353
Best Practice 24, 477
Bhattacharya, Suparna 241
Bibliothek . 283, 322–326, 331, 348, 357, 360, 378, 460
    (Software) 129, 157, 161, 162, 171, 178, 182, 187
    ~sbudget 322
Bildung 110
Bill and Melinda Gates Foundation 378
BioMed Central 327, 339, 342, 477
Bizgres 182, 190, 197–199
Black, Charles L. 265
Blackman, Rachel 244
Blog 148, 351–364, 477
    Blogdex 357, 358
    Blogosphäre 357, 358, 363, 364
BMJ 347
Bohr, Niels 471
Bot
    Software-~ 284, 286–288
Brasilien 237, 371–379
Brooks, Frederick P. 471
BSD 395
    ~-Lizenz . 156, 169–170, 176–178, 184, 190, 477
Budapest Open Access Initiative (BOAI) 320, 337, 338, 340, 354
Bug-Tracker 184, 477
Burns, Adam 396–398, 403
Bush, George W. 472
Bush, Vannevar 308, 451, 452
Business Intelligence 196, 197, 477
    ~ Suite 182, 184

C

Cassini-Huygens 304, 306
Castells, Manuel 372, 377
CATOSL 184, 477
CCS .... *siehe* Microsoft Windows CCS 2003
CDDL 156
Centrify DirectControl 37
CHECK-Bedingung 194, 196, 477
Chile 378
Chomsky, Noam 473
Client 36, 37, 59–72, 194
    ~-Studie 62–64
    LiMux-~ 68, 69
    Thin ~ 384–386
Clink-Street-Community 391
Cluster 33, 193–195, 395, 477
    ~ing 34, 191–196
CMS 359, 477, 478
    SPIP 248
Coderegulierung 437, 439, 458
Commit
    Zweiphasiges ~ 191, 192, 194–196, 482
Common Public License 11
Community 219–233, 265, 297–312, 326, 478
    ~-Development 39–41
    ~-zentriert 333
    virtuelle ~ 363
    Wiki-~ 364
    wissenschaftliche ~ 319, 327
Constraint 196, 478
Consume 389–404
    ~Manifest 393–395, 399, 403
    ~Projekt 391, 397
Content-Management-System ..... *siehe* CMS
Contributors 241
Coopetition 32–33
Copyleft 155, 167–179, 265, 271–273, 278–279, 478
Copyright . 271, 281, 290, 292–295, 427–443, 478
    ~-Gesetz 427–443
    ~-Halter 429, 438, 439, 442, 443
    ~-Inhaber 435, 436, 439
    ~-Krieg 433, 438, 443
    ~-Regulierung 430, 431, 436
    ~-Schutz 442, 443
    ~system 374, 377
CPL .... *siehe* Common Public License
Creative Commons . 271–282, 290, 340, 377, 427, 440, 478
    ~-Lizenz . 144, 271–282, 346, 361, 440, 451

BY 277, 281
BY-NC-SA 274
BY-SA 274, 281
NC 271–282
Recombo 440
SA 273–282
Science Commons 346
Cursor 195, 478
CVS 242, 478
Cyberspace 371, 457, 478

D

Daguerre, Louis 428
Dashboard 6, 478
Data Warehouse 197
Datenbank 181–199
    eingebettete ~ 187
    hybride ~ 187
    objekt-relationes ~system ... 190
Datentyp 191, 193, 194
    räumlicher ~ 192, 194
Debian 275
    ~ Women 247
    ~-Developer .... *siehe* Developer
Demilitarized Zone 478
Derby 182, 187
Deutsche Forschungsgemeinschaft (DFG)
    .... 325, 330–334, 338, 342–349
Deutsche Zentralbibliothek für Medizin 320, 331–334
Developer 241
    Debian-~ 241, 247
Dezentralisierung 448, 450
DFG *siehe* Deutsche Forschungsgemeinschaft
DHCP 84, 478
Digitalisierung 288, 290–293, 295
Digitaltechnik 432–434, 436, 443
DIMDI 320, 326, 331, 333, 334
DINI 345, 346
DirectControl ... *siehe* Centrify DirectControl
Distribution
    Knoppix 78, 480
    OpenLab 384
    Schul~ 243
    Skolelinux 243
    Snøfrix 243
Divide
    demokratischer ~ 372
    Digital ~ 371, 381, 385, 387, 478
    Gender ~ 372
    globaler ~ 372
    sozialer ~ 372

DNS 84, 479
DOAJ 339, 342, 345
Dokumentation 230–231, 241, 247
Dual Boot 25, 479

E
E-Learning 66, 308, 362, 365
Eastman, George 428
Ecartis 244
Eclectic Tech Carnival 248
Eclipse 15–17, 479
ECMA-Script 6
Effekt
    externer ~ 104, 113
    Lock-In-~ 102
    Netzwerk~ 117
    Pinguin-~ 102
Effizienz 323
    ökonomische 93–106
    ~bedingung 96, 98
    ~verlust 94
Eigentum
    ~srecht 117, 417, 418, 425, 475
    geistiges ~ 281, 293, 373–374, 399,
        417–425, 434, 440, 445, 453–455,
        463, 475
    gewerbliches ~ 453, 454
Elias, Norbert 448, 451, 461
Emanzipation 248
Employability 111
Entwicklung
    ~skosten 323
Enzyklopädie 298, 358
    Internet-~ 355
Erfahrungsgut 101
/etc .... siehe Eclectic Tech Carnival
Europäische Union 446
Exklusivrecht 430–434, 436, 439

F
Fach
    ~anwendung 60
    ~applikation 61–63
    ~verfahren 23, 59–70, 479
Fachgesellschaft 319, 332–335
Fachzeitschrift . 321–329, 334, 337–345, 354,
    358, 363
Fair Use 292, 436
Fat Client 479
FDL 273, 274, 279
Feedback 352, 355
File-Sharing 479

Firebird 181–199
Firefox 141–144, 386
Flash .... siehe Macromedia Flash
Flex Presentation Server ... siehe Macromedia FPS
FLOSSPOLS 236
Fork 254, 358, 479
Forschungsförderer 331
Fortbildungsmaßnahme 66
Frauen 246–247, 379
    ~ und Open Source 235–249
    ~bewegung 248
    ~organisation 248, 249
    Dilemma der ~beauftragten 240
Free Software .. 373–379, 409–425, 467–469
    ~ Definition 165–166, 168
Free Software Foundation   165, 168–169, 176,
    263–266, 272, 377, 469
Free2air 395–398
Freeware 167, 479
FSF .... siehe Free Software Foundation
Funktionsdefizit 103

G
German Medical Science 319–335, 339
Geschäftsmodell 111, 319, 320, 329, 332
    Open-Source-~ 154, 157–158
Gesellschaft
    Informations~ 446–464
    Wissens~ 446–464
Gewährleistung 184
GIMP 80, 211, 479
GIS 190, 194, 479
Gleichberechtigung 242
GMS .... siehe German Medical Science
GNOME 34, 239, 479
GNU 165, 469–470, 479
    GPL   156, 168–171, 175–179, 184, 272,
        278, 400, 401, 479
    GPL v3 263–266
    LGPL 169, 171, 178–179
GNU/Linux 275, 400, 469–470
Golden Road 321, 323
Google 283, 285, 286, 292–295
    ~ Book Search 293
    ~ Print 292, 294, 348
    ~ Scholar 329
Governance 116
GPL .... siehe GNU GPL
Green Road 321, 323
Grenzkosten 95, 98
Groupware 190, 479

Stichwortverzeichnis

Grundeinkommen 422, 423
Gudovic, Milica 248
Gut
    öffentliches ~ 112, 113, 117
    Erfahrungs~ 101
    freies ~ 113, 114
    Klub~ 112, 113
    Kollektiv~ 112
    Komplementär~ 95
    Netzwerk~ .... *siehe* Netzwerkgut
    quasi-öffentliches ~ 95, 104

H
Hacker 186, 207–210, 216, 264, 377, 379, 395, 399, 479
    ~tum 355
Hall, Jon „maddog" 247
Haralanova, Christina 248
Harnad, Steven 321, 323
Harvard Universität 463
Heinrich Böll Stiftung 447
Henson, Val 241
hep-th 342
Hierarchie 114–115, 124, 126, 128–130, 132–134, 241, 451
High-Level-Job 110
High-Performance-Computing 33
Hilf, Eberhard 345, 347
Hochverfügbarkeit 198, 199, 479
homo oeconomicus 407, 452
Howto 241, 480
HPC .... *siehe* High-Performance-Computing
HSQLDB 182, 187
HTML 6, 7, 71, 324, 364, 480
Humankapital 102, 110, 111, 118
Hypertext 356

I
IBM 11, 15, 181
IDE4Laszlo 15
Impact Factor 325–326, 329
Index 193, 196, 294, 480
    ~-File 287
    ~ierung 191–196
Ineffizienz 96, 101, 103
Informationsgesellschaft .. 283, 295, 446–464
Informatisierung 447
Informix 185
Infrastruktur 462
Ingres 181–184, 188–189, 194, 197, 198
Innovation .. 29, 110, 120, 148, 209, 440, 445
    ~sdynamik 110

~sgeschwindigkeit 156, 160
~skraft 30, 216, 423
~smodell 445, 456, 463
~snetzwerke 449
~srate 324
Institute for Scientific Information (ISI) . 326
InterBase Public License .... *siehe* IPL
Internet 474–475
    ~-Allmende 445, 463
    Verbreitung von ~zugängen 382
Internet Archive 283–296
Interoperabilität 31–42, 480
    ~stest 35–38
Ionesco, Eugène 474
IPL 184, 480
IRC 238, 243, 248, 303, 308, 480
ISN 345, 347

J
Jamieson, Helen Varley 244
Java Software Development Kit 480
Jefferson, Thomas 453, 455
Journal
    elektronisches ~ 322, 323

K
K Desktop Environment .... *siehe* KDE
Kahle, Brewster 283–296
Kaufman-Wills Group 341, 342, 345
KDE 123–135, 480
    ~-Edu 243
    ~-Usability-Projekt 247
    ~-Women 243, 244
Kernel 480
    ~-Entwickler(innen) 241, 245, 247
Knoppix 78, 480
Koautorschaft 352, 363
Kodak 428, 432, 439
Kohorte 301, 302, 311
Kommodifizierung 415, 416
Kompetenz 110–114, 118
    ~-Code 112
    ~netzwerk 113
    Selektions~ 112
    Software~ 112
    Transformation von ~ 110
Komplementärgut 95, 96, 98, 99
Komplexität 41, 461
Konflikt 297, 301–307, 310, 311
Konkurrenzfähigkeit 99
Konsumrivalität 112

Stichwortverzeichnis

Kooperation . 32–33, 109, 119, 123–135, 448, 451
    altruistische ~ 129
    arbeitsteilige ~ 117
    gruppenbezogene ~ 129, 131, 134
    reziproke ~ 128, 131, 132, 134
Koordination 123–135
    ~sform 125–127
Kosten 61, 65
    ~-Nutzen-Relation 63
    ~entlastung 65
    ~faktor 66
    ~modell 52
    ~struktur 66
    Einführungs~ 66
    Opportunitäts~ 427, 432, 433, 439
    Transaktions~ 114, 440, 442
Kroski, Chad 144

L

LAMP 181, 190, 480
Langzeitarchivierung 283–296, 326, 344, 348, 362
Laszlo
    ~ Forum Accelerator 15
    ~ Mail 15
    ~ Presentation Server 6–7
    ~ Systems 5–18
    OpenLaszlo .. *siehe* OpenLaszlo Server
LDAP 71, 84, 86, 162, 480
Legacy-Hardware-Test 39
Leistungserstellung 118, 127–133
Lernen
    organisationales ~ 297–312
Lerngemeinschaft 297–312
Lessig, Lawrence 272, 290, 294, 302, 377, 457–459, 462
Library of Congress 284, 288, 290
LiMux 59–72
    ~-Basis-Client 69, 71
    ~-Client 68, 69
    ~-Projekt 61, 68
    Gesamtkosten der Migration 65
Linux .. 24, 31–42, 47–72, 109, 288–289, 449
    ~-/Open-Source-Software-Labor 31–42
    ~-Kernel 39, 41, 256
    ~-Lösungen 21
    ~-User-Gruppen .... *siehe* User Group
Living Document 353, 360
Lizenz
    ~einnahmen 442

    ~geber 440
    ~gebühren 442
    ~system 435
    ~vertrag 166, 173
Affero Public License 170
Apache-~ 156
Apple Public Source License 172
Artistic License 171, 178
BSD-~ ... 156, 169–170, 176–178, 184, 190, 477
CATOSL 184, 477
CDDL 156
Copyright-~ 440
CPL .... *siehe* Common Public License
Creative-Commons-~ 271–282
European Union Public License ... 170
GPL 156, 168–171, 175–179, 184, 272, 278, 400, 401, 479
IPL 184, 480
LGPL 169, 171, 178–179
MIT-~ 156
Mozilla Public License 171, 178
Netscape Public License 172
Open-Content-~ 284
Open-Source-~-Modell 155–156
proprietäre ~ .. *siehe* proprietäre Lizenz
Load Balancing 196, 480
Lock-In-Effekt 102
Lokalisierung 241, 376, 385
Lovemark 146
Lukas, George 147
Lyman, Peter 285, 287, 288
Lynch, Trish 244
LZX 6–12

M

Machlup, Fritz 456
Macht
    bestrafende ~ 132
    Experten~ 126, 130, 133
    Identifikations~ 126, 130
    Informations~ 126, 130
    manipulative ~ 126, 129, 130
    Positions~ 126
    Reputations~ 126, 130
    Verhinderungs~ 132, 133
Macromedia 6, 9–10, 17
    ~ FPS 10, 17
    ~ Flash 6, 10
Mafouf, Anne-Marie 243
Maintainer 114, 480
Malone, Thomas W. 450

Stichwortverzeichnis

Mandrake 159
Marketing 140–149
    Open-Source-~ 140–149
    Win-Win-Situation 144
Markt 93–106, 113, 458, 461
    ~effizienz 93–106
    ~fragmentierung 117
    ~ineffizienz 93–106
    ~preis 93–106
    Hayek-~ 113
    Sekundär~ 113
    Sub~ 117
Materialized View 185, 480
MaxDB 181–199
MaxQDA 222
McCarthy, Arlene 434
Mckoi 187
Medizin 319, 320, 335
Mentoring 247
Merges, Robert 440
Meritokratie 225, 241
Mesh-Netzwerk 401–402
Metadaten 287, 348, 364, 365
Microsoft ... 31–42, 61–64, 291, 292, 294, 377
    ~ Active Directory 36–38
    ~ Office 24, 73–82
    ~ Operations Manager 32
    ~ SQL Server 182, 183
    ~ Shared Source 40
    ~ Systems Management Server 32, 36–37
    ~ Virtual Server 2005 38
    ~ Windows .. 24, 35, 37–39, 42, 47–88, 246, 469, 470
    ~ Windows 95 47–58
    ~ Windows CCS 2003 33
    ~ Windows NT 4.0 ..... 59–72, 83–88
    ~ Windows Server 2003 R2 32
    ~ Windows XP 47–88
    ~ Word 352
    ~-Betriebssystem 65
Migration 59–72, 182, 480
    ~ Center 21
    ~skosten 54, 97
    ~sleitfaden 45
    ~smanager 68
    ~sphase 67, 69, 71
    ~sszenario 65
    Aufwand 62, 63, 75, 77, 85–87
    Office-~ 54
    Rahmenbedingungen für ~ 67
    weiche ~ 67

Million Book Project 289
MIT .. 283, 357, 360, 449, 451, 467–469, 475
    ~-Lizenz 156
Mix-Tape 435, 436
MMS 235
Modularität 41
Monad 38
Monopol
    ~gewinn 103
    ~isierung von Wissen 117
    natürliches ~ 98
    staatliches ~ 455
Motivation 117, 146, 207–217
Mozilla 62, 63, 65, 71, 386
    ~ Foundation 141
    ~ Public License 171, 178
München 59–72, 74, 168, 223
MVCC 191, 192, 194–196, 480
MySQL 16, 42, 181–199

N

NDIIPP 287, 288
Nettonutzen 96, 103
Network File Sharing 32, 480
Network Information Service 32, 480
Netzwerk 109–120, 333
    ~effekt 117
    ~gut 102
    ~organisation 319, 334, 335
    Ausbildungs~ 110–112
    Kompetenz~ 113
    Open-Source-~ 109–120
    Wissens-~ 112
NFS .... *siehe* Network File Sharing
NGO 244, 248, 480
    GERT 248
    Internet Rights Bulgaria 248
    WiTT 248
    Zene na delu 248
Nichtwissen 447, 462
NIS ...... *siehe* Network Information Service
Non-Governmental Organization *siehe* NGO
Norm 459
    soziale ~ 452
Novell
    ~ Directory Services 20, 480
    ~ Netware 60–61, 480

O

OASE 341
OASIS 78, 81, 480
Offenheit 210, 212–214, 216–217

öffentliches Gut 117
Office
    ~-Migration 54
    ~-Suite 79, 481
Ökonomie
    Ordnungs~ 110
OLAP 196, 197, 199, 481
OLTP 196, 481
One$DB 187
Onlinegemeinschaft 297–312
Open Access ... 319–335, 337–349, 353, 357, 362, 363
    ~-Ansatz 324, 325, 327
    ~-Bewegung .. 283, 320–328, 337, 340, 347, 351, 377
    ~-Finanzierung 341
    ~-Geschäftsmodell 320, 327–335
    ~-Journal 319–335, 339
    ~-Projekt 319, 340
    ~-Publikation . 320–325, 330, 331, 339, 341, 343–345
    ~-Zeitschrift 323, 339–344, 354
Open Archives 340
Open Choice 327
Open Content
    ~-Bewegung 283
    ~-Lizenz 284
Open Content Alliance ... 283, 291–295, 348
Open Review 361
Open Source 1–488
    ~ Definition 166, 168, 275
    ~-Bewegung 324, 449
    ~-Datenbank 181, 199
    ~-Dienstleistungen 113
    ~-Elite 112–113
    ~-Engagement 237–249
    ~-Geschäftsmodelle 157–158
    ~-Lizenz 165–179
    ~-Lizenzmodell 155–156
    ~-Marketing 140–149
    ~-Modell 22
    ~-Netzwerk 109–120
    ~-Projekt 123–124, 211–215, 222, 225, 228, 231, 329
    ~-Projekte von Frauen 243–246
    ~-Prozess 209, 211, 214
    ~-Software 481
    ~-Studie 26, 74
    Mütter in ~-Projekten 243–245
    Väter in ~-Projekten 245
    Weitervertrieb von ~ 177
Open Source Initiative 166, 168

Open Sourcing 8, 12–14
Open-Source-Software 481
OpenLab 384
OpenLab International 384
OpenLaszlo Server 5–18
OpenLDAP 80, 83–88, 188, 481
OpenOffice 62–71, 386, 481
    ~-Makro 70
OpenWBEM 37
OpenZone 26
Opportunitätskosten . 96, 104, 146, 427, 432, 433, 439
Opt-In 293
Opt-Out 290, 293
Oracle 182, 183, 199
Organisation 115–118
    Schwarm~ 115
    Selbst~ 116
OSI 166, 168, 410, 413, 481
    ~-zertifiziert 228
OSS 481
Ostrom, Elinor 452

P
P2P
    ~-Dienste 436
    ~-Netzwerk 277, 391
Packaging 241
Pariser Verbandsübereinkunft 453
Partitionierung 191, 194, 196, 481
Patch 49, 161, 481
    ~ing 35
    ~management 25
Patent
    ~gesetz 456
    ~recht 450, 455
    ~schutz 456
    ~system 374
    Software~ 453
Peer-Review 132, 321, 333, 345–346, 352–354, 361, 363, 364, 481
    ~-Journal 320
    Review-Instanz 358
    Vorab-Review 352
Pfadabhängigkeit 102
Photographie 428–429
Picasso, Pablo 474
Pico Peering Agreement 389–401
Pierrot, Peggy 248
Pinguin-Effekt 102
Piraterie 433, 434
Plugin 6, 7, 10, 481

Eclipse-~ 15, 17
Flash-~ 10
Point-In-Time Recovery .. 193, 194, 196, 481
PostgreSQL 181–184, 186, 190, 196–197, 199
Postprint 363
Preis
    Markt~ 93–106
Preisverzerrung 96
Prelinger, Rick 290
Preprint 344, 363
Priest, Julian 393
Privateigentum 458
Privatkopie 436
Project Gutenberg 289
proprietär . 6–14, 94–106, 126, 181–186, 277, 481
    ~e Lösung 21–30, 94, 97, 105, 157
    ~e Lizenz 98, 171
    ~e Software ....
        6, 19–30, 68, 87, 97–105, 146, 155,
        156, 164–176, 210–213, 229, 252,
        373–379, 400, 411–412, 470–472
    ~e Technologie 10, 14
    ~er Standard 23, 378
Prosumtion 118
Public Domain 290, 294, 295, 442, 443
Public good .... *siehe* öffentliches Gut
Public Library of Science 295, 339
Publikation ... 321, 328–331, 334, 352–354
    ~sbetrieb 319
    ~skosten 330, 331, 334
    ~sprozess 329, 333
    ~swesen 323, 351
    elektronische ~ 323, 351, 353
    Gemeinschafts~ 351
    konventionelle ~ 323
    wissenschaftliches ~ssystem .. 319–327
Publizieren
    elektronisches ~ 321, 326, 353, 363, 364

Q
Qualifikation 110
Qualität
    ~ssicherung 241, 470–471
    Design 258
    Planung 254
    Quelltextanalyse 255, 257
    Sicherheit 257
    Weiterentwickelbarkeit 256
Querfinanzierung 332
Quersubventionierung 97–99

R
Raymond, Eric S. 470
Reaktanz 140
Recht 458
    ~ am Bild 428–429
    Copyright-Gesetz 427–443
    Cover-~ 435, 439–441
    Eigentums~ ... 117, 417, 418, 425, 475
    Exklusiv~ 430–434, 436, 439
    Nutzungs~ 167, 172, 173, 346
    Patent~ 450, 455
    Remix-~ 441, 443
    Schutz~ 433
    Urheber~ . 167–168, 173, 176–178, 284,
        289–294, 346, 349, 427–443, 450,
        453, 455, 460, 463
    Verwertungs~ 290, 347
Red Hat 155–164
    ~ Enterprise Linux 155–164
Reed Elsevier (Verlag) 327
Regulierung 427, 430–432, 434, 436, 443
    Code~ 437, 439, 458
Reichman, Jerome 454
Release 481
Remix 427–443
    ~-Kultur 427, 434, 439, 441–443
    ~-Kunst 441, 442
    ~-Recht 441, 443
    ~-Software 439
Rentensucher 117–118
Replikation 192, 194, 196, 481
Reputation 117, 118, 124, 127–134
Return On Investment 47
Review
    Code-~ 132, 478
    Peer-~ .... *siehe* Peer-Review
Reziprozität 265, 452
RFID 448
RHEL ...... *siehe* Red Hat Enterprise Linux
Rich Internet Application 6
Richtlinie ... 13, 68, 78, 79, 84, 166, 253, 255,
    275, 300, 310, 348, 417, 419, 434
Risikokapital 5, 12, 16, 482
Robbins, Daniel 34
ROMEO 339
Runeberg 364

S
Samba 83–88, 481
Sanger, Larry 300, 312
Sanktion
    Ignoranz 132

technische ~ 132
textbasierte ~ 132
SAP 189
~ R/3 189
Savepoint 191, 194–196, 481
SchoolNet Namibia 384–385
Schumpeter, Joseph 450
Selbstarchivierung ... 321, 327, 340, 354, 362
Self-Archiving ...... *siehe* Selbstarchivierung
Sendmail 109, 481
Sequenz 191, 196, 481
Server 481
Sexismus 237–239
SHERPA 339
Shuttleworth-Stiftung 386, 387
Single-Sign-On 84, 481
Skript 481
SMS ... *siehe* Microsoft Systems Management Server
Sociability 307, 308
Social Inclusion 372
Software
    ~entwicklung 324
    ~erstellung 127
    ~patent 453
    ~patent-Richtlinie 68, 434
    ~qualität 252, 254
    Open-Source-~ .... *siehe* Open-Source-Software
    proprietäre ~ *siehe* proprietäre Software
    Public-Domain-~ 167
    Qualitätskriterien 252
Soziologie 114–115
SPARC 323
Speicherschreibmaschine 60
Spender 117–118
Spinner, Helmut 447
SPIP 248
Sprachbarriere 385
spreadfirefox.com 141–144
Sprigman, Chris 442
Springer 327
SQL 183–195, 482
SQLite 182, 187
SSL 482
Stallman, Richard 165, 263, 377, 468–470, 474
Standard 102
    ~anwendung 51–54, 67, 69, 79–82, 162–164
    ~isierter Softwarestack 160
    ~konfiguration 86
    herstellerunabhängiger ~ 72

OASIS-~ 81
offener ~ .. 20, 22, 23, 29, 30, 105, 400
proprietärer ~ 23, 378
Software~ 102
Stanford Universität 290–293, 457, 468
Star Wars Fan Film Award 147
Status 114–115, 117
    ~gewinn 114
    ~hierarchie 114, 115
    Experten~ 114
Steuer 99
Stevens, James 393
STM 321
Stored Procedure 191, 195, 196, 482
Studie .. 7, 26–28, 47–58, 62–64, 73–77, 157, 185–187, 235, 236, 285, 325, 330, 339–347, 411–413
    Client-~ 62–64
    Fall~ . 124, 127, 135, 197, 304, 310, 311
    Meta~ 27
    Open-Source-~ 26, 74–77
Suber, Peter 340, 357
Subventionierung
    Quer~ 97–99
Suhrkamp 467, 474
Sun Microsystems 36, 61, 480, 481
Superflexibilität 116
Support 183–184
Supreme Court 463
SuSE 159
SWF 10

T

Tablespace 191, 194–196, 482
TCO 48, 96, 185, 482
Technologie
    demokratische ~ 455
Telekommunikationsregulierung ... 382, 383
Thin Client 384–386, 482
Thomson Corporation 326
Thread 304, 482
    Multi-Threading 191–196
Thunderbird 386
Torvalds, Linus 245
Total Cost of Ownership .... *siehe* TCO
Trägerschaft 319
    institutionelle ~ 331
Trackback 356, 363
Transaktionskosten 114, 440, 442
Transformation 109–120
    ~ des Arbeitenden 111
    ~ von Kompetenz 110

~sgut 118–120
Translate.org.za Projekt 386
Trigger 191, 194, 482
Tso, Ted 247
tuXlabs 386

U
Ubiquitous Computing 448
Übersetzer(innen) 242
Umstellungskosten 50
Unabhängigkeit
    ~serklärung des Cyberspace 371
    Technologische ~ 375
Unix 31–42
Upgrade 14, 160, 375, 482
UpStage 243–244
Urheber 144, 146, 170, 242, 271–282, 417, 418
    ~recht ... 284, 289–294, 326, 346, 349, 427–443, 450, 453, 455, 460, 463
Usability 241, 242, 246, 247, 307, 482
User Group 238
    ILUG-D 238

V
VA Linux Systems 158
Venture Capital .... *siehe* Risikokapital
Veröffentlichung
    kommerziell 429–433
    nicht-kommerziell 429–433
Verlag 322–324, 326, 327, 331
    ~sbranche 327
    BioMed Central 327, 339
    Fach~ 339, 342
    kommerzieller ~ 323, 326
    privatwirtschaftlicher ~ 327
    Reed Elsevier 327
    Springer 327
    Suhrkamp 467, 474
    Universitäts~ 331, 345
    Wissenschafts~ 340, 341, 345, 348, 349
Verteiltheit 216–217
Verteilungsgerechtigkeit
    digitale ~ 379
Verzeichnisdienst 20, 61, 83–86, 148, 181, 482
von Hayek, Friedrich 461, 464
von Hippel, Eric 449, 451
Voreingenommenheit 304–307
Vortex 396, 398, 403

W
Wales, Jimmy 275, 300, 302
Wall Street Journal 286, 293

Wayback Machine 283, 284, 286, 295
Web Service 295, 362, 482
Weblog .... *siehe* Blog
Web 2.0 7
Weiden, Fernanda 248
Weiser, Marc 448
Wellcome Trust 331
Werbung 140–141, 332
Wettbewerb .. 32–33, 93–106, 113, 123–135, 462
    ~sdruck 100, 103, 104
    ~sverzerrung 94
Wheeler, Scott 238, 247
Wiki 351, 355, 358–365, 482
    ~-Community 364
    ~-Dokument 360, 365
    ~-Engine 355, 360
    ~-Konzept 363, 364
    ~-Prinzip 355, 356, 358
    ~-Software 360–362
    ~-System 298, 362, 363
    MediaWiki 302, 309, 354
    Meta 298, 309, 312
Wikibooks 273, 298, 359, 360
Wikimania 297, 309, 311
Wikimedia 298–302, 310–312, 354, 359
Wikinews 273, 298
Wikipedia 190, 271–282, 297–312, 351–365
WIPO 454
Wissen 375
    ~sgesellschaft 295, 446–464
    ~skapitalstock 104
    ~sspillovereffekt 104
Wittgenstein, Ludwig 474
World Domination 242, 247

X
Xerographie 430
Xerox 448
XML 6, 482

Y
Yahoo 286, 291, 292, 294

Z
Zahlungsbereitschaft 94, 95, 97, 98
ZB MED 320, 331–334
Zeitschriftenkrise 321, 322
Zutrittsbarriere 112

Mitwirkende

Konrad Bähler (RA) ist Rechtsanwalt in der Anwaltskanzlei Dr. Widmer & Partner, Bern, welche seit über 20 Jahren exklusiv auf Fragen des Informatik-, Internet- und E-Businessrechts sowie des Telekommunikationsrechts spezialisiert ist. Er ist außerdem Dozent für Informatikrecht an verschiedenen höheren Ausbildungsgängen im Bereich Informatik und Telekommunikation.

Matthias Bärwolff ist wissenschaftlicher Mitarbeiter im Fachgebiet Informatik und Gesellschaft der Technischen Universität Berlin. Er hat zusammen mit Prof. Lutterbeck das Open-Source–Jahrbuch-Projekt geleitet, eine Reihe von inhaltlichen Akzenten gesetzt und diverse Aufgaben aktiv bearbeitet, unter anderem in den Bereichen Autorenakquise, externe Projektkommunikation und Qualitätssicherung.

Raju Bitter ist Geschäftsführer der Yokai Studios, die sich auf die Erstellung multimedialer Internetportale und Technologien rund um das Web 2.0 spezialisiert haben. Er ist seit 15 Jahren ein Verfechter von OSS und gründete 2005 die erste OpenLaszlo-User-Group außerhalb der USA und setzt sich seitdem für die Verbreitung der OpenLaszlo-Technologie in Europa ein.

Wolf-Gideon Bleek (Dr. rer. nat.) ist seit 1997 an der Universität Hamburg im Fachbereich Informatik tätig und hat im Bereich Softwaretechnik promoviert. Seine Forschungs- und Arbeitsschwerpunkte sind neben der objektorientierten Systementwicklung evolutionäre und iterative Software-Entwicklungsprozesse und Software-Infrastrukturen. Seit 1999 ist er in verschiedenen Forschungskontexten an der Entwicklung des Web-basierten Community-Systems CommSy maßgeblich beteiligt.

Andreas Brand ist wissenschaftlicher Mitarbeiter im Projekt Elektronische Arbeitsmärkte (PELM) am Institut für politische Bildung und Arbeitslehre an der Universität Frankfurt am Main. Seine Arbeitsschwerpunkte sind qualitative und quantitative empirische Arbeitsmarktforschung mit dem Schwerpunkt auf neuen Informations- und Kommunikationstechnologien, Institutionstheorien, Funktionsweise virtueller Gruppen, virtuelle Zusammenarbeit bei elektronischen Arbeitsnetzen von Selbstständigen und Open-Source-Projekten.

Nicole Bräuer konnten wir auch in diesem Jahr wieder dafür gewinnen, das Lektorat des Buches durchzuführen, was sie sehr professionell und flexibel, mithin zu unser vollsten Zufriedenheit, erledigt hat.

Barbara Eichenauer ist Studentin der Interkulturellen Fachkommunikation (Übersetzen und Dolmetschen, Spanisch und Englisch) an der Humboldt-Universität zu Berlin. Für dieses Buch übersetzte sie den Artikel von Michael A. Silver.

Maik Engelhardt studiert Informatik und Philosophie an der TU-Berlin. Für dieses Buch hat er das Kapitel „Gesellschaft im Wandel" betreut.

Michael Failenschmid ist Student der Interkulturellen Fachkommunikation (Übersetzen und Dolmetschen) an der Humboldt-Universität zu Berlin. Für dieses Buch übersetzte er den Artikel von Cormac Lawler.

Mitwirkende

Matthias Finck studierte Informatik an der Universität Hamburg und ist dort seit 2003 wissenschaftlicher Mitarbeiter am Arbeitsbereich Angewandte und Sozialorientierte Informatik. Seine Forschungs- und Arbeitsschwerpunkte sind Mensch-Computer-Interaktion und CSCW. Seit 2003 ist er an der Entwicklung der Open-Source-Groupware CommSy maßgeblich beteiligt.

Fabian Flägel ist Student der Informatik an der Technischen Universität Berlin. Sein Studienschwerpunkt ist „Informatik und Gesellschaft". Für dieses Buch hat er das Kapitel „Softwareentwicklung in der Community" betreut.

Peter Fleissner (Prof. Dr.) hat Philosophie, Nachrichtentechnik, Mathematik und Ökonomie studiert und habilitierte in Sozialkybernetik. Seit 1990 arbeitete er als ordentlicher Professor für Gestaltungs- und Wirkungsforschung an der Fakultät Informatik der TU Wien. Als Leiter der Abteilung für Technologie, Beschäftigung und Wettbewerbsfähigkeit des Instituts für Technologische Zukunftsforschung der gemeinsamen Forschungsstelle der Europäischen Kommission arbeitete er zwischen 1997 und 2000 in Sevilla und war anschließend bis 2004 Abteilungsleiter an der Europäischen Stelle zur Beobachtung von Rassismus und Xenophobie in Wien, wo er sich heute wieder verstärkt der Lehre und Forschung widmet.

Robert A. Gehring studierte Elektrotechnik, Informatik und Philosophie an der Technischen Hochschule Ilmenau und an der Technischen Universität Berlin. Dort promoviert er derzeit zu Fragen der Softwareökonomie und des Softwarerechts. Neben der Wahrnehmung der Aufgaben als Herausgeber hat Robert Gehring für dieses Jahrbuch u. a. den Artikel von Lawrence Lessig übersetzt.

Petra Gröber studiert an der Technischen Universität Berlin die Hauptfächer Kommunikationswissenschaft (Grundlagen von Sprache und Musik) und Informatik (Schwerpunkt Informatik und Gesellschaft). Für dieses Buch hat sie das Kapitel „Leitlinien: Open Source anwenden" betreut und war außerdem für die Bearbeitung des Interviews mit Joseph Weizenbaum verantwortlich.

Enrico Hartung studiert Informatik an der Technischen Universität Berlin mit den Schwerpunkten „Offene Kommunikationssysteme" und „Informatik und Gesellschaft". Er betreute die Kapitel „Von Closed zu Open Source" und „Innovation oder ökonomische Illusion?". Zusätzlich war er für die grafische Gestaltung dieses Buches und begleitender Materialien verantwortlich.

Lambert Heller hat Soziologie, Politische Wissenschaft und Philosophie an den Universitäten Bremen und Hannover studiert. Er war für das Informationsmanagement-Projekt *MIRO* an der Universitäts- und Landesbibliothek Münster tätig und ist derzeit Bibliotheksreferendar an der Universitätsbibliothek der Freien Universität Berlin. Er schreibt regelmäßig im *netbib weblog*, vor allem über Weblogs, Wikis und Bibliotheken.

Steffan Heuer studierte in Berlin, New Orleans und New York Volkswirtschaft, Geschichte und Journalismus. Er lebt seit 1992 in den USA und berichtet aus San Francisco über Wirtschaft und Technologie. Seine Beiträge erscheinen unter anderem im deutschen Wirtschaftsmagazin *brand eins*, in der *Technology Review Deutschland* und der Schweizer *Weltwoche*.

Bill Hilf (Director Platform Technology Strategy, Microsoft Corporation) leitet die Technologieabteilung *Linux and Open Source* bei Microsoft. Bevor er zu Microsoft kam, baute Bill Hilf die internationale Linux-Strategie bei IBM auf. Durch seine diversen Tätigkeiten hat er

Mitwirkende

über zwölf Jahre fundierte Erfahrung mit Open-Source-Software und -Strategie gesammelt. (http://www.microsoft.com/presspass/features/2005/aug05/08-10OpenSourceLab.mspx)

Wilhelm Hoegner studierte an der Technischen Universität München Elektrotechnik. 1978 begann er seine berufliche Laufbahn bei den Stadtwerken München in der Stabsstelle Unternehmensplanung. 1984 wurde er persönlicher Mitarbeiter des Oberbürgermeisters der Landeshauptstadt München, zuständig für alle technischen Fragestellungen. Ab 1989 leitete er das Amt für Informations- und Datenverarbeitung im Direktorium der Stadt. 2005 wurde er Leiter der neu gegründeten Hauptabteilung Informationstechnologie des Direktoriums.

Jutta Horstmann ist seit vielen Jahren im Open-Source-Bereich aktiv. Sie war verantwortlich für das technische Projektmanagement des *Linux Usability Report 2003* und den Launch des OpenUsability.org-Portals (http://www.openusability.org). Mit ihrer Firma *Data in Transit* (http://www.dataintransit.com) bietet sie IT-Dienstleistungen rund um Open-Source-Software an, vor allem in den Bereichen Datenbank-Migration und Content-Management-Systeme. Auf der Wissensplattform http://www.osdbmigration.org stellt sie Informationen zum Thema „Migration zu Open-Source-Datenbanken" zur Verfügung.

Patricia Jung setzt privat seit über zehn Jahren ausschließlich OSS ein und hat als Redakteurin für Linux-Zeitschriften, technische Dokumentarin und Systemadministratorin für Linux und FreeBSD stets im Open-Source-Umfeld gearbeitet. Derzeit betreut sie als Lektorin Buchprojekte beim Verlag *Open Source Press* und hostet in ihrer Freizeit die Mailinglisten für Linuxerinnen und Programmiererinnen auf http://lists.answergirl.de.

Carsten Jürgens (Dr.) ist seit zehn Jahren bei der Firma Computacenter – vormals CompuNet – beschäftigt und aktuell für die Geschäftsfeldentwicklung im Bereich Öffentliche Auftraggeber verantwortlich (http://computacenter.de). Er war bereits 1998 verantwortlicher Projektleiter für den IT-Umzug des Deutschen Bundestags von Bonn nach Berlin und später u. a. auch als Accountmanager und Servicemanager für Kunden tätig.

Alihan Kabalak studierte Wirtschaftswissenschaften in Hannover und ist seit April 2004 Assistent bei Prof. Birger P. Priddat am Lehrstuhl für Politische Ökonomie der Zeppelin University Friedrichshafen. Seine Forschungsschwerpunkte sind Institutionenökonomie, Handlungs- und Entscheidungstheorie, Neue Politische Ökonomie und Evolutorische Ökonomie.

Anna Kauert studiert Interkulturelle Fachkommunikation (IFK) für Englisch und Französisch an der Humboldt-Universität zu Berlin. Sie arbeitete an der Übersetzung des Artikels von Alastair Otter mit.

Werner Knoblich (Red Hat Vice President EMEA) stieß im Juli 2003 als *Director Northern Europe* zu Red Hat und ist seit Mitte 2005 für das gesamte Geschäft des Unternehmens in Europa, dem mittleren Osten und Afrika verantwortlich. Sein Hauptaugenmerk liegt auf der Pflege der Beziehungen zu Großkunden und dem Ausbau der gemeinsamen Strategie mit den wichtigsten Partnerunternehmen wie Dell, Fujitsu-Siemens, IBM, Intel, HP, Oracle und SAP.

Sascha Langner ist wissenschaftlicher Mitarbeiter am Institut für Marketing und Management von Prof. Wiedmann an der Universität Hannover. Er ist langjähriger Fachautor und Herausgeber eines praxisnahen Internet-Magazins (http://www.marke-x.de), das sich an kleine und mittelständische Unternehmen richtet und innovative sowie kosteneffiziente Marketing-Strategien behandelt.

Mitwirkende

Cormac Lawler ist als User:Cormaggio in mehreren Wikimedia-Projekten aktiv, vor allem in der englischen Wikipedia. Er befindet sich zurzeit zwischen den Abschlüssen Master und PhD im Bereich „Bildung und Mediengemeinschaften".

Lawrence Lessig (Prof.) ist US-amerikanischer Jura-Professor an der Stanford Law School und wird wegen seiner Reden, Schriften und Beteiligungen an Urheberrechts-Prozessen als einer der bedeutendsten Verfassungsrechtler der USA angesehen. Er gründete das *Center for Internet and Society* und die Creative-Commons-Initiative. Lessig wurde 2002 mit dem *FSF Award* ausgezeichnet und ist Vorstandsmitglied des 2005 gegründeten *Software Freedom Law Center*.

Matthias Liebig studiert Informatik an der Technischen Universität Berlin mit den Schwerpunkten „Offene Kommunikationssysteme" und „Informatik und Gesellschaft". Er betreute die Kapitel „Freies Wissen und freie Inhalte im Internet" und „Wissenschaft^2: Open Access".

Florian Luft studiert Informatik an der Technischen Universität Berlin und der University of Oklahoma mit den Schwerpunkten „Datenbanken und Informationssysteme" sowie „Informatik und Gesellschaft". Er hat das Kapitel „Grenzenlos" betreut.

Bernd Lutterbeck (Prof. Dr. iur.) studierte Rechtswissenschaften und Betriebswirtschaftslehre in Kiel und Tübingen. Es folgten wissenschaftliche Tätigkeiten an den Universitäten Regensburg (1969–1971, FB Rechtswissenschaft) und Hamburg (1974–1978, Dozent am FB Informatik) sowie 1976 die Promotion zum Dr. iur. an der Universität Regensburg. Von 1978–1984 war er Beamter beim Bundesbeauftragten für den Datenschutz in Bonn. Seit 1984 ist Bernd Lutterbeck Professor für Wirtschaftsinformatik an der Technischen Universität Berlin mit den Schwerpunkten Informatik und Gesellschaft, Datenschutz- und Informationsrecht sowie Verwaltungsinformatik. Seit 1995 nimmt er für die *Action Jean Monnet* der Europäischen Union an der TU Berlin eine Professur für humanwissenschaftliche Fragen der europäischen Integration wahr. Seine Arbeitsschwerpunkte sind E-Government, Theorie und Praxis geistigen Eigentums, Open Source und *European Governance*.

Brigitte Lutz ist seit 1982 in der Abteilung für Informations- und Kommunikationstechnologie der Stadt Wien tätig. Seit über zehn Jahren leitet sie magistratsweite IT-Projekte und ist nun für den OSS-Einsatz an den Arbeitsplätzen der Stadt Wien verantwortlich.

Armin Medosch ist Associate Senior Lecturer für digitalen Medien am Ravensbourne College for Communication and Design in London. Als Autor, Kurator und Medienkünstler hat er u. a. zahlreiche Bücher herausgegeben und mehrere verfasst, zuletzt „Freie Netze" (Heise 2003).

Eben Moglen (Prof. Ph. D.) ist Professor für Recht und Rechtsgeschichte an der Columbia University. Neben seiner ehrenamtlichen Funktion als allgemeiner Berater für die *Free Software Foundation* ist er Chairman des *Software Freedom Law Center*.

Erik Möller ist freier Journalist, Software-Entwickler und Autor des Buches „Die heimliche Medienrevolution: Wie Weblogs, Wikis und freie Software die Welt verändern" (Heise 2004).

Jan Tobias Mühlberg studierte Informatik an der Fachhochschule Brandenburg. Er promoviert derzeit an der University of York und beschäftigt sich vorrangig mit Problemen aus dem Bereich der Software-Verifikation.

Thomas Myrach (Prof. Dr.) ist Direktor und ordentlicher Professor des Instituts für Wirtschaftsinformatik an der Universität Bern. Sein langjähriger Schwerpunkt sind datenbankzentrierte Informationssysteme für betriebliche Anwendungen. In den letzten Jahren beschäftigt

Mitwirkende

er sich außerdem mit der Vision des E-Business und den Veränderungspotentialen durch Netzwerktechnologie.

Jan Neumann (RA, DipSysPrac) studierte Rechts-, Wirtschafts- und angewandte Systemwissenschaften. Nach dem Referendariat folgte eine mehrjährige Tätigkeit als Projektmanager und -koordinator im Bereich *Electronic Publishing* für Wolters Kluwer. Seit Anfang 2006 ist er tätig als Projektassistent für German Medical Science.

Alastair Otter lebt und arbeitet in Südafrika, ist Gründer und Herausgeber von Tectonic.co.za, der Tectonic Zeitschrift und Publikationen aus dem Bereich Freie Software und OSS in Afrika.

Markus Pasche (Dr. rer. pol. habil.) ist Privatdozent an der wirtschaftswissenschaftlichen Fakultät der Friedrich-Schiller-Universität Jena. Seine Forschungsschwerpunke sind die beschränkte Rationalität und Spieltheorie, aber auch die ökonomische Theorie von Softwaremärkten.

Oliver Passek ist Mitbegründer der digitalen Bürgerrechtsorganisation *Netzwerk Neue Medien* und arbeitet momentan als Referent für Kultur und Medien der Grünen Europafraktion in Brüssel. Er veröffentlichte zahlreiche Artikel rund um das wissenschaftliche Publizieren, zuletzt in dem Buch „Die Google-Gesellschaft", und ist als freier Journalist für verschiedene On- und Offline-Medien und als Lehrbeauftragter in den Medienwissenschaften tätig.

Birger P. Priddat (Prof. Dr.) hielt bis 2004 den Lehrstuhl für Volkswirtschaft und Philosophie in Witten/Herdecke. Heute ist er Leiter der Abteilung Public Management & Governance auf dem Lehrstuhl für Politische Ökonomie an der Zeppelin University in Friedrichshafen. Seine Forschungsschwerpunkte sind Institutionenökonomie, Staatstheorie, Modernisierungsfragen, Wirtschaftsethik, Theoriegeschichte der Ökonomie, Kommunikation und Ökonomie.

Meike Richter hat Kulturwissenschaften studiert und arbeitet derzeit als Redakteurin für NDR Online. Ihr Interessenschwerpunkt liegt darin, wie digitale Technologien menschliches Zusammenleben formen und alte Ordnungen durcheinander bringen. 2004/2005 war sie eine der Organisatoren der Lüneburger Vortragsreihe „download culture?", die sich mit Eigentum in digitalen Umgebungen beschäftigt hat.

Wolfram Riedel ist Magisterstudent im Hauptstudium an der Technischen Universität Berlin. Seine Hauptfächer sind Kommunikationswissenschaft (Grundlagen von Sprache und Musik) und Informatik (Schwerpunkt Informatik und Gesellschaft). Für diese Ausgabe der Jahrbuch–Reihe hat er weitreichende Aufgaben der Projektleitung und des Layouts übernommen.

Alfons Schmid (Prof. Dr. rer. pol.) ist Professor für politische Bildung und Arbeitslehre mit dem Schwerpunkt Ökonomie an der Johann Wolfgang Goethe-Universität Frankfurt am Main. Seine Forschungsschwerpunkte sind neue Kommunikationstechnologien und Beschäftigung, Betrieblicher Qualifikationsbedarf und Qualifikationsentwicklung, Regionale Beschäftigungsentwicklung, Regionale Arbeitsmarktpolitik und Telelearning.

Michael A. Silver ist Vice President und Director bei Gartner Research. Zu seiner mehr als zwanzigjährigen Erfahrung in der IT-Wirtschaft gehört eine elfjährige Tätigkeit bei IBM.

Volker Smid ist Area General Manager für Zentraleuropa bei Novell und damit u. a. für das Geschäft in Deutschland, einem der wichtigsten europäischen Märkte für Informationstechnologie, verantwortlich. Smid ist seit Mai 2005 bei Novell tätig, vorher war er Senior Vice President EMEA und Asia-Pacific bei der Parametric Technology Corporation (PTC).

Mitwirkende

Sebastian Stein studiert an der Technischen Universität Berlin Informatik mit den Schwerpunkten „Kommunikationsnetze" und „Informatik und Gesellschaft". Er betreute das Kapitel Migration und setzte einen stärkeren thematischen Bezug des Buchs zu wirtschaftlichen Fragestellungen durch.

Matthias Stürmer hat an der Universität Bern im Jahr 2005 sein Betriebswirtschafts- und Informatik-Studium mit der Lizenziatsarbeit „Open Source Community Building" abgeschlossen. 2006 beginnt er an der Eidgenössischen Technischen Hochschule Zürich im Team von Prof. Georg von Krogh eine Dissertation im Forschungsbereich von OSS.

Sebastian von Engelhardt ist wissenschaftlicher Mitarbeiter an der wirtschaftswissenschaftlichen Fakultät der Friedrich-Schiller-Universität Jena. Seine Arbeitsschwerpunkte sind die ökonomische Theorie von Softwaremärkten sowie die Ökonomik geistiger Eigentumsrechte.

Joseph Weizenbaum (Prof. Dr.) studierte Mathematik und arbeitete ab 1963 am Massachusetts Institute of Technology (MIT), an dem er 1970 Professor für Informatik wurde. Als Autor des berühmten Programms „Eliza" und zahlreichen wissenschaftlichen Publikationen wurde er zum Computer- und Medien-Kritiker und gilt als Koryphäe der Informatik. Neben zahlreichen Auszeichnungen der Ehrendoktorwürde und der Ehrenmitgliedschaft der Gesellschaft für Informatik ist Weizenbaum Träger des großen Bundesverdienstkreuzes. Der gebürtige Berliner lebt heute wieder in seiner Heimat.

Ursula Widmer (Dr. iur.) ist Rechtsanwältin in der Anwaltskanzlei Dr. Widmer & Partner, Bern, welche seit über 20 Jahren exklusiv auf Fragen des Informatik-, Internet- und E-Businessrechts sowie des Telekommunikationsrechts spezialisiert ist. Sie ist zudem Lehrbeauftragte für Informatikrecht an der Universität Bern.

Klaus-Peter Wiedmann (Prof. Dr.) ist Inhaber des Lehrstuhls und Leiter des Instituts für Marketing und Management an der Universität Hannover. Er ist Mitglied des Regional Committee of the American Chamber of Commerce (Frankfurt am Main/Hannover) sowie Mitglied des Editorial Board des internationalen Journals „Corporate Reputation Review". Außerdem ist Wiedmann für das „Reputation Institute" als RI Country Director Germany tätig.

Bastian Zimmermann studiert Informatik an der Technischen Universität Berlin – Schwerpunkte „Informatik und Gesellschaft" und „Softwaretechnik". Für dieses Buch übernahm er neben Qualitätsmanagement, Pressearbeit und Marketingaufgaben die Betreuung einzelner Artikel.

Lizenzen

Creative Commons

- Sie dürfen den Inhalt vervielfältigen, verbreiten und öffentlich aufführen.
- Nach Festlegung des Rechtsinhabers können die folgenden Bedingungen gelten:

  (BY:) *Namensnennung* (BY) Sie müssen den Namen des Autors/Rechtsinhabers nennen.

  Keine kommerzielle Nutzung (NC) Dieser Inhalt darf nicht für kommerzielle Zwecke verwendet werden.

  Weitergabe unter gleichen Bedingungen (SA) Wenn Sie diesen Inhalt bearbeiten oder in anderer Weise umgestalten, verändern oder als Grundlage für einen anderen Inhalt verwenden, dann dürfen Sie den neu entstandenen Inhalt nur unter Verwendung identischer Lizenzbedingungen weitergeben.

  Keine Bearbeitung (ND) Der Inhalt darf nicht bearbeitet oder in anderer Weise verändert werden.

- Im Falle einer Verbreitung müssen Sie anderen die Lizenzbedingungen, unter die dieser Inhalt fällt, mitteilen.
- Jede dieser Bedingungen kann nach schriftlicher Einwilligung des Rechtsinhabers aufgehoben werden.
- Die gesetzlichen Schranken des Urheberrechts bleiben hiervon unberührt.
- Nachfolgend die CC-Lizenzen der Version 2.5:

  Attribution (BY)
  http://creativecommons.org/licenses/by/2.5/

  Attribution-NoDerivs (BY-ND)
  http://creativecommons.org/licenses/by-nd/2.5/

  Attribution-NonCommercial-NoDerivs (BY-NC-ND)
  http://creativecommons.org/licenses/by-nc-nd/2.5/

  Attribution-NonCommercial (BY-NC)
  http://creativecommons.org/licenses/by-nc/2.5/

  Attribution-NonCommercial-ShareAlike (BY-NC-SA)
  http://creativecommons.org/licenses/by-nc-sa/2.5/

  Attribution-ShareAlike (BY-SA)
  http://creativecommons.org/licenses/by-sa/2.5/

  Eine Übersicht befindet sich auch unter http://creativecommons.org/licenses/.

Relevanz kennt kein Verfallsdatum

Bereits erschienen:

Open Source Jahrbuch 2005

Durch und durch gelungen ist die vorige Ausgabe der Reihe. Die neuen Kapitel „Open Content" und „Open Innovation" erweitern den Horizont für neue Sichtweisen.

«Sinnvoll und mutig finde ich vor allem den breiten Ansatz, Open Source neben der technischen Seite auch in Beziehung zu Politik, Recht und Gesellschaft/Kultur zu setzen und praktische Beispiele zu zeigen. Das war längst überfällig, denn Open Source ist ein Thema, dass für die aktuelle Debatte um „geistiges Eigentum" und Konzepte von Wissen und Wissensproduktion zentral ist. Dass die Beiträge – obwohl jeweils zu speziellen Themen – bei guter wissenschaftlicher Qualität auch für Nicht-Experten verständlich sind, ist auch nicht selbstverständlich. Ein gelungenes Jahrbuch!» (Christine Klaßen)

Open Source Jahrbuch 2004

Mit dem ersten Buch der Jahrbuch-Reihe wurde erstmals ein fachübergreifendes Kompendium erstellt, dass das Phänomen „Open Source" in seiner vollen Breite darzustellen versucht. Es enthält über 20 Artikel, die bis heute an Relevanz nichts eingebüßt haben.

«Das Thema Open Source wird auch weiterhin auf der politischen Agenda recht weit oben stehen. Das Jahrbuch gibt mir hier eine gute Informationsgrundlage.» (Dr. Ulrich Sandl, Referatsleiter IT-Sicherheit im Bundesministerium für Wirtschaft und Arbeit)

«Es macht Spaß, dieses Buch zu lesen.»
(AP Korrespondent Thomas Rietig)

Die komplette Reihe ist erhältlich unter http://opensourcejahrbuch.de und in Lehmanns Fachbuchhandlung.